华侨青年辜鸿铭

辜鸿铭中年照

辜鸿铭晚年画像

又要忠又要孝又要风
流乃为真豪杰
不爱财不爱酒不爱夫
人是个老头驼
萨摩一笑
辜鸿铭

辜鸿铭晚年给国际友人萨摩的题词

钟兆云 著

辜鸿铭全传
改变崇洋媚外的中国

中国青年出版社

目录

第一章 横空出世

一、从福建驶往香港的邮轮上,古怪的黄毛青年舌战洋佬 / 001

二、神秘的中年人产生了阅读舌辩之士的兴趣 / 005

三、奇特家世,非同寻常的出身 / 009

四、封疆大吏喜识天下奇器 / 019

五、洋文案改字风波 / 021

第二章 幕府之初

一、总督大儒亲炙中国文化美食 / 028

二、觅得知己,必有性情而后有气节 / 032

三、小张之洞惺惺相惜,辜鸿铭相亲西关大屋 / 035

四、"半唐番"和"洋儒"传教士爱屋及乌 / 040

五、玉堂花烛,羡煞众多风流名士 / 049

第三章 寻回作为中国人的安全感

一、纵有洋博士头衔,又如何能得中国式的雅 / 053

二、既惧"半唐番"之名,偏被饱学之士视为不通中学的外人 / 060

三、用中国文化教化洋人 / 066

四、经略洋务 / 070

第四章 楚天风云

一、"六君子"名分既定,盛宣怀无意泼冷水 / 077

二、魔术师般的幕僚 / 082

三、被洋人尊敬和破坏的 / 089

四、铁嘴律师让世界倾听中国 / 091

第五章 旷代风流

一、的确是中国人的骄傲 / 097

二、女人芳菲如诗 / 102

三、为纳妾而妙辩 / 109

四、郎情妾意,琴瑟和鸣 / 115

五、请回钦差 / 120

六、欧洲可怕的梦魇:黄祸论 / 125

七、对手 / 129

第六章 旁观不袖手

一、洋泾浜英语 / 139

二、刺猬 / 144

三、"边缘人"身在曹营心在汉 / 147

四、英才咸集,唯游说洋行,非汤生不成 / 151

五、与李提摩太和张謇一争 / 155

六、自强之梦破,"东方匹茨堡"落败 / 163

七、总督和幕僚眼中的留学生 / 171

第七章 维新风云

一、合理和背理的维新 / 177

二、一百八十度大转变 / 183

三、"维新宰相"进退之间,集一部"习气大全" / 187

四、和日本前首相伊藤博文过招 / 198

第八章 被污辱和被损害的

一、新千年怪事——逼出"东南互保" / 206

二、谈判桌上显风流 / 212

三、沪上浪迹 / 218

四、又一个"谭嗣同"在武昌身首异处 / 222

第九章 臣子恨

一、降服联军统帅瓦德西 / 229

二、枪口下救百姓,于联军司令部会赛金花 / 234

三、京城邂逅爱米,"大清皇宫"心绪难平 / 240

四、爱国者和卖国者 / 245

第十章 "尊王"和自尊

一、总督衙门的骑士和"来书" / 252

二、把这些权贵一网打尽 / 257

三、突遭遣返,利害相随 / 264

四、向袁世凯细说练兵要旨,嘲讽天下督抚爱吹牛 / 270

五、意外中的不幸 / 274

第十一章 沪上折冲

一、怎么又是你 / 281

二、洋员贪污的背后 / 283

三、立宪葫芦，官官商商 / 287

四、知命之年的旧雨新欢 / 294

五、黄浦案结，万民伞来 / 299

第十二章 外务京都

一、无所畏惧，睥睨权贵 / 303

二、重臣面前斥张之洞 / 308

三、上书帝后，再次得罪袁世凯 / 313

四、京师政坛发作师爷气 / 317

第十三章 伤心挂冠

一、洋人们疯了，竟敢在天子脚下抨击中国皇太后 / 323

二、天下之道只有两端，不是王道就是王八蛋之道 / 327

三、当面为张之洞拟就挽联 / 331

四、新赏文科进士失望离京 / 338

第十四章 国变哀歌

一、故人把酒，筑起文字纪念碑 / 345

二、山雨欲来风满楼 / 351

三、没有皇帝坐龙廷，还叫什么中国 / 356

四、矢志保辫 / 360

第十五章　蜉寄留痕

一、谁敢动你的辫子就和他拼命 / 365

二、酒桌上戏弄庆亲王 / 369

三、天下没有不散的筵席 / 378

第十六章　精神守望

一、在德不在辫 / 382

二、与老对手、总统顾问莫理循交锋 / 390

三、政客和银行家同样充满了臭气 / 394

四、挨饿的求职者面斥独裁者 / 400

五、要来个议员当当 / 405

第十七章　民国新闻人物

一、冷眼看袁世凯"演戏" / 412

二、什么是污辱上帝？——就是污辱在华的英国人 / 422

三、一桩最有价值的新闻 / 429

四、与中国Babu洋话对骂 / 436

五、用孔教眼光看欧战 / 443

六、痛批《茶花女》 / 451

第十八章　课堂和政坛

一、应聘北大教授，冷眼看政坛旋涡 / 458

二、西餐馆里出风头，北大开学典礼特别亮相 / 462

三、像是在上海大世界里看哈哈镜 / 467

四、处处皆是演讲场 / 473

五、京城底下第一号傻瓜 / 478

六、在袁世凯归天后办堂会戏 / 482

第十九章 灰色年月

一、林语堂初见辜鸿铭,西方丽人让老怪杰激情盈怀 / 489

二、蔡元培和陈独秀先后亮相北大 / 495

三、红楼逸事,北大顶古怪的一个人物 / 501

四、中国的未来,不取决于那个在北京神秘地忙个不停的辛博森 / 508

五、紧要关头的外交总长们 / 514

第二十章 长辫教授

一、辜鸿铭"胡扯"受欢迎,老掌柜饭馆说掌故 / 522

二、从美国回来的年轻博士胡适垂下了高傲的头 / 530

三、与胡适较量 / 534

四、真是个吃不透的怪人 / 540

五、披挂上阵反西化 / 547

六、探友天津卫,挽留蔡元培 / 554

七、"老廉颇"让胡适之"缴械"了 / 564

第二十一章 孤独挑战

一、教书和书法如此自成一家 / 575

二、历史似乎在开着玩笑 / 579

三、不看紫禁城要看辜鸿铭 / 584

四、"小朝廷"的回报 / 591

五、谁都不在乎那个"脸面" / 598

六、英国文豪毛姆亲历冗长有趣的会谈 / 606

七、一怀愁绪离北大 / 614

第二十二章 悲喜人生

一、新潮儿子劝诫浪荡老子 / 620

二、中央公园有彩头,八大胡同出意料 / 627

三、穷且益坚的救国者 / 633

四、愚忠之伤 / 638

五、劝泰戈尔早点离开中国 / 645

六、以一己之力复兴东方文明 / 652

七、台湾迎送辜博士 / 659

八、拒绝张作霖,误望东瀛 / 664

尾声 理想未泯的天国之约

第一章

横空出世

一、从福建驶往香港的邮轮上，古怪的黄毛青年舌战洋佬

公元 1884 年，东海，一艘邮轮长长地犁开一道闪着粼粼波光的浪痕。轮船过道和甲板上，乘客挤得像沙丁鱼，三人一群，五人一堆，或看风景，或海阔天高地说笑谈论，就连那些晕船者，也少不了有人在旁伺候，喁喁低声地说着些安慰话。

相比之下，一位头发黑中带灰、灰中偏黄，一撮黄头毛在颅顶招风的年轻人，可就孤单了。他明亮而锐利的大眼睛巡视着人群，仿佛在寻找什么人。他年纪约莫二十六七，个头中等，身材单薄，其行装打扮，如果单看那身熟悉的布长袍，倒像个中国书生，却因上面又套了件精致的国人鲜见的马夹，马夹前方还有两个兜兜，左边那个兜半露出一张印满洋文的报纸，最关键的是，头上没有辫子，这使得他更像个华侨商人；而那眼珠黑里泛蓝，脸也太白了点，鼻梁略高了些，说不准还是个有中国血统的洋半仙。不知怎的，给人的感觉，那套原本不太和谐般配的服饰，着在他这个形貌与众不同的身子上，显得特别滑稽突梯。这些不太使人看惯的东西，难免使他给人古怪的感觉，虽然这份感觉不能明明白白地说出理由来，但总而言之，相貌不该如此。

他对自己那深眼隆鼻、脸部轮廓分明的尊容也并非毫无异议，幸好这并不妨碍他对华侨父亲的遵从、减低对那位给自己打下半洋人烙印的葡萄牙母亲的敬意。他那中西交混的血液，因了父亲的偏执和灌输、母亲的理解和向往，得以培植一颗鲜活纯正而绝不含异族水分的中国心。这使他终于有了故国之归。

他那善意的目光大大方方、颇为自在地一一掠过甲板上的辫子族。他知道，这些都是地道的中国人，却几乎没有遇到能够与他对视交流的目光。他很快就又注意上了侧前方两位与他年纪相当的人。他们衣着华丽，一支上等哈瓦那雪茄烟，在嘴手之间传递卖弄着，这份道具增添了他们的良好感觉。三两位辫子族一副若无其事的样子，尾着他们的下风，偷偷地深吸着经他们嘴角过滤飘来的烟味。那两人一胖一瘦，相貌并无什么可取之处，却因为长着副天然中国人的脸，使黄头毛青年断不敢对他们妄自非议，心里想的是，中国人的脸，纵然有美丑之别，比之洋人也都还不错。从他们的谈话内容可以看出，他们最多只能算是"露水"之交。

瘦子竖起大拇指，语气里极含恭维水分：王兄的 english（英语）说得 OK（地道）极了，不愧是大上海出来的 comprador（买办）。这次到香港能和王兄结伴，真是三生有幸。瘦子一席话，让王买办心里头听得感觉味比雪茄还熨帖，口内撑开的两只金门牙使他的笑容装点得尤其闪光，嘴里却说：粗通 english（英语）而已，哪比得上余兄留学放洋。话到这里，又奇怪地问：不是说外国的 moon（月亮）比中国圆吗，余兄为何还 come back（回来）？余瘦压低声音道：家父为我捐了个候补知县，王兄有所不知，在洋人的世界，Chinese（中国人）尽受 bully（欺凌），哪容易混？喜欢在中国话里夹上无谓的英文字母，这共同的爱好，使得两人相见恨晚，萍水之交立时像热带植物那样飞快地生长。

黄头毛青年竖起耳朵认真听了好半晌，想了想，向他们靠近，伸出手来：两位先生好……这对新混上的狐朋回头，余瘦先是一惊：你这是……黄头毛青年赶忙缩回手，改作揖道：中国礼仪这么多，还真熟悉不过来呢。

王买办以审视的眼光好生端详着对方，见其汉语说得不太流利，发音不见正确，而五官亦含有洋味，迟疑中语气里略含恭敬的成分：你……先生是洋大人？黄头毛青年像受到了污辱，争辩似的连连摆手道：不不，我是中国人！王买办鼻子像伤风般连"哼"数声，态度立时倨傲起来：别打扰我们 talk（谈话）！拉着余瘦转了个方向说话，以肥硕的屁股和黄头毛青年做静默交谈。

热脸贴在冷屁股上！黄头毛青年怔怔地收回手，那被冷落的神情，恰如宴会上没人敷衍的来宾之态。正当鹤立鸡群之感像海风般浓烈地撞击着他时，前方一位手握栏杆、宽肩厚背的中年人很快就又吸引了他的眼光。这中年人一袭长袍马褂，脑后垂着一根尺余长的辫子，手持绘花折扇，面向滔滔海水，轻声吟哦："苟利国家生死以，岂因祸福避趋之……"

黄头毛青年思索中，眼光和脚步同时缩短和中年人的距离，踱近对方久久端视。待他吟毕，便迫不及待地上前问候。中年人回头，见一位长相衣着古怪的混血儿站在身后向自己伸出手来，一时不知所措，喝道：你想干什么？

他的神态，使黄头毛青年立时知道，自己的握手举动过于唐突，于是又赶忙缩回手，改作揖道：敢问先生刚才所诵，系何人佳作？中年人定过神来，见对方并无恶意，也拱手回礼作答：哦，这是林则徐告示家人的诗。黄头毛青年面露惊喜，继而再问：林则徐，可是那个禁烟英雄？

也许是他的相貌太不够中国化，也许是他讲的中国话太不纯正地道，惹得中年人以略带不满而又奇怪的眼神看着他，语气不无揶揄：林公大名远扬，还有谁敢欺世盗名？

黄头毛青年当然听出了这弦外之音，却毫不介意地笑笑，道：我在英伦时，就曾听说过林则徐禁烟的故事，使我奇怪的是，连英国人也对他推崇备至。中年人好生打量了对方一番：你去过英国？黄头毛青年点点头，不以为然地说：混过些时日。这散淡的态度却愈发使中年人深感好奇，他的问话也相对凝重了些：请教先生大号。黄头毛青年莞尔一笑：无名小辈想来先生也难得记住，好记之处在于我有幸做林则徐的福建同乡。

这说话间，一阵粗犷的声音在近旁爆响：这次对法宣战，到头来怕又是割地赔款了事！

黄头毛青年微微一惊，抬头相看，说话的是邻处的白发老者。与白发老者相随的另一位老者叹了口气，万般无奈道：这三四十年来，外患日甚一日地压头而来，明明是洋人无理，却都是中国吃亏，咳，大清朝的气数真是日落西山了！

这是一艘由福建驶往香港的客船。乘客中有不少像黄头毛青年那般不曾留辫子的海外华人，也不乏高鼻子蓝眼睛的洋人。仿佛楚河汉界泾渭分明似的，甲板另一旁，肩挎相机的英国传教士、上海《字林西报》总主笔巴尔福和美国投机商查理、英国商贩伍尔兹等老外在高谈阔论。因为他们的声调一个高过一个，更因为他们嘴里喷出的都是叫辫子族听不懂的语句，是故很快就引来了些好奇的眼光。虽然这些眼光只不过时不时谨慎而飞速地投去一瞥，虽然这些辫子族对洋文跟重伤风的鼻子一样不通，却还是爱这么神情复杂地瞥一瞥洋人，支起耳朵竖听他们的谈话。

巴尔福从嘴上取下雪茄，那对桀骜不驯泛着蓝褐色的眼光停落在查理身上，徐徐问道：查理，这次来华收获不小吧？红鼻子查理得意地拍了拍西装套子里那鼓囊囊的肚皮，一副心满意足的神态：商品成了货币，能不赚吗！巴尔福弹了弹烟蒂，哈哈一笑：只要支那没有天老地荒，查理是打算把自己的口袋变成袖珍银行了？

这句话不知触动了查理哪根神经，使得他神情立时亢奋起来，酒糟般漆红的鼻子更见红亮，双手握拳，伸过头顶，整个肥硕的脑颅仰望着太阳朗照的秋空，不无放肆地高喊：太阳是上帝的金子，金子是我们心中的太阳。伙计们，你们想要钱，就到支那放火炼金去吧！

"是该向支那找钱花花！这个东亚病夫、瞌睡虫，我们不如把它的东西全部掏光！"查理的呼叫得到了伍尔兹的回音，这位个头偏矮几乎全秃的家伙，摸摸自己的口袋，以羡慕的眼光看着查理说。

"哈哈！把支那的东西全部掏光，你就可以做个金子铸成的假发，花钱去竞选议员！"查理狂笑着张开双臂拥抱伍尔兹，并捧起他的脸，在那油光可鉴的光头上使劲地亲吻起来。伍尔兹大笑着，就势抱着查理，在甲板上转了一圈。"噗"的一声，巴尔福举起相机，不失时机地给同类来了个特写。

所有的中国人都异常惊惧地用目光盯着这几位洋人，以为动物界又出现了一个新的变种。洋人们见同船的中国人纷纷侧目，得意之余更是放声纵论，谁也没注意黄头毛已然坐在他们身旁的椅子上，从兜里掏出了英文报纸倒看着。其实他也没有真看，心里只是憎恶着眼前的这群白种人，心想，西洋人肤色太白过粗，皮上还常附有红点，这有什么好，倒不如中国人之黄。

号称"中国通"的《字林西报》前主笔巴尔福说话间举目四顾，眼光忽然遭遇了黄头毛青年，像发现了新大陆，提高声调摇头撇嘴对伙伴们说：瞧这个支那老土什么尊容，还看英文报纸呀，真够聪明！

黄头毛青年听着了，却置若罔闻，依旧旁若无人地斜靠在座椅上，用报纸遮着脸部和半个身子，津津有味地看报。

伍尔兹凑近黄头毛青年，伸长脖子一看，顿时乐得五官挪位，回顾同伙道：这个愚蠢的中国佬，哪懂得英文，你没见他把报纸都拿反了，还装模作样，看得蛮像一回事。支那人，荒唐！哈哈哈！

忽然，天地间传来一声纯正的英语：听着，像你们这种人，最大的毛病，就是不知天高地厚，太不懂得尊重人了！你们还自命为文明人，简直有失体系！

几位洋佬面面相觑，随之四处张望，好像在寻找这句话是从哪来的。

黄头毛青年懒洋洋地抬起头，那张似张非张的嘴巴，冷不防像快速嗑瓜子一般地，突然流出一连串字正腔圆、地道纯正的英语：英文这玩意儿实在太简单了，不倒过来看，还真没啥意思！就是你们莎士比亚的三十七个剧本，我也能倒着给你们念个一字不差！

久居中国，这些洋人们虽然也见识过不少英语说得流利的华人，可眼前的这位，说得何其纯正地道，那语音的准确，语气的清晰，语句的婉转动听，听得巴尔福傻了眼，个个满脸通红，面面相觑，原先的嬉笑早就像三九严寒的冰冻，凝滞住了。

同仇敌忾的辫子族围着黄头毛青年欢呼，高兴得差点没把他抛向大海。"请问先生贵姓？""兄弟免贵姓辜，名唤鸿铭，字汤生。""高寿几何？""不高，马齿徒增二十七年。""府上何处？""祖家在福建，寒舍在马来亚。"人群混杂，施着礼七嘴八舌地提问，辜鸿铭笑容可掬地作揖中，那张快嘴不厌其烦地作答着。他不经意把话说错，文法欠通，发音也不尽准确，却更令人觉得有趣。余瘦也想挤身进来交谈，不意，一阵强劲的海风吹过，倏地把他头顶上的帽子卷走。余瘦的辫子随帽而去，原来那是假的，众人大笑。

在人群交织于辜鸿铭身上敬佩的眼神中，那位中年人的目光最是温和、真挚而仰慕。

二、神秘的中年人产生了阅读舌辩之士的兴趣

用过晚餐后，辜鸿铭就躲进了一等客舱里，秉烛研读起中国的线装典籍来。他看得认真，精彩处便要摇头晃脑地低声诵读。忽然响起敲门声，正浸淫书中的他，头也不抬，信口道声：Come in please（请进）。

"洋文我可听不懂，是让我进来呢，还是不相打扰？"中年人手持折扇，站在舱门口，笑盈盈地说。

辜鸿铭抬头相见，忙合上书卷起身欲行伸手相握，右手刚到跟前就又收了回去，讪笑道：繁缛礼节少不了要让人颠三倒四。先生找我有何赐教？中年人的眼光从桌上的典籍慢慢移到辜鸿铭的脸上，由衷道：子曰"德不孤，必有邻"。旅途困顿，顾先生却还这么用功攻读孔圣人，真教我杨玉书敬佩。辜鸿铭连连摆手，道：咳，

说来惭愧，我这是在补习中国文化，难得杨先生赏脸大驾降临，在下正好就地请教。杨玉书疑惑地看了看辜鸿铭，俄顷又道：如此看来，顾先生在国外真是生活了些时日了？辜鸿铭点点头：这还是头一次回国呢……

"喂，支那人！"随着一连串纷杂的脚步声，舱门口忽地响起了粗鲁的吆喝声。

两人回头相看，但见巴尔福、查理带着一位满头卷发的洋人趾高气扬地站在了舱门口。辜鸿铭向对方点头微笑，并拱手为礼，用英语朗声道：在下辜鸿铭，不知几位洋先生有何见教？

卷发洋人从口中吐出一圈烟雾后，左腿微微跷起倚着右腿，倨傲地用法语对辜鸿铭说：中国如此落后野蛮之地，竟然会产生自称能懂莎士比亚的人，真是怪事。我有几个问题闷在心里。用左手轻拍着巴尔福的肩：你把我们法兰西帝国高贵的语言翻给支那人听吧。巴尔福朝辜鸿铭迈近两步，得意地用英语译道：我们这位法国朋友大名雅克，是法兰西帝国派往支那的著名传教士，他说……

辜鸿铭一脸不屑地看着雅克，用法语说：我告诉你雅克先生，你的立论是荒唐的，打了贵国启蒙思想家伏尔泰的耳光。雅克不无吃惊地看着辜鸿铭：你也懂法语？辜鸿铭微微一笑，道：如此雕虫小技，何值夸耀！

雅克以审视的眼光上下盯了辜鸿铭一番，仿佛想摸清他的来龙去脉。面对这来自法兰西毫不友善甚至带着强烈挑衅意味的目光，他那炯炯有神的大眼睛显得更是明亮而锐利，眼圈里丝毫不见有稍许的惧色。雅克倒被看得有些心虚和不自在了，赶紧以高八度的声调质问道：你凭什么说我打了伏尔泰先生的耳光？

"这就是你闷在心里的问题吧？"辜鸿铭拉着懵懂间正不知进退的杨玉书坐下，跷起二郎腿，不紧不慢地道：你开口就说中国落后野蛮，可伏尔泰怎么说："当我们还是野蛮人的时候，中国这个民族已有高度文化了，中国是世界上唯一的将政治和伦理道德相结合的国家，中国人是所有的人中最有理性的人。"你说你是不是打了他老人家的耳光？

雅克的脸微微一红，但继续仰头道：伏尔泰先生说得纵然有理，可此一时彼一时，支那眼下不落后，我法兰西帝国怎会轻易对华用兵？巴尔福听罢开心一笑，雅克也脸浮笑意，这么个叫政治家也感棘手的问题，看你这个书生如何应对。

辜鸿铭却是副不屑一顾的做派：我实在没有兴趣来教训你们，只是为你们的先皇拿破仑遗憾。他那"中国是一头睡狮"的预言，早已被无知的法国人忘到九霄云外去了！

雅克似乎找到了还击的口舌：我也同意拿破仑的预言，可支那这头睡狮是不会醒的！嬉笑着看了看巴尔福、查理，继续道：英国人不是用大炮轰了它两下吗？它也不过是翻个身又沉沉地睡去了。

"哈哈！"巴尔福狂笑起来，查理也吹起了刺耳的口哨。

几番唇枪舌剑往来，杨玉书虽然鸭子听雷公般，但也知道这场交锋混杂着不同的洋文，面对数国洋人围攻，多少都担心辜鸿铭不敌，心怦怦直跳，不安的眼神在辜鸿铭与三位洋人之间交递。

辜鸿铭淡定地用法语回应：于是，你们自诩文明的堂堂法兰西就甘当猎狗，跟在英美列强后面吠吠不已来到了我中国，死皮赖脸地乞求分得一杯羹。要知道，狮子永远是狮子，猎狗只能是猎狗。拿破仑可没有说自己的国家是狮子，连死狮的称谓都不给！

这个中国人一口纯正的洋文，以及强有力的辩击，让对手们听得目瞪口呆。看到他们还傻站在舱门口不甘离去，辜鸿铭也站起身，面带微笑道：德国文豪歌德教育人们应该懂得如何尊重人。这里已没有足够的椅子请你们坐，我就陪你们站站吧。

雅克情知胜不了这张快嘴，悄悄地捅了捅巴尔福。巴尔福咽了咽口水，换下一同伙开了口：你们的皇帝和太后不行，和我大英女王、美利坚总统华盛顿、法兰西帝国皇帝拿破仑比起来，照你们支那的话说，是泰山底下的一撮土。

辜鸿铭从马夹兜兜里摸出根香烟，"啐"的一声，闪亮了那精制的打火机，点燃后不无陶醉地远远地向着洋人吐出一口浓烟，继续高论：要说英雄，中国的皇帝们才是一些令人"崇拜"的英雄。在他们的统治下，中国没有像欧洲那样的什么七年战争、三十年战争、法国大革命，以及其他一些令人恐惧的战乱；也没有你们西方那种乌七八糟的议会制度，我们推行的是科举制，连卡莱尔都认为，像中国那样筛选最聪明的人来进行统治，是全人类最可宝贵的尝试。

卡莱尔？巴尔福吃惊于辜鸿铭嘴里竟会冒出这个名字来，要知道，卡莱尔可是英国的大思想家，英国甚至整个欧美后期浪漫主义中最为杰出的文学和社会文化的批评家，一个喜欢人们称他为"皇帝"的能人。

辜鸿铭面露微笑：对，他是我就读于爱丁堡大学时的导师。

怪不得对手这么厉害，原来竟是卡莱尔的东方门徒！巴尔福思忖间，口气一时变得温和谦恭起来：照先生说，欧洲战争不断，这是何原因？

辜鸿铭吸足了一口烟后，神态极为安详地回答：根源在于资本主义制度对人造成的异化。这可把一心捞钱的投机商查理听懵懂了，嘴里嚷嚷道：异化？什么叫异化？

"美国人爱默生不是说过吗，资本主义破坏了人的全面发展，使人蜕变为物件，各种各样的物件——神甫蜕化成一个空架子，律师蜕变成一部法典，机匠蜕变成一台机器。总之，人蜕变成物件，各式各样的物件。他生在西方，却对你们的西方文明深感失望。"辜鸿铭像背顺口溜那般，熟练地把美国浪漫主义思想家和文学大师爱默生的至理名言搬为己用了。

作为一名文化人，巴尔福知道，爱默生是卡莱尔极为要好的朋友和志同道合者，辜鸿铭了解他一点也不奇怪。查理却被这高深的理论刺激得万分不耐烦起来：我是美国人，怎么没听过！

辜鸿铭面对查理，语气冷峻地说：那就让我代替爱默生把他的遗憾告诉你吧，由于资本主义制度对人的异化，在你们那儿，连做个真正的人都难啦！这难道不是对你们西方文明的谴责吗？你回到你那个美利坚看看爱默生吧，他会教导你这般满身铜臭的文化白痴，去热爱和赞赏中国儒家文明；他会由衷地告诉你，孔子不仅是中国文化的象征，还是全世界各民族的光荣，是哲学上的华盛顿。说罢又手指巴尔福和雅克：还有你们，回国后去看看卡莱尔的《英雄和英雄崇拜》以及《过去和现在》，你们终会明白，所谓的英雄，即真正智慧的人，就是中国的孔子！然后再去看看德国文豪、魏玛的孔夫子歌德，他会告诉你们孔子超过了耶稣。你们连自家文化都不懂，却要猪鼻子插根葱——装象，装腔作势来教训中国人，我真还没见过世上有如此不要脸面的文明人！

查理受这番奚落，心里好不窝火，那根红鼻子一经灯光的映衬，恰似要熔化的红烛油，仿佛行将滴落，使人看得危惧。他嘴里先是恼羞地哼唧了两声，想要骂上两句，可抬头一见辜鸿铭那滔滔不绝的铁嘴和大而锐利的双眼，却好生怔住了，上下嘴皮哆嗦了好半天，竟然不成完整的词句。忽地，他一跺脚，夺门而逃。巴尔福、雅克面面相觑，也紧随而去。

"哈哈哈！"杨玉书起身，拉着辜鸿铭的手，在上面轻轻拍了拍，眉开眼笑道：好个铁嘴！当年诸葛孔明舌战群儒，何等风采，我看也比不上辜先生舌战洋鬼子！辜鸿铭笑道：杨先生过奖了！这几位洋人，无礼还不知天高地厚，我教他们学会懂得尊重他人。

杨玉书满怀好奇地问：辜先生这口洋语，是如何修得的？

"我祖籍福建，生于马来亚槟榔屿一个华侨世家，十来岁就随我的英国义父赴欧洲游学，在英、德、法、意大利等地先后待了11年，是故略通西语，这次不意碰到这帮旁若无人的洋鬼子，多说了几句，让杨先生见笑了。"辜鸿铭这番轻描淡写的自我介绍，让杨玉书更是暗自称奇。通过白天和晚上的两次观察，他隐隐感觉出辜鸿铭非同一般的身世和经历了，油然对这个年轻人产生了浓厚的"阅读"兴趣，于是不失时机地问：辜先生后生俊秀，精于别国方言，堪称天才，何不报效国家？

辜鸿铭看着杨玉书真诚中充满善意的眼神，轻叹一声：我何尝想居此不中不洋之地，久困于庸庸凡夫之中，只是……咳，说来话长。

杨玉书想方设法要摸清辜鸿铭的隐情，拉着他的手，热诚中不无温和地说：辜先生祖居福建，我这趟也是到福建办事回返。能在这漫漫旅途相识，也算是缘分。今晚月明，何不到舱外呼吸呼吸新鲜空气，赏月谈天，听听辜先生传奇的家世！

海水悠悠，簇拥着邮轮穿过无边的夜幕，一同走着的还有天上那面湿漉漉的镜子。辜鸿铭的身世回忆，便油然被远离故乡的这轮明月勾起了……

三、奇特家世，非同寻常的出身

辜鸿铭的先祖本姓陈，世代在闽南捕鱼为生。陈家知书达礼，勤劳持家，甚得乡里渔民敬慕。到了陈敦源那一代，因染有嗜酒习性，家事由之而衰。终有一日，陈敦源酒醉失手伤了人命，心惊酒醒，为避官府缉拿，迅即携带家眷，摇着自家的渔船，远渡南洋，最后在马来半岛的槟榔屿登陆落户，成为创榛辟莽、开垦这块蛮荒之地的华人前驱，旅居时间比英国人还早。事过境迁，陈敦源痛定思痛，罪疚之心难以释怀，于是干脆改姓辜，以示悔罪之意。

1857年7月18日，当辜鸿铭向着马来亚的酷暑盛夏热烈投奔而来时，这个热带南洋小岛早已被英国殖民者占据，改名为"威尔斯王子岛"，他的父辈们也已同英国殖民者打了多年的交道了。

辜鸿铭曾祖父辜礼欢，作为"当地最可敬之华人"，被初登马来半岛的英国殖民者委为地方居民的行政首脑——首任甲必丹（Captain）。这位地方的头人育有八子三女，儿子中数辜安平、辜国材和辜龙池三人最有出息。辜安平自幼被送回国内读书，八股科举中举后，在林则徐手下为官，曾奉调台湾任职，并从此定居台湾。辜国材和辜龙池则继承了辜礼欢的衣钵，在政治上继续与英国殖民者保持合作关系。辜国材因有外交头脑，受派随英国人、东印度公司要员莱佛士爵士率领的舰队登陆新加坡，在这片新开辟的土地上大展才智，成为来新加坡最早的中国人。辜龙池在吉打州政府里任公职，于地方建设卓有功勋，被吉打苏丹赐拿督勋衔。他有个儿子不喜从政，帮助英商布朗（Brown）经理槟榔屿的牛汝莪橡胶园，颇得老板的信任，成为密友。他就是辜鸿铭的父亲辜紫云。辜鸿铭乃辜紫云次子，取名汤生（Tomson）。

这小汤生天生是个尤物。父亲那一口流利的中国闽南话、英语和马来语，母亲所操葡语及英语，他不仅鹦鹉学舌得快，而且记忆惊人，称得上入耳不忘。

8岁那年，布郎夫妇在辜家花园赏春闲谈。百花争艳，蜂蝶飞舞，鸟语啁啾，春意盎然，布朗诗情大发，即兴吟诗一首。不想被身边的小汤生记下，随即一字不漏流利地复吟一遍。此诗不算短，约有二十来行，就连布朗自己也难得一下子如此完整地复述出来，何况这个乳臭未干的毛头小子！布朗叹为"神童"。

混血儿的体态，超凡的天赋，伶俐的言行，与众不同的性情，使小汤生深讨布朗的喜爱，在布朗那个谋划已久的蓝图上落了影。当年，布朗的绅士父亲期望儿子有朝一日成为世界上著名的学者，可他却认为自己没有读书的天赋，最后做了个商人、富翁、牧师。十几年来，布朗一直为违背父亲的愿望而内疚。又因膝下无子，便利用走遍世界各地做买卖的机会，留心找个聪明小孩来培养，让他来替自己隔代实现父亲的遗愿。众里寻他千百度，他慧眼识才，选中小汤生为义子。1867年前后，布朗夫妇将牛汝莪橡胶园交给辜紫云代为经营，带小汤生返苏格兰老家，他要用整座庄园，来换一个小汤生。仆人认为太不可思议，须知这数千公顷的庄园可是他一世的家业。布朗却说，一百年后，世界肯定不会记住这里的庄园主，却会记住我造就的奇才！

做母亲的舍不得儿子远离，婉转地说：布朗先生，上帝只是在人类中安排了一些不同的人才，就像在自然中种植了一些不同的树。布朗毫不含糊地表示：是的，那是上帝恩赐的奇葩，请你们相信，在英格兰民族的土壤上，我一定要把这棵幼苗培育成世界首屈一指的参天大树。

辜紫云见布朗情真意切，且赴欧洲读书有利于儿子的成长，只好忍疼割爱。临行前，他特意带儿子游览两千多英尺高的升旗山，站在高处遥指渺渺东方，抚摸着儿子的头发，深情无限地说：孩子，我们的祖国在遥远的中国，不论我们身在何处，千万别忘了那里是我们祖先的家园。

槟城最古老的佛寺青云亭内，供奉着那位奉旨下西洋的三宝太监郑和的塑像。辜紫云在这里摆上水果、猪头、水酒等供品，焚上一炷长香，拉儿子跪下双膝，朝塑像拜了三拜，而后告诫道：孩子，不论你走到哪里，不论你身边是马来人、英国人、德国人，还是美国人、法国人，都不要忘了，自己是中国人。又指着小汤生的辫子道：有两件事我要叮嘱你，第一，切不可剪辫子，第二，切不可信耶稣教。父亲这么多话，小汤生记得最牢的是"中国人"这三个字。

11岁的小汤生跟随义父远涉重洋抵达苏格兰后，稍事休息，由布朗亲自陪同，游览具有两百年历史、如火如荼地上演着"日不落"辉煌鼎沸及典秘风格的爱丁堡城。爱丁堡曾一度是欧洲文学、艺术、哲学和自然科学的中心，产生过许多著名的大学者。首创英国历史小说的司汤达就诞生在这里，这位小儿麻痹患者，12岁就考入爱丁堡大学，人称爱丁堡之子。布朗还带小汤生参观了被看作是爱丁堡象征之一的司汤达纪念碑，告诉他，纪念碑的设计者坎普是个牧民的孩子，一个默默无闻的手艺人、泥水匠，可就是他的设计方案击败了数十名参赛者，从此成为载入史册的伟大设计师。本来纪念一位伟大文学家的纪念碑，结果同时纪念了两位伟人。布朗明确地说：告诉你这些，是希望有一天你也会成为中国的司汤达、坎普，为了这个目标，从明天开始，你就要接受英国的正规教育。

布朗为养子的学业做了周密、细致的安排。要使汤生将来有所作为，首先须攻克语言关。因为生长在英据殖民地，母亲又是欧人，小汤生的英文水平已有了相当的基础，如今又身处苏格兰，不愁学不成英文。学识渊博、卓有远见的布朗做出了耸人听闻的决策：先教小汤生学德语，英语次之。

在教授德文字母的第一天，布朗拿出一本厚书对小汤生道：我们西方有句话：神人生而知之，圣人学而知之。在我们西方，歌德是文圣，毛奇是武圣。这本书就是歌德的名著《浮士德》。要想把德语学到手，非把这本书背熟不成。小汤生接过那本书，茫然地看着布朗，吃惊道：可是，我对德文一点也不懂，怎么背？布朗以鼓励的眼光看着小汤生，道：没关系，我说一句，你照着背一遍。

这可难不倒小汤生：当初在马来亚我就跟着父亲在书房背《大悲咒》呢！于是，布朗说什么，小汤生嘴里就模仿着念一遍。如此伊哩哇啦依葫芦画瓢，却也有板有眼，朗朗上口。可一天，小汤生突然发问：背了这么多，可这些意思，我全不懂呀！布朗直截了当地告诉他：没有关系，只要你说得熟，不必听得懂，听得懂再背，心反而乱了，不易熟背了。等你背得溜熟后，我再给你讲它的意思。

小汤生不明不白地背了半年多，终于将厚厚一部《浮士德》夹生饭似的装进了肚皮。看小汤生把这本书背得一字不漏，原来相信小汤生记忆天赋的布朗，对自己的教法更加坚定了信心。他开始着手逐句讲解这部深奥恢宏的伟大诗篇，一讲就是三个多月。在讲自己的感受时，小汤生说：我看浮士德不是什么好人，上帝不应派天使救他。小小年纪，对欧洲文化和宗教就有如此深沉的理解，真教布朗大为开颜。

如何使小汤生在原有的英语基础上来个质的飞跃呢？布朗的办法还是让他死记硬背。他搬出了弥尔顿那六千五百多行的《失乐园》，要小汤生把这部伟大的诗篇倒背如流。这一关过后，布朗又为小汤生搬来了一厚摞莎士比亚作品，告诉他：弥尔顿的精义你日后慢慢体会，他可以让你受用一辈子，咀嚼一辈子。从现在起，我们开始学莎士比亚。学莎士比亚就不必那么费力气了，你背后，我可以随时讲解。莎翁著作的精义，在于通达人情世故，这一点，你一定要边读边思。

有了背《浮士德》和《失乐园》的经验和积累，莎士比亚的戏剧，小汤生至少半个月完成一本。到后来，进度加快，有时两礼拜可以背熟二三本。很快，莎士比亚的37部戏剧，全部输入了他的脑袋里。弥尔顿穷且益坚，不屈不挠，《失乐园》里高歌长啸表现出来的澎湃热情、犀利辩才，自小便给小汤生留下深刻印象。而莎士比亚反映现实生活，是是非非，在展示无情现实中，却时时充满了激情，催人奋发。

小汤生的英文算是可以了，今后可以按照自己的兴趣来看英文著作了。但且慢，布朗告诉他，有一部英文著作——卡莱尔的《法国革命史》，切不可忽略，当随时拿起慢慢看。

《法国革命史》背到第三天，小汤生前所未有地哭了。不是感动流涕，而是为书中复杂的语法和难以记住的长句，一句话，散文不如戏剧好背。布朗得知小汤生每天背三页后，吃了一惊：汤生，你背得太多了，每天读一页或半页就行了。要熟不要快，快而不熟，等于没学。并调侃似的安慰他：你哭吧，等你眼泪哭够数，你的学习就够份了。

在对小汤生进行语言教育安排的同时，布朗一刻也没放松充实他的科学基础知识，不仅亲自教他数学，还高薪聘请苏格兰最好的老师住在家里，教他数理化，为此还专门在家开设了科学实验室。盛世难逢,名师难遇。名师选中了奇徒,也是奇徒遇到了名师。

14岁那年,汤生以优秀的成绩完成了义父为他开设的各种课程,被送到德国学科学,不久考入莱比锡大学,获得土木工程文凭。

布朗还带他去墓地"拜访"歌德、黑格尔、贝多芬,告诉他:凭吊亡灵,能洗涤灵魂;瞻仰墓碑,可获得艺术上的享受。在这里,可以处处感觉到伟人们的存在,好像他们只是睡着了,或是外出去喝咖啡了。

柏林的国家公墓安葬着历代公侯,也安葬着不少伟大的学者。布朗提醒小汤生注意,凡是有三三两两的人在墓前久久伫立的,都是伟大学者的墓地,尽管他们的墓地都十分简朴。而那些公侯的墓地,尽管有围栏,有高大的雕像,但是鲜有人驻足致敬。公侯们未能如愿不朽,可见培根的名言不虚:"智慧的纪念碑比权力的纪念碑存在得更长久。"

作为大富翁家的养子,加上又有回到中国福州经商的胞兄辜鸿德资助,汤生的生活完全贵族化,可他毕竟是个黑头发、黄皮肤的中国人,是为欧洲人所瞧不起的黄种人的一员,自然成了为数不多的种族歧视的对象。刚入英国时,他脑后的辫子就曾引起当地人的惊奇和性别误解,只是因为父亲的嘱咐言犹在耳而坚持不剪。这次到德国,公共场合的女服务员老把他当成姑娘,他想进男厕所,却被抓进女厕所方便。在一个可爱的女同学劝说和央求下,汤生一时冲动,把父训忘到九霄云外去了,伸手要过剪刀,立时把伴随了自己十多年的黑辫子剪下,送给这位颇有兴趣赏收的欧洲女郎。

回到苏格兰后,汤生考入英国古老的名牌大学——爱丁堡大学就读。开学之际,布朗亲自带他叩拜父亲的生前友好——从伦敦回到故乡的爱丁堡大学荣誉校长,英国著名作家、历史学家、社会批评家卡莱尔。以《法国革命史》《论英雄和英雄崇拜》等书名扬欧洲的卡莱尔虽然已然白发苍苍、背驼眼花,但蓝色的眸子里依然充满着火一样的激情。得知汤生少年时就能熟背自己的著作,很是欣喜,对这位可做他孙子的晚辈说了一大通近乎交心的话:孩子,你是一位中国人,来自于我心目中的伟大东方古国,我要告诉你的是,现在的世界,已经走上了一条错误的道路,人的行径、社会组织、典章文物,都是根本错误的。人类的一线光明,就是你们中国的民主思想。可叹的是,民主在中国始终没能实现。传到欧洲后，虽然掀起了法国大革命，但不过像划了一根火柴，一阵风吹来，又灭了。因此，今天的欧洲，也不过是徒有民主制度，而没有民主精神……

卡莱尔的一番话，直听得汤生神思飞越。老哲人针对现代资本主义社会强烈的批判精神，矛盾而复杂的思想，刻薄的词锋，像血液般汩汩注入了他的灵魂深处，成了他直接效法的伟大先贤和榜样。

在爱丁堡大学，汤生这尾来自东方的小鱼，自由自在地遨游于西方文化的大海，经过彻头彻尾的西方学术武装，最终在一代大师卡莱尔引导下，栖息到浪漫主义的文学海岛之上。卡莱尔、阿诺德、爱默生等人抨击资本主义的精辟格言，汤生烂熟于心。什么现今的王国是人民贫困的根源，如今的西方是混乱加一条枪，在年轻的辜汤生心灵造成七级"地震"。

这些西方社会的文化精英，连同歌德、狄德罗、莱布尼茨等一长溜大人物对中国儒家文明的热衷赞赏，成了汤生了解和认同母国文明充满魅力的精神食粮。在浪漫主义文学这个殿堂里，他品尝到艺术的美妙，感受到人性的共鸣，最重要的是，是他从中窥见到了母国文明的价值，寻回了作为一个中国人神圣的民族尊严，他的血管里汹涌奔腾着的是既有自豪也有耻辱的中国血。因为对中国开始变得前所未有的自信和坦然，他特地给自己取了英文名：Amoy ku（辜厦门）。于是，当西方人虔诚地祷告基督，深情地献花给故去亲人时，汤生也想到了自己长眠故土的祖先。每逢中国重大传统节日，他一定要在房间里朝东方摆个祭台，敬上酒馔，有板有眼地遥祭祖先，似乎这样才能表达不忘本的诚心。一日，英国房东老太看到他那副几叩几拜口中念念有词的模样，忍不住指着满桌丰盛的祭品，揶揄地问：你的祖先什么时候会来享受你这些大鱼大肉哇？汤生响亮地回敬道：应该就在贵先人闻到你们孝敬的鲜花花香之前！房东老太是虔诚的基督徒，每天早晨都要做早祷，唱赞美诗，说什么"战斗，战斗，用你的全部力量在战斗！"而且在每次就餐前，都要站起来，念念有词："我主天父，赐给我粮食……阿门。"一天，汤生便为此说开了：我真不理解，基督是最仁慈的，为什么战斗呢？战斗不是要流血，要死人吗？粮食分明是农民种的，锄禾日当午的难道不是农民吗？怎么是什么天父呢？天父又有谁见过呢？房东老太瞪了他一眼，指着墙上挂的天父像说：他就是天父！看着像上那个蓝眼珠、大鼻子、黄头发的洋人，汤生笑嘻嘻地说：哦，他就是天父？叫我们吃饭以前来感谢这个纸人的赏赐，真是活见鬼！对那些自以为是，不尊重他民族习惯的西洋佬，汤生的舌辩天赋，发挥得最是淋漓尽致。

在爱丁堡大学，汤生还坚持学习希腊语、拉丁文等。旁人只看到他学得多，学得快，殊不知他是用眼泪换来的！他就像田野里的一株百合，深深扎根于知识的土壤，汲取最丰厚的营养，开出最美妙的花朵。1877年，20岁的汤生摘取了爱丁堡大学文学硕士的桂冠。这个令学子们梦寐以求的学位，却也让人望而却步，因为它必须通过拉丁语和希腊语两门古语，以及数学、形而上学、道德哲学、自然哲学和修辞学等众多科目的学习和考试。

爱丁堡大学毕业后，汤生又到牛津大学进修了一段时间，尔后赴意大利、奥地利、德国等地游学。取得德国柏林一所学院的哲学博士学位后，旋赴巴黎，——布朗回槟榔屿前叮嘱他要学习优雅的法语，进一步了解西方的世故人情。他曾毫无保留地告诉养子：伦敦、巴黎、华盛顿是世界上最大的强盗大本营，什么皇帝皇后总统都想着掠夺世界的资财，奴役世界的人民。

最是出奇的一招，布朗还匪夷所思地安排养子与法国一位贵妇相识。这位贵妇的英、德文都不错，还想学希腊文、拉丁语。汤生在巴黎大学读书之余，便做她的业余教师。出入贵妇府上的都是法兰西有头有脸的人物，当汤生从义父那里得知贵妇竟是巴黎名妓时，傻了眼。布朗却道：这些女人对那些风云人物的了解，可能比任何人都多些。看了那些衣冠楚楚的正人君子拜倒在石榴裙下的嘴脸，你才能更彻底地了解人世百相。

义父的良苦用心，令汤生备为感动。在这位高级交际花的后庭园，他得以观察那些大腹便便脑满肠肥的部长、大臣、将军、巨贾们的千姿百态，看到了他们用权势和金钱营造的世上最为精彩的表演。在巴黎的日子久了，汤生吃惊地发现，卡莱尔《法国革命史》笔下的巴黎已荡然无存，早已被脂粉和香水泡得发腻，变得忧郁、颓废、野蛮，变成世界上最著名的染坊。他慨叹没有真理，对科学深感悲观失望，认为科学越进步，战争越残酷，杀人越多。巴黎拥有世界上最先进的科学技术和最发达的物质文明，却不能使他看到社会的前途。

数年间穿梭般求学于莱比锡、爱丁堡、伯明翰、柏林、巴黎等著名大学，汤生凭着自己的天才和勤奋，获得了包括文、理、工、哲等多科的十几项文凭、学位，已成为一位学识渊博、满腹经纶、能言善辩、笔走飞鸿、大器早成的青年学者。布朗家人万分欣慰之余，不无沉痛地相告：其亲生父母和义父布朗均不幸先后下世，怕影响他的学业，遗嘱不以丧告。

捧看父亲临终前写就的"回到东方来，做个中国人"的遗言，汤生泪落倾盆，立时就希望生就一对翅膀，飞回东方，飞到父母墓前。

布朗家人理解汤生的心情，支持他东返，还把布朗病逝前的寄语相告：汤生，你在英国学的是文史哲学及社会学，在德国学的是科学，欧洲之学可谓已通。现在送你回东方，你再把中国的经典著作学深学透，然后，将中西文明融会贯通，给人类指出一条光明的大道，让人能过人的生活。汤生睁着一双迷茫的眼睛直看着义父家人，嘴里蹦出一句话：让人能过人的生活？布朗家人微叹一口气，拉着汤生的手，眼光里闪着真情：汤生，你要知道，现在欧洲各国和美国都已经变成野兽国家，他们仗恃轮船、火车、枪炮，杀人放火，疯狂侵略他国。你的祖国中国，正被放到砧板上，恶狠狠的侵略者正操起屠刀，准备分而食之。你义父说了，他若有你的聪明，甘愿做一个学者，拯救人类，而不去做一个百万富翁，只造福自己。

汤生这才知道义父带他到欧洲求学的目的，就是为了给自己安上一副具有透视能力的"西洋镜"，会通中西，日后担起强化中国、教化欧美的重任。他不但是自己的义父，还是自己的恩公、启蒙老师，白种人如果都像义父那样多好啊！这样想罢，一股热流贯穿全身，他双膝一软，不由自主地在这位对中国文化极具好感的英国义父遗像前跪下，情真意切地刚道一句"尊敬的义父大人"，就已热泪盈眶，哽咽难语。

1880年，在英国的欢歌笑语和蓝天皓月中，西装革履、留着中分头、一副洋博士派头的汤生登上了东返的轮船。在父母和义父墓地祭祀后，待心绪平定，被英国殖民政府派往新加坡，在辅政司任职。一年后的岁末，大清帝国派往南洋宣慰侨胞的官员到了新加坡。汤生得知消息，怀着好奇之心，立即前去该官员下榻的 Strand Hotel（海滨宾馆）拜访，看个究竟。没想到这一去，改变了他日后的生活和命运。

这位奉命来南洋诸地与英国殖民当局办交涉的中国官员，姓马名建忠字眉叔，江苏丹徒人，可不是个等闲人物。他幼年曾随兄长马相伯就读于上海天主教办的徐汇公学，受西方影响，抛弃科举道路，致力于西学研究。入修道院后，却以中外修士待遇不平而愤然退出。1876年被李鸿章选派赴法留学，兼任驻法公使郭嵩焘的翻译。在法期间，有以白种人自傲者，马建忠必折之使服。他事事都要超过白人，不但学业要争第一，连付房租之类小事，都要同白人争个高低，替华人挣足了面子。仅用三年时间，马建忠就获得巴黎大学博士学位。回国后入李鸿章幕，很快成其肱股心腹，帮办洋务，清廷将其列名为二品衔的驻外使馆候选人。学贯中西，旧学基础扎实，还精通英法语文及希腊、拉丁文字的马建忠，身着大清官服，气宇不凡，举手投足俨然正宗的中国学者派头，汤生初见之下，骤然间感到了一种难以言状的震慑力。

这马建忠实为博学，竟能将博大精深的中国传统文化口若悬河般诉出。汤生端正身子听得入迷，犹如迷途已久的旅人在茫茫荒漠中见到了绿洲。他把马建忠的话尽皆装入耳里：春秋战国时的诸子百家就不要说了，两千年来，他们个个炳如日月星辰，光彩照人。在弥尔顿出世前，我们已经有过《诗经》，有过屈原，也有过李白、杜甫、韩愈、苏东坡；在莎士比亚时代，我们也可以找出关汉卿、汤显祖来与他比肩；至于卡莱尔，我们的司马迁哪点逊色于他！

论说西洋文学，汤生旁征博引，口若悬河，绝不落后于人，但中国文学的知识于他却几近为零。在这之前，他实际上只读过法国汉学家翟理斯博士翻译的《聊斋志异》。可马建忠却点评《聊斋》只是纯粹的文学故事，并不是中国真正意义上的文学，唐宋八大家的文章才是上上品呢！他一点也不玄虚，更不夸夸其谈，那如数家珍地介绍，使汤生更了解到中国文化的博大精深。

悠然间，天色暗了下来，不远处的海风把星星挂上了窗帘。想想以前，汤生几时感觉时间这般紧促，就是当初倾听卡莱尔也不过如此。礼貌使他起身告退，眼神里却蕴含着不舍的成分，马建忠看在眼里，莞尔一笑道：没关系，你可在旅馆跟我一道用膳，晚上再谈。

第二天，马建忠的话题不离时政：鸦片战争后，西欧诸国仗着先进的兵器对我国大肆侵略，为所欲为，肆意摧毁。我们留洋，就是要看西洋人凭什么可以到处横行，从一个新的角度，看看中国人到底什么地方不行了，然后再设法疗治，使我们的民族老而弥壮，使我们的国家自立于世。你也是中国人，为何不将所学献给祖国，为何还要保留一个 an imitation western man（假洋鬼子样）？

真如当头棒喝！是啊，自己尽管从欧洲回来已近三年，却还是西装革履，满口洋话，喜欢保留一个假洋鬼子样，不仅不曾进入中国的思想和观念世界，现在仍为英国殖民者服务。虽然父辈们与英国人打交道已经游刃有余，但他是越来越不认同也不习惯他们的做法了。要知道，自己的祖国和同胞，此刻正在遭受包括英国在内的西方列强的侵略和掠夺，饱尝着水深火热之难，自己既身为炎黄子孙，就不可无动于衷、袖手旁观，任意放卸作为一个中国人应尽的责任和义务。猛然间，辜鸿铭久闭的心扉被马建忠强有力的言辞给撞开了！

一连三个晚上，两人促膝倾谈，马建忠所诉中国文化及道义深深吸引着汤生的心，仿佛一泡茶的工夫，汤生对归国入仕急不可待，大有刻不容缓之势。

送别马建忠的翌日，汤生即向殖民当局提出辞呈。还没等到答复，也不想提前拿点薪水，就乘坐第一班汽船回到槟榔屿老家，大声告诉兄长，说自己愿意蓄辫和改穿中国衣服，做个中国人。

无巧不成书。不久后，一支由英国人组成的探险队，途经槟榔屿，准备到中国，前往缅甸曼德勒，要在这里招一名中文翻译随行。汤生欣喜之余，当即前往应聘，但他志不在探险。汤生随队到广州，经桂林，转赴昆明，一路领略中华山川之美，了解民情风俗，倒也轻松自在，有惊无险。只是他那三脚猫功夫的中文水平，不独探险队时时翻白眼，就连他自己也有所不齿，遂向探险队辞行，到得香港停留下来。

香港经英国殖民当局近四十年的统治，已成为英国人经营东方的根据地，英国人在中国收集的资料和情报，以及西方人的反应，都在这个弹丸之地汇集。这里的居民仍以中国人为主，同槟榔屿的环境相似，精通英文的汤生在这里如鱼得水，既能研究中国文化，也有利于关注中国局势和世界动向。在港期间，汤生继续埋头苦读汉学著作和中国经典，对中国学术思想恍有所悟，写就平生第一篇有关中国的论文《中国学》。

汤生手持《字林西报》连载的论文，兴冲冲地赶到上海，造访马建忠。不巧，马建忠正忙于洋务谈判，无由会晤赐教。汤生慵倦之余，随处旁听一些塾师讲授四书。《大学》里有段话："汤之《盘铭》曰：'苟日新，日日新，又日新。'"经塾师讲解，汤生弄懂了其意：这是商汤王刻在洗澡盆上的警语，意思是，假如今天把一身的污垢洗干净了，以后便要天天把污垢洗干净，这样一天一天下去，每天都要坚持。这句本是说洗澡问题的话，给汤生留下至深印象，他进一步悟道：精神上的洗礼，品德上的修炼，思想上的改造，又何尝不是如此？联想基督的每日忏悔，汤生决意要使自己废旧图新，追求中国精神，并使之完美。他灵机一动，借用"汤之盘铭"之句，给自己取字鸿铭。鸿者，大之意。商汤王在洗澡盆上刻写警语，汤生将之放大，刻在心中，使之成为座右铭。

在上海期间，因偶然的机会，辜鸿铭结识了《泰晤士报》首任驻华记者柯乐洪，应邀担任过一段私人翻译，跟着他去天津、上海等地转了一圈，会晤过中国海关总税务司赫德等中外名人，对中国的社会政治情况略有了解。随后，辜鸿铭转赴福建探亲。先是在福州投靠伯父，却无从找事来做。返同安、惠安祖籍地小住，寻踪祭祖完毕，乃复折回香港，不意在这船上遇见杨玉书。

这杨玉书乃广州候补知府。张之洞督两广后，法越战事正紧，战火已燃至中国。这年七月，法国远征舰队以"游历"为名驶入福建水师基地马尾军港。张之洞震惊之余，命杨玉书赴闽侦事。杨玉书由闽入港折回广州，在船上一睹辜鸿铭舌战洋人的风采，不觉动了爱才荐才之心。

四、封疆大吏喜识天下奇器

晨曦由浅入深，两广总督府的客厅却还是灯火通亮。张之洞翻看夹于卷宗的一份邸抄，阅不数行，便拍桌连道：岂有此理，岂有此理！因为气愤，拿邸抄的手微微发抖着。邸抄所载朝廷官员关于和法停战讲和的清议，深深刺激着这位主战派的头领人物。

张之洞气哼哼好一番，想着要前往虎门，和巡阅长江使彭玉麟会商军政，联名上奏，以坚定朝廷抗法之意。刚一起身，却见首席幕僚赵凤昌引着杨玉书进见，面挂微笑说：香帅，玉书回来复命了。

三人分宾主坐定后，杨玉书或详或略地汇报了赴闽探测的战况，而后提到给总督府物色了一位幕中英才。张之洞淡然道：英才、英才，谁都说自己是英才，适才我刚喝退了一个庸才。杨玉书恭敬地说：香帅，依下官之见，他可是个不凡人物。

张之洞顺手拿起书案上考究的玛瑙鼻烟壶，打开小盖，倒出一点碾得细细的烟粉末儿在手指上，然后将这辛辣的粉末抹到鼻孔边，连打两个喷嚏后，顿觉头目清凉，浑身舒泰，语气却一点也不夹杂吸入鼻烟后的高亢味，两眼似睁非睁：说来听听，如何个不凡？杨玉书添油加醋把辜鸿铭的来龙去脉，和船上亲见他一张铁嘴击退四洋人的风采择要告知。他这么轻描淡写一说，张之洞立时来了精神，心头大悦：详细点详细点！

顷刻间，杨玉书仿佛回到了船上，脸上飞扬起兴奋的神采，如此这般，把船上遇到辜鸿铭一事，细述一番。最后说：依香帅之见，这样的人，会是庸常之辈吗？张之洞"哦"了一声，急起身，答非所问地大声道：他在哪？

在来粤前两月，张之洞于晋抚任上就发出了《延访洋务人才启》，希望全国各地的洋务人才前来。不管是熟悉洋务的哪一方面，或是钻研精通天文、算术、历算、地球，或是通晓各国语言文字，或是熟悉沿海险要之地，或是多见机器运用之得宜，或是根据洋法能自己制造，或是研究船舰大炮，或是精通开矿之学，或是能阐述新旧条约的变迁，或是能剖析公法西法之异同，或是对洋务全面熟悉的，都将受到欢迎，到职后将根据其才能给予优厚的薪金。督粤后，因为广东地当中外贸易之冲，广州又是首先对外开放的口岸之一，中外人员的接触与文化的交流都较为频繁，无论商务夷务均得风气之先，与内地大不相同，且正值对法用兵，张之洞更是急于了解欧洲政学，不时唠叨总督府除了懂英语的洋译员，鲜有兼通其他西语的得力译员。如果杨玉书说得不错，那么这样的人堪称奇器、奇才。而他偏是个喜好奇特的总督，自谓喜读天下奇书，喜识天下奇器，喜交天下奇才，喜做天下奇事。

得知这位奇才回香港去了，张之洞沉吟片刻，看着杨玉书，目光柔和地道：现在正是边疆多事之秋，总督府中急需法语译员，玉书，还得烦请你跑一趟香港，快把他请来。

几天后，海轮把飘扬着米字旗的香港维多利亚海港抛在了背后，顺着海风快速地向广州行驶。辜鸿铭一直念兹在兹的回国效力之夙愿，终于落到了实处。

对回国后的供职——作幕，辜鸿铭概莫知之。杨玉书便耐心地培训起他来。作幕，又叫当师爷。清制，上自总督、巡抚官署，下至州县衙门，往往都要聘请几位有识有才的人来协助处理行政事务，称为幕友，也叫幕府、幕官、幕僚、馆宾、西宾和宾师等。师爷对主官并不以顶头上司相待，只称为"东家"或"东主""主人"等，当面则客气地称为"东翁"。

幕僚，不就是相当于洋人眼中的秘书或参谋吗？辜鸿铭听得既新鲜又有兴趣，一通高兴后，随口用英语大声道：天生我才必有用。见杨玉书以疑惑不解的目光看着自己，辜鸿铭忙解释道：这是李太白的诗句。

西装革履、留分头的辜鸿铭这句纯正的英语，引来了近旁一位体形稍胖的外国中年女士的英语问话：先生是中国人吗？得到明确的回复后，女老外又上下打量一番辜鸿铭，兀自摇头：看你的长相，不像地道的中国人，你刚才流利的英语和这身打扮就更像西洋人了。辜鸿铭急了：我正是中国人，夫人有何见教？

女老外又看了看辜鸿铭，犹豫着问：我想请你给我一点建议好吗？听说厦门不错，我想到那里疗养，你以为如何？辜鸿铭笑了笑，既幽默又中肯道：夫人，你算是问对人了。当初我到了厦门，人生地不熟，也不懂那里的话。可很快，我发现自己苗条了，身体健壮了，也懂得说当地话了，你看我现在不是很好吗？女老外高兴得如同中了马票头彩，眉飞色舞地说：怪不得医生三番五次劝我到那地方疗养，想不到竟有如此之妙。请问先生，上回你在厦门住了多久？辜鸿铭斜睨她一眼，徐徐答道：夫人，我正是厦门出生的！

在船上竟能碰到英语说得这么纯正的中国人，而且还是厦门出生的，女老外禁不住多打量了辜鸿铭一眼，饶有兴趣地提了个问题：中国人一辈子真是用两根棍子吃东西吗？辜鸿铭回答后，女老外想了好半天，忽然又慎重地问：那么，吃通心面时怎么办呢？难道也用两根棍子吗？

辜鸿铭听后先是一呆，后来反复交谈，才恍然大悟，原来这位女老外一直以为中国人用筷子是两只手各拿一根，像西方人拿刀叉一样，拿小棍戳菜或挑面吃；他们无法理解中国人用筷子夹、扒拉、拌等简单便利却又十分高超的动作，不理解东方生活方式，这样才产生出中国人感到不可思议，而西方人却感到很合理的一只手拿一根筷子的怪想法。

辜鸿铭解释后，一船的老外直笑得前仰后合，涕泪纵横。杨玉书虽不知他们在叽咕什么，但从一旁其他老外微笑的神情来看，知道辜鸿铭又得了彩头。

六、洋文案改字风波

一路无碍到得广州不表，杨玉书即引辜鸿铭先行见了赵凤昌，由赵凤昌安排住宿。

这赵凤昌是张之洞最赏识的幕僚，听得辜鸿铭经历传奇、记忆惊人，心中并无妒意，而竟惺惺相惜。知道辜鸿铭不熟中土习性，免不了又做一番叮嘱，并说：汤生兄，留洋回来的青年这些年也不少了，但能否被香帅看上采用，谁也没个准数。见面后你一定要谦虚谨慎。仅喝茶事，他就如此交代：当主人递茶时，你应当站起来接受。其次，也是最重要的一点，不管你的嗓子眼里干得冒火还是冒烟，都不应当动那杯茶，除非主人再三催促你开始用茶，并且给你做出示范带头先喝。你还当明白，在中国，每当主人再三劝茶之时，那便是客人应当知趣起身告辞之时。

辜鸿铭越听越犯傻：这么简单的喝茶，为何弄得这么复杂，虚情假意的？我不喝就是了。也不反问，嘴里只是"唔唔"地应着。

如此在宿舍相坐长谈到深夜时分，赵凤昌看看钟时，乃起身道：香帅势压天下，但对选拔人才的兴趣始终不减，对有才者准予破格接见。早感困顿的辜鸿铭嘴里说着荣幸荣幸，以为可以送客就寝了，却不料赵凤昌要拉他去总督府见张之洞，当下不无吃惊：怎么是深夜接见？赵凤昌手摇折扇，一副轻描淡写之样：这是香帅的习惯。

张之洞自幼好学善思，九岁时读四书五经便每至夜分，倦则伏案而睡，既醒复思，必得其解。孩时的这个习惯，加上文人的不羁，养成了他一生再也难以更改的乖异习性，不仅起居无度，而且总是颠倒黑白：下午二时就寝，至晚上十时起床，用餐后即行办公，批阅文件，接待来访者。如此大约两三个小时，到十二点半或凌晨一时。如果有事，就延至三时左右。吃饭后，就像白天一样，衣服不解又去睡觉，有时也不进卧室休息，索性就在办公桌上迷糊一会儿，数九寒天也常常如此，只是在座椅旁置个火炉御寒。六七点钟醒来，又继续办公。僚属们有事要谒见请训，往往要等到深夜。司道官员上午来拜谒，张之洞或鼾声于卧榻，或接见于公堂。往往谈话尚未结束，便因体倦而闭目养神，置客人于不顾，甚至下属数日求见而不能一遇。

赵凤昌简要说来，辜鸿铭不经意地嚷一声：大人物怎这么多臭毛病？赵凤昌以指触嘴轻"嘘"一下，小声道：要讲礼！辜鸿铭笑了笑，摆出精神正儿八经道：竹君兄放心，我见了大人后，必然毕恭毕敬。

一盏红灯笼引着两人向总督府走来。辜鸿铭还是来时的装扮，一袭洋服，头戴帽子，脚穿一双用野兽皮做的鞋子，一副洋人赴宴的派头。他甩着两只膀子，走起路来踢踏作响，大模大样地跟着赵凤昌走进客厅，满不在乎地东瞅瞅西看看，见张之洞还未到，瞅准近旁的椅子一屁股先行坐下。赵凤昌心里暗道声"冒失鬼"，一旁道：我们还是站着迎候香帅吧。辜鸿铭却不想动身：这里又不是没有椅子，我走了这么长的路，累了！

辜鸿铭说话间，眼光扫到了主人几案上摆着的水果、糕点和瓜子。张之洞起居无时，饮食也无度，办公时，几案上总摆着零食，以便随时取用。辜鸿铭起身过去伸手抓了一把瓜子，重又坐回刚才那席位，口角生津地嗑起来。看看那干净的桌面和地板，不得已把瓜子壳放到左掌，想着一会儿出门时带走。赵凤昌一脸不放心地盯着辜鸿铭问：我说的礼你都记住了？

还未等辜鸿铭回答，一声咳嗽传来，接着便是橐橐的脚步声，张之洞一身便服进屋。听了赵凤昌的介绍，辜鸿铭赶紧起身，并将左掌攥紧，以防张之洞看到他掌中的瓜子壳。他向张之洞作揖道：在下辜鸿铭见过大人。作揖时眼睛只是稍稍下垂，余光却在眼前这位大人物身上转，但见他貌不惊人，个子并不高大，面目清瘦，严肃沉稳，质朴的着装，因为有一副长髯飘洒于胸，才衬出了几分庄严的气度。两广的最高地方长官，怎么是这么个人？辜鸿铭脑里飞快地转出了一个疑问。

张之洞答礼完毕，宾主就座，三杯香茗随即送来。张之洞轻呷一口热茶，审看了辜鸿铭片刻，开口问：你既名汤生，又取字鸿铭，我推想是借用了《大学》里的"汤之盘铭"。张之洞的官话让辜鸿铭听得浑身舒服，满脸嬉笑着回答：正是正是，没想到大人如此精于儒学。

张之洞幼时便随当知府的父亲在偏远的贵州生活，在一个交游和干扰不多的环境中得以静心读书，苦读了几年八股文，得其精义，还学了一腔贵州官话，口音再无北方味。他听着辜鸿铭并不道地的奉承，微微一笑：还是谈谈你的西学吧。

辜鸿铭口若悬河如数家珍般道起了自幼游学西洋，习其语言文字的经过。为了吸引眼前这位总督大人的视听，末了还不忘加上诸如在学洋文时得观西洋经邦治国大略，考察彼邦国政民风，是故略识端倪一类的话。张之洞内心听得欢喜，脸上却无表情流露，看着辜鸿铭问：你既长于西洋，为何回国？

几番对话下来，辜鸿铭发现很容易与张之洞接近，他也能仔细倾听自己的讲解。如此畅快地谈着谈着，辜鸿铭不自觉中把"在下"改作"我"了：先考在送我出国之前，曾如此告诫我：我们的祖先是中国人，不论你的周围是英国人、德国人、印度人还是法国人、马来人，都不要忘了自己是中国人。是故我要回国。

张之洞嘴里轻"哦"一声后接着又问：时下欧洲状况如何？辜鸿铭想也没想便接口道：还在法国巴黎就读时，一位大学教授便劝我不要继续在欧洲滞留，应赶快回国学习中国文化。他认为今日欧美之学，实不足法，而又不可不知，今我已知之，便应速归。他们对西方社会心怀不满，对科学悲观失望，认为科学越进步，战争越残酷，杀人越多，这是科学误用之故。张之洞点点头，稍作沉思，再问：那你说说，欧美强盛，是何原因？

这么个难以一言以蔽之的话题，辜鸿铭还是不假思索地脱口而出：欧美主强权，骛外者也，中国主礼教，修内者也。欧美一时强盛，似优于中国，而图长治久安，则中国之道盛矣、美矣！

辜鸿铭半古半白，有时甚而文法欠通的话，让张之洞好笑，又大异之，心想，中国与欧美通使未久，使列邦者，见欧美强盛，玄奇惊异，自愧不及，虽夙学如郭筠仙、曾纪泽且不免，辜鸿铭却独非之，真是异才！

辜鸿铭在慷慨激昂高谈阔论的当儿，左掌中的瓜子壳不知不觉撒了一地。赵凤昌频使眼色，辜鸿铭却不知其意。张之洞见此滑稽状，忍俊不禁地开怀大笑。辜鸿铭也毫无拘束地笑将起来，笑声一点也不输张之洞。张之洞见他如此不拘礼节，不觉心头有气：这个人怎么这个样子？细想想又觉得这个人怪有意思的。于是又细细打量他，对他的穿着有几分不悦，开口问道：汤生，你到底是中国人，还是外国人？如果是中国人，赶快脱了这身衣服，穿起长袍马褂，讲官话，留辫子，做个纯粹的中国人。

遭此奚落，辜鸿铭并无窘态，而是大大方方道：几年前在下自新加坡见到马建忠先生后，就一心想做个伟大的中华文明之一员，只苦于一时不得入门。赵凤昌从旁圆场：香帅，辜先生自小求学西洋，虽然极力想做个中国人，但终究不得门径，香帅不必太苛。

张之洞莞尔一笑，继而严肃道：我只是和汤生开了个玩笑。不过，汤生，我看你现在已不是在西洋留学了，还是照我的话去做吧！做个彻底的中国人！望着身躯矮小的张之洞，辜鸿铭心头忽地一热：总督大人矮小的个头，决无损于大官的威严和气质，谁说中国的官员都是崇洋媚外，事洋若父的！

回到居室，辜鸿铭飞速地脱下西服，扔在地上。赵凤昌以为他生气了，忙劝道：汤生兄，香帅的话可不要记恨在心！辜鸿铭轻快地笑道：我感谢还来不及呢，哪来的记恨。马建忠先生让我坚定地做个真正的中国人，今听香帅一席话，更是豁然开朗。从今天起，我决定要穿中国衣，吃中国饭，看中国书，说中国话。

原来如此，赵凤昌宽心而笑：香帅的话既是有理，也不必如此迫不及待。辜鸿铭认真地说：认准的事又何必拖到明天呢！笑谈间，他已经改穿起长袍马褂，戴上红顶瓜皮小帽，脚上还换上一双正宗的双梁布鞋，正正经经地面向赵凤昌问：怎么样，像个彻底的中国人吧？辜鸿铭转眼间这身打扮让赵凤昌惊奇有加：你哪来这么多珍藏？辜鸿铭得意地：有备无患，在什么地方穿什么衣服。不过，这套洋装我是彻底地扔了，谁爱捡去就捡去吧！

辜鸿铭一身新扮相，再次前往总督府见过张之洞。张之洞眯着眼睛好生瞧了他一会儿，开心而笑：汤生果真要立地成佛，做个纯粹的中国人了。好好！辜鸿铭听得满脸笑意。张之洞沉吟片刻，道：古云人尽其才，物尽其用，汤生精于西语，就委屈你在府中做个洋文案，邦交诸务。

翌日，张之洞亲自领着辜鸿铭，在总督府内各办公处走了一圈，亲作介绍。辜鸿铭每到一处，少不了一番客套，满脸堆笑向新同事抱拳作揖。自山西巡抚而到两广总督，数年间，张之洞幕府进出了多少新人，难得有几位劳他亲自陪同介绍，新来的辜师爷面子多大啊！众僚属羡慕之余，内心各自在揣测辜鸿铭到底有多少斤两。

汤生精于西学，经纶满腹，确是杰出之才！诸位可得见贤思齐。张之洞这么一捧，把个辜鸿铭捧得满脸挂彩，但总算没有忘形，记住了赵凤昌的谆谆训导，赶紧接着张之洞的话茬说：大帅过誉了。其实，所谓博士文凭只不过是唬人的玩意儿，值不得几文钱。区区洋文，谁都一学就通。再说，洋文也不是个好东西，哪比得上咱中文方方正正。汤生耻不知国学，返国谋求补习，还请各位仁兄不吝指教呢！辜鸿铭这番自谦之词，总算让不少同事消弭了内心的不平情绪。

下午，张之洞在书房里和赵凤昌谈事时，还不忘提及新到的辜师爷，笑道：我平生所接见的人不可说不多，但是像汤生这种人这种态度却从未见过，还真让我开了洋荤。赵凤昌亦笑：我观香帅神情，有点喜欢他，但又觉得他没大没小，缺规少矩，所以不自然中又透露出几分不悦之情。张之洞哈哈一笑，手指赵凤昌道：你倒挺会察言观色。这当儿，戈什哈门口禀报：大帅，新来的辜师爷求见。张之洞和赵凤昌迅速交换了一下眼色，道：刚刚见过，却又为何再来？

原来，辜鸿铭见他日后办公的文案房，除了数张枣红木的桌椅和桌上的文房四宝，四墙空空，摇摇头，也不和其他同事搭讪，转身径直往总督府而来，见面就嚷：香帅委以邦交大事，如此高看令我十分感激。只是当今世界日益广大，岂能仅仅依靠想象，而不了解世界事务，闭目塞听？

张之洞大脑里上下翻腾，看着辜鸿铭说不出个办法来。辜鸿铭道：今日中国已与西方列强形成敌对关系，敌方亡我之心不死，不得不防。我在香港时，曾读到《孙子兵法》，其云："知己知彼，百战不殆。"乃至理名言。本朝中，亦有林文忠公等先后倡导"师夷之长技以制夷"。在我看来，如真欲师法外夷，则须首先了解外夷，认识西方。

张之洞点头称许。辜鸿铭顺着这个话题继续侃侃论道：要了解世界事务，断断少不了要订些洋文报刊。通过洋文报刊，既可了解世界各国的时事新闻，当然重要的还可掌握那些主要国家，对我大清政府的态度，使香帅明晰世界局势，才不致举措失当。否则，只能是闭目塞听，甘作自大之夜郎。

张之洞"啊哈"一声用手拍拍宽阔的前额，对赵凤昌道：汤生想得周到，竹君，你抓紧时间拟个订单。不及赵凤昌答话，辜鸿铭就抢先道：这方面，我最内行不过了，我拟就后请香帅过目即可。说罢作揖告退。张之洞和赵凤昌相看良久，异口同声道出一句：这个人！而后同时发出愉快的笑声。

辜鸿铭重新回到文案房，迎着同僚们奇异的眼睛点个头，坐到自家办公桌，磨好墨后，径自埋头在上等的宣纸上草拟报刊订单。未几，差人送来公文，毕恭毕敬地说：大帅吩咐，这几份公文交予辜师爷，至迟明天完成，明日午后，小的即来取。辜鸿铭接过，见是份英文订单，阅不数行，顿时将之扔于桌上，右手对着办公桌"砰"的一声搪下，大骂：欺人太甚，欺人太甚！文案房其他幕僚吓了一跳，纷纷转头注目相处不到半天的辜师爷。刚行至门口的差人更是受了吓，急回身过来：辜师爷，怎么了？辜鸿铭厉声道：这些洋鬼子，他妈的王八蛋，用这么便宜的价订了咱们的中国货，不卖个乖，竟敢说中国货是土货，太欺人了！也不撒泡尿照照自己！

见差人一旁惊愕呆立着，辜鸿铭挥手招他过来，指着订单里"货物来源"一项所填的英文单词，问：native-goods，你懂吗？这差人是专职送西文的，略知简单常见的洋文，是故点点头。辜鸿铭一脸愤怒道：你还点头，我看你根本不懂，说给你听你也不懂！你看，订货单上所用native一字，在英文中含有生番野蛮不化的意思，如非洲、美洲、澳洲的土人一般。咱中国货堂而皇之应为Chinese-goods，而这帮洋鬼子却贱称为native-goods，你说恼不恼人！

原来是这等事，一旁的幕僚袁似在接话，更像与幕僚方说话，语气冷冷地：洋人恼人的事多着呢，何况这区区称谓。辜鸿铭抬头迅速白了幕僚袁一眼，道：西方列国蒙我天朝开恩，准许往来，不仅没有崇尚中国文明的虔敬态度，反而板起面孔教训天朝，要求对他们放尊重一些，不得再使用"夷""番"等字样，却以此来呼我们，岂有此理！边说边提起毛笔，蘸了浓墨，对着英文native-goods就要划过去。

差人吃了一惊，忙上前用手捂住公文，连连叫道：辜师爷，你这是干什么？辜鸿铭大声道：我要改过来！在我来之前，洋鬼子怎样使用我都管不着，今后却休要想从我这里占便宜！刚才说话的幕僚袁嘴里"啧啧"两声后，好一番冷嘲热讽：这个词在与西洋交往中，已运用很久了，今天却要改用新词，洋人岂能接受？幕僚方一旁附和：袁兄所言极是。辜鸿铭却不买账，也不怕得罪他们，朝他俩一瞪眼：积非成是！畏洋如虎的奴隶思想！就是督抚把它定为native，我照样再把它改成Chinese！

辜鸿铭的高嗓门惊动了文案房的同僚，他们纷纷前来看热闹。那差人捂住公文的手不放，战战兢兢道：辜师爷，万万使不得，万万不可胡来，你才来，还不晓得这里的规矩，更改公文须经大帅应允，更何况这个订单双方早已签订，如果擅自更改，你这一笔下去，恐怕不光带来生意上的损失，弄不好，要惹来外交上的麻烦。辜鸿铭哪里肯依，怒斥：张大帅又怎么样，他难道会不同意我把土货改成中国货，除非他瞎了眼！用力撇开差人，大笔一挥，按页涂了起来，然后在涂掉的地方一概加上 Chinese-goods，改毕，将笔一掷，指与差人道：拿去，别怕，大帅怪罪下来，我顶着！

张之洞细细探究辜鸿铭的改字风波，觉得这一字之改，确实树立了中国的形象，内心里十分赞赏，当即二话没说即行批阅通过公文。新来的辜师爷一个毛糙举动，就显了锋芒，树立了傲骨风采，使自己的地位和形象立时高大起来，在总督府上下，在张之洞的心中。

辜鸿铭一口气就拟出了上百种洋报刊洋杂志名录送呈，张之洞正看得眼花缭乱，心腹幕僚蔡锡勇公干回来复命。这蔡锡勇，字毅若，生于福建龙溪，堪称中国早期培养的现代化人才，早年就读于广东与京师两所同文馆，主修英文、算学和中文，得名师指点，兼擅社会科学、自然科学及应用科学，曾随使赴美，任翻译。入张之洞幕后，负责传译等工作，是个候补道。

张之洞热情地招呼着他，道：蔡道，你来得正好，请你来看一样东西。边说边递过那份订单：这是洋文报刊订单，我是个洋文盲，你过目一下。蔡锡勇看了好一会儿，一脸的兴奋：能在七八种语言中提炼出上百种报刊，而且囊括四方，包罗万象，足见草拟订单之人不简单。这份赞语出自曾在美国当过英文翻译的心腹幕僚之口，张之洞不由得心头大喜。蔡锡勇继续道：别的语种我不太明白，单说所订英文报刊，就很高明，我可肯定此人不仅谙熟西洋诸语言，而且学养深、见识广……只是这一手毛笔字实在不敢恭维，不知是府中哪位高人的手笔？张之洞拈须微微一笑：出自你的福建同乡、新到的辜鸿铭，他留洋多年，原本使惯了洋笔，自然比不得诸君的那手汉字，但脾气可有得一说，前几日修改订货单一事，即其所为。

蔡锡勇虽未与这位同乡谋面，已在心里对他刮目相看，"哦"了一声后，道：香帅慧眼得英才，可喜可贺！只是辜鸿铭初来乍到，便如此擅作主张，听说还口出狂言，竟然骂香帅一些难听的话……张之洞大度地一摆手，道：我觉得他改得有理，理直气壮维护我中华尊严，比一般庸吏高明多了，即予通过。至于骂人嘛，他在气头上，在所难免，算了吧！

第二章

幕府之初

一、总督大儒亲炙中国文化美食

辜鸿铭就任总督府洋文案后，住进了督署衙门内的一间上房。办公回来，他就闭门谢客，整天价在啃一本又一本厚厚的中国线装典籍。他希望能从中领悟到悠悠的文化沉思，明心见性的精髓道理，尤其是官话。他觉得，能讲一口流利的官话便是艺术的修养体现。然而，当他注意到自己手中所捧中英文对照的官话指南竟是日本人所著时，便又赌气地将它扔到一旁，转而继续捧读《大学》。读到"物有本末，事有终始。知所先后，则近道矣"之句，想及中华文化博大精深，而自己既不通"知所先后"，遑论"近道"？辜鸿铭眉头紧锁，陷入苦恼中，思来想去，觉得向有识之士拜师才是上策。他第一个便找到了赵凤昌。谁知，赵凤昌一脸歉疚：非我不愿，实因我读书不多，文理平常，哪堪为师？

不果，辜鸿铭又找上幕僚方和幕僚袁，语气恭敬相告：我多年远离中华文化，虽然潜心研习，苦于无从入门。方兄和袁兄俱是硕学之士，特求赐教，帮助我补传统文化之课。幕僚方想有所表示，却被幕僚袁用眼光制止了。幕僚袁从辜鸿铭手中接过线装典籍，漫不经心地翻了翻，酸不溜秋道：那么多的洋报刊读不完，你还有闲工夫读汉字？辜鸿铭热切而诚恳地：我真心请教，绝不是附庸风雅。幕僚袁鼻孔里"哼"一声后，语气依然没变热：你是读洋毛子书的，没有资格读我们中国的经传。辜鸿铭的脸"唰"地红成个大关公：你为什么认定我没有资格呢？幕僚袁喷着酒气，摇晃着脑袋道：子曰"道不同，不相为谋"。

辜鸿铭也不答话，飞速从他手中夺回线装典籍，转身就走。幕僚方见此情景，似乎有些过意不去，在背后喊道：汤生兄！辜鸿铭回头，那双大而锐利的眼睛在两人脸上转了转，咬着碎碎的白牙，一字一顿地说：子曰"有教无类"。你们公然违背圣人教育，已不足为吾师。荀子又曰"师术有四，而博习不与焉"。你们纵然博学，但已经失去了为吾师的四个条件，是故更不足为吾师。说罢，鼻孔里又"哼"一声，扬长而去，直教两人傻呆许久。

张之洞深夜办公完毕，一大早便在督署内散步，隐约听得远处有子曰诗云的诵读声，想了想，循着读书声向前走去。

辜鸿铭正敞窗攻读，抬头忽见张之洞静立窗前，连忙释卷，出门恭迎。张之洞扫视一眼书桌上摆放的一大摞书籍，温和道：汤生，这么大清早就用功啊！辜鸿铭轻叹一口气：再不用功，只怕临终也领略不到中国文化殿堂的精妙了。真是仰之弥高，钻之弥坚，瞻之在前，忽焉在后。我最担心的是徒费苦功，还无法摸索到中国文化的门径。张之洞"哦"一声后，问：有这么严重？辜鸿铭仿佛找着了诉苦的对象，一股脑儿地将自己的困状倾吐出来：对中国文化，我完全还是个门外汉，首先面临的难关便是汉语。当年出国之前，我几乎没有受过什么传统教育，甚至连汉语都说不好。虽然从外国书籍中得以了解一些关于中国文化的知识，但由于汉文基础不行，根本谈不上理解儒家经典，现在只有从头学起，以这本官话指南和康熙字典做学汉语的入门教材。

张之洞目光停在厚厚的康熙字典上，捋着胡须，笑吟吟道：你倒灵通，须知学汉语用康熙字典做教材，所识汉字比一般人都多。辜鸿铭却微皱着眉头道：只是，我不太会查字典，遇到生字，还是没办法。张之洞启发性地看着他：府中有不少博学先生，汤生何不请教他们？

不说还好，一说就又让辜鸿铭气得鼓鼓的：怎个没请教，可他们说我是读洋毛子书的，根本不配读中国的经传。一师难求，真气死人哪！看着辜鸿铭气急之后愁眉苦脸之样，张之洞哈哈一笑：子曰"有教无类"。他们不肯教你，我看关键是你不懂师道之礼，过于唐突。辜鸿铭奇怪地看着张之洞：师道之礼？张之洞捋须微笑：孔夫子说过，如果你主动送一点待师薄礼，想来没有不教导你的。我告诉你，他们那些人的国学功夫和水平，个个足堪做你的先生。汤生，大概你是受惯了英国绅士式的教育，不太清楚怎样按中国传统方式执弟子礼吧？

张之洞一席话，让个辜鸿铭豁然开朗：惭愧得很！昨晚向人家求教，还差点和人家唱花脸呢！张之洞好笑之余，正色道：古云"天地君亲师"，说的是人常五伦。老师地位之高，直与天、地、君、亲并列无二。所以，你切要牢牢记住这一点，在我们中国，师道严肃，未可唐突。有道是：天生我，地载我，君管我，亲养我，师教我。

晚十时许，是张之洞一天中的第二次坐衙理事时间。辜鸿铭手提礼物匆匆进来，往桌上一放，朝张之洞作揖道：子曰"自行束修以上，吾未尝无诲焉"，汤生特此聊表薄礼，晋献东家。恳请赐教于我。张之洞见状先是一惊，尔后微微一笑，道：孟子曰"人之患在好为人师"。说罢捋须闭目不语。辜鸿铭急了，大声道：恳请东家赐教于我。张之洞依旧闭目，不急不慢地朝他挥挥手：礼失而求诸野，汤生你回去吧。

辜鸿铭怏怏而回，一个下午都没得精神，晚饭后急着来找赵凤昌，问以张之洞说他礼失之因。见他那猴急气恼失意样，赵凤昌生出一丝同情，道：你既要拜东家为师，却为何不下跪？

"这可就奇怪了，不是说当师爷的可不向东家下跪？"辜鸿铭刚说出口，赵凤昌就又接过话来：可是，你这次是拜师呀！师道严肃，未可唐突。汤生，你可听说程门立雪的佳话？不待辜鸿铭作答，径自说了下去：宋代的杨时在下雪天拜谒著名学者程颐，因见程颐瞑目而坐，乃不敢惊动，默不作声地站在门外等待。程颐醒来时，门前的积雪已经一尺深了。后人就用程门立雪形容尊师重道，恭敬受教。

辜鸿铭听得颇为动容，叹息之余，又似在埋怨什么：怎么有这么多繁文缛节？赵凤昌耐心相告：中华是礼仪之邦，无论是高官厚爵还是平民百姓，都异常重视礼节。礼的本质，是"上事天，下事地，尊祖先而隆君师"。事实上，天地主要是陪衬，重要的是用礼来诱导和强制人们敬畏尊崇祖先和君主师长。是敬畏尊崇？还是轻慢蔑视？这往往藏在子民的脑袋里，口说无凭。先贤对此颇多感触，为防范口是心非，特别规定要对畏敬之心有所表现，除了形之于物质和语言上，一个更重要的方式便是跪拜叩头。

辜鸿铭小时听父亲说过，中国人判断个人的道德品质，有其礼节标准，这些标准虽然有的显得琐细而无关紧要，但却像这个民族的历史一样绵长，像高山大河一样永恒，世世代代子子孙孙地传衍。赵凤昌再这么一说，辜鸿铭立时走出了"迷宫"，大声道：我知道了，这是重视形体语言。因为我没有给东家行跪拜之礼，所以拜师不成。赵凤昌颔首含笑道：君不闻，男儿膝下有黄金。

辜鸿铭想起什么似的又说：当年我在法国留学时，认识了驻法德使，他年纪远远长于我，却很有西洋骑士精神，要拜我为师，跟我学法文和数学。拜师那天，他给我叩了好几个头，我也还了一个头。赵凤昌见辜鸿铭说得得意，忍不住提醒他：我们中国的跪拜之礼，可不同于西方。

辜鸿铭被这个题目吸引了，心无旁骛地听赵凤昌滔滔不绝地往下说：至少在二千多年前的春秋战国时期，官方就规定过九种不同名目的跪拜样式，花样层出不穷，却不允许任何人自由选择，各行其是，任意妄行。至于日常交往的其他礼仪，那就更多，见于典籍记载的礼仪准则有三百条，行为准则有三千多条。

辜鸿铭听罢，不禁咋舌而叹：一个民族背负着如此惊人的繁文缛节，还能延续下去，真是难以想象！在西方，大多数礼节只适用于宫廷和外交往来。但是，赵凤昌以纠正的口吻截住辜鸿铭的话：恪守礼节于中国人不仅是外在的需要，而且已被熔铸成一种内在的本能。当然，中国人的日常生活并不是完全被这些繁文缛节所束缚。换而言之，这些规矩就像节日的盛装，该搬出来时始搬出来，至于在什么场合需要这样做，全凭一种准确的本能去辨认。

辜鸿铭想了想，问：难道，就没有人不知道该如何去做？赵凤昌看着辜鸿铭，半响才道：也许在所难免，只不过这样的人，就像西方一个受过教育的人偶尔忘了加减乘除的简单运算一样，令人感到滑稽可笑。这个恰当的比喻，听得辜鸿铭拊掌大笑起来。

第二天瞅准张之洞闲暇，辜鸿铭悄然来到总督书房，却见张之洞正全神贯注地给自己的宠物——一对白猫饲食。自夫人王懿娴仙逝后，猫便成了张之洞的宠物，养于书房卧室，少不了每天都要亲自为之饲食去秽。堂堂疆吏，竟……辜鸿铭硬是把肚里的暗笑给化去了，一撩长袍，朝张之洞跪下，连着三拜，恭敬地吐露心声：汤生身为炎黄华胄，对祖国博大精深文化的认识却只是从洋人的讲坛、图书馆得来的皮毛而已！这种不得其门而入的茫然，正是我来就教先生诲以师道的动机！

许久没有动静。辜鸿铭抬起头，已不见张之洞，不觉双眼沁出泪水：大人既然嫌弃海外游子，汤生只好告辞了！言罢正要起身，忽然发现面前摆着一本《论语》，他捧起后，呆呆地望着空空如也的太师椅。

赵凤昌悄悄来到辜鸿铭的身旁，恭喜他被总督大人正式收为弟子了。见辜鸿铭一脸诧异，赵凤昌道：中外奇才师从旷世难逢的国之大儒，真可谓天下奇事也，汤生还不叩谢？辜鸿铭听罢，朝张之洞座席再行叩拜。

张之洞从屏风外转出,道:汤生回归祖国,尊孔拜师,今天为你行开笔礼。言罢,叫人笔墨伺候,苍劲有力地写下一撇一捺,一个气宇轩昂的"人"字跃然纸上。张之洞掷笔,捋须微笑:这"人"字,一撇,一捺,只不过两笔,要写好它,却穷毕生之力啊!

辜鸿铭咀嚼这话时,张之洞已然落座,和颜悦色道:汤生,我先教你读《论语》,而后逐渐扩大所学范围,四部书、骚赋、诗文,无所不览,中国学问必可登堂入室。后生可畏,焉知来者之不如今也。辜鸿铭大喜过望,俯身对着张之洞又是一个大礼。

张之洞一字一句讲释《论语》精义,遇到生字,便教辜鸿铭查《康熙字典》。辜鸿铭虔诚地听着,双眸里闪烁着智慧的光芒。

作为备受圣宠的光绪朝八位总督之一,张之洞不仅是马上治军马下治民的国之干臣,还是位令读书人瞩目的大儒。他十六岁高中解元,时称"神童",而后钦点探花,进翰林院,继之在浙江、湖北、四川出任十载学官,一直生活在纯粹的中国传统文化氛围之中,返回京师后,入围清流党,更高倡六经大旨,以维持名教为己任。

有这样一位旷世难逢的大儒亲炙中华传统文化美食,耳提面命教国学,辜鸿铭焉能不激动!他心里发誓:我要做个彻底的醇儒,从骨子里做个真正的中国人!

二、觅得知己,必有性情而后有气节

在总督府作幕一段时间后,辜鸿铭发现了一位才子:与自己同系留洋回国的梁敦彦。经几番交谈,彼此都甚觉投缘。只是这崧生兄的才气一直得不到认可,在府中做电报生,实为大材小用了。辜鸿铭心中为之鸣起不平来。

一日,听罢梁敦彦娓娓叙来的在海外奋发图强、遣返回国后辗转反侧报国无门之事,辜鸿铭为其遭遇慨叹之际,又为他的爱国情操感动,觉得其人、其行、其品与自己有诸多相似处,不觉中于心把他纳为知己。

梁敦彦在天津电报学堂才当了二年教习,因父丧而返广州,也就丢了饭碗,日子过得非常狼狈。某日在广州街头找事,听到有人唤他梁老师,才知是他电报学堂的学生,已随新封两广总督张之洞到了广州,负责电报房,经学生引荐,梁敦彦始入张之洞幕中。中法战争紧要之际,张之洞事急权宜,只委这位饱学之士主持收发并翻译战时电报诸事。梁敦彦温和笃实,不事张扬,把他放在哪里,他都勤勉工作，每事亲躬。署中那些负责文案之诸公，自视高于梁氏一等，谁也不肯多加理睬。久而久之，幕中上下，率皆以为梁敦彦不过如此尔尔，遂更不在眼中。

话不投机，梁敦彦素未与同僚们讲述过自己的遭遇和抱负，今番向辜鸿铭释放自己的不平之气后，顿觉心里舒泰了许多。

辜鸿铭同情梁敦彦的遭遇，道：崧生兄，你也不要劳神费心还白眼给那帮伪君子，且以此时间来教授我补习中国文化。梁敦彦定定神，问：汤生兄不是有香帅相辅吗？辜鸿铭大大咧咧地回答：三人行，必有我师，孔圣人主张人无常师。

梁敦彦已知辜鸿铭乃性情中人，作伪不得的，于是大大方方地笑道：崧生不才，但愿与汤生兄共同探讨。辜鸿铭高兴得就要起身行拜师礼，梁敦彦说什么也不肯受此大礼，推让间额际竟冒出了一层虚汗。辜鸿铭见梁敦彦如此谦让，也就恭敬不如从命。落座后又问起梁敦彦的生辰八字，一听和自己同生于1857年，不禁又起跳起来，对着梁敦彦满心喜悦道：来，请受汤生一拜！慌得梁敦彦又急急劝阻，语带嗔怪问又是为何。原来辜鸿铭心想，两人同年出生，又同年入张幕，均受过较完备的西方教育，最难得是意气相投，可谓无独有偶的一对，便有心和他做个拜把子兄弟。

听完辜鸿铭徐徐相告，梁敦彦兴奋之情溢于言表：来，我们也来个桃园结义，做终生朋友！

帮办广西军务老将冯子材，率部在中越边境镇南关大败三路法军的捷报传来，张之洞和彭玉麟沉浸在喜悦之中。彭玉麟一句香帅慧眼，冯子材果是难得将才，令张之洞喜不自禁，在庆功酒上喝个酩酊大醉。喜庆的气氛还未消，辜鸿铭又适时报告一个特大消息：镇南关一战，在法国引发了十级地震。张之洞、彭玉麟抑住狂突的心跳，异口同声地急问：他们怎么说？

辜鸿铭扬扬手中报纸，道：巴黎的报纸把法国在镇南关之败，比为1815年拿破仑在滑铁卢的覆没。连法国茹费理内阁也因此被迫下台。他说话时声音前所未有地洪亮，好像这镇南关大捷也有他的一份功劳，是他当初促成张之洞定下抗法决心的。

这来自国外喜上加喜的捷报，让个张之洞兴奋得眼睛要发绿了，摇着彭玉麟的手大声道：自中国与西洋交涉数百年来，未有如此舒心之胜战！彭玉麟自是眉开眼笑，他一声香帅功不可没！张之洞立即回一句全仗雪帅支持！两人说完，又相视大笑。

几天后，圣旨到得广州，云：张之洞督军有方，镇南关一战，重创法军，功高劳苦，特地犒赏。彭玉麟鼎力会筹防务，精诚为国，一并重赏。钦此。赏品随圣旨赍至，无非是参貂一类的食物。彭玉麟匍匐受领，痛哭失声。对这位镇压太平天国立有大功于朝廷的勋臣名将之举，宣旨钦差吃惊不已，连声追问：彭大人因何痛哭？彭玉麟抬头泣告：太后皇上国事繁忙，还垂念远在天边的老臣，时不时就派人赏赐，怎不令为臣的感激涕零！说话时，他语声凝重，泪如雨下，那浑浊的眸中蕴含着感激的神情。

皇太后对老臣彭玉麟的悠悠垂念，彭玉麟对皇太后的耿耿之忠，大大地感动了辜鸿铭。他觉得，这种亲亲融融的君臣关系，正是中国古贤"君君臣臣、父父子子"理想观念的真实写照，这也正是古老东方文明和中国文化的特殊魅力所在。辜鸿铭对皇太后、对朝廷的浓烈感情，不经意间便在彭玉麟的哭声中萌发了。

次日中午，辜鸿铭和梁敦彦上酒楼对饮，自然谈及此事。辜鸿铭不无恭敬地说：前哲说过，人必有性情而后有气节，有气节而后有功业。我看当日中兴人才，其节操风采最是动人景慕者，没有比得上雪帅彭玉麟的。梁敦彦附和道：真是英雄所见略同。雪帅性格刚直，不愿做的，不愿说的事，很难催动，就是皇帝也奈何不得。他曾三次抗诏，震惊朝野。第一次是二十年前，诏命要他去安徽当巡抚，他不去；第二次是十年前，要他当两江总督，他辞之更坚；第三次，是五年前，命他入朝升任兵部尚书，他又以病辞。辜鸿铭惊奇相问：有这等新鲜事？

梁敦彦显然有志于政事，加上平素在电报房接触机要，对政治连说带分析，头头是道，深深吸引着辜鸿铭。他津津乐道说了一大番朝野旧事后，不胜感慨道：不过，香帅这位清流派号称的青牛角，合上雪帅，这次可能也顶不过朝廷向法国议和的决定了。正听得入迷的辜鸿铭陡地一惊：怎么，朝廷已有意同法国议和？梁敦彦肯定地点头：朝廷已授权李鸿章在天津与法驻华公使谈判中法正式条约。

辜鸿铭猛地喝下一大杯酒，使劲一拍桌子，把个梁敦彦吓了一跳。辜鸿铭起身来拉梁敦彦，嚷嚷：走，我们找香帅说理去！梁敦彦没料辜鸿铭如此冲动，一个惊慌，连连罢手：找香帅有何用，何况凭我今日处境，岂敢贸然前往？

辜鸿铭想想也对，于是撇下梁敦彦，风风火火来总督府找张之洞。张之洞正在签押房和彭玉麟商谈要事。

彭玉麟语气悲伤且委婉：我也曾多次电奏反对撤兵、反对李鸿章议和，可朝廷和意已决，无法抗旨，和你一样，只能流涕长叹。提及李鸿章，张之洞恶言相向：

前番福建马江一役，要不是李鸿章，何致福建水师全军覆没，今天他又倡导议和，且做了议和代表！庸臣误国，一至于此！

话音未落，一个黑影飞速地飘入室来，带着气喘吁吁的嚷嚷：香帅，雪帅，朝廷要撤兵同法国议和，你们怎个不劝？！见两人都没有吱声，便又愤愤然道：俗话说，文臣死谏，武将战死，你们两人一文一武，难道就这么苟且偷生？朝廷这个退兵令，真好比南宋命令岳飞撤兵朱仙镇的金牌诏……正在气头上的张之洞见辜鸿铭越说越出格，忙厉声喝止：国家大事，汤生不要乱发议论！

辜鸿铭仿佛不认识似的看了两人一眼，一跺脚旋风般而去，回到住处，也无法再静下来读子曰诗云，拣了张英文报纸随意翻看起来。一则外电评说，云中国海关总税务司赫德因清廷相请出山，为调解中法战争后的中法关系，为两国政府间穿针引线，做了种种斡旋，终促成《中法和约草案》，可谓实际上的中国外交部长。

这个赫德，明明是英国人，怎么会官至中国海关总税务司？郁闷了一夜，第二天见着梁敦彦，得知赫德竟是李鸿章推荐任职的，不觉喉头冒火，拍着桌子一阵怒骂：这个李鸿章，真他妈的可恶可恨，竟引进洋人来控制中国海关大权！就是这个赫德英国鬼子，吃里爬外，一再向朝廷施压，要与法议和。赫德不去，必是我国大害！

梁敦彦见辜鸿铭说话时声音沙哑，疑心是不是得了感冒。辜鸿铭说是骂李鸿章骂哑的。梁敦彦暗笑之余，心想，人必有性情而后有气节，这句话用在辜鸿铭身上何尝不是如此。

三、小张之洞惺惺相惜，辜鸿铭相亲西关大屋

一顶轿子随如雷的鼾声慢悠悠地向总督府抬过来。轿上坐者为一美髯公，他斜倚轿靠，一路沉睡。留胡子，有几种原因，一是个性使然，二是爱神气，三是借以装老、摆老资格。俗话说：嘴上无毛，办事不牢；又云：吹胡子瞪眼。如果没有胡子，这些便都办不到。倘若年纪轻轻便幸运要做什么长之类的事，更是毛头小伙不足以压众，于是便要在胡子上做些文章。

这个名叫梁鼎芬的美髯公，大概也就是因为此而留胡子的。他起身科甲，于光绪六年庚辰入翰林，以辞章之学，为同馆所推服。中法战争以屈辱的《会订越

南条约》结束，他以翰林院从五品编修身份，上疏弹劾李鸿章，言其可杀之罪有八。太后一怒之下，以妄劾罪将其革掉翰林，降五级使用。他却也有志气，挂冠刻一印曰：年二十七岁罢官。干脆回广东番禺老家来了。世无英雄，遂使竖子成名，年轻轻的他一下子就名扬四海。广东各大书院纷纷要请他做"山长"，他因为年纪不到而立，不免有些犹豫，于是决定留胡做些脸面上的修饰，只几年工夫，漂亮的大胡子已然飘洒在胸前。原本就欣赏他的张之洞主粤后，立聘其为幕僚、端溪书院山长。他因为文气习性颇似张之洞，一时人称小张之洞。

轿子落停，梁鼎芬睁开惺忪的睡眼，伸个懒腰，下轿后，倒剪双手向文案房走去。赵凤昌等一帮幕僚亲热地和他打着招呼。梁鼎芬一边客气回礼，一边扫视了一遍文案房，像发现了新大陆似的，目光停留在墙角边报刊架上那琳琅满目的外国报刊上，好奇地问：这么多洋报刊，哪来的？赵凤昌道：新来的辜师爷订的。

梁鼎芬踱步上前，睁眼瞅瞅这些洋玩意儿，翻也不翻，一脸惘然：订这么多外国杂志报纸做甚？幕僚袁一旁道：辜鸿铭自称为香帅采撷新知，洞悉世局。梁鼎芬狐疑地看了幕僚袁一眼：一个人的脑袋怎能塞进那么多东西？

"星海兄所说极是！"幕僚袁附和道：我粗略统计了一下，辜师爷订了不下三十多家洋报、近百种各国杂志。如此宏大的数量，一个人别说是记，就是看都看不完。我实在怀疑他有无这种能力，能把这么多的报刊看完，而且记住。我看，这无非是装样子吓唬人，驴粪球儿面前光！

幕僚方也接口说：不就是个"二鬼子"嘛，秃脑袋上扎小辫，几根毛有限，不过是摆在这里唬人而已。

梁鼎芬皱起眉头：这岂不是月亮底下打灯笼——空挂明（名）！

电报房的梁敦彦恰巧办事来此，忍不住插上一句：我看为此事担心大可不必。辜师爷既然订这么多外文报刊，肯定有他的道理。幕僚袁不屑地瞟了梁敦彦一眼：你认为你在美国留过学就神气了吗？看你，回来还不是混同于电报生，还不如我们这些老土呢！幕僚方言笑间对梁敦彦也是一脸的不屑：神气个啥！我懒得同你搭理。

梁敦彦被激得面红耳赤，行欲争论。赵凤昌见状，赶忙上前圆场：依我看，崧生所言也有理。看了看幕僚方、幕僚袁：两位想想看，这些报刊，如果让你我去看，如同读天书，但若换成中国的线装书，就不会费多大劲了。更何况每个人都有自己的读书方法。我倒不怀疑汤生的能力，他只需挑出这些报刊中精彩的部分呈给香帅，就算完成了任务。梁鼎芬摇摇头，不以为然地说：只怕他好高骛远，沽名钓誉。

这会儿，张之洞正端坐在书房里，正襟危坐，凝神谛听辜鸿铭为他把论世局，采撷新知。书房中央多了个大铜盆，铜盆放在半尺高的木架上，里头是垒得老高烧得通红的木炭，外面早已是寒冬腊月了，这里却暖洋洋的。炭火映照得辜鸿铭满脸红扑，他今天讲的是第二次鸦片战争期间外国同情中国的舆论。

法国作家雨果等人的舆论，代表着全人类的良知，堂堂中国岂能无动于衷，不思奋起！可究竟有多么反抗和浴血？国难当头之际，有哪个读书人向国际社会为中国人呼喊出了正义的控诉之声？在民族存亡的烽火中，朝廷豢养的文臣武将和官兵哪去了？在干什么？他们除了战战兢兢，卑躬屈膝，一味乞和，像胆怯的兔子，还可耻地充作了卑劣贪婪之徒，也在趁火打劫！辜鸿铭言辞激烈，直把张之洞听得热血沸腾，就差没有拍案而起。言为心声，他深切感受到了这个留洋俊杰那一颗纯正鲜红的中国心和铁铮铮的硬骨头精神，不禁刮目相看，并寄予厚望：今后，他当敢于而且也能够在国际社会为中国呼喊出正义之声。

辜鸿铭出示所携法文刊物，道：香帅，这本法文杂志，披露了庚申年英法联军焚劫我国圆明园的秘事，其中有至为可叹者！张之洞心里一阵凛然，道：哦，何叹之有？这时，戈什哈门口禀报：梁先生求见大帅。张之洞头也不抬，只朝门口摆了摆手：请他稍等。我和辜师爷谈话，非有特别紧要的事不得打断。戈什哈"喳"一声退出。

辜鸿铭谈起至为可叹者：庚申年英法联军入都城并烧圆明园之役，我国损失之巨大令人痛心。最痛心者莫过于我国上下尽成瞎子。辜鸿铭此言既出，令张之洞万分不解：汤生，此为何意？

辜鸿铭起身慢步踱着，口中自是滔滔不绝：庚申之役始发，英、法两国即产生内讧，倘若我国有稍为胜任的外交人才，探知此情并相报于朝廷，然后乘机操纵，终不致有圆明园之焚。可惜我国竟没有一人知之，举国上下岂不皆成瞎子！

此事前所未闻，张之洞神情肃然，听辜鸿铭条分缕析地说：法国至北京，不过求通商稳固而已，英国则挟有奢愿。英法两军同入北京，英人就欲独树英帜，其目中无法军由此可见。后来法军与之力争，几乎要动武，两国旗帜才得以并立。至烧圆明园，因为不合公法，法人甚为不愿，而英人决欲为之，谓非此不足惩麻木中国,法人只好听之任之。总之,圆明园之祸,在于中国落后,又兼不通外情,未能利用英法联军间的矛盾为己服务……

久候门外的梁鼎芬得知张之洞今日会见乃辜鸿铭,嘴里"嘿嘿"两声之后,无奈地抽起烟来。几根烟不觉中化为灰烬,却还不见张之洞出来接见,梁鼎芬按捺不住性子,索性蹑手蹑脚地向张之洞书房走去,看见窗户敞开着,遂伸颈向窗内望去。这一看不得了,但见张之洞专心致志地听着,如聆教言,一丝不苟,好长时间身子连挪也没挪,按着戈什哈相告的时间推算,这次谈话起码有了三个小时。这个辜鸿铭究竟在说些什么,梁鼎芬静贴门窗,欲听个究竟。

辜鸿铭一面不断地翻检着桌上的各种洋文报刊,一面口无断语,面无倦容,既剖析世局与各国近况,间亦纵谈因应之道。一通长话完了,辜鸿铭道:汤生告以圆明园被焚真相,并不是为法国稍有隐讳,偏袒其罪行,只是用以说明了解外事、洞悉世局的重要性。

张之洞点点头,扼腕叹道:弃我去者,昨日之日不可留。亡羊之痛,理应促使督抚们警醒,放眼世界。汤生译介外事之责,尤其重要。

法人现今对我态度,已不可同日而语。他们既再犯我边境,我们理应痛击教训,使其等欧美列强不再小看我中国。辜鸿铭说这话时,底气十足。

梁鼎芬在书房外烦躁地踱了两圈步后,久站的脚下冷得欲要麻木,咽咽口水,回头离去。

赵凤昌见梁鼎芬回来,打趣道:香帅对星海兄总是刮目相看,一见就是二三个小时。幕僚方适时讨好道:要不,星海兄怎会有小张之洞之称。梁鼎芬没好气地白了对方一眼:我可没辜鸿铭这般本事!

"怎么啦?"赵凤昌深觉奇怪,以为梁鼎芬和辜鸿铭闹了什么别扭。

"香帅听那辜鸿铭海吹了二三个小时,居然连身子挪也不挪,哪有心思接见我。咳!辜鸿铭,咳,不简单哪!"说话时,梁鼎芬微叹了口气,于心大大地折服于辜鸿铭,觉得自己实不该以他订诸多外国报刊杂志相揶揄,私下里已有了要与这位杰出之才订交的念头。

接下来不过三天工夫,梁鼎芬与辜鸿铭两番交往后,不觉惺惺相惜,互引对方为知交。

梁鼎芬有位苏姓友人,乃广州富豪后裔,其妹稍具才情,人皆以"苏小妹"相称。又因其略懂些象形文字之外的语言,一心想觅个外交官做如意郎君。天底下未婚男子随处可找一大把，只这外交官却是物以稀为贵，慕名前来求婚的却早已有三妻四妾，一个个和她相见恨晚，偏偏她说什么也不肯做小，所以挨到二十还待字闺中。梁鼎芬想辜鸿铭乃孤家寡人一个，总督府的洋文案也算得上半拉子外交官了，便想着成人之美，拉了辜鸿铭前往荔枝湾，相亲"西关小姐"来了。

西关小姐因居西关大屋而得名。所谓西关大屋，指的是同治年间兴起于西关的大屋建筑群，多为富商巨贾和洋行买办阶层住宅。广州民谚"西关小姐，东山少爷，河南地痞"里的西关小姐，指的就是住在这种豪宅里的大富人家的千金小姐。

梁鼎芬携辜鸿铭在一家大屋前伫步时，脚门已然开启，有个小孩在门旁的青砖墙上正磨着铅笔，看见他们，忙朝里屋道声：来了！梁鼎芬的苏姓朋友急急出迎，一边寒暄一边把两人让进内屋。大屋以青砖砌墙，正门有短脚吊扇门、趟栊、硬木大门一套的三扇门，入内三间两廊，中间是主厅堂。大热天的，又兼路上走急了，好一身燥热，及进得屋来，辜鸿铭只觉陡然一阴，些许凉意顺着脊背沁入肺腑。

梁鼎芬事关辜鸿铭的介绍正引起苏姓朋友的肃然起敬，一阵"橐橐橐"的声音从青云巷走近，伴着一阵清风送至三人眼前。辜鸿铭抬头看时，一袭长裙的女子已然俏立跟前，向着梁鼎芬亲昵地道一声梁大哥好，梁鼎芬微笑着告知辜鸿铭：她便是苏小妹。说话间，苏小妹已在他哥哥下处落了座。

辜鸿铭见苏小妹模样倒也清爽，只是裸足穿了木屐，而且那脚竟是天足，心里就立时生了一丝怅惘之情。互作介绍后，苏小妹一对含露杏眼飞速看了辜鸿铭一眼，轻启朱唇：辜先生懂这么多洋文，真好，今后我可找着老师了。

辜鸿铭只觉耳边一热，嘴里"哦哦"两声，连忙把话题移开，四下打量了大屋，见不管是正间还是左右偏房，装修都异常讲究，客厅里放的是整套的名贵檀木家具，心想，恣意的奢华，任性的讲究是富贵人家共同的特点吧？嘴里道出的却是：这建筑倒也有特色。

在国外学过土木工程的辜鸿铭怀着莫大的兴趣，起身在墙壁上东摸摸西敲敲，惹得苏小妹万分不高兴起来，嘟哝道：西式建筑不是更好吗？沙面租界的洋房我看才好呢！

沙面租界此时已俨然独立于广州城之外的另一个外国城市了，洋人可从码头进入沙面，而不须经过中国海关。辜鸿铭心恼此处，苏小妹的天足和不拘之态，已使他感觉两人少缘，没想她竟还崇洋，不觉已有些悯然，淡淡地回应一声：洋房有什么好！

辜鸿铭对西关小姐激不起丝毫兴趣，干脆把大部分相亲时间用来参观西关大屋了。他后来对中国建筑艺术大力推崇，恐怕多半就源于这次参观。

四、"半唐番"和"洋儒"传教士爱屋及乌

学者总督张之洞的幕府向来是谈笑有鸿儒，往来无白丁。幕内治学环境本已极佳，更兼有张之洞这位名儒硕学悉心点拨，加之自身的聪明与头悬梁锥刺股般的勤奋，辜鸿铭对中国传统儒学文化，终得窥其堂奥之妙，悟其真髓之传。随着传统儒学素养和国学造诣的日趋加深，辜鸿铭的形貌也明朗地中国化起来：蓄发梳辫，戴红顶瓜皮小帽，穿绸缎长袍马褂，着双梁鞋。这天晚饭后，他又躲进小楼，捧起了线装的儒家典籍。长期的熬夜苦读，已使他的眼睛有点浮肿。也许是太累的缘故，看着看着，他的眼皮开始打架了，悠然进入梦乡：他和小学生们一起上课，听着听着忽地打起了瞌睡，教书先生表情冷峻地上前，揪住了他的耳朵……

辜鸿铭一个激灵，猛然睁开双眼，抚摸一下耳朵，揉了揉那双充满血丝的双眼，再看看怀里紧抱着的典籍，不期然间生长出一种强烈的感觉：这些印刷糟糕，连张插图也没有的经典著作，多少年来一直以不可思议的力量影响和激励着中华民族，也与日俱增地激励着他，在他心目中的地位至高无上。"一灯能除千年暗，一智能灭万年愚。"唐代禅宗的《坛经》这样评价智慧的价值和力量，当今人吸吮孔子智慧甘露的时候，实在不应该忘记孔子呀！他合上书卷，点燃一根香烟，徐徐吐出一缕烟圈后，喟然一声长叹：道固在是，无待旁求！

上午，张之洞新聘的德国顾问维特，哼着小调、迈着绅士步朝就近的文案房走来。这个传教士的后裔，来华并非为继承其父对中国的友好感情，而是因为其母与他亲叔私通被捉，使他在同事中大损脸面，加之在德国所获职位一直难得理想，百无聊赖之际才决心来中国混混，看看能否仗着这个国家对洋人的敬畏发笔横财。

幕僚方、幕僚袁起立相迎，毕恭毕敬地连道两声哈罗。维特皱皱眉头，"哈罗"一声作为回答。幕僚方、幕僚袁相互看了一眼，不约而同地向维特伸出手来。这洋顾问却没有握，环顾四周，径自走向辜鸿铭办公桌，翻看着桌上和报刊架上的德语报刊，脸上露出惊讶的神色，抬头问：你们能看懂？两人哪能听懂洋顾问的话，像鸭子听雷公般干瞪眼。维特脸上一时又浮出鄙夷的神情，胡乱地翻了翻报刊，从中拣出一沓德文报刊拿走。

幕僚方嘴里刚出口一声"哎……"就被幕僚袁扯住了衣袖，示意他不要劝阻。维特回头要看看是什么事，却见他们举起了手，连道"拜拜"。维特耸耸肩，也懒懒地举起手，道声"拜拜"而去。

幕僚方见洋顾问早出了门，而幕僚袁还举着右手不放，心里不觉生出一丝鄙夷，这家伙崇洋媚外呢！拉下他的手问道：为何要让洋顾问拿走报刊？幕僚袁这才转过身来，眼里闪过一丝既神秘又嘲笑的神色：物尽其用，君子成人之美，那些洋文报刊到了他那里才算找到了归宿。何况那么多的洋玩意儿，辜鸿铭哪能看得完？

辜鸿铭到得文案房，见自己的书桌和书架一片狼藉，满腹狐疑地上前整理清点，发现少了几册报刊，便掉头问：哪位兄台拿了鄙人的东西？幕僚袁抢先相告：要不是新来的洋顾问，谁会稀罕你那些洋玩意儿。

"洋顾问？"辜鸿铭语气和神情颇为不满：他怎能不经我的同意就拿走呢，我还有用呢！

辜鸿铭一阵风似的来到邻近的洋顾问办公房，彬彬有礼地用德语问：请问先生，是否拿走了我的一些报刊？

竟然有德语说得这么好的中国人！维特坐在沙发椅上，也不收回那双架在桌上满是汗毛的腿，斜睨辜鸿铭半晌，才慢条斯理地开了腔：先生，你不敲门就贸然入室，不够礼貌吧？

"先生不经许可就拿走主人的物件，难道是礼貌的行为？"辜鸿铭一双大而锐利的眼睛毫不见怯。

门外，尾随而来的幕僚袁竖起耳朵谛听片刻，对一旁的幕僚方咬起了耳朵：你听，洋顾问的洋文讲得多好，多正宗。幕僚方白了幕僚袁一眼，奚落道：你不懂洋文，怎知谁好谁不好？幕僚袁尴尬地笑道：也就是凭感觉……不过，这个辜鸿铭还真能够和老外对话。幕僚方便问：洋顾问是德国人，你说他是讲英语还是讲德语？辜鸿铭都能听得懂？

维特未料辜鸿铭不仅伶牙俐齿说上纯正的德语，而且嘴巧善辩，还摆出一副斗牛士的架势，自己先是虚了，起身面向辜鸿铭连道几声：不简单不简单。

"我有个特点，听多了好话会耳聋。"辜鸿铭语气既冷淡又兼嘲弄。

维特耸耸肩，重又落座，决心要狠狠地挖苦一下这个不识抬举的中国人：辜先生能说些简单的德语，并不等于就能看得懂这些高深的报刊，又何苦装模作样？

"笑话！"辜鸿铭紧盯住维特，正色道：我国古代圣哲庄子说过"子非鱼，焉知鱼之乐与不乐"，在此正好套用以赠先生！言毕起身前走，把桌子上那些被维特非礼而取的报刊一本不剩地收回，转身出了门。在门口正撞着两位窃听者，一瞪眼，扬长而去。

辜鸿铭回到书房，联想以前的种种，越发觉得洋人缺少教养，多的是强盗行径。如此生气了好一番，忽又觉得犯不着和这些洋鬼子生气，徒费时间自伤身体，还是多读些圣贤书吧，以备今后随时教化他们。顺手从书架抽出一本，不意却是清人李渔的《闲情偶寄》。这李渔乃中华五千年第一风流文人，《闲情偶寄》是其著名代表作，不能不吸引刚步入中国文化大门的辜鸿铭。可梁敦彦对这书的评价却不高，认为这不是供饱学之士研究的大部头专著，只是让人们茶余饭后或就寝前随便翻翻的轻松读物。辜鸿铭不听劝阻读了些篇章，觉得这本书犹如中国一道名为"杂碎"的菜，里面没有大鱼大肉和山珍海味，全由一些切碎了的肉丁、下水和蔬菜搅拌而成，价值虽然不高，但别有风味。

"瘦欲无形，越看越生怜惜，此用之在日者也。柔若无骨，愈亲愈耐抚摩，此用之在夜者也。"品味着李笠翁的经验谈，没看到中华女性小脚的辜鸿铭，仿佛还没有步入中国文化大门一般，竟有了些许的苦恼、怅惘和向往。

几天后，赵凤昌不由分说拉他出了门，直奔陈塘老举寨而去。老举寨乃广州妓院的统称，因粤人称妓女为"老举"而得名。两人来到"香粉阁"门前，鸨母抬头见是赵凤昌，堆砌了一副笑脸问：老爷今日是打通厅，还是打全骰？

打通厅，即筵开数席至数十席，同时开设多个厅。打全骰，就是把全体宾客叫来陪酒的妓女的开销都包下来。辜鸿铭初来乍到，自然不知所云，赵凤昌却是熟客，他笑眯眯地招手叫过鸨母，附耳说了句什么，鸨母连道：要得要得，边说边拿那被鱼尾纹包围着的眼睛瞄了瞄辜鸿铭。

辜鸿铭在脸红耳赤中进了包房，忐忑着心左看右瞧，屁股还没坐热，背后香风已随微微娇喘而至。抑着一颗狂突的心跳回首，却见一女那对秋波正朝自己望来。辜鸿铭觉得这双媚眼，恰如秋月光明，宝珠闪烁，一顾一盼，华彩非常。那女子穿一件透明色夹衫，衬一条素色熟罗裤，却把裤管恰到好处地吊起，露出一对尖尖瘦瘦的双翘，每一移步，但见踏青落地无声，两瓣秋莲之影。

辜鸿铭见了这身打扮，已觉得有些心荡神摇，不能自主。只见她盈盈欲语，巧笑倩兮，一手掠着鬓发，一手扶着椅背款款走近。辜鸿铭又是一阵紧张，不料对方脚下那一双凌波三寸的鞋尖，早有意无意地在他脚上碰了一下。一双金莲本已起到了催情作用，这一碰，越发把辜鸿铭引得心痒难搔。

辜鸿铭傻呆之际，那女子坐到了床上，风情万种地就要宽衣解带。辜鸿铭万分地紧张起来，两眼朝四周望去，颤声道：小娘子万不可……如此放开……那女子娇滴滴地说：来此烟花之地，不是寻欢，就是作乐，难道官人是童男子，抑或想做柳下惠？

"我……我……"舌尖嘴利的辜鸿铭一时结巴起来。他欲要抵抗这股魅力，可决心犹如刚出水的鱼，头尾在地上拍动，就是挣扎不起。

女子哧哧一笑：今晚贱妾只属于官人，官人有需要，尽管提示。

"我……我只要金莲。"辜鸿铭愈发脸红起来，手指对方小脚，结结巴巴地承认了自己的愿望。他想的是，看金莲不比狎妓，正如歌妓可以卖艺而不卖身。

在哧哧的笑声中，那女子把一对美轮美奂的玉足展示在辜鸿铭的眼前。

辜鸿铭双眼直呆了，贪婪地看着，这是他第一次亲眼窥见中华帝国的隐私，不由得神意迷乱，色胆包天，终于，他伸出了手。那女子却把莲钩故意一缩。这样的卖弄勾引，比之于暗送秋波、眉目传情还更奏效。这浪子一见之下，魂飞魄散，立把刚肠傲骨英气一齐销，向前一扑，捉住那纤纤玉足，捧在双手中摩挲鉴赏着，只觉得古之人不余欺，这对纤足果然集中了东方女性全身之美，"如肌肤白腻，眉儿之弯秀，玉指之尖，乳峰之圆，口角之小，唇色之红，私处之秘，兼而有之"，于是越发地倾情投入，那女子发出微微娇喘的呓声……

下得楼来，赵凤昌已在楼下候着了，鸨母在旁不知在说些什么。辜鸿铭一时只觉得脸红心跳，扯过赵凤昌就走。

自古才子慕佳人，从来佳人爱才子。也难怪唐代大诗人杜牧之在青楼流连忘返，长叹一声"十年一觉扬州梦，赢得青楼薄幸名"了！这赵凤昌本属性情中人，对烟花巷陌之事最为了解，乐得在这方面羞于拜师的辜鸿铭认真地听他解说。

"不了解中国的妓女生活史，也就不可能了解中国的文艺史。"说完这最后一句话，赵凤昌才问起辜鸿铭适才的收获。辜鸿铭讪讪道以只见识了对方的三寸金莲，惹得赵凤昌大笑不已：好个汤生，人道妻不如妾，妾不如妓，妓不如偷，偷不如偷不着，此大收获也！不过，我告诉你，在中国，看脚比失身更过头。

辜鸿铭听了，大眼睛像要撑破眼眶，疑惑地看着风流倜傥的赵凤昌，好生咀嚼着他这番话。

……

所谓朋友分几种，与梁敦彦相处，是不能谈男盗女娼一类事儿的。除了政治，两人青梅煮酒醉心谈论的便是中西文明。这样的谈论，总能挑起辜鸿铭的愤愤不平之心：我总感到他们西方人，不能透过中国人的表面看到内在的道德和精神价值，看不到黄皮肤后面有一个美好的世界，这个世界里有道教、佛教和儒家的"君子之道"，而道教里又有胜过希腊男女之神仙群像，佛教里有像但丁诗歌那样美妙、伤感、悲天悯人的诗歌。儒教的"君子之道"，总有一天将拯救欧洲文明。梁敦彦意味深长地看着辜鸿铭：汤生何不做"君子之道"的传道者？

两人不经意走上神学院外的路。神学院大门敞开着，戴眼镜的神父和他的助手正在辅导几位中国儿童写字，男孩女童睁着一双双幼稚单纯的眼睛看着黑板上写着的英汉对照。辜鸿铭瞥一眼，不无戏谑地冷笑道：崧生兄，你说耶稣基督的眼好使不好使，会派些什么样的信徒来？梁敦彦听出了辜鸿铭的弦外之音，会心一笑，道：你还别小看了他们，据说来华的传教士，不乏中国学家。

这帽子还不是他们自个儿戴上的！辜鸿铭"哧"了一声，迎着梁敦彦兴趣的眼光，滔滔论道：在中国，那些欧洲人倘若出版了几本关于中国各省的地方土语录，或百来条谚语集，就立即自冠以中国学家的美称。当然，只取一个名目倒也无妨，凭着条约中的领事裁判权，一个在华英国人，只要他愿意，随时都可以泰然自若地自称为孔子的。

好生精彩！只有辜鸿铭能道出这么深刻富含哲理的话来，梁敦彦只感觉这是一等美妙的享受，无法阻挡地诱导自己道出英雄所见略同的看法：你这话倒启发我想起了一件往事。不久前，我有幸得到广州一位传教士写的短文集，你想它的封面上写了些什么——"宿儒"！他们办的《中国评论》，甚至公开这样自吹：高深的中国学，正被来自西方的宿儒们辛勤地耕耘着。

"真是天大的笑话！"梁敦彦的嘲弄之情很快就由辜鸿铭继接了过去：在我中华帝国内，可以肯定没有一个中国人敢妄称自己为宿儒。这个"宿"字，蕴含着一个学者或文人所能达到的一切至高无上的特征。可却被这些不知斤两的洋鬼子给贱卖了！

"依我看，在半殖民地的中国，随意妄称自己为中国学家或'宿儒'，并非只表明一种无知。它实际上也反映了西方人的民族文化优越感，和对中华民族及其文明的极端蔑视。"温温不作惊人语的梁敦彦只有和辜鸿铭相处，才能痛快淋漓发尽心中的议论。

辜鸿铭听罢，会心一笑，拉着梁敦彦的手，道：英雄所见略同，走，喝酒去，我做东。

两人刚折回走了一段路，忽见小厮高喊着迎面飞跑过来，说是洋顾问带了另外一个洋人来看辜师爷，正在他住处门口等着呢。

经维特介绍，花之安满脸微笑地笑迎上去，用流利的汉语道：辜鸿铭先生！辜鸿铭看着花之安，忽然瞪大了眼睛，以质问的语气问：这衣服是你能穿的吗？花之安吓了一跳，低头看了看自己身上的衣服，摊了摊手，讷讷道：不过是件普通的袍子。辜鸿铭冷冷地：我说的是颜色！按中国律例，是要杀头的！花之安明白过来了，原来自己无意间穿了明黄色衣服，这是唯有皇帝才可以穿的，他忙不迭地谢罪。

让进书房，得知他竟是花之安，辜鸿铭吃惊不小。这花之安是有名的汉学家，其汉文著作《自西徂东》，在中国亦有不小影响，辜鸿铭读过他的大部分中国学著作。几年前在香港写就的《中国学》一文中，辜鸿铭几乎对天下洋儒一网打尽，独独对花之安评价不菲。没想到，花之安却摸上门来了。

刚才路过神学院时，辜鸿铭和梁敦彦谈及雪帅彭玉麟不久前上皇帝的奏折《关于限制基督教》，其中一句最让两人"心有戚戚焉"：自从条约准许来自西方的外国人传播他们的观念以来，中国人的道德观念被极大地伤害了。联想及此，辜鸿铭便看着花之安说：对不起花之安牧师，我对来华传教士印象向来不好（我义父布朗先生可没到中国传教），既然你送上门来，就得当当我的靶子，我们就以"中国需要传教士吗"为谈话的开始吧。

"中国需要传教士。"花之安微微一笑，看在这个中国人德语说得好的份上，决意以自己精湛的神学知识予以毫不含糊的反驳，使他开窍，即使不接受主的洗礼，也不至于再有对上帝不恭的言辞。他娓娓谈来，展示了一幅中国需要传教士的图画：1847年，22岁的威廉·亚历山大·帕森斯·马相神父来到中国，在宁波修建了一座小教堂和小学校，利用教育进行传教。在此期间，大清总理衙门依据他翻译的关于国际外交的法律书籍《万国律例》有关原则，迫使普鲁士释放了在中国领海捕获的一艘丹麦船。他因此被朝廷赏识，任命为同文馆英文教习，两年后就任同文馆馆长。中国读书人哪个不知他的中文名字——丁韪良。为了帮中国点燃近代教育之灯，丁韪良正式向纽约传教团理事会辞职，在这所本来只培养翻译人才的学校引进物理、数学，随后办起了化学、生理和医学诸科。他还自己花钱，从美国购进两套电报装置。多年来,他的学生有的做了官,有的被派往海外,在中国的公使馆供职,他本人也被朝廷赐官二品,成了中国备受尊敬的人物。当今还有不少传教士,成了中国兴办教育、科学和经济事业的高级雇员,他们为中国贡献才智,推进中国进步,由此得到中国政府赐予的高官厚禄……

辜鸿铭知道丁韪良和同文馆。曾在同文馆就读的蔡锡勇告诉过他,同文馆允许传播各种西方教育科学,就是严禁传播宗教,这倒成了丁韪良这个基督教徒终身的遗憾。想到洋教士丁韪良竟官至朝廷二品大员,辜鸿铭不免有气,油然又想及听说到的前几年发生的一桩事。传教士李提摩太来见直隶总督李鸿章,诉说自己为了传播上帝的声音,不惮辛劳走街串户,巡回讲道,散发传单,却发现中国人围观他只是为了看洋鬼子。李鸿章听完他传教中的苦恼后,大笑不已,居然为其指点迷津,并总结道:直接不如间接——在我国,办一切事情,情同此理。李提摩太受此启发,恍然大悟,从此接近官场,直向朝廷进逼。那个来自爱尔兰叫赫德的传教士,也是被李鸿章收留,才当上这么大的中国海关总税务司的。传教士或受雇于官府,或见知于大吏,出入侯门,游说公卿,广交士绅,居然钟情于改革,兴起一股不可低估的改良中国经济和政治制度的风浪。这些传教士,离中国越近,离上帝就越远,他们因为受了李鸿章之流的指点,获得了官位或特权,别说是下层百姓,就是高官大吏,对他们也无不敬畏三分。对传教士,辜鸿铭向无好感,对这些从传播上帝的声音转为试图改良中国政治经济体制的传教士,更觉可恶。他说:马礼逊比丁韪良来华传教更早呢,算得上利玛窦之后西方来华的第一个传教士!他张口一个"正义"、开口一个"仁爱"、闭口还要谈"慈善",可就是他,多次向英国政府建议,在中国大地上自设法庭。《南京条约》就写进了他那"治外法权"的建议。所以,我要说,中国人民对传教士痛恨都来不及,哪还需要这劳什子!否则,伟大的康熙大帝也就不会下旨禁止了!

辜鸿铭说的是这么一件事。1704 年,罗马教皇格来孟十一做出了个可笑的决定:严禁中国礼仪。面对他专程派来北京的特使,康熙皇帝毫不客气地说了不,并声明中国立场:孔子之道在中国已经奉行了两千多年,祖传的礼仪决不能改变;自利玛窦以后,西洋人来中国者,因为奉公守法,故常受皇帝的保护;将来若是有人主张反对敬孔敬祖,西洋人就很难再留在中国。罗马教廷不甘罢休,旋又派出第二个使者来华,带来了禁止中国教徒拜孔祭祖的《禁约》。傲视群雄的康熙对不尊重东方习俗、肆意干涉中国内政的西方世界,予以有力地回击,维护了泱泱大国的尊严。雍正实施父皇最后制定的政策，颁令全国禁止异端天主教，他还以嘲弄之情不无幽默地对巴多明神父说：你们只承认自己，要让所有的中国人都皈依基督教。如果朕派一队和尚喇嘛到你们国家传布教义呢？

花之安感觉这位中国人言词咄咄，而且对传教士的历史毫不陌生，看来得小心应付。他面带笑容解释道：那是一场误会。教皇反对孔教的提法无疑有待修正。我总要想起三四百年前伟大的利玛窦神父与开明大度的康熙皇帝，他们允许中国人同时拥有两个上帝：孔子与耶稣。丁韪良先生也坦言：孔子亦我基督之友也。利玛窦神父还从神学意义对拜孔祭祖做了解释，说拜孔是"敬其为人师范"，祭祖是"出于爱亲之义"。所以，后来的中国皇帝不又恢复了在华传教吗？

提及朝廷开禁传教一事，辜鸿铭愤愤不平道：那是你们以洋枪洋炮为前导，以洋货为后盾，以不平等条约为保护伞，窜进我国城乡的！

几个回合下来，花之安自忖不能说服这位年轻人，于是干笑了笑，用汉语道：辜先生，中国是讲究礼的古国，我是你的客人，总不能初次见面就吵个不可开交吧。我们就不能谈点别的？

一阵交锋，辜鸿铭觉得花之安为人忠厚，性格也温和，而且从他以前的著作来看，他对中国素抱友好之心，是鼓吹"孔子加耶稣"理论的代表人物，自己本来就对他怀有好感，对传教士的不满不该都发泄在他身上，乃还以笑容，也用汉语道：花之安先生，你的汉语说得并不好，但还算我眼下在中国唯一一位能凑合着用汉语交谈的德国人。在这方面，你比维特顾问强多了。咳，在中国的洋人，除了海关官员之外，会说汉语的只有传教士，真令人难以想象。

维特好不容易才叨上一句：牧师先生是一名卓有成就的汉学家，写过许多有关中国的著作。

辜鸿铭不动声色，对美国汉学家卫三畏的《中国总论》、理雅各的《中国经典》不留情面地评判了一通后，花之安又问起他对巴尔福所译《南华经》的看法。

巴尔福先生所译庄子的《南华经》当然是抱负极高的作品，我承认当第一次听到这个消息时，期待和高兴的程度简直不亚于听到一个英国人进入中国翰林院的消息。《南华经》被中国人公认是民族文学精华中最完美的作品之一，然而，巴尔福先生的译作一点算不上翻译，简直是误译。贸然评价这样一部肯定花费了巴尔福先生多年心血的作品，我的心情无比沉重。但我还是冒犯了它，并希望巴尔福先生今后能得到我更好的评价……辜鸿铭对巴尔福的态度，简直就像是猫抓到老鼠后并不吃掉，而是先拿它来耍弄把玩一番一样。

维特有点忍不住了，打断辜鸿铭的话：你们中国有句老话，老婆是别人的好，文章是自己的好。辜先生不觉得自己过于轻狂自诩了吗？辜鸿铭放声一笑后，白了维特一眼，不无挖苦道：顾问先生，在中国学问题上，要么你耐心做个良好的听众，接受中国文化的洗礼，要么两耳不闻为净，回去好生休息。

维特遭这么一刺，虽然鼻子不服气地"哼"了一声，但脸却还是涨红了。花之安赶忙起来解围：如今西方人看待中国，如同当初中国人看待夷狄一样，中国在西方人的眼中，只算半开化的国家。

辜鸿铭跳起来：这可不得了！所以你要用足时间，下些功夫来研究中国学，以公正态度介绍中国，让欧洲人跳出这种成见。现在外国人当中存在着一种错误的倾向，他们中有的不会中文，也不了解儒家学说，却是什么都研究；有的懂些汉语，却对中国知识浅尝辄止，不打算再做进一步的了解，动辄以汉学家自命，随便冠以中国学家的头衔，有的甚至还自诩为大师、宿儒，以用来自炫，或以为互相吹捧。他们那厚颜无耻的评论是必须受到谴责的！贵国大文豪歌德曾说："腓力斯人不仅忽视一切非自身的生活条件，而且还要求除他们之外的人类，都去适应他们的生活方式。"现在，那些来华的西方人，则几乎都成了歌德所说的这种"腓力斯人"的后裔，以自己的好恶是非来妄评中国的一切，如果不合他们的逻辑和习惯，便极尽诬蔑、歪曲、贬损之能事，并引以为乐。

像所有的德国人一样，花之安向以歌德这位国产世界级的大文豪为骄傲，且以与人谈之为快，没想到辜鸿铭对歌德竟熟悉得信口便可旁征博引，爱屋及乌，对这位中国人的好感与敬意油然而生。

绝大部分西方汉学研究者带着一种令人无法忍受的优越感来研究和认识中国，对中国人、中国的历史和文化明显抱有偏见，其著作有意无意地歪曲了中国人的形象，以及中国历史文化的本来面目和价值。由于态度不良，动机不纯，加之水平低下、方法不当，字里行间谬误百出，浅薄自在情理之中，对西方人不能正确了解中国文化的真相和价值，负有不可推卸的责任。我真诚地希望花之安先生不要成为罪人。辜鸿铭说罢，抬头意味深长地望了花之安一眼。

听罢这番似有针对性的话，花之安不觉一惊，猛然间感觉脊背上冒出了一身冷汗：罪人！

五、玉堂花烛，羡煞众多风流名士

辜鸿铭在张之洞的幕府中稳定下来后，成婚大事便摆入眼前。众人一再催促他去相亲，他也决心好好办事，还正经八百地找来媒婆，告知择偶标准。随后一连几天，不要说喜讯，就连媒婆的身影也不见了，直教辜鸿铭望穿秋水、心痒烦躁，什么事都提不起兴致。

一天，他正和赵凤昌、梁鼎芬在房内大作"大丈夫何患无妻"自欺欺人式的抒情，媒婆到底还是上门报喜来了。听她介绍，人家的长相美得就像画上的人儿似的勾人魂！

媒婆的添油加醋，惹得梁鼎芬一声啧啧，冲着辜鸿铭万分艳羡道：这样十全十美的人儿，汤生还愣着干什么，赶快张罗提亲吧。辜鸿铭却道"不忙"，眼睛定定地看着媒婆道：俗话说，十个媒婆九个说谎。如果你掺假，报喜不报忧，或者我不喜欢人家呢？其实，他最看重的不是人家的脸，而是脚。

辜鸿铭表面不急内心急的神情，让赵凤昌摸个正着，他纵声一笑道：大活人还能让尿给憋死，小事一桩，包在我身上。明天还在这里，由我做东，让媒婆把她带来，先见面不就成了。

"不成，男女交际有伤风化，酒楼相亲断断不成，那成何体统嘛！"辜鸿铭急得直摇手，我虽系良民，可也得想个万全之策，为人家的清白着想。

媒婆一时也急了，辜爷，这可不比先前几位，人家大门不出、二门不迈的大家闺秀，如何得见？

辜鸿铭眉头皱了数次，却还不见计上心来，忍不住骂了句：大活人真要让尿给憋死了！惹得大伙都笑将起来。

妙计最终还是上了媒婆的心头：后天，姑娘的母亲做大寿，辜爷混迹贺客中间，不怕见不到那姑娘。

辜鸿铭喜不自禁地一拍大腿：好，就这么定了！面对梁鼎芬和赵凤昌，既认真又不无俏皮地说：孟夫子曰"不待父母之命，媒妁之言，父母国人皆贱之。"你们得给我老辜做证，我可没有触犯天条，我父母不在了，还是通过媒婆来牵线搭桥，明媒正娶。

在苦熬之中，拜寿的日子终于到了。那竹筒屋的民居，房子不宽，但很深。寿堂内红烛高照，宾朋满座，洋溢着节日的气氛。辜鸿铭坐在大厅一隅，耐着性子等着,双目火似的盯着那条通往寿堂的走廊。突然,媒婆扯了扯他的长袍,向着寿堂那一指。

辜鸿铭定睛细看扶着寿星上寿堂名叫淑姑的姑娘,顿时呆了眼:姑娘生就一弯淡淡的眉儿,雪白似的粉颈,两只皓腕,十指纤纤,窈窕腰身不盈一握,裤子下面露出的红色弓鞋竟不及三寸之长。瞧她一步步过去,真个是步步生莲。在辜鸿铭的呆看中,淑姑很快就隐没在寿堂的门帏之后。

回来的路上,媒婆免不了要问起辜鸿铭的感觉,辜鸿铭一脸喜色,道:恋爱如同风吹来的种子,是自生自长的,不是人力所致的。就是她,百分之百的就是她,赶明儿你赶快上门提亲。

好事多磨。起初,淑姑父母说什么也不肯将女儿嫁给"鬼",及听得辜鸿铭是"半唐番"(广州话所谓混血儿),又在总督府高就,才半推半就答应下来。

婚事既获同意,赵凤昌边恭喜边打趣道:汤生兄在欧洲留学多年,对西洋人的婚事操作了如指掌,何不也参照他们的方式办了婚酒,让我们开开眼界。其他幕僚一干人等也是极力附和,盼望通过辜鸿铭那西式婚庆可发一噱。

不管他们如何纠缠劝说,辜鸿铭总是坚定地摇着头,说:你们一定在拿我逗闷子吧,我是中国人,为何要东施效颦!并以一副过来人的神态摇头晃脑道:你们有所不知,办婚事,世界上再没有比中国方式更好的了。西洋仪式可烦着呢,上教堂,请牧师,换金戒指、宣誓,即使次日离婚,也不介意。只有中国式的婚仪,一招一式无不渗透着古老文化的精髓。我真不知道,世界上还有哪一种婚礼,能比中国婚仪更热烈、朴实,让人沉醉留恋!

新婚礼堂就设在辜鸿铭新调配上的大房里。同僚们围着新郎官嬉笑着说个不停。辜鸿铭身穿长袍马褂,头戴毡制礼帽,身佩红花,正满心欢喜地应和着,忽地一声吆喝响彻厅堂:总督大人到!众人把眼光齐刷刷地投向迈着方步踱入的张之洞。

张之洞果然要给自己主婚,辜鸿铭喜不自禁,急忙上前迎接,施礼:香帅亲来,蓬荜生辉。汤生铭谢不已。张之洞上下打量着披红挂彩的辜鸿铭,颔首微笑道:好,像个中国的新郎官。

一对高鼻隆眼的人加入了贺客群中,宛如一道突现的风景线,不由得吸引大伙的眼睛纷纷转向,竟是德国传教士花之安和洋顾问维特不期而至。花之安照样是一身中国儒服打扮,只是服装的颜色不再是明黄的了,不待辜鸿铭发话,径自上前用汉语道：辜先生大喜之日，也不发个帖子请老朋友？

总督府上下，有谁结婚能请得洋人大驾参加？好个中西合璧的婚礼，众人羡慕之余，接下来就要看新娘子了。正等得心痒，堂外忽地鞭炮齐鸣，人声鼎沸：新娘子来了，新娘子来了！

辜鸿铭在众人簇拥下，出门迎接，亲自打开新娘乘坐的花轿，要迎她到堂屋中来。头顶红头巾的淑姑出了花轿，两脚软软地踩在红毡子上，走起步来，红盖头摆来摆去，脚下也是忽闪忽闪一片红。

女客中忽来个促狭鬼，挨近新娘身旁，冷不提防伸手把八幅红裙向上一揭，但见那裙下双钩宛如一对娇小玲珑的乳燕，随着新娘抬脚迈步，急急地飞向裙底下去。我瞧见小脚啦！这女客一声欢叫，立时引来一声声发问：多大？多小？盈耳的高誉声，听得辜鸿铭心中好不喜欢。

在张之洞主持下，婚礼按中国风俗热热闹闹地进行。天地拜完，再拜高堂。代替"高堂"的乃是辜鸿铭专程从福州请来的堂兄。

三拜完毕，进入洞房后，辜鸿铭那双颤抖的手慢慢地掀开新娘的头巾，虽然以前已然偷窥过她的芳容，但她这身新娘扮相，浓妆淡抹，肤如凝脂，脸若桃红，更兼双目含情，姣容羞涩，却还是让他的眼光看直了。

红烛光轻摇，映照得淑姑脸上更现羞窘。辜鸿铭春心荡漾，急不可待地脱下淑姑的莲鞋，撩起她的裙子，那一双小脚便毫不遮掩地露在外边。辜鸿铭瞅着小脚看傻了眼。

女子缠足，尖瘦尚易追求，但要做到光润如玉，没有瘢痕，却是难上加难，为此谚云：十生容易得，一净最难求。生，就是尖生生，瘦丁丁之意；净，指的是肤如润玉，滑如凝脂，一无瘢点微痕。淑姑小足生净兼得，让这么双小脚"漫加郎膝上"，辜鸿铭最勾春兴最消愁，入握如绵，恨不得咽下腹中细品味，谛视魂销，愧不能化作粉蝶扑裙下。这个莲迷最后将整张脸贴在淑姑的金莲上，如痴似醉地嗅着，一边还颤声道：人脸不一样，小脚也不一样。

淑姑心里有说不出的舒服、道不清的柔情蜜意：你说怎的不一样？

窗外忽地传出低低的嬉笑声，淑姑悚然一惊：窗外有人！辜鸿铭回头一看，只见窗纸上已然被舔了三两个小洞，他蹑手蹑脚起身，拿起那张春宫画贴将过去，回来又赶紧把红烛给吹灭了。窗外的嬉笑声由近而远。

第二天，辜鸿铭满面春风来到文案房，立时被赵凤昌、梁鼎芬、凌福彭等围住，异口同声发问：汤生兄，洞房花烛夜有何感想？辜鸿铭摇头晃脑，一副洪福齐天之样：我走遍天下，到头来发现世界上最美好的东西就在我家里。梁鼎芬哈哈大笑：看他这种艳福齐天的样子！赵凤昌打趣道：才娶亲的人，难免这种德行。

"这你们就老外了！夫人你们都有，这没什么稀罕，但我夫人有的，你们的夫人不见得有。"辜鸿铭说得这般扬扬自得，不容众人不瞪大眼睛。辜鸿铭笑问：诸位，不怕见笑，你们到底有几个人知道女人的妙趣呢？

众人面面相觑，随后又都注目于辜鸿铭，听他说下去：夫人，凡娶妻的都有，但是，你们都没有发觉妇人的最奇绝之处……辜鸿铭看着幕僚方：方兄，我今天也要考考你，妇人身上诸物，以何物为最美乎？

幕僚方一边摇头，一边给辜鸿铭递上一根烟，道：汤生兄快说，让我等见识见识，奇文共欣赏。辜鸿铭惬意地吸上一口，用手指在幕僚方身上比量了量，问：这是什么？幕僚方干瞪眼：手指呀。辜鸿铭瞪他一眼：去你的，告诉你，这叫玉笋！幕僚方还是不解：玉笋是什么？赵凤昌笑了：少见多怪，玉笋就是金莲。汤生兄一定在夸新娘的缠足。辜鸿铭摇着脑后的长辫，不急不慢道：还真是竹君兄灵巧。以我观之，妇人之美，实在小脚。

众惊奇，凌福彭忍不住道：你游遍西欧诸国，西洋美人见得多了，个个高跟鞋，胸脯高耸，臀部翘起，再加上紧束的腰身，袒露出的胸部，那等火爆，比之这种深藏不露，岂不是要精彩得多？

辜鸿铭大摇其头：不然，不然，小脚之美，全在一个遮字，这种神秘感岂是言语所能形容。其神韵美妙，讲究的是瘦、小、尖、弯、委、软、正七字诀，而品味起来，又有诸多妙法奇招……我夫人那金莲，不要说出海到洋妞那边保管算一绝，就是诸位夫人也只能望其项背而兴叹，比比她们那脚，少不了都是一条条船呵。

辜鸿铭这七字诀，连同海吹的夫人金莲之神，令幕僚袁听得口角流津，啧啧称羡慕：我等没有享受到这等福分，自然领略不出个中奥妙。辜鸿铭哈哈一笑，看着幕僚袁，奚落有加：你这种人，就是讨了像我这样美轮美奂的夫人，也享受不到齐人之福。

第三章

寻回作为中国人的安全感

一、纵有洋博士头衔,又如何能得中国式的雅

张之洞既上《会筹保护侨商事宜折》,为清廷准奏,着派在广东任事的记名总兵王荣和、内阁侍读盐运使余隽,往南洋诸岛察看侨民情形,宣慰侨胞。槟榔屿是此行必经之地,而出洋考察官员又由广州起程,辜鸿铭便想着携淑姑搭便船,回故地探望亲人。广东巡抚倪文蔚岂容张之洞手下这位得意师爷方便,冷笑一声道:他们是代表大清朝廷出洋的,你只能代表你自己,又岂能让粤海关给你开支出洋经费?

辜鸿铭也不记恨这混账话,倒遗憾自己没有功名,头上缺了红顶子。乃修书一封,托两位使臣届时设法转交家人,言自己在祖国万事皆顺意。

回到家里,接过淑姑拧好的热毛巾洗好脸,来到饭厅,但见一桌芳香扑鼻的饭菜已然摆好。辜鸿铭吃罢两口菜后,连呼:好吃,好菜!

淑姑爱怜地看着辜鸿铭,又挑夹两样好菜送到他碗里,温柔地说:我就不懂你在外国十多年,是怎样过日子的,什么都没得吃吧。这可是个新鲜的话题,逗得辜鸿铭"噗"地一笑,险些喷饭:在外国不吃东西,岂不饿死?还能等着回来跟你成亲?淑姑也是盈盈一笑,却又道:想想洋鬼子也真是可怜,什么牛奶、面包,送我都不吃。看着辜鸿铭又有些吃惊的神态,道:辜郎,你回到中国就好了,做个中国人多好啊!

是啊,做个中国人多好啊!娶个中国妻子多好啊!多亏自己当初坚定操守,没娶洋妞,才有今日。辜鸿铭深情地凝眸淑姑,直把人家看得脸红心跳。

这晚，辜鸿铭在书房里作文，忽然卡壳，冥思苦想，绞尽了脑汁，仍然是"上穷碧落下黄泉，两处茫茫皆不见"。脑瓜子一转，掷了笔，朝里屋高喊：夫人，快请到我书房来！

淑姑轻移莲步进来，看着辜鸿铭无限温柔地问：辜郎所唤何事？辜鸿铭轻声道：我不顺……淑姑的脸立马臊红起来：大白天的，何来不顺？辜鸿铭附在淑姑耳边小声道了几句什么，见淑姑连道几个不，乃叹了口气，道：看来我这文章是完不成了！

不由得使淑姑心软下来，终于温顺地坐在丈夫身边，脱掉小鞋，纤纤玉手便来解一层层裹得严严密密的布条儿。淑姑对自家玉足的精心呵护很使辜鸿铭欢喜，心想，这何尝不是为他珍爱玉足。

一双瘦若羊蹄美妙绝伦的玲珑小脚呈递在辜鸿铭眼前，一股淡淡的臭豆腐之味在空气中传递。辜鸿铭眼睛一阵发亮，像接圣旨般虔诚地捧起，好一番捏捏嗅嗅。一刹那，他浑身像接了电似的，不，是遭受了诗兴的袭击，其来如风，其势如雨，自然灵气恍惚附身，怪怪奇奇，莫可名状，原先空空的脑海里被许多瑰丽多彩的想象填满，它们一个个像长了翅膀似的要从脑中翩然飞出，像神力凭附似的，枯竭的文思像春天的泉水般复活了，激情澎湃，喷涌欲出。受了某种机遇的触动，辜鸿铭心里为之一亮，茅塞顿开，立时大彻大悟，一通百通，真可谓"忽如一夜春风来，千树万树梨花开"。一双右手不由自主地腾出，发疟疾般颤抖着挥毫下笔，竟是文思泉涌、瞬时千言。

辜鸿铭掷笔，重将火辣辣的眼光投向淑姑，淑姑怯怯地问道：辜郎，这是何意？辜鸿铭最大限度地舒展笑脸，一副神秘兮兮的样子：这叫"嗅佛手"。夫人这双金莲美妙绝伦，足可为兴奋剂，唤起我的灵感神思，这不是"佛手"吗！淑姑甜蜜一笑，轻点了他一下头：真个是怪癖！

第二天，辜鸿铭向同僚们滔滔不绝地海吹开了：我夫人那小脚，和其他女人的小脚其实也没根本区别，裹法大致相同，裹出来的脚形也相差无几。我要说的是我的新发现，女人之美，美在小足。小足之美，美在其臭。

赵凤昌和梁鼎芬忍不住失声大笑。

隔数日，梁鼎芬呼朋唤友上酒楼买醉，店小二上菜，竟将马桶陈诸桌上。座中诸友掩鼻纷纷离席，对着店小二詈骂不已。唯梁鼎芬心平气和，挥手让店小二退下，而后含笑揭盖，一股奇香飘然而出。众人瞪大眼睛相看，原来马桶里头所盛皆为鸡鸭鱼肉各精美食物。梁鼎芬率先举箸，津津有味，嘴角流油。众人见状，但觉食欲大动，咽罢口水争相举箸，直觉颊齿生香，别有一番风味。问及原因，原来梁鼎芬饮食素精，把酒楼当成食堂，一月后庖人穷于技艺。梁鼎芬为求新鲜，乃以"马桶请客"。

梁鼎芬"马桶请客"的绝招惊坏了店小二，又见他谈吐风雅，认定必是奇人高士，结账时说什么也不肯收钱，只请求梁鼎芬题个字什么的做纪念。梁鼎芬治学之余，最喜赋诗填词题字，可谓工诗善书，于是并不拒绝，道声笔墨伺候。早有准备的店小二立时呈上数张宣纸。梁鼎芬酝酿约莫半分钟，就着宣纸笔走龙蛇。除"季常癖"外，梁鼎芬还有一癖，每作短札，一事一纸，若数十事则数十纸。如今作诗题字，也是每纸一句，写完四句，但见宣纸告罄。心想，干脆就给小二一首残诗吧，谁叫他这么小气，连宣纸都不多准备几张呢。于是在每纸的起讫处，用毛笔画个图章"盖上"。

辜鸿铭等捧来欣赏，但见书体秀雅而豪迈，堪称一家，诗也是好诗，所题四句初看之下，已然完整："题诗天地间，浩气孰能攀，病客惟宜酒，樵夫自有山。"

辜鸿铭对梁鼎芬于题诗起讫处盖用图章之法，深为奇怪，问之，梁鼎芬自信而笑道：我这是为日后盼我的题字升值的人着想，方便他们裱为手卷册页。幕僚袁赞道：梁髯真是雅人！传闻艺林得梁髯寸纸片字无不珍如拱璧，看来不差。还盼能赏兄弟一些墨宝，留给子孙日后卖个好价钱。辜鸿铭白了幕僚袁一眼，讪笑道：高雅的东西，一沾上铜臭，就掉价恶俗了。星海兄，我看你与其送这些收藏者以墨宝，倒不如直接送银两省事，也不致玷污了你的一手好字。

众人皆大笑，赵凤昌手摇湘妃折扇，接口道：是啊，高雅与俗气往往只是一步之差。幕僚袁不意自己开玩笑的一句话，被辜鸿铭这般一打岔，倒让自己闹了个大花脸，心里头煞是不痛快。辜鸿铭瞅了瞅幕僚袁的尴尬神色，冷不防又道一句：袁兄不高兴了？孟子云："不直，则道不见，我且直之。"得罪之处，还望海涵。

自改读儒道旧籍以来，辜鸿铭觉得无上妙义尽在其中，很快就心悦诚服了，并由内而外，张口子曰闭口诗云，倒听得幕僚袁、幕僚方刺耳，暗地里嘀咕：他哪有半丁点儿旧学功底，真是附庸风雅的儿戏……话传到辜鸿铭耳中，他少不了也要反击一番。

看到幕僚袁似要还嘴，梁鼎芬想他刚才的赞美还是值得自己一帮的，于是拍拍辜鸿铭的肩，委婉劝说：你们真是一对刺猬，平时聚在一起，不是你扎伤我，就是我刺伤你。俗话说，十年修得同船渡，百年修得共枕眠，我看还是惜缘为贵吧。

梁鼎芬这么一说，恰恰击中了辜鸿铭和幕僚袁的痛处，两人也就不吱声了，心照不宣地跟着大家沿大街往衙门走。街头不知什么时候冒出了一位刻扇者，几把精致的扇子一字儿排开在摊桌前。赵凤昌眼尖，率先在摊前停住了，众人于是也纷纷止步欣赏。刻扇者自是仙风道骨，看到这批文人雅士光临，道声"请诸位方家鉴赏"，再无其他王婆卖瓜之语，只管埋头刻手中待竣之扇。辜鸿铭见其所绘为一垂髫仕女，倚栏立梧桐树畔，凝眸望月，若有所思，七分爱意顿生，手指此扇道：这把我要了。

稍儿，刻扇者完工，也不言语，看了辜鸿铭一眼径直递了过去。辜鸿铭接扇，正面视之，但见梧桐与月在右，反面乃在左，人则亭亭玉立，飘飘欲仙，情不自禁地赞道：好扇好扇！赵凤昌凑过头来一看，见其画面线条、布局、刀工都极为精致，虽不顶好，却够水平，一时也颇为激赏，眼珠一转，语气中透出遗憾和戏谑道：有此妙画，惜无妙题，以成合璧。刻扇者微微一笑：这有何难？要过扇来，也不思考就在上面唰唰题写。辜鸿铭、赵凤昌过来看时，但见"亭亭小立玉阑干，月上梧桐金井寒"两行诗已成。刻扇者稍一凝思，于梧桐树根之旁复题"秋思图"。

"好不雅致，汤生兄真是好眼光！"梁鼎芬看了折扇也是赞不绝口。

辜鸿铭满心欢喜地付了钱，一路学着赵凤昌的样子摇摆着竹扇，恍若一经这个装饰，自己更是一个中国正宗的文人雅士了。看他喜滋滋的模样，幕僚袁心里直犯胃酸，对着幕僚方皮里阳秋道：雅，不是钱所能买来的，不经传统文化的长期熏陶、慧心领悟，有人想冒充风雅，如何可能呢？

幕僚方自然要帮腔：是啊，不是说想雅就可做到雅的，弹琴是雅的，如果给牛听，那只能十分可笑。有人想雅而不会雅，在房间里摆张琴什么的，不但不雅，反而更俗了。古人言："三代穿衣，五代吃饭，十辈子才能挂画"，就是这个意思。

"依我看，不管如何雅，首先要保持一个真字，一离开真，还谈什么雅？再雅也只是虚伪的世俗的应酬罢了！"幕僚袁说罢，眼睛微微瞟了辜鸿铭一眼：汤生兄是读洋毛子书的，虽有博士头衔，可没有中国传统文化修养，也讲求不了中国式或者说东方式的雅。

辜鸿铭的牙齿咬得咯咯响，两腮的青筋暴涨得纤毫毕现，一时却没有反击的言语，气得把折扇当场撕了。

赵凤昌欲要阻拦，却已来不及了，辜鸿铭早将那把精致的折扇撕毁扔弃于地。

赵凤昌好不惋惜地叹了口气，想着一个得体的方式给辜鸿铭救驾，道：记得禅宗一位高僧曾说："以世眼观之，是雅皆俗；以法眼观之，是俗皆雅。"所以在大观园吃烤肉时，湘云驳斥黛玉道："你知道什么？是真名士自风流，你们都是假清高，最可厌的。我们这会子腥膻大吃大嚼，回来却是锦心绣口。"这真是大俗大雅，合二为一了。

"是啊，大俗大雅，合二为一。"梁鼎芬不失时机地做起好人来。

大家默默无语回到衙门，各自散了。这随后的几天，辜鸿铭都在日思夜想雅和俗的问题。赵凤昌一年四季扇不离手，那是雅的；梁鼎芬纵使马桶请客也是雅的，可自己为购一扇却平白遭人讥讽，这算哪门子事？自己是大俗，还是大雅？他百思不得其解。"雅""俗"的概念是建筑在中国传统文化艺术之上的，西方文明当然也有雅，可自己所要的雅，却怎能是西方式的！纵使不能纯中国化，也得做到巧妙的中西结合，关键看是否真懂、真能理解两种文明。新加坡乃英国殖民地，英国文化在这里深深打上了烙印，又因华人于斯最多，这使得中华传统文化也得以长期保留，于是就生出独有的优雅文化。辜鸿铭想起一位新加坡朋友的故事来。此君所用信纸皆自印，纸当然是高档的洋纸，却以中国画做底子，往复信件也都横写，虽不同于宣纸或水印笺纸，但一看就知是中国味的，十分高雅，曾让辜鸿铭欢喜有加。这岂不是中西结合的一个范例！辜鸿铭忽遇神启一般，心里头不再茫然，自信不要借助扇子，也能创出一份独到的雅来。

作为张之洞的洋文案，辜鸿铭平日少不得在洋人圈里折冲樽俎，仗着稔熟的几门外语，竟是游刃有余，很快就在洋场里声名鹊起。一日，日本公使、汉学家冈田到得广州，在拜会张之洞之后，无论如何也要宴请张之洞及其署中的学问家，并恳切请求总督能让辜鸿铭随同而来。这冈田名义上说是游历，其实是受了日本内阁总理伊藤博文的委派来搜集有关中国的情报的。

一帮人在十三行近旁的一家豪华酒栈用完餐后，接下来的主题便是喝茶谈学问，几位身着和服的日本女子跳舞助兴。身着和服的冈田面向与自己同坐首位身穿便服的张之洞，操一口流利的汉语道：今天能和以总督先生为首的中国学者、思想家长谈中西文明问题，深为兴奋。刚才总督先生所谈，实为真知灼见。我们还想聆听辜鸿铭君的东西文化观，总督先生不会反对吧？张之洞捋着胡子，微微一笑：只要汤生愿意，有何不可。

辜鸿铭看了看张之洞，见张之洞点了点头，乃言：我对东西文化观的基本见解是：中国或东方的文明是道德、精神的文明，是真正成熟的文明，西方文明则是物质和机械的文明，是不成熟的、基础不牢靠的文明。辜鸿铭说话的当儿，冈田的眼睛始终未离他，待他一语毕了，才问：这就是辜君对西方文明的看法吗？听说辜君也曾是穿西服的。辜鸿铭轻松道：穿过西服，可回国后，总督大人让我给扔了，易服了……

听辜鸿铭这么一说，在座者都笑了。冈田接着又问：依辜君之高见，西方物质文明的成果东方可否采用？仿佛早就想过这个问题，辜鸿铭不假思索地回答：可以少量采用，但以不伤害和改变东方文明的根本精神为限度。东方文化的国家，不能把西方文化整吞进去，而是该吸收的吸收，该排斥的排斥。也就是说，让人穿马的鞋子，当然是没有办法穿得进去的。

冈田的随从插话道：我并不敢苟同于辜君的高见，我大和民族明治维新的成果，就是西化的结果。

辜鸿铭大摇其头：依我看，日本明治维新的志士们之所以要采纳西方物质文明的利器，最初的目的并非为了西化，而只是为了阻挡欧美列强入侵日本的脚步，西化只是手段不是目的。

冈田好生咀嚼着辜鸿铭的话，觉得他对日本的研究不浅，实在不可小觑，想了想，试探性地问：辜君既然反对西化，为何还赞成而且帮助总督大人从西洋引进科学技术？辜鸿铭笑道：我们的总督大人胃口不错，好吃的东西尽可拿来吃，方便的东西也可拿来用。但他也咬定青山不放松，绝不改变"道"。这得体的话，让张之洞听得浑身舒泰，捋着胡子满意地点着头。

冈田沉吟片刻，又问：辜君能从高处眺望西洋文化，能否评说我们日本的现状？辜鸿铭把眼光投向跳舞的日本女子，无所顾忌地谈开了：现在的日本已经跳到学习如何正确地使用文明利器的时代了。要像这些跳舞的女子一般保持青春活力，必须有一个高尚的道德标准，也就是民族精神。

冈田为之一凛，追问下去：那么，日本从何入手，才能得到这种精神呢？辜鸿铭目光定定地看着冈田，以不容置疑的语气道：我以为，已经得到了现代文明利器的日本与其到欧美去寻找还不如回归中国。也就是说为了恢复古来从中国继承的道德标准，必须回归原来的中国。这种道德标准核心就是"王道"原则。也就是日本在处理同其他国家关系时，不要像西方一样崇尚武力，而应讲求道德，研究王道。

旁座一位日本学者问：辜君为何认定我们要从落后于我大和民族的中国寻找呢？

这肯定是那个福泽谕吉的信徒！1885年，福泽谕吉发表《脱亚论》，主张全面与中国文化决裂。"脱亚风潮"在日本社会随之兴起。辜鸿铭对"脱亚论"当然极不舒服，该怎么教训这个不知天高地厚的东洋人？他一沉思，已有了议题：有一点日本民族当自记，不要说文化，就是连日本人自身，也都是从古代中国传过去的。中日文化关系，可用"美丽的蔷薇花"和"泥土"的关系比喻。

见众人不解，辜鸿铭微微一笑，不急不缓地说下去：在此请让我引述一位西方人讲的故事。那是夏日一个温暖的清晨，一朵蔷薇花在绿叶的掩衬下显得分外娇媚，正当它自我陶醉时，无意间看到了自己的根部，看到了培养它的泥土。哟，多么肮脏的泥土呀，我这美丽的花怎会处在这样的环境里呢？它感叹一通后，傲然地将其脸面朝向天空。这时，小路上走来一位行人，顺手将她摘下，放入手中的花束当中。不久，离开了自己泥土的蔷薇花很快就随着花束一起枯萎凋谢了。它的骄傲不过是短暂的瞬间的事。

冈田等日本汉学家认真倾听，张之洞、梁鼎芬、赵凤昌等也频频颔首中，辜鸿铭语句滔滔：在这个故事中，如果把这朵美丽的蔷薇花比作日本，那么培育这朵花的肮脏的泥土可以说是中国，而那一度自我陶醉的蔷薇被插入的花束就是当今的欧洲文明。我郑重告诫日本民族不要忘本，不要对中国人以及中国的一切事物都表现出鄙夷并加以轻侮。我最殷切的希望是，美丽的蔷薇花——日本不要忘了使其能有今天的泥土，否则，你们这朵花即使再美再绚烂，也会自行枯萎和凋谢。

冈田若有所思地点点头，一时无语，便举目台上的舞者，一旁却响过辜鸿铭的问话：我有一歌，给冈田君助兴，如何？冈田急急回头，殷切道：如此甚好。

辜鸿铭以手轻拍桌面，小声唱起英国诗人吉卜林的英文诗歌来。唱完，怕众人不懂，便相告汉语意思：

东是东，西是西，
把东当成西，必然乱了套。
为了把东西两种文化，
融合到一起，
千万不要东西搞乱套。

众人鼓掌纷纷，辜鸿铭感觉自己今日大出风头，何尝不是另一种形式的大雅。洋博士的头衔，如何讲求不到中国式的雅呢，更何况自己是中国人！

二、既惧"半唐番"之名，偏被饱学之士视为不通中学的外人

张之洞抚晋督粤以来，力倡实学，维持名教，抗击外侮，朝野视之为当朝衮衮诸公中最有风范者。一时间，南北士人前来拜会投靠者充塞门庭。

一日，辜鸿铭前往驿馆看望新认识的一位文士，忽见到一个熟悉的身影，正在馆舍亭榭前手不释卷，低声吟哦，情不自禁地叫一声：马先生！那人回头，惊愕地看着辜鸿铭，问：先生可是在唤我？辜鸿铭趋步上前，紧握住对方的手，呵着满嘴的热气道：马先生，你好啊，不认识我了？那人仔细地看了看辜鸿铭，摇摇头。

"他们都说我回国后相貌更像中国人了，难怪马先生都认不出来了，我是辜汤生辜鸿铭呀！咦，马先生好像瘦了，好像更高了些……"说话间，辜鸿铭既为对方未认出自己而遗憾，但更多的是为自己的脱胎换骨高兴。

辜汤生辜鸿铭？那人一个劲地在搜索记忆，但最终还是摇了摇头。辜鸿铭有点急了，揉了揉眼睛：你不是马先生吗，当年在新加坡……那人"哦"了一声，明白过来了，看着辜鸿铭道：辜先生说的一定是舍弟吧？

原来，这人乃马建忠胞兄马相伯，兄弟俩因长得相像，竟让日思夜想盼着重见马建忠的辜鸿铭看花了眼。不过，能见着马建忠的兄长，也算是好事。两人亲热地攀谈起来。

马相伯原名建常，本是驻日本神户领事，回国后被李鸿章留为直隶总督府幕僚，旋代其弟马建忠做了帝国藩属朝鲜的国王顾问。为了解决朝鲜受日本侵逼的难题，李鸿章出主意要朝鲜政府与欧美列强签约通商，借以制约日本，这就是所谓的"以夷制夷"。帮助实施这个对策的，就是从驻法使馆回来的马建忠。1881年冬（光绪七年），朝鲜国王特派专使来天津迎接马建忠赴平壤任顾问，李鸿章却舍不得手下这位奇才远离自己，于是指着马建忠的这位二哥对朝鲜使者说：他可以代眉叔（马建忠字）去走一趟。马相伯由此便作为幼弟马建忠的替身，赴朝鲜担任国王的新政顾问。

此时高丽政府分两派，一派以国王生父大院君为领袖，反华亲日，一派以国

王正妻闵妃为魁首，反日亲华。1882年（光绪八年），大院君发动军事政变，大杀闵妃一派并囚禁国王父子。根据马建忠和水师提督丁汝昌建议，署理北洋大臣兼直隶总督张树声（时李鸿章因其母病逝而离职）迅速派提督吴长庆率军入朝，抢在日军之前，擒住大院君并恢复了汉城的秩序。

汉城政变始发，马相伯受到朝中无端猜忌，最使他气恼的是，吴长庆部下一名曾受惠于自己的小吏，在镇压汉城叛乱中官升五级为同知（副知府）后，竟在背后"捅"了自己一刀。他向吴长庆密告马相伯在官舍狎妓，事情被证明乌有后，又联合另一名幕僚，替吴长庆策划攻击马建忠，说大院君政变后朝鲜政府被迫同意向日本赔款及同意日军驻汉城，都是马建忠"任性妄为"的结果。清廷几位权臣借机整了一下李鸿章和淮系大员张树声。马建忠刚被朝廷表彰援朝有功，紧接着便奉旨查处是否有出卖朝鲜的嫌疑。马相伯也被迫离开朝鲜，重返李鸿章的幕府。

马相伯轻轻一声喟叹：这名年轻无赖，起初正是由我向李鸿章推荐，才实任驻朝鲜商务委员，并从此脱出穷困潦倒境地的。咳，没想到……

世上竟然有这么个过河拆桥、以怨报德的小人，而且竟然针对马建忠兄弟而来，辜鸿铭于不齿中，记住了这个无赖的名字：袁世凯。

马相伯说自己回到天津后，请李鸿章及早决定保全朝鲜的对策，谁知他却道："大清国我都不敢保他有二十年的寿命，何况高丽！"教人好不灰心沮丧！当今中国，依我看，不啻为放大之高丽，而高丽，即具体而微之中国！

李鸿章斯言，再加上马相伯此言，直听得辜鸿铭目瞪口呆，一时竟不能言，良久才道一声：马建忠先生近况如何？

马相伯见辜鸿铭如此关注幼弟，又见他为人爽直，与幼弟有异国神遇之交，也就话不设防，将兄弟俩替朝廷出力参与朝鲜事务，非但双双没得赏赐反遭猜忌与攻击之后的详情一一道来……

辜鸿铭虽对马氏兄弟为李鸿章效劳略有微词，但对马建忠的遭际却深表同情。听马相伯说在广州停留了多时，还未得到张之洞召见，就有点打抱不平了，回头马上诉之赵凤昌，赵凤昌小声而正色道：汤生兄，我劝你今后还是少提马氏兄弟的名字。

"为何？"辜鸿铭面对赵凤昌睁大了眼睛，好像不认识他似的。

"我知道马建忠是你回国的指路人，但他是李鸿章的人，现在朝野都视他为里通外国的小汉奸，你再这么扯上他们兄弟，很多事情就说不清楚了。何况你又在香帅幕下，香帅和李鸿章的过节你又不是不知！"

赵凤昌这话，让辜鸿铭听得浑身打了一个哆嗦，想马建忠才学人品双馨，又一心为国，竟博得个汉奸罪名，真是匪夷所思。他油然又想起父辈们，觉得他们在异邦分明也是在为殖民者英国人服务，万一家底被国人戳穿，那自己真是百口莫辩，虽然自己早已越来越不认同，也不习惯父辈们的做法。如今自己回国效命，已动辄被人唤作"半唐番"，万一也戴上汉奸这顶帽子，那太可怕了，既屈自己更辱家族，岂不比窦娥还冤！一时间，辜鸿铭浮想联翩，心乱如麻。

马相伯算计自己在广州等了数十天，也没见张之洞理睬自己的建议，心里好不失望。虽有辜鸿铭暗中相劝参加张之洞的生日宴会，以求谋面相谈，他却觉得万般无趣，扔下一肚子牢骚气话讪讪离粤返津了。

一个礼拜后，总督府张灯结彩，全府上下欢声喜气，庆祝张之洞的五十华诞。赵凤昌、梁鼎芬提着礼物匆匆走来，门口碰着辜鸿铭。辜鸿铭分别掂了掂他们手中的礼物，笑道：好沉啊，什么好东西？赵凤昌笑道：礼轻情意重。辜鸿铭又掂了掂礼物，微微眯眼道：礼不轻啊，香帅如何受用得了？竹君兄，我看你这礼物啊，也算我一份吧。

"尽打我的主意。"赵凤昌飞快地抢过礼物，白了辜鸿铭一眼，问：哎，你空手啊？

辜鸿铭笑笑说：俗话说，儿的生日，娘的苦日。东家的生日，何尝不是属僚的苦日。我非圣人，饭虽可不吃，东家的寿，却不能不贺。

梁鼎芬疑惑地看看辜鸿铭，道：看看你的贺礼吧。

"你们的贺礼虽贵重，说白了却也是大路货。瞧我的……"辜鸿铭边说边从怀中拿出一个精致的红包。

梁鼎芬凑过头去，问：银票？

"咱们也算是自己人，就让你们先睹为快吧。"辜鸿铭说着剥开一层红包，却见里面又包着一层。赵凤昌好奇而又有些不耐烦地嚷道：什么稀罕货？

辜鸿铭剥到最后一层，终于露出一小本子。赵凤昌伸手欲拿，却被辜鸿铭挡开了，神秘兮兮地说：别小看了这小札札，里面抄录的全是洋文报刊关于李鸿章的笑话，你们知道吗，我整整花了三个晚上。说着又从怀里取出一个红包。梁鼎芬好奇地问：这又是什么秘密武器？

红包打开，原来是方手帕。见两人诧异，辜鸿铭便顽皮地说：我怕香帅笑过之后，找不到擦眼泪的东西。他见后面有人来，赶紧包好，进了府中。

张之洞因受皇恩重赐，南北硕学名儒、旧雨新知纷来祝寿。一时间，府中嘉宾云集，热闹异常。张之洞和巡抚倪文蔚等一帮峨冠博带的朝廷命官应酬间，门客来报：沈子培曾植先生前来祝寿。

张之洞大喜，撇开众人，亲下台阶迎接沈曾植的到来，执手相看良久，满脸喜色道：沈公亲来，真个高看香涛了。沈曾植与张之洞款步并行，连声道：恭喜香帅大寿！

辜鸿铭看沈曾植一派名士风度，气质不凡，便问一旁的梁敦彦：此君何等来历？要劳香帅下台迎接，适才巡抚来也不过如此。

这沈曾植大有来头，出自书香世家，家学渊源，少年即有江南神童之誉。七岁时其师为试其才，出上联"汉代功臣先邓禹"，命他作答，他不假思索，随口对以"孔门高弟守颜渊"。其用"守"而不用"首"字，颇具巧思。光绪六年进士及第，不仅遍研古今律令，尤其精于国学国粹，有旧学第一、国中名士之雅称。他在朝居官甚久，与张之洞同属"清流派"人物。

听完梁敦彦的介绍，辜鸿铭轻道：哦，明白了，同穿一条裤子，怪不得如此亲近。说罢，抬头目不转睛地看着沈曾植。沈曾植感受到了这异样的目光，却也恬淡自如。张之洞的眼光也遭遇上了辜鸿铭，忽然想起什么似的，拉过辜鸿铭走近沈曾植：汤生，你不是一心想见识当朝名师吗，沈公即是泰山北斗、一代名儒，他的聪明学力，当今无人能及。你果欲学习正宗儒学及中国文化，当多向沈公请教。辜鸿铭嘴上连道：幸会！幸会！心里却不以为然。张之洞接着又向众宾客介绍起幕下这名洋文家来：辜师爷的洋文功底均在今天各位来宾之上，连我府内的洋人顾问，有时还要向他讨教哩。众人注视辜鸿铭的目光无不露出惊奇，沈曾植却微微报以一笑。

说到洋顾问，洋顾问维特就挽着袒胸露臂、一身新潮打扮的妻子爱米前来祝寿了。两方行过礼后，维特以生硬的汉语对张之洞说：总督大人，我的夫人渴望一睹风采，所以不请自来了。张之洞拱手作揖：幸会幸会！

维特翻译后，爱米大大方方地向张之洞伸出手来，张之洞一时不知所措。

辜鸿铭一旁说：香帅，我来示范一下。言罢不由分说拿过爱米的手，在上面亲了一下。趁着众宾客大笑的当儿，辜鸿铭用德语对爱米道：夫人可知，在中国，一个女人永不会想去和男人握手。如果一个绅士想给淑女一束鲜花，或是一把扇子，他通常并不直接递给她，以免他们的手碰在一起，而是把东西放在她的旁边。爱米白了辜鸿铭一眼：假正经！辜鸿铭却认真地说：不，这是东方的礼仪。东是东，西是西，把东当成西，必然乱了套。夫人谨记！爱米面向维特微微耸了耸肩，一副无可奈何的神态。

宾客到齐后，大家依次落座。张之洞为了让辜鸿铭和沈曾植增进了解，特地让他们紧挨自己而坐，同桌的还有巡抚倪文蔚、藩臬司等人。梁鼎芬、梁敦彦、幕僚方、幕僚袁等和维特夫妻同坐一桌。

臬司时不时就把眼光瞟向不远处的爱米，辜鸿铭觉察到了。想到前番和赵凤昌上街时所见其耀武扬威的风头，辜鸿铭心里顿生一丝厌恶，当下便打趣道：臬台大人，可要一换座位？我这地方视角独特。臬司脸一红，忙掩饰道：辜师爷真会说笑话。

辜鸿铭也不搭理他，看了看维特夫妇那一桌，笑道：臬台大人你瞧，梁胖子他们泡洋妞可起劲啦，他们心里头一定在感谢香帅给了他们百年不遇的良辰美景。

众人大笑后，倪文蔚嘴一撇，道：洋人也真够骚，不但允许夫人袒胸露臂，还尽带着抛头露面，要是将这一套搬过来，岂不乱了套！辜鸿铭接口道：抚台大人能由表及里，一针见血指明西学西法不可随意生搬硬套，不愧为朝廷重臣，比那些不明国事肆意妄为的洋务派强多了。

倪文蔚得到辜鸿铭的表扬，脸色不禁一喜：辜师爷精通西学，以为时下该如何借鉴西学呢？辜鸿铭也不谦让，口若悬河地谈论起来：西洋所创制器之法，如电报、轮船、铁路等事，虽未尝无利于民生日用，且时至今日，我国又不能不渐次仿行举办。然天下事，利之所在，害亦将随之，故凡兴办此等事，不可不严定限制。因此我奉劝诸位大人不要过多地采用西方的物质机械文明。

臬司刚才遭辜鸿铭讽刺，心有愤意，这下自作聪明地反驳说：我听洋顾问说，修铁路可以消除河运中很多可能的危险，比如水手偷盗等，有什么不好呢？

张之洞听得眼光一凛。这个臬司为倪文蔚所提拔任用，办事素无能力，且贪婪成性，下一步非把他参劾罢免不可。他一边思想一边静听辜鸿铭如何应战。

辜鸿铭目光炯炯地看着臬司，反唇相讥：你认为物质文明的发展就能消除道德上的邪恶吗？你说铁路能保证雇员、甚至是老板的诚实吗？臬司哪经得起这番质问，一时没有了词儿，红着脸低头喝酒。

倪文蔚不失时机地为臬司解围，他看了看张之洞，又盯着辜鸿铭，语含讥诮：

这我就搞不明白了,总督大人所引进之枪炮以及洋人顾问,难道不是西方的文明吗?张之洞捋须不语,脸部表情严肃。

倪文蔚性情迂缓,处理公务多有遗忘谬误,与张之洞果断精明、任事强干的作风迥不相侔。张之洞曾如此和心腹幕僚评说:看云林(指倪文蔚)面,愈看愈劣,其为人性情昏昧,今日所见之人,明日即已不识。早起所办之事,过午即已茫然。倪文蔚所提拔的属僚,多为无能且贪者,张之洞既看不上眼,便择其声名狼藉、最不称职者列疏参劾,罢免了若干人。倪文蔚无法袒护,对张之洞仇怨加深。而张之洞认为与倪文蔚无法共事,非排去不能有为。两人表面上虚与委蛇,肚里却钩心斗角,秘而不宣地盘算着如何挤掉对方。众人知道督抚间的矛盾,也不好说话,只是静静地看着他们如何反应。

辜鸿铭喝下一杯酒后,微微一笑:香帅的高明在于,他知道西方物质机械文明的错误和不成熟,因此在适量采用他们文明的同时,积极加以修改。请抚台大人品读香帅给朝廷的一份奏折,其云:"近来万国辐辏,风气日开,其溺于西人之说、喜新攻异者,固当深戒,然其确有实用者,亦不能不旁收博采,以济时需。"这里不是已经说得很白了吗?

赵凤昌等轻轻地松了一口气,张之洞捋须的手也放下了,面部肌肉不再僵死,为辜鸿铭能在大庭广众面前背诵自己奏折句子而深觉意外,不经意间还展开了一朵写意的微笑。

好个刁钻、伶牙俐齿的辜鸿铭!倪文蔚心里暗骂了一句,却不甘自己败下阵来,斜睨着辜鸿铭道:我倒想洗耳恭听西方文明不成熟和错误的具体之说。

辜鸿铭见大家都在注目自己,不觉得意起来,嬉笑着不知天高地厚地谈开了:哦,考虑到在座诸公的智力已然达标,我不妨作个比喻。欧美人只顾将其文明之塔一个劲地加高,而不顾其基础是否牢靠,所以,其现代文明外表确实是一个让人叹为观止的庞大建筑物,但它就像《圣经》里所载建造的巴比伦塔一样,随时面临着倾覆崩溃的命运。就根本而言,东方文明如同已经建成的巍巍长城,基础巩固,是成熟了的文明;而西方文明说到底还是一个正在建筑当中而未成型的屋子,是一种基础尚不牢靠的文明。

辜鸿铭道完,藩司连赞两句"高见,高见"后,面向张之洞大献殷勤:大帅府有辜先生这么一位年轻有为的洋博士,真可谓如虎添翼!

众人多数响应,纷纷举酒以敬。那位被张之洞誉为泰山北斗的饱学之士沈曾植却是埋头喝酒,不置一词。

辜鸿铭几杯酒落肚,面红耳赤,意兴阑珊,更是有些忘乎所以了,他仰脸问起沈曾植来:沈公为何一言不发?晚生一番见解,竟然不如酒食更吸引你?

沈曾植依旧不语,又优哉游哉地抿了一口酒。

辜鸿铭心中不爽,语带讥讽:南天门上挂牌子,好大的一块匾额!我说呀,你就别鼻子插葱,跑这儿装蒜来了!

沈曾植见辜鸿铭嬉笑怒骂过于张狂,早就思忖说他一两句,这下见他主动挑战,乃不慌不忙地回敬:辜师爷,空言虚词,见人胡讲。洪钟无声,满瓶不响。再说,你说的话,我都懂。你要懂我的话,还须读十几二十年的中国书,然后再和我说话。言罢拂袖而去。

沈曾植言下之意,是辜鸿铭根本不通中学,在这方面真正还是个外人,配不上和他谈论。辜鸿铭天不怕地不怕,最怕的就是不被当作正当的中国人,他立时就呆住了。

三、用中国文化教化洋人

辜鸿铭喷着酒气回到家来,仰头就倒在床上,长吁短叹。淑姑坐在床前问安,他口中哼哼唧唧的却是:我要向他们证明,我不仅通西学,而且也精通中学和儒道。我要真正成为他们中的一员,让他们以敬佩的眼光来接纳我……

淑姑扑哧一笑:我还以为是什么事呢,真有趣。辜鸿铭没好气地说:还有趣?我都气坏了。淑姑道:他们肯定是笑你邯郸学步。辜鸿铭满脸不服气:那有什么!我现在一切都是在学,面对博大精深的中国,我不就是一个孩子吗!

淑姑语气温和地说:可是,学人走路,亦步亦趋,不但学得不像,连自己原来的走法也忘了。辜郎不要以为你留起辫子,穿上长袍马褂,读着四书五经,侃着大清的官话,就会脱胎换骨,成为真正的中国人。

辜鸿铭睁眼看着淑姑:是呀,现在看起来还真不那么简单。但是,我总算找到了一个温柔善良的妻子,组成了一个诗礼传芳之家,找到了一个能帮我写好"人"字的贤内助。

淑姑不解:写好"人"字?

"人生旅途,只靠一人是写不好这个'人'字的,只靠男人也是写不好的,还得有女人相帮。我想穷毕生之力，写好'人'字的那一撇，昂扬，激进……你呢，帮我写好那一捺，支撑我的那'一撇'飞翔……"辜鸿铭强睁那对似醒非醉的蒙眬眼，说话声音由强渐弱，不一会儿就打起了轻微的呼噜。

淑姑柔情万千地看着辜鸿铭，一只小指头反复在他的身上轻轻地画着"人"字，嘴里呢喃着：辜郎，你指望我做什么呢？那"人"字是你们男人写的，我一个女流之辈，只能帮你撑起这个家，做个好女人和你相守，让你感觉有人疼爱，有人在等着你，让你知道你对我有多重要……我知道，你做梦都在想着飞翔，可你知道淑姑做梦在想什么吗？说着甜甜地笑了：我想……为你生儿育女……

辜鸿铭几分闷气过后，心绪渐平，想张之洞都推崇沈曾植的学问，何不拜师请教。于是在第二天备了一份礼物，来到沈曾植下榻的驿馆当面拜师。沈曾植倒不好意思了，道：此番大礼实不敢受。听香帅讲，汤生兄对儒道两学已有相当造诣，宴会上我也太刻薄了，尚祈海涵。

面对名师，辜鸿铭自是谦逊有加：沈公德高望重，一代名儒，足为我师。香帅所言我之造诣，实系皮毛耳，恳请沈公教授研究旧学之法。沈曾植见辜鸿铭听得认真，诲人之意更添一层，谈得也起劲起来。

两人涉及的话题甚广。沈曾植听说西方人对中国灿烂文化的认识，大都是从传教士的翻译中了解的，便关切地问起他们翻译的水平。不问犹可，一问，倒诱发辜鸿铭连吐了几口酸水。

听他一番恶评，沈曾植不无吃惊，沉吟片刻，看着辜鸿铭鼓励道：香帅十分称道你的西学，对此我完全相信。你何不用西洋人不懂的东西考校西洋人？西洋人知道中国太肤浅了，而你对西洋人和西洋文化却了如指掌。

迎着沈曾植寄以期待的目光，辜鸿铭顿感豁然开朗：是啊，如能把中国文化这块西洋人不肯啃、也啃不动的骨头拾起来，足以教化西洋人。这何尝不是父亲、义父，还有马建忠他们的期望，若能如此，何尝不是自己对中国文化的独有贡献。辜鸿铭觉得沈曾植果然有眼光，果然是中国文化的巨擘，是那样的高雅，是真正意义上的名士。

忠臣、重臣、名臣，是张之洞的为政追求。为了广开言路，吸纳良策，他接受幕僚方的提议，在督府衙门口高挂"意见箱"，凡吏役、百姓对地方的意见和建议都可写好投进红木匣中，署不署名自便，认为这样可以收到"广纳民意"的良好政治效果。张之洞既然爱听意见，辜鸿铭决心利用送材料的机会面提。

一日，辜鸿铭进得张之洞书房，呈上一沓文件，介绍说这是分门别类后的英吉利国情概况和德意志的形势总论。张之洞对辜鸿铭激赏有加，连道数声好，并说：洋务方面的事，你是专家，尽可大展其才。辜鸿铭微微一笑，道：香帅志存高远，怕就怕用人不得其当，手下无法大展其才。张之洞感觉辜鸿铭话中有话：如何说？

迎着张之洞问询的目光，辜鸿铭大声说：唐代李翱有言，凡贤人奇士，都有所自负，不与世俗同流合污，因此，虽然能见到他们，却不能了解他们，能够见到他们，却不知道他们的贤能，这就如没见到他们一样！知道他们贤能，却不用他们，这就好像根本不知道他们的贤能一样！能够用他们却不能尽其才，就如同不用他们一样，能用他们且尽其才，但容易听小人的挑拨离间，这又同不能尽其才一样。所以，能够发现贤能之人，知道他们的贤能，并且能用他们，也能尽其才，甚至不听小人挑拨离间，这样的伯乐……天下也总该有一个吧。

"你不是在说你吧？"张之洞顺手将书案上的玛瑙鼻烟壶拿起，打开小盖，倒出一点粉末在手指上，然后将粉末抹到鼻孔边，一通激灵后，疑惑地看着辜鸿铭道。

辜鸿铭摇摇头：不，我说的是梁敦彦。

"梁崧生……"张之洞轻轻"哦"了一声。

"了口'刚毅木讷近仁'。崧生不独才学出众，还一身兼具刚强、坚毅、质朴、讷言四种品德，可谓仁人。谚云'不事修饰而不损其美丽者是真美人，能受磨折而不失为豪迈者斯大豪杰'。崧生出洋回来，多年还是个电报生，忍着幕中同仁的嘲笑，做事毫无差池而有作为……"

辜鸿铭说得激昂，张之洞听得若有所思。

几天后，幕僚方和幕僚袁把意见箱里的一沓书信呈交张之洞。其中一信云，梁崧生受过西学系统训练，中学根底深厚，识见更是高人一筹，其仅为电报生，岂不大材小用、浪费国家栋梁？总督大人也太不识货了！

幕僚方心里暗骂写信人，看着张之洞道：这是第三封为梁敦彦说话的信了，不知是何人所为？幕僚袁一对小眼在张之洞脸上来回溜了溜，不阴不阳道：我看十有八九是梁敦彦请人代写的。香帅，这样王婆卖瓜的人，野心大得很，不可不防。张之洞沉吟半晌，语气淡淡道：如系梁敦彦自为，则是不平则鸣，或言毛遂自荐。若系他人所为，则属路见不平，拔刀相助。言者无罪，两者都无大过。

素来生活无常的张之洞，在总督府上下，却是有章有法，礼仪咸备。按他立下的规矩，但凡他在署中，每月初一、十五，全体幕僚及电报生、署役等人均要有班行大礼，并接受他这位总督大人的例常训话。这月中旬，众人集中向张之洞做定期行礼，等候训话。赵凤昌、蔡锡勇、梁鼎芬、辜鸿铭、凌福彭、幕僚方、幕僚袁等文案委员为一班，站于左旁。梁敦彦虽为幕僚，可受命在电报房办事以来，一向诚惶诚恐地列队于电报生这班。张之洞款步踱至堂前，众人正欲拜行大礼，他却摆手止礼，疾步走向右旁的电报生一列，在梁敦彦面前肃然站定，问：你一直站在电报生行列？

梁敦彦不知总督大人所问何故，抑制住内心的紧张和不安，语气极尽平静地道声是。张之洞"唉"一声后，亲手拉他出列，缓缓将他扶入文案诸公之列，边走边道：你本当在此班内行礼，系我疏忽也，你主办翻译电报事宜出色，人才难得。

眼前这幕令众人惊讶不小，幕僚方与幕僚袁面部表情尤不自然，好不容易才想出个意见箱这点子，没料让梁敦彦出人头地了！辜鸿铭一旁却拍起手来。

张之洞转头问辜鸿铭：汤生为何拍手？

辜鸿铭掩饰不住心头的喜悦，大大方方回答：一为香帅，今日之举，果见香帅大臣风度，知人爱才的确不假。二为崧生，崧生满腹经纶，志存高远，幸遇明公，日后必可鸿鹄大展。

张之洞微微一笑，也不管众人反应如何，令班礼如常进行。礼毕，张之洞看着众幕僚，语声洪亮宣布：本部堂主意已决，专门成立个"办理洋务处"。以广州府候选知府蔡锡勇为提调，辜鸿铭为洋文案，负责与各国领事、副领事以下人员晤商，研究各项交涉案件，训练广东地区外交人才……

幕僚方、幕僚袁反复推测，认为三番两次匿名推荐梁敦彦十有八九是辜鸿铭所为，他们研制一项以其人之道反治其人之身的计划时，忽告意见箱寿终正寝。原来有人写了几十张无名帖，几乎都是嘲弄痛骂张之洞的文章。张之洞不能不看，越看越气，忍着气看了也无从查究，为免再招骂，终于下令撤去意见箱。幕僚袁、幕僚方面面相觑，喃喃自语：这是何人捣蛋？大胆妄为！

"汤生兄，你老实说，那几十张匿名帖，有没有你的杰作？"在梁敦彦的逼问下，辜鸿铭笑道：那个姓方姓袁的尽出馊主意，而香帅呢，不时也有求名捞誉之嫌，不料却反受其辱，该责骂姓方姓袁的才是！

使辜鸿铭深感意外的是，洋顾问竟也知道撤意见箱是他的杰作，爱米还专此向他询问有关问题，云：总督大人能设意见箱，足可证明他是广开言路，虚心纳谏的，这在西方是受欢迎的。听说你却让他撤销了,是何原因呢?

对方既然如此直言不讳,辜鸿铭更不想隐瞒什么了,正好借此机会教化教化老外。于是他吸一口香烟,微微一笑道:意见箱尽迎合那些无头信,不书下款,妄肆攻讦。既要告发人,又不负责任,长此以往匿名揭帖之风便将盛行开来,给奸恶之徒陷害好人提供便利。中国是君子之国,不需要假洋鬼子那一套偷偷摸摸、有欠光明磊落的黑邮船(black-mail)来玷辱斯文!中国讲究德治,而不是你们西方的法治。所以不需要法律,乃因中国人民有廉耻观念,有极高的道德标准。辜鸿铭越说越激动,语句也越发掷地有声。

维特听得不服气:难道君子就不会营私舞弊吗?如果是一家商人公司,请了君子当经理,就不必查账,不必写报告,就是他卷了公款潜逃也不必追究吗?这种公司能赚钱吗?有人敢投资吗?辜鸿铭冷冷道:你会这样说,因为你根本不了解中国!中国政府是以道德为基础的政府,而不是以商业为基础的政府!你以为中国只是一家唯利是图、小人当权的商人公司吗?

辜鸿铭说得在理,自己这段时间对中国的观察,足以证明维特并不太了解中国,可爱米还是心有疑惑:但是中国也没有那么多君子来做巡抚、做县令、做侍郎甚或做师爷吧?

辜鸿铭看着对方,一语双关地说:现在是没有了,因为他们都改行做了假洋鬼子和洋鬼子的走狗!

一席话,气得维特夫妻七窍生烟,半天回不上嘴。

四、经略洋务

鞭炮声中,"办理洋务处"挂牌成立,各色人等纷聚,热闹非凡。张之洞设立这么个机构,为的是大兴洋务。在他计划开办的一系列洋务项目中,建银元局、铸钱局,设枪弹厂,筹建枪炮厂赫然列于榜首。政见不一的巡抚倪文蔚已被挤走,又有蔡锡勇、辜鸿铭、梁敦彦这等精熟洋务者的辅助,向来自诩甚高的张之洞丝毫没有怀疑朝霞美景。

从清流到洋务,张之洞可谓转了一百八十度的大弯,这其中有何奥妙呢?辜鸿铭在饮酒中套得梁敦彦的话:大清朝要保住江山,自然少不了像香帅这般清廉正直的清流党人,但一味清谈是解决不了问题的。时下民生凋敝,国家处于危机中,已近衰弱，船坚炮利的洋人毕竟不是几句美妙的辞令就可打发的。

辜鸿铭有一百个不解：清流派不是以不谈洋务为高，以维持名教为己任，以圣贤经传卫社稷吗？梁敦彦道：汤生兄所言不差。只是世易时移，变法亦矣。当时济济清流，犹似汉之贾长沙、董江都一流人物，尚知六经大旨，以维持名教为己任。所以香帅在京为官时，精神学术无不注意于此。后来出膺封疆重任，其所措施犹是欲行此志。自甲申马江一败，天下大局一变，香帅宗旨亦一变，其意以为非效西法图富强无以保中国，无以保中国即无以保名教。

张之洞富有裨益国家民生的运筹，深深吸引着辜鸿铭倾力相助。

幕中同僚，唯有梁敦彦和蔡锡勇，可做辜鸿铭纵谈漫论西学的知音。平日里闲聊，蔡锡勇常挂嘴边的一句话是："士不可以不弘毅，任重而道远。"这句话恰恰正是辜鸿铭所心仪的。这天办理完洋务，辜鸿铭少不了又要和他谈论时局：毅若兄，你道香帅可曾看过曾文正公日记？可曾品味其"古人有得名望如予者，未有如予之陋也"之叹？说实话，我真怕香帅步了曾文正的后尘。辜鸿铭的谈论总是新奇诡谲，由不得蔡锡勇不瞪大眼睛：此话怎说？汤生兄以为曾国藩如何？

辜鸿铭吐出一口烟后，徐徐说来：曾文正的功业政绩，断不能轻视，但在学术和天下大计的谋划方面，却有不尽如人意之处，所以他自叹浅陋。蔡锡勇饶有兴趣地问：曾国藩之陋，从何处可看出呢？辜鸿铭道：当年洋人所以强盛而欺负我们，曾文正之辈只道其所恃乃船坚炮利，至于西方各国的学术、制度和文化等，从不过问，好像只要有兵舰枪炮就可以抵御外侮了，这就是他所定抵御外侮的方略，这还不算是"陋"吗？可以说，曾文正仅计及于政，未及于教，仅知为国家谋功利，而不知六经大旨为立国之本，这正是曾文正的陋处，所以未能使我朝振兴。

辜鸿铭这一番振振有词、鞭辟入里的话，直让蔡锡勇听得入神，他睁大眼睛看着辜鸿铭道：所以，汤生兄担心香帅办洋务落了曾国藩的窠臼。辜鸿铭却不去迎接他那疑惑的眼睛，低下头自顾吸着烟，半晌才意味深长地说：既担心香帅步曾文正后尘，又担心不步其后尘。听着听着，蔡锡勇真有点不知所云了，哈哈一笑道：汤生兄真要成了个高深的哲人。辜鸿铭认真地说：曾文正虽有陋，然咸同间中兴人才除他外无一人有大臣风度。他有常人不可及的地方，至少是高出所有人物之上。

见辜鸿铭说得这么绝对又如此一本正经，蔡锡勇也止住了笑，道：汤生兄倒说说曾国藩的过人之处。辜鸿铭不假思索地说：在于他不排满。当时，洪秀全长毛已经平定，曾文正手握重兵，天下豪杰其学生几占一半，他的那些手下将领，又都是些枭雄，居功自傲，对朝廷的褒赏不甚满意，常常口出怨言，牢骚满腹。

蔡锡勇听得入迷，辜鸿铭说得口沫横飞：那时的情景，与东汉末年差不多。如曾文正稍动歹心，像袁绍、董卓之流飞扬跋扈，反叛朝廷，天下必将四分五裂，其结果可能比东汉后的三国鼎立更厉害。我天下分裂，那些对我国虎视眈眈的周邦列强岂会袖手旁观？如果那样，中国的苦难将不堪设想。因而曾文正的识大体、忠贞爱国无二心，确是中国人百世修来的福祉，这种节气功业只有春秋时代的贤相管仲才可堪比。

蔡锡勇虽不尽赞同，但见辜鸿铭说得在理，自己竟无法插上一嘴，若有所思中竟不知不觉地点了点头。辜鸿铭受到无声的激励，一肚的话更是收不住了：四千年前，孔老夫子以赞叹的口气说"微管仲，吾其披发左衽矣"，今天我也要说一句：微曾文正公，吾其剪发短衣矣！

张之洞已和梁敦彦站立门口多时，这时忍不住笑道：连曾文正剪掉的头发扔掉的短衣都不如吗，汤生何其谦也！

蔡锡勇见是张之洞到来，吃了一惊，慌忙起身行礼：不知香帅驾到，毅若有失远迎。

张之洞虽做了多年的督抚，但与生俱来的书生意气，加上清流派的个性，又仗着慈禧的宠信，是故喜发议论、臧否人物的爱好始终不改。比如，他就私下里和幕僚们评说，朝廷在他之前任命的山西巡抚大多是平庸之辈，鲍源深太懦，曾国荃太滥，葆亨太昏，致使山西官场大患，州县则苦累太甚，大吏则纪纲荡然，以致公私困穷，几乎无以自立，物力空匮，人才艰难。如今见蔡锡勇大有告罪之样，不禁哈哈一笑，扶住他道：免礼免礼！见辜鸿铭神色端然，也不责怪，道：汤生几时长进了，谈论起本朝大臣的功过是非来了？

"香帅以为，汤生所议可是一派胡言？"张之洞不意辜鸿铭竟会这么反问一句，微微一怔后，道：不然，不然……

与蔡锡勇共事办理洋务处，辜鸿铭心境愉快，却也常有不伤和气的争执。

在西方列强侵略中国和反击洪杨长毛的战争中，欧洲武器的优越显而易见。把西方武器引入中国自是必要。这是蔡锡勇的主张，辜鸿铭并不完全赞同，他认为：仅有新式武器远远不够，在武器的背后必须有相应的精神。

蔡锡勇见争论良久，两人还是各执一词，便莞尔一笑：汤生兄，日头都落山了，我不和你拌嘴儿了。说罢递给辜鸿铭一份文札：请速致电我大清驻德大使李凤苞、许景澄大人，请他们帮助物色并雇请德国教练军官数人。辜鸿铭却不接，赌气道：中国将军都死光了，要远募洋将啊！

蔡锡勇解释说：这是香帅的决定。香帅以为，我国军队在各处战场上，非将帅之不力，兵勇之无人，枪炮之不具，而是缺乏军事技术人才和新式的武器，因而他亲自组建了广胜军，并不惜重金，广求利器，远募洋将，以资教练。

辜鸿铭虽牢骚满腹，还是遵命发了电。德国教官未到，二千五百多人组成的广胜军已在练兵场上列阵操练了。张之洞不惜巨款买来西洋枪炮来装备这支子弟兵，深切地渴望他们也能在大清历史上创下像曾国藩湘军那样的辉煌业绩，为保卫国家的完整，贡献所有。

经清朝驻德大使与德国海军部磋商，德国军事教官柏卢欧、披次很快就受派来华。张之洞大喜之余，特奏皇帝以中、德两国对等的品级，分别给予两教官以四、五品职衔，赏给官品顶戴和军服。德国教官柏卢欧、披次高兴地接受了任职，并爽快地披戴上了中国武将的长袍马褂、大红顶戴。蔡锡勇瞧他们着新行装后倒也有趣，不禁开心一笑，接下道：见总督时，两位将军必须行中国的半跪半拜之礼。

听完维特翻译，德国教官不约而同地把头摇得像拨浪鼓。那柏卢欧竟三下五除二地脱下军服，嘟哝道：对不起，让我们按西礼鞠躬尚可，至于跪拜，我们从来没有练习过，不能遵从。披次也脱下军服，摆出一副不容商量样：外国公使觐见中国皇帝都可以不行跪叩之礼，何况面见总督。我们德意志军人，宁肯站着死，不能跪着生！蔡锡勇愣了。

辜鸿铭虽不甚赞同张之洞不惜重金远募洋将之举，但想到自己若不出马，张之洞恐怕就得"礼与时变通"了。他主动请缨：辜某愿前往说服他们入乡随俗。苦于无计可出的张之洞看着辜鸿铭，喜疑各半：果真？众人眼里无不写满狐疑。辜鸿铭朗声道：我堂堂大清朝的礼仪，断不能随意由洋人废止！说完，一拂长袍，转身出了门。

也不知他施展了什么法术，反正在第二天的演练台上，两位德国军官身穿大清军服、头戴大红顶戴，竖起花翎，对着一脸严肃的张之洞跪拜下去，恭敬如仪。洋人来华受聘，改章服礼节，已是一大创见。而辜鸿铭但凭三寸不烂之舌，竟说服洋将军驯顺下跪，更是不同凡响。不由得臬、藩司等官员不刮目相看，视之为奇人奇士。

几经寒暑，张之洞的洋务业绩渐次凸现出来了。这中间，少不了辜鸿铭鞍前马后和洋人打交道。

纵横交错的电线，使广东的电报通讯日益完备，几能和大清帝国最遥远的地方相联结。因为从外国购进了发电机，更因准许侨商在广州试办电灯公司，广州城的不少街道晚上都亮了起来。灯光亮了，房间里少了烛影摇红，辜鸿铭觉得倒少了一番情趣。今晚他手捧淑姑那玉雕似的小脚，满心舒畅之余，又微微叹了一口气。淑姑焉何不知他的心事，偎依着他，一脸羞涩道：辜郎，上回拜了菩萨，真是灵验了，我已经……有了。

看淑姑娇喜万状样，辜鸿铭愈发喜欢，脉脉含情望着她，决计要和她开个无伤大雅的玩笑，于是用母亲曾告诉他的话说：葡萄牙人有句谚语——运气好的人生孩子，第一胎准是女的。

"为什么？"淑姑有点不高兴了，噘起小嘴，瞪他一眼。辜鸿铭一本正经地说：因为女孩子长大了，可以打杂，看护弟弟妹妹，在未嫁之前，还省得下一个女佣的工钱。淑姑气恼地推开他：哼，生不出儿子还不是让你们男人好有借口讨个小的！说着，使尽气力要捶他。辜鸿铭连忙讨饶，一个急闪笑着起身逃开了。

辜鸿铭的才智，在办理洋务时大出了名，以至于办理洋务处要征用一个土财主的墓地时，其家人非要求得辜鸿铭的一副英文挽联，才肯答应。辜鸿铭不假思索满口答应，按挽联形式写了两行英语，财主家人如获至宝，奉为圭臬，并立时把地契交出。蔡锡勇却几乎要为这副别具一格的英文挽联"喷饭"。你道辜鸿铭写了些什么，译成汉语便是：

万贯家财，死后谁能拿了去？

千秋名节，生前何不立些来？

辜鸿铭意犹未尽，又作一英文横批，汉语意思是：贱利贵义。

辜鸿铭除在办理洋务处协理蔡锡勇，平日还得充作张之洞协调与洋人们关系的纽带，还得定期为他采撷新知。如有近期洋文报刊赞誉广州的文电相告，那是张之洞最为高兴的事。

这日，辜鸿铭来到张之洞书房，扬着手中的一张洋文报刊，一字一句，慢悠悠地说：英国《字林西报》说……张之洞一把扯住辜鸿铭，急不可待地问：说什么？

《字林西报》这篇文章评价了广州近年来的变化，说什么广州的电报通讯已初成规模，方便民用的电灯、世界上最大的造币厂都已在这里落户；它的邻近水域挤满了本地人的小汽船，新的工业已开始出现，旧的手工业进行了种种改造，它已建立了海陆军学校并投入了大量资金建筑防御工事，以加强海防。

以上这些，无疑是西方人对广东前进步伐的肯定，也是对张之洞治粤成绩的评价。张之洞正喜滋滋地受用听着，忽然督署外传出三声炮响，一阵唱喝随即传来：圣旨到！张之洞浑身一凛，待他朝珠袍服疾趋而出时，宣旨钦差双手捧着黄绫覆盖着的诏谕已庄重地走到府中。香炉摆好，张之洞急忙甩了马蹄袖双膝跪下，亢声道：臣张之洞恭请圣安！

宣旨钦差朗声答以"圣躬安！"后，道声张之洞听旨，便展读圣旨：奉天承运，皇帝诏曰，两广总督张之洞改授为湖广总督，候补道蔡锡勇、候补知县赵凤昌等，均著发往湖北，交张之洞差遣委用。钦此。

张之洞怔怔半晌，方接旨，道：谢主隆恩！

辜鸿铭等一同起身后，忍不住说：敢问钦差大人，两广的洋务大业刚出现欣欣向荣的局面，朝廷为何听信谗言，将香帅调离？

张之洞惊愕：汤生，国家大事，休要乱发议论！

辜鸿铭难以自制：请钦差大人听完鄙人陈辞，再行定夺。

钦差勃然变色：大胆狂徒，这里没有你说话的份！

辜鸿铭面不改色：前些时候，就有洋报透露，直隶总督李鸿章妒忌张之洞总督，必欲驱之而后快……

钦差怒喝：诋毁圣朝和大臣，按罪可诛！来呀！

两名亲兵气势汹汹逼向辜鸿铭。

辜鸿铭凛然一挥手：恳请钦差大人回奏太后和皇上收回成命，以绝奸臣误国！

一直纹丝不动的张之洞突然一声吼：来人，把这狂逆之徒给本督拿下，关进囚牢！

钦差道：慢！这狂逆之徒本钦差要亲自押解回京！

一班幕僚蒙在一旁，有人在擦虚汗，目光齐刷刷地看着张之洞。张之洞语气冷峻地：本督管辖之地，何用他人越俎代庖！说罢一挥手，督署卫兵不容分说架起辜鸿铭就走。

钦差愕然：这……

张之洞朝钦差微微颔首：本督管教不严，还望承让。

钦差见好即收：如此，就不要扫了大帅的雅兴啰。

张之洞送走钦差后，赵凤昌受嘱立即去囚室解人，心有余悸地说：汤生，知你者，视你书生意气；不知你者，认你狂妄悖逆。谁知你是在用身家性命来替香帅讨回公道，与天地争一短长。只是好险啊，你迈出的那一步，差点收不回来。要不是香帅急中生智，将你从亲兵手中硬抢了下来，你的脑袋还不知道能不能保住呢！赵凤昌说着不觉泪眼闪闪。

辜鸿铭却打量起牢房来：我还是第一次见识这幽禁之地，说不定我今后还得再进来呢。竹君兄，我记得莎士比亚说过，密不透风的牢狱或坚不可摧的锁链都不能拘禁坚强的心灵……

赵凤昌叹了口气，道：利害时观节操，临大事看担当，汤生兄可谓真名士！

正如辜鸿铭披露洋报所云，张之洞移督湖广，乃因直隶总督李鸿章的奏请。他密奏中说，张之洞在广东海疆华洋杂处外交多事之地，刚愎任性，处理有关洋人事务，每多龃龉，不洽外情，恐将引起重大外交事件，以调任内地相宜。

张之洞通过朝廷内线探知移督湖广的详情后，对李鸿章又增一份嫉恨，添一份仇视。辜鸿铭也少不了帮腔东家谩骂一番，把李鸿章放在口水里"浸淹"。

第四章

楚天风云

一、"六君子"名分既定，盛宣怀无意泼冷水

秋冬时分，长江水波不惊，舟楫争流。张之洞伫立船头，一任长风吹拂，身后一排站着辜鸿铭、赵凤昌、蔡锡勇、凌福彭、梁敦彦等随行僚属。

蔡锡勇见张之洞北上途中一直闷闷不乐，便轻声相问：香帅是否还在可惜那些半途而废的新式工厂？张之洞转身望着这群心腹幕僚，一肚苦水却是不知从何开始倾诉：自己正要在广东大显身手的关头，朝廷却听信谗言，将自己调职湖北，而即将赴任的湖北百务废弛，士大夫笃守常故，讳谈洋务。咳，看来自己的这些心血怕要化为乌有了！听得张之洞慨然感叹，梁敦彦一旁劝慰道：香帅何须伤感，到湖北后继续完成此等宏图就是。辜鸿铭点点头，见张之洞沉吟不语，遂接上一句：李鸿章怕香帅办洋务超过他，所以要做手脚使香帅调任内地。其实，我倒觉得是件好事呢。在湖北，香帅正可以在一张白纸上画新图，做给李鸿章和天下人看。凌福彭语调显得特别激昂：坚韧不摧，百折不挠，是为大丈夫，我看香帅已在心中筹划兴办实业的大谋大略了。

见张之洞欲言又止，赵凤昌轻摇湘妃竹扇，面带微笑地说：香帅，据我这些天来的调查分析，继任两广总督的李瀚章并无经营新式工厂之想，亦不具备这方面的能力。香帅完全能力争将枪炮厂和铁厂设备迁往湖北。张之洞眼睛为之一亮，顿觉心中块垒消除殆尽。幕僚们既有全力襄助自己之志，自己焉能流露失意之情。这些天为移督事伤筋劳神，今儿个何不与幕僚们对酒当歌，既了却旅途无聊，亦借之酬劳他们，也为壮此行声色。

有酒有肉，有说有笑，时间像滔滔江水不着半点痕迹地流去。火轮行将抵达汉口时，张之洞借着三分酒气、七分醉意，步履趔趄着一一拍过五位幕僚的肩膀，喜形于色道：吾辈鞅掌为常，转借道路为休假，明日又将治官事，愿无忝六君子之称！

皇太后的宠臣、全国最有名声的学者总督，在由粤来鄂这难得的道路闲暇中，竟把自己与幕僚同列为"六君子"，不由得使辜鸿铭心跳加快，简直要为这巨大的荣誉陶醉过去。

到得武昌，张之洞设置香案拜叩，接受了前督移交的关防、印信和王命旗牌。一切粗定之后，赶忙拟折谢恩。武昌总督衙门外观不甚壮观，房舍也颇古旧，但干净雅致，与周围民居清静无扰。辜鸿铭在近处找了一处院子，第一件事就是把亲笔题写的"读易草堂"四字在大门口贴挂起来。这歪歪扭扭的字也挂得出去，而且竟然还有错别字，不由得梁敦彦大笑不已。辜鸿铭看了半天，才知是"草"字里头少了一横，搔搔后脑勺，搬过椅子，就直接在上面添上一笔。

张之洞接篆视事伊始，湖北各府、州、县官纷纷到省城来拜谒，观风向，察颜色。又因他做过湖北学政，门生故吏倒也不少，于是他忙于披阅各府、州、县册籍文书，以了解面上情况之余，便是竟日应酬，诗酒相娱。辜鸿铭除了掌握湖北各国租界的大致情况，多在家中潜心攻读易经，倒也充实自在，时有心得。一日，家中破天荒有当地客人来访，望着他放在桌上的礼品——一对玉如意，辜鸿铭满心狐疑的正要问话，形体单薄的来客却急不可待地来了个拥抱，张口闭口辜兄长、辜兄短的，看那模样，像是再亲热不过的知交。辜鸿铭审视半晌，觉得有点面熟，可怎么也无从记忆这位不速之客。那人见状，并不尴尬，只是略带遗憾地说：真是一阔脸就变，辜兄发达了，竟忘了六年前我们曾在船上travel together（同行）？对方这么一提，辜鸿铭再一次转动脑筋，好不容易想起返港途中所见那位余瘦来。这位瘦子与王买办才是同行呢，还说自己一阔脸就变，更是天大的笑话，这家伙还没阔就变脸了，要不然当初在船上怎会如此蔑视自己，今天来意何在？

余瘦见辜鸿铭终于认出自己来了，脸上的笑容便又堆砌了一层，指着桌上的礼物态度谦恭地说：听说辜兄跟随制军大人来到我们湖北，兄弟甚是高兴，这点薄谊，还望辜兄笑纳。辜鸿铭阴阴地一笑：天上掉不下馅饼来，你送我礼，必然有求于我，你们管这叫等价交换，是吗？

"是是是……"余瘦为辜鸿铭的聪明悟道而高兴，忙不迭地说。辜鸿铭的语气依旧不冷不热：打开天窗说亮话，有事直说吧。

"直说,好,直说。"余瘦一对充满了希望的目光眨也不眨地看着辜鸿铭,说:兄弟所捐候补知县已多年,一直未获实授,只因这官场太黑暗,督抚道哪个不在搞近亲繁殖,大肆索贿,自己对官场又懵懂无知,实在摸不着其中诀窍,辜兄是制军大人跟前的红人,万请能帮兄弟说上话。

原来是找自己跑官的,辜鸿铭心里冷冷一笑,道:你就想以这对如意来等价交换?我告诉你,世上其实并没有真正的等价交换,你这礼物还差得远呢。余瘦以为辜鸿铭同意了,大喜过望,忙道:那还差什么?只要辜兄开个价,一切都好商量。因为期望甚高,他嘴里道出的话、呼出的气也是滚烫滚烫的。

辜鸿铭好不容易才摆出一副平易近人的姿态,正眼瞧了这十足的官迷第二眼,点着一根烟后,冷冷一笑随着浓雾从齿缝间吐出:谅你也拿不出。他指了指桌上的玉如意后,左手把那根烟竖起,右手拇指和食指曲构成一个O形,大眼睛满含讥诮地瞅了瞅余瘦。余瘦揣摩着辜鸿铭的手形,大声问道:再拿十对玉如意?好像这并非多大的难事。见辜鸿铭摇头,便又问:再拿一百对?这次问时嘴唇已起了哆嗦。辜鸿铭却还是摇头。再拿一千对?辜鸿铭摇摇头后,干脆闭目养神起来。

天价,天价,他要开的肯定是天价!真不愧做了二十多年洋鬼子的走狗,开的价比洋人还狠!余瘦没想到辜鸿铭胃口那么大,一下子吓傻了。见他还在闭目,一咬牙,为了不使祖传的财物受到额外的损失,拿了桌上的玉如意,转身蹑手蹑脚走了。

自作幕以来,辜鸿铭闲时看过不少名幕的刊本,也和府中同僚探索过点滴,认为充当幕友首先要尽责,要时时竟其所知所能,帮助东家权宜轻重,顾此虑彼。要做到这一点,除了尽心外,还要尽言。这是因为,一般说来,当官的至亲骨肉,未必都能明晓事理,而手下的胥吏、仆役,遇到利害攸关之事,要么不能进言,要么人微言轻,不能影响主人;只有幕友"居宾师之分",对各种事的来龙去脉了然于心,礼节上又多少可与主人分庭抗礼,所以就有义务出来慷慨陈词,为主人条分缕析,排忧解难。辜鸿铭的这番理论,其实正应和了梁敦彦的良心之说。梁敦彦笑笑道:在实际中要做到尽言并不容易,衙门中的公事,往往可以据理力争,但碰上官员假公济私一类的事,那就相当棘手了。见辜鸿铭听得一脸严肃,便又道:不过,正直的师爷,所谓士可贫而不可慢,遇到不讲良心不可救药的东家,大不了冲冠一怒卷铺走,绝不为五斗米折腰。梁敦彦近乎交心的见解,真挚感人,辜鸿铭想及以前听过"当官不与民做主,不如回家卖红薯"的说法,寻思我虽未当官,却也要有自己的宗旨：作幕不为民做主，不如回家洗莲鞋。

正如赵凤昌所料，接任两广总督的李瀚章对洋务并不热心。只不过，李瀚章虽无意将枪炮设备留在广东，其任直隶总督的胞弟李鸿章却看上了这块肥肉。因此李瀚章准备将设备运往天津，交由北洋接管。张之洞当务之急，是要阻止设备移出广东，转迁湖北，否则情况可就棘手了。通过与幕僚们计议，张之洞速将实情禀报兼掌海军衙门的醇亲王奕𫍽。这位醇亲王乃光绪皇帝亲父，张之洞因任军机大臣的堂兄张之万引荐，与他攀上了关系。奕𫍽素恶李鸿章掌权，自然不愿再让他控制全国规模最大的现代化军火工厂。因为他的干预，李瀚章也就以"经费难筹""海疆安谧"为借口，奏请迁走了张之洞督粤时所筹建的织布局、枪炮厂、炼铁厂。

朝廷还没最终下旨将这些设备归于湖北，张之洞就迫不及待大兴土木，先行筹建铁厂了。他以宏大的气魄，把采铁、炼铁、开煤三大端合为一事办：在大冶开采铁矿，以供炼铁厂炼铁，在萍乡开采煤矿，以供炼铁厂和轮船招商局等用煤。为有效防止洋人攘利侵权，张之洞还出告示鼓励两湖商民或合资伙办，或独力采取煤矿，官府为之收买，"庶免再购洋煤以致利为所分"；此外，他还准备访聘著名律师参照各国办法，妥订章程，务使"国家应享权利有著"。

张之洞这一番公忠体国的远大规划，尤其心系国计民生、不媚外人的情怀，自是令嘴边对他犹挂微词的辜鸿铭赞叹有加：香帅如此远见，真大臣也！一时间，他对张之洞所希冀的"无忝六君子之称"充满了向往。

汉阳铁厂开始建设是1891年的事。随着高大的烟囱竖起来，洋式厂房也一幢幢建起，一夜春风，洋技师也越冒越多，总计不下百十个。在洽聘洋技师上，张之洞与蔡锡勇、辜鸿铭心想一处：铁厂的创办是前无古人的事业，煤铁矿也只有采用洋法开采，我们用洋技工和他们的机器，为的是从他们那里学到方法和技术，将来走独立办厂的道路。张之洞又大说了一番开矿办厂的远景规划，首先是为开辟利源，杜绝外耗，收外洋之利以归华，从商战的角度捍卫国家的主权，其次则是为了开风气。直听得辜鸿铭全身热血沸腾，恨不得分出两个人来全力相助。

总督府——汉阳铁厂——汉阳枪炮厂——大冶铁矿，在这些地方来回奔波，辜鸿铭辛苦自不待言。又因张之洞起居无度，使他在一天深夜前往禀事时，受了夜风，不慎着凉感冒。偏在这时梁鼎芬来鄂受聘出掌两湖书院，是晚新任铁政局总办蔡锡勇做东为他洗尘，辜鸿铭自然不能缺席。

上午接见时，张之洞当众一句"千军易得，一将难求，有星海兄相帮，湖北学堂诸事我一概放心矣"赞语，让梁鼎芬喜难自禁，酒席上话语特多，而且十有八九不离教育本行。

"星海兄，毅若兄，来来，我敬两位官运……"凌福彭举起酒杯，话还没说完，忽见空中飞快掠过一道黑光，酒杯被一把夺下，耳边响过一句不冷不热的声音：福彭，你又何苦强装欢颜跟他们傻高兴呢，你有这个份吗？凌福彭有点不高兴了：汤生兄，你怎么？辜鸿铭道：你瞧，星海兄一来湖北就放了两湖书院监督，毅若兄先在枪炮厂监理，后又放了铁政局总办，竹君兄好歹是个候补知县，崧生兄候补一个县呀道的，不在话下，只是香帅何时也放了你？

"你别这么指桑骂槐的，自己没被放一个好位置，就吃起酸醋来了！"凌福彭话音甫落，大家便忍俊不禁起来。

辜鸿铭和凌福彭你一言我一语地拌起嘴来，这还不够，竟又斗起了酒。辜鸿铭少年时身在盛产白酒的苏格兰，没少和义父对酌，酒量自是不错。那凌福彭岂是对手，三下五除二便被他啪啦打倒了，只差没把肠子吐出。梁鼎芬他们也是天生好酒量，人逢喜事，更是一个个拿出一醉方休的劲头，来和辜鸿铭叫板。辜鸿铭借酒浇愁，强撑身子左右抵挡，奈何难敌众口，最后也是呕吐得一塌糊涂。

辜鸿铭也不知是怎么回家的，倒在床上一躺再没动静，像要死去的一样。半夜里淑姑一搭他的额头，妈呀，烫得能煮熟鸡蛋！

辜鸿铭一病数天，满心希望张之洞能有个问候，却是南柯一梦，心里头那个滋味呀，像打碎了五味瓶似的。

连日来，张之洞和受邀来鄂的津海关道盛宣怀畅谈洋务，不亦乐乎。这盛宣怀，可不是个等闲人物，是李鸿章的洋务总管，是李鸿章与上海势力密切联系的中间人和代理人。

张之洞素知盛宣怀的洋务才能，因此背着政敌李鸿章请他来武昌参谋。其实说白了，是希望能从这位洋务奇才嘴里，听到一些对他兴办铁厂这类前无古人的大事业的赞美之词，以振士气，也好给那些反对铁厂选址的洋技师们一点回击。精明的盛宣怀在来武昌前即已弄清了张之洞心里的小九九。他与张之洞本没有矛盾，出于对张之洞厚爱的回报，他在心里迅速拨弄了一下算盘后，决定实话实说，希望张之洞可资殷鉴：汉阳铁厂当然可建，但不宜官办，而以招商承办为好。张之洞原以为盛宣怀可以很好合作，高兴犹挂脸上，没料他却迎面泼来了一盆冷水，张之洞心里好生不快，皱起了眉头：官办有何不宜呢？

在中国如今这个年头，无论什么事业，只要一经官办，必大糟特糟。明明是一种有大利可图的，最终却反亏大本。如果将洋人的势力完全铲除，即使邮政与盐务这样的垄断行业，也不可能有盈余。这并不是中国人全要不得，是因为多数的中国人，一旦做了官，心就变黑了。盛宣怀身处商场，看得自然比张之洞清晰且全面些。因此，他认定：大冶铁矿也罢，汉阳铁厂也好，如以官办必致亏本。

张之洞咀嚼着盛宣怀的话，沉吟半晌，方问：以杏荪之见，招商承办又有何利？盛宣怀道：商办者必处处打算，并使货美价廉，唯其如此，才可不买人家外洋之铁……盛宣怀侃侃而论，张之洞内心盘算着，半天不见吱声。

第二天来龟山北麓，到铁厂巡察。盛宣怀想张之洞既坚持官办，铁厂选址又殊为不妥，照这样下去，哪能不亏？他欲再进言，抬头见张之洞自信十足，举止神态踌躇满志，凛然不可侵犯，便收住了自许的真知灼见，言辞间虚与委蛇，模棱两可，也不多做滞留，以上海事多为借口，怏怏辞别回沪了。坐在火轮上，望着对面已见雏形的厂子，盛宣怀好一阵冷笑，他相信，过不了多久，张之洞便有笑话传出。

二、魔术师般的幕僚

广东枪炮厂的设备全部运抵武昌后，由维特推介的一批德国制造也已陆续启运来鄂。张之洞越发膨胀了把枪炮厂办成"中国的克虏伯"的信心，接着便是四处延请有办军工经验的洋专家。

辜鸿铭因生病期间受张之洞冷落，便也不太热情搭理此事，多半时间以身体不适为由，躲在家里埋头看书，任由张之洞和蔡锡勇忙碌去。蔡锡勇来求援，辜鸿铭也是谈些不着边际的话，诸如选洋专家，不要只看招牌，不察实际，要知外国佬常以劣充好，以假货欺骗中国人，万勿上当，云云。

话虽这么说，辜鸿铭心里总还是有个疙瘩，生怕张之洞、蔡锡勇不识货。一日来到总督府欲行献策，想起张之洞的不厚爱，不觉又心凉起来，在门前踌躇良久，最终扭头而去。向南走了半段路，忍不住又回过头来，却见一辆马车飞快地向前奔驰，险擦着了他的身子。那马车在署府门口打住，跳下维特和另一名洋人。这个维特，带了个什么样的同类，又来什么好事？辜鸿铭心有疑问。一路踯躅，终按捺不住好奇心，折回头跟进了署府。

议事厅里，张之洞热情地接待维特他们，蔡锡勇、梁敦彦一旁轮作翻译。辜鸿铭门口静立谛听片刻，不请自入，问：香帅，今日是何贵客呀？张之洞满心欢喜地介绍道：这位伍尔兹先生，是盛道荐来的英国著名兵工专家。辜鸿铭盯看了眼前这位个头偏矮的洋人足有半分钟之久，感觉眼熟，脸上浮现一丝儿的鄙薄之色，徐徐用英语说：很高兴认识你，伍尔兹先生。

伍尔兹听得辜鸿铭一口流利的英语，大吃一惊，遂用德语对维特说：如果只听其声音，而不看模样，我还当说话的是个英国人哩！维特耸耸肩，用德语介绍道：我刚来时，也被他吓了一跳。这位辜先生对我们西方了解得很，是总督大人的得力助手……

辜鸿铭脸上一点笑意也没有，改用德语道：维特先生过奖了，如果说我西学通，马马虎虎说得过去，至于总督大人的得力助手，那可不敢说。伍尔兹睁大眼睛，吃惊地看着辜鸿铭：你连德语也会说呀！辜鸿铭口气轻松而显自负：欧洲的语言，一通百通。

十年前，有位中国人，也和先生一样……伍尔兹话到舌尖，忽地打住了。辜鸿铭紧追不舍：怎么样？伍尔兹说话时，一双眼睛好生打量着辜鸿铭，疑惑在心头升起，随着这可能吗的自问自答，这些疑惑又渐自散去。终于，他拿定主意不再往下说。辜鸿铭只道对方没能认出自己来，心里竟有几分高兴。回国这么些年来，他感觉自己的相貌变化很大，更多地继承了父亲那种方脸宽额的中国相貌，而所谓混血儿的面目，已变得越来越不甚明显。

见大家一时无话，维特不失时机地道：总督大人，伍尔兹先生累了，先住下来，待除去旅途疲劳，再议建厂大事，如何？张之洞点头同意，嘱蔡锡勇安排馆驿。

他们离去后，辜鸿铭咽了咽口水，面向张之洞，神色凝重地相告：我还是要赠香帅一句话，主张向西方学习，就应当注重学习西方重视教育，以科学和教育立国的精神，而不是动不动就聘请洋技师。张之洞呷着茶，一言不发。梁敦彦见状，连忙打圆场道：香帅大刀阔斧改革湖北学堂，又力聘星海为两湖书院监督，当成大事！

在武昌城最好的馆驿住下后，伍尔兹努力打通时空隧道，搜索记忆残片。结合维特的详情介绍，他终于下了断定：十年前船上所遇对手，即总督身边的这位辜先生。一时间，他心乱如麻，惴惴不安，却还是怀着侥幸，希望这十来年的风雨能使对方荡涤这如烟往事，何况自己已不再秃顶，戴上了假发。

当辜鸿铭不邀自来上门相访时，伍尔兹才知这出戏刚做就得匆匆收场了。辜鸿铭老朋友般见面言语极尽温和：伍尔兹先生，你骗得了总督大人，却骗不得我！我劝你还是快些走人，省得官府抓你论处！这温和的话在伍尔兹听来，却字字皆针。说理没理，辩又辩不过这位欧洲通，伍尔兹除了诚惶诚恐连道数声是外，还有什么废话敢说。他来不及和维特打招呼，当天就溜之大吉了。

张之洞见伍尔兹已休息了两天，便嘱蔡锡勇请他来面谈枪炮厂的有关事宜。得知人去楼空，张之洞惊得从座位上跳起来：他怎么会如此没有信用！蔡锡勇知道无法捂盖子，只好实情相告：听说，是被汤生打发走的。

"狂妄，辜汤生也太狂了！"张之洞不知犹可，一听之下，雷霆震怒。

唤来辜鸿铭后，张之洞强按怒火，板着脸问：洋专家真是被你撵走的？辜鸿铭神情一点也不紧张，语气轻松地说：一点也不假。"啪"的一声，张之洞大手重重地在几案上拍下，两只装满瓜果的杯盘震落于地，发出数声脆响。那原先温驯地伏于张之洞脚下的猫受了惊吓，发出一长声"喵"叫，转眼间逃得无踪无影。张之洞抖颤着双手，指着辜鸿铭气急相加地斥道：你今天在这里说清楚，是谁给你这么大的权力！为什么不经我许可便把洋专家打发走？你不是不管这事的吗？蔡锡勇、梁敦彦面面相觑，大气也不敢喘。辜鸿铭却不慌不忙找张椅子坐下，说：香帅息怒，我没有来向你讨赏，已是吃亏了。张之洞的眼里似乎要冒出火来了：什么意思？！辜鸿铭平心静气道：昨天我拜访了伍尔兹，想见识一下这位兵工专家的水准。谁知见面一叙，他还是我在爱丁堡大学时的后辈呢，大约低我一二年。他学的是商科，现在上海开洋行，想发横财，哪是什么兵工专家！

辜鸿铭一席话，不独张之洞听傻了眼，就连蔡锡勇、梁敦彦也面面相觑起来。张之洞的神情辜鸿铭尽收眼底，叹了口气，继续道：这等无赖泼皮，我不帮你打发掉，有何用处？因此打发他回上海去了。当然，本来是要禀报香帅追究他作假的，但又担心由此分散香帅精力，只好便宜他了。张之洞不无烦躁起身，哼哼唧唧好一阵，内心有莫大的气恼，却又不好发作。一则，辜鸿铭做事历来乖张，特立独行，至今早已见怪不怪；二则，辜鸿铭所说有鼻子有眼，看来断断不假，要是自己真的误用了此等冒牌货，岂不要坏大事？张之洞沉默稍许，慨叹有加：这伍尔兹竟是冒牌货，他明明是盛宣怀介绍来的呀！

辜鸿铭白了张之洞一眼，又望了望蔡锡勇，道：绝不能一见碧眼黄须便认为是专材。盛宣怀办洋务，只是利用洋人做招牌，不管阿猫阿狗，都拿来充幌子，吓唬朝廷，夸示政绩。话说得虽然刺耳，却也在理，张之洞语气变得委婉起来：汤生，刚才我不问是非就迁怒于你，还望海涵，亏得你揭穿这洋专家的庐山真面目，否则损失可就大了。继而显出副一筹莫展的样子：咳，枪炮厂怎么办？货真价实的洋专家哪找啊？

辜鸿铭见张之洞急得不得了，心忖时机成熟了，便不急不慢地说：香帅别急，我向你推荐一位真正精通军工的专家人才。张之洞大喜过望，上前一把抓住他的手，热切地连声催促：哦，快快请说！

"看，少了我老辜还不成！"辜鸿铭好生得意，微微一笑，道：这人名叫威廉·福克斯，德国威廉皇帝的亲戚，我在德国留学时的同学。他才是真正的兵工专家，现任克虏伯工厂的技术监督。

真是位魔术师般的幕僚，张之洞面带微笑，说：如此甚好，只是如何请到呢？辜鸿铭道：我这里已替香帅修书一封，邀其前来相助。边说边从袖筒里掏出一封信，毕恭毕敬地递到张之洞面前。张之洞满心欢喜地接看，却见上面龙飞凤舞的，自己一字也看不懂，不觉哑然失笑，忙把信递还给辜鸿铭，矜持道：那就快快相请。

辜鸿铭点点头，不失时机地又加上一句：对洋专家嘛，还得防一手。在聘雇前立个合同，订出明章规定，两者之间只能是经济关系，完不成任务要予以处罚，最要紧的是，绝不能让他们控制了厂矿大权。张之洞连连点头，沉吟道：唔，汤生言之有理！辜鸿铭这一番浑然天成的表演，让蔡锡勇、梁敦彦内心既感敬佩，又深觉好笑。

忙忙碌碌又一月，僚友们相约来到黄鹤楼散心玩赏。酒尽歌罢，大家扶醉下楼，蔡锡勇道：汤生兄，你骂盛宣怀办洋务利用洋人做招牌，对香帅颇有触动。辜鸿铭听了颇觉得意，眉毛一耸，道：很多人都说盛宣怀精通洋务，我看却不尽然。不过，也不要多怪了盛宣怀，当今督抚、司道府尹，又有几个不是只懂招牌不知货物真假的呢！我给你们讲一个故事：

故事说的是有位做军服生意的外国人来华开了个洋行，常和中国官场打交道，生意因此越做越红火。每次宴请中国大员们后，他都要拿出雪茄敬奉。这雪茄当然都是上等货，价格不菲。可那帮中国官老爷搞不清是不知味，还是为了摆阔，每次抽不到一半便扔了。洋行老板本是个吝啬鬼，看在眼里，疼在心里。他脑瓜一转，想了个好主意。中国官老爷他照请不误，饭后的雪茄也照上，但他却是用最上等的烟盒装最低劣的烟。一日，某省要员来洋行，他一向自称熟悉外国事务。酒足饭饱后，洋行老板照例拿出雪茄招待。这位要员一看烟盒，惊得跳将起来：咦，我知道这种烟，最上品的牌子，一盒值十块大洋。他随即抽取一支，含在嘴里，点上火，吸一口，慢悠悠地吐出烟雾，扬扬自夸道：真不错！果然是好烟，十块大洋的货色真是名不虚传，味道好极了！洋行老板转过身去，掩口而笑。

大伙忍俊不禁，辜鸿铭却继续一本正经地说：外商在中国卖货，最看重招牌，倘若有仿冒招牌的，他们一定请官府予以查处。因为外国人摸清了中国人的底细，中国人不看货物好不好，只看是什么招牌，货物的真假并不重要。见大伙频频点头，辜鸿铭继续论道：最可气的是我国那些崇洋媚外的人，只图表面时髦，追求标新立异，对西洋那一套，只有皮毛上的浅薄认识，却不去究其本质。咳，崇洋媚外之风不可长呀！

虽然不属于崇洋媚外，可辜鸿铭还得屈尊前往码头，迎接德国军工专家福克斯。一番热烈拥抱后，福克斯道：老友相邀，我乐意前来，但声明在先，聘用不超过半年，届时必须返回柏林。辜鸿铭表示悉听尊便。

听完辜鸿铭的禀报，张之洞语气略显遗憾：只停留半年，半年能干出什么事来呢？时间太短了！辜鸿铭献上一计，直听得张之洞面露喜悦。

是晚，张之洞在总督府盛宴欢迎福克斯。陪坐者除辜鸿铭外，还有赵凤昌、蔡锡勇、梁敦彦、凌福彭等。那维特早被打发去大冶办事去了。张之洞和福克斯碰杯：得幸先生不远万里亲临华地，帮助规划筹办枪炮厂，甚为感佩。来，本总督先敬你三杯。辜鸿铭翻译后，福克斯道：谢谢总督大人热诚相邀，但我有声明在先，聘用期限不过半年。在张之洞表示一切请自便后，福克斯慨然和张之洞连饮三杯，并以颇有些居高临下的语气说：真不敢相信，你们这个世界上最古老的国家之一，直到现在才考虑制造枪炮……

虽是面对老友，虽然老友所说都是事实，辜鸿铭还是不能让他占有多少光荣感，柔中有刚地予以反击：多少世纪以来，我们对黑色火药并不陌生——人们都承认发明火药的光荣属于我们。但正是在这一点上，我们不同于西方兄弟。我们只是用火药来制作鞭炮。要不是现实让我们认识了西方，我们也不会将它用于火器。可以说，正是你们的耶稣教导我们制造并发射大炮的。好个绵里藏针的话，福克斯笑道：事隔多年，没想到老友还是那副好辩的脾性，哈哈哈！来，咱们喝一杯。

福克斯的酒还没来得及咽下，辜鸿铭一旁便又提示他：总督大人亲为你摆下宴席，接风洗尘，又一口气连敬你三杯，真是极高的礼节，你总得有所表示。福克斯便问：表示？怎么表示？辜鸿铭诡秘一笑，道：简单得很，请你入乡随俗，按中国的礼节，回敬总督大人三杯。这也太简单了，福克斯痛快地举杯回敬张之洞，如是三杯白酒下肚。

大伙你一杯我一盅，正喝得高兴，陪坐的凌福彭、梁敦彦一番耳语后，摇摇头，相继离席。福克斯看在眼里，微微一愣，正要转头问辜鸿铭何意，辜鸿铭却不失时机地举起了杯：我亲爱的朋友，你的赏光到来，使我得以恭陪沾光。今天的旧雨新知，均有相见恨晚之慨。来，我敬你三杯。

福克斯难拂老友盛情，于兴高采烈之际贪杯狂欢，不觉有点不胜酒力：中国美酒——中国菜，真是名不虚传——辜鸿铭一边给他添酒、夹菜，一边微笑着殷勤劝酒：请老友尽情品尝，一醉方休。说话间赵凤昌又离席。福克斯莫明其妙地看着，拉着辜鸿铭想说什么。蔡锡勇却起身敬酒，福克斯无奈，只好又饮下满杯，旋又照中国礼节回敬。醉眼蒙眬中，他看桌上只剩下张之洞、蔡锡勇、辜鸿铭和他自己，便吐着酒气，不解地问辜鸿铭：他们——为何走了——喝醉了？辜鸿铭微叹了口气，道：他们看你年轻，不信你是个军工专家，还担心总督大人受了蒙骗，请来了个连克虏伯屁点大事都不知的骗子。福克斯急得欲行站起，却显醺醉之态，哇哇直叫：不是我吹牛，克虏伯的事有哪件我不知道——老兄，你告诉总督。

张之洞听完，一本正经地坐着。蔡锡勇却故意装作喝醉的样子叫起来：我不信，我不信——福克斯手指蔡锡勇问辜鸿铭：老兄，他，他说什么？辜鸿铭道：他说你讲大话。一边说一边朝张之洞使了个眼色。张之洞会意，又端起酒杯来敬福克斯：福克斯先生，别理他，他喝醉了，我们喝酒。辜鸿铭翻译道：总督大人请你别理睬他的手下，尽管喝酒。咳，面对如此友善的总督大人，说实在的，我也真怕老兄你是半桶水。福克斯朝辜鸿铭大眼一瞪，猛地将杯中酒倒入喉中，将空杯往桌上重重一放，接着信口纵谈，将克虏伯工厂内部机密倾箱倒匣。

一个来月后，维特给正在埋头设计军械图样的福克斯送来英国《泰晤士报》，道：先生，你上报了。福克斯狐疑地接看，目光忽然停留在一篇题为《克虏伯的最大机密》的本刊专稿上。文章说：日前记者有幸在华结识到德国克虏伯的一位高级技师，其名威廉·福克斯。经其慨然透露内中消息，方始得知德国这家世界著名兵工厂的不少机密。该高级技师目前正在中国汉口帮助某总督大人建设中国现代兵工企业。

福克斯大惊失色,撇下维特,手持报纸,急急来读易草堂找辜鸿铭,见面即问:老友,这可是你所做?辜鸿铭笑而不答。福克斯一副懊悔之色,叫苦不迭:没想到老友记忆力这么好,把我酒后失言记得一字不差,只是这下可让我惹出麻烦来了。辜鸿铭故作吃惊地问:何来麻烦?福克斯用拳头敲着自己的脑袋,急切相告:老友有所不知,德皇如知我泄露本国秘密,必欲加罪,家人危矣!

辜鸿铭同情地看着福克斯,沉吟半晌,方徐徐开口道:我倒是有个办法,依我之见,怕只有你延长那个半年的合同了。我建议你干脆把家眷子女接到中国来,在此作长久打算。福克斯咽了咽口水,欲言又止,一筹莫展样。辜鸿铭笑了笑,拍拍他的肩膀道:老兄不必忧虑,总督大人已电告我大清驻德使臣,将老兄家人接来中国,并为你们在省城之东建造了漂亮的欧式住宅,不久你们家人即可在武昌团聚。

福克斯疑惑地看着辜鸿铭:老友你骗我吧?辜鸿铭含笑从衣袖里取出一份电报底稿给福克斯:让事实说话吧。福克斯接看,电报是夫人从柏林发来的,说经过考虑,她已同意福克斯接受中国方面的长期聘请之事,她本人克日即将起程东来,以期能与先生在中国长期相伴。福克斯不禁诧异万分:我还没有就此事与家中相商,现在怎么连夫人动身的电报也到了?辜鸿铭看出了他的疑问,笑说,这些都是敝人代为操办的,也许是有点不择手段,但也是情理之中的事,万望老友见谅。原来,辜鸿铭那天连夜将福克斯酒后真言整理成文后,急急发给英国《泰晤士报》。他知道英、德两国素来不睦,英国人特别愿意在各方面瞧德国的破绽和洋相,并引为快事。而且他料定,福克斯见泄露机密,必担心受人攻讦,德皇欲加其罪,而不敢返国。所以先行一步与福克斯夫人电商,以优待条件请其来中国。

生米煮成熟饭,福克斯纵有怨言,又能如何?想着辜鸿铭所言"士为知己者用"的中国信条,他讷讷半晌后道:我深感总督大人和老友之情谊,誓将自己管理军工的经验用于悉心筹建枪炮厂。辜鸿铭大喜过望:好,太好了!走,请你喝酒去!拉着福克斯的手就要往外走。

"喝酒?又想套我的机密?"福克斯说完,自己却先笑了。

三、被洋人尊敬和破坏的

这些天，辜鸿铭走在街上，经常能感觉到百姓敌意的目光停留在他身上，有时他在讲洋话，也能感受到别人投来的如炬的目光。他也听闻洋人朋友说起这些怪现象。奇怪之余便去打探，原来多个地方出现了反洋教运动。

1891年真是多事之秋，继哥老会在扬州发动反满清反洋教起义后，长江流域的芜湖、重庆、南昌、镇江、江阴等地也都相继出现了反洋教斗争。随后湖北也发生了武穴教案、宜昌教案，紧接着汉口也反起洋教来了。

汉口反洋教之事，连同那些传单和宣传品，很快就传到了总督衙门。洋教士贩卖婴儿早已不是传闻，他们剜眼、割肾、取胎、切乳，真不敢想象，难道他们真有这等罪恶？张之洞好生惊诧。

虽然辜鸿铭深恶在华洋教徒，在汉口时还当着洛斯特的面义愤填膺地痛斥了他们一番，但这时却冷静着为主公分析情况：基督耶稣之说是以慈悲为宗旨的，这个西方洋人的上帝，对虐人之事，害人之物，教义上是一定禁止的，更不用说挖眼剖心；至于教方所设育婴堂，大抵也是以行善图名，未必遽加残害；纵使有上述残害情况发生，也是少数。

汉口乃九省通衢之地、商业中心，租界多，教会组织也多。这些来自欧洲不同国家、种类繁多的宗教组织，着实令张之洞头疼。教堂既已遍布鄂省，传教又为条约所准行，张之洞再怎么排外，也只能容让之。但他坚信，孔孟圣教炳如日月中天，国人只要砥砺学问，实践力行孔孟学术政术，激发忠义，使得国富民强，那么西教充其量不过像佛道两教于中国那样，听其自然也不能为害，更无压倒和取代儒教之虞。这是张之洞不得已容让西教背后，对它的轻鄙和蔑视。因此，他对那些一见西国衣冠者便不分青红皂白呼噪殴击的百姓和士绅大加反对，认为这是缺少大国教化的表现。辜鸿铭极为赞同张之洞的高见，针对中国教徒日多一日的情况，认为他们中有不少是为讨碗饭吃而皈依者流，是伪基督教徒，也就是说，一有风吹草动，他们随时可能背离自己的信仰。

在张之洞紧急召人商讨处理汉口教案的当儿，汉口的反教群众一唱百和。几乎每所教堂都齐集着愤怒的人群，反教口号连同传单、宣传品铺天盖地。

美国传教士开枪伤人，昨天又有三处英、美、法教堂被民众焚毁！听完禀报，张之洞眉心紧蹙，良久不语。长江流域，尤其是湖北各地连续发生反洋教事件，其频率、规模和声势前所未有，也为张之洞始料未及，真可谓一波未平、一波又起。这一系列教案，虽然几乎都由洋教士拐贩中国幼童、残害育婴堂幼儿或因霸占田户、欺压当地百姓、毁坏庙宇所致，说白了就是中国百姓起而自卫而已，但事情绝没有这样简单。洋教案后面，都有一系列重大的国与国交涉事件，这是张之洞所熟知的。使他最感紧张的是，自己上任湖广总督不到两年，正值全力兴办洋务之际，管辖的地盘上居然此起彼伏发生教案，真让他应接不暇。更糟糕的是，这些案件大都与哥老会的势力有牵连，虽然他饬令各地官兵镇压了湖广地区的哥老会起义，但洋人岂会就此罢休，总理衙门也很快就会发来训令。与其被动行事，还不如尽快主动妥善处理，免得过多牵扯自己的时间和精力，影响一系列洋务事业的开展。

所谓恶人先告状，两天后，一支由近十位牧师组成的小队伍不请自到，颇有声势地开到了总督府。牧师们申诉完受害事件，张之洞正色道：各位牧师先生，老百姓所讲害死婴儿诸事，可否属实？英国牧师率先回答：仁慈的主啊，这是天大的诬蔑！我们大英帝国的传教士决不会干这种事的。法国牧师也如是回答：我们法兰西帝国的传教士，永远不会干这种上帝反对的事的。

辜鸿铭觉得这位满头卷发的法国牧师眼熟，不禁多看了他几眼，试图重组记忆的碎片。这么一个照面后，法国牧师的身子竟不自觉地颤了颤，下意识地要避开辜鸿铭那咄咄逼人的眼睛。这不是自己在归国船上曾经交锋的法国传教士雅克吗？辜鸿铭心里冷笑一声。

谈话中，美国、德国牧师亦如他们的英、法同伙那般云云。张之洞在认真听辜鸿铭翻译时，脑子里飞快地思考着万全之策。目前只有尽快平息事端，才可避免事态激化，即使教曲民直，看来也只有各打五十大板了。一方面，他要告诫教徒守法勿扰民，另一方面，他又要让百姓看到自身的过火行为。该怎么入手呢？

百姓迭次滋闹教堂，大都因盛传教方以剜眼、剖心等手法残害幼孩所激起，如果能证实此乃实情，则教方自知理亏而不再生事；如果证明此系讹言，则可使民众释疑，今后即使有不法之徒再行以此煽惑，百姓也不会盲从了。对，就从育婴堂这个最为生事之媒入手。张之洞试图与教方达成一项稽查育婴堂的办法：教方将所设育婴堂每日收养及病故婴孩各若干，按周刊单具报，督署每周派员前往查验；如有病死婴孩当随时填写报单，由管理育婴堂委员亲往验明，然后用棺木殓埋，不得像以往那样随便包裹埋弃。

辜鸿铭心想，此法可谓一箭双雕：既不禁教方收婴之事，又释民间生讹之疑。

令他略为吃惊的是，各教会牧师对此提法均无异议。

送走众瘟神，张之洞立即下令稽查育婴堂，以辜鸿铭为主事。

辜鸿铭经数月工夫，始完成对数家育婴堂的稽查。其间，群众百口一辞，哄传英国教堂所蓄幼孩五十人多被挖目。辜鸿铭乃亲自会同府县前往验视，才知是伪谬相沿。其中只有一瞽者，左眼内瘪，右眼尚在。听该小孩言，此为出痘所伤。找其父母对证，所言如一。其余各处对育婴堂的稽查结果表明，并无传单和宣传品中所言剜眼、剖心、榨油诸事。

张之洞心中疑问释然，遂贴榜告民：云俗传教堂每有荒诞残忍之事，诸如取人眼睛以合药物之类，皆伪谬相沿，绝不可信；官绅儒者不但自己应该明白此理，且要负有启导愚蒙之责。为了向教方表示友好，他特别宣明，"如再有匿名揭帖捏造无根之言，希图煽乱，务即悬赏严拿，从重治罪，以杜乱萌"。

四、铁嘴律师让世界倾听中国

上午九时，张之洞还浸淫在酣梦之中。辜鸿铭等僚属已陆续来到署院，等待谒见请训。闲聊中，话题由这次教案扩大到传教士在中国的胡作非为。

众人正是言辞愤愤、心绪难平之际，署役慌里慌张来报：他们……他们又来了！大家还未反应过来，三位外国领事和上次来过的牧师已昂然闯入署院，说是要拜访总督大人。

双方致礼完毕，一脸络腮胡的英国驻汉口领事华仑先说了一通鄂省教方对张之洞的良好评价，而后皮里阳秋道：据说还有美中不足的事……在华仑眼色下，英国牧师喋喋不休地抱怨说自己的特权受到了侵犯。听完辜鸿铭的翻译，张之洞道：在我接触的众多欧美人士中，他们的结论是：一个欧洲人在中国内地活动，受到的侵扰要比一个中国人在欧洲城镇受到的侵扰少得多。张之洞答得甚是巧妙，要不是在做翻译，辜鸿铭真想再加上这么一句：倘若是中国人杀了洋教士，那肯定是这个洋教士该杀，非杀不可；倘若是教徒与非教徒之间发生了教案，不用说，肯定是教徒欺负非教徒。

英国牧师起身，高声抗议：再少的干扰，也是干扰。我们来自大英帝国的公民的权利是不能受中国人干扰的。恕我冒昧转告大英帝国的一句名言："英国臣民，不论在哪块土地上，也应当确信，英国警惕的眼睛和强健的臂膀将保护他不受侵害和虐待。"张之洞立时听出了这话的弦外之音，该如何作答呢？他眉头一皱，面告辜鸿铭：汤生，你在英国留过学，应该知道这话的根由，就由你代本部堂回答吧。

辜鸿铭正愤怒英国牧师如此口出诳语，生怕张之洞不知作处，听得代言，不禁大喜过望，转头朝英国牧师冷笑一声，道：牧师先生，我还知道你们那位两次策划对华侵略和挑起克里米亚战争、镇压印度民族起义的外交大臣、首相帕默斯顿的另一句名言，他称："法国人说，假如我不是一个法国人，我一定希望做个英国人。英国人说，假如我不是英国人，我一定希望成为一个英国人。"好个充满自豪和威胁的沙文主义！你们趋之若鹜奔向中国，热衷的是政治、商业和炮舰，与当年十字军东征巴勒斯坦何其相似！

面对辜鸿铭慷慨激昂的言辞，众洋人个个露出悻悻神色。听罢梁敦彦的翻译，张之洞连连点头。

美国牧师见英国牧师败下阵来，眨巴着眼睛道：我们作为上帝的信徒，千里迢迢来到中国，照你们中国话来说，没有功劳也有苦劳……辜鸿铭将他的话拦腰截断：跟你们在一起，我总感觉上帝的面目可憎。你们这些上帝的信徒，跟着炮舰、伙同鸦片一路轰进中国。你们传教不过是幌子，其实是来欺负中国人。你们中，有多少人是披着宗教外衣的间谍，是手捧《圣经》杀人不见血的魔鬼。你们发展中国教徒，不过是让他们充当帝国主义的走狗；你们建设教堂，不过是建立西方意识形态的传播基地。是的，不能说你们中没有一个好人，但总是坏人太多；不能说你们没做一件好事，但做的好事也让人不放心，总之是居心叵测。传教士强迫官府、仗势欺人，中国教徒狗仗人势、鱼肉百姓，这便是你们这些上帝信徒的典型特征！辜鸿铭说话时一动不动地盯着美国牧师，那双锐利的大眼睛似乎要冒出火来了。

一段长论滔滔下来，辜鸿铭竟是脸不红、心不跳。直把华仑和他的随行们听得心惊肉跳。在他们眼里，大清的高官也罢，属吏随员也好，多是庸碌之徒，至多也不过是些知中不知外的盲瞽之辈，何曾见过像辜鸿铭这样能操多种外语，并熟知欧情，且毫不惧洋的官吏？！他们第一次感受到了中国的尊严不可欺。

以华仑为首的欧美领事在要求张之洞严惩反洋教"刁民"之请遭拒后，英、美、法等九国公使即行照会北京总理各国事务衙门。总理衙门以长江教案大多发生在湖广总督管辖的范围内，严厉督促张之洞从速妥善办理。

张之洞急召幕僚们议事，忧心忡忡道：总理衙门一日三电，口气一次比一次严厉，外国人更是强硬，这事真个棘手。辜鸿铭道：想那曾文正公一生声誉，却因为过分惧洋，几乎毁于天津教案，香帅明鉴，切莫步其后尘。话说的固然在理，但洋人动辄以教案为借口大做文章，却是张之洞最为担忧的。

待宜昌教案具结时，汉口教案也端倪渐现，探知起事者乃一青年秀才，为唆使民众仇视教堂，埋死孩以图栽诬。在提审有关人等时，青年秀才对此供认不讳，慷慨激昂痛斥洋教，痛心疾首哀伤国脉。张之洞读罢供词，竟怜惜其才，舍不得问斩，只令将其及为首同伙六人下监。

教方闻知，岂甘罢休。一夜之间，汉口港已然麇集了英、美、法等国多艘军舰。甲板上，一队队外国士兵全副武装站立。魔鬼没有《圣经》，却有自己编的辞典。保护在华商人的利益，成了他们漂亮的借口。

张之洞接到对方通牒后，跋前疐后苦思一夜，防线终于垮了下来，无奈只好照教方要求，尽行将以青年秀才为首的起事者问斩。辜鸿铭得知，想及作幕的良心和尽言，拉着梁敦彦就往张之洞书房里跑，未及进门，生怕张之洞就要在处决犯人的批文上落笔了，于是就先嚷开了：香帅，你真要将那些正义青年问斩？张之洞回首看了辜鸿铭和梁敦彦一眼，满脸无奈道：不是我，是局势！辜鸿铭凝视了张之洞好半天，知道已无力挽狂澜，叹了口气，道：香帅，办案要多为百姓着想，俗云"官府一点朱，民间千点血"，下笔时多费一刻之心，百姓即可受无穷之惠。张之洞听后浑身一凛，若有所思地凝望着手中的毛笔，好半天才"咳"了一声，再没言语。

辞别归来，辜鸿铭心绪难平，左手朝大腿猛力一拍，道：真没劲，朝廷如此惧怕洋人，香帅也对热血百姓大开杀戒！梁敦彦似乎在为张之洞叫屈：香帅何尝不知百姓反洋教的情由，但作为朝廷的封疆大吏，他岂能抗上逆下？辜鸿铭嘟哝一声：大不了不当总督！梁敦彦微叹一口气，道：真是书生之见！你要知道，列强往往以教案作为进一步侵略中国的借口。如果因为此事处理不当而进一步引发涉外事件，香帅哪里逃脱罪责？香帅自然有他的苦衷。唉，难言之隐！辜鸿铭心中的怨气丝毫未消，对梁敦彦的话也深表不满：就因为前车之鉴，而不敢堂堂正正地维护中国的尊严，保护教案中的百姓，匪夷所思，匪夷所思！梁敦彦一时无语，半响才道：汤生，你真是好辩！辜鸿铭神经仿佛受到了极大的刺激，不假思索地大声说：孟子云，"予岂好辩哉？予不得已也！"何况我无名无位，有何顾虑！

汉口教案既已具结，法国驻鄂领事白善音和教方杀人见血不够，还要求赔偿各种名目的损失。他们乘此机会给张之洞出难题，借以报当年败北镇南关的一箭之仇！气得张之洞连呼：个个强横无理，多是不法之徒！辜鸿铭口无遮拦地骂将起来：这些暴徒，哪个不喜欢教案发生！利用教案，他们就可以乘机敲诈勒索，大发横财，财产每损失白银一两，就要求中国政府赔偿五十到一百两！这是哪码子的事！×他妈的洋鬼子！要是我做总督……话到这里，辜鸿铭自知失言，连忙打住。张之洞抬头望着辜鸿铭，眼神里丝毫没有责怪的成分，轻声道：说下去呀。辜鸿铭一咬牙，火暴暴地道：不让中国再受委屈！

谈判中，张之洞欲行维权，白善音傲慢地说：总督先生，如此，只好用炮舰来和你对话！

辜鸿铭见法国领事如此有恃无恐并颐指气使，只觉血往头涌，憋着的一肚子气似要炸了，他竟忘了自己的身份，霍然站起，睁着虎生生的大眼睛愤然回击：中国人对传教和传教士绝非感情用事的憎恨，岂是炮弹所能摧毁的！你们这些试图如此行事的人，将只能造成混乱，和以伤害你们自己而告终。我想请你们将中国人的脾气转告外国公众——从外国炮舰上开的第一炮就将成为一场战争的标志。必须明白，这不是一场外人与中国政府的对抗，而是中国人民发起的正义战争。

这义正词严、凛不可侵的声音，白善音在中国何曾听过？他吃惊地望着辜鸿铭：这是总督的话吗？辜鸿铭转头问张之洞：这是总督的话吗？张之洞虽不知辜鸿铭说了些什么，但看法国领事那吃惊的神情，深感惬怀，于是不假思索地点了点头。

当晚，法国领事白善音在日记上如是写道：今天，本人目睹了法兰西帝国继镇南关之战以来的第二次败北。只不过，前者是枪战，后者是论战。

也是在当晚，意气风发的张之洞奏报汉口教案为国争利事，之后不无隐忧地条陈，如朝廷一味纵容教士、教民之活动，结果只能是"有犯不敢过问，从教日众，恃符抗官，大局不堪设想"。

气急败坏的法国领事经和英国领事商议，决定继当年两国联合发动第二次鸦片战争之后，再度携手，共同向湖广督署和北京总理衙门施压，声明长江教案并未就此终结。他们还大造舆论空气，联手在汉口举办新闻发布会。德、俄领事听说后，如蚁附膻，也加了份子。于是这场新闻发布会，各色洋人济济一堂，记者们不加甄别地在本子上如实记下使馆官员和牧师们关于教案的歪曲介绍，还以为这就是事情真相。

辜鸿铭翻阅此间各欧美国家主要报章杂志，看到教会不但不反省自己的罪恶行径，反而歪曲中国人民的反洋教斗争真相，侮蔑和谩骂中国人民"野蛮排外"，指责大清朝廷不守国际惯例、无视条约法律地位、"处置不力"，而他们的一面之词，竟也博得了欧美民众的同情，纷纷附和谴责。辜鸿铭不能不拍案而起，深深地为传教士和西方列强的狂妄嚣张、厚颜无耻所激愤。

"什么叫教士？——教士就是为了保持对上帝的敬畏，欧美人民不得不养活的大批奢侈而又游手好闲之辈。什么叫教堂？——教堂是一所正在腐烂的停尸房，是一座白骨累累的伪善者的坟墓……"辜鸿铭愤然在纸上写着这些咒语，犹不解恨，跺脚并连声开骂：该死的传教士！

这些红发碧眼的寇仇，凭什么在中国明目张胆地恣意横行？明明他们坏事干尽，恶事做绝，却反过来恶人先告状，喊冤叫屈，稍不如意，便以炮舰政策要挟我朝廷，恐吓我地方。这不是欺我大清无人，公然在中国人头顶上屙屎撒尿吗？是可忍，孰不可忍！难道，他们在中国施行的伪善实恶之种种，不应得到应有的曝光吗？难道，他们在西方世界混淆视听的无耻行径，不应得到应有的揭露吗？是的，教案无疑是中外交涉的风口浪尖，朝廷一味妥协，多少官吏对洋人吮痈舐痔。难道，在我数万万中国人中，就真的没有人敢于站出来与他们抗辩吗？有之，请从今始，请由我来！当今之世，舍我其谁！我有如许勇气，更有如许能力！我有一支犀利之笔，为旗为剑两相宜，我有一副不低于洋人的智慧头颅，为国为民我决不嘴下留情！

连日来，辜鸿铭除了必要的到督署理事外，足不出户，埋身读易草堂奋笔疾书，用英文写作。他要以一个中国人的名义，就教案和传教问题直接对西方公众发表意见！回击那些不实之词。文章的标题充满了战斗的火药味——《为吾国吾民争辩——现代传教士与最近骚乱关系论》。文章的署名像当初作《中国学》一样，干脆就叫"一个中国人"。

文章写好了，该寄往哪里发表，才能让更多的西方读者倾听到中国的辩护声音呢？辜鸿铭首先想到了上海的《字林西报》，这是在华洋文报中最有势力的一种。

梁敦彦读罢《字林西报》的这篇长稿，为其无与伦比的妙笔、势不可当的锐气、洋洋洒洒之情态所叹服。文中对西方列强及其来华传教士的所作所为，时而冷嘲热讽，时而揶揄挖苦，或则高声抗辩，或则疾言驳斥，好个淋漓痛快！梁敦彦断定此乃老友辜鸿铭所作，持之以问辜鸿铭，辜鸿铭笑问：感觉如何？梁敦彦由衷称颂：好，好，好！而后又问起署名"一个中国人"的缘由。辜鸿铭相告：随着自己对中国传统和儒家文化的"皈依"，在英语世界的一切声音和行止，都愿意明确自己的身份——一个中国人，一个穿长袍的中国人。梁敦彦听罢，不禁又是连声赞叹：好，好，好！

辜鸿铭的檄文如空谷足音，晴天霹雳，不仅在上海租界引起轩然大波，还远涉重洋，备受注目。闻名遐迩的英国《泰晤士报》及其他不少西方报刊都先后对此文做转载或摘编，并配发评论性文章。欧美多家教会组织一致认为：我们在华的传教，正面临着一个前所未有的思想论敌。在猜测"一个中国人"的真实身份时，一家报纸在社论中还煞有介事地分析说，这位作者虽故意署名为一个中国人，但断断不能是一个真正的中国人，因为，一般由中国人所写的英文文章流利通畅倒也可能臻此，但那语气中所蕴含着的高贵和镇静，则是一般中国人所绝不会有的。社论分析得到众多西方读者的附和，英国某议员甚至专此致函《泰晤士报》云：一者，愚蠢的中国人能有如此的才智吗？再者，怯弱的中国人会有如此的胆量吗？大清朝长期以来畏洋如虎、事洋若父的情结，成了进一步培养这些洋人骄狂心态的酵母。

英国政府以种种不平等条约在中国这块"殖民地"为所欲为，视为当然，从没想过会有"一个中国人"敢于用英文公开控诉，惊讶之余，连忙查询作者的底细，没想到竟是曾吃英国饭、喝英国牛奶培植教育出来的人！按理说，全盘接受西方教育的人应该为西方服务，死心塌地做统治殖民地的工具，没料到今天却堂堂正正、理直气壮地为他的祖国权利向全世界发言。

"一个中国人"的庐山真面目既揭，西方社会开始前所未有地记住了这个中国人的名字——辜鸿铭。同时，也对辜鸿铭的人格力量和道德勇气表示了特殊尊敬。这是因为，近代以来，在中西关系问题上，整个英语世界几乎一直是侵略者自己充当舆论主角并自说自话，现在，终于有了一种直接来自于那个正遭受着欺侮的国家的异样声音，它的抗议是那样的疾厉，它的辩驳是那样的有力，它的愤懑似乎就要燃烧、爆破。

有时，从正义之士发出的呐喊，比炮弹的呼啸更有威力。

第五章

旷代风流

一、的确是中国人的骄傲

滔滔长江，浪遏飞舟。一艘豪华气派的俄国兵舰穿越日本海、黄海后，耀武扬威地直逼汉口，沿途中国兵舰民船纷纷躲避，唯恐遭遇是非。年轻气盛的俄国皇储手持望远镜眺望，见此情形，嘴角不禁露出一丝嘲讽的笑意。他的身旁，站着嫔妃及妹夫、希腊王子，还有两国的臣僚。

俄国兵舰既已停泊汉口，湖广总督张之洞以地主身份专程登舰，以行往访之礼。随同前去的除辜鸿铭外，还有湖北巡抚、藩臬两司及湖北铁政局总办蔡锡勇，其余文武官员停在岸上。

双方互致礼仪后，俄皇储不冷不热地问：总督阁下的随从都是些什么角色呀？说话的口气，和舰上的装饰一样，颇有威仪。辜鸿铭翻译时并未照本宣科，末了不失时机地加入自己的语言：跟随总督的诸位大人，可都是湖北的顶尖人物，太子殿下切莫小视。俄皇储不意辜鸿铭一口俄语这般流利，和希腊王子迅速交换了一下眼色，惊讶之色略现。

随后，辜鸿铭又灵活转述张之洞的话意：太子殿下来华游历，总督大人亲率百官来舰上问候，表达中俄两国真诚的友情。俄皇储环顾舰上的中国官员，觉得奇怪：百官？哪来的百官？辜鸿铭面带微笑道：为使太子殿下免受不胜接见之烦，其余官员谨以礼仪列队岸上，遥祝殿下来湖北游历贵体安康。请太子向他们招手问好，以使他们领略太子的礼节风采。听了辜鸿铭这有节有礼的话，俄皇储怔了怔，三分不情愿地走上甲板，朝岸上官员挥手致意。

简短的礼节性晤谈后,张之洞提出明日为客人接风洗尘。俄皇储欣然表示赴约,在执手相送张之洞时,希腊王子及随员一干人等分立于舱口左右,颇有气势,有人还微露轻慢神色。辜鸿铭看在眼里,心想,你们这些欧洲贵胄,凭着不平等条约,自可挟威擅勇,私带兵舰出入我国江河,但在我华土绝不容你们这些碧眼黄毛小儿过分张狂,眼下起码应对中国总督大人有足够的尊重和敬意。辜鸿铭脑子飞速地转了转,紧趋俄皇储之侧,不亢不卑道:太子殿下,为尊重张总督起见,殿下随员应依次向总督大人报上自己的职名。

已经快走到队列前头了,傲慢的俄皇储本能地想予以拒绝,但遇到辜鸿铭那双大而锐利的眼睛,而其脸色也凛若冰霜,不觉微微一愣,无奈中只好命臣僚照办,神情大为尴尬。如此,辜鸿铭才满意地随张之洞下了舷梯。

俄皇储怔怔地望着张之洞一行人或坐轿或骑马有序离去,怅然若失。希腊王子一旁道:这职官向来是最难翻译的东西,除非对两国语言有透彻的了解,否则难以确对。可这位中国翻译几乎毫不费神地就给予了准确的回答。真是奇人!一大臣亦接口道:中华泱泱古国,藏龙卧虎之地呀!不可小瞧。

张之洞的宴席设在汉阳晴川阁。第二天上午,俄皇储及妃嫔臣僚乘敞篷马车数十辆,从武胜门由大堤口过江,仪仗甚盛,看热闹的中国人一拨接一拨。

宾主叙过正题,盛宴排开。面对着无边胜景和满桌珍馔佳肴,俄皇储一改昨天傲慢的态度,时露微笑。宴会气氛和谐,觥筹交错,宾主尽欢。希腊王子见俄皇储喝了不少酒,为避人耳目,改为法语与之谈话:太子殿下,今晚还有别的宴会,酒食要有所节制。辜鸿铭听后,微微一笑,也用法语友善热情相劝:请两位殿下放心,今晚酒菜均是中国最上乘的,绝没卫生问题,尽管放心享用,决不至于影响今晚的宴会,务得尽心方好。他也懂法语!两位王子脸现惊讶之色。

宴毕,张之洞陪客人吃茶叙闲,不时拿出鼻烟壶凑近鼻子,尽情享用,神情悠闲而舒泰。希腊王子觉得好奇,就用希腊语问俄皇储:老头鼻吸何物,如此津津有味?俄皇储亦不识此物,乃摇头做不知状。辜鸿铭听得分明,不动声色地说:尊敬的太子殿下,世界上只有你所不了解的,没有你都了解的。别忘了塞万提斯说的一句话:"每天都会出现一些新的奇迹,戏言变成了真实。那些打算嘲笑别人的人将发现他们自己被人嘲笑。"俄皇储瞪大双眼:先生也会希腊语?辜鸿铭表面仍是一副安然自若之样:抱歉得很,俄语、法语和希腊语都是我不太拿手的外文语种。请允许我用英语朗诵美国伟大诗人沃尔特·惠特曼的诗句:"对于我,昼夜的每一刻都是一个奇迹,空间的每一立方寸都是一个奇迹。"在俄皇储的啧啧声中,辜鸿铭对张之洞说:香帅,请将鼻烟壶递给客人看看。

不二日,张之洞与俄皇储联合接受中外记者采访。辜鸿铭被委托为主持人兼总督府发言人。

《申报》记者首先问俄皇储,明天离开武汉时,将带回什么深刻的印象。俄皇储答:如果我回到彼得堡,我会惦记这里美丽的湖泊,怀念中国大诗人行走吟诗的行吟阁,还有你们称为千古江山第一楼的黄鹤楼。这些美丽的印象将使我终生难忘。当然,还有一些印象,是使我感到惊恐的,就是长江边奇迹般出现的中国匹茨堡钢都,还有那"咔嚓、咔嚓"的枪炮装配车间。会客厅响起掌声、笑声。

德国记者就俄皇储所乘巡洋舰上挂着德皇送给俄皇的"黄祸图"发问,为什么想着把这幅油画带到中国来?俄皇储稍微一愣,随即微微一笑:《黄祸图》是德国宫廷画家赫尔曼·奈克法斯的作品,这完全是出于他个人的想象。我之所以把它带到舰上,是要提醒自己,轻视中国是错误的。德国记者显然不满意此回答,继而问辜鸿铭对这个问题有什么看法。辜鸿铭不假思索地说:诸位,一幅拙劣的油画居然引起公众的关注,每一个人都会问为什么。据我所知,最近欧美各国四处弥漫着"黄祸论"的毒气,中毒者甚众。有东方名医,航海西去,考究毒气之由来。经详细查验,得出结论:"黄祸论"毒气出于放狗屁。原因是一只叫赫尔曼·奈克法斯的良种狗,由于脏腑郁结,秽气不能下通,遂变为毒,不由其粪门而由其口出,此即"黄祸论"之毒气。

在笑声过后,日本记者请辜鸿铭解释"黄祸论"泛滥于欧美之因。辜鸿铭答:首先,以救世主自称的欧美各国,不能容忍异己的存在,特别是不能容忍大清国的崛起。只要你发展壮大,你就是我的威胁,就是我的敌人。其次,人类不仅需要朋友,也需要敌人,它不一定非得真实,但必须存在。清国就成了他们的假想敌。他们需要制造敌人,就像堂吉诃德把风车和羊群当成巨人和军队攻击一样!

美国记者问:辜先生,在这个世界上,黑人可以受白人统治,印度人可以受英国人统治,只有黄种人是一个不能同化的族群。所以有人认为,黄种人的存在将会导致竞争冲突。你是怎样认为的呢?辜鸿铭答:在人类的历史上,无数的文明消失了,无数的民族曾经辉煌但却悄然隐退,唯有我中华民族屹立于世界五千年不倒。忠孝仁爱礼智信,孕育世代中华子民。人类生存之法绝对不是竞争,而是仁让。仁让屈己,竞争屈人。中国的一个孔融让梨的故事为什么讲了千百年,那是因为人们乐于代代传播从小就要懂得谦让的美德。我可以告诉各位，给世界频频制造战乱与灾祸的并非中国，而正是处处标榜文明先进、自认为自己处于世界中心的帝国列强！中国无意统治世界，别担心中国，没有必要！

最后，辜鸿铭就长江教案呼吁俄皇储和所有欧美人士，不要再居高临下，请与中国人平等对话。人类有一大部分叫作中国，他们和你们没有什么两样，他们一样有宗教情感，一样对善和伟大尊崇，一样对高尚和神圣事物敬畏，一样为他们信仰的真理和正义而战斗。太子殿下，我想用贵国大文豪托尔斯泰翁的一句话作为我的结束语："唯有中国人对于欧洲人的残虐与贪婪，能够一直保持和平的心态，忍耐至今，真是很了不起啊。"

在热烈的掌声中，俄皇储一扫傲慢之情，主动与辜鸿铭握手：辜先生，我不能完全认同你的讲话，但我非常欣赏你的语言才能，更佩服你的雄辩，先生的确是中国人的骄傲！年轻的皇储缓缓解下手上那块镂有皇冠的金表，双手捧给辜鸿铭：这块金表乃是我皇宫珍宝，送给先生做个纪念，它代表了本人对你的敬意。他日若有机会，请先生一定到我国游历，届时我将以上宾敬待。

能当着中外客人的面受此殊礼，辜鸿铭一时红光满面，也不推卸，双手接过金表，道：谢谢太子殿下，待殿下登基那天，只要方便，我力争前往贵国恭贺。俄皇储微微一笑，转头对张之洞道：总督阁下，辜先生博通西欧诸国语言，言辞敏捷，思考有致，我看各国无此异才。辜鸿铭想想道：太子殿下，这话我可不好翻译，怕有王婆卖瓜自卖自夸之嫌。俄皇储哈哈一笑，道：辜先生尽可照此翻译！此乃我之心声。

教案暂告一段落，张之洞全力投身铁厂建设事宜。这天正和辜鸿铭在书房里商谈着什么，忽然，梁敦彦匆匆送来一份电文。张之洞阅不数行，勃然作色，咬牙切齿道：可恶、可恶！岂有此理！电文是总署从北京发来的。原来，大冶矿山含铁丰富，且铁质优良，德国矿师维礼受命勘测，认为该矿山以每年开采一万吨算，可供开采两千年。他吃惊之余，偷偷地将此事禀报德国政府。德国政府垂涎不已，即向北京总理衙门交涉，要求把该矿的开采权让给德国。北京总署不知如何处置，商之于湖广总督张之洞。辜鸿铭听罢梁敦彦简要说明，看张之洞一眼，怒火攻心：洋鬼子欺人太甚！

"你们说怎么处置？"张之洞鼻孔里哼出一句。

"岂能让德国人霸占我国厂矿！"辜鸿铭抢先出口。

张之洞点点头，看着梁敦彦道：给总署发电，断无向外人出让主权之理！嘿嘿笑一声，目光转向辜鸿铭，问：汤生是洋务委员，维礼这事你看如何处理？

"解聘！"辜鸿铭不假思索地从牙缝里挤出两个字。

梁敦彦一旁提醒道：只是，维礼是德国领事推荐的，香帅是不是……张之洞坚毅地打了一个手势，铿锵有力道：不，汤生说得对——解聘，以儆效尤！

张之洞对德国政府霸占大冶铁矿的企图予以断然回绝，深为蔡锡勇赞同。在汇报铁厂进展情况时，蔡锡勇对机器的质量由维特顾问把关稍有微词，最使他头痛的，是那些洋专家在技术上留着一手，使中国技工往往知其然不知其所以然。这又是个大问题，张之洞沉吟片刻，道：通过维特顾问做些疏通吧。

这阵儿，维特拗不过渐渐痴迷中国学的妻子，陪着她来听辜鸿铭传道解惑。耐着性子在读易草堂待了一泡茶工夫，维特直感耳朵要长茧，心想，与其恂恂然恭听这疯子说东道西，倒不如呼朋引类痛痛快快喝酒去，于是找了个借口溜之大吉。也合着他酒鬼的运气，出门不久便逢着寻他办事的投机商查理、洋买办，跟着他们径往酒馆去。

维特既不吃醋，爱米又断无"男女授受不亲"之芥蒂，淑姑也还算通情达理，辜鸿铭也乐得有人找自己当偶像崇拜。这一高兴，竟破天荒表示要留爱米在家用餐。如此海吹时近晌午，仆人道饭菜做好了，唯淑姑说什么也不愿和洋女人同桌进食。爱米饭后告辞，辜鸿铭光顾说话，送其出门过了头，踱至住家附近的街道。

爱米瞅一眼沿街一长串的房子，心不在焉地说：我总奇怪，中国人为什么没有白色的房子？辜鸿铭道：中国人对白色这一色彩非常敏感，可以说，很不喜欢白这个词。爱米凡事总爱打破砂锅问到底，这使辜鸿铭有了卖弄学问的劲头，说什么中国人在习惯视白色为无用或失败的象征。他信手拈来，尽是例子。比如白痴，指的是智力低下、几无所用的废物，而红人，则指备受欢迎、出人头地之人；没有功名的人称白丁，经纶满腹者谓鸿儒；贫寒的草屋茅舍名为白屋，徒费口舌、毫无意义的辩论或争吵，称作白谈。此外，白色还表示哀悼服丧的颜色，如果某人在服丧……他曳过自己脑后那根长辫，指着辫梢扎着的黑丝带：那么就必须把这黑丝带换成一条白的。

爱米细看辜鸿铭那根辫子，长而整洁，油光滑亮，心觉有趣，伸手就要拉来把玩。辜鸿铭忙不迭地挡住了，神色既慌张又严肃地说：夫人请自重，千万别胡来！在中国，辫子被视作男人尊严与荣誉的标志，被别人扯一下都是奇耻大辱。而剪掉别人的辫子，更是犯上作乱，法律一定要予以严厉的惩罚。爱米见辜鸿铭一下子变得如此正经严肃，不禁咯咯一笑：咳，你们中国人，就这么迷信辫子。

"中国人在辫子方面的礼仪规范，正如你们女人对衣着打扮的要求那样严格。"因为害怕爱米再做出什么不轨之举来，辜鸿铭说话时紧紧地把辫子握在手上，脸上庄重之色未少减。

说话时，一辆马车从前方飞驰而来，"咿……"的一声在两人身边打住，竟是福克斯。

和辜鸿铭在一起的时间，是福克斯一家在华最感快乐的时候。他的真诚和睿智、幽默和机灵，夹杂着滚烫的爱国情愫，让人钦佩之余，常有回味无穷的享受。"世上没有不散的筵席"，要告别这个国家，尤其是要和辜鸿铭分手了，他感到依依不舍。

当他在家置办一桌酒席，来请辜鸿铭并相告归期后，辜鸿铭着实吃了一惊，急问：什么，老友要回去？听说这是德皇的旨意，辜鸿铭更是吃惊：贵国政府怎么不加罪你了？他说话的口气，仿佛不是为福克斯脱祸庆幸，而是埋怨德皇的宽恕，从而使中国失去了一位优秀而友善的军工专家。

福克斯一摊双手，笑笑道：那件事风声已过，何况我国政府希望与贵国建立良好合作关系，准备另行派人来华接替我。辜鸿铭迟疑了好一会儿，才不无遗憾地"咳"了一声，接着又是长时间的默然无语。他的叹息和神思，凝聚成灼热的真情，通过空气在房内弥漫开来，沁入福克斯的心扉。他既陶醉又伤感，一时不知说什么的好。他忽地起身，来到书桌旁飞快地在一张笺纸上写下几行德语，双手捧到福克斯面前，情真意切地说：老友，这是前些时候我为纪念贵国驻广东领事赫曼·布德勒先生去世而写的一首诗。你到中国后，和他做了一样友善的贡献，因此我节录了诗里的几行，敬献给你。

福克斯接过这首德文诗，读着读着，那蓝色的眸子里露出了感动。

二、女人芳菲如诗

武昌城不知何时冒出了一家名为"樱花"的咖啡屋，其牌匾用中日两国文字写着，门前高挂大红灯笼，煞是抢眼诱人。一日，辜鸿铭和赵凤昌游玩累了，寻酒馆时一眼望见。辜鸿铭想那咖啡的刺激并不逊于酒精，何况咖啡馆也较为雅致，谈话也更方便，近水楼台，何必他往？没想到赵凤昌也有此意，两人便笑吟吟地向屋里走来。

咖啡屋为日本人所开，侍女亦多是身穿和服的东洋女郎，她们个个如她们的国花樱花般美丽可人。真是冤家路窄，辜鸿铭进屋上得楼来，一眼就望见维特和两位洋技师边喝咖啡边对着台上的弹琴女子评头论足。这小子倒懂得享受，辜鸿铭眼珠一转，故意大声道：爱米女士，我可以肯定，维特先生用情不专，你又何苦从一而终？正色迷迷观看表演的维特一惊，赶紧回头，起身左看右看，没见着夫人爱米，愀然道：辜先生，我的夫人真来了？辜鸿铭手指维特，哈哈一笑：你果然心虚，足见有鬼。他拉赵凤昌挨他们坐下后，大大方方地叉起桌上的果点张口就吃，边吃边道：难怪老见不着你，原来躲到这里寻欢作乐来了，干脆让总督大人改派你来这咖啡馆当顾问算了。维特讪讪一笑：辜先生真会开玩笑。转头对两位洋技师道：你们不是很想认识一下辜先生，这不，他送上门来了！两位洋技师连说数声中国话"久仰、久仰"，辜鸿铭打着哈哈，眼睛不经意间投向了台上弹琴的日本女子。

那女子正值二八妙龄，素静如玉，矜持端庄，黝黑的发辫在微微突起的胸前自然下垂，充满了诱人的魅力。她一手按弦，一手弹拨，一支哀愁宛转、感情缠绵的乐曲，就在她的玉指间如水般流了出来，沁人肺腑。不知是因深沉悠扬的乐曲产生了共鸣，还是被弹琴女子的美貌所震撼，辜鸿铭看那女子的双眼，大放异彩，长时间眨也不眨。赵凤昌轻"噢"一声，辜鸿铭才回过神来，朝维特及两位洋技师嘿嘿一笑。一位洋技师七分尊敬三分好奇地问：辜先生，听说你会多国语言，想来日语必佳？辜鸿铭道：日语虽然不会，却也难不倒我。你说一句，我学二句，日积月累，自然学成！

听辜鸿铭这么一说，那洋技师也不含糊，招手唤来咖啡屋店主，用生硬的汉语道：我们这位辜师爷想学日语，你来教他几句。辜鸿铭看一眼这位日本店主，手指台上的弹琴女子，问：这位小姐会说汉语吗？见店主"咳"的一声点头，不觉心头大慰，急急道：那就烦请她来教说几句吧。

那弹琴女子一曲终毕，下台后，迈着轻盈小步过来，用日语施礼道：先生们，下午好！初次见面请多关照。她教得很得体，一面日语，一面汉语。说话时，那双漂亮的黑色杏眼，细小的眼珠在里面转来转去，像是与外面的世界捉迷藏。

辜鸿铭活灵活现地跟学了大约煮开一壶咖啡的时间，起身面带微笑地看着众人，神态自若说出了一串完整的日语句子：先生们，下午好，美丽的樱花咖啡屋，小姐们个个美若天仙，今后能不再来？弹琴女子睁着双惊奇的大眼睛，惊喜有加：先生，我不相信你没学过日语。那日本店主亦拊掌道：是啊，说得那么好！辜鸿铭目不转睛地看着弹琴女子，得意地笑了笑：小姐，我是诚实的中国人！指指身边的赵凤昌：这位同样诚实的中国人可以做证。一切的一切，是因为你教得太好了，谢谢你！那女子朝辜鸿铭羞赧一笑，微微低首道：聪明的先生，见到你很高兴！

两位洋技师看了看辜鸿铭，又看了看维特，神情既激赏又颇惊奇。要知道人过三十后，学习语言的能力逐渐减弱，而处在这个年龄段以上的人，即使再作努力，也不一定能够掌握另一种语言。而辜鸿铭居然能在这么短的时间内，自由组合起一串日语句子，真是匪夷所思，确是杰出之才。大家正你一言我一句恭维着辜鸿铭，忽然，楼下响来一阵悲切的泣声：好心的先生老爷，发发慈悲给点钱，救救我的儿子！

众人急转头往下看，只见楼下站着位衣衫褴褛的中年妇女，怀抱奄奄一息的儿子，悲伤欲绝地半跪于地，仰头向着楼上享乐的人们声泪俱下地呼号着。两位洋技师耸耸肩，态度淡漠地道一声：可怜的中国人！维特想也没想，随手将桌上一个吃了一半的果点扔下楼去。

辜鸿铭呆住了！待他回过神来，疾步下楼走出咖啡屋，来到母子身边，掏出一把银币，一个子儿不剩地放进妇女手里，然后转身急急走了，一直没有回头。弹琴女子目睹这一幕，眼光里流露出敬佩的神色。

这段时间，铸币厂正快马加鞭地研制生产银元。张之洞希望中国历史有这么一笔记载——中国有银元始自张之洞。身为洋文案，辜鸿铭三天两头便往铸币厂跑，代表张之洞笼络与欧洲专家们的感情，也帮助他们排疑解难。一来二去，和那些欧洲专家也都混熟了。这天，铸币厂首席顾问彼德正在办公室里和其他专家谈事，辜鸿铭手拿一帧精致美观的刺绣来找，一见面就大声道：彼德先生，你要的苏绣总算买到了。尊夫人收到这份来自遥远中国的礼物后，准保会喜欢。彼德接看刺绣，爱不释手，眼眸里折射出惊喜的光芒，一个劲地道：啊，中国刺绣，果然名不虚传！另一专家抢过细看，也是赞不绝口：啊，好漂亮的中国刺绣，辜先生，我想我的夫人肯定会更喜欢。辜鸿铭笑道：你的弦外之音是让我也为你效劳？专家点头，摸出一块银子，欲行塞给辜鸿铭：谢谢你的友谊，这是我的一点酬劳。辜鸿铭看也不看便把对方的手给挡了回去：你们西方的友谊，总少不了令人恶心地被金钱所包围，仿佛助人为乐的美德只是一件装饰品。真是的，在你们基督教国家，一种再寻常不过的友善行为也要受到公众的赞美，一点点美德的展示便被当成难得的奇迹。几位洋专家愣了愣,接着不无轻松地相视大笑起来。彼德好不容易才收住了笑,拍着辜鸿铭的肩膀,道:辜先生,我来中国,很愿意和你打交道,交朋友。晚上请你喝咖啡去。

既喝咖啡,当然要选樱花咖啡屋。既来之,辜鸿铭当然少不得要滔滔论道。先前那弹琴女子静立一旁,不时把眼光投向口若悬河的辜鸿铭,心想,他这人真有意思,满口洋话,背上却拖一条长辫。看他那副模样,真要让人怀疑那流利的洋话是从他口里"淌"出的,另外,他一个中国人,怎会有那么多洋人恭敬他?一个个疑问正冒上心头,忽地,她遭遇上了一双灼人的眼睛。天哪,这个络腮胡子的老外,这双充满了邪欲的眼睛!她脸一红,赶快低首走开。那写满邪欲的绿光是从彼德眸里发出的,他没有放过弹琴女子,毫无顾忌并以放肆的眼光追逐着她。

"彼德先生,不许强奸!"辜鸿铭冷不防一句话,把彼德吓了一大跳,忙收回眼线,看着辜鸿铭讷讷道:先生何出此言?

基督说,当你带着欲念去窥盯一个妇女时,你实际上已经犯了强奸罪。辜鸿铭一语出口,立即引起哄堂大笑,彼德也大笑不止。

一会儿,又进来一瘦一胖两客,那瘦的正是余瘦。他们在远处一桌落座,谈话内容满腹牢骚。在异国,余瘦感觉洋人的目光像上帝一样无处不在,盯得他无处藏身,这于他当然不牵涉到尊严和人格,而只牵涉到一种感觉。在这种时候,他就觉得自己的"根"在中国。而一回到中国,他的感觉便再次颠倒了过来。当他与那些卑贱贫寒、不谙世面的同胞为伍时,他的生活方式多半还要模仿当初异国的生活,以图活出一份潇洒来,午餐如果没有热狗、喝红茶时如果不是那种加了柠檬的红茶,他总会觉得口中无津,淡腻无味。但纵如此,各种烦恼还是层出不穷,最大的烦恼便是找不到正经高尚的事来做。

胖子喝下一口咖啡后,皱皱眉:这咖啡什么味道,我喝不上口。余瘦道:这是正宗的 foreign goods(洋货)!跟你多说也是对牛弹琴,你没留过洋,咋个懂?余瘦有口无心的一句话,引来胖子的反唇相讥:你留过洋又有什么好神气的?回来还不是外甥打灯笼——照舅(旧)!余瘦的脸涨红得像猪肝,半晌才愤愤作声:老子算是白 study abroad(留学)了,怎么回来就没人识货!说罢猛地一拍桌子,未料把正过来给他们添咖啡的那弹琴女侍吓了一大跳,咖啡杯失手,溅脏了瘦子的白衣服。余瘦恼怒地盯着女侍:你怎么……女侍诚惶诚恐,一个劲地点头哈腰,道:老爷,对不起,我不是故意的。我帮你擦干净。她边说边拿起布擦起瘦子的衣服来。无奈溅脏面太多,余瘦指着裤裆一大块说:喏,这边……女侍立时脸红起来:老爷,对不起,对不起!胖子一旁幸灾乐祸地道:你不擦也可以,看你长得这么水灵,就让爷们亲一下。说罢一把拉过女侍,欲行非礼。女侍失声尖叫起来,拼力挣扎,并朝邻桌两位洋人呼救:洋大人,救救我!邻桌两位洋人哈哈大笑,无动于衷。恰在这时,一只手有力地拍向了胖子的肩,伴随的声音威慑有力:得饶人处且饶人,这才是君子风度。胖子回头度量对方,见他身材体貌极为寻常,一瞪眼,正要吵闹,余瘦却已认出了辜鸿铭,道声"误会、误会",急忙把胖子给劝住了。

弹琴女侍名叫吉田贞子,五年前随父母来华,父亲是商人,不幸去年染疾身亡,母亲伤悲过度,落下一身疾病。一来二去,不仅花费了所有钱银,还向父亲的朋友,也就是这家咖啡屋店主借债不少。为了养活母亲和自己,也为了还债,十六岁的她只好到父亲朋友开的这家咖啡屋做工挣钱,计划等还完债、挣足了钱,就回日本去。听完吉田贞子的哭诉,辜鸿铭心有感动:真是孝女!让她在这地方长待,岂不有辱清白?想了想,挥手叫来店主,道出自己的身份,并说要和他商量一件事。店主听说是总督府的师爷,忙哈腰道:我照办,老爷!我照你说的办。

辜鸿铭高兴地说:那好,你马上放这位姑娘走。店主眨巴着那双过分精打细算的小眼睛,面有难色:这可不行,她还没还清我的债呢!辜鸿铭皱起了眉头:还差多少?店主道:连同衣服费,共是二百大洋。辜鸿铭二话不说便从怀里摸出一包钱来,扔在桌上,问:这些够了吧?店主接过钱袋,在手中掂了掂,一脸兴奋地说:老爷,我照办。

吉田贞子激动得眼眶里含着晶莹的泪花:老爷,你为什么要帮助我呢?辜鸿铭一边扶起要给自己下跪的贞子,一边语声温和地说:在中国,助人为乐已成为一种风尚。不仅有钱人帮助没钱人,穷人也要挤出钱来帮助比自己更穷的人。贞子小姐,如果你有困难或碰上麻烦,中国人决不会袖手旁观的,总之,在中国,人们并非孤立无援,这点与别国迥异。在贞子面前,尤其是面对她那纯净如潭的明眸,辜鸿铭的话一时竟难以收住。来中国后,除了父母亲,还没有人与自己讲过那么多推心体己的话,就连父亲的朋友、咖啡屋店主也视自己为仆人,何尝有过小姐之称。辜鸿铭的言行所折射出的善良耿直以及他的学识风度,深深感动着贞子。

一日,辜鸿铭正居家读书,余瘦又恂恂然前来拜访了,说的还是上次求总督通融谋官一事。辜鸿铭眉毛往上一挑,没好气地道:我为什么要这样做呢?余瘦小眼睛滴溜溜地转了几下，皮笑肉不笑地说：辜师爷，你似乎很like（喜欢）那个日本girl（小姐）？辜鸿铭没提防他这么说，微红了脸，道：什么意思？余瘦见旁边没人，压低声音神秘兮兮道：辜师爷，我家younger sister（妹子）比她pretty（漂亮）十分。只要你帮助在总督那边通融，给我个officer（官）当当，我愿将小妹许以师爷为妾。前些时候，尊府夫人还差媒婆到我家说合呢！

世上竟有这样的交易，把我老辜看成什么人了！辜鸿铭心里那个气呀，真要像火苗一样蹿出去烧着余瘦，但他强抑住了，不动声色地问：这一锤子买卖，你家妹子同意了？余瘦以为辜鸿铭心有所动了，心头甜滋滋的，满脸挂彩道：yes，yes（是，是），同意了，我妹子最听我的了。"砰"的一声，辜鸿铭把手中的茶杯往桌上用劲一放，茶杯碎了，茶水溅地。他手指余瘦痛斥：用自家妹子设美人计，哼，真是禽兽不如的狗东西！滚，滚！

余瘦抱头鼠窜，辜鸿铭鄙夷难消，向着门外连吐数口痰。要不是余瘦王婆卖瓜推销自家妹子时来比及吉田贞子，也许贞子在辜鸿铭心里就此消淡了。余瘦这么重提，辜鸿铭的眼中不禁又浮现出贞子的音容笑貌，尤其她那纯净如潭的眸子，在他心海里更是鲜活地漾动。他烦躁地踱了一圈步子，吸上烟，贞子走了没的问号在烟圈里缭绕不去。

当辜鸿铭的脚步踟躇于樱花咖啡屋门口时，耳后响起一句熟悉的声音：汤生兄既有雅兴，何不进去呢？辜鸿铭抬头看到赵凤昌出现在眼前，赶紧掩饰自己的不安：喝一杯咖啡而已。赵凤昌微微一笑，一双眼睛带着疑问审视：怕是醉翁之意不在酒，在乎日本小姐吧？在老友面前，辜鸿铭也不想捉迷藏隐瞒自己的秘密，道：我承认，贞子小姐非常美丽，她讲起话来，就像音乐一样悦耳动听，她的微笑具有难以表达的魅力。日本女人的魅力是很多作品的主题，比起欧美任何国家的女子，她们都算是美丽动人的。不过，我来是想看看贞子小姐走了没有？

"那你是希望她走了，永远见不着她，还是希望她尚留在店中？"赵凤昌狡黠地一笑，那双审看辜鸿铭的眼睛一眨不眨。辜鸿铭笑而未答，就趁身进屋上了楼。令他既惊奇又高兴的是，吉田贞子果然还在咖啡屋。见辜鸿铭到来，她赶忙过来请安，不胜温顺。辜鸿铭看着她好半晌，才道一声：你，你还没走？贞子的泪又来了：老爷，你让我恢复了自由，可我在中国无依无靠，不做工，我母女俩只能流落街头，饿死他乡。我只好又回来了，等赚足回国的钱后，就和母亲离开。听着贞子喃喃地诉说，辜鸿铭搓着双手道：这，这如何是好？赵凤昌像要窥破他的心思，半认真半玩笑道：你娶了她，不就让她解脱苦海了。辜鸿铭心头难题被赵凤昌道破，不觉一喜，嘴巴却假惺惺地说：不成，不成！

赵凤昌嘻嘻一笑，转眼看着吉田贞子道：贞子小姐，我们这位大博士自从见到你的第一天起，就爱意颤颤，感情弥深。我看你们俩郎才女貌，情投意合，何不成就人间佳偶？贞子粉脸飞红，含羞不语。辜鸿铭飞速地向赵凤昌扮了个鬼脸，紧接着看着贞子，嘟哝道：贞子小姐，我知道我配不上你……贞子急忙道：老爷，你说哪里话？说话时她一抬头，正和辜鸿铭那炽热的目光不期而遇，便又急急低首，心里头仿佛有只小鹿在撞击。

沉默良久，还是辜鸿铭先说话：我已有家室，妻子与我虽不是青梅竹马，却也是相亲相爱，离婚再娶是万万不可的。不过，你知道的，我们中国有个可以变通的传统，男子娶了正妻后，还可娶二房，即纳妾，而且不会被视为品德败坏。我热爱中国传统，纳妾倒是可以接受的，只是你愿意吗？还有你的母亲呢？他见贞子径是垂首，挤弄着衣角不语，不觉急了，想想干脆豁出去算了，便又发起进攻：贞子小姐，我的确不会说日语，但是你同我在一起半年，不，一个月，我准能说一口流利的日语。顿了顿，又喘着粗气接下说：还有，我向你发誓，除你之外，决不再纳妾！

辜鸿铭说话的当儿，眼睛不时瞟瞟贞子。好半晌，贞子才微微抬起头来，羞答答地小声道：老爷，那你就向我母亲提亲求婚吧！赵凤昌见他们郎有情、妹有意，不禁哈哈一笑，道：贞子小姐，你回去赶快把这喜讯告诉你母亲。她老人家说不定早希望自己的女儿有个好归宿。再说，也应该入乡随俗。至于我们这位大博士，你尽可放心，他呀，是那样钟情你！

贞子这头红线已结，辜鸿铭真个心花怒放，该如何告之淑姑呢？虽然她此前曾主动提及纳妾事，但不知辜鸿铭是假意还是没有合适人选，都婉拒了。纳妾这事最好还是由她来提，自己顺水推舟再妙不过。这日晚间，辜鸿铭像往昔那般，右手作文，左手轻轻抚摸着淑姑的小脚，一会儿又恭恭敬敬地把鼻子凑近淑姑小脚，出神入化地嗅着。

淑姑被他弄得整个身心舒服熨帖，嫣然一笑，道：人生必有痴，必有偏好癖嗜。没有癖嗜的人，大半靠不住，而且日子一长，就变为索然无味、毫不知趣的一个人了。辜鸿铭听得高兴，说话也动听：娘子，你真是我的知音。轻拍着她的肚子：你什么都好，就是肚子不争气，到现在还没给我生个儿子。话刚出口，辜鸿铭就觉得万分惭愧，觉得自己够自私，对刚小产不久的淑姑来说，这话断断是不能说出的。

果然，这话刺激了淑姑，她原先灿烂的笑容顿失，脸眸间爬上一丝阴影。辜鸿铭见状，连忙赔不是。淑姑沉默半晌，徐徐道：辜郎，为了你辜家的香火，你就去纳个妾吧。前些时候，她确曾私下里差人前往余瘦那了解她妹子情况，对她还是满意的，只是辜鸿铭没有意思作罢。

在此前，辜鸿铭虽然还没有纳妾之意，但他还是像所有的中国人那样，秉信孟子"不孝有三，无后为大"的说教。今见淑姑旧事重提，他假意推让一番后，全盘道出了吉田贞子的遭遇。

一听是个日本人，淑姑急了，一口回绝道：你纳什么样的妾不好，偏要娶个东洋女人回来，不成，不成！辜鸿铭眼珠一转，急急应对：娘子，你是吃醋呀，怕她到家后集万千恩宠于一身？淑姑眼泪汪汪地：我才不怕！辜鸿铭逗趣道：还说不怕，眼泪都不听指挥了！说着把一张热嘴凑近淑姑的耳垂边，讨好地说：娘子，我娶东洋女子还不是为你好，万一再娶个小脚女子回来，你的地位说不定就要打折扣了。见淑姑还是不语，辜鸿铭急了，咬紧嘴唇，掷地有声道，我以前说过，这辈子我非娘子不娶，现在补充一句，非吉田贞子不纳！

话既至此，淑姑也无计可施，好半晌才又慎重地问一句：她没有小脚？

辜鸿铭知道夫人的防线被突破了，眼光里溢出兴奋的神色，一字一句地回答：所以在这家里，唯娘子独尊——我的兴奋剂！一句话还未完全出嘴，辜鸿铭已万般柔情搂紧了淑姑，在她脸上、脖颈上小鸡啄米般地亲吻起来，惹得淑姑破涕为笑。

三、为纳妾而妙辩

辜鸿铭要纳东洋女子为妾的消息在总督府上下传开后，不啻引发了十级地震。两湖书院监督梁鼎芬第一个来劝，他觉得辜鸿铭经过这几年补习和调教，已稍具中国儒者之形了，节骨眼却要纳东洋女子为妾，岂不又离修炼造化远了一步，授人以笑柄？

辜鸿铭却不领情：没那么严重吧！不久前从欧洲回国的陈季同将军，以朝廷命官之尊，而正式娶法国妇、纳英国妾。我与他相比，连胆大妄为者都称不上。

梁鼎芬说服不了辜鸿铭，其他幕友对辜鸿铭此举或赞赏或玩笑或轻视或厌恶或无所谓，不一而足。文案房里只要辜鸿铭出现，便少不了有笑闹声。这个说：

现今已有倡行一夫一妻制的呼声,没想到汤生竟娶了个日本小老婆与之抗衡,真是特立独行的真名士。那个接口道:辜兄留洋归来,先是爱上缠足,娶了个小脚娇妻,如今又不满足,还要纳东洋女子为妾。为何还如此老旧?辜鸿铭笑得像个弥陀:女人芳菲如诗,哪个男子不愿多得几本诗书?偶读洋书,不亦乐乎!立马就有人表示反对纳妾,并云自己今生今世,精读一本足矣。辜鸿铭呵呵一笑,道:人各有志,阳关道或独木桥,你爱怎么走谁也管不着。不过,老兄,我要说,你枉做了老夫子。那人朝辜鸿铭瞪大了眼睛:汤生,你无理可说了,怎地倒打我一耙?辜鸿铭道:我的话多着呢!古人造字,常有深意。"妾"字由立和女组成,意即站在男人身边侍候男人的女人。《白虎通义·嫁娶》云:"妾者,接也,以时接见也。"在日本,女仆或妾被称作 te-kaki,一种扶手或眼架。人疲倦时,不可无扶手和倦眼解乏之物,因此男人不可无妾。妾是男人不可或缺的扶手和眼架。如此精妙之说,让大伙听了无不拍手称妙,那些反对者再无言以对。

佳期将至,辜鸿铭兴冲冲地外出送请柬,冷不防在总督衙门外和匆匆赶来找维特的余瘦撞个满怀,手中的红帖子散落一地。余瘦一边道歉一边蹲下捡拾请柬,瞥一眼"哟"了一声,道:辜师爷要当 bridegroom(新郎官)了!是不是那个 japan girl(日本妞)?见辜鸿铭满心欢喜地点头,余瘦三分责怪七分遗憾地道:辜师爷,咳,你假什么 serious(正经)不娶我妹子,真是自己错过艳福。继而又眉飞色舞地往下说:不过,也好,我妹子找到了好主儿,比你 strong(强),哈,我找到了一个洋妹夫。辜鸿铭盯着余瘦问:洋妹夫?是维特顾问?瘦子一怔,暗恼自己话太多了,低着喃喃道:辜师爷你,你猜得倒挺准,不过,don't tell others(别告诉别人)。

余瘦是怎么和维特结成姻亲关系的呢?原来前两天,他和维特、洋买办欲行寻欢作乐,岂料数家妓院的妓女和老鸨均拒绝接待洋客,维特满腔高兴劲儿顿时就蔫了。维特来华后,曾雄心勃勃地制订了一套理想的生活方式:住一栋别墅,雇一个中国厨子,结识一个法国情妇。可法国情妇一时难以觅寻,真养起来花费也太大,他只好降低标准想着找中国情人。洋买办见余瘦想通过维特谋官,便不失时机地撮合。余瘦说起这段结亲经过,机密得好像四壁全挂着偷听的耳朵。

辜鸿铭听完,神情鄙夷地道一声:听说他家那个德国娘儿们可不是吃素的。余瘦一双贼眼四下里望了望,看看无人,紧张而神秘地说:所以,维特顾问叫我不能告诉 a third party(第三者)。他在外边租了个 house(房子),这叫金屋藏娇,

do you know（你懂吗）？一个鄙夷又浮现在辜鸿铭脸上：真是糟蹋了你妹子，禽兽不如！余瘦大不以为然：这年头，不这样哪能成？边说边从怀中抖出一张纸来：look（瞧），维特顾问出面给我讨个封呢，当初要是你能帮忙，我妹子不就是你的人了嘛。

原来是这等丑恶的交易！辜鸿铭大喝一声：闭嘴！转身拔腿而去。余瘦紧趋两步，拦住辜鸿铭道：辜师爷，我闭嘴，你也得闭嘴，可不能向旁人说出刚才的那些secret（机密）。古云"君子成人之美……"余瘦一边说话一边眼睛定定地去看辜鸿铭，见他仰头板脸一声不吭，不觉慌了神，一个劲地作揖说尽好话，急得就要下跪了。辜鸿铭对余瘦厌恶至极：这么污秽的事儿，让我做传声筒，岂不污了我的嘴！余瘦一口大气松了下来，擦拭着额头沁出的汗珠，连道：yes,yes,yes（是，是，是）。

辜鸿铭明知洋人对中国纳妾制激烈反对，竟偏向"虎山行"，将请柬一张一张地往他们手里送。维特、彼德和一群洋技师围着他，大发议论。彼德率先发难：辜先生，我敬佩你的学识和才华，但对纳妾制实在难以容忍。对欧洲人而言，纳妾制简直粗俗下流。辜先生聪明之人，又留洋多年，理应开窍。彼德话音一落，辜鸿铭的话立即接了上来：彼德先生，你清楚正人君子面纱掩盖之下的欧洲人犯下的罪恶吗？私生子被抛向社会，身上带着无法抹去的污点，无依无靠。这些罪恶难道不比纳妾制的所谓粗俗更加深重？而我们的社会制度最关注的是下一代的前途，人丁兴旺本身就是家族的荣耀，非婚而生的孩子散居在外违背了传统习俗。纳妾制就是为此而设。这样，男人就没有借口出外猎奇了。辜鸿铭说话时音调一点也不比彼德小，既不激愤也不谦卑，而是保持一种平稳的语态。

维特接口道：不管怎么说，多妻纳妾是东方中国特有的落后习俗。辜鸿铭没料到维特主动跳上了战场，心里真有许多讥讽要送给他呢：是的，不少西方学者像维特先生一样，总爱以文明维护者的口吻宣称，多妻纳妾是东方特有的落后习俗。辜鸿铭话到这里，换了一口气，提高音调继续道：但我要告诉诸位，你们犯了一条不可宽恕的罪责，那就是：数典忘祖。多妻，或者说妻妾并蓄，曾是人类共有的现象，只是延续时间的久短不同而已。作为欧洲文明源头的古罗马，不是盛行多妻或纳妾吗？希腊神话中的天神宙斯，就有十多个妻子。天神多妻正是人间多妻的倒影。斯巴达国王阿里斯东有明确记载的妻子就有好几个。当基督教逐渐成为欧洲许多国家的国教以后，作为一种宗教义务，一夫一妻婚姻制在欧洲确立了，但严格的宗教戒律并没有使多妻现象由此绝迹。法兰克国王查里曼大帝照样同时拥有四个妻子，西班牙国王卡洛斯四世的首相戈多伊，既是王后露易莎的公开姘夫，又自有一妻一妾。中国的东邻日本以及中亚和西亚，纳妾之风亦曾盛行。波斯的王公贵族、达官富商就以后房众多而闻名。至于非洲，一些国家今天仍然盛行多妻或纳妾。对此，诸位是孤陋寡闻还是充耳不闻？

辜鸿铭引经据典，说古论今，任意东西，辩说恣肆汪洋。洋人们听之无不发出"嘘嘘"声。爱米突然杀将出来：辜先生，你的回答很有意思。我可以向你提几个问题吗？辜鸿铭泰然自若地笑笑：夫人，我乐意回答你的任何问题，从我的回答中，你或许可以准确了解一些中国风俗。爱米致谢后，道：按《圣经》说法，当初上帝造人，只造了一男一女，并未造一男两女，足证一夫一妻乃上帝旨意，于人最为合宜。你们中国的男人，为什么要反其道而行之呢？辜鸿铭一脸微笑地说：夫人，你忘了《圣经》上还有这样的话吗："亚伯拉罕的妻子莎拉没给他生儿育女，她有一个叫哈格的埃及女仆，一天，莎拉对亚伯拉罕说，瞧，上帝不让我生子，请你到女仆的屋里去，也许我能借她得子。亚伯拉罕听从了莎拉的话。"顿了顿，看着爱米不失认真地说：夫人，我忽然有些后悔允许自己同你在此公开讨论纳妾这个问题了，你要知道这可是一件危险的事。

"为什么？"爱米仰头问。

"讨论这个问题，难度大是一面，但更重要的是，对你们这些自命不凡的、受过所谓正统教育的人来说，怕是无法理解。"辜鸿铭回答。

"你怕了？是啊，你们中国男人喜好纳妾，但谁敢挺身而出，将此种心态公之于众？"爱米言辞咄咄逼人。惹得辜鸿铭又是一声长笑：为什么怕呢？正如英国诗人所言 "傻瓜蛋闯入了天使也畏惧的地方"。夫人，我在此将尽最大努力来解释何以纳妾在中国并非像你们普遍想象的那样，是那么一种不道德的风俗。

爱米呈洗耳恭听状，辜鸿铭摇头晃脑地解释开了：首先，中国妇女有一种无私无我的奉献精神，这是纳妾成为可能而且非不道德的前提条件。纳妾在中国并不意味着可以娶许多妻子。按我们的法律，一个男人只允许有一妻，但如果他乐意，可以适量地纳进女仆或妾。在中国，理想的女人不是一种供男人终生拥抱和拜倒的偶像，而是作为妻子绝对地、无私地为丈夫活着。因此，当丈夫生病或因过度操劳而身体欠安、需要一个女仆或扶手，以使他恢复健康、增进激情，得以继续生活工作时，无私的妻子便给予他所需要的一切。这就好比在欧美，一个好妻子在丈夫生病或需要时，适时地递上一把椅子或一杯山羊奶。实际上，在中国，正是妻子的无私无我、崇高的责任感、自我牺牲的精神，容许男人可以纳妾。

这个说法好不可笑，爱米哧哧一笑后，反问道：为什么只要求女人无我而牺牲，男人们则只是尽享受这种牺牲的甜果呢？辜鸿铭一甩辫子，对这个问题的解释仿佛早已成竹在胸：男人们也并非只顾享受。作为丈夫，他们辛辛苦苦地支撑家庭，尤其当他身居庙堂之高时，不仅要对家庭尽责，还要对君主和国家尽忠，时不时还要献出生命。这，难道不也是一种牺牲吗？在中国，上至皇上、下至黄包车夫以及每一个真正的女人，都过着一种牺牲的生活。康熙皇帝临终前躺在病床上发出的遗诏中就曾说：在中国做一个皇帝是种多么大的牺牲。可以说，女人的牺牲，是为她称作丈夫的人无私地活着；而男人的牺牲，则是为女人或所有他带进家的女人，连同她们为他所生的孩子提供并保障一切花销。

爱米听得极不服气，她马上予以反驳：照辜先生那样说，女子疲倦时，为什么不能把男子做扶手呢？既然男人可以纳妾，女子亦可多夫吧？辜鸿铭稍停了一下，瞥一眼静听他演讲的众洋人，狡黠地笑了笑，继而理直气壮地回答：那当然不行！说话间，他走到近旁的几案，左手拿一把茶壶，右手捏一个茶杯，看着爱米，分别演示道：夫人，你见过一个茶壶配四个茶杯，哪见过一个茶杯配四个茶壶的？

爱米立时哑口无言。

满屋子的洋人互相倾听着对方狂突的心跳，好半响，才有人重又杀出：辜先生，当丈夫的突然带一个陌生女人进家，妻子的感情却不受到伤害，这难道不是桩怪事吗？辜鸿铭沉着反击：不错，然而你忘了，我们中国女人有一件你们西洋人未尝梦见的传世宝物哩！那就是我所谓的"无我之教"。正是这种绝对的无私无我，使得妻子们看到她的丈夫带陌生女人进家时不感伤害的情形成为可能。换言之，正是妻子们的那种无私无我，她们容许丈夫在不伤害自己的前提下纳妾。

维特又跳上战场了：辜先生，你们中国的太太若是情愿接受像纳妾这样的制度，怕不是没有"自我"，而是没有"灵魂"吧，要不然就是一些不可理喻的傻妞。维特说毕，笑嘻嘻地看着辜鸿铭。在众人捧腹大笑中，辜鸿铭把了把滑到胸前的辫子，眼睛逼视维特道：伙计，你这么说可就自作聪明了！进而又把目光转向爱米，似笑非笑道：关于这一点，我们不妨问问爱米女士：作为一个女人，她是宁愿自己的丈夫在对婚姻生活感到不满足时，到外面去拈花惹草、滥施恋爱好呢？还是和他离婚来个死活不问？最好的办法，我告诉你，就是和另外的女人一起，齐心协力把他压在石榴裙下，治得服服帖帖。

维特做贼心虚，担心辜鸿铭已知自己移情秘事并将他当众抖搂，佯装愠怒道：辜先生，何需如此设喻？辜鸿铭心头一乐，道：好，你们害怕这个问题了，说明你们的心理并不健康。我可以告诉诸位：在中国，纳妾既可使社会的基本单位"家庭"得以保全，又能使正室在家庭中高居首领的宝座！看你们欧美的那些女人们，敲得一笔赡养费离婚后，去独立谋生或再嫁一个随时离婚的男人，难道会比我们中国家庭的正室幸福，比我们的如夫人荣光吗？我们中国人的纳妾制度，实乃社会祥和、家庭幸福的镇山宝物！

维特连连摇头：谬论、谬论！辜鸿铭目不转睛地盯着维特看了好半晌，一字一句地说：我要说明一点，在中国，一个士大夫君子，一个真正的士人，是忠于妻子的，绝不会不经妻子同意就擅自纳妾，即使他有一个适当的理由也不例外。我就知道许多膝下无嗣的中年丈夫想纳妾，但由于妻子拒绝同意而断了纳妾的念头。我甚至还知道这样一件事：一个卧病的妻子催促丈夫纳妾，而丈夫却并不赞同妻子的这种自我牺牲，对此表示了拒绝。但他的妻子没经他许可，不仅为他纳进一妾，事实上还迫使他与妾同房。洋人们爆发出一阵遏止不住的哄笑声。维特却红起了脸，不敢正视辜鸿铭。

辜鸿铭一声也未笑，他把胸前的辫子往后一甩，意气风发地说道：诸位女士先生，刚才我为中国的纳妾制做了直率的辩护，一句话，中国人纳妾是光明正大的，不像你们西方人偷着养情人。说话时，辜鸿铭以挑战的眼光瞟了看维特：我现在倒要问你们，你们中谁能堂而皇之为偷养情人做辩护？维特急急避开辜鸿铭灼人的眼神，其他洋人也一个个噤若寒蝉。辜鸿铭看在眼里，不禁放声大笑，边笑边说：你们欧洲的男人们呀，家里放着老婆，说是一夫一妻了，背地里却到处寻欢作乐，大搞秘密情妇，见不得人。一旦露丑，又打打闹闹，大伤风化。回过头来却还高唱一夫一妻制的论调。哪比得我们中国人，娶一个就娶一个，不能满足了，再娶两个三个。你们拥有这种偷鸡摸狗的风尚和行径，竟来责备中国纳妾制有伤风化！

洋人们怕自取其辱，再没人愿意继续跟他抬杠，只是沉默着。辜鸿铭以胜利者的姿态开始进入最后的总结：老实不客气地讲，你们西洋人要是不懂得中国女人的"无我之教"和中国男人的"忠诚之教"，要想理解中国人，理解像纳妾这样的风俗制度，那是天方夜谭。

沉默稍许，彼德上前握着辜鸿铭的手，道：辜先生，我虽然不理解纳妾制，但折服你雄辩的口才，坦荡直率的胸怀，这喜酒我吃定了！辜鸿铭对纳妾制所做的妙辩，深深折服了众洋人，他们异口同声地表示要来"凑份子"。

四、郎情妾意，琴瑟和鸣

辜鸿铭送走最后一批宾客后，关上院子的大门。他站在院子中间，望着东西厢的灯光犹豫起来。他彷徨了一阵，最后还是朝淑姑的房间走去。正想敲门，听到淑姑在和侍女说话，就贴着门听。

侍女说二夫人像仙女一般美丽，来了二夫人，将来会怎样呢？淑姑说：我才不担心呢，老爷说了，全家还是听我的。再说，我又不是那醋坛子，会搅得老爷不安生。老爷喜欢的人，我就得接纳她。我敬她三分，她就会敬你一尺。

侍女担心道：有的人你真心待他，她不一定会真心待你。我娘告诉我，女人别太傻，得留个心眼。淑姑说：都留个心眼，还怎么相处？既然是一家了，那就不能见外。这就好比一块泥巴，捏一个她，塑一个我，将两个一起打破，用水调和，再捏一个她，再塑一个我，我泥中有她，她泥中有我，那还会分彼此吗？

辜鸿铭忍不住笑出声：好，好，你们两个都捏进去了，就不要老辜啦！

淑姑从房内传出话来：好意思偷听人说话！快歇去吧，可别冷落了我的东洋妹妹。

辜鸿铭转身进了呈现出东洋格调的房间里，吉田贞子身穿纯白和式大礼服，披着头盖坐在床上。在摇曳的红烛光下，辜鸿铭仿佛踏入了仙境，他轻轻撩起贞子的盖头。吉田贞子温柔无限地偎依着辜鸿铭：老爷，贞子从此不再孤独了……辜鸿铭柔声地说：我想起了莎士比亚的诗句："有了你，我便可以笑傲全世界。"

吉田贞子明亮的眸中轻盈着泪水，轻声问：你为什么喜欢我？辜鸿铭嘿嘿一笑：俗话说：秀才遇见兵，有理说不清。我遇见你，何尝不是这样！贞子幸福的泪水再也止不住了。她仰着头，轻声祷告：我仰望，等候神。感谢主的恩典，从无变有，从不可能变可能，从荒原变成沃野。

辜鸿铭捧起贞子的脸庞，轻轻为她揩去脸上的泪水，说：我知道你经历的苦难多，所以你懂得珍惜。今天是我们的新婚之夜，我得给你补上中国女性准则这一课。

贞子含着泪花的眼睛盯着辜鸿铭："妇人，从人者也。幼从父兄，嫁从夫，夫死从子。"对吗？辜鸿铭连连点头：对，对。贞子接着说：老爷是一家之主，姐姐是一家的主妇。作为小妾的，还须服从姐姐，自甘侍奉姐姐。所以我想，今天虽然是我们的新婚之夜，你还是应该到姐姐那里过。辜鸿铭的声音有些发颤：你姐姐要我今晚陪你……

贞子起身拉着辜鸿铭走至门边：老爷，明天晚上再到我这边来吧，我会为你解去我的腰带和衬袍。说着拉开门，轻轻地将辜鸿铭推出门外。

辜鸿铭站在院子中间，越想越觉得好笑：贤妻美妾都拒我于门外，真是中日合"闭"两妇人！想了想，干脆朝书房走去。

辜鸿铭自从有了两位夫人后，生活更是滋润。两位夫人以礼相待，并没有因为身份地位的悬殊而闹有矛盾。二女侍一夫的家庭倒也是琴瑟和鸣。而汉阳铁厂这边却不和谐，事端不断，直引得张之洞的生活起伏不定。

七月天气，地处龟山南麓的汉阳铁厂更成了蒸笼，仿佛一根火柴就能把空气燃着。赤日炎炎下，几顶遮阳伞缓缓地向前移动，张之洞陪同钦差大臣铁良视察。辜鸿铭和蔡锡勇接到禀报，急忙撇开洋顾问，上前迎接。致礼还礼后，蔡锡勇禀报：香帅，总监工贺伯生酗酒滋事，打伤我国技工三人，还拒不道歉。辜鸿铭不失时机地补上一句：这贺伯生已是第三次犯事了，根据合同明章规定，早该解聘他了！

张之洞沉吟不语，贺伯生桀骜不驯，迭次酗酒闹事，已为他所头痛。辜鸿铭说得固然有理，可这贺伯生乃是自己委托薛福成在英国聘雇的，这个面子放不下啊。辜鸿铭又道：香帅是不是碍着薛福成的面子？张之洞的心病被辜鸿铭捕个正着，脸上微有不悦之色，语气淡淡道：先给他个警示，以观后效。

年轻的户部侍郎铁良受命巡鄂，乃因朝廷有人上疏奏了张之洞一本，指其铁厂选址龟山殊为不当，靡费过巨，颇为好大喜功，华而不实，慷国家之慨予洋人以厚禄，为己筑名声，云云。那铁良本是花花公子，以往做钦差多是在地方衙门或酒桌上听听汇报，但凭地方官员花说柳说，他摆的是花架子，回去交差就敷衍完事了。此次来鄂省都城督察，火炉一般的气候本已让铁良喘不过气来，哪堪踏足户外实地巡视。张之洞早已盼上头派人下来巡察，故是十分热忱，恨不得均让之过目，还陪同检视洋务企业。这铁良哪里受得住这般走动，没多久便想脱身，故嘴上连连肯定张之洞的抱负及业绩。

逾半月，铁良欲回京缴皇差，张之洞为其饯行。湖北巡抚、藩司、臬司一级官员和蔡锡勇、辜鸿铭等陪同。撤下几大盘菜，又上来几大盘菜，真个是满汉全席。这等奢华，直让铁良看傻了眼，他打着饱嗝道：香帅，何需上这么多菜？张之洞摆摆手道：小意思，不成敬意……不成敬意……一边说，一边打着大呵欠。

酒过三巡，众客都喝到高兴处，不料张之洞两眼时闭，打起瞌睡来，不一会儿便鼾声四起。铁良被冷落一旁，又不便惊动，好不尴尬。蔡锡勇一旁解释道：香帅的习惯，夜里办公，白天睡觉。这几天为陪钦差，不免昼夜颠倒，所以犯困了。铁良心中好生不悦：香帅作息饮食，怎会如此没有规律？辜鸿铭接口道：规律倒是有的，只是特殊些。铁良"噢"了一声，看看张之洞睡得正香，越想越觉没意思，向众人一抱拳，道：请告香帅，铁良告辞了！心绪怏怏地率众走了。

在湖北办洋力，虽然困难重重，但亟尚事功、性情执着的张之洞还是咬紧牙关，不改初衷地要往下干。为了把有限的钱用在刀刃上，全力兴办洋务，他别出心裁地提出了节省经费若干条规定。其中之一，便是取消了对幕僚们原有的午餐伙食供给制，让他们自备伙食去。

训令一下，幕僚们议论纷纷。有的说，香帅不畏艰难，坚韧不拔，以富国强民为己任，精神可嘉，为普天之下的官员士子立了效法的楷模，我等做属下的理应支持。轮到辜鸿铭说话时，他却说：这节约来的经费何时才够香帅用公款请一次客呢？咳，他个人厉行节约，公款消费却是多多益善，那天请铁钦差，何等铺张浪费，还不是崽花爷钱心不痛！辜鸿铭这么一开炮，立时有人响应：是啊，香帅的盛宴，还不是从我们的伙食费里扣下的！议论归议论，大家直喊得肚子咕咕叫了，还得找地方吃饭去。辜鸿铭、梁敦彦和凌福彭一同凑份子去吃饭。

牢骚满腹回到总督府，一阵熟悉的呼噜声竟从院内传来。大家互换个眼色，蹑手蹑脚地前来瞧看，原来张之洞在剃头时熟睡了。看他那头大约只剃了一半，剃头匠只得停手等候。忽然，张之洞头往前一歪，险些摔倒。辜鸿铭见了，虽掩住了嘴巴，却还是忍俊不禁。张之洞被笑声惊醒，不耐烦地掀了围布，离席要走。

剃头匠急忙道：大帅——张之洞摸摸头，伸伸懒腰，微睁惺忪的睡眼，毫不介意地说：留下一半，以待明日。

张之洞生活没有规律，辜鸿铭在两位夫人的悉心体贴下，饮食起居却是有条不紊。这日晚，辜鸿铭正在灯下潜心研读《易经》，贞子带着一股香气飘来，放下一碗热气腾腾的鱼丸汤，温柔地说：我的哲学家，该休息一下，吃碗热汤了。辜鸿铭顺从地喝下一二匙汤后，感激地望了望楚楚动人的贞子，贞子也以热烈的眼光回望他。所谓女子的美目一盼，就能打破一切哲学；女子眉目传情，男子的主意就瓦解了。辜鸿铭忍不住一把拉过贞子，抱在怀里颤声道：今晚……

贞子温柔地推开他那湿润而炽热的嘴唇，轻声道：我可不是来给你灌迷魂汤抢你的，今晚轮着你去姐姐那呢！辜鸿铭嘻嘻一笑：你不吃醋？贞子恳切道：古训有言：小妾必须服从合法妻子，自甘侍奉姐姐。老爷还是去姐姐那。

淑姑也正要进来给辜鸿铭添杯咖啡，听得贞子如此情真意切地说，心里不觉怦然一动，也不进室，想了想便轻手轻脚地迅即离去。

晚上躺在淑姑身旁，辜鸿铭却还迷醉着贞子那双灼人的大眼睛，翻来覆去就是无法入睡。忽地，耳边飘过淑姑那柔软的声音：辜郎，你还是去你的"安眠药"那儿吧。

"你不吃醋？"辜鸿铭见淑姑还没睡，道破了自己的心思，不禁既紧张又兴奋。淑姑推了推他：一家人，还吃什么醋！去吧！辜鸿铭激动地一把抱过淑姑，一番狂吻后道：夫人，你真好！

已然入寝的贞子见辜鸿铭气喘吁吁过来，娇声问道：老爷，为何又要过来？不是说好今晚陪姐姐的吗？凝视着丰肌滑肤、柔若无骨、温柔体贴、妩媚动人的贞子，辜鸿铭的声音不觉有些抖颤：是，是你姐姐叫我过来陪你的……你是我的"安眠药"，没有你，我寝不安席、通宵失眠。贞子吃吃一笑：你不是说我美中不足——少了小脚吗？

"你的'安眠药'作用弥补了这一缺憾。"辜鸿铭脱口而出。

"说得比唱得好。"贞子娇嗔道。

"日本古语说'天下最难处的就是女子。你若讨好她，她就自骄。你若不理她，她就哭泣。你若打骂她，她死后鬼魂都要作祟'。"听辜鸿铭这么一说，贞子又轻轻地笑了笑，一双朝露似的大眼睛眨也不眨地看着辜鸿铭，不失天真地问：真的难处吗？辜鸿铭也是一笑：办法也不是没有。说着，一把搂过贞子：最好的法子就是爱她！

贞子被纳进后，辜鸿铭爱若拱璧，美其名曰"安眠药"，以和淑姑的"兴奋剂"相对称，多半时间沉醉于她。淑姑侍女免不了要替女主人鸣不平，淑姑却道：二夫人识大礼、性柔和，老爷如何不爱她！一家人和和睦睦的，这是好事。何况二夫人再怎么也取代不了我的位置。侍女见女主人这般自信，不觉笑了，问：夫人为何有恃无恐？

"她呀，缺少老爷所厚爱的一双小脚。"淑姑答。

"小脚真那么重要吗？"侍女又问。

"重要，怎么不重要呢！老爷不是说了吗，小脚里头藏着一部中国历史哪。说起中国女人的裹脚，那可比二夫人的老家日本国的历史还长哪！"淑姑几分自许、几分得意地说道。

纳进贞子后，有人分担着照顾辜鸿铭了，辜鸿铭也不再隔二连三来找淑姑解决生理之需了，淑姑的精神和体力不觉好了许多，脸色也告别了流产后的灰白，而回到了婚前的那般红润。最使她高兴的是，"来潮"突然没有规律了。啊，居然又有喜了！

两把汤匙在碗里也有磕碰的时候，可我们家却从不闻吵闹声，辜鸿铭有他自己的自豪。他在钦佩自己"驾驭"妻妾的艺术时，也由衷感谢两位夫人的通融合作。为了进一步讨好"兴奋剂"和"安眠药"，他又加封了她们"贤妇"和"美妇"的称号，并借用法国皇帝拿破仑的圣言为她们"戴上凤冠霞帔"：美妇使眼中快乐，贤妇使心中快乐。淑姑挺着日见隆起的肚子，少不了打趣：什么贤妇，还不是只要有美色与嫩皮，女人全是贤妻。辜鸿铭嘻嘻直笑。

一日早晨，贞子见辜鸿铭还在酣睡，也不打扰，披件罗裳轻手轻脚地先行下了床。粉黛略施间，忽从镜中瞥见脑后一双大眼已然盛开，脉脉含情地注视着自己，想着昨晚的纵情浪荡，不觉脸又微微泛红。这老辜瞧见，恰如被电击中一般，嘴里吟着"妆罢低声问夫婿，画眉深浅入时无"，忘情地移身相拥，双手抖索着就往她胸前探去。贞子忽地"呀"的一声，急急低首掩面。原来辜鸿铭却还裸着整个身子。辜鸿铭大笑一声，原想抑制的激情不料又被贞子那份天然的羞涩勃发，口里也仿佛满灌了蜜水，双手抱了散溢着乳香的娇躯径往床上一扔，为她宽衣解带……贞子忙说道：不是说好参加开学日吗？辜鸿铭一拍脑门，面对着突兀眼前的"奇峰异谷"咽了咽口水。

五、请回钦差

两湖书院开学仪式搞得有声有色、风风火火。张之洞率众拜孔后，又仔细巡察了书院斋舍食堂，并听了一整套的西式教法汇报，大发溢美之词，直教书院监督梁鼎芬喜难自禁。

两天后，梁鼎芬提着两瓶好酒，向幕后军师辜鸿铭致谢来了。两人杯来盏去，梁鼎芬说了一通感谢辜鸿铭帮其出谋划策、搜罗西式教法诸事的话。辜鸿铭听得入耳，道：物物相换，你得赐教……梁鼎芬连连摆手：短短几年，汤生便把诸子百家烂熟于胸，今后我得反过来向你讨教了。

张之洞英才卓荦、傲视群雄、抨击浊俗，这在其入伙清流时就已为诸多王公大臣所嫉、所恨。只因有慈禧宠着，其人又在京师，应对方便，他们也就无可奈何。俟其疆寄，他们就开始想方设法相与为难了。在他们的授意下，立有御史弹劾湖北洋务弊端重重，钦命铁良巡察。可铁良回京后竟虚与委蛇，朝廷看来也并无处分张之洞的意思，这使他们大失所望。未几，又有大理寺卿徐致祥上奏朝廷，参劾张之洞，言其不理政事，辜恩负职，任意妄为，废弛纲纪，兴居不节，号令无时。在奏折中，徐致祥还针对张之洞四处筹措款项事，弹劾其"乞留巨款，轻信人言，今日开铁矿，明日开煤矿，附和者接踵而来，此处耗五万，彼处耗十万，主持者日不暇及，浪掷正供，迄无成效……"朝廷谕两广总督李瀚章就近查复。

李瀚章乃李鸿章之胞兄，曾署湖广总督，在湖北尚有不少旧部。对李瀚章此番来鄂，督署幕僚率皆认为来者不善。张之洞族孙张彪绵亦来幕中，也这般道：看来四太爷（指张之洞）此关难过。

李瀚章自带亲兵，秘密来武昌后，既不与总督府联络，也不告知湖北巡抚。如此诡异，似乎要在湖北竖起一面倒张大旗。得知此情，张之洞头冒冷汗，一阵揪心。赵凤昌见状急忙上前握住张之洞的手：香帅，你的手为何如此冰凉？张之洞默然无语，辜鸿铭道：香帅乃意志刚强之人，泰山压顶也不变色，为何徐致祥一纸参劾就让你几乎要崩溃呢？

张之洞一脸苦楚：——心碎呀！

众皆静寂，辜鸿铭却声若洪钟：依我看，香帅你是太重面子了。这面子又有何用？它不值一文！如果没猜错，我知道香帅心里有三痛。第一痛，这参劾要是出自政敌之手，你犹不在乎，岂料竟出自你京师的清流好友徐致祥！那是个与你共事多年，你视他为知己，他将你比作张良、谢安的江南名士，却以当年骂洋务派的同样腔调来谩骂你！你怎可忍受这来自背后的一刀？

蔡锡勇怒喝：他徐致祥到底是为了什么？

赵凤昌接应道：投靠李鸿章，出卖同道，以求升迁！

张之洞摆摆手，示意大家听辜鸿铭说下去：这第二痛，香帅是朝廷宠臣、老佛爷的爱将。徐致祥这样的烂折子，满嘴胡言，不经一驳，朝廷居然密谕李瀚章前来查访，而且视一品大员如无物！这到底是皇上昭示天威，还是老佛爷有意冷落？如此不明不白忍辱受气，无异又是当头一刀！

赵凤昌一旁道：天威不可测啊！

"这第三痛，香帅平生有三不争：一不与俗人争利，二不与文士争名，三不与无谓争闲气。可这些俗人、文士、无谓之徒却纷纷与香帅相争，甚而欲置香帅于死地而后快，这岂不又是'刺向'香帅的一刀！香帅能不痛哉？痛哉！"

听辜鸿铭娓娓道来这三痛，张之洞狂呼：知我者汤生矣！快哉！快哉！

梁鼎芬一旁说：李瀚章出手之疾，实出意料，他敢用非常手段对待香帅，已公然昭示是在办案，而不仅仅是在查访了。香帅须早作决断！

张之洞忽地大笑，吟就"平生道路九羊肠，误尽终身是一官"两句，坦然道：什么时候，我给李瀚章写此横幅相送，不就是一顶乌纱嘛，呸，让他来拿好了！

张之洞的条幅没送出，李瀚章倒找上辜鸿铭来了，一见面就递上札子，说：本官奉旨办差，此乃京师大理寺卿徐致祥弹劾湖广总督张制军的十大罪状，辜师爷是知情者，仔细看看，属实的就用笔勾出来，本官绝对保密。

辜鸿铭粗略看后说：李大人，张制军经营湖广多年，何止犯下这十大罪状。请给我纸笔，可再罗列十罪！李瀚章大喜，吩咐身边幕僚快取纸笔。

辜鸿铭提笔疾书，一挥而就。李瀚章接看，脸色越来越难看。辜鸿铭呷一口茶后，道：李大人在鄂十五年，犯有十宗罪，道听途说，姑妄录之，以供大人查核！

李瀚章铁青着脸：大胆！诽谤朝廷命官，按大清律要问斩！辜鸿铭依旧正襟危坐：说我诽谤朝廷命官？那么，请问李大人，可敢将鄙人的状子呈给今上？

李瀚章怒极：放肆！你以为你是谁呀！来呀，给我拿下！衙役上前绑了辜鸿铭。辜鸿铭也不挣扎，鼻子哼一声：李瀚章，你拿下我，算你有种！不过，还得拜托你告诉英国《泰晤士报》一声！李瀚章一怔：为何？

辜鸿铭神色自若地说：鄙人不仅是张之洞的幕僚，还是英国《泰晤士报》的特约记者，你就不怕洋人告你干扰外交吗？如果你想在《泰晤士报》上风光风光，鄙人三日之内保证让你见报！

李瀚章大吃一惊，忙道误会，吆喝衙役快快松绑。辜鸿铭松绑后，耸了耸筋骨，大大咧咧地说：钦差大人，你以为我是谁呢？李瀚章满脸堆笑：久闻张制军手下有一洋文案,精于西学,经纶满腹,今日得见,果然气派非凡,辜师爷真乃中外奇才!一帮幕僚在旁帮腔:那是墙上吹喇叭——内外都响!

辜鸿铭白了李瀚章一眼:钦差大人,你知你是谁吗?李瀚章一时语塞:你说——我是谁?辜鸿铭扔下"司马昭"三字后,扬长而去。

张之洞听完辜鸿铭的报告后,哈哈大笑,继而说也要找找李瀚章头上的虱子。赵凤昌未雨绸缪,事先就组织了一帮查账高手,把李瀚章督鄂十五年的陈年老账给翻了出来。

李瀚章公开露面后,张之洞少不得大摆筵席接风洗尘。几杯酒后,张之洞说:筱泉兄啊,弟三十四岁那年曾写一诗,曰:"人言为官乐,哪知为官苦。我年三十四,白发已可数。"你看今日之我,白发何其苍苍也!李瀚章感慨万端:是啊,岁月匆匆留不住,鬓已星星堪镊。

又是一杯酒后,张之洞纵声道:鄙人的立身立朝之道筱泉兄是知道的,无台无阁,无湘无淮,无和无战;纵有流言攻身,知则知矣,管则不管矣。没想到鄙人如此清心修己,慎言涉世,却还要四受攻讦。要不是为了我大清,真想脱去这顶戴花翎,回归山野,垂钓度日。

李瀚章内心一凛:香涛呀,守分身无辱,知己心自闲。能以身担负天下责任者,天不能绝。

张之洞嘿嘿一笑:好,有筱泉兄此言,香涛再无足挂虑。来,敬筱泉兄一杯!

几巡酒过后,张之洞开始发困,起初眼皮还硬撑着,继而打起瞌睡来,不一会儿便枕拉着脑袋,鼾声大作。李瀚章被冷落一旁,又不好惊动,实在尴尬。

辜鸿铭观李瀚章脸相并不似奸诈之辈,对张之洞亦客气有加,只是严肃过头,难见一笑,而其酒风和言词明白晓畅,并不拖泥带水,不觉心里怦然一动。再联想到他明知胞弟与张之洞有隙,可接掌两广后,对枪炮厂由粤迁鄂,并不加以刁难,辜鸿铭心里又是一凛,踌躇间已然拿定了主意,遂起身向李瀚章敬酒,并说:钦差大人,香帅视鄂事如家事,旦夕经营,夜睡仅五六刻,午睡三四刻。衰病日甚,心血耗尽。就连逢年过节,仍日夜操劳于签押房。香帅的为人操节,大人不是不知。依在下看来,湖北并无大碍,制台大人你——李瀚章沉下脸:如何呀?辜鸿铭直言直语:省点气力,酒后休息数天,可以向上复旨了。

李瀚章脸色陡变:本钦差肩负圣命,岂能敷衍了事!辜鸿铭微微一笑:不就是关于香帅起居无节、深夜不睡的事吗?此事根本不用查问,千真万确的,我便可做证。众人望着辜鸿铭，不知他葫芦里卖的什么药。

睽睽众目之下，辜鸿铭镇定自若，侃侃而谈：这样一来，就有两种意见，赞扬者说香帅做事通宵达旦，日理万机，鞠躬王事；诋毁者说他起居无节，号令无时。可以说仁者见仁，智者见智。但有一点是肯定的，那就是香帅并没有耽误大事。既然没有耽误大事，此等生活小节当无足为怪。

"无足为怪？"辜鸿铭这不知轻重的话，显然让李瀚章深感不满，想张之洞正因为有一套乖离世情的办公和生活方式，才引起许多物议。

辜鸿铭继续道：大凡公众人物的所有毛病和生活细节都免不了要成为公众的谈资，这点中外相同，有什么好奇怪的呢！关键是不要像某些庸俗的公众和别有用心的政客一样，习惯于做傻里傻气跟风的二百五，或不明事理的蠢货。这话说得何其尖酸刻薄，指谁呢？李瀚章心里头好一阵发毛。辜鸿铭转瞬间又挑明一件再敏感不过的大事：再者，不就是要查香帅的经济问题吗？大伙虽再次感到吃惊，却还是抑住怦怦狂跳的心，个个竖起耳朵倾听：这些年来，工厂一个接一个地在香帅手上建起来，为的是什么，还不是大清朝廷。国家的钱，让那些负责外交的卖国贼们拱手相送洋人了，能给湖北多少钱款呢？香帅虽经多方筹措，也还是移山填海似的茫茫无底。是的，我个人认为，在建厂过程中，香帅确有失误，花了冤枉钱，走了冤枉路，但他那种为国事奋斗，勤劳罔懈的精神更是有目共睹，此古之圣贤所谓"不以一眚掩大德"。香帅两袖清风，坦荡无私，制台大人想查他借办厂来中饱私囊之类的事，纵使掘地三尺，无有可证，徒费心机。在我们这些手下庸人看来，香帅完全可以不必费心建厂，而像其他明哲保身的士大夫那样当太平官，养尊处优，吟诗作赋，多轻松自在呀，我们这些做幕宾的，也不会跟着受苦，过紧日子了！

酒席停了，饭菜凉了，大伙听着辜鸿铭的滔滔论说，也许是某些话触动了张之洞的一些幕僚，眼圈一时竟有些许微红。在一旁耷拉着脑袋的张之洞，两眼沁出的泪水在发光。

李瀚章还是一脸肃然，内心里却暗自嗟叹辜鸿铭的大胆举动与犀利言辞来。对张之洞，他也不得不另眼相看。李瀚章脑子里正像车轱辘般转着，耳边又响起辜鸿铭的声音：李大人此番前来，在下有一点担心——李瀚章板起脸来：什么值得你担心？辜鸿铭回答：世人皆知大人胞弟李鸿章李中堂与我幕主向来有隙，大人不会借机为令弟公报私仇，出口恶气吧？

"放肆！"李瀚章猛地一拍桌子，震得杯盘倾地，对辜鸿铭怒目相向：好个以小人之心度君子之腹！辜鸿铭脸不改色心不跳：自钦差大人来武昌后，可说是"司马昭之心，路人皆知"。李瀚章霍地站起：辜师爷，别忘了本大人乃奉旨办差，本钦差随时可以将你拿下。

陪酒之人见状纷纷离席。张之洞依然酣睡，鼾声大作。

辜鸿铭语声平静：李大人少安毋躁，在下这里有一份账目细表，想必大人会有兴趣的。边说边拿出小册子，拍了拍：这是同治七年至光绪八年李大人任湖北督抚期间湖北盐务往来账目细表，刚刚造出一册，另有一册还在整理。

李瀚章心中一颤，接过翻开表册阅览，头冒虚汗，突然勃然色变，狠狠地将表册撕烂掷于地，厉声道：想以此要挟本座吗？

辜鸿铭道声不敢，继而说：大人未曾细览即撕毁表册，那就让我唱给大人听来。大人督鄂期间，盐厘曾多次加价。同治九年，每斤加价两文，同治十一年每斤加价四文，光绪元年每斤加价四文，至光绪八年每斤共达三十七分，是顺治二年的三十七倍！这十几年期间，共有几百万两银子被各级官员中饱私分，不知李大人可知一二？

李瀚章的脸色越来越难看，突然像泄气的皮球：你——

辜鸿铭语气一转：但是，香帅曾对在下说过，替朝廷办差殊不容易，要体谅为官之难，得饶人处且饶人。故此账目明细并未报于户部，而是留待大人自己查核。至于香帅那些事，大人若真出于公心，何须小题大做，再行细究？再者，果要追查，大人湖北旧部既要讨好于你，虽香帅无过亦要编造出些谎言来；可他们又怕开罪香帅，叫他们如何是好？而皇恩浩荡，圣上明鉴，纵有大臣诬陷忠良，或行公报私仇之事，终会水落石出。大人何其不察！

李瀚章愣了好半晌，忽而道：辜先生果然伶牙俐齿，连本钦差都给说服了，哈哈！

李瀚章在武昌玩游二日，欣然回粤，就徐致祥参劾事，复奏朝廷云："……誉之者，则曰夙夜在公，勤劳罔懈；毁之者则曰兴居不节，号令无时，既未误事，此等小节无足深论……"这些巧妙措辞，大都是辜鸿铭的话意，未料李瀚章竟移植来为张之洞辩护，真是喜煞张之洞。

此番交往，蔡锡勇对辜鸿铭深为佩服：李太白昔年以狂草击退匈奴使者，如今你以铁嘴皮功夫请回钦差大人，真可直追前人。辜鸿铭淡然一笑，道：毅若兄有所不知，其实我对东家也还有看法。也不在意蔡锡勇眼光何等惊诧，只顾说下去：为公事而熬夜，是重视工作；起居没有规律，则是不注意"恒"，即没有从长远利益考虑。重视工作而不从长远利益打算，能干成什么大事？只不过是徒劳而无功罢了！西方人治理国家，之所以卓有成效，是因为他们深深领会到《论语》里的一句话："敬事而信。"他们既重视工作，又能坚持善始善终。蔡锡勇想想，觉得竟有些道理，沉吟道：从前，宋朝的开国大臣赵普说"半部《论语》可治天下。"没想到被西方人学去了。辜鸿铭却道：依我看，半章《论语》也可以振兴中国。现在，中国官场的大小官吏果真能做到敬事而信，那么，州长县官们就不至于一年有三百天在官厅里过日子。就拿香帅来说吧，他可以说重视工作，但不善始善终；节约，却不爱惜人民。

蔡锡勇对辜鸿铭的书生之见未尽苟同，怕他再非议张之洞，便又搬出了李瀚章，道：汤生，你这铁嘴皮功夫，十个李瀚章都要被你请走。说到李瀚章，辜鸿铭忽地又想起了什么，神秘兮兮地说：我有个小小的发现，李瀚章不会笑，他这次来湖北，我自始至终未见他笑过。那天竹君讲了个笑话儿，大家都乐不可支，唯有他没笑半声。香帅也是的，李瀚章走了，连个最简单的礼物——笑都没送给我呢！

蔡锡勇听出了辜鸿铭的不平和挖苦，感到好笑，道：君子不重则不威嘛。漫不经心的一句话，没想到又引来辜鸿铭好一番议论：如此说来，皇帝也是不肯笑的。是啊，要能威吓住平民百姓，当官的就得戴上一副驴子似的假面。日久天长，真脸假面，合二为一，面部肌肉僵化，再也不会笑了。这样，人世间便多了个不会笑的品种。这点据我观察，中外咸同。咳，说来也难怪，他们为官场的钩心斗角疲于奔命，被尔虞我诈压弯了腰，怎能忍心苛求他们在大庭广众面前随便笑呢！只怕笑了，还不如驴子笑的真实自然，只能更令人难受。

六、欧洲可怕的梦魇：黄祸论

几经心血、几多金银浇灌，汉阳铁厂终于脱胎成型。在千呼万唤中，一团晶亮通红的火球从炉门涌出，铁水带着呼啸，挟着热浪冲出炉门，铸成中国近代钢铁工业的起点。

啊，四年了！张之洞凝视着出铁的一幕，那微凹的眼窝里溢满了泪水。他静静地看了一会儿，随即面北而立，昂起坚实有力的头来，以激动而喜悦的语气对身旁的梁敦彦说：立即给太后皇上发电"地球东半面，亚洲之印度、南洋、东洋诸国均无大铁厂，只我大清汉阳新创铁厂一处。托太后皇上洪福，炼铁厂出铁了。"限两个时辰内发出。梁敦彦打个千儿躬身一揖：喳！一旁的辜鸿铭忽地想起了什么，道：香帅，是不是给李鸿章李大人也发一电报？他曾说过香涛能炼出铁来，趁他牙齿尚健，欲咀嚼一两块，以尝其味。张之洞会意一笑：好，就这么着。

省城各衙门前来观看出铁的官员们，接踵向张之洞躬腰祝贺，大多是彪炳史册、光耀千秋之类的赞颂之语。

相比于汉阳铁厂，贞子的生产可就顺利多了。一日晚，辜鸿铭正在书房攻读《中庸》一书，耳边忽地传来婴儿的啼哭声。他正睁着大眼，女仆轻盈盈地过来，道个万福满脸喜色道：老爷，二夫人生了个少爷！辜鸿铭惊喜不已，跟着女仆来到了卧室。里屋已然收拾干净，贞子静躺床上，淑姑捧着婴儿满心欢喜地看着，见辜鸿铭进来，忙将婴儿递过，喜滋滋地道：辜郎，这小子白胖胖的，额头又高，大福大贵之相。辜鸿铭含笑小心翼翼地接过儿子，看了又看，亲了又亲，乐颠颠的爱不释手。贞子看在眼里，喜在心头，躺在床上声音微弱地说：老爷，你看给他取个什么名字好？名字重要，当然要取得好。辜鸿铭脑海里一闪念，想及今晚所看之书，兴奋地说：我看就叫他守庸吧，今后以固守中庸之道为训。

汉阳铁厂点火成功，烟囱凸起，矗立云霄，每天都有不同肤色的人围绕高炉谈论。或说汉阳铁厂诚为二十世纪之雄厂，或云中国的铁矿资源比英国丰富得多，预计今后可望赶超英国。一时间，外国报纸也纷纷发表评论。

夹杂着赞誉漂洋而来的是危言耸听的论调。一家德国报纸评说："汉阳铁厂崛起于中国，前途不可估量……此种之黄祸，较之强兵劲旅，尤可虑也。"更有甚者，报上还重提德皇威廉二世请人画"黄祸图"送俄国沙皇尼古拉二世一事。称"黄种人"的崛起将给欧洲带来威胁，欧洲白人应当联合起来，抵制黄种人的崛起。

这一系列奇谈怪论，直看得辜鸿铭脸色铁青，他奋力将这些报纸揉成一团，扔弃于地，气呼呼地踱了一圈步，想的却还是这些文字和图画。仔细琢磨着，突然目光一凛，竟从字里行间的图画中嗅到了一种不可告人的阴森森的杀气。

"黄祸论"很快就在上海租界最先流行开来了。其间又因从黄浦江捞上来两具死因不明的洋人尸体，欧美报界联系此事，极其武断地猜测定是中国人所为。一时间，所谓排外灭洋的"黄祸论"更是被添油加醋地无限夸大。洋人们见面少不了便要叨说一番，仿佛中国人正磨刀霍霍，随时可能来取他们的项上人头，就连欧洲大陆也悬着把达摩克利斯剑。这样的陈词滥调，爱米在上海听到不少。她信疑莫辨，回到武昌便来读易草堂找辜鸿铭讨论，爱米扬着手中的报纸道：辜先生瞧见没有，欧美各国的舆论说，欧洲大陆要奋起捍卫欧洲，使它不被庞大的黄种人侵入，此乃当今伟大任务。

辜鸿铭滋溜溜地喝下一口茶后，凑近爱米连抽吸三下，把个爱米悚得一惊。辜鸿铭却又从容坐下，道：这股火药味，正是从你们德意志人身上散发出的！你们那尊敬的威廉德皇，不知吃错了哪号药，竟致失态惊呼"黄祸来临"！被辜鸿铭这么一调侃，爱米脸上微露潮红。是啊，一个汉阳铁厂就让整个西方大为震惊，视为中国觉醒的标志，玄一点倒也罢了，竟又产生了震慑人心的"黄祸论"来。爱米虽觉蹊跷，却难解其中奥妙，嘴里不甘示弱道：既有此论，料不是空穴来风。

辜鸿铭埋头又是滋溜溜地喝茶，并不慌不忙地啐掉嘴中的茶叶，尔后清了清嗓子道：你们欧美人对于东方民族多以劣等视之，偶或见其长处，又惊呼以为黄祸。在我看来，黄种文明对于欧洲民族绝不可能形成一种威胁，危险倒在于欧洲那些吃饱了撑着的人和组织，他们竭力驱使政府以一种愚蠢蛮横的方式同黄种文明进行交往。在欧洲，尤其是在德国和英国，吃饱了撑着的人和组织之喉舌便是报刊。他们齐声要求在中国推行所谓的炮舰政策，并平静而井井有条地列出瓜分中国的计划。我不知这些欧洲人士可曾想过，一旦中国的官僚统治被破坏，四万万中国人像土耳其亚美尼亚人那样狂热造反，那么要维持这么多人的秩序与治安，将要耗费欧洲各国多大的开支。已故戈登将军说过："要记住，一个不满的民族意味着大批军队。"

爱米脑子里飞速转了一遍后，又问：中国强大起来后，真的不会对邻国发动战争吗？辜鸿铭严肃地说：这正是你们欧洲可怕的梦魇——每个人都处于对战争无休止的恐怖之中，时常担忧邻国一旦强大便要对自己动武，于是不得不先行把自己武装到牙齿，以防不测。你们西方人无事生非、草木皆兵、瞎嚷黄祸，实乃不懂中西政治精神之故。爱米眼睛一亮，显然来了兴趣：中西政治精神？这个话题很新鲜，我正想请教先生。

爱米的推崇，更进一步激起了辜鸿铭的某种表现欲，他私心膨胀，感觉自己不啻是个外交家，甚或是个政治家。心情愉快之中，语句自是滔滔不绝：中西政治表现，一为"王道"，一为"霸道"。中国政治是一种王道政治，讲究德化、崇尚和平，推重"温良恭俭让"的君子风度。在对内方面，依靠正义和道德原则维系社会，即实行"德治"。儒家的"修身齐家治国平天下"，乃经世方略，准确地反映了中国王道政治的特点。但这种"平天下"，不是武力征服世界，而是德化天下，协和万邦，其中包含着"天下一家"的博大胸怀，与西方狭隘的民族主义有天壤之别。在对外方面，我们遵循孔子制定的三条外交原则：以礼让为国，"远人不服，则修文德以来之""师出必以名"。

爱米不解地问：中国历史上，因为王朝统治腐败而产生的战争，不也很频繁吗？辜鸿铭道：我并不否认这点。但不管中国的王朝是何等的令人失望与腐败，他们的统治比之于欧洲今日的警察式统治，依然要道德得多。自孔子以来的二千五百多年间，中国没有产生诸如欧洲今日的军国主义。在中国，战争是偶然事故，而在欧洲，战争则是一种必需。这并不是说中国人不会打仗，而是不喜欢战争，更不希望战争。一句话，即便发动战争，也是纯粹出于道义感召。辜鸿铭说话的当儿，不时瞥爱米一眼，顿了顿，继续往下说：相反，你们西方实行的则是一种霸道政治，你们崇尚物质力，讲求竞争，对内行法治，对外搞侵略，一味恃强凌弱，蛮横无理，终致战争不断，混乱不堪。

辜先生——爱米想抗辩句什么，却被话兴当头的辜鸿铭打断了：我认为，西方文明是战争之源，这种战争之源就是霸道政治的核心，我称之为"武力崇拜"或"军国主义"。西方人由于缺乏一种有效的道德力量，军国主义便应运而生。军国主义导致战争，而战争便意味着毁灭与死亡。

趁辜鸿铭点烟之机，爱米插话反问道：不竞争，鸟兽虫鱼如何生存？辜鸿铭对爱米的反问似乎漫不经心，连吐三个烟圈后，才徐徐道：竞争固然是鸟兽虫鱼维持生存之法，但是人类维持生存之法绝不是竞争，而是仁让。仁让屈己，竞争是屈人。人人屈己，才能彼此相安。人人屈人，必致相仇恨；相仇恨，必致埋伏下无穷的杀机。

这边谈话持久，眼看已到下米为炊时间，隔壁的淑姑担心丈夫又要留这位骚女洋人吃饭，满心不悦，一口气憋了许久才道：这个番鬼婆——话到嘴边，方知漏了嘴，忙带歉意地看着身旁正埋头给儿子哺乳的贞子：妹子，你别介意，我不是说你。贞子抬头嫣然一笑：姐姐你道什么歉，我又不是番鬼婆，我生为辜家人，死为辜家鬼。淑姑见她这么一说，也眉开眼笑起来，上前轻轻揽过她的肩，柔声道：这就对了。

有听众，辜鸿铭的口才发挥愈出色，如天马行空，尤其是有讽刺对象在身边，他的嘲讽水平更是雄浑有力，炉火纯青。对"黄祸论"这桩强加在中国头上的剑靶，他觉得仅向爱米一人辩驳，舞台也太小了，而爱米这人也不坏，倒也同情中国处境。得让全世界的洋人，尤其是那些强奸民意、欲加之罪何患无辞的西方列强都听到自己义正词严的驳斥，让自己做中国最早的"斥黄"义士，一种崇高的使命感像开锅了的蒸气一样升腾在辜鸿铭心头。

晚饭后，辜鸿铭亲过一对宝贝儿女，早早就到书房。吸罢香烟，铺开稿纸，一时行云如水，落笔千言。也不知过了多久，忽然半途卡壳，冥思苦想不得突围。眼看好半天未着一字，搔搔头，乃回头朝内室轻唤一句：夫人快来！

深知丈夫怪癖的淑姑一听这语调异样的催呼，知道他又要干好事了，乃轻移莲步，急趋书房，温顺地坐在丈夫身边。

辜鸿铭也不多话，喘着微有不匀的气息，虔诚地捧起呈现在眼前的玉足，捏捏嗅嗅。不多时，目光一亮，脑海里豁然开朗，浑身筋血畅通无碍，急忙腾出右手握笔，竟是文思泉涌，笔下生风。

七、对手

比起那些喜欢把热脸贴在洋人冷屁股上的督抚，张之洞对洋人的态度可就过于简慢了。他散漫地坐在太师椅上，享受一番鼻烟的神奇妙用后，嘴里才蹦出些不冷不热的话来。当蔡锡勇翻译或介绍情况时，他才瞄一瞄眼前这位刻意打扮成中国人的英国著名旅行家兼中国问题专家莫理循。听说莫理循想见辜鸿铭，张之洞也巴不得借此打发他，好让他在辜鸿铭那吃点儿颜色。

第二天上午，蔡锡勇便把莫理循介绍给了辜鸿铭。莫理循对辜鸿铭恭敬如仪，说的竟是一口标准的汉语：辜先生大名远播，今日幸会！蔡锡勇仿佛不认识地盯了一眼莫理循，问：早知莫理循先生会说汉语，也就不需我来给总督做翻译了！莫理循笑道：中国俗语云，到什么山上唱什么歌，我是遇什么人讲什么话。辜先生么，语言天才，我得跟他讲他祖国的语言。

辜鸿铭一直没有吱声，盯着莫理循的中国服装，上下打量着，好半天才开口厉声问：你到底是干什么的？莫理循从衣领口扯出十字架，谦恭地回答：传教的。辜鸿铭立即不屑道：吓唬谁！对话短暂、尖锐而有力，不独两人相视而笑，连暗生闷气的蔡锡勇也笑了，心想，这陪同的差事香帅是给对辜鸿铭了。

既受命陪同莫理循，辜鸿铭总感觉他这身打扮别扭，语气淡漠地问：为何要这样装扮？莫理循自鸣得意地回答：外国旅行者只要愿意把他的自豪与骄傲揣进口袋，背上拖条发辫，他在中国旅行的费用，就可大大节省。这种方式，我感觉再舒服不过。辜鸿铭不动声色道：我看你是怕被认出夷人身份吧，说来也真是的，你们外国人无论抱何种目的来华，通常都被看作是"野蛮人"。即使在中国的官方文件中，也一直习惯于用"夷人"而不用"外国人"来指称你们。

莫理循苦笑了笑：辜先生不会不知吧，现在贵国官方已不允许使用"夷人"来称呼外国人。

"是呀，到了1860年，由于某条约的特别条款规定，才开始停止使用'夷人'这个称谓了。"辜鸿铭也不多理睬莫理循，径直朝前走去，一边走还一边喋喋不休道：我说过中国不需要传教士，我个人对传教士印象也不太好，你居然找上门来了。

两人走走看看，不觉累了，便择个小茶馆歇脚。润了润舌喉，莫理循从包里抽出一沓照片，请辜鸿铭观赏。却是一朵朵钟状的花朵，在山地或菜地之间成片怒放，风情万种。

"好漂亮的花！"辜鸿铭轻叹一声。

"中国有句古话，若得花下死，做鬼也风流。这美艳绝伦的东西，与其称为花，还不如叫美女蛇、吸血鬼呢。它那轻柔的唇吻，摄取了多少追随者的灵魂。中国这种美丽的景色随处可见，隐藏其中的却是贫穷、灾难和死亡……"莫理循的话一股冷嘲热讽的味道。

罂粟花！辜鸿铭的心重重地被触动了一下，他为自己刚才毫无设防的赞美而羞恼，怎么就没想到这是罂粟花！

"……据我所知，中国有近一半的男性，近一成的女性与鸦片烟为友。"莫理循还在喋喋地说。

是的，许多中国人，上至王公大臣，下至平民百姓，都没能战胜烟枪的诱惑，由此而渐渐滑向懒散、痛苦、堕落、死亡的深渊，但这正是西方列强丧心病狂的"杰作"，却还来看中国人的笑话，辜鸿铭的愤怒又上来了：许多中国人被迫吸食鸦片时，还一手指着天说——苍天在上、苍天在上！你知道这表达的是什么意思吗？这是说，你们西方可以把鸦片带给我们，你们可以把鸦片强加在我们的头上，我们眼下也许无力抵抗你们这一逼良为娼的行动，但是上天会惩罚你们的。

辜鸿铭的话让莫理循微微一愣，随后反驳道：辜先生对中国人手势的解释确实富有创见性，但作为一个在华旅行多年的人来说，很难相信中国人会发自内心地谴责鸦片和鸦片贸易。在一些国家，言语代表事实和行动，在中国却不是这样。

好个伶牙俐齿的莫理循，好个对手！在莫理循说话的当儿，辜鸿铭的眼睛一直没有离开过他。

莫理循继续自己的高谈：我在中国旅行多时，每当盛季，到处可见盛开的罂粟花，构成了当地最为动人的图画。因为对鸦片的需求量以惊人的速度增长，中国人所创造的财富大部分都转化成了浓浓的烟雾。有的地方，人们商定婚姻嫁娶，最要了解的便是这个家庭中有几杆鸦片烟枪。鸦片烟枪的多少成为衡量一个家庭经济状况好坏的标准。现在，罂粟的种植面积还在大幅度地增加。我在此还要指出的是，中国目前所消费的鸦片，国产货占了六七成。据调查，在中国十八个省中，只有江苏、浙江、福建和广东四省吸食印度鸦片。这就是说，中国各地种植的鸦片将进口鸦片赶出了长江流域的市场，除了微不足道的一点外，印度鸦片甚至未能溯长江而上到汉口。

"在你们的炮舰没有野蛮闯入前，我国政府一直不容许种植罂粟。鸦片战争之后，与其让国人耗尽钱财购买印度产的麻醉剂，不如让国人在自己的土地上自产自销，于是帝国一度解除了禁止种植罂粟的命令……"辜鸿铭话到这里，感觉不妥，急急在舌尖打住，又道：但很快，帝国又颁布法令禁止种植鸦片，张之洞总督当初在山西巡抚任上，就曾大张旗鼓地废除罂粟这肿瘤的种植。

莫理循阴阴地笑了：尽管皇帝屡次诏令并颁布法令禁止种植鸦片，然而，罂粟肯定还在中国的许多地方秘密种植。虽然辜鸿铭的话语难得地出现了漏洞，但莫理循似乎没能很好地抓住，作为讥讽和反击的把柄，而是照旧搬出自己的明证：在中国的大部分地区，尤其是那些群山阻隔、商业落后的内陆省份，鸦片种植更是蔚然成风。对这里的农民来说，鸦片是他们唯一可以销往发达的商业地区的产品。这种情况与美国历史上的某些情况相似。辜先生应该知道，在华盛顿时代，人们对威士忌的需求，为阿利根泥河两岸的居民向沿海低洼地区销售多余的玉米提供了唯一的机会。我以为，中国政府因颁布禁种鸦片法令而引起的农民反抗，正如同一百年前宾夕法尼亚的农民因反抗联邦政府征收酒税所引发的"威士忌叛乱"。

这确实是中国的内情，与美国的情况也确有可比性，莫理循知道得何其透彻，辜鸿铭一时竟找不出话语来批驳。他气恼地把桌上照片猛地一扫，离座而去。

莫理循傻愣半刻，急忙心疼地蹲下收拾照片。再抬头看辜鸿铭时，已不见了踪影，赶紧付了茶钱，撒开大步追寻过去。

第二天，莫理循欲行参观铁厂，任凭蔡锡勇怎么劝说，辜鸿铭就是拒绝作陪。"辜疯子"的脾性，总算让莫理循领教了。

正如"狗改不了吃屎"的本性，对于汉阳铁厂总监工、英国一级匠师贺伯生来说，来自中国这个贫弱国家的任何约定都是废纸、废话，因此，他的再度犯事实属平常！当辜鸿铭代表张之洞向他宣布解聘决定时，贺伯生瞪大眼睛：Why,Why（为什么）？一个激灵，他嘴里咀嚼着的口香糖"噗"地吐了出来。

维礼和贺伯生等先后被驱走，在洋匠师中引发了一场七级地震。好一段时间里，大家都循规守矩，一个个卖力地出售自己的技术。这种流于表面的情况很是让张之洞兴奋，望着远处大别山下林立的烟囱，仗着上好心情，一脸喜色地问辜鸿铭：汤生，你尽可说实话，本部堂在湖北洋务如何？辜鸿铭睁大眼睛问张之洞：能容我说话？张之洞点点头。辜鸿铭又问：想听真话？张之洞脸上的表情眼看着又没了，辜鸿铭忙说开来：依愚之见，香帅在湖北主办洋务，无非是传统的皇家作坊的新式工厂而已。其主持者，似毅若兄这样的人才打着灯笼难再找一二。他们只知辞藻华美，不懂西方工业居然竟是资本家和具有专门知识的经理人才管理。何况我天朝自古耻为商人，有无奸不商之说。可这些主持洋务者不仅不懂洋务，而且随意指手画脚，仿佛衙门中的官僚，动辄以政令为务，主观臆断成风，奸诈不法，比商人犹有过之。他们头脑中尽是升官迁职，发财美梦，裙带之风盛行，贪污贿赂、排场挥霍竞相攀比。每一出差，委员必十位八位，爵秩相等，并驾齐驱，以致互相观望，全望香帅一人裁决。

辜鸿铭不说则罢，一开口便如江河决堤，洋洋洒洒。张之洞一扫刚才难得的好心情，脸上阴云密布，冷冷地说：前些天你去铁厂，还真有收获呀！蔡锡勇瞅见张之洞面露不悦神色，忙道：汤生兄言重了！辜鸿铭浑然不顾，只管一吐胸中块垒：最大的难题还是派了大批无用的人到工厂做监督。他们无所事事，为一点私利开除熟练工人，雇佣生手，只会拿着竹片殴打工人，比之于西方工业的理财之道有如天渊之别。他们拿着公家的俸禄，背地里还经营私家的古董铺、酒楼、茶肆、旅馆。咳，这些可都是些急功近利、捞到钱财的行当，于社会之好处可以说少之又少，只是走到金钱面前的终南捷径而已。张之洞的脸阴冷得好像都要挂不住的冰霜碴儿，不待辜鸿铭说完，便拂袖下楼。乘兴而游，完全被辜鸿铭换上了另一种感受，何等扫兴！

让张之洞更气恼的倒不是辜鸿铭带刺含毒的话，而是一系列接踵而至的难题。

铁矿、煤矿的开采，各种设备的购置，配套设施的兴建，中外匠师工人的雇募，每日的流通资金……从厂、矿、路、运各部门汇集成汹涌澎湃的洪水，每天都呼喊着向总督衙门滚滚而来。

下面各部门的呼求请款不绝于耳，而朝廷百呼不诺。张之洞焦灼万端，偏在这时，又有人参张之洞辜恩负职——"自移督湖广来，议办炼，并开煤各矿，乞留巨款，轻信人言，浪掷正供。又复多方搜索，设电杆，毁通桥，几酿巨祸……"张之洞几遭不顺，嗅到了周围政治空气过浓过重，充满硝烟味，便试图做些调和改善。朝廷既为文华殿大学士、直隶总督兼北洋通商事务大臣李鸿章七十赐寿，自己何不借机作篇寿文，献给这位掌管大清国外交、军事、经济大权的重臣。将心比心，人家也不至于再行苛刻以待。

在李鸿章七十赐寿收到的寿文中，张之洞这篇成了压卷之作。琉璃厂书肆还将这篇寿文以单行本付刻发售，一时洛阳纸贵。

张之洞对李鸿章的肉麻吹捧，直令辜鸿铭倒胃口，对这种变节行为自是牢骚满腹：香帅对李鸿章的这种人际关系处理，包含深刻的自保意识。听说这篇寿文是张之洞动笔一挥而就的，辜鸿铭摇了摇头，道：谁知道呢，也许他早已作好，记之烂熟，却反在众人面前卖乖现功夫。自古以来，作寿文弄虚作假并不少见，这也算得上是官员们使用权术的一种手法。

为了这篇寿文，张之洞三天三夜殚思竭虑、鲜有交睫，不意被辜鸿铭当众道破，只感身上那块遮羞布被无形给扯开了，脸红而愠怒，斥责辜鸿铭"妄加猜测，以己度人"。

辜鸿铭欲行争辩，却被赵凤昌等人强行拉去叉麻雀了。对这一流行的赌博活儿，辜鸿铭情有独钟，手法却不高明，几乎每战必败，这一次自然也没有例外。又一圈完毕，辜鸿铭摸摸口袋，怅然道：哈，上午恼了香帅，中午又恼了财神，让我孔夫子搬家——尽是输！再玩下去，老婆都要输出去了，这可要了我的命！赵凤昌笑着拉过辜鸿铭的手，道：下午我陪你去铁厂领钱，领了好还我！

汉阳铁厂外围，古董铺、酒楼、茶肆、旅馆、车行像烟囱般林立，各色人等混杂其中。一差人指点着这些外围景观，轻声对辜鸿铭、赵凤昌道：这古董铺是吴大人的，这酒楼是蔡大人的，这茶肆是刘大人的。赵凤昌吃惊地：当真？差人拱拱手：老爷可不能说是小人所言。辜鸿铭朝赵凤昌努努嘴：竹君兄，也不赏人家这个。赵凤昌手指辜鸿铭，哈哈一笑，从衣袋里摸出几个铜角子，赏给了差人。差人道声"老爷公侯万代"，欢天喜地而去。

辜鸿铭又扫视了一下这些多出的产业，愀然道：这些官吏所作所为，简直是现身说法，自为写照。设古董铺的，则皆陈旧之物，徒供陈列，无济于实用；设酒楼的，则一生饕餮，唯知食粟，可谓饱食终日无所用心；设茶肆的，则呼朋引类，竟日座谈，与朝鲜人烟茶消遣相似，亡国亡民之兆也！赵凤昌亦心有感触：汤生兄所言，不无道理！岂料经商官吏已多如牛毛！辜鸿铭似乎要将一腔位卑未敢忘忧国的情怀尽皆释放出来：咸丰同治以来，卖官盛行。稍有资产或能举贷的祖孙父子兄弟，无不以捐官为捷径，借此求温饱甚至致富，一省候补道多达数百人。整日无事，到处游逛，妄自尊大，堪称高等游民，盗（道）如牛毛，天下要被他们吃平了！说话间，蔡锡勇远远过来，大声问：汤生又在发表什么高论？辜鸿铭定定地看着蔡锡勇，毫无顾忌地说：铁政总办大人，我在说铁厂哩！蔡锡勇笑道：哦，汤生以为铁厂如何？洋人都说气壮如牛呢！

辜鸿铭语气淡得像数煮数凉的白开水：这件事情，说白了不过徒有其表、不得精髓。香帅办铁厂，单知道效法西洋，只知其当然，不知其所以然，不过依葫芦画瓢而已，或叫照猫画虎。

"怎说铁厂是依葫芦画瓢？"赵凤昌不得其解。

辜鸿铭便讲起了个故事：乾隆年间，我国海禁既开，洋人纷至沓来。某洋人居住久了，衣服也破了。他找到一个中国裁缝，问能不能做西服。裁缝答：只要有样式，就可以做。于是，那洋人就出示其旧西服。几天后，新西服做好了，那洋人见剪裁缝制没有差错，只是有一样不好……

辜鸿铭话到这里，有意顿住。蔡锡勇、赵凤昌急急地齐声问：哪样不好？

辜鸿铭道：那洋人把西服拿来一看，果然不错，长短大小全都一样，丝毫不差。可是，翻到后面，突然发现剪去了一块儿，又补了一块儿补丁。洋人惊问是怎么回事，裁缝指着他那套旧西服理直气壮地说：先生，我可是完全照你的样式做的。

赵凤昌、蔡锡勇听毕，想笑却都没有笑，不发一语，陷入沉思中。

辜鸿铭正在兴头上，一张嘴哪能轻易闲下来：不仅香帅如此，现在中国锐意图新，事事效法西人，如制衣匠般一味模仿，不求创新。工厂之中，赫然一小衙门，所兴亦为衙门作风，令人不知工厂与衙门有何区别。办厂之人只想当然地跟着别人学，而不去探求那样做的原因，这同那依葫芦画瓢的裁缝有什么两样呢？他甚至还拿曾国藩"古人有得名望如予者,未有如予之陋"的话对张之洞加以讽刺。

昔日清流健将张之洞总以为自己讨厌奉承,可自从辜鸿铭入幕,才感到更喜欢听好话,不厌其多。此前,他与同僚议事,同僚们总是异口同音、异口同词,和谐得很。辜鸿铭一来,幕府就不得安宁,整天都是他的异议、异见,难得平静。这么大一个总督府,总得有些异样的人,时不时给你挑点刺。张之洞不是不懂这个道理,他甚至还私下里对赵凤昌说过,这幕府要是少了一个辜汤生,还真是死气沉沉。想早年他也是一个异端者,朝廷内外,评议时政,上疏言事,弹劾权臣,指斥弊政,不惜以死直言,就是现在,也还是异端者,清流派健将大办洋务,岂不异哉!异有什么不好?异花奇卉,异彩纷呈,异想天开,异趣盎然……不如此,何以异苔同岑、异途同归!可是,真要轮到自己去容纳一个异端又是谈何容易?!

辜鸿铭不分场合的挑刺儿和不留情分的挖苦,终于让张之洞忍无可忍了。这天,当着几位幕僚的面,张之洞发起了威,指着辜鸿铭道:汤生,你终日喜言人过,须知要伤天地之和。辜鸿铭寸步不让:香帅,你终日不闻己过,须知当绝圣贤之路。对仗完整,犹如石碓碰到石碾上,青烟直冒、火星四溅!张之洞满脸阴云:你就这样作幕的?辜鸿铭道:不媚东君,不倚官势,不想昧心钱,不做亏心事,心尽于事,必竭所能,办理幕务,勤而不惰;汤生不才,却以这些为作幕之德。张之洞当着众幕僚面下不得台阶,一脸怒色,拂袖而去。

辜鸿铭也不知怎么出得总督府的,回到读易草堂,七手八脚把铺盖整了,坐在上面,气哼哼像背诵口诀似的道:不媚东君,不倚官势,不想昧心钱,不做亏心事……淑姑携贞子过来问:官人在念什么经文?辜鸿铭头也不抬地答:这些都是作幕之德。香帅何时不高兴,我便何时卷席而去!见她们问得真切,当下把事情原委说了一遍,再三昭示自己乃精神独立之人,对张之洞绝无人身依赖,合则聚,不合则分。

原来是这等事,淑姑叹了一口气,道:谁不喜欢听好话、软话?明知是假的,但听着舒服,这就叫千穿万穿马屁不穿。你却舍不得半句使他人舒坦,何苦来着?贞子也接上一句:送别人一些好话,既谈不上出力,也用不着破费,仅仅是动动嘴皮子而已,承认一下现实,有何不可呢?或者干脆闭口,好话、坏话全咽在肚里。母亲告诉我:谨守口舌的,可以保护自己免受灾害。辜鸿铭见两人一唱一和,也不想让她们伤心担忧,当下就闭目思过了。

未几,辜鸿铭被张之洞打发去新式学校自强学堂当教习。来到武昌三佛阁大朝街口，辜鸿铭向兼任自强学堂监督的梁鼎芬报到。梁鼎芬笑脸相迎：既然香帅让汤生兄来自强学堂兼任中英文教习，甚好、甚好，不过，学堂可不比总督府……话还未了，辜鸿铭一瞪眼：怎么，梁胖子在我面前也打官腔了？梁鼎芬忙说：哪里、哪里！并上前拍拍辜鸿铭的肩，道：汤生，我近日要外出一个时期，书院事务概由学堂提调钱恂主持，钱提调脾气不太好，请尽量礼让他。辜鸿铭像鼻子伤风般地"哼"了一声，算是回答。

　　一天课后，辜鸿铭走出教室，忽见门口站着笑吟吟的爱米，她也是学堂新聘的教师，专授德文。学生们从他们身边经过，一个个恭敬地打着招呼。辜鸿铭笑谓爱米：别小看了他们！每个学生的小书包里都可能装着总督巡抚的权力，时候一到，便成了一省或数省的统治者，管理百千万的民众。怎么，你怀疑他们的这种能力？

　　爱米咻咻一笑：中国的读书人为什么就想着当官呢？其余的发展道路不也对人都敞开吗？可以经商挣钱，也可以购置房产和田地，来以自己的富有闻名呀！听得辜鸿铭大摇其头：照你那样做，他再怎么富有也不过一个商人。一个受过儒家经典教育的人，虽然可能出身贫寒，才能平庸，但面对众人的评头论足，他却可以比腰缠万贯的商人多显出几分自负。爱米对这种所谓的自负似乎显得极不理解，道：从西方观点看，中国读书人的知识贫乏得可笑。他们获取秀才、举人、进士甚至状元，所需的全部知识就是对儒家经典深刻而透彻的理解。对于欧洲青年必学的数学、天文学、几何学、物理学、地质学等，他们大都闻所未闻。

　　辜鸿铭正想辩白什么，远远地过来一讲习，向着辜鸿铭唱喏：汤生兄，送上来的洋妞，艳福不浅哪！辜鸿铭啐了他一口，回头对爱米说：我不和你纠缠了。爱米嘻嘻一笑：我还盼望你请吃饭呢！瞧我给你带来了什么东西？边说边从坤包里取出一张图纸。辜鸿铭抢过展开一看，脸色顿变。

　　是晚，张之洞正在灯下批阅公文，外头传来争吵声。一个说，辜师爷，今晚大帅不会客。另一个道，我有要事相报，你休得拦我！张之洞皱皱眉，不悦地说：汤生，你来何事？话音未落，辜鸿铭已经掀帘进室，大声道：香帅，据种种新闻分析表明，日本随时要向我国发动一场以国运相赌的战争，真是小蛇吞象！张之洞仿佛不认识似的看着辜鸿铭。辜鸿铭递过一张图纸：我有幸从洋人那获知日本拟定的《征讨清国策》……张之洞看了看图纸，沉吟道：此等军机大事，非你可随意讨论、猜测的。热脸贴在冷屁股上，辜鸿铭悻悻不乐：我每次论事，香帅都不得听,却是为何?说罢,也不待张之洞发话,径自"噔噔噔"一阵风似的出了门。张之洞怔怔地看着这狂生远去。

第二天到得学堂,一位中德文教习不知是为了找爱米练口才,还是为了和这位颇有几分姿色和野性的洋妞套近乎去沾沾洋荤,总之,在大榕树下纠缠了她好久。谁也搞不懂他是过于紧张还是德语词句有限,一说三停顿,找字眼儿一时又找不到,说了又改正,改正了又说,后来索性住口,打手势来帮忙。爱米听了半天不知所云,她说的话对方也是一知半解,神情正难受,眼见辜鸿铭过来,像看到救星似的亲亲热热地喊住了他。辜鸿铭就礼貌地停下,顺着她的话运用自如地谈了些什么。中德文教习被冷落,脸上立时呈现出像那些大宴会上没人敷衍的来宾或者喜酒筵上过时未嫁的少女所常有的神情。两个中国人跟一个德国人说德文,爱米少不了要用眼睛瞟一瞟那位教习,那眼神似乎是说:这才叫说话,你懂吗?这一刻,中德文教习的自尊心像泄尽气的橡皮车胎,前所未有地心怀屈辱。嫉羡之中有敌意,阴沉的脸上刻着徒然的愤怒和复仇的渴望,好像德文成了脸面攸关的大事。他咬着细碎的牙齿,用自己平生最擅长的中国话对辜鸿铭道:洋文说得那么字正腔圆,还不成了假洋鬼子,算哪棵葱!他鼻孔一哼转身就走,仿佛保住了自己德文蹩脚的面子。

辜鸿铭很快就在学堂里有麻烦了。不仅在于他"泡洋妞"(其实是爱米老来找他),还在于他各种洋文说得够"邪门"。他教的是英文,法文、德文和俄文在他嘴里竟也不打磕绊,让教方言斋的教习们脸面大失、权威打折。其他三斋的教习也少不了冷嘲冷讽一番:汤生兄满口洋文,对我们这些不识洋文的人是种残酷!辜鸿铭也就回敬过去:洋文确实不是个好东西,有股邪气,搅得兄弟阋墙!

学堂提调钱恂对辜鸿铭有一股无名火气,一日又在办公室外听见辜鸿铭和中洋文教习汪康年议论:他们拿钱提调来吓唬我,那是没用的!钱提调嘛,帮忙管管学堂事务尚可,可他却自命醇儒,我看不见得,他呀,连做文章都不通。汪康年问:如何见得?辜鸿铭道:他作文中的不少用词我看就不通。比如说"改良"吧。汪康年道:"改良"这词现在不是用得普遍吗?辜鸿铭哧地一笑:用得普遍就正确吗?你既然已经是"良"了,还改什么,你要改"良"为"娼"吗?

钱恂终于把辜鸿铭请到办公室,脸色冷峻地道:辜鸿铭,你既不通教学之法,又不服从我的指令,到底来做什么?辜鸿铭大大方方地说:教学之法,举一反三,触类旁通,我焉要你来教导。倒是你,沽名钓誉,好为人师!钱提调顿时面红耳赤,半响才恨恨地：辜鸿铭，要不是看在香帅面上，我——辜鸿铭冷冷一笑：就凭你，恐怕还无法把我逐出学堂吧！不过，我可不想让你犯胃痛，我自己走人！说毕就转身出门，故意把脚步弄得很响。

三天没有到学堂，三天窝在房里足不出户，辜鸿铭感觉整个身心都浸泡在苦水里。归国多时，虽有欢乐时分，梦却缥缈无着。洋人把自己做中国人对待，而在这里，中国人却说自己是个洋鬼子，最好听的也还是"半唐番"。自己怀才而未能跻身官场，做个名幕也罢。可张之洞却刚愎自用，因与其意见不合则把自己打入学堂冷宫；这姓钱的又欺人太甚，想让我做他的奴才，见鬼去吧你！怨恨糅杂着怒气，失意混合着失望，像冷风一样侵入辜鸿铭的五脏六腑。此地不留爷，自有留爷处，那就赶快离开吧。念头一出，辜鸿铭又猛地一颤，其实张之洞也还有可圈可点处，梁鼎芬、梁敦彦不是说过嘛，天底下有此精忠皇上、雄心报国的大臣诚不多见。离开张之洞，自己到哪再找舞台？找不到舞台，报国之志不是落花流水了吗？也许是自己哪根脑筋出了问题，才讨人嫌，那就回去讲和吧！讲和？不不！辜鸿铭感到自己犹如隆冬早晨起床的人，好不容易用最大的努力跳出被窝，只有耐着冷穿衣下床，断无缩回之理。

几日后，钱恂面见张之洞，大说了一通对辜鸿铭的不佳印象，说他如何如何絮絮叨叨，如何如何骂人骂世，简直像个老太婆，真该叫他辜老太了。张之洞手把鼻烟壶，沉吟不语，半响才问一句：汤生果真不适合当讲习？钱恂肯定道：其人英文果佳，然太不知中国文，太不知中国理，又太不知教学法。他一个外国文人而已，有什么大用呢！末了，钱恂又说：辜鸿铭不受管束，不告于香帅，不告于我，而做沪游，大约别有所图。

张之洞微微一声叹息，闭眼养神，再没说什么。

第六章

旁观不袖手

一、洋泾浜英语

上海黄浦滩头耸立着英国总领事馆，领事馆南边，一个哑巴面西背东而立，饮尽长风，周围聚着不少人，对着他指指戳戳。说他哑巴，因为他根本没有生气，一天到晚都是阴着脸，因为他的整个身心都是铜铸的。虽然大多数上海人并不知道他是谁，而直呼其为铜人像，他还是有名姓的——英国前驻华公使巴夏礼。1893年建起的这座铜人像，也许是古老中华的第一尊。黄浦滩边的那一码头，就叫铜人码头。

辜鸿铭和贞子却不是在铜人码头上的岸。铜人码头是专门接送海员以及解决洋人过江的专用码头，辜鸿铭不是洋人，贞子嫁给他之后也不再是洋人，他们压根儿没想过在此上岸。

坐着马车穿行于租界，贞子看到花花绿绿的天地，心想，租界怎么就那么热闹繁华呢，就问起上海租界的来由。辜鸿铭幽愤道：还不是那场鸦片战争！因为鸦片战争，便有了英租界，因为有了英租界，便有了法租界、美租界、德租界，番鬼佬的租界就这样红毛毯似的越摊越大！辜鸿铭说话时，鼻腔里冒着一股怒气和怨气，他想，把好端端的主权割让给了外人，这是件多么痛心的事啊！从此后，上海滩原先平衡和谐的一切，都因西方精神对东方精神的粗暴干涉而打破。

让人痛心的，还在于许多孔孟之徒成了西方文明的猎物和俘虏。幕僚袁就是其中之一。在租界的一家上好旅馆里，一身西装革履的幕僚袁正点头哈腰地对洋行经理查理、副经理伍尔兹道：请两位洋大人放心，那批货半个月之内保证脱销。

查理颇有绅士风度地徐徐吐出一口烟雾，嘴角的肌肉轻松地动了一下，用英语对伍尔兹说：你雇佣的这个中国人还算有点能力。得知此人以前是两广总督张之洞的幕僚，查理回应道：呃，怪不得他在中国官场上能左右逢源，熟识那么多的抚台藩臬道，此人于我们大大有用。

幕僚袁送查理、伍尔兹下得楼梯口，忽然眼睛一亮，从嘴上拿下刚才洋人相送的雪茄，连他都怀疑自己竟能那么亲热地道声：哈罗，汤生兄！正携贞子上楼的辜鸿铭抬头，见是多时不见的幕僚袁，愣了愣，道：袁兄怎地在此？幕僚袁笑道：哈，兄弟租住这里多时了，汤生兄别来无恙？辜鸿铭前后左右地瞧了瞧幕僚袁那一身洋打扮，道：士别三日，刮目相看，袁兄在哪发迹啊？幕僚袁指了指一旁用英语交谈的查理、伍尔兹，道：喏，帮洋大人Work（做事）。这时不时冒出的几个英语单词听得辜鸿铭浑身直起鸡皮疙瘩，像不认识似的打量了幕僚袁一番，才道：你几时沦为洋奴、洋买办了？以前还诬说我是假洋鬼子，今天我才见到了真正的假洋鬼子！也不顾幕僚袁的尴尬相，自行拍拍脑袋，扮恍然大悟状：怪不得会发迹呢！幕僚袁讪笑：久时不见，汤生兄还是那性格！

查理、伍尔兹在回头那刻，眼光同时注意到了辜鸿铭，怔了怔，两人交换一下眼色，不约而同地走上前。幕僚袁见状，急忙介绍道：查理先生，这位是……查理却道：辜先生，我早就认识！上前握着辜鸿铭的手，端详一番后惊讶道：多时不见，辜先生怎么留起了长辫子？幕僚袁又要向伍尔兹介绍，伍尔兹也道：我认识辜先生！幕僚袁干笑了笑。

十年前的那次船上交锋，给查理的收获，一是领教了辜鸿铭的讽刺，二是学会了附庸风雅，回国后挑肥拣瘦，找了个前驻华使官的千金、文学女青年结婚。

这次邂逅，查理不知是认定辜鸿铭身上有商业价值，还是为了推销一下自己那色艺双绝的夫人，专门为辜鸿铭举行了欢迎宴会。于是，高鼻子蓝眼睛的男男女女，穿着近代欧洲服饰——男人着燕尾服，妇女着晚礼服，和中国旧式的服饰直接会面了。在一群欧洲人中间，衣着朴素头上扎根辫子的辜鸿铭可真是鹤立鸡群。

向来并不大方的查理怎会专此为一个其貌不扬的中国人破费？直教一位女洋客纳闷。从丈夫那里得知这位中国人是位公开为中国辩护的名士。女洋客咦了一声，抬头凝视片刻，忽然想起了什么，说：怪不得面熟，十年前我去厦门疗养时在船上见过他呢，怎么留起了长辫子？

查理夫人果然年轻漂亮，一身素淡却略嫌暴露的晚礼服套在她那不盈一握的纤纤腰肢上，显出高雅而奔放的气质来。她的谈吐也不俗，汉语出口后也还能使人知其所云。只不过，她和红鼻子的投机商查理靠在一块儿，不知为什么就给人一种鲜花插牛粪的感觉。辜鸿铭当然知道在这种场合的礼貌，没有直通通地把内心想法表露出来，只是向着查理夫人笑一笑：其实，我觉得叫你真理夫人更恰切。查理夫人就奇怪地问缘由，辜鸿铭道：因为真理是赤裸裸的呀！查理夫人听出了辜鸿铭的话中话，却不恼，轻睁蓝雾一般迷蒙的眼睛，道：可是，我并没有赤裸呀！辜鸿铭也跟着笑了：那就叫半真理夫人。查理夫人咪咪一笑，大家也跟着笑了，气氛一下子就活跃起来。

　　查理夫人仿佛知道辜鸿铭内心关于鲜花插牛粪的想法，因为她很快就单刀直入逼问辜鸿铭了：辜先生，我十分高兴能和你及如夫人共餐。请允许我知道一个真相，你在纳妾时，就不感到道德的压力？说罢眼中那一对宝石般的珠子飞快地瞄了一旁的贞子，却拿余光来瞥辜鸿铭，轻描淡写地说：当然，如有不便，先生可拒绝回答。查理夫人的英语说得动听，语言表述也甚为婉转得体。辜鸿铭淡淡一笑：为什么要做懦夫呢！咳，如果不提纳妾，妇女问题好像便会索然无味。在我们中国像吃饭睡觉一样正常的纳妾问题，却被你们西洋人炒成了时髦话头。其实，纳妾的中国人，比那些备有小车摩托，从马路上拾回一个无依无靠的妇人消遣一夜后，次日凌晨又将其抛回马路的欧洲人，要无私和道德得多。一旁的伍尔兹夫人就咪咪地笑了起来，心想，这正是欧洲的生活方式。好长一段时间她才抑住笑，把还沾有泪点的粉腮朝向辜鸿铭，闪动着她那深褐色的眼睛道：辜先生，你就不怕你的中国娇妻和东洋妾妒火中烧，烧到你头上？到那时，妻妾成天打架吵嘴，把个好端端的家庭搅得一塌糊涂，这又何苦呢？伍尔兹觉得夫人的问题极为尖锐，赶紧附和一声：我们西方人实在难以想象，一个男人怎么能同时应付几个女人？辜鸿铭将马蹄袖往上一捋，从他们夫妻手里拿过汤匙在自家碗里搅拌起来：哪有一只碗里放了几把调羹还有不冲撞的道理？不过，真正的中国士人那种老练圆熟，完美得体的风度，使得他们驭女有方，游刃有余。二千多年前，中国的大圣人孔子就曾说："君子之道，造端乎夫妇！"在你们一千个欧洲男人中，有谁能在同一间房里保持与一个以上的妇人同住，而不把房子变成斗鸡场或地狱？洋人们爆发出一阵遏止不住的哄笑声，笑声中有人戏谑道：辜先生，能否介绍介绍驾驭两位夫人的绝招？辜鸿铭脸上浮现出得意的神情，道：这是我个人的秘方，不可外传，何况你们也用不着这些宝贵的经验呀！难道也想引进我们的纳妾制不成？众洋人又大笑起来，几位夫人都快笑成泪海了。

贞子不知辜鸿铭和西洋人在讲什么，她规规矩矩并略带犯傻地坐着，也没多少心思来辨听从他们嘴里飞快蹦出的英语词句，只是一个劲地盼望宴会快些结束。像大多数日本人一样，她在接触西欧文明时，常常会莫名地感到自卑。在她眼里，西洋人（包括女人）是那样高大健壮、快活开朗。他们大声地说话，旁若无人地亲吻拥抱，大杯大杯地喝着烈酒，每个人都有着惊人的食欲，大口大口地把厚厚的滴血的铁扒牛排和烧鸡，还有那些不知名的食物一扫而光。她感到，与语言不通的西洋人尤其是衣着暴露的洋女人待在一块儿，简直没有自己的插足之地。这种痛苦，像气球一样在慢慢地膨胀，折磨着她的心。

宴会终于散了，贞子却没能立即回旅馆，和辜鸿铭被查理夫妇、伍尔兹夫妇请上了一辆双马四轮车。这车的篷子是皮做的，所以叫皮敞篷，其设计和装扮豪华奢侈，极富欧陆风情。皮敞篷在租界一处大门口缓缓停下。门口，各色人等摩肩接踵，像是看什么热闹。其中华人，不管是公子哥儿，还是负贩者流，根本不能进场，只能在场外瞧瞧。辜鸿铭甚觉诧异，问：你们要把我带到哪里去呀？查理便笑告这里是赛马场。

洋人发洋财，踏在华人头上寻快乐，有英国绅士处，就有跑马场，这似乎已成了一种标记。洋人赛马，华人看热闹，可辜鸿铭却是连热闹也不凑的，于是把头摇得像拨浪鼓。查理建议去赌场，辜鸿铭又是摇头：你们洋人从我中国掠夺了多少财产，还想打我的主意，没门！查理朝夫人一瞥眼，做了个扫兴的动作。

皮敞篷改道而行，漫无目的地闲逛。所经之处，但见旧城和新城的每条街巷，无论大小，无论位于中心还是僻处一隅，莫不拥挤着人。百十人扎成一堆看热闹，围住一个算命先生，或是一位耍杂技的，或是某个唱曲的艺人、某个善讲滑稽故事的说书人，乃至某个吹嘘自己的药方灵验的江湖郎中。马、骡、驴、骆驼、马车、手推车、轿子的数量也多得惊人，就差没使交通堵塞。查理夫人冷不防冒出一句：辜先生喜欢上海吗？辜鸿铭懒洋洋道：上海多的是你们洋人和租界，咳，在我眼里，它就像个没有精神的躯壳，要说吸引力，北京才有。听他这么一说，查理就万分地不解了，问：为什么？辜鸿铭悠悠地吐出一句：北京有皇帝呀！

看到上海的热闹还是深深吸引住了贞子，辜鸿铭倒也没把她关在孤单的旅馆，一到认为合适的气候，便让她像候鸟一样活动。这天，他们不知不觉就到了洋泾浜。洋泾浜乃黄浦江支流，自列强在上海开辟租界后，这条横贯东西的沟渠就逐渐成了英法租界的分界线。沿浜两岸，北属英租界称淞江路，南属法租界被嘲讽为孔子路。半个世纪以来，西方商人、外交官和传教士纷至沓来。略通外语自告奋勇地为西人充当业余翻译的人，以及华商、通事、跑街，经常在洋泾浜两侧与洋人接洽生意，买卖货物。专做水客生意的咸水妹也趋之若鹜来此安营扎寨。他们使用半生不熟的英语与洋人沟通，夹杂着沪语、法语、葡萄牙语、西班牙语、粤语等，附加各种手势比画来表情达意，日久天长，这种"夹生"的英语居然约定俗成，成为一种特殊的汉英商务语言，被称为洋泾浜英语，英语称其 Pidgin English，意即不纯正的英语。

两人走得有点累了，便张眼想着找个饭馆用餐。这个讯号自然逃不脱一长溜在门口恭候的跑堂、店员的眼睛，立于附近的立时一窝蜂赶来抢客源，一时间，哈罗哈罗、老爷、夫人一类的唱喏充塞耳膜。辜鸿铭听得刺耳，心想，洋泾浜英语真是恶俗俚语和汉语句法结合的一个可怕的畸形儿。除了几个合成词之外，鬼晓得它是怎样或者在何时将汉语中的一些经过生吞活剥、依样画葫芦地翻译成了英语的方言俚语杂糅进去。这样想罢，就皱起了眉头，面向这些跑堂店员讽刺道，你们的中国话讲得明明地道，却偏爱夹上几句英语，一味地叫"洋大人"，我这中国人吃不消呢！话说到这份上了，谁知一位跑堂竟煞有介事地满口"也司，也司"（yes）起来，另一位跑堂却以诧异中夹着同情和蔑视的目光看着辜鸿铭，道：原来你不是洋大人！语气间，仿佛觉得辜鸿铭是个不可理喻的乡巴佬。辜鸿铭觉得特没劲，肚子都被气饱了，拉了贞子就往前面的一辆三轮车走去，想着尽快离开这世俗之地。

蹬车的老人脱下头上的毛帽，用力拍了拍油布蒙着的座位，尔后声音洪亮地说：坐在三轮车上"白相"（上海话，玩耍之语）外滩，味道才好哩。两人坐稳后，老人的背像大鸟一样耸起来，把手撑在车把上，两只脚一吊一吊地骑着车，那骑法纯熟到了油滑的地步，边骑边道：我这车子，老爷小姐要 Hurry（快），顿顿脚踏板，我就会 Hurry 再 Hurry；若要 Slow（慢），吃吃瓜子，看看风景什么的，我就慢慢地踏。辜鸿铭差点没在车上惊倒：你也会说洋泾浜？老人就自豪地说：上海人哪个不懂一两句英文，告诉你也许不信，人家洋人、上海商人和"康摆渡"（买办）之间那么大那么大的贸易，还不都是通过洋泾浜英语完成的。离了它，怕还真是玩不转。辜鸿铭呆呆地听着，半晌说不出话来，连贞子关切地问着什么，他也没作答。那老人却又天南地北地大侃起来：不是我吹牛，长三堂子出街我也拉过。她们跷个二郎腿，坐相好看得不得了。碰到出太阳时，她们"啪"地撑出杭州绸布伞，花露水香了半条街，惹得街上的人眼神要成了一条线，好像是看风景。这位小姐想必试过？贞子遂问起长三堂子出街的意思来。蹬车老人两腮立时暴满了青筋，心想，我的天，人家小姐八成不是吃这碗饭的，自己岂不欠揍！一吐舌头，也不答话，两脚左吊右吊地把车子越蹬越快。辜鸿铭只当老人没有听到，如果他阅历再广些，岂容对方把自己钟爱的"安眠药"视作妓女，那也许不仅仅是道歉的问题。

三轮车在英国银行边拐了一个弯后，上了靠江边的大道，风湿湿地掠过辜鸿铭和贞子的脸。天色渐渐地暗下来了，在灯影下，上海的一切景致像拉洋片一样从他们眼前悄无声息地一晃而去。

二、刺猬

"汤生兄，你也来香一筒吧？"

"我可不想中毒！我听说抽大烟的人有三快：穷得快、瘦得快、死了抬着轻快！"辜鸿铭鄙夷地望着黑瘦干枯的幕僚袁，继续开骂：你们这些上瘾入魔的鸦片鬼，可知一烟枪、一烟枪下来，人与国"千疮百孔"，大清国就这样"瘦"成了东亚病夫！

天朝帝国留给世界的最后一个残影，便是一帮帮面色菜黄、骨瘦如柴、蓄着长辫的男人躺在床上吸大烟的模样。这是辜鸿铭从许多传教士的文章中看到的。不久前，那位叫莫理循的传教士还笑嘻嘻地告诉他：最保守地估计，中国约有五分之一多的人在吸食鸦片。中国人正以这种方式尽可能快地自杀。幕僚袁请辜鸿铭抽食鸦片不成，还挨一顿臭骂，一时就有种热脸贴在冷屁股上的感觉。

辜鸿铭是个"刺猬"，或者是个"砖石"一类的硬东西，非鸵鸟或者火鸡的胃不能消化。因了这种看法，幕僚袁对查理交办的一项任务就显得面有难色。但查理却强人之难，拍拍他的肩，笑了笑并鼓劲道：你们中国不是有句古话嘛——有钱能使鬼推磨。

幕僚袁无法推卸，只好硬着头皮把查理的见面礼送到了辜鸿铭手中。听说来意，辜鸿铭哈哈哈地大笑起来，接着便默然端详着银票不语，仿佛在辨认真伪。幕僚袁干坐着正难受间，却听得"呸"的一声，一口浓痰从辜鸿铭口中射出，沾在银票上，而后把票子再扔向幕僚袁：我平素最恨英国鬼子向中国贩运鸦片，我岂能干有辱家乡先贤林则徐的勾当！

幕僚袁捡过银票，也不及拭擦，嗫嚅地：汤生兄，查理先生聘你当顾问，不是请你推销鸦片，而是请你在香帅面前说说话，订购他们经手的军工机械。辜鸿铭没好气地说：我说不上话！已到这份上，幕僚袁哪能死心，眼珠一转又道：香帅开办枪炮厂，一切缜密计划，多出自汤生兄筹划。焉能说不上话？辜鸿铭一对充血的眼球立时鼓起，直逼幕僚袁：我还没有见过像你这样恬不知耻之徒！滚，给我滚，我耻与你为伍！

在愤然拒绝查理的顾问之聘后，辜鸿铭却没能拗过查理夫人的纠缠，答应受聘为她翻译书稿。在宽大整洁的阳台上，辜鸿铭与查理夫人面对玻璃桌而坐，咖啡杯里冒出腾腾热气。查理夫人动作优雅地搅动着手中的精致木勺，偶尔将闪亮的眸子投于辜鸿铭脸上，微笑而细心地听他将她的英文作品翻译成汉语。

辜鸿铭的即兴翻译很快，两位专职书写员跟得都有点气喘："……像美艳绝伦的美女蛇引诱驱使着众多的追随者，又像是吸血鬼一般，她用那轻柔的唇吻摄取着人们的灵魂……不下五分之一的中国人屈服于鸦片烟枪的诱惑，渐渐地滑向一种无法形容的懒散、痛苦、堕落的深渊。中国人正以这种方式尽可能快地自杀……"

辜鸿铭眉头一皱，把手中的英文书稿往桌上一扔，道：乌七八糟的洋文字，你就是这样介绍中国的？我可不将它汉译，害了中国读者！也不看查理夫人的反应，高声命令两位书写员把速记稿给撕了！书写员正不知如何是好，辜鸿铭已夺过记录稿，三下五除二就撕个破碎，扔出阳台，碎纸片儿随风飘荡。查理夫人欲要阻拦已来不及了。

查理夫人放下飘着清香的热腾腾咖啡，神情激动地说：这是我的真实感受！我在中国旅游多年，我可以断定，中国人对鸦片的热爱还在以惊人的速度升温。

辜鸿铭冷冷地说道：感谢夫人对中国的关注所做的调查。请问夫人，你热爱鸦片吗，你吸食鸦片吗？

查理夫人耸耸肩，连道几声"NO"。

辜鸿铭捧起置于桌上的瓜皮帽，朝头顶一戴，正眼逼视着对方：是啊,己所不欲，勿施于人，这应该是人与人、民族与民族交流的美德。可你们却把鸦片这瘟疫向中国贩运了过来，居然还有脸、还有资格来嘲笑评价中国人！夫人难道不觉得你们的"杰作"无耻之至吗？！

辜鸿铭气哼哼地冲出洋宅，在街上转悠了一圈，感觉百无聊赖，想了想，叫了个黄包车，往英租界南阳路赵凤昌寓所"惜阴堂"来了。张之洞手下的这位总文案，已在上海做了多时的"寓公"。

赵凤昌在张之洞幕中权势炙手，有"二制台"之称，受同僚猜忌不够，还为一御史所妒忌。赵凤昌因多年刻意模仿，一手字竟神似张之洞的馆阁体，张之洞便往往由其代笔批阅公文。一次赵凤昌因酒醉，在公文上胡批一通，被御史参奏"有揽权招摇情节"，由此大受清议指摘，视为"劣幕"。朝廷谕将赵凤昌革职，永不叙用。赵凤昌栽的筋斗可谓大矣，却亏得张之洞左右周旋，使他宛如猫从高处掉落，总能四脚着地，不致太狼狈，只落个革职回籍的处分。张之洞惜其精敏聪明、纵横捭阖之才，对其仍倚重如旧，不仅疏通使他不回武进原籍，还在上海英租界为其买下花园式洋房，赠名"惜阴堂"，甚至私下将他安排在武昌电报局内挂名领薪，作其生活之资。当然，张之洞不可能让赵凤昌闲着吃干饭。他指派的任务是，常驻上海为督署与各方联络，并专门搜集重要之中外情报。赵凤昌受此折难，决心不再入仕，做个无拘无束、天马行空的名士。

赵凤昌遭受革职流寓上海，一般友朋只道他风光已尽，鲜有往来。门庭冷落的赵凤昌想不到辜鸿铭倒有义气，来沪不久就数番前来看望，自是感激不尽。他说笑着将辜鸿铭让进客厅，瞅了瞅辜鸿铭的神色，恂恂相问：汤生兄似有心事？

辜鸿铭咕咕咕喝下一大口茶，一抹嘴，气鼓鼓道：看到那些洋人诋毁中国，我就来气！

赵凤昌笑道：噢，是来我这出气的。摇摇那湘妃竹扇，眼珠一转，看着辜鸿铭又问道：要不要上媚兰姑娘书寓？

辜鸿铭摆摆手：书寓女子斩客手段何其高明。你花再多钱，怕还是碰不了她身体。还说是有档次、有本事的表现，还说对出名的文人优待有加。

赵凤昌一口水险些喷将出来，笑道：要不就写个局票，叫个红倌人出堂差？见辜鸿铭还是摇头，赵凤昌像想起什么似的，不由分说地拉起辜鸿铭的手，边走边道：我带你去看一个人。

到了目的地，辜鸿铭才知竟是德国传教士花之安。花之安自咸丰四年来华任教会事，感觉时今教风已变，便不再理事，移居上海专事译著。他依旧是一身中国儒者打扮，只不过与往日相比，头上多了白发。

抚摸着花之安书房案头的一大摞中外书籍，辜鸿铭赞许有加：花牧师，这就是你的长进了，我真诚地希望你给西方介绍一个真实的中国。

花之安眼神温和地看着辜鸿铭、赵凤昌，道：我尽自己的良知。

话正说得好好的，突然，辜鸿铭瞪了花之安一眼，语带不满地说：花牧师，你主张放足，受康有为流毒影响不浅。

花之安微微一笑：放足为何那么难呢？

辜鸿铭一抹嘴，嗤的一声笑：哈，小脚缠了放、放了缠，再缠再放、再放再缠，缠缠放放、放放缠缠，这就是中国历史。

三、"边缘人"身在曹营心在汉

上海不是静修的胜地，却是旁观政治的前沿。西方列强以坚船利炮轰开大清门户后，清政府最顽强的抵抗莫过于拒绝列强在北京设置外交使馆，于是，上海这个中国最大的对外贸易中心兼而成为中国主要的外交活动舞台。

如今，辜鸿铭就身处这个前沿舞台上。在他新结识的政治和外交人物中，最心仪的莫过于闽籍同乡陈季同。还在留法时，他就曾在巴黎的不少报刊上读过陈季同以法语介绍中国的文章，给了他中国知识方面的一定启蒙。

陈季同在西方前前后后生活了近二十年之久，回国后闲居久，郁郁不乐，常携一法、一英夫人出席各种场面的聚会。在晚清士大夫多昧于外情，视洋人为异害之时，陈季同竟敢以朝廷命官而正式娶西妇为妻，无疑属于开风气之先的"胆大妄为"者。此时中国又正备受欧美歧视，他的脑后始终不曾剪去那条西方人极其厌恶的辫子，这种情况下，竟然能有西洋知识女性毅然抛弃种族偏见，如此这般地追随爱慕，其人之不同寻常可见一斑。辜鸿铭于心欣赏他，并一直把他视作文客。岂料他骑射亦相当精稳，以枪击空中飞鸟，无有不中，距马丈许，一跃即登其背驰骋，让人叹为观止。

这天，辜鸿铭正在赵凤昌寓所小院喝茶清谈，却见门口旋风般闯入一人一马。那人一面脱鞍下马，一面高声嚷道：中国局势危矣，你们倒有兴趣喝清茶！

两人抬头一看，见是陈季同，便不约而同地问：怎么啦？

陈季同下得马来，气哼哼地把马鞭往茶几上一放，道：日本国于今日悍然出兵朝鲜，劫持了朝鲜国王！

辜鸿铭"呀"了一声，道：小小日本竟敢侵犯我大清属国，其意昭然！他脑子里立时想起爱米给他的那个《征讨清国策》，而且让张之洞看后无动于衷的情形，不觉胸腔里回荡着一股怨气。

赵凤昌道：日本人向来就是毫无思维的芦苇，是仅具人形的人，他们怕是吃错了药吧。

陈季同摆摆手：不，不，竹君兄万勿小觑日本，他们没有一定的把握和胜数，是不会飞蛾扑火的。从今后，我们大清又多了一个敌人，而且是亚洲的头号敌人。这倒不可怕，俗话说，兵来将挡，水来土掩，可怕的是朝中上下形不成一股同仇敌忾的氛围。李中堂和张总督的事想来你们也知道了吧?

赵凤昌点点头，辜鸿铭却不明缘由，见他们就要绕过话题，急忙囔道：什么事呀?

原来，日本出兵朝鲜后，张之洞就力主讨伐，李鸿章却主和，视张之洞不明大势，在奏折中大加批评：张之洞为官数十年，犹不免书生之见。张之洞听到李鸿章的批评后，公开反讥道：李少荃议和多少次，竟公然以前辈自居。

这么一听，辜鸿铭对张之洞就又寄托了希望，希望他等一帮重臣能扳倒李鸿章。虽然以前张之洞对李鸿章的态度多少有点暧昧，既不事事苟同，又废寝忘食为其寿辰写贺文；虽然张之洞过于刚愎，竟将《征讨清国策》弃之脑后，但只要他能说动朝廷对日本用兵，辜鸿铭对他的怨气就可烟消云散。

日本侵朝后，各国舆论哗然。迫于压力，清廷谕令李鸿章速派北洋舰队运兵前往救援。中国要和日本开战了，一时间，这事成了上海中外人士议论的焦点。在《字林西报》主办的一次中外人士聚会上，大伙自然谈及此事。

"打！当然要打！我堂堂中华帝国政府，何惧一个小小的日本！"辜鸿铭挥动着拳头，底气十足地说。

查理态度轻慢地叹了一口气：打，当然少不了，关键是中国能否取胜?

巴尔福沉吟着点点头：辜先生，十年前我们在船上会面时，正值中法战争爆发，那时我就怀疑中国打不赢。这次中日会战，我很遗憾地告诉你，我还是持这个态度。

辜鸿铭鼻孔里大声地"哼"了一声，一脸阴云。

查理夫人见状，想及还希望说动辜鸿铭为自己翻译书稿，急忙朝巴尔福囔道：你们这些男人，一坐下来就谈战争，一点也没情调，烦死人了！伍尔兹夫人一旁就道：是啊，无休无止的战争，把人类的友情都割裂了。查理夫人看着辜鸿铭，语声十分地温柔：辜先生标榜珍爱如夫人，怎舍得把她孤零零丢在旅馆？伍尔兹夫人用中国丝绸手巾抹了抹香腮，起哄道：是啊，这么愉快的聚会，辜先生不偕夫人参加，真是太可惜了！

辜鸿铭咧嘴一笑，看着这两位洋夫人，一语双关道：在中国，公共生活完全是男人的领地，除了歌妓出来娱宾，女人们泊乎近世，是从不出席宴会的。

与会的夫人们噤若寒蝉，仿佛担心辜鸿铭要把自己看成了歌妓。

查理夫人、伍尔兹夫人再三邀请贞子前去做客，贞子就是不肯。她担心一旦进入洋人的住所，洋人就会念动致命的咒语，使自己着魔，最终被引诱进去。辜鸿铭听她这么一说，便笑问她哪来这个说法。贞子一脸真挚地说：是姐姐告诉我的，她还让我告诫你，即使到洋人家后，也不能踩门槛或照镜子，否则会不安全；更不能喝水，怕他们放了迷魂药。一席话没完，已笑得辜鸿铭两腮爬满了泪。

8月1日，清廷正式向日本宣战。辜鸿铭一颗悬着的心终于放下了。他对战事极为关注，除了每天必看大量中外报纸，还不时和陈季同、赵凤昌他们走动，从他们口中探听一些事况。

时至8月中下旬，清军在中日战争的败迹初现。消息传到沪上，中外人士哗然，一时间，中国败了、中国败了的议论纷起，那些洋报刊不是弹冠相庆，便是危言耸听地夸大其词。怎么会有这种局面呢？辜鸿铭心里头有一万个不解和愤懑，撕了洋报就来找陈季同，不意赵凤昌也在那儿。

不是说李鸿章的北洋水师经营了几十年吗，兵力和舰船比日本多，怎么就打不过小小的日本，一败涂地呢？敬如兄，你倒说说原因何在、原因何在？！辜鸿铭不及落座，就对着陈季同嚷开了。刚才因为赶路甚紧，使他有点气喘，也因为气喘，使得他语气里的怨愤更添一层。

陈季同回国后长期赋闲，已是心境不佳，他真担心自己的一腔爱国热情，要被中国这万马齐喑的局势、要被这新战争中新添的败仗给销蚀了。他口含雪茄，半晌无语。

"咳，国运不佳，怕是不行了……"赵凤昌适才也正与陈季同谈论国事战局，对现状闷着一肚子气，他见陈季同半晌无语，便打破了这静寂。

"不，中国之败，全在李鸿章一人！"沉默着的陈季同如今一下子便爆发出来，声震屋宇，把辜鸿铭、赵凤昌听了一怔。陈季同扔掉雪茄，满腔激愤地讲述中日开战后，李鸿章如何坚持避战静守的方针，清军如何被动挨打的内情。

"李鸿章误国，朝廷怎不撤了他，换上香帅这样的大臣！"辜鸿铭生气道。

"撤换？哼，朝廷还要依靠他议和呢！"陈季同冷笑一声。

"敬如兄，这话怎说？"辜鸿铭急问，沪上的8月已够闷热了，陈季同的话更使他心底的燥热无以复加。

"圣旨到！"陈季同正待开口，忽然听得一声吆喝传来。陈季同只道耳朵听错了什么，疑惑地盯着门口，却见上海道余联沅陪着宣旨钦差急步赶来。果然是朝廷派人来宣旨，宣什么旨？陈季同脑子急转之间，赵凤昌已扯了辜鸿铭急忙避闪到里屋去了。两人的耳朵却还"长"在刚才所待厅堂，原来台湾受日本人的捣鼓，闹起一股割台风潮，钦命陈季同赴台湾任职布政使，主持反割台事务。

陈季同接旨、恭送钦差完毕，辜鸿铭、赵凤昌急忙出屋贺喜。陈季同适才脸上的忧思已被突然而至的喜悦替代了。辜鸿铭欲行再问刚才未完的话，他已顾左右而言他。

沪上旁观，辜鸿铭对中日战事的进程极为关注，洋人的各种议论和为虎作伥的叫嚣，使他恼火之余，切盼朝廷能定下良策，撤换李鸿章而另用良将。在这事关国家前途和荣誉关头，自己一个大清子民，能做些什么呢？如果能有机会面见圣上，一定要向他施以影响，可自己一介草民，焉有此命。最大的影响也只能到张之洞那。可此时……唉，香帅啊香帅，真不知你现在有何举动，老臣当谋国啊！来上海过了一年的优游日子，他一直以政治边缘人自诩，可不知怎么的，今天一颗心竟"飞"向武昌去了。而他又怎能就此回去呢，那也太没面子了，湖广总督衙门来请的帖子为什么还不来？！难道香帅真要冷我一辈子吗？香帅啊香帅，汤生当初不辞而别，其实是为了给自己留条后路呀，你难道不知汤生的良苦用心？辜鸿铭心里头乱得像一团麻，就火急火燎地前往惜阴堂向赵凤昌打探朝野和湖广那边的消息。赵凤昌一见辜鸿铭，就笑道：汤生兄来得正好，香帅正请你回去呢。

"是吗？"辜鸿铭心头一块巨石落了地，香帅毕竟没有弃我，他嘘了一口长气后，急问：帖子呢？

"什么帖子，督署可是致电来的。"赵凤昌边说边递过电文：喏，上面写得很明白。

没有张之洞的亲笔函，辜鸿铭略有些失意。接过电文正要看时，却见陈季同的随从送来两份大红帖子，一份是给赵凤昌的，一份是请赵凤昌转呈辜鸿铭的。原来，陈季同在离沪往台前，摆下数桌酒席，约请友朋话别。

陈季同邀请的友朋多是沪上的大小官员。辜鸿铭想着自己虽没有官名，明天却也能返鄂效忠国家，一时就感到浑身热血沸腾，拿了满满一杯酒来敬陈季同，语气豪迈道：敬如兄，我们干了这杯酒，明日同赴国难。

陈季同既饮此杯，执着辜鸿铭的手道：汤生兄旷世奇才，要不是张督重用，敬如真想诚邀一同赴台，以便日日请教外交事务。

陈季同当着上海的大小官员情真意切地说这番话，真个给足了辜鸿铭面子。

四、英才咸集，唯游说洋行，非汤生不成

张之洞急电辜鸿铭返鄂，直让这个身在曹营心在汉的"边缘人"欢天喜地。在携贞子离沪前，先行发了电报，请淑姑带两个孩子速从广州娘家回武昌。贞子见他一路上说话、走路、吃饭都分外有精神，连晚上睡觉脸上都挂着鲜活的笑容，自然替他高兴，一边却说：这世上呀，我看也只有香帅能容你，若换了我，不仅要赶走你，还不让你回来呢！

船近武昌时，贞子打开一个精致的盒子，一枚刀锋形的金戒指就在辜鸿铭眼前闪闪发光。贞子亲手把它戴在辜鸿铭左手无名指上，温存无限地说：老爷，这是我新买的，你今后但凡要发表议论了，请务必看看戒指，以想起我和姐姐对你的牵挂而慎言。如果你能把嘴收束得像眼药水瓶口那样的小，我和姐姐就放了心。说着说着，贞子的眼眶里就溢出了晶莹的泪水。辜鸿铭望着这张姣美的瓜子脸，看着已然套在自己手上的金戒指，喉咙里就涌动着一种酸涩而甜蜜的滋味。

到得武昌，贞子忙着打理旧舍。辜鸿铭人未歇息，已被张之洞请去督署谈事。稍作寒暄，张之洞就直入主题：汤生，黄海海战后，外面洋人有什么议论？

"议论多着呢。"辜鸿铭着重谈及那个担任着中国海关总税务司的英国人赫德，拣了主要的几条说：赫德认为日本在这场战争中料将勇猛进攻，极有成功的可能。中国方面不免又用老战术应付，但只要能经得住失败，就可以慢慢地利用持久的力量和人数上的优势转移局面，在三四年内取得最后的胜利。一句话，中国只能以持久战取胜。

张之洞沉吟着点头：赫德所见极是，日军气焰狂热，又恃武器精良，利速战不利持久。我军只要能据险坚持两月，北方天气寒冷，日军便不能支持。

"不过，赫德有担忧。"辜鸿铭话题一转道。

张之洞急问：担忧什么？

辜鸿铭道：赫德预料我大清朝廷会经不住日军速战的打击而很快屈服，稍受挫折便接受日本的条件，赔款了事。

张之洞沉默不语，良久才怅然一叹：我所担忧的，也正是这！

将近一年未见，张之洞的语气和作风一点也不见生疏，虽然他没有解释当初为何轻慢那份《征讨清国策》，但辜鸿铭已觉不重要了，重要的是张之洞的打算，一听吓了一跳。张之洞的口气比中法战争时要大多了，他先是打算向智利、巴西购快船抗击日军，后来竟致电出使大臣，打算向美洲购一个舰队，募一万洋兵，抄日本后路，袭东京，扭转整个战局。

张之洞不光好大言，也干大事，干实事，这就让辜鸿铭喜欢了。张之洞的算盘听起来虽然十分的天真，但倒也表达了他抗敌的决心和气魄。辜鸿铭心里想，这总比那些畏洋如虎、事洋若父的王公大臣们强多了。张之洞又天南地北地扯谈了一会儿，忽感眼皮有点沉重，抹了鼻烟又坚持了一泡茶工夫，却还是抵挡不了如潮水般淹来的瞌睡，于是呵着欠送客：汤生，你远道而来，早些休息吧。辜鸿铭起身后，张之洞上前执着他的手送出书房，并亲亲热热地说：对你的意见，我今后要多加虚心听取。

张之洞催辜鸿铭返鄂，主要是让他担负特殊的辩护人。这期间，日本和英国等报刊对中日战争爆发之因歪曲事实真相。他认为切不可漠然置之、不为辨正，而欲做有力的辨正，非辜鸿铭不能担负此任。梁敦彦、凌福彭等一帮幕僚亦如是见。

辜鸿铭和幕中故旧见过面后，立即以笔做枪、以纸做盾，满腔的热血像决堤的黄河水一样倾情汹涌。

转眼就是11月，中日战事日趋紧张。朝廷急命两江总督刘坤一率军北上驰援，而令张之洞即赴江宁（南京），署理两江。

张之洞等进了两江总督大堂，辜鸿铭却还拉着梁敦彦在衙门口转悠，边看边道：当年在广州时，我曾和毅若兄谈起曾文正的自叹浅陋。如今到了南京，我才算真正品味了其日记"古人有得名望如予者，未有如予之陋也"之叹！

梁敦彦道：怎么，你又看出了曾国藩的一陋？

是啊，当年曾文正以为只要有兵舰、枪炮就可以抵御外侮了，根本不知以六经大旨为立国之本，这是他的一陋。你再看看眼前，这就是他担任两江总督时建造的总督衙门，规模虽大，何以如此笨拙？工料虽好，何以如此粗率？可谓大而无当，这不就是他的另一"陋"嘛。

此时的两江"陋"处更是可见，不仅兵亏将乏，好枪好炮也尽为北上军队带走，江南制造局尽是破铜烂铁，根本没有足够的军械来供应军需，此番局势与十年前张之洞面对的广东防务所差无几。一周来，他马不停蹄、风尘仆仆巡阅沿江海防。他吃惊地发现，仅限于江南的"南洋"海防经过二十年建设，不过是在海口和长江下游沿岸修筑了一些炮台，另有六艘两千吨左右的巡洋舰和四艘被称为蚊子船的三四百吨小炮艇。长江下游的防务尤为严重，镇江、江阴等处炮台大率疏谬无法，火炮多系旧式前膛，种类庞杂，炮手并无专人，系令各营勇轮充兼当杂差，更换无恒。至于仅有的十艘舰艇，不仅量少质差，难以自成一军，而且炮勇、管轮甚至管带等多不称职。张之洞感到可愁可笑，叹息道：没想到，我大清军备的废弛已到了十分严重的程度！直听得辜鸿铭、梁敦彦及那些大小官员一片茫然。

张之洞经营湖广数年，正有起色，忽然让他署理两江，内心虽不愿，但圣命难违。偏偏他是个做事的人，既然受命，就要把两湖的事情做好。但又深觉时局艰难，需才孔亟，于是把留在武昌的亲信梁鼎芬、蔡锡勇等再行请来，共商大计，一个主持钟山书院，一个办理洋务。对同僚们的到来，辜鸿铭没有理由不高兴。只是张之洞保荐蔡锡勇的奏陈多少刺伤了他，让他心里如同打翻了五味瓶。张之洞云蔡锡勇"深通泰西语言文字，于格致测算、机器、商务、条约、外洋各国情形、政事，无不详究精研"、"才品兼优，事事著实"，是"通达时务，体用兼赅"的"办理洋务之员"，奏请送部引见，破格录用。这些词句用在自己身上也是多么贴切呀，可张之洞何时有过片言只语向朝廷奏陈保荐过自己，辜鸿铭直觉自己委屈。这还罢了，忽又得悉张之洞致电总理衙门，请求代奏，将候补道、现任新加坡总领事黄遵宪调回，速赴江南，交其差委。

辜鸿铭此番跟随张之洞来宁，原盼着时局用人，自己即使还不能混上个一官半职，至少也能担膺重任，可时过双月，张之洞似乎并无什么表示。而黄遵宪要从国外回来，于他辜鸿铭来讲，不啻又多了个对手。

黄遵宪在首任驻日参赞官时，广交日本友人，采风问俗，网罗旧闻，参考新政，查阅文献，立志写就一部介绍日本过去历史和明治维新以来变化的《日本国志》，以帮助朝野上下了解日本，借鉴日本。后来在任英国使馆二等参赞时，黄遵宪不仅帮助张之洞在英国购买机器设备，还请大臣薛福成函告张之洞自己对创设炼铁局的见解；在随后给蔡锡勇的信中，大力赞扬张之洞创设炼铁局造端宏大、命意深远。

初来乍到，黄遵宪一腔热血欲行报国，谈话中向张之洞进言道：中日战争既发，我海防空虚问题已暴露无遗，大帅既镇东南，当着手整顿东南海防。

张之洞点头道：日军武器精良，非快枪快炮不能制胜，我已致电使俄大臣，联系购买枪炮事宜，以装备各军，相信不日就有消息。

黄遵宪连连称善：大帅积极备战，公忠体国，倘李鸿章有此一半用心，日军必败无疑。想想又道：据说朝廷为防日军侵扰，已命沿海各地兴办团练，通海为南洋门户，而以官军数量又无力担负此任，只有发展民办团练最为可行。不知大帅以为如何？

张之洞沉吟片刻，道：这我倒想起一个人。张季直高中状元不久，即因父丧回籍守制，他洽允乡评，实心任事，又极力主战，可谓天时地利人和具备，我有意向朝廷举荐他为总办通海团练。

黄遵宪见张之洞心在朝廷，任人果敢，用事缜密，顿觉心中快意丛生，决计在他帐下一展雄才，为国效命。

不几日，张之洞接到使俄大臣回电，云奥国有新造快枪两万支，德国有新造快枪五千支、大炮百门可卖，只是他们要求款饷必须先到，而后才能发货。

南京的库银空着呢，张之洞一时就为这笔大数目的款子发起了愁。梁敦彦来见张之洞，得知此番情况，道：汤生曾道及他在沪上备受洋行殊遇，不妨派他前往筹借？直说得张之洞眼睛一亮。

说曹操，曹操到，辜鸿铭忽地气哼哼地闯了进来。看他一副气急败坏的样子，梁敦彦吃了一惊，以为他听到了自己的建议而生气呢，忙问：汤生兄，怎么了？

辜鸿铭把手中的报纸重重地往桌上一拍，骂道：日本人占了旅顺，血洗全城呢！朝廷在旅顺放了两万多人马，都是豆腐军呀？刘坤一率兵去了北方，就没有些捷报来？

张之洞沉默着，一语不发，待辜鸿铭嚷完了，这才说出请他赴上海向洋行商借军饷的打算。

辜鸿铭这段时间来，正为张之洞不重用自己暗闹着别扭，哪能轻易接受下来，于是一个劲地推脱：不不，香帅帐下英才云集，何况我天生就讨厌跟钱打交道，又爱骂洋人，借不来钱，岂不误了大事？

张之洞上前拍拍辜鸿铭的肩，好话说尽：汤生，督署衙门内外，游说洋行，非你不可。国家兴亡，匹夫有责，借不来军饷，买不来枪炮，我们只能等着挨日本人的打，你忍心袖手旁观？！见辜鸿铭一时不语，张之洞又道一句：派别人去，我还信不过呢！

张之洞当着梁敦彦说出这番见情见义的话，直听得辜鸿铭内心滚烫、浑身发热，多出了份士为知己者死的情愫。

五、与李提摩太和张謇一争

来上海后，辜鸿铭却不想找洋行的人，第一个便来登不久前结识的侠商叶澄衷的门，告以张之洞筹借军饷事。叶澄衷看了看张之洞的名刺，道：国家遭此危难，澄衷这段时间食不知味、寝不得安，哪能不全力襄助，只是香帅这笔军饷过巨，而且我此前已派人向前线供应煤、铜、铁等军火生产原料，并去欧洲订购军火，组织运输，加上这些年几笔投资都未收回，实在爱莫能助，抱歉至极。沉吟片刻，又道：不过，我也不能让汤生兄无获而返，这样吧，我捐助十万银两，如不弃，我即行让人汇往两湖。

离开叶公馆，辜鸿铭颇觉失望，步行来到黄浦滩头，江风湿湿地吹拂着他的头发，一抬头便望见一长溜银行大楼在阳光下闪耀着金光。这些可都是洋人的银行。说不找查理，脚步却不由自主地来到了他的英华银行。门口那对石狮大张口，像要把人整个吞下去，看来自己今番真要向洋鬼子借钱了。在自己眼里，一钞何足轻重，可在两湖，却事关重大，非到手不可。

查理和伍尔兹回国去了，留下夫人坐办公室理事。辜鸿铭得知，一时不知从何说起，讷讷间，竟大谈起这英华银行建筑如何如何来。查理夫人见辜鸿铭滔滔不绝说来，竟是头头是道，心里头便不无诧异：辜先生如何对建筑感起兴趣来了？

辜鸿铭笑道：夫人不知，我还是土木工程学院的硕士生呢！

查理夫人心里想，真是个怪才，文学、哲学和建筑风马牛不相及，他竟也兼及，也真不容易。她微笑着看着辜鸿铭，道：辜先生来，不是专门和我谈建筑风格的吧？

辜鸿铭脸一红，乃道出此行来意。查理夫人沉吟道：这么一大笔借款，非要等查理回来不可。

你那位大银行家何时才回呢？

查理夫人想了想，道：十天半月吧。辜先生，你就安心在上海待下来。我呢，正在写一本关于中国的东西，有的问题刚好向先生请教。

谈了大半天，查理夫人邀请"中国老师"一同上街逛逛。街上好不热闹，只见前方声音嘈杂，抬眼望去，却见男女老少围了一大圈。两人好奇之余，便也围了上去。

圈内，一位肥胖的英国旅游者与中国小伙拉拉扯扯，嘴里不干不净地用英语骂着。看热闹的人群中，有长衫马褂的幕僚袁和西装革履的王买办。幕僚袁问王买办：洋大人说什么？王买办极力领会着英国旅游者的意思，吞吞吐吐地为幕僚袁当起了翻译：洋大人要雇佣个会说English的中国人，那家伙自荐说他讲English就同英国人一样，可他却不会讲English，所以洋大人生气了。

说话间，那英国旅游者正用半生不熟的汉语骂中国小伙：你这骗子，你讲的英语同我讲汉语一样的糟糕。

中国小伙却不感羞愧，挣开英国人的手，气愤地转过身去，面向人群道：谁会英语的，翻译给这洋鬼子听，我的确不会说英语，如果这位洋鬼子聪明的话，同我在一起一个月，准能说一口流利的汉语。

围观的人群被小伙子的说法逗笑了。

看到中国小伙一脸得意相，英国人自知是在挖苦他，额上青筋暴绽，伸出一双大手，猛地抓住小伙，向上一用力，竟如同老鹰抓小鸡一样把他凭空吊起，嘴里"中国佬、中国佬"骂骂咧咧地把他往前挪。近旁正好有一根石柱，英国人放下小伙，一把拽过他的长辫，绕着他的脖子一周，拴在了石柱上。这一滑稽的举动逗得围观的洋人大笑不已。有人高呼：剪了它、剪了它！

刚才还笑嘻嘻的中国小伙这才有点受吓了，连声求饶：辫子不能剪呀、不能剪呀！

两位面黑如漆、头缠红巾的红头阿三走过来，见状竟无动于衷，于是看热闹的人群又增添了他们两个。这两位印度锡克族巡捕和安南巡捕一样，鸠形鹄面、身形猥琐，是最不适合穿军服的一种人。他们短腿粗腰、皮焦齿黑，天生的鸦片鬼相，手里拿的与其说是警棍，其实更像一支鸦片枪，连鬓的大胡子更增添了凶神恶煞相，在大上海，谁也不会喜欢他们。

围观的中国人摇头叹息着，眼看那英国游客已拿出了刀子，忽然挤身进来一人，用英语愤怒地对英国游客道：在中国，辫子被视作一个人尊严与荣誉的标志，被别人扯一下已是奇耻大辱，剪掉别人的辫子更是天理不容！

正在一旁等着看热闹的幕僚袁见是辜鸿铭，拉了王买办低头就要溜，却不料衣角被人拉住，心里一阵咯噔，一看却是位讨钱的少年乞丐。王买办带着同情和蔑视的眼光看着他，叽哩呱啦说了些谁也听不懂的洋文，傲然挺胸往前走。少年乞丐不舍，又追了上来，嘴里一个劲道：发发慈悲吧，菩萨保佑你老人家升官发财。幕僚袁回头，愠色道：老爷我们久居欧洲，听不太懂中国话。挣脱少年乞丐急匆匆快步走了。

这厢，英国游客正欲和辜鸿铭较劲，查理夫人走上前，和他说了通什么，英国游客怔怔地看了看她和辜鸿铭，万般不情愿地放开了人。

中国小伙万分爱惜地摸了摸长辫，见没有受损，紧绷的脸上遂有了笑容，面向辜鸿铭作了一个长揖：多谢这位爷！

辜鸿铭见他年纪不过二十左右，衣着虽然破旧，一条长辫却梳得整洁泛光，适才说话也挺伶俐，心里头便有了几分欢喜的成分，语气温和道：你既不通英语，如何向人家自荐当翻译呢？

查理夫人见小伙一时不语，便笑道：如果你真想学英语的话，套用你的话说，你若同这位辜鸿铭先生待一个月，他准保你说一口流利的英语。

小伙瓮声瓮气道：要不是我母亲病了没钱抓药，我才不会和洋人来什么雇佣协议呢！边说边流泪，道母亲如何如何病重，只要有人愿意给钱为母亲治病，他甚至愿意把自己卖了。

辜鸿铭心想，这倒是个孝子，不由自主就从怀里摸出一锭沉沉的银子递过去。小伙一时傻了眼，嘴唇哆嗦着说不出话来。辜鸿铭微笑道：快拿去给你母亲治病。

小伙明白过来后，一个扑通便给辜鸿铭磕了个头，道：好心的爷，我叫刘二，我会报答你的！还未等辜鸿铭扶起，他就已站将起来，扒开人群撒腿就跑。

重新置身于人流中，查理夫人仿佛要争分夺秒似的，又和辜鸿铭论起中国女子的小脚来。两人把争论的话题带到了查理的私家庭院，伍尔兹夫人早在那里候着了。三人围着一张精雕细琢的红木茶几坐下，用人很快就端上了香气扑鼻的咖啡。春到庭院，鲜花盛开，绿草如茵，偶有小鸟啁啾，几位中国用人在细心地剪着杂草。

正说着，忽然进来一对卷发夫妇，查理夫人忙微笑着迎上前，热情地介绍给辜鸿铭，原来竟是英国传教士李提摩太夫妇。一听是张之洞的幕僚辜鸿铭，李提摩太便像是见到了久违的朋友一样，笑哈哈地抢先伸出了手。

集传教士、学者、政客于一身的李提摩太，以改变中国为自己来华的最终目的。1870年，他受英国浸道会派遣来山东烟台时，年仅二十五岁。此后，一直在鲁晋两省的广大城乡穿街走巷，赈灾布道，并十分卖力地散发《圣经》小册子。1890年，李提摩太宣布脱离原属教会，在李鸿章的举荐下担任天津《时报》主笔，开始了所谓"文字传教"的新闻生涯。无论是传教、译书、著文还是进行广泛的政治活动，他都借助文字为利器。他特别重视舆论对于变革的促进作用，一边奔波于朝野上下四处游说，同时不断在报上撰文，力图引导清廷按照他的规划大量开设报馆，为改良鸣锣开道。

"早知辜先生行址，我会送先生一份报纸的。"李提摩太说。

"你是说《时报》吗？我不看，除非给我酬银百万。"

李提摩太知道辜鸿铭在讽刺他不久前流产的那个妙法，却不介意，笑道：还有《万国公报》呀，这可是外人所办最为著名的中文报刊。我刚接办这家报纸，想请先生为它撰稿呢，先生可能不知，丁韪良、曾纪泽、王韬等中外闻人就不时给我们报纸赐稿呢。

查理夫人一旁接口道：原来李提摩太先生也把辜先生列为一万七千余名中国著名人士了。

"什么一万七千余名？"辜鸿铭有点好奇。

李提摩太解释说：《万国公报》出版后，首先送达下列一万七千余名中国各阶层人士手中。一，道台以上的高级文官；二、尉官以上的高级武官；三、府学以上的礼部官吏；四、一些重要学校的教师；五、居留在全国各省会、具有举人资格的候补官吏，来京会试及投考举人、秀才人员的百分之五；五、某些特别官吏及士大夫阶级的女眷及子女。

原来你李提摩太要把自己所办的报纸当作一个课堂，来向中国知识分子讲授西学及变法之道，以达到宣扬基督教义，并在精神面貌上改变中国的目的——真是狼子之心！

见辜鸿铭半天没吭一声，李提摩太不觉尴尬起来。查理夫人一旁忙打圆场，讲起李提摩太新近完成的新作《新政策》如何如何不错，列举的九项中国目下应办之事如何如何具体，对其中设"国家日报"一项，表示赞同由英美在华著名传教士傅兰雅、李佳白"总管报事"，并派"中国熟悉中西情势之人为主笔"。说完这些，她看了看辜鸿铭，又望一眼李提摩太，道：辜先生熟悉中西情势，这主笔一职，李提摩太先生何不加以举荐？

李提摩太干笑了笑，道：是啊，辜先生如果有意，我倒可以向李傅相（李鸿章）

推荐，也可以向当今皇帝的老师翁尚书（翁同龢）举荐。至于张总督那边，如需要亦可由我说项。

李提摩太一句话里竟摆出三位中国当今权要，既带自炫成分，又想借此恫吓恫吓这位总督衙门的区区僚属。谁料辜鸿铭的语气还是出奇的冷漠：还是你去当吧。看了看查理夫人，道：好，我的话都讲完了，走了。对这位混迹华土二十多年的著名英国佬，他除了反感，便是憎恶。

半月后，查理从英国返回，无所大碍便和辜鸿铭谈妥了借款三百万银两事宜，约定年息七厘，分四年六期偿还。诸事完毕，查理递给辜鸿铭一张票据：辜先生，这是给你的回扣。

辜鸿铭看也不看，便把票据推回：查理先生，我没有索取回扣的习惯。一边说一边在文稿上"唰唰唰"地立下中英文字据。

查理看罢字据，赞叹辜鸿铭果真是个高人雅士，亲送其出门，并又提及高薪聘他帮办《时报》一事来。辜鸿铭还是当初回绝查理夫人的那句话：除非有中国皇帝的诏命。

张之洞因辜鸿铭去沪后只收到 "英华银行已定，唯需时日"电文后便再没音讯，人又多时不回，担心借款不着，便电请赵凤昌速往英华洋行探询游说。如辜鸿铭尚未得手，相机筹借款项。

赵凤昌接电后先来旅馆找辜鸿铭，未遇，便来英华洋行，面见查理，说明来意。查理哈哈大笑道：辜鸿铭先生来过，已办妥债务之约。见赵凤昌有些许惊讶，查理便告因自己外出迟回，所以延迟下午才办好，辜鸿铭先生刚走还不到一个时辰呢。谈话间，他大加赞赏辜鸿铭议事才识和品性，随后拿出辜鸿铭留下的纸条，道：你看，这是辜鸿铭先生的书面声明。

赵凤昌接过名刺一看，果是张之洞的，而中英文手书和签名都是辜鸿铭的，纸条上如此写道：

吾今奉张之洞总督之命，前来英华洋行商议借款事，成不索回扣，以此刺为证，后有不信，持此控我。辜鸿铭。

奥国和德国新造的快枪快炮尚未运抵武昌，日军已然攻踞刘公岛。李鸿章苦心经营了二十年之久的北洋舰队全军覆没，中日甲午战争胜负已定。

连续几天来，不独张之洞，就是辜鸿铭这些幕中人物，也百思不得其解。贞子知道情况后，也少不得相问辜鸿铭：中日两国一衣带水，缘何交战？辜鸿铭叹了口气，道：日本那些当政者人心不足蛇吞象。他们有你万分之一的善良，我们两国就可做百世好邻了。这天晚上辜鸿铭好不容易才入寝，就被"咚咚咚"的敲门声和戈什哈的喊话声吵醒了：辜师爷、辜师爷，总督大人有急事相请。

辜鸿铭随了戈什哈匆匆赶到张之洞会客厅时，只见梁敦彦、凌福彭、张曾畴、易顺鼎等一帮幕友已在高声谈论起时局来了。

凌福彭的情绪显得十分激昂：何曾想到，堂堂大清朝，竟败北于东瀛小国，订约求和，割让辽东、台湾，赔款两亿两白银，今后何以立国？

"什么什么，要割让辽东和台湾？！朝廷不是已派陈季同赴台主持反割台事宜吗？"辜鸿铭后脚跟还没收进屋来，就大声叫开了。

梁敦彦抚掌叹道：倭约各条，贪苛太甚！朝廷不采纳香帅主张，决意割地赔款，订约求和，真令人万分痛心！

众人你一言我一句，口中喷出的多是忧国愤世之论，激得张之洞也坐立不安，慨然痛说：此次和约，其割地驻兵之害，如猛虎在门、动思吞噬；赔款之害，如人受重伤、气血大损；通商之害，如鸩酒止渴、毒在肺腑。再不补救，以后大局，何堪设想！

一席话说得全场静寂，张之洞喝了口茶，润润嗓子，徐徐道：李鸿章赴日本参加马关谈判签约在即，我是坚决反对割台的，为此专给朝廷上了一摺。今请诸位议议，看看有何见教？说着，从书案上拿了厚厚一份折子递给入幕多时的族孙张彪绵，让他当众念了。

一份已拟好的折子，竟三更半夜把大家从被窝里叫出商议，岂不小题大做？辜鸿铭直觉脑筋疼痛，也懒得像其他幕僚那样围着张彪绵"抢听"奏折，机械地站在他们身后，目光散淡有一眼没一眼地朝摺上投去漫不经心的一瞥。

张彪绵的诵读字正腔圆、饱蘸情感："……坐视赤县神州，自我而沦为异域，皇太后皇上将如后世史书何？"读到这里，张彪绵忽地打住了。细细品味一番，又念一遍，看着张之洞道：四太爷，此句我认为欠妥。

张之洞放下手中的鼻烟壶，不动声色地看着张彪绵：如何说？

张彪绵大声道：此句锋芒咄咄，而且直指太后和皇上，小可以为有失谨慎，当以缓和语气为好。

"言之有理，我适才抄写时，斟酌再三，也觉此句锋芒太露。"说话的是文案张曾畴，其毛笔苏体小字写得极好，张之洞的奏议多由其代笔。由于张之洞的推重，张曾畴一时声名鹊起，成为书法名家，其字被广作临帖。

听他们这么一说，大多数幕僚眯目捋须，脑子里飞速转了一圈后，纷纷道：是啊，太后皇上九五之尊，还请香帅语气稍缓。

"不不不！"辜鸿铭的目光却兴奋起来，一扫刚才萎靡的神情，道：这篇奏折，听得最使老辜痛快处，莫过于此句。香帅心怀国事，大胆陈奏，不顾私利而欲使太后皇上正衣冠，此乃大臣气节、名臣风范。纵受指责非难，亦将名垂千秋。咳，古往今来，有多少史家效法太史公马迁，如前朝方孝孺之辈，不为利诱、不畏性命，著史为文，讲究的是一个真字、一个善字。太后皇上又如何能奈他们的秉笔直书？香帅言辞切切，直陈国弊，敦请太后皇上三思，正是忠君爱国，有何忧惧！

"说得好！"辜鸿铭道完，易顺鼎亦接口道：宋朝名臣范仲淹有言，"先天下之忧而忧，后天下之乐而乐"，又云"居庙堂之高，则忧其君，处江湖之远，则忧其民"，香帅此心天地可鉴，又何须忧谗畏讥？

张之洞长于奏议，遇事向朝廷请示得体，这是他能够得到慈禧信任、蝉联封疆大吏的秘诀之一。他对此篇奏折尤为满意，觉得切中肯綮，正是做给李鸿章看的。所谓请幕僚们来商谈，本是让他们"奇文共欣赏"的，根本无须"疑义相与析"，只是因为他工于心计、精于宦术，希望通过此举将事相扩大，更博忠臣诤臣的好名声。辜鸿铭和易顺鼎这一和一唱，直听得张之洞眼睛鲜亮，尽收效果。一群幕僚随后七嘴八舌各有议论，最后又都把目光聚集在张之洞身上。张之洞胸脯一挺，目光温和地看着张甓绵，语声洪亮：就这样定了，就这样发了吧！

张之洞出任疆吏后，激烈敢言的清流风气略已稍减，这篇奏折算是数年来最为尖锐的一次，但并不能扭转乾坤。4月，李鸿章出任和谈大使，在日本马关签订了赔款二万万两白银、割让台湾和辽东半岛等十条丧权辱国协议的《马关条约》。消息传到神州大地，举国哗然。时值十八省一千三百多名举子在京会试，由康有为出面一夜之间赶写了一个洋洋万言的"上清帝书"。

此间种种消息让辜鸿铭内心极不平静，这就是我半个多世纪来一直备受列强欺凌的祖国吗？痛心之余，他多想效法举子们上书呀，但自己了无功名和官职，人微言轻，又哪有参与国事的机会，只能扼腕三叹、借酒消愁。

借酒消愁的还有张之洞和不久前经他推荐筹办通海团练的状元张謇。随着中日战争结束，通海撤防，张謇筹办通海团练这件公务不了了之。丧父的悲哀，甲午战败的刺激，马关条约后对中国前途的迷茫，这一连串的事情让张謇的心绪败坏至极。来南京为张之洞写就《条陈立国自强疏》后,在张之洞置酒留饭时推心置腹。

"孝达公,以我之见,中国要想不受列强欺侮,必先富民,民富才能国强,国强才能自立于世界民族之林。国无商不活,无工不富,没有实业不行,因此我想,今后我国将要有一批实业救国之人。"

张謇此语,让张之洞听得眼睛猛地一亮:《马关条约》有一款,开放苏杭和内地让日本人办工厂。他日本人能办,我们自己为什么就不能办呢!我们要有自己的工业商业,要跟日厂日货竞争,这难道不是一条救国之路!

两人杯来盏去,你一言我一句,不离实业救国话题。张謇金榜题名后,科举之累已卸,却面临着人生道路的重新选择。他天性不喜官场的束缚,自然无终老翰林清职之想法。张之洞办厂建校等实践和经验,无疑让他看到了救国的另一扇门,而且,张之洞还在具体行动上,为他打开了救国的另一条通道。由此,张謇决心摘下状元郎的帽子,另择兴办实业的舞台。

得知这位在政治上迭有不凡表现的状元要改弦易辙,自绝仕途,辜鸿铭大吃一惊,带着一万个疑问找到他:季直兄真的不当状元公了?

张謇正和助手聚精会神商谈如何招商垦荒、集股建立通州纱厂,不期然被这突如而至的大声吆喝吓了一大跳。见是辜鸿铭,张謇微微一笑,上前拉他的手坐下,语气坚定地说:是的,我已决然斩断仕进之意,专心在家求实务教。

"为什么?"

望着辜鸿铭那百思不得其解的目光,张謇轻叹了一口气,喝口热茶润润咽喉,极力压住心头激愤之火,道:上年大魁之后,朝廷授我为翰林院修撰,七月中日开战,翰林院迎驾太后,在暴雨中跪伏多时,太后竟置若罔闻,新老翰林们算是斯文扫地了!不瞒汤生说,那时我已萌辞官南归之思。如今战争结束,中国战败,割地赔款,丧权辱国……

"就为这个吗?"辜鸿铭猛地喝阻张謇的话,火暴暴地说:君要臣死,臣不得不死,何况只是在暴雨中迎驾太后,这是为臣的本分,算得了什么?我想都没有资格呢!如今国家有难,正是用人之际,状元公却临阵逃脱,岂不有负皇恩?!

张謇听罢微微一怔,旋即起身,也不说话,趋步来到桌案前,挥笔写下两句,却是:愿成一分一毫有用之事,不做八命九命可耻之官。

六、自强之梦破，"东方匹茨堡"落败

当张謇决心不做八命九命可耻之官时，当年与他同在吴长庆帐下听差的温处道袁世凯，却极尽巴结朝中权要之能事，终于如愿以偿，奉旨前往天津小站督练新建陆军。工于心计、精通宦术的袁世凯从本朝曾国藩、左宗棠、李鸿章位极人臣的大员身上，看到了发迹的手段，那就是在这动荡岁月，手中一定要有自己的军队。湘军、淮军、左家军俱往矣，他袁世凯要建一支前无古人的新型的中国军队，于是，在他上任后，悉行采用西法练兵，大聘洋员为教习，帐下新兵七千余人悉用洋编制、洋兵器。

看了邸抄后，张之洞倒觉得袁世凯有些眼光，寻思传统的军队看来确实难有所用，顺应潮流、采用西法、编练新军为当务之急。

辜鸿铭关心的当然不是练兵一类的事，但还是按照张之洞的部署，悉心搜集翻译西方强国的练兵方法。这天，他将一沓翻译整理好的文稿往督署里送，门口和一人对撞了一下，"呀"了一声，那人赶紧致歉。辜鸿铭摸摸碰得微痛的额头，见他手中拿了一张银票急匆匆要往张之洞书房里走，便拦住他笑问：香帅要请我们打牙祭呀？此人叫张榛，是张之洞的侄儿，在署内管账，他笑道：美得了你呀，这是四太爷赠人的盘仪。"给谁送盘仪呢？"辜鸿铭感到好奇，张榛便一脸神秘相告：你知道吗，康长素，就是去年那个公车上书的康有为来了。

公车上书让康有为一举成名。看了美国公使田贝在上海出版的《公车上书记》后，辜鸿铭对康有为的主张虽不尽赞同，但对其力挽国势之举却是尊崇的。他甚至想象公车上书该有何等壮阔的场景啊！十八省的一千三百多位举子，簇拥着康有为和他的万言书，以杀身成仁的胆魄，呼喊着震天动地的口号奔向都察院，这该是千年士林最有亮色的一幕啊。而如今，发起这场上书运动的人就在眼前，我倒要会会这位世人眼中的英雄。

辜鸿铭怀着"但愿一识韩荆州"的心绪跟着张榛来到张之洞书房门口，却听里面在大声地谈论，两人驻足倾听。那位陌生的声音显然就是康有为的了，他说：孔子撰《春秋》，不过是假托古圣先王的言行，宣传自己的政治观点和改革社会的主张，而《公羊传》则是正确阐述《春秋》的典籍，尝言社会历史的发展有据乱世、升平世、太平世三个阶段，愈变愈进步。长素不才，却也认真做了推演和比较，"据乱世"就是西方的君主专制时代，"升平世"即君主立宪时代，"太

平世"即民主共和时代。人类社会必然沿着"据乱、升平、太平"三世有序不乱地向前发展，中国要由据乱世进入升平世，唯一道路就是变法维新……

静立门外的辜鸿铭实在听不下去了，忍不住闪出身来，挣掉张橒和戈什哈的拽拉，大声开口道：康先生对社会进化的划分，实在不能让人苟同……

康有为正滔滔不绝地指点江山，不提防门外突然冲进一人来，一开口就给自己一个下马威，回头看一眼对方，不觉怔了怔。张之洞笑道：哦，这是本部堂的洋文案辜汤生，你说的西方问题，他熟悉得很哪！

原来这就是从海外回来的怪杰辜鸿铭，康有为心里陡然一寒。早听说他邃于西学西政，要与他讨论这些话题，自己万一有所疏陋，岂不被张之洞笑话。他脑筋迅速转了转，看也不看辜鸿铭，更不接他的话，面向张之洞拱手道：总督大人刚才不是交代过不许他人打扰吗？既然辜汤生熟悉西学西政，何须在下再行鼓噪，恳请就此告辞。

张之洞急忙摆手道：长素先生不远万里自京城来，本部堂正要好好听教呢，不住上十天半月的休想放你回去。一边说一边给辜鸿铭使了个眼色：汤生先下去吧。

辜鸿铭没想到康有为如此高傲，而且还要使手段体面地让张之洞轰走自己，这也太小瞧自己了，一股说不清的滋味油然而生，也没再多说，转身扭头就走。这位以圣人自居的精神领袖，避免了一次和辜鸿铭的正面交锋，却也失去了这位对手原先的七分敬意。

康有为此次南来拜谒张之洞，是欲借其地位和声望，支持他在上海设强学分会。他是讲惯了排场的人，对张之洞每隔一日必举宴招待自己的做法，并不曾做过丝毫的客气谦让。张之洞虽不信孔子改制考，但对康有为其他理论和主张倒十分欣赏。他虽然谢绝出任强学分会会长之职，却在财力上大加支持。这还不够，张之洞为了表示重视，还派梁鼎芬、辜鸿铭及门生黄绍箕陪他回沪，参预筹备设会、议订章程。辜鸿铭既不满康有为的信口雌黄，更反感他的做派，是故在张之洞二十来天的设宴相待中，他都借故未予出席作陪。对这个差使当然要讨价还价，道如果康有为出面相请，他倒可以考虑。但康有为是不会亲自开口的，也不希望与辜鸿铭这样的怪杰共事，张之洞只好作罢。

一晚，张之洞正在灯下捧读第二期《强学报》，忽地张彪绵拉着梁敦彦闯了进来，气喘吁吁道：四太爷，不好了！张之洞吃了一惊，瞪着侄儿道：什么事这样慌里慌张的？张彪绵歇了一口气，道：叔峤（杨锐）发来密电，说御史杨崇伊弹劾北京强学会私立会党,将开处士横议之风,朝廷前天遂予封禁。张之洞放下手中的《强学报》,轻轻地"哦"了一声后,对得意门生杨锐的及时通风报信深为满意。

张彪绵见张之洞一声"哦"之后,再无言语,用眼瞄了瞄梁敦彦,希望他及时进言。梁敦彦却装着没看见,张彪绵只好自己开口道:四太爷,我看《强学报》论说太新,你看它又是录上谕,又是刊布廷寄,还列举一大通科举的积弊,主张开设议院"以通下情",要用孔子纪年,我担心要遭朝廷封禁。

张之洞轻"哦"一声,眉头紧锁,《强学报》两期论说确实太新,难免获罪朝廷,万一追查起来,那可太被动了!这个康有为怎么搞的!在南京督署谈话时,我就明说不信他的孔子改制,而他竟在《强学报》上公开刊《孔子纪年说》,大谈孔子改制观点。这……这不是背盟行为吗?既然康有为背盟在先,就不能怪我背盟于后,取消强学会和《强学报》了。张之洞沉吟片刻,目示梁敦彦:崧生,你即以我名义致电沪上各报馆,封禁《强学报》。

梁敦彦立即在一旁拟电文。张彪绵看着张之洞问:四太爷,那要不要阻止穰卿(汪康年)动身?

张之洞囊囊踱了一圈步后,终于摇了摇头,道:不,催他赶快赴沪,他另有任用……

汪康年到上海后,用强学会的余款与黄遵宪共办《时务报》,自任总经理。时康有为已南下广东,汪康年便延请康门弟子梁启超为主笔,还想着聘请辜鸿铭、梁敦彦为报纸译事。

梁敦彦手持汪康年的电文和聘书来找辜鸿铭。辜鸿铭看后,鼻孔里"哼"了一声,道:以康有为的得意门生梁启超为主笔,这《时务报》说白了还不是《强学报》的翻版,康有为他们的事,我绝不参与!这份聘书吗,制作倒还考究,我用来盖酒瓶碗盖可也。

上海那厢的事让张之洞放下心后,自强军经一年来的操练,已基本成军,渐入佳境。练兵之事,是张之洞自强之梦的一个构成,他重视的程度一点也不亚于办厂兴学,因此不惜本钱,高薪从国内和德国本土募来莱春石泰、卢柏、披次等三十五名德国军官,令他们仿照德国陆军的操典强化训练自强军。这些德国军官不仅担任教官,而且在教习期间还直接担任新军协、营、哨的指挥实职,中国军官只任相应的副职。虽然这些任副职的军官底子不错,均是从武营中和天津武备学堂、广东武备学堂的毕业生中精心选拔来的,但他们几乎没有实权,因为自强军的训练权皆被张之洞授予洋教习。张之洞本意是希望通过此举杜绝中国军队中的积弊。但辜鸿铭认为军中积弊原非一朝军事、政治制度所造，把外国教官作为治疗积弊的灵药，怎能真正解决问题呢？但张之洞自有主张，他的期望值居高不下。

为了检阅并宣扬自己练兵的成绩，张之洞决定让自强军进行合操和打靶演习，并邀请各国驻上海的领事、武官、舰长等一百七十余人前来参观。巴尔福等洋报记者闻讯，亦纷纷赶来，一睹为快。

一向冷看中国的《字林西报》前主笔巴尔福难得用客观的笔调记述："……若以此等劲旅归洋将统之，而与日本对垒，恐上年中日战事之结局，必大有以异于昔矣。"

辜鸿铭当然不能容忍中国劲旅"归洋将统之"这类的字句，在翻译时为巴尔福做了必要的修正。

1896年初，刘坤一回督两江。想着自己苦心经营的自强军成了别人麾下的强兵，张之洞内心的苦真是无处诉说，但皇命难违，他也绝不能让刘坤一看出自己的小心眼来，只能在回湖北后另起炉灶。

回到武昌，坐在熟悉的湖广总督大堂，张之洞又继续圆他的新军梦。得知刘坤一欲打发自强军前去防守吴淞口，好说歹说才从他手中要回一个护军营，又在湖北选募了一个营，另加一队工程兵，就又组织起了一支新军来，教习当然还是少不了要请洋将。在召集有关幕僚议事时，辜鸿铭第一个说：练兵诚为我国第一要事，但各国皆思干预我兵权，此中大患，香帅当知，因此，以洋人为教习尚可，用他们为将领则万万不可。忠言逆耳，请香帅三思。

张之洞面向辜鸿铭微微一笑，而后一双分外精神的眼睛扫遍众人，朗声道：汤生所言有理，本部堂要改变过去直接任用洋员为军官实职的做法，只用洋员为顾问和教习，并且严定合同，不许越轨。

辜鸿铭没想到张之洞在用洋教习问题上态度大改，而且这合同内容不少还糅进了自己以前的种种建议，心里好一通高兴，乘兴道：香帅，对洋兵、洋将的依赖今后要迭次减少，目前当务之急是培养中国自己的军事人才。

张之洞捋着长须，道：本部堂也正是这样考虑的。目示蔡锡勇，语气坚毅地说：毅若，军事学堂得马上创办，这样才能解决我朝军事人才不足问题，你来兼任总办。蔡锡勇领命后，张之洞又旁顾左右而言他了，惹得辜鸿铭心里好一阵发凉，脸上毫不隐瞒地被阴云给笼罩了，咳，又没自己的份！

湖北新式工业隆隆作响的机器声吸引着各地的参观者络绎前来。大生企业总理张謇也率队慕名来考察了。这位状元出身的红顶商人，对张之洞引导并帮助自己走实业救国道路心存感激。毕竟是国内规模一流的铁厂和枪炮厂，那些作业分工何等细致，秩序又是何等井然。主持者张之洞的胆识和气魄直教张謇倾倒，嘴里自是赞不绝口：我看当今洋务，孝达公当算第一。

能得到张謇的认同，张之洞心情舒畅万分。他自信直人张謇并没有什么溢美之词。事实明摆着，鸦片战争之后到自己上任之前，数任湖广总督没有兴办过一家官办工厂，没有扶持过一家民间企业，也没有建过一所学校，武昌仅一个军事重镇而已，经济文化没有任何特色，不仅与上海望尘莫及，也不能与天津、南京、广州、福州、杭州等城市相比。而现在，经过自己这些年的苦心经营，武昌却紧步上海，成为中国最著名的工商业大都市之一，连外人都誉之为"东方的匹茨堡"。

不愧是干实业的状元，说的话跟人就不一样，痛快！季直，晚上老哥请你喝上几杯，一醉方休！张之洞意气风发，豪气冲天，直把张謇给感染了。

席间，张謇又当众大赞一通孝达公如何如何，湖北如何如何，直听得张之洞双眸生辉，自然也少不了对后起者张謇一番勉励。

辜鸿铭再怎么挑剔、再怎么桀骜，对张謇的赞说听了有多肉麻，值此情形，也不敢在大庭广众面前跳出来，发表自己对铁厂的评价——金玉其外，败絮其中。但他却认定自己评判的分量，从他自己亲眼所见，从铁厂总办蔡锡勇一次又一次的叹息声里，感觉到了自己评价的准确性。

蔡锡勇肩挑数项要务，一天要兼顾几头，他事情又都做得细，真有点喘不过气来。汉阳铁厂冗员充斥、人浮于事，在人仅得八十人之用，一日仅作半日之用，何来效率？另外，大小官员滥支靡费，浪费惊人。这些弊端在蔡锡勇受召前往南京时，就已是冰山一角，如今更是浮出水面。某小小部门，竟有一半人员担任闲职，每天所干的就是吸水烟袋，却领着数目可观的薪水。

蔡锡勇想自己悉心操劳，事必躬亲，未料中国痼疾，仍然传染到铁厂诸企业中来，心里如何能平静得了，当即召来有关官员，饬令立即裁减人员。可那些脑满肠肥的官员似乎并不把他这铁政大人的话放在心上。一位胖子眨巴着三角眼，语气冷冷道：蔡大人，这些人可都是有来历的，哪个不是凭抚台、司道大人的关系进来的，我倒想把他们全裁了呢！

蔡锡勇问过那些多出人员的来头后，一时竟傻了眼。这些人员关系复杂，盘根错节,自己是断不能做主的,只有请总督大人定夺了。

在当时看来,给自己的亲戚朋友谋个职位,是理所当然的事,至于被安排的人是否适合于这项工作并不重要。于是,那些居庙堂之高者,为了帮助自己的亲人,就不惜牺牲国家的利益了。这是来华多年的《字林西报》记者巴尔福得出的结论。听说伍尔兹夫妇要来武昌办事,巴尔福就随着来了,也想着在这个工业重镇考察一下中国未来的工业发展趋势。

因为伍尔兹的介绍,巴尔福很快就同维特、彼德等一批洋顾问、洋技师混熟了。他一边喝着英国烈酒,一边诱发这些洋匠们讲述他们在帮助中国办厂期间的所见所闻。他要把这些揭示中国腐败阴暗面的声音收集起来。

这些高鼻蓝睛们为找到了共同的话题而显得兴高采烈、津津乐道,仿佛中国的落后和腐败正是他们欢欣鼓舞的一个理由。

洋人的浪笑并不使随伍尔兹同来的王买办为祖国难堪,听到这些人的议论,他还情不自禁地会心微笑,因为自己就是这样走过来的。只是他感觉他们有的地方说得过于绝对了,不知是为了供他们参考还是为自己那贫穷落后的国家声辩,他憋了半天才挤出一句话来:中国也有不贪的官。据我所知,张之洞总督还有他手下的辜鸿铭就不贪。我送钱财过去,他们都不收呢。

"还有蔡锡勇呢!"王买办这么一提醒,倒让维特和彼德他们同时想起了蔡锡勇。但很快,另一种想法又占据了他们的头脑——这些人太少了,在中国声势浩大的贪官污吏群中,他们很快就被淹没得无影无踪。

英国《字林西报》记者巴尔福在这次谈话中,得出了一个大胆的新结论:八成的中国人没有国家观念。

有没有国家观念不是外人说了算。但接下来发生的"东方匹兹堡"之败,着实令人哀叹。

天空灰蒙蒙的,不知是乌云遮蔽还是烟尘污染。一堆不合格的钢产品矗立成小山似的。汉阳铁厂的炼铁总管、荷兰人欧仁·吕柏手中把玩着一截钢铁,轻描淡写地向张之洞报告:铁厂所炼之钢,含磷过高,容易脆裂,根本不适合轧制钢轨。

听完辜鸿铭的翻译,张之洞惊愕万状,急急从地上抓起一块样品端详再三,仿佛自己能够辨别真伪似的。一旁的蔡锡勇、辜鸿铭等纷纷抓过钢铁来看。好半晌,张之洞那惊愕不已的脸才转向从外头匆匆赶到的维特:顾问先生,炼钢的铁炉不是向英国订购的吗?

维特耸耸肩，道：总督大人有所不知，英国有两种钢炉，一种是酸性的贝色麻炉，适于炼含磷量小的矿砂；一种是碱性的马丁炉，适于炼含磷量大的矿砂。大冶的矿砂必须用马丁炉提炼，才可除磷。但汉阳铁厂却错配了贝色麻炉，所以炼出的钢轨含磷量过高，实为劣品。我们应该废贝炼马的。

听罢维特的"马后炮"，张之洞满脸愤怒地冲着维特吼道：岂有此理，你怎么不早说？岂有此理！

张之洞望着眼前这一堆小山似的废钢，心如刀绞，喃喃自语：这就是中国未来的匹茨堡吗？这是谁的预言……一时间，张之洞的眼角噙着热泪。

铁厂急需一笔资金抠注，可哪来这笔款项？再去向各商家筹借吧，可以前向他们东挪西借的大笔欠款还未偿还，又有谁会愿意再借给你。张之洞无奈，只好恳请朝廷支持，可朝廷要向日本赔款两万万两白银，哪有钱下拨？更何况，甲午战争中我居然败北于人家小倭国，从一个方面宣告了洋务运动求强求富的口号落空。而《马关条约》的屈辱条款，更加激起非议洋务派兴办企业靡费国帑的舆论，呼吁改官办企业为商办。

张之洞想自己苦心经营的汉阳铁厂，不仅没能实现"东方匹茨堡"的预言，最后竟成了彻头彻尾的不中不洋的怪物，步履维艰，几乎要落得同李鸿章的北洋海军同一命运，心中自然痛苦万状。他已到山穷水尽的地步，且被铁厂的经费搞得心力交瘁，朝廷招商承办的谕旨倒使他有了退路。汉阳铁厂无疑成了一个沉重的包袱，他虽然不想把它甩掉，但情势逼迫他必须甩手，该如何体体面面地甩手？张之洞起身橐橐地踱了踱步，面向蔡锡勇：蔡道，上谕招商承办，你说铁厂交与华商还是给洋商？

蔡锡勇看着张之洞，不假思索道：当然是给华商。

张之洞摇摇头：铁厂经营多年，用款甚巨，我最大的担忧就是华商无此财力承办。所以，我意包与洋人为好。不仅铁厂可卖，大冶铁山及江夏、大冶、兴国各煤矿均拟一并与铁厂包与商办。你可速去询问各洋匠，并让各洋行知之。

"包与洋人？"蔡锡勇陡然吃了一惊。

张之洞一屁股坐在太师椅上，眼光极其温和地看着蔡锡勇道：我知道你想说什么，但现在什么都不要说，你先去问问情况再说。你去吧，我也累了。

维特、查理、伍尔兹等听说张之洞此举，急忙来到武昌，索要铁厂全部机器价目账档。

张之洞欲将铁厂、矿山招洋商的消息传出后，社会舆论大哗，各方均强烈反对。揆度时势、精通宦术以儒臣自许的张之洞在矛盾冲突中终于明白了：铁厂就是送与华商，也断断不能包与洋人。否则，卖国贼的帽子就落在了自己的头顶上。

面对蔡锡勇、辜鸿铭、梁敦彦等一帮忠心幕僚的规劝，张之洞的态度忽然变得出奇的明朗：我当然是要包与华商的，将来也便于官府入股，余利均分。

"当然"两字说得何其响亮，弄得这些聪明的幕僚们一个个摸不着头脑，不知道这位高明莫测的大帅葫芦里卖什么药。

张之洞莞尔一笑：你们想想，华商多奸猾，如果没有多家洋商争估比较，华商肯定会多方要挟，不肯出价。我包给洋商，只是虚张声势而已，为的是让洋人争买，好争得个高价，实则是卖给华商。

"哦，原来如此！"这场沸沸扬扬的争论，就在张之洞莞尔一笑中冰释了。接下来，他就要物色华商人选了。不过，他想先听听幕僚们的意见，看看他们推荐的人选如何。他轻叹了一口气，道：铁厂难以为继，实在是没有找到合适的人才啊！

何止是铁厂，其他洋务企业在用人、理财、筹划、布置方面，以及固有的衙门作风，与铁厂并无二致。但辜鸿铭没有扩大抨击对象，只是顺着张之洞的话说：不是吗，出任铁厂的管事大多是仕途人物，不是候补官员，即是退职官吏。他们谈笑间，寻章摘句、之乎者也，在官场摆摆样子，耍耍威风可以，然管理一个厂子，调配百十个工人，检查产品质量，却一窍不通。更有一些人，热衷于把经营官办企业视为捞取个人好处的手段，使官办企业为他个人生产利润。这样不造成亏空，那才叫怪呢！

蔡锡勇见辜鸿铭说得尖刻，担心张之洞听了不高兴，忙道：常言道万事开头难，铁厂事属初创，又缺乏经验，取得成效确属不易。

辜鸿铭白了蔡锡勇一眼：隔靴搔痒，世上就你会做老好人。

"办洋务，我真不如李鸿章……"张之洞再次从心里面崇敬李鸿章。

梁敦彦却说：不然不然，李鸿章虽号称洋务运动的主持者、洋务企业的创办者，其实他对办企业是外行。如果说香帅有不如他的地方，那就是身边少了一个理财能手。而李鸿章身边的那位经济总管最善企业管理，不管什么亏损厂矿，只要由他经营，多能赚钱，此人实在了不得。

张之洞眼睛一亮：你是说盛宣怀？

梁敦彦点点头：李鸿章办洋务能有成就，主要还不是靠盛宣怀。盛宣怀是李鸿章的活算盘，他所办工商企业虽有挫折，然大多数都有所成功，依我愚见，当朝难有出其右者。

辜鸿铭一听，便嚷开了：我在上海时也听说盛宣怀会赚钱，香帅何不将他挖过来？

张之洞眼中最合适的人选正是这盛宣怀。他想，盛宣怀参与创办过中国第一个洋务民用企业轮船招商局，主持创办过煤矿、电报、纺织等工业企业，不仅控制了大批洋务企业，而且与英、美、日商联系较广，确是个颇有经济实力和经营才能的亦官亦商的人物。要是能把他挖过来，让他管理开矿和炼铁的事那该多好啊！张之洞在接到招商承办的谕旨时，虽然有着向洋商招徕的举措，但也瞩望于盛宣怀，希望洋商承包消息传出后，能刺激他加速前来接办。

在张之洞千呼万唤、软硬兼施中，四品道员盛宣怀终于到了武昌，以优渥条件为前提，接办汉阳铁厂。他当众放言：香帅办铁厂算找对人啦，今后有香帅关爱，汉阳铁厂必可起死回生，不但有利可图，还可跻身世界先进之列。

一句话说得大家都笑起来，不知是笑盛宣怀的大话，还是笑张之洞请君入瓮的把戏。

烫手的铁厂诸事总算移交给盛宣怀接办了，张之洞顿觉心力交瘁。蔡锡勇更是累坏了！他跟随张之洞十几年，勤勉洋务，任湖北铁政局总办后，先后筹办并总办十来个厂、局、学堂，殚精竭虑，积劳成疾，不久溘然早逝，英年五十。

辜鸿铭憾别良友时，见张之洞老泪横流，心里又是一酸，想蔡锡勇能让主公悲伤至此，也算死得其所。转眼又一想，可怜蔡锡勇硬被张之洞压上十来挑重担，能不累死？如果分些与我，岂不两全其美，咳！

七、总督和幕僚眼中的留学生

堪称教育家的张之洞在不遗余力地兴办学堂时，对西学的看重也日甚一日。虽然他在多数学堂也开了西学西语课，但为了让学子们早日将西学真正学到手，他认为必以"游学"为捷径，出洋一年胜于读西书五年，入外国学堂一年胜于中国学堂三年。还在署理两江总督时，他就比照福州船政大臣派遣留学生之例，奏派从江南陆军学堂、铁路学堂、储才学堂内已通西文的学生中选出四十名，前往法、英、德三国留学，预定学习中学三年、大学三年，共六年期限，所需费用由两江公款拨给。

回督湖广后，恰逢日本驻华公使矢野文雄要求清政府派学生赴日留学，总理衙门乃从北京同文馆以及北洋、南洋、两广、湖广、闽浙等地选派六十四名学生，其中湖北二十名悉由张之洞派出。

张之洞对学生十分慈爱，没有官架子，无论是在校内外，也无论坐轿或骑马，只要学生行礼，他都要起身微笑点头，算是还礼。一次，两湖学堂的几十位新生为了验证是否如此，利用休假时分在总督府附近溜达，十来米站一个，见张之洞乘坐大轿过来了，立即立正行礼。张之洞见是身穿校服的学生，连忙扶着轿辕立起，微笑点头作答。轿子还未走几步，又有学生敬礼，张之洞又起身点头还礼。如此下来，一段不长的路，张之洞数十次起坐，折腾个不休。他已知这批新来的调皮蛋在有意戏弄自己，却没有发火，自始至终微笑还礼。一位叫董用威（即后来的中华人民共和国代主席董必武）的新生欢笑不已，专此写了首打油诗："香帅坐轿去衙，不比走路轻松。连连站起坐下，频频点头打躬。"学堂监督梁鼎芬得知学生们的行径，大为震惊，欲行开除为首的董用威、蔡天民两生，但张之洞坚不让，并回了一首打油诗："今朝敢戏大臣，日后必成大器。玉美贵在工琢，成功全赖自己。"此事传出后，张之洞与学生们的感情更加融洽。

这次送学生们出国留学，张之洞自然视为喜事，令如夫人朝云给学生赏发贺银，每人二两。朝云却发愁说家里只剩下不到十两银子了，给长孙厚琨的零用钱都还嫌少呢，哪来这么多钱？张之洞二话没说，就让侄儿张榛装几块石头到皮箱，提着进当铺，当二百两，以解燃眉之急。张之洞自家生活并不豪奢，却爱玩赏古董字画碑帖，又好客，常办宴会，送礼赏赐，所费不赀，日子过不去时就当当。武昌城几家有名的大当铺有一行情：凡是总督衙门拿皮箱来当，并不开箱看里面是什么东西，只照箱数付银，每口二百两。待督署来赎箱子，当铺赚他一笔不小的利息。

梁敦彦来辜鸿铭家中借阅洋文书刊时告知此情，辜鸿铭感慨不已，想张之洞办实业、兴洋务，年年月月，动辄百千万两，却常困于入不敷出，为此而殚精竭虑，如此不以个人致富为价值取向，更拒不义之财，不失为雅洁君子。他一本正经地对梁敦彦说：东家不事个人财富聚敛，清廉自守，可以说，一定程度上还受了我的影响呢！

在派遣留学生出国前夕，张之洞照例要来一番训示，并亲自设宴饯行。酒酣耳热之际，学堂梁鼎芬起身向学生们提议：香帅向来关心学子，今诸位即将远行，请香帅讲几句话送勉，好不好？

学生们鼓掌欢迎：好！

张之洞起身，环视众生，眼光饱蘸着无限的慈爱，语气缓和地说：尔等在座诸生，均为本部堂严格遴选的出类拔萃者，你们出洋后，第一要用功求学，学得一身本领回来为国效力，到那时候你们还怕不能插金花戴红帽做朝廷的大官吗？本部堂希望诸君勉之。第二不要听信那些异端邪说，闹嚷无所作为，不小心还会坏了自己的性命……

张之洞的这番话，听得一旁的辜鸿铭立变容颜，如坐针毡，他深深地喘了一口气，骂人的话都到嘴边了，忽然眼睛落在手中戴着的金戒指上，急忙咬住嘴唇，强忍住了。这个特别的神情，没能逃过梁敦彦的眼睛。

第二天，幕僚们来签押房等张之洞召见，等了近一个小时，却还不见张之洞出来。辜鸿铭可就嚷开了：咳，东家这个起居无时真是害人不浅！

梁敦彦笑道：又坐不住了，昨天送别留学生，我看你听东家说话后，也都快坐不住了。

"东家诱学子以名利，我听了心里极不痛快，想要骂人的，只是为了顾及东家的面子，才强忍住了。"

辜鸿铭这么一说，凌福彭便问：这触犯了你哪根神经呀？念书做官，那是每位父母对孩子的殷殷希望，因而也是每个孩子所孜孜追求的目标。自古以降，读书求学的一切动机和最高期望就是要步入仕途，所谓学而优则仕。

梁鼎芬亦道：是啊，每一位由懵懂无知到渐谙人事而进入学堂的学子，他首先被灌输和想到的便是读书做官。而所有父母在为孩子提供受教育的机会时，他们念兹在兹的也不过如此。

"两位所言差矣！"辜鸿铭冷笑一声，道：何为学？在西汉董仲舒曰，"正其谊不谋其利，明其道不计其功"。夫明道者明理也，理有未明而欲求以明之，此君子所以有事于学焉。当此求理之时，吾心只知有理，虽尧舜之功不暇计，况荣辱贫富贵贱乎！盖凡事无所为而为则诚，有所为而为则不诚，不诚则伪矣。为学而不诚，焉得而有学？

人越多的地方，那些自命为旧学大家的同僚愈多。辜鸿铭愈是满口的之乎者也，直听得大家掩嘴而笑,却也觉有理,不少人频频点头称善。

"君不闻,荀子亦有云,'我欲贱而贵,愚而智,贫而富,可乎? 曰:其为学乎!'昨天东家赠诫留学诸生之语,与荀子勉励学者何其相似乃尔! 故我说东家之学本乎荀子,盖以其务外自高,故未脱于功利之念也。"

大家没料辜鸿铭意气上来,更进一步发挥,公然无所顾忌地批评起张之洞来。你看我、我看你,他们不知是希望有人出面拦阻还是不要拦阻。

说着说着,辜鸿铭的话语又走出了之乎者也的圈子,明白晓畅起来:我老早就说过,东家是不会把我的话当一回事的,我和他基本观念就不一样。我做事只讲是非,他只知利害、不知是非。是非之论,他听不进去,只有利害呢,他还能接受。

张之洞已走到门口了,听得官厅里在议论,连忙停住脚步屏声静听。他越听越气,胡须在微微颤抖,终于,他从门口冲了进来,双目怒向辜鸿铭,训道:怎又说我只知利害不知是非了?

众人吓了一大跳,立时噤若寒蝉。辜鸿铭却镇静地回答:香帅诱学子以名利,这种态度难道高明? 我只怕对他们贻害不浅。

张之洞显得不无恼火:依你高见呢?

辜鸿铭脸不红心不跳,神态自若作答:留学本为冷门,多是一帮家境穷困或求真知者的途径。如今一变而为大热门,为何? 求真知者多了吗? 非也! 其因在于时下的出洋已被视作日后猎官的捷径。当官在中国,好处是太多了,一登官位,手下百姓的钱财是他的自不必说,就是百姓们的命也是他的了,你说这官场怎不叫人眼红? 于是,稍有家资者无不纷纷出洋,以期镀金回来,挣个大红顶子,再做个三年清知府,弄到十万雪花银,哈,诱人不诱人!

这倒是实情,张之洞火气渐自冷却下来,沉吟道:以你训诫,又该如何?

"香帅学识丰富、才高八斗,难道没有看过袁枚说的一则故事?"

张之洞愣了一愣,愕然道:如何又扯到袁枚身上,与他什么相干?

辜鸿铭微微一笑:袁枚的故事说,某人年过四十还不曾有子,常因"不孝有三,无后为大"的古训而焦虑,乃向某公请教。某公说,"你只要学学禽兽,包准抱儿子,因为男女构精,是自然而有的人欲,原无天理道义可言,你急着传宗接代,将天理道义掺入人欲中,不仅欲心不炽,难以成胎,而且以人夺天,为造物所忌。你看那猪狗牛羊,春情一发,该交配就交配,百发百中生得好不热闹。原因何在,在于这些禽兽根本没有生育观念，只是阴阳两性的鼓荡，行其所不得不行，止其所不得不止的本能而已，所以也就生其所不得不生了！"

这么个严肃的事情，竟被辜鸿铭借袁枚之口说得乌七八糟，张之洞又好气又好笑，脸上表情由惊而嗔，由嗔而喜，终于忍不住笑出声来。众幕僚见此情景，也一下子放松了紧绷的神经，纷纷笑将起来。这个故事难登大雅之堂，以它来讥讽自己的主公，不免有大不敬之嫌，怕也只有辜鸿铭这个"疯子"才有此胆量。

辜鸿铭却没有笑，继续认真说：此所说关乎天理人欲之意，与《中庸》一书中所说的"天地之道，可一言而尽，其为物不二"，原是同一道理，这就是所谓"为物不二，不二则诚，诚则有功"的道理。人在求学时，心中固不可存有升官发财的念头，这就如同想生儿子不可存有传递香火的念头一样，要心念纯粹，不计其功，才可以得到真正的学问！

张之洞觉得辜鸿铭所言有一定道理，也就不追究他冒犯尊颜了。这天，他正在书房读书，忽地辜鸿铭又来了，拿了一个酱油瓶冒冒失失地放在书桌上，笑嘻嘻地问：香帅，这个酱油瓶置于案头，可会影响你读书、做学问？

张之洞不假思索地说：当然，为何要将酱油味掺杂到书香之中呢？

辜鸿铭一本正经地说：香帅，有一个英文故事，讲一位小孩读书愈读愈没长进。做母亲的问是何故，小儿答是为桌上的一个酱油瓶所害。其母莫名其妙。小儿说，"我因你将那个东西误放在我的书桌上。我读书时，它不断在心里扰乱我，我如何能读得好。"可见读书是最忌分心的。一个酱油瓶，还有那么大的牵引力，何况比酱油瓶更有魔力的升官发财呢！

"汤生，你真个把本部堂看成是三岁小儿了！"张之洞微微叹了一口气，捧过鼻烟壶，幽幽地道一声。他知道，不论辜如何讥讽并难为自己，但绝不是在攻击自己，不过是两人在看问题上有不同之处罢了。

梁鼎芬当初以参奏李鸿章而天下闻名，可入张之洞幕后，因为受着张之洞的厚爱，对一些问题虽有看法，却不好当面直言顶撞。辜鸿铭冒险犯难的个性，让翰林出身的他惺惺相惜，因此愈发欣赏起辜鸿铭那敢于把东家拉下马的师爷气来，不时主动找辜鸿铭交换看法，纵谈人事国事。

"东家兴办洋务，以学堂建设为大事，以培养学兼东西的人才为关键，难道这还有错？"梁鼎芬品着香茗问道。

辜鸿铭道：学堂若不仅培养精通制造技术的专才，更着眼于培养懂得以理制势、修邦交之道、能销外患的人才，那么，这样的宗旨一点也没错。其疏漏处在于急功近利。东家当然是有远略的人，在开办学堂、培养人才上当今没有能出其右者。美中不足的是，他务外以功利相诱导，所以我说他未脱功利之念。

"这与利害有何关系？"

辜鸿铭大眼一瞪：关系大着呢！他这番不断派人出洋留学，诱人以功名利禄，此乃等而下之者；再则诱人以报效祖国，既有谋利谋官之心，又有为国效命之想，岂不是存了传宗接代之心？如此三心二意，岂能学有所成，徒增几个想当官的新面目。更何况派出去的留学生大半是去挣洋功名的，国学根基虚浮，好高夸大；回国之后，又妄自尊大，不屑与国内学人同列；未先尝试，即求大用，宁为高等游民，不肯屈就卑职微俸；处处以洋人为规矩，不明国情，趾高气扬，自以为是。星海兄，在我看来，今后祸害中国的，除官僚外，即留学生。

第七章

维新风云

一、合理和背理的维新

湖广总督署的中门及暖阁大开，衙门两旁的街道，披挂整齐的军士神情肃然，闲杂人等被压在街沿，不得在街面上走动。数十名两湖学堂学生排列人群两旁，此起彼伏地吹奏着洋鼓洋号。

"张之洞在迎候谁呢，连今天侄儿的婚礼也草草退席？"连辜鸿铭都这么问。昨晚他憋了一肚子想法要与张之洞谈维新，张之洞却让他第二天与卓老一起来谈。卓老是谁，莫不就是今天欢迎的这个？看这副盛大的仪式，不是亲王就是朝廷首辅，最差也是同品总督。但辜鸿铭错了，所有猜测的人都错了，张之洞今天欢迎的是年轻的举子梁启超。

梁启超，字卓如，十七岁时从学于康有为，并作为他的得力助手跟随发动著名的公车上书，曾任强学会书记员、《中外纪闻》重要撰稿人。康有为的《强学报》被禁后，上海强学分会乃改为时务报馆出版《时务报》，由汪康年任总理，梁启超为主笔，继续鼓吹维新变法主张。梁启超以其锋利而富有战斗性的言说，成为时代的彗星。梁启超再怎么年轻气盛、才高志大，看了眼前这盛大的迎接阵势，也吓了一跳，赶忙对着张之洞伏地拜谢：大帅如此高看，卓如实在受不起，我不过是你的弟子而已！

梁启超能在这么多人面前自称弟子，让张之洞喜出望外。他笑盈盈地将梁启超扶起：早盼梁先生来武昌会晤，不意先生如此年轻风流，香涛甚喜！

辜鸿铭一旁小声对梁敦彦道：卓老、卓老，谁会想到是你这位广东同乡梁启超。

梁敦彦苦笑：长这么大还没见过香帅这般迎人的阵势，就差没有鸣炮相迎了。

凌福彭撇撇嘴：梁启超是什么人，一个没品的举人罢了，而东家居然用这样的礼节迎接他，真是匪夷所思！

"原因很简单，听说康有为和梁启超要柄国了，东家这样做，何尝不是一种特殊的献媚。知道吗，献媚！献媚于其人宠任之前，为了交好于其人宠任之后。"辜鸿铭把"献媚"两字说得很重。联想到张之洞以伟大的改革者自居，参加康有为的强学会，并捐赠拨款，辜鸿铭认定张之洞大有巴结维新党的嫌疑。

张之洞就在旁人的诧异和议论中，携手和梁启超于鼓乐声中走向总督府。被张之洞紧攥着手的梁启超心底里涌过一阵阵热流，由衷道：每个督抚，若都像大人这样，重教育，兴实业，筹划经济建设，国家自然能自立于世界民族之林，泱泱大国自然可与列强抗衡，此非变革不能为之。卓如以为，天地万国，上下千年，无时不变，无处不变。变法宜早，以勇气为先。

张之洞接过话茬：只是国事如麻，变法事大，牵一发而动全身，一经发动，便如危崖转石，非达于平地不止。

秋月当空，光华如水。梁启超翘首以望，轻声吟哦：烟笼寒水月笼沙，夜泊秦淮近酒家。商女不知亡国恨，隔江犹唱后庭花。

辜鸿铭看在眼里，不冷不热地问一句：梁先生感伤什么呢？

"想我大清帝国，康乾盛世何等威风！鸦片战争以来，江河日下！最可忧者，那些反对洋务的人一味抱残守缺，说祖宗留下来的东西这好那也不错，而对新东西这不习惯那也看不顺眼。本当自新图强之际，此种腔调不是和那不知亡国之恨的商女一样吗？"

"我套梁先生的话来说，你和你的老师康有为又为何对祖宗留下来的东西这看不惯那看不顺眼，而热衷于西洋的所谓新东西呢？"

辜鸿铭的诘责让梁启超吃了一惊，但他很快就镇定下来，看着辜鸿铭道：康老师并非数典忘祖之辈，他尊尚孔子即为例证。辜先生，你没读过康老师所作《孔子改制考》吗？

梁启超怎么也搬出康有为的《孔子改制考》来了，张之洞不由得紧张起来，他正想着如何开口，辜鸿铭却已和梁启超针锋相对起来：岂止没读过，我还知道此文刊行不久，即遭其所撰《新学伪经考》一样的命运，为士人群起反对，纷纷上奏毁禁书版呢！

梁启超淡淡一笑，道：辜先生所说一点不假，但要知那些反对的士人皆为墨守祖宗成法的守旧之徒，不足为怪。

梁启超一个"皆"字让张之洞生出不满来，这岂不把自己也包括进去了。但他没有提出意见，静默着听辜鸿铭的议论：康有为假托孔子实行改良维新，对传统经典于己无用的全斥之为伪经，对于变法有用的又曲为解释。我看绝非纯正之人。

"照辜先生之意，是要把所有的中国儒家经典都一概呵护，奉为圭臬了？"一经交手，梁启超感知辜鸿铭绝不可小看，于是认真地应对起来。

辜鸿铭哈哈一笑：你既然要和你的老师那般谈孔子，那就把孔圣人推出来，我与你一辩高低。你和你老师一丘之貉，都说《公羊》是《春秋》的唯一正确解释，我却不敢苟同。孔子《春秋》的大义我看是"尊王"，而《春秋》尊王之旨，首要在"明义利之分而本乎忠恕之教"。所以中国士人君臣之相属是因为义也，而非以利也；忠恕之教行，所以中国士人知责己而不责人，责人犹不可，况国家有艰难，而敢以责其君父乎？自是中国尊王之义存，故自春秋至今二千余年，虽有治乱，然政体未闻有立民主之国，而士习亦未闻有开报馆之事，此殆中国之民所以赖以存至今日也。

梁启超仰天大笑：我尝听那些顽固派议论洋务，什么"以忠信为甲胄，礼义为干橹"呀，什么"奇技淫巧败坏世道人心"呀，什么"耕织机器夺农工之业"呀，什么"师事洋人，可耻孰甚"呀。按照他们的逻辑，中国的固有文明已经好得不能再好了，终有一天"外夷"会拜倒在中国文明面前，"用夏变夷"，根本不需要也不应该向外国学习什么东西。今听辜先生言，方知原来顽固守旧之人原有通病的，不是夜郎自大就是对西方茫无所知，或知其一不知其二，无所置喙。

辜鸿铭也是哈哈一笑：你说，我对西方有什么不知？即使拉丁语，我也不逊于马相伯。

辜鸿铭说穿了梁启超的一桩往事。二年前，梁启超在上海担任《时务报》主笔，与马建忠、马相伯兄弟结成忘年交。作为维新运动的舆论明星，梁启超的论文令马相伯赞赏，但又惋惜梁启超对近代西方政治文化的认知程度过于肤浅，劝说他应趁年轻学好一种欧洲文字，不该太早卷入实际政治，并因而责备极力扶植梁启超问政的黄遵宪是孔子早就指斥的子路那样的冒失人物，所谓"贼夫子之人"，在年轻人学业没有成熟前便急于让他从事政治活动，不是爱护他而是害他。梁启超对此虽不以为然，却也决定学习拉丁文，与康门弟子麦孟华等常在晚间前往马宅学习拉丁文。

梁启超一时无语。

辜鸿铭却乘机反击道：你们这些维新派，知不知道何谓真正意义上的维新？真正的维新是学人之长，无鉴别力决不配谈维新。无鉴别力的维新就像没有缰绳的马，决然走不好！

辜鸿铭和梁启超当着张之洞的面，激烈争论，好一番唇枪舌剑，可谁也说服不了谁，张之洞也只是听、思索着，未作只语评说。

辜鸿铭伴着碎月回到家中，激昂伏案作文。一个礼拜后，抱着三篇宝贝文章来找张之洞。张之洞正在书房和从上海回来的梁鼎芬谈话：星海，康有为、梁启超以西方的制度和理论作为中国改良与维新的依据，我看还是具有说服力的。梁鼎芬拈须沉吟道：香帅，我总担心康梁之辈乱政误国……刚到门口的辜鸿铭大声说：说得好！

张之洞招呼道：汤生，先别嚷嚷，这期的《时务报》刊登了梁启超的《西学书目表序例》。这里面有一段话，甚合我意，你来看看。辜鸿铭接过张之洞递过来的报纸看着。张之洞一旁道：卓如说，"如果舍西学而立中学，则中学必为无用；如果舍中学而立西学，则西学必为无本，皆不足以治天下。"这话好就好在，将中学、西学两者之间的关系分清楚——中学为本，西学为用。

辜鸿铭推开报纸：香帅，我不敢苟同。儒家本乎孔子"贱货贵德"之说，告诫个人或国家不必专心致志于财富、权利和物质的繁荣；而现代欧洲的新学则教导人们，人生的成功和国家的强大，基础在于拥有财富、权利和物质的繁荣。我看，很难合二为一。张之洞问为什么，辜鸿铭答：正像你不能既真心侍奉上帝，同时又真心供奉财神。

张之洞沉吟道：汤生，本部堂倒觉得康有为和梁启超维新改良的初衷是富强中国，与洋务派目标相近。辜鸿铭却说：中国的士子们不知西洋乱政所由来，我希望香帅能了解西方礼教、官制及其得失，以及议院施行后的各种弊端。说罢将几本册子放在张之洞面前：这是我写的专论——《西洋议院考略》《西洋礼教考略》《西洋官制考略》，请香帅过目。

张之洞接过，翻了两页，皱皱眉：你还是和梁启超、章炳麟辩论去吧。

辜鸿铭吃了一惊：怎么，香帅还请来了章炳麟？！

章炳麟以其号太炎闻名，时任上海《时务报》撰述，跟随康有为宣传改良思想,并积极投入政治活动。张之洞闻其学识大名,欲延请他入幕,筹办《正学报》。章太炎既来武昌,倒不在乎张之洞对他和梁启超礼遇不亚上宾,而欣喜于这位手握实权的著名总督也拥护维新,名列康党。但他没想到,一脚踏进总督府花厅,竟有一场激烈的争论在等着他。

年轻的举子梁启超虽在前次与辜鸿铭辩论中未占上风,却不甘示弱,这次面对张之洞又是侃侃而谈:朝廷如行新政,必设议院,议员俱由民众公举。民心向有不服,缘于政令不当。如果能使民众自议其政,自成其令,哪还会有什么不服呢?章太炎附和道:卓如所言极是,议院为欧洲近二百年振兴之根本,合君民为一体,通上下为一心。

张之洞还未表态,辜鸿铭却立即跳了出来:两位所言差矣!西洋自古罗马后,有事皆由其酋长召集各部落以决定可否。西洋分为列邦后,犹循旧俗,国君召集群酋议事。群酋之会,按现在时髦的称呼,即为国会。十二至十三世纪初,英吉利国王约翰好讲兵,征赋无厌,英国群酋乃逼约翰立大宪章,规定凡以后征赋,必召集国会议论才可决定。当时的国会成员大多是酋长世族。后来各地平民有才能德行者或由群酋推举,或由国主召入国会,于是国会乃分为上下议院。十六世纪后英国财税大多依赖于商贾富户,各地富翁因经济地位高,许多人被公举加入下议院,议院的势力大盛,国主渐被架空,终于造成议院与国主分庭抗礼,动起干戈。克伦威尔处死查理一世,宣布共和,撤上议院,乱乃定。查理一世死后,英国人复立查理二世,重设议院,议院势力又兴盛起来。查理二世之弟即位后,因失民望而被驱逐,又召其婿荷兰国主,重新盟约,议院势力再次大增。英国如此,法国人杀了国主,也仿英制设议院,国家遂大乱,到了拿破仑起兵,闭议院,才得到安定。辜鸿铭边说边踱步至梁启超、章太炎跟前,朗声道:由此归纳,议院对国家统治的危害实不可低估,西洋之乱,于斯已极!我们中国则不需要这些劳什物,从孔子至今二千多年没有议院,不也是好好的吗?孔子说"天下有道,庶人不议",这真是金玉良言。

梁鼎芬拈须微笑:汤生所言极是!

张之洞把玩着手中的鼻烟壶,偶尔享用一番,大多时候是细眯着眼睛静听,默不作声。

章太炎在《时务报》结识梁鼎芬后,感觉其言行举止过于守旧,因此一心想把张之洞这位心腹幕僚拉入维新改良一派,因此不让他趁机为辜鸿铭帮腔,抢过话尾道：大凡政体，皆有弊陋之处，唯在于今后修补完善。辜先生却为何尽拣议院疏陋处渲染？

辜鸿铭目光炯炯地看着章太炎，说连洋人他们自己都大不以其为然，我又何必恭维他们的弊政呢？

梁启超一旁道：辜先生果然好辩，只是过于牵强附会、强词夺理了！

辜鸿铭还想说什么，忽然目光触及右手无名指上戴着的刀锋形金戒指——贞子要他慎言的嘱咐浮在耳边。咽了咽口水，把已到唇边的话收了回去。

有话不能说，或不让把话说透，于辜鸿铭却是件难受的事，如鲠在喉。第二天，辜鸿铭不管张之洞高兴不高兴，只管大放理论。不料，却见张之洞头一歪，竟在太师椅上打起了呼噜。微叹了一口气，怏怏退出。岂料他前脚刚走，张之洞眼睛就已睁开，得意地一笑，又忙着召见梁启超、章太炎，热情欢迎前来奔走其门下的强学会人士了。

接连几日，辜鸿铭都不得见张之洞，心绪缱绻。这天中午又待在读易草堂伏案疾书，淑姑听任他抚摸小脚，早已蒙眬入梦。辜鸿铭受了传染，不觉也连打数个呵欠，想了想，轻轻撇下腿上搁着的金莲，下了地，伸伸懒腰出了门。"兴奋剂"居然睡着了，那就看看"安眠药"去。

天性温柔善良的贞子两三年前就把卧室隔壁的一间房辟作了幼稚园，这会儿正耐心地和五六个儿童做母鸡护小鸡斗老鹰的游戏。小儿辜守庸扮演老鹰，正气势汹汹地扑向鸡雏，小鸡们在母鸡贞子的庇护下，左跳右挪，乐不可支。贞子看见辜鸿铭站在一旁，连忙撇开孩子们，一脸喜色地迎过来。辜鸿铭见她满脸是汗，忙用袖子在她额头上拭了拭，颇有感触地说：孔子当年说自己的志向之一是要让少儿们得到关怀。不要说和孔子，就是和夫人比照起来，我也惭愧多了。

贞子被说得有点不好意思了：我也就是尽一些微力罢了，老爷何须自惭，何况老爷有那么多的事情要做。

辜鸿铭上前一个个地抚摸着这些活泼可爱的儿童们，怜惜道：我倒愿意设立个义塾，给他们一些关怀，教他们读读书。

贞子满脸兴奋藏不住：那太好了，谢谢老爷！

辜鸿铭果真办起了义塾。学生还是这些学生，地点还是这个地点，只是多了几张课桌，一块黑板，最惹人注目的是块牌位，那是孔圣人的牌位。根据他的规定，学生们进入或离开教室，都要向孔子牌位及教书先生鞠躬致敬。

二、一百八十度大转变

在京师和沪上振臂一呼万人空巷的梁启超和章太炎,到武昌竟然碰壁于张之洞的幕僚们,心里甚觉不平静,于是决定个个"击破"。广东新会的梁启超自告奋勇前往说通广东番禺的梁敦彦,浙江余杭的章太炎自信在上海时就已然说服了浙江瑞安的黄绍箕、浙江嘉兴的沈曾植,又说服了福建人陈衍,他们可都是张之洞的幕僚兼知友,接下来他就要与梁鼎芬打交道。至于那个辜鸿铭,两人的态度一样:他的思想顽固得要用大炮轰。既然难以说服他,最好的办法就是孤立他。

梁启超黉夜前来拜会张之洞幕中重用有加的梁敦彦。对于维新党人,梁敦彦的态度是不搭界,既不得罪也不交往。如今梁启超大驾来会,他嘴里连说欢迎,心中却开始盘算怎样应对了。双方以家乡为话题,稍作寒暄后,梁启超坦诚相告:自康先生发动千名举人公车上书后,皇上颇为动心。康先生得以成立强学会,鼓吹维新变法,列名其间者多显宦名流。当今疆吏可寄托者,李傅相与张香帅也。唯因张香帅最为支持强学会,是故现今有为之士,不走北洋李傅相,多南归武昌。可以说,天下皆以张香帅为言新之魁杰,其所行之新政,不特为国人所注意,即世界各国,咸仰其声望,视为维新领袖。

梁启超给张之洞戴了这么高的帽子。梁敦彦想,张之洞能不动心?他脑子迅速转了转,不动声色地问:卓如先生既认为香帅系当今能够挽救天下大局的朝廷柱石,那以为李鸿章何如?

梁启超快人快意:李傅相不学无术,根本不知"六经"大旨。他一切行政用人,但知功利,不论气节,但论才能,不论人品,真如西汉的大将军霍光。

"我不同意梁先生的意见。依我之见,李鸿章活脱脱一个西汉的曹参再世。"随着这一声嚷,后屋里转出辜鸿铭。原来他刚才就在梁家中呢,听说梁启超来访,就暂作避闪。可一听梁启超这高论,忍不住就又出来了。

见是难缠的辜鸿铭,梁启超深感意外,却不失礼貌地问:请问辜先生,这是为何?

辜鸿铭一边找位置落座,一边说:李鸿章自接替曾国藩之位以来,还沿袭曾国藩当初制定的抵御外侵那套并不高明的方针政策,只知办洋务一事,至于外国的政治、经济和文化,概不过问。他就像曹参代替萧何一样,什么事都不改变,完全遵从曾国藩的规矩。甲午一战,我国虽然也有铁舰枪炮,但最终呢?中方大局糜烂,以全军覆灭的惨败而告终。其实,这样的结果是在情理之中的,李鸿章怎逃脱了干系?

梁启超心想,这位老资格的留学生,还真是个不拘小节、随便臧否人物的狂生,却又保守至此,真不知张之洞怎么能容下他。他沉吟片刻,以退为进:照辜先生之见,李鸿章早就应维新变法了?

"绝不是像你们这样的变法!"辜鸿铭一拍桌子,声色俱厉,把个梁启超吓了一跳。可面对这位连张之洞都无可奈何的前辈,虽为他的无礼而生气,却无从发作,一时讷讷不知如何。

那厢章太炎前往疏通梁鼎芬。梁鼎芬先发制人道:维新、维新,但由改良而立宪,任其发展下去,势必动摇君主集权与统治。

张之洞被目为维新领袖,可他帐下多是些保守之徒。这真让梁启超、章太炎感到匪夷所思。

光绪皇帝听政以后,亲近维新派。慈禧太后表示不禁皇上办事,俟办不出模样再说。像众多督抚一样,张之洞一时误以为皇帝已掌大权。维新派倡议多开报馆,畅议时事。张之洞很是心动,唯恐跟不上节拍,决意迅速开张《正学报》,由章太炎主持,为此特召集心腹幕僚商议。

"设报馆,开言路,申士气,这未必不是强国之路。如今皇上亲政,欲行维新变法,天下共知,香帅何不顺势而为,再办一两家报馆,宣传维新变法,领袖群雄。"说话者乃晚清有名的诗家陈衍,且看他长须飘飘、颧骨高突、脸颊清瘦,陡见风骨。

张之洞望他一言,微微颔首:石遗先生所言极是。

辜鸿铭虽不知章太炎来武昌是陈衍举荐之果,但对这位福建老乡所论却心下反对。他白了陈衍一眼,力陈其弊道:近日中国士人不知西洋乱政之所由来,好论时事,开报馆,倡议院,这绝不是什么盛事。须知民气一动,不可复静,辩言乱政将导致大乱。

"危言耸听!"张之洞对辜鸿铭的话很不以为然。

辜鸿铭却不避锋芒道:香帅也看到了,《时务报》竟刊载君权太重之论,岂非骇人听闻!倘若士人开报馆论时事之风渐盛,其势必至创立异说,惑乱民心。奸民借此诽谤朝廷,要挟命官,辩言乱政之弊将不可收拾。谚语云,"其父杀人报仇,其子必且行劫。"愿香帅留意,甚幸、甚幸!

对这位同籍怪杰,陈衍也知他素以张之洞不相托大事为憾。他如此作对,莫不是因为手中没有办事的要务而嫉恨在心？想想又道：香帅既以朝廷维新变法为然，不妨设个洋文报馆，延聘贯通中外时务之人，介绍西国的务材、训农、通商、兴工、敬教、劝学、使贤、任能各要务，以匡扶朝政。另外，又可因此阐述西人向来之欺我者，刊之报纸，以醒国人。从这对外、对内两方面来考虑，均应发挥汤生的大器之用。

见张之洞"嗯"一声后，微微点头。凌福彭趁机接口道：眼下时事纷扰，国势难宁。香帅何不命汤生多译西方报纸，以广眼界，知己知彼后，再作良图。

陈衍、凌福彭这一席话正好说到了张之洞的心里。他看着辜鸿铭，目光里充满着期待和信任：汤生西语功夫了得，可多多译些西方报章杂志的言论，以佐本部堂之用。

刚才陈衍说话时，辜鸿铭就在寻思，一旦中国上下官民真的像康、梁等人所宣传的那样，对西方社会有了深切之知，对西方民主有了亲和之好，势将造成"抑君权，尊民主"的结果。长此以往，君将不君，国将不国。这岂不太可怕了吗？！于是，张之洞话音甫落，辜鸿铭十分不屑地脱口而出：香帅，那洋人报纸上尽是些狗屁，除了造谣生事外，没有依据，信不得的。汤生决不翻译！

张之洞先是大怔，继又尴尬。一旁的凌福彭听辜鸿铭这一声大叫，也是丈二和尚摸不着头脑，突然被窘在那里。心想，难道老朋友这火气是冲着他而发的吗？

陈衍冷冷一笑：香帅的吩咐你也敢不听？

辜鸿铭昂着头，以白眼回敬他：就是皇上亲下谕旨，我也不干！

众人闻言，又是悚然一惊，偷窥张之洞。却见他早已恢复常态，不动声色地瞟辜鸿铭一眼，语声再淡不过：这是为何？

"道固在是，无待旁求！"辜鸿铭说这八个字时，一字一顿，浑身上下热血沸腾，仿佛要用自己全部的精力和人格来捍卫这一信念。以道自任，这是辜鸿铭最为欣赏的中国士人之显著特点。"道"在士人那里，成为一种人格尊严。"天下有道，以道殉身；天下无道，以身殉道。"孟子此句集中反映了"士志于道"的信念。伯夷、叔齐为了自己的信念，以"道"抗"势"，宁可饿死在首阳山，可称士人之楷模，实现了士人神往的精神境界。司马迁与汉武帝的较量也是"道""势"的抗衡，终成就千古绝唱。道生志，志励士，这些前辈风采足以让辜鸿铭醉心效法。

当年辜鸿铭刚入幕时，不是力主订洋文报刊，拓宽眼界？现在怎么又变得如此这般了？张之洞实在无从知之，但他相信辜鸿铭是尊重自己的，只不过天生傲骨、绝不屈从。合则留，不合则去，因此也奈何不得，只好撇开辜鸿铭，顾左右而言他。

作为推心置腹的老友，梁敦彦知道辜鸿铭这一百八十度的大转弯并非空穴来风。辜鸿铭自受沈曾植刺激后，便开始发愤研习四书五经，特别是到武昌后，自号"汉滨读易者"，思想已然大变，对中华文化特别是孔教崇拜有五体投地。他甚至认为，孔孟时代的中华文明是世界文明的顶峰，任何其他文明都难以望其项背，这种文明后来是被破坏了，甚至已行渐毁灭，这才更需要来恢复它，却去崇尚什么西方文明，搞什么社会变革，这岂不是舍本逐末！这些观点辜鸿铭曾在不同场合和梁敦彦谈及，不过梁敦彦还是不太理会老友为何激烈至此。散会后，刚才一言不发的他瞅个空隙问辜鸿铭：当初劝东家订下数百种洋文报刊的是你，如今大骂洋人报纸，还拒绝为东家译介的也是你，就不怕人家说你矫情，不可思议？

辜鸿铭微微叹了口气，道：其实，我并不反对译介西方报章的时事和言论，但必须区分其服务对象和读者范围，也就是说，只可提供给有关当局，而不可使之遍布民间。在前者，因是为了中外交涉增广眼界，观西人之动静，察彼方之虚实，故不但不应反对，反而特为必要。而在后者，我担心徒以乱人心志，甚将危及朝廷，既无益而有害，又何必译它？

"那你为何一概而论？"梁敦彦想想又问。

"我怕东家中毒太深，而康梁党徒甚嚣，所以情不自禁就都加以否定了。"

辜鸿铭这么一说，梁敦彦就觉得他可爱而又好笑，心想，这位迂夫子真是杞人忧天。

虽然张之洞对辜鸿铭不曾勉为其难，但辜鸿铭对张之洞参与维新却心怀怨艾。为了表达自己反对学习西方变法、彻底倾服儒家传统的鲜明态度，也为了给张之洞提个醒，他伏案疾书，慨然而作《上湖广总督张书》。

这是第一次正式给张之洞上书，自然为辜鸿铭所重，他字斟句酌，写道：

……前日汤生辱蒙垂问译西报事，造次未能尽言，今反复熟思，窃谓西人报馆之议论，多属彼国党人之言，与中国无甚关系，偶有议论及中国政事民情，皆夸许隔膜，支离可笑，实不足为轻重……

翌日往总督府，却见卫士长张彪拦在张之洞花厅门口，道总督大人正在会见一重要客人，任何人不得打扰。重要客人，谁呀？康有为，梁启超，章太炎？辜鸿铭数着指头一一盘问，张彪就是摇头。肯定又是那个维新党人，算了，我才不管呢！于是他将文札往张彪怀里一塞，道有劳呈转东家。"上书"毕，辜鸿铭倒觉得一吐心中块垒，至于张之洞读后有何感想，那就不是自己的事了。于是，他轻松自如地来梁鼎芬家串门了。

康梁之辈来武昌者络绎不绝，东家对他们隔日张宴，申旦高谈，接待规格居高不下，难得啊难得！一说到康梁之辈，梁鼎芬和辜鸿铭特别有共同语言，他甚至后悔当初不该把康有为推荐给张之洞，但他绝不能把这事让辜鸿铭知道，否则非挨这个怪杰一顿羞辱不可。

辜鸿铭说：我担心东家良莠不分哪，贻误国事。

梁鼎芬想想道：其余不说，东家宽容好士倒是真的，难怪天下士人咸来归附。要依我看呀，无东家之大，不足以成汤生之偏。

辜鸿铭不以为然地把头一歪，道：你当加上一句，无汤生之偏，不足以成东家之大。

三、"维新宰相"进退之间，集一部"习气大全"

张之洞与舆论界明星梁启超的关系很快就出现了裂痕。在武昌还以"弟子"自称的梁启超，回到上海后却忘了"老师"张之洞的告诫，大写维新变法的文章，尤其是将业师康有为的孔子改制、《公羊》"三世"、《礼运》"大同"等学说，在《时务报》上逐期阐述。

张之洞岂能容《时务报》公开宣传民权思想，语气严厉地电令汪康年设法控制报纸，不得再出言论纰漏。在此干涉和压力下，年少气盛的梁启超岂愿当一个按张之洞的意图来办报的雇用者，毅然辞去主笔一职。

章太炎在武昌闲得实在太无聊，明知不可为，却还是抱着万分之一的希望来策反梁鼎芬。恰逢文廷式与辜鸿铭在他家喝酒论事，一经邀请，不拘小节的章太炎便欣然入席。酒前说过不论政事，但谈诗赋，谁料青梅煮酒，三杯落肚，大家都不觉违背了约定，论起时局和英雄来了。先是章太炎吹捧康有为堪称当世维新首领，梁鼎芬却说张香帅知六经大旨，以振兴国家为己任，实为国之良柱。

章太炎无所顾忌地笑了笑：张公以文章经济自负，好以学说引士，其人亦颇具有相当吸力，怪不得康南海、梁卓如等皆受其拉拢。无奈他朝令暮更，比如先是支持上海强学会，不出数月又行封禁。先是大力称说《时务报》，接着便是严词批评。又如邀我入幕办《正学报》，却迟迟未决。咳，以我视之，张公身上集了一部"习气大全"。

这话如何说？大家犹记几年前，世人即传张之洞有五气——少爷气，美人气，秀才气，大贾气，婢姬气。尝有人以之问状元张謇，张謇持论客观而宽容：今天下大官贵人能知言可与言者，无如南皮，若好谀不尽情，则大官贵人之通病不足怪。如今章太炎所说的习气又是什么呢？

迎着众人的目光，章太炎莞然曰：世所谓书生习气、名士习气、纨绔习气、滑头习气与最近的维新习气，张公胥兼而有之，岂不是一部"习气大全"？

众人一时默然，大家都与张之洞熟识的，知道他的为人——既为清流名士，又任封疆大吏；既效忠朝廷，又喜交布衣；既维护名教，又热心洋务。凡此种种，确实构成了一部亦新亦旧、不新不旧的"习气大全"。

"以前我也以为张公为当世维新领袖，现在才知看错人了。"章太炎睁一双似醉非醉的眼睛，道：我看张公的基本政治态度不外为媚独夫、保权位。他若能如愿入京，主持这场维新，也许还有改革之志。可挨至今日，朝廷并无召其北上的迹象。作为老于世故的一品大员，张公焉个看不穿帝党和后党间的矛盾，于是他首鼠两端，一方面支持维新人士，一方面又与他们保持一定的距离。

文廷式在北京时就与康有为、梁启超过从甚密，丢官回籍后，又常来武昌与张之洞密谈。那天谈话时，张之洞还让卫士长张彪守门，连辜鸿铭都不得放进。听罢章太炎此说，辜鸿铭觉得有理，沉吟道：香帅与康梁观点既不能相容，彼此间的相悦为欢当不会长。

大伙一阵沉默后，辜鸿铭又道：香帅学西方图强是借富强保名教，而不是想改良变法，而康梁却要借改良而废弃名教。打个不一定恰当的比方，如果香帅办洋务尚属杀人报仇性质的话，那么康梁维新已无疑是行劫的不肖孽种了。这种相悦为欢，当然不会久长。

章太炎道：这就叫心照不宣。

辜鸿铭眼盯着章太炎：康某人城府不可测，传其颇有做皇帝野心，此说是否可信？

章太炎大笑答：辜先生差矣，皇帝人人可做，康先生如仅图为皇帝，尚不足为异，最让人吃惊的，是他竟想做个大教主！

此语一出，大家都吃了一惊，梁鼎芬忙道：星海不胜酒力，不能再饮了，太炎先生我看你也醉了，早些回去休息吧……

章太炎一走，梁鼎芬忙携了辜鸿铭前往总督府。张之洞正在书房里亲自饲猫以食，猫遗矢于书上，辄自取手帕拭净，不以为秽。张彪绵一旁直笑，想这也许就是世人送给四太爷的所谓"婢姬气"吧。张之洞却认真说：猫本无知，不可责怪，若人如此，则不可恕。

　　梁鼎芬、辜鸿铭匆匆到来，如此一番密告后，张之洞沉吟半晌，方放下怀中之猫，看着两人，语气中不乏吃惊：章太炎果有此说？

　　"章某说皇帝人人可做，何等悖逆！八成是革命党。倘外界传与朝廷知之，而章某竟还留于武昌，香帅还欲用之办事，其祸不远矣！"梁鼎芬加重语气这么一说，张之洞那张清瘦的脸立呈骇异之色。章太炎竟这么目无君父，他怎能当众嘲笑自己集一部"习气大全"，还有，所谓"如愿入京"，那是自己私下里和他及梁启超说的，他怎么能随便抖出来示众呢！一时间，张之洞气急相加，他起身橐橐踱了几步路，眼盯着张彪绵问：你刚才说，连竹君也骂康有为辩言乱政，莫此为甚，真的吗？

　　张彪绵刚从上海赵凤昌那里回来，点点头，道：不仅如此，竹君还对四太爷优待康梁之辈深感不安，担心他们日后害了四太爷。

　　张之洞"哦"一声后，徘徊稍许，在三人面前立定，断然道：事不宜迟，让章某速速离去！

　　驱走了章太炎，张之洞松了一口气，仿佛一颗定时炸弹从身边移开了。但大清王朝的定时炸弹却接连而降。这年冬天，德国强占胶州湾，沙俄舰队驶入旅顺湾，强租旅大。英国不甘落后，要求租借山东半岛北岸的威海卫和香港对面的"新界"，并不得将长江流域让给他国。紧接着，日本也讹诈到一个相应协议，使福建成为它的势力范围。法国划中国西南地区为其势力范围。帝国主义瓜分中国的进程开始了！

　　当辜鸿铭面对危机日亟，愤然写下"列强们别忘了，中国的百姓可以一时屈服，但有数千年历史的传统文化却决不会轻易地接受失败"时，康有为却从广东赶到了北京，应诏上疏"统筹全局"，开展救亡图强的变法维新。

　　不久，张之洞即收到门生杨锐从京城发出的密信，云：康有为上疏提出变法的具体办法后，旋在北京成立保国会。太后宠臣、军机大臣荣禄曾对人说，康有为立保国会，现放许多大臣未死，即使亡国尚不劳他保，其僭越妄为，非杀不可。荣禄这种想法在其他大权旁落的权臣中得到共鸣。而康有为认定老臣必然是改革的阻力，当面向荣禄发出挑战说：杀二三品以上阻挠新法大臣一二人，则新法行矣。

双方如此杀气腾腾，关系怎能不进一步激化？康有为政治上偏激、狭隘和不成熟，能领导维新变法绕过重重险滩暗礁吗？从杨锐的信中，张之洞感觉朝局的味道不对了，连日来不顺的心中陡然又添一分阴影。值此关键之际，自己该何去何从？张之洞决定马上召集心腹幕僚议事，听听他们的意见。今晚本来是要接见几位司道官员的，只好让他们先等着。为了避免惹人耳目，防止他人打扰，张之洞决定把议事地点改在清静的武昌棉纺厂楼顶。

张之洞叫来张彪，给他一个今晚参加议事的名单，嘱他率一队忠勇精干的戈什哈在棉纺厂周围严密防守，非名单上的人不得放进。

月华如水，当辜鸿铭、梁敦彦等莫名所以地来到棉纺厂楼顶时，只见张之洞背着手，在月光下来回踱步，对影成三人，嘴里一遍一遍哼哼唧唧地重复着：不得了，不得了！大家吃了一惊，不知发生了什么事，面面相觑，做声不得。

幕僚们到齐后，张之洞简要介绍了朝局情况，尔后遥望青天，满腹惆怅道："三纲"为我国神圣相传之至教，礼政之原本，人禽之大防，这是根本，不能动摇。有此前提，西方社会的有益之处，如兴办工商业、发展军事工业、先进的科学技术等皆可为我所学所用。此谓中学为体、西学为用，可康梁之辈却要反其道而行之。

辜鸿铭道：香帅，我不是曾经提醒过你吗？康有为人品卑劣，其计划虚夸不实，我还把"爱国主义是恶棍的最后避难所"这句约翰逊博士的名言尽可能准确地译给你听，可你就是听不进去，还说我不懂中国政治，现在怎么样，康有为露出雅各宾主义的狰狞面目了！

一晚议事，幕僚们大都主张要和康有为们彻底划清界限，同维新派分道扬镳。可要怎么划清，上折陈奏或者登报声明如何如何吗，那岂不被天下人耻笑？！万一太后真的不再问政，康梁变法也真的成功了，自己岂不是自绝于皇上，那也太可怕了！一时间，张之洞发现自己进退两难，对幕僚们的建议未置可否，只让梁鼎芬再去上海，告诫《时务报》经理汪康年一定要切实控制好报纸，切勿在言论上再捅娄子。

第二天，张之洞推说身体有恙，取消已定的会见，随后几天，还是一反常态地闭门谢客。半月后，当辜鸿铭、梁敦彦、凌福彭等再次受召来议事时，一脸疲倦的张之洞第一件事就是请他们分看一厚沓书稿。

宦术甚工的张之洞真不愧是大才子，他苦心想就的脱身之计竟是写出了百年后仍脍炙人口的《劝学篇》，提出"中学为体，西学为用"的主张，希望能将中西思想与新旧歧见调和融洽，使中国在接受近代文明的洗礼时，能有中西之长而无中西之弊。

辜鸿铭看完，心想，张之洞所言"邪说"，当是指康梁之论，他写此书的目的应是为了绝康梁以谢天下。是的，在这个充满丑恶、卑劣和强权的世界，儒家思想中那些神圣的东西应该一如既往地保留下来，它们仍然是灵魂的、不可亵渎的避难所。是的，"民权之说，无一益而有百害"，"使民权之说一倡，愚民必喜，乱民必作，纪纲不行，大乱四起"，自己的态度好歹也被张之洞参考采纳了些。辜鸿铭虽然对张之洞的折中调和不尽赞同，但还是拍案有声：好个中体西用，香帅真是明大体的儒臣！我的看法就是欧美主富强，务其外也；中国主礼教，修其内也。

幕中人物的交口称赞，使张之洞苍白而疲惫的脸上略微有了些许笑意。

《劝学篇》在湖北广为刻发不够，张之洞又饬令《湘报》加以连载。喝彩的不少，有中国人，也有外国人，听说还有洋人要把它译成洋文出版呢。骂的人也不少，说张之洞如何圆滑世故、如何明哲保身。不过，张之洞权衡新旧的姿态，最终得到了京内外一些官员的推崇，希望他入京主持大计，协助袁世凯在小站练兵的翰林徐世昌也致函杨锐，力主"非南皮入政府不可"。既有此风，身在京师的杨锐当然希望促成恩师来京。在他游说并代作疏荐下，素以保守著称的大学士徐桐上奏朝廷，言国事艰难，南皮公忠，请饬陛见，以备顾问。

接到总理衙门传旨着即来京陛见的来电，张之洞知道"维新宰相"的桂冠已然浮出水面，心中自是欣喜万分，即率梁敦彦、辜鸿铭等一干幕僚，在张彪等众护卫下，乘轮起程，一星期后到得上海。

张之洞还在上海被大小官员们吹捧得晕乎乎、甜蜜蜜。忽然圣旨到，言宜昌有教案，着张之洞即行回任处理，不必再来京陛见。接旨后，正拟转道北上的张之洞呆愣了半晌，羞恼有加，感觉自己在大庭广众面前演就了一出滑稽戏。

辜鸿铭和英商谈论出版《论语》英文译本事宜回到驿馆，听得张之洞奉旨回鄂，不由得吃了一惊，心想，经常朝令暮更的张之洞，这下也尝到了朝廷朝令暮改带给他的滋味，只不过这玩笑开得太大了，咳，政治这玩意儿，真不是个东西。

张之洞半途受遣折回，众说纷纭，大多道他即使入京也不会受到重用，更不用说有多大实权了。对张之洞已然反感的梁启超说得更绝：张之洞即使受到重用，也不会对维新变法有利。

"塞翁失马，焉知祸福。"辜鸿铭等幕僚们只能以此来安慰张之洞一颗受伤的心了。当沈曾植也道出这句话时，张之洞忽然就有了份庆幸。

张之洞身在京外，却对京师变法的动态密切关注。光绪皇帝下诏让地方大僚推荐人才。张之洞为了在朝中安插眼线，而自己又不便出面，便托湖南巡抚陈宝箴举荐自己的第一亲厚弟子、以举人官内阁中书的杨锐。杨锐获重用后，张之洞打听朝政动态、宫闱秘闻，都是通过他一月二三密札提供。

朝中政局扑朔迷离，令张之洞坐卧不安。不久，得知总理衙门章京沈曾植丁母忧，护送父母灵柩南归安葬。张之洞急电邀其来武昌，聘其主两湖书院史席是真，但更关键的是，他想从沈曾植嘴里进一步了解有关朝局的情况。他知道，沈曾植与康有为关系非同一般。

沈曾植视张之洞为平生第一知己，接电后把家事稍作安排，即从浙江来鄂。

张之洞为了静心求教，特在武昌城南姚园、原陈衍寓所隔壁替沈曾植准备了一处环境优雅的住所，里头树木苍润、庭宇轩豁、花团锦簇。夜间，张之洞亲往拜访，关切地问起"变法"前景。

"难以预测啊！"沈曾植抚掌轻叹了一声，沉吟道：从皇帝下诏决定变法维新后，各种新措施迅速推行，表面上看起来风起云涌、轰轰烈烈，但急剧的变法却带来了社会剧烈的震动，也激化了朝廷内部的矛盾。可叹康南海政治立足未稳居然就向太后宣战，无异于以卵击石？孝达公，说实在的，我怕他有杀身之祸。

张之洞闻听此言，眉宇间拧成一道深深的沟，握鼻烟壶的手在微微发颤。

"所以，孝达公暂离康梁维新党，静观事态发展，实是高明之举，如果入京主政，怕为祸也不远矣。"

是啊，主持变法的翁同龢一夜之间尽失荣宠，真可谓前车之覆，后车之鉴。张之洞寻思沈曾植说得在理，手心已沁出了汗珠，暗自庆幸自己陛见未成，否则即使不飞蛾扑火，而身处夹缝，岂是闹着玩的。是的，太后对今上及群臣具有不容打折的权势，作为太后的门生和宠臣，他张之洞是绝不能背叛太后的。自己已被视为康党了，这不好，得和他们多唱唱反调，最好要让太后、皇上及权要们看到自己的精心力作《劝学篇》。

随即，在张之洞的授意下，任翰林院侍读学士的门生黄绍箕进宫入对。光绪帝表示"近来议论，于中西各有偏见"，颇为担心，黄绍箕便推荐了《劝学篇》。

一周后，光绪帝即发上谕，"朕详加披览（《劝学篇》），持论平正通达，于学术人心，大有裨益"，赞赏张之洞不愧为朝廷柱石，并令"着将所备副本四十部，由军机处颁发各省督抚学正各一部，俾得广为刊布，实力劝导，以重名教而杜卮言"。

张之洞为这个消息而惊喜。他相信太后御览后，当会赞赏自己提倡的"务本以正人心""忠君爱国，尊经守道"之态度和隐示的"新政不可行，祖制不可变"之理，从而把自己和康梁区别开来。这天和沈曾植在花厅谈事，也显得轻松而来神。忽听得门口有粗重的喘息声，张之洞吃了一惊，抬头但见几位署役正吃力地把一箱又一箱书抬进来，饶是他们身强体壮，也搬得气喘吁吁。张之洞奇怪地问：你们搬书进来干甚？署役道：辜师爷叫搬给沈先生看的。

言罢，只见辜鸿铭一提裤脚，跨身进来，面向沈曾植拱手施礼道：在下汤生，见过沈公。

沈曾植迷惑地看着眼前这阵势：汤生兄搬书作什么？是不是想和我幽默一下？

辜鸿铭朗声道：和别人幽默，我敢！但在沈公面前，我甘拜下风。他边说边手指满书柜的书，我只不过请教沈老前辈，这里的哪一部书前辈能背，我不能背；前辈能懂，而我不懂？

"汤生你这是何意？"张之洞也感觉突然。

十多年前在广州时，沈公曾当众奚落我：我说的话，他都懂，我要懂他的话，还得读十几、二十年的中国书。今天幸会沈公，倒想再请教一番。

沈曾植知道辜鸿铭的用意后，微微一笑：汤生，你还有多少书，尽管搬来，看看能不能把这个花厅堆满？

辜鸿铭一愣：这……

张之洞一旁道：沈公，之洞书房尚有几千册，搬来吗？

沈曾植摇摇头：就那几千册，搬来也填不满这客厅。我想，要装满这花厅，可能要尽搜广州城的书籍。

辜鸿铭鼻子里"哼"一声：沈公，就赌眼前这堆书好啦。

沈曾植抬头看着辜鸿铭：汤生，就算你读完了这堆书、也记住了这堆书，鄙人也不欣赏。买书不如读书难，读书不如消化难。书籍并不教人如何使用书本，它只是培植心智的工具，只有心灵才能存放智慧。

辜鸿铭赌气道：你说的话，我都懂。你要懂我的话，还须读十几、二十年的西洋书，然后再和我说话。

沈曾植微微一笑：这么说，汤生是老子天下第一？

辜鸿铭道：不敢，沈公大儒才是天下第一，汤生不过是东西南北第一。

张之洞哈哈大笑：那么老夫呢？

辜鸿铭回答：香帅是天下老子第一！

沈曾植正色道：汤生，这个第一，那个第一，都是在吹牛。你要用不知多少的书才能将这大客厅堆满。老朽却可以不用任何东西，不费吹灰之力就把它填满。信吗？

辜鸿铭又是一愣：这……

"谓予不信，请拭目以待。"沈曾植说罢，向张之洞一拱手：香帅，请吩咐差人将客厅的所有门窗全部关上。

张之洞吆喝：来呀，将所有门窗关上！

一阵"噼噼啪啪"的响声过后，门窗全都关上。客厅霎时变得伸手不见五指。

沈曾植掏出一盒火柴，哆嗦着划亮，点燃了一根小蜡烛。顿时，漆黑的花厅重现光明，虽然微弱，却填满整个客厅。

"光者，无常形，可望而不可即。智慧就是这光，唯有智慧可以填满心灵。基督，没有写过书；释迦牟尼，没有写过书；苏格拉底呢？"沈曾植边说边把目光转向辜鸿铭：汤生，古希腊的哲人苏格拉底写过书吗？

辜鸿铭摇了摇头。沈曾植道：可是他们有思想、有智慧。几千年来，先哲的思想、智慧之光填满了多少人的心灵。

一扇窗户"吱呀"一声打开，一道璀璨的光射入。

沈曾植指着眼前一箱箱书，微笑地看着辜鸿铭：汤生，我知道你读了不少书。最使我惊异的是，为了学习文化典籍，你把整部《康熙字典》都啃下来。

辜鸿铭急不可待地：那么，沈公不把我当外人了？

沈曾植不动声色地：我只把你当作是一个书橱。

辜鸿铭又被浇了一瓢冷水，脸上红一阵紫一阵，终于耐不住吼起来：我这个书橱装得下大英博物馆的藏书！举头天外望，无我这般人！都言你狂，你狂哪有我狂也！

沈曾植哈哈大笑：休言四壁皆书，果真学富五车？有些书只须浅尝，有些只能吞咽，只有少数才值得细嚼慢消化。开始读书越读越厚，读到后来，越读越薄。有时一辈子有用的书只要读一本。最关键的是，求学路上要独持偏见，一意孤行，方能成一家之言、一方大师！

辜鸿铭终于悟道，激动地：沈公一席话真是醍醐灌顶，请恕汤生多有不敬！

沈曾植喘了一口气，说：汤生，其实我是了解你的，香帅早把你的一切都告诉我了。我敬佩你的报国之心，尤其欣赏你的特立独行。我老了，快离开这个舞台了。你既通西学又通中学，今后中国文化这副重担就落在你的肩上了！

辜鸿铭一时受宠若惊，感动有加：沈公年长于我，又是一代鸿儒，堪称我师。学生辜鸿铭恳请沈公教授研究旧学之法！言罢双膝跪地，俯身叩拜。

沈曾植忙道：辜师爷，快快请起，老朽实在担当不起！

三人正谈笑风生，电报房送来谕电。原来朝廷允御史宋伯鲁之请，改《时务报》为官报，由康有为督办其事。

张之洞寻思此举肯定是维新派为扩大宣传，推动维新运动的开展而定。刚向太后表忠心的他，心里焉能乐意让康梁利用，再者，当初因为《时务报》的事，他没少与康梁产生芥蒂。如今甘心示弱，拱手承让，岂不被天下士人笑话？

辜鸿铭嚷道：早知今日，当初就不该办这些报纸！

聪明人沈曾植执掌两湖书院史席，却心系京师。一方面，他在替平生第一知己张之洞进一步谋划脱离康党的动作；另一方面，他又担心挚友康有为的命运。他感觉自己真是个模棱两可之人。

圣眷日隆的康有为三天两头就上一道奏折，广泛涉及政治、经济、军事、文教、社会风俗等各个领域，言论激烈，大有毕其功于一役的气势。为了在全国范围内迅速取缔缠足陋习，早在十几年前就在广东南海发动开明乡绅组织了不缠足会的康有为，又专门写了《请禁妇女裹足摺》上奏，痛陈缠足之害，指出当时中国在世界上"最骇笑取辱者，莫如妇女裹足一事"，奏请皇帝"亟宜禁此非刑，改兹恶俗"。御史乔兴趁机弹劾某满人军机大臣私纳小脚女子为妾，有违祖宗成法，却不料因证据不足而被降职，一气之下，丢下顶戴回了老家，此事轰动朝野。

这天辜鸿铭又来找沈曾植纵论时事。沈曾植就问：你说乔兴算不算真正的御史？

辜鸿铭想想道：北宋司马光曾说，"谏官应当把三件事放在前面，一不爱富贵，二重惜名节，三晓知大体。"这三者具备后，才能称得上是真正的谏官。御史之职，本来就没什么不应当说的。但其主要的职能在于，能对君主的德行修养有所帮助。乔兴不畏强暴，这是顾名节，他愤然弃官而走，这是不爱富贵。但他是否识大体、顾全大局，却不见得。

"你为何怀疑他不识大体呢?"

如今的官员,在什么事上都模棱两可,不学无术,患得患失,浑浑噩噩地过日子。就是像乔兴这样名声还不错的谏官,也没有听说过他给皇上敬一言帮助他的德行修养、建一议来严肃纲纪,使朝野上下洗心革面。而只是愤愤不平地攻击一二个贵人的琐屑小事,好像与他们有深仇大恨似的。难道这是明大体吗?

辜鸿铭所言何其在理,沈曾植点点头:汤生兄真是聪明人。

辜鸿铭却莞尔一笑:有人说我聪明,殊不知我的聪明何能与沈公相比。依我看,中国有三个聪明人——周公、纪晓岚、沈公子培先生。

慌得沈曾植赶紧离座,连道:汤生兄过奖过奖,子培愧不敢受。

在两人的笑谈中,紫禁城中的新旧势力在一场没有硝烟的冲突中正险象环生地进行。为了推行变法,光绪皇帝断然将礼部尚书怀塔布等六位大臣革职,次日,任命杨锐、刘光第、林旭、谭嗣同为军机章京,赏四品卿衔,参预新政事宜。湖南巡抚陈宝箴在皇帝任命"军机四卿"后上疏,请求皇帝让张之洞入京"总大政,备顾问"。稍后,荣禄亦荐举张之洞入京主政。

"京师情况不妙之际,让我入京主政,这不是釜底游鱼吗?我才不愿卷入这个危险的旋涡呢!"张之洞从杨锐处得知这一消息后,当即电告杨锐:如圣上拟召不才入京,务望力阻之,才具不胜,性情不宜,精神不支,万万不可。

张之洞的这一系列做法,总算让聪明人沈曾植看清了这位第一知己的真面目。这是个老谋深算、老奸巨猾,绝不同于纯书生的政治活动家。他心里不禁暗自赞叹:张孝达宦术何等精湛,当朝衮衮诸公,何人能及!

未几,慈禧太后突然重新临朝训政,将皇帝囚于瀛台,逮捕杨锐及谭嗣同、林旭、刘光第、康广仁、杨深秀,并以"大逆不道"之罪杀戮,通缉康有为、梁启超,罢免维新派官员陈宝箴、江标、黄遵宪等数十人,除京师大学堂外,废除全部新政。

"戊戌政变"本是张之洞的一大劫难,不说他会见康梁,支持强学会,就凭杨锐是他门生这条,他就难逃干系。可他却未遭牵连于一丝半毫,还享受太后降谕刊行《劝学篇》,以为全国思想学术之导向的荣宠。清廷通缉逃亡日本的康有为、梁启超。张之洞为献忠慈禧太后,特在武昌会晤日本领事小田切,求他协助缉捕,并请日本方面把康梁引渡给清廷。此外,他还指示梁鼎芬等幕中笔杆子,极力撰文攻击康梁维新运动,否认张之洞是康党。

一时间,朝野上下窃窃喃喃,称南皮有变色龙之神功,有人还把他与李鸿章作比。当初李鸿章向强学会捐银三千两要求入会,遭拒后老脸甚为难堪。但当"变法"失败后,慈禧太后重新训政时,他却敢于当着太后面袒露自己对维新党人的同情。太后将别人弹其为康党的折子给他看,他当即回答:臣无可逃,实是康党!满朝衮衮诸公,如张之洞者流,何来这份耿直?!梁启超激于义愤,更特别著文指责说:张之洞像出卖皇帝的袁世凯一样,在他们落难之际退缩以求自保,纯粹为一个寡廉鲜耻的投机政客和政治小人。

这样的责难,让张之洞顿感面子大失。一个人,尤其是像他这样一个名满天下的儒臣,没有面子怎么生存?"面子"这个字眼包含的另外一层含义是自尊或尊严,这是中国人在任何时候以任何代价都在全力维护的东西。他更是如此,拼着老命也要维持住自己好不容易挣得的"面子",无论是对是错,他都不能使自己处于蒙羞的境地。为了堵住这些利口,证明自己并非政治小人,他冒着被参劾的危险,没有拒绝赴京参加维新回来的陈衍入幕。

一日,凌福彭邀来幕中两位新客和辜鸿铭叉麻雀。几圈下来,辜鸿铭手气一直不衰,杀得对手啧啧称羡,辜鸿铭笑得满嘴都是牙齿:你们新来,就算给老辜交点学费吧。

交学费,我们倒真想向辜兄交点学费呢。一新幕僚边洗牌边笑眯眯地看着辜鸿铭,道:汤生兄与东家青萍结缘、沉瀣契合。你倒说说如何讨东家欢喜?

"这就是你想学的东西?好,我就告诉你。"辜鸿铭一脸浅笑,道:什么鱼水关系?我呀,说不定只是东家手中的一块鸡肋——食之无味,弃之可惜。

另一新幕哪能相信,连忙向辜鸿铭作揖说:我们俩新来不久,提了几次建议都不为东家所用。汤生兄你得指点迷津,传示一二秘籍。

辜鸿铭见他们说的一脸真诚,自嘲道:我这块"鸡肋"被你们加了点醋,成什么了,我还真不知道。不过,我可告诉你们,你们论事,一般都是从事情的对与错方面来说的,所以东家听不太进去。东家为人只知利害,不知是非。如果你想让他听你的,必须从事情的利害关系上来讲……

"只知利害,不知是非。"这句话刚好戳到了张之洞的空当儿处,得知竟有此评,气得他差点没把眼珠瞪出来。一天夜里,他特意找来了辜鸿铭加以质问:不管怎样,公利和私利大有区别,是两码事,公利不可不讲,我问心无愧。

辜鸿铭书生气上来,是任谁也不管不顾的。此刻,他眼里只有辩论对手,而没有什么总督大人,岂能让步,只见他眉心一挑,道:《大学》上说"长国家而务财用者，必自小人矣"，那些为了升官发财的小人们，又有哪些不是打着为公的旗号呢？

辜鸿铭的所谓评人论世，自有其原则和道理，这便是：公为公，私为私，不能以私害公，亦不可因公挟私。

这辜鸿铭也太不给面子了。面对他理直气壮的反问，张之洞心中艴然，可驳不能驳、辩不能辩、气又不能气，何况又怎能说他讲得没有一点道理，只好默然无语。

辜鸿铭却好像还想和张之洞辩论，不冷不热地催促道：香帅，还有何赐教？

张之洞脸上毫无表情，心想，我辩不过你，也不想和你辩，你整个一个辩不清的冤家。常言道，"秀才遇到兵，有理辩不清。"但有时，"兵"遇到"秀才"何尝不是如此。张之洞看也不看辜鸿铭，闷声道一句：汤生，我不想再见你！说罢端起茶杯送客。

辜鸿铭也不作声，"噔噔噔"地便大踏步出了门。背后书房里忽然响起摔杯的声响。

辜鸿铭也气，足足七天都未曾去过总督衙门，直直在家板着脸反复写着"学问有余，聪明不足"八个大字。淑姑和贞子轮流劝说也不成。

四、和日本前首相伊藤博文过招

原以为要许久不复相见，哪知张之洞没多久便遣梁敦彦来找辜鸿铭。正在伏案写作的辜鸿铭却头也不抬，平淡地问一句：东家不是眼不见汤生为净吗？

梁敦彦知道这位老兄的脾性，只好代张之洞赔笑脸：水至清则无鱼，眼至净则无人，东家哪舍得汤生。随后，便把来由说明。原来大名鼎鼎的日本前首相伊藤博文来武昌访问，特意向张之洞交代了极想拜会辜鸿铭的意愿。

辜鸿铭心里一凛，表面上却心如止水：真是伊藤博文的意愿？

梁敦彦笑了笑：伊藤博文和香帅会面时，特别提到了两个人，一个是你的福建老乡严复，再一个便是你。他说严复曾同他在英国学习海军，也够出类拔萃，回国后却无由伸展抱负，抑郁不得其志。他在同香帅谈到严复新近翻译出版的《天演论》后，就提到汤生你了。

"他怎么说？"

当时，伊藤博文用日语对翻译冈田说：你不是说英译《论语》的翻译家就在总督府里工作吗？我倒想见识一下天朝的哲人风范，请告之总督，恳请允准。香帅听完翻译，马上遣我来请汤生。

听梁敦彦说罢，辜鸿铭嘴角掠过一丝笑意，搁下笔，伸了个懒腰，懒懒道：东家能请我，说明他确是个有学问的人，他不亲自来请，证明其傲气还未消。算了，我是属下，做个高姿态，给总督大人一个面子。

梁敦彦听了感觉好笑，心想，"面子"在汉语中真是个举足轻重同时又很有趣的词，中国人总想在别人面前显得体面和优越些，能够做到这一点就算是有"面子"，反之则是"丢面子"。见他起身抓过案前放着的瓜皮小帽，就要出门，忙笑问：会见日本首相，你就不换套好些的衣服？

"怎么，讨你嫌了？"辜鸿铭嘴里连着"嘿嘿嘿"三下：又不是我见他，是他要见我，你瞧人家沈公……话到嘴里，却没说下去，心想，那样对人家沈曾植也太不恭了。

在陪辜鸿铭前往伊藤博文下榻处的路上，梁敦彦把有关伊藤博文的情况作了介绍，而后道：说说高见，日本维新和我国维新为何一成一败？

"日本的维新是吸收别国的文化加以改造，使之适合本国而成一种新文化。我国的维新，是吸收别国的文化，生吞活剥，使之适合外国而成一种洋文化。也可以说，日本维新是'按脚买鞋'，我国维新是'削足适履'。结果，日本得了'新鞋的益'，我国受了'新鞋的苦'。一个是'日行百里'，另一个是'寸步难移'而'把着脚哭'。因此我要说，对日本人有一事可学，那就是他们维新的方法。"

听辜鸿铭这么侃侃论来，梁敦彦心想，他对日本维新倒也有一些见地，不知待会儿见了伊藤博文这位日本维新领袖有什么高论。

西装革履的伊藤博文，精精神神的一头短发，充满了东洋人的进取精神。辜鸿铭则一袭长袍，外套马褂，头上拖一条辫子，所修行的乃正宗"中国功夫"。伊藤博文在日本听说中国正在维新变法，而且传闻皇帝有访问日本的打算，便想着到北京看看，没想到却草草收场了。乃转道来洋务运动重镇武昌访问，会见张之洞和辜鸿铭，也算有所收获。

在日本政要面前，辜鸿铭的神态不卑不亢，应付若定。令梁敦彦没想到的是，伊藤博文的开场白竟从宗教切入，因为他听说辜鸿铭重视宗教在文明中的地位，所以请他谈谈孔教与西方宗教的差异。辜鸿铭能解释清楚吗？梁敦彦不禁微微心急。

听完冈田的翻译后，辜鸿铭略一沉吟，道：首先是性质不同。西方宗教是神道教，中国孔教是人间教。西方宗教的创始人都是些超凡脱俗的神，如耶稣，讲着平民百姓所喜闻乐见的、朴素明了的语言，从而赢得了大众的爱戴，同时，他自己及其门徒都被视为上帝的化身与使者，从而受到神般的迷信和崇拜。而中国孔教的创始人孔子则不同。他受过良好的文化知识训练，是一个具有丰富的学识与文化教养的人。在中国人的心目中，他是一个真正的中国人，一个完美无瑕的人性楷模，而不是神。事实上，无论是他自己还是其信徒，都没有将自己凌驾于孔教之上。在现代欧洲，宗教拯救人的心却忽略了人的脑，哲学满足了人头脑的需要但又忽视了人心灵的渴望。我记得，伦敦大学的汉学家道格拉斯先生在其儒学研究中曾有过如下论述，"已有四十多代的中国人完全服从于一个人的格言。中国人所受到的孔子之教特别适合中国人的本性。儒学不是宗教却能取代宗教，使人们不再需要宗教。"

辜鸿铭的即兴谈论，让梁敦彦听得心里暗笑。

"说到差异，还要从宗教对人类的最终要求来看。佛教和基督教为人们谋划怎样隐迹于山林荒野，要求人下决心离开尘世，不再做芸芸众生；而孔教则教人在尘世上如何生活，其精义与西方宗教大相径庭。它为人们筹划作为常人该怎么做。更恰切地说，孔教不是一种灵光四射、令人神醉的神道教，而是一种道德体系，一种为那些纳税、付房租的平民百姓设立的宗教。作为一名好的孔教弟子，不仅要思索其灵魂状况和对上帝的义务，还要考虑对人类的义务。也就是说，西方宗教唯知重敬天，而不知重敬人，孔教则不仅敬天，而且更重敬人。"

在冈田翻译时，辜鸿铭径自摸出一根烟来，点吸了。

冈田译得费力，伊藤博文听得却津津有味，寻思孔教不是狭义的宗教，却能感化人，取代宗教，扮演宗教的职能，孔子因而被尊为中国社会思想的代表人，城乡上下都供奉着他的塑像，真是件有趣的文化现象。

"我有一句名言，说给阁下听，可不能擅自拿去发表呀。"辜鸿铭吐出一口烟后，道出了名言：西方宗教在欧洲使得政治成为了一门科学——政治科学；而中国，自孔子以来，造成了中国政治的宗教化现象——儒教与政治合一，简言之，使政治成为一种宗教。

伊藤博文拍手道：果然是妙语！

辜鸿铭受到夸赞，不无得意地说：中国人没有严格意义上的宗教，却不感到宗教的欠缺，儒教的伟大之处正在于此。至于佛教和道教，那不过是中国人生活中的点缀小玩。

"点缀小玩"这字眼可难倒了冈田,他想了许久,才结结巴巴译毕。辜鸿铭看了看伊藤博文,道:据云阁下曾留学英国,不知是否冒牌货?

听完冈田的译述,伊藤博文赶忙回答:是在英国留学过,和贵国的严复还做过同学呢。

"哦,你说的严复,那是我的福建同乡。只不过我与他道不同不相为谋,咳,他传播什么西学!"辜鸿铭顿了顿又说:我新近出版了《论语》的英译本。这小册子倒可以送阁下一本,也许它有助阁下了解中国圣哲的言论风范,从而学学中国人的忠恕之道。

"大著享誉西方,我正想一读。"

辜鸿铭笑笑:我刚才说了,孔教不仅敬天,而且更重敬人。我是孔教弟子,当敬天敬人。看冈田先生一口茶都未得喝上,而阁下既不是冒牌的英国留学生,英语当还应付得过去,我们何不用英语对话,也痛快些?

伊藤博文答应后,辜鸿铭飞速给梁敦彦丢过一个眼色,那意思是说,这样让你也听得懂。

在随后的谈话中,伊藤博文谈了自己参观枪炮厂等企业的情况。说湖北的洋务运动倒还真请来了不少西洋人,算得上真正意义上的洋务,但从中亦可看出,中国土产的洋务技术人才捉襟见肘。

梁敦彦感觉伊藤博文这话真是一针见血。是啊,大清现时的洋员按性质分类,实在只是一种半桶子水的所谓技术官僚。有什么办法呢?整个社会都被强制自东向西转型。在西式人才难得的时代,有关洋务,事无大小,只好向番鬼仔求助了。

辜鸿铭静听着伊藤博文谈论,却并不说话。当听伊藤博文说日本早在半个世纪前就对世界上先进的东西主动接受,遂有今日之日本,辜鸿铭终于开口了,看着对方道:照阁下的话分析,日本人是因为被洋人看不起才学洋人高明的地方,而重令洋人佩服的?

伊藤博文挺了挺胸,以自信的口吻道:洋人不得不佩服呀,因为我们已雄霸东方,和他们西洋人平起平坐了!

"平起平坐?"辜鸿铭嘴里啧啧两声,而后道:可是阁下,据我所知,大多数日本人接触西欧文明时,常常为自卑感所折磨。在他们眼中,西洋人是那样高大、健壮、快活、明朗,话语中也不乏幽默;他们大口大口地或喝葡萄酒或喝威士忌,品味厚厚的铁扒牛排和整烧雉鸡；他们有着惊人的食欲，把许多日本人所不知道的食物一扫而光；他们还可以男男女女在公共场合旁若无人地拥抱亲吻，在那里，似乎没有日本人的插足之地。

"当初，也许吧，但现在，情况不一样了。"辜鸿铭的话说得何等刺耳，却也是事实，伊藤博文虽不好否认，却也要换个时间概念进行争辩。

辜鸿铭却还是冷笑：我以前总觉得日本人自负得很，今天才知阁下和日本人向来以从善如流自居，怪不得要如此自负，从善如流的人原本也该自负。可叹现在我国有许多人拿日本为榜样，以为日本这么一个鼻屎大的岛国能在短短数年内富强起来，完全是维新西化的结果，所以也就盲目跟进了。

"这不叫盲目跟进，套中国话来说，叫见贤思齐。我告诉你，中国要摆脱落后挨打的局面，最关键是要拥有西方高度发展的物质成果，包括以蒸汽机和电力所创造的各种奇迹，这才是中国真正需要的，可以说，也是中国的全部需要。连接各个城市的铁路、内陆河上的汽船航运、完备的邮电系统、国家银行，这些才是美好中国的明显标志，难道不是吗？"伊藤博文仿佛抓着了辜鸿铭言论中致命的弱项，毫不客气地说：可惜，贵国上下故步自封，尾大不掉，抱残守缺，自以为是，到今天世界竞争愈演愈烈了，还在讨论到底用不用西洋技术和政教问题，岂不为天下所笑？

辜鸿铭哈哈一笑，反唇相讥道：我们中国有句格言"数典忘祖者是蠢材。"听阁下这番言谈，我真要将此语相赠了。阁下是装糊涂呢还是真不清楚——日本之所以有今日之盛，并不是单单学习西方区区智术技艺所致，而是保存并发扬了中华帝国汉唐古风的结果！

交锋开始了。梁敦彦和冈田不得已竖耳静听。

伊藤博文似乎被辜鸿铭的笑声愣了一下，俄顷才又道：坦诚地说，日本与贵国义属同族，书亦同文，且文物衣冠犹存汉唐古制，民间礼俗亦多古遗风。我国自吸收西洋文化之后，对于最初从中国那里汲取的文化养分还是竭力地保存着的。

"阁下心中有数就好。几年前，我曾当面请教贵国一海军将军，问他在维新时大引西学入日本之际，是否将汉文经书抛得一干二净？他却给了相反的答案，说自己虽然从小便接受西方兵家航船战术的训练，却从来没有一天疏远过中国经书，始终以培养尚义情操的士子自居，故而能成为国家社稷之栋梁。正因为汲取了中国文化的养分，所以日本的知识分子个个知好义、尚节气。当西人东侵之际，都能够不顾性命为国家慷慨奋起。"

辜鸿铭所言极是。当年以万分激情、上好口才发动了与朝鲜、中国交战的伊藤博文，辩驳辜鸿铭竟然感觉吃力。冈田适时以首相阁下连日劳累不宜长谈为由，礼貌地向中国客人发出了送客的信号。

伊藤博文临别武昌，张之洞设盛宴送行。辜鸿铭继当年受俄国皇太子高规格礼遇之后，再次在抚台及同僚们的目瞪口呆中，被日本首相拉在身边坐下。但这次辜鸿铭却变得聪明了，没有喧宾夺主。当伊藤博文还想请教孔教问题时，辜鸿铭面带微笑地告诉他：张总督是中国当代的大儒家。阁下尽可请教于他。

伊藤博文想了想，转头面对张之洞：敢问总督阁下，能否请你归纳出孔子哲学思想的精髓？

张之洞听完辜鸿铭的翻译后，捋须道：在于教化人心。

伊藤博文自言自语道：教化人心？

"对，教化人心。"辜鸿铭对张之洞的回答显得特别满意，大声地用英语重复了一遍。

伊藤博文还是不解，看着辜鸿铭道：先生留学欧美，精通西学，不佞也曾游学英国数年。难道先生还不能了解，孔孟之道只能施行于数千年前，却不能适应今后二十世纪的局势吗？

辜鸿铭微微一笑，反问道：孔子的思想就好比数学家的加减乘除，几千年前是三三得九，几千年后依然是三三得九。你说，难道还会是三三得八不成？贵国如果没有孔子之教，焉能有今日？我看不是因了洋人的那点玩意儿吧！

一席话听得伊藤博文大窘，心想，人说辜鸿铭有金脸罩、铁嘴皮功夫，果然名不虚传。

不待对方发话，辜鸿铭又接着说了下去：不过，阁下说的也不是完全没有道理，这十九世纪的数学是改良了，刚才我们说三三得九也有不正确之处。比如说，我们中国人向洋人借款，三三得九却七折八扣变成了三三得七，有时连七还得不到，成了个大大的负数。到了还钱时，三三得九却连本带利还了三三得十一！嘿，我倒真是不识时务，落伍得很！

刚才窘态未消的伊藤博文听了，好一番苦笑，再无他语。听了梁敦彦的译述，张之洞等人却小声笑起来，心里连说"妙、妙"。

"小小洋文案"在日本首相那里的礼遇又一次激发了张之洞对辜鸿铭的垂重。

在送别日本首相后，张之洞翻起了老皇历，和辜鸿铭谈起了数年前由这位首相发起的那场战争。

"'甲午战争'清楚地说明，仅有新式武器是远远不够的，在武器的背后必须有相应的精神。"辜鸿铭又一次地老调重弹，让张之洞觉得颇有哲理，这位脚踏"清流""洋务"两条船的儒臣，也是渴望用古老的中国精神对抗日新月异的新时代的。于是，他认真地听着辜鸿铭说下去：中国需要的东西很多。政治家认为需要海军、陆军和兵工厂；老百姓需要货币和粮食，还有长治久安；而矿主、商人显然需要邮政和铁路。但如果进一步分析国家的情况，难道她最深切的需要不是多一些精神吗？这才是人类最宝贵的财富。

困顿不堪的大清帝国今后该走向何处？张之洞思索着辜鸿铭的话语，好几个晚上都没能入睡。

在新世纪钟声到来时，没睡着的还有辜鸿铭和梁敦彦。这两位从海外回来寻梦，试图寻回作为一个中国人的民族尊严，怀揣国富民强理想的书生，在严酷的现实面前，深深感到自己成了乌托邦主义者，都在寻找一个没有的地方。

辜鸿铭给两人杯子添酒：崧生兄，以前我总认为在东家手下能有所作为，现在才觉得与他相去甚远。梁敦彦叹了口气，道：依我看，你是书生学士空议论，香帅是权臣疆吏治国难。你可以信口开河，横挑鼻子竖挑眼；香帅可得摸着石头过河，走一步还得看两步。汤生啊，谁也无法知道别人肩头的东西有多重。

辜鸿铭看着梁敦彦：这么说，你也认为只有洋务运动、只有引进西方的坚船利炮才能救国？梁敦彦点点头，继而又摇摇头：我不知道除此之外还有什么好办法？辜鸿铭顿了顿，说：那好，我刚从《字林西报》看到一组数字。你说，咱大清国和人家小日本国从经济实力和军力来对比，孰强孰弱？

梁敦彦的"彼强我弱"刚出口，就被辜鸿铭否定：不对！从经济实力来看，清国占世界的比例为11%，而日本只占2.6%，清国大大领先于日本。再从军力上做对比，日本的兵员总数为8.4万，而清国兵员则超过100万。海军战舰吨位，清国7.8万吨，日本4.4万吨。可见清国的军力也强过日本。可是"甲午"一战，日本几炮就把清国的海陆两军全都打垮，一个强国败给了弱国！崧生兄，你说这是为什么？

梁敦彦道：我没有看到你说的这些数字，但我看到了《泰晤士报》上刊登的日本海军总司令伊东佑亨给清国海军提督丁汝昌的劝降信。他一语破的地指出清国致败之由——没有去旧治，因时制宜，更张新政！

辜鸿铭接过话来：胡说！忠信、笃教，德也，此中国之所长；兵舰、巨炮，力也，此西洋之所长也。弃我之所长，而扬西人之所长，就是舍本逐末，焉有不败之理？

梁敦彦语气温和地：说时政，评当朝，当局者固迷，旁观者亦未必清。

说话间，新世纪的钟声敲响了，爆竹声也随着鸣放起来。店里的客人和店员狂呼雀跃。辜鸿铭与梁敦彦略呈醉态，他们一起为新世纪的到来干杯。

接着，梁敦彦语气真诚地说：汤生，新世纪到来了，敦彦有一事相告——店主的思想变了，我们做店小二的也得跟着改变。

辜鸿铭诘问道：可是，又有谁能使中国改变呢？

第八章

被污辱和被损害的

一、新千年怪事——逼出"东南互保"

二十世纪转眼间便到了。

把持了大清朝政数十年的慈禧太后，在新的世纪想着玩出一些新花样来，她的第一件事就是"另立新君"。这本是她自己说了算的事儿，不意却遭到英国公使的严正警告：我坚信，假如光绪帝在这政局变化之际死去，将在西洋各国之间产生非常不利于中国的后果。法国公使也持同一种论调，并坚请派医诊视，得出的结果是——皇帝没病。

家天下的慈禧太后对廷臣的阻谏可以不放在眼内，唯独对洋人的态度倒忌三分。见洋人坚决反对废立，当下只得缓议，于是，大清朝新世纪初的废帝之举变成了"立储"。

端王载漪见自己的长子没一下子当上皇帝而变成储君（即大阿哥），何时登基还要再行定夺，对洋人的干涉恼怒不已。在建储大典上，不仅没有一个西方国家的公使前来祝贺，竟连片言只语亲近的电文也没有。西方以死一般的沉默表示了他们的抗议。未来的"太上皇"感觉大丢面子，愤怒得差点没把自家的牙齿咬碎，他与洋人有不共戴天之仇，誓将洋人赶尽杀绝方能泄恨。

对洋人仇恨的种子也在慈禧太后心头种下了。大清王朝立皇储是何等重大之事，为了说服西方那些公使前来祝贺，她事先专门邀请所有的公使夫人到紫禁城内饮宴游玩，不惜相送自己心爱的珍奇异宝，以结她们的欢心。她们玩了、吃了、拿了，一个个表示会让她们的公使丈夫在储君大典上亲临祝贺。但所有的公使连个影儿也不见，连封贺电也没发来。

新世纪中国的第一件大事就这么冷清收场了。大清王朝弱得难道不能向洋人道个"不"字？慈禧太后着实愤怒了。

中国受洋人欺负久矣！中国积贫积弱久矣！

对此最感痛心的当然不是慈禧太后和端王载漪他们，而是有一腔爱国心的民众。于是，风起云涌的义和团运动在走过新世纪后，响亮地打出了"扶清灭洋"的旗帜，一时间势力如春风野火般蔓延。

慈禧太后与其说是听信了载漪和裕禄的陈奏，不如说也借机泄愤。这些外国人也太不像话，不参加建储大典也就算了，竟还照会让她归政皇上，真是岂有此理。在她的谕命下，军机大臣刚毅和赵舒翘出京招抚义和团进京。数万义和团大模大样进入京城后，出于对洋人的刻骨仇恨，将带洋味的事物一律改换名称，称洋货为"鬼货"，洋炮为"鬼铳"，洋钱为"鬼钞"，铁路为"铁蜈蚣"，还将东交民巷改称"洋鸡鸣街"。他们还宣称，在华的欧美人士是"大毛子"，中国的基督徒是"二毛子"，应该一概格杀勿论。

义和团声势浩大的反帝斗争，引起了西方列强的恐惧，照会清廷在短期内将义和团"剿除净尽"。慈禧太后破天荒地冷冷地对洋人说了声"不"。德、英、法、美、日、俄、意、奥即以保护使馆为名，派军队进入京津地区。

一夜间，中国的局势骤然紧张起来。长城内外，大江南北，街谈巷议纷起。武昌城内，说七道八的也大有人在。

朝廷尚未下达宣战谕。6月中旬，英国原驻汉口领事、现驻上海总领事华仑忽然前来武昌拜会张之洞。他代表英国政府向张之洞和刘坤一发话：中国的局面是严重的，长江流域如果发生北部中国的动乱，将引起我国的巨大损失。如果两位总督能够维持长江流域的和平，我大英女王陛下的政府将提供切实的军事援助。

张之洞对此未置可否。在中法、中日战争中坚定主战的他一连数夜未寐，屡经权衡利弊，还是倾向主和。几天后，英国驻汉口新领事法磊斯奉英国外交大臣的指令，又来拜会张之洞，再作申明：总督阁下，奉我国外交大臣电示，贵国长江流域如发生变乱，可由英国海军提供切实的军事援助。还告诉他，刘坤一总督已经同意接受援助了。

长江流域当然需要和平，才不至于让好不容易办起的湖北新政毁于一旦，但怎么能要英国的军事协助呢！刘坤一这个人也太傻了，要了人家的协助，弄不好要承担"引狼入室"的罪名。张之洞心里这般寻思，但他是个聪明人，极善于外交辞令，形之于口话语极其婉转：本总督决意同两江刘总督齐心协力，维持好长江流域良好秩序，并保护外人生命财产安全。但如果贵国派军舰进入长江，将引起中国百姓惊谣生事，而别国援照效尤，势必也要派军队跟来，那好比火上浇油，届时长江流域的秩序将发生何样变化，我就不能负责了。

听完辜鸿铭的翻译，法磊斯愣了一下，眼前这位中国总督果然是个老辣的政治家。他脑筋一转，道：我们可以先和别国军队达成协议，不许他们做任何形式的插手。

张之洞笑了笑，绵里藏针道：有本总督在此，湖北还不至于发生什么重大事情吧。如果真闹起什么乱子处理不下来，本总督会马上同领事先生商量援助的。

见法磊斯半晌不语，辜鸿铭一旁道：总督是位强有力的行政长官，他自信有足够的力量维持长江流域的和平。请领事先生放心。

法磊斯沉吟道：那好，我立即电奏我国政府，谨慎从事，军舰暂不进入长江。

送走法磊斯后，张之洞来不及休息，当即给刘坤一发出电报。在说服刘坤一放弃接受英国的任何军事援助后，又和他联名致电清廷驻英公使罗丰禄，请他转告英国政府，长江流域的和平完全可以由两位总督维持，暂时不需外援。接着，张之洞致电江苏、四川、河南、陕西、江西、安徽、湖南各省督抚，云此时防御外洋不如先清内匪，若东南各省再不能保护西人，则长江危矣；中原各省不能预防拳匪滋漫，则流冠成矣。然后他向所属文武官员下达了命令：对一切敢于闹事者予以实力弹压，管他是不是义和团。

做完这些后，他再次向英国领事保证：我湖北已添重兵，并严饬各州县拿匪，所有洋商教士，有我力任保护。

张之洞采取如此措施，使英国妄图染指长江流域的企图再无借口。

但英国人并不傻，谁知道这位总督会不会有一天出尔反尔呢？他们需要从他那里拿到一纸"条约"，使他们在长江流域受到的保护在法律的意义上生效。

张之洞同意了。他当然没有想到，身处上海的盛宣怀已经开始筹划这件事儿了。

英国人希望长江中下游安定，盛宣怀更是如此，可以说，他对时局的关注程度并不亚于张之洞。这位常州籍的"空头大佬"几经在官商之间左右逢源，此时已一跃成为上海势力的"标帜"。除了控制全国的电报事业，还独揽轮船、银行、邮政、铁路、煤矿、纺织诸大权，一句话，他成了实际操持中国所谓洋务权力的人，连洋报都称其为"一只手捞十六颗夜明珠的天才企业家"。愈是富有的人愈怕社会动荡,这几乎是一个规律。手头持有数不清的各种实业股票的盛宣怀当然不能例外。

动乱偏偏发生了,而且还要进一步蔓延。6月19日,身任全国电报局督办的盛宣怀接到了来自北京总署的消息:昨天,太后已决定向列强宣战,并已拟出《宣战谕》。谕中命令:各省督抚,召集"义民",组建"义和团",共同打击洋人。

"以一国之力,要和西方所有的国家交战,把整个西方世界视为敌人,在道理上说不过去,在力量对比上简直是笑话。朝廷简直是疯了!太后简直是疯了!"盛宣怀接电后,呆愣半晌后,咽了咽口水,当着幕僚的面嚷道,随后便是身陷慌张。动荡一旦波及长江中下游,那可如何是好?自己投资的银行、航运、矿业等实业多在这里呀!他寻思,当今唯一的出路就是说服东南督抚共谋东南和平之事,化干戈为玉帛。只不过,这么个天大的使命,让自己一个电报局督办来办,谈何容易?何况自己还不是朝廷大员,与西方人谈判保卫东南之事,不便由自己出面。

幸好盛宣怀非凡人,他乃当今中国第一官商,一头牵着朝廷及各部,一头抓着中国洋务的三大支柱——轮船、铁路、电报,本事要多大就有多大。他和幕僚一番苦思冥想后,急电苏州、镇江、南京、安徽、芜湖、九江、南昌、武昌、汉口各电报局,密令他们对宣战诏旨压住不发。旋即致电放任两广总督的老主公李鸿章,报告北京近况及上海各国领事之动态,同时大谈自己对时局的看法,云:我为疆臣计谋,各省如果召集义和团和西方打仗,其结果一定是同归于尽。为保全东南半壁江山,你们诸位东南的大帅似应定一个权宜之计,既要安定西方各国之心,又不能背离朝廷的谕旨,总之是应联络一气,以保疆土。希望傅相立刻给予指示。

电报到达李鸿章手中后,他立刻将之转致两江总督刘坤一。次日,朝廷正式下达《宣战谕》,焦灼之中的盛宣怀终于收到了李鸿章的复电,云:6月21日的《宣战谕》是伪诏,我广东坚决不奉命,希望你把我这封电报秘密转致两江总督刘坤一和湖广总督张之洞。

盛宣怀拉了"大旗",接下来他就要将之作"虎皮"了。随着他的一声呼唤,张謇、沈曾植等官、商、买办,以及维新党的人物从全国各地向着大上海急驰而来。靠着洋务运动带来的好处,或坐火车,或乘火轮,仅一夜工夫便赶到盛宣怀的府第。此时,陈季同、赵凤昌、汪康年等已然安坐,于是盛宣怀主持会议,研究如何动作。

盛宣怀首先亮出李鸿章的电报,向大家报告说:李傅相认为朝廷的《宣战谕》

是乱命，不能有效！统一大家的认识后，盛宣怀便开始分派任务：请张謇亲赴南京，说服最赏识他的两江总督刘坤一；请赵凤昌速去武昌，说服湖广总督张之洞；其余人分头游说有关人物，并做舆论宣传。

刘坤一是痛快人，一说即合。东南三巨头，已有两巨头答应自主东南的命运，现在就剩下张之洞了。

却说张之洞还未和英国人签订协议，朝廷的宣战谕已发。其中"与其苟且图存，贻羞万古，孰若大张挞伐，一决雌雄"等句，铿锵有力是铿锵有力，也着实折射出了部分中国人的民族情绪，可这又顶什么用呢？此时与列强战争的本钱除了民间的反帝情绪外，几乎一无所有。接看圣谕，这些天频频和列强"亲缘"的张之洞真有点儿晕头转向了。心想，从来邪教不能御敌，乱民不能保国，倘外兵深入横行，各省会匪四起，国家大局溃烂，悔不可追。可宣战诏已发，难道自己真如圣谕所言，起兵勤王？若真是这样，那这段时间和列强达成的和平"共识"将成泡影，湖北和整个长江流域立时就成战火之地，何况，自己焉能对付列强的联合力量？

张之洞脑海中一片空白，还没理出个头绪来，就见梁敦彦和辜鸿铭匆匆赶来，气喘吁吁道：朝廷宣战后，英国军舰已经分驶汉口、南京、吴淞口，其余列强也对长江中下游虎视眈眈。

他们果然有一手，防我动作。张之洞心里想，看来起兵勤王，真是螳臂挡车。该怎么办呢？他看着两位幕僚，道：如今的局势是"山雨欲来风满楼"，不知你们有何见地？

"依我看，当务之急是要早日采取措施，与列强达成谅解，若等他们的水师占据长江后再做保护，东南大局去矣！香帅，我倒有个江南独立想法。"辜鸿铭这些天跟着张之洞与英国人打交道，从双方的谈话中已然感觉出了形势的严峻，对张之洞的想法也有所了解，因此痛快不绕弯子地说。

"江南独立？"张之洞颇感意外地看着辜鸿铭，那眼神仿佛在催促他快快请说。

"江南各省声明独立，暂作缓冲，积极备战。避免敌人乘虚而入，派海陆军进攻我广州、上海等沿海诸大城市，以致深入湖北腹地，从而扰乱中原。同时，我们要乘机尽快整军备战，并唤起全国人民同仇敌忾、保家卫国，争取最后胜利。如香帅牵头发起江南独立，则于国于民都是好事，将来必可青史留名。"

张之洞沉吟稍许，点点头，俄顷又面露难色：这条计策好是好，但我等宣布江南独立，岂不是反叛朝廷？

梁敦彦一旁道：是呀，冒犯了太后，怪罪下来，谁能吃罪得起？

"香帅忘了'法不治众'的古话吗？江南独立虽由你牵头，但应该看到，由于利益所在，这长江流域的官商们，哪个不巴望你早日发布独立宣言，这样，他们就能继续挥金如土，享受荣华富贵。此外，香帅还可联合岘帅和李鸿章等人，他们都是太后眼里的重臣，有他们和你站在一起，还怕太后怪罪？况且，现在大敌临头，一切得以社稷为重。"

辜鸿铭这么说罢，张之洞还是忐忑踌躇：事关重大，考虑成熟后再作决定，你们先回去歇息吧。

赵凤昌因身体不适，未能亲赴武昌说项，只发了个电报来，介绍了盛宣怀关于东南互保的计议。张之洞看了直觉诧异，心想，真是异曲同工，昨天汤生怎么亦有此说！赵凤昌的电文还说，李鸿章、刘坤一已完全同意盛宣怀计议。英国驻上海总领事华仑亦与盛宣怀多次接洽，几方都希望武昌方面出面主持，签订一个条约，互保东南。

起兵勤王无异于螳臂挡车，宣布东南独立，岂不是有背叛太后之嫌？太后这二三十年来，对自己何等宠信啊！想清流党人大都没有好下场——帝师权相翁同龢罢官；宝廷典试纳妓，小事一桩而已，但却被免官；陈宝琛的父亲死了，回家守孝，但此后朝廷再没有起用他；至于张佩纶，当朝四大才子之一，不会军事，朝廷却偏要他去领兵打仗，终于兵败马尾港，革职永不叙用……这些清流党人，唯我不仅未遭不幸，反而外放巡抚，旋擢总督。岂能背叛太后？！张之洞考虑来考虑去，难以决断。

仿佛预感张之洞在这件大事上必将犹豫不决，刘坤一星夜赶到武昌，力促张之洞早下决断。刘坤一白须飘飘，脸上倦容毕露，双眼布满血丝。张之洞见后万分感动，想刘坤一没有责备自己前番中途追回两人联署反对朝廷废立之电一事，如今又诚恳邀请，还要让自己做主持东南和平局面的盟主，对自己哪里有一丝芥蒂，自己怎能再讨价还价。于是，慨然有声道：有难同当，如此可矣！

赵凤昌的电报发出两天后，居然毫无消息。到了第三天，盛宣怀等不及了，亲自来惜阴堂找赵凤昌。赵凤昌一见他便说：来了，来了！香帅的电报说，即派辜汤生到上海与杏荪等共同晤商一切。

看罢张之洞的电报，盛宣怀眉头一皱，道：香帅不派别人来，怎么单单派这位辜鸿铭来？！我真不知香帅这葫芦里卖的是什么药，这东南互保的大计还能成吗？

盛宣怀当然有理由怀疑张之洞的诚意和动机。当此动乱之秋，欲与西方人谈判以换取东南和平的时候，张之洞却派了这样一个极端仇外的人，作为与西方交涉的总代表，这岂不是开玩笑？

赵凤昌也对张之洞派辜鸿铭来上海办理此等经国大事万分不解。接电后，曾对夫人道：香帅不知何故要派汤生来？我真怕被他烦死了！当然，眼下他只能好言好语安慰盛宣怀：我得预先说明，辜鸿铭到了以后，见了你，他一定有一套理论，滔滔不绝，请你要千万忍耐，不必同他辩论，等他的意见发完后，再同他商量办法。关于这一点，也请你预先告诉余道台等官员。

盛宣怀眉头紧蹙，想说什么，最终只是嘴巴翕动了动，没有成句。他讨厌辜鸿铭来，但又不得不欢迎他来。辜鸿铭是张之洞的代表，他不来，与西方的谈判便无法开始。

二、谈判桌上显风流

不独盛宣怀讨厌，得知张之洞派来的谈判代表竟是辜鸿铭，就连英国驻上海总领事兼各国领事团主席华仑也吃了一惊，身子微微颤了一下，杯中的咖啡不意烫着了手。辜鸿铭可是个叫人头痛的人，自己在汉口任领事时就领教过他的厉害，真弄不明白张之洞为何偏偏派这么一个怪杰来。难道只是因为辜鸿铭身上地地道道地体现出了中国人对舌战的喜爱，还能不失时机地来个玩笑？

盛宣怀和上海道余联沅等大小官员为辜鸿铭接风。盛宣怀率先敬酒道：汤生兄一路辛苦了。辜鸿铭点点头，一副劳苦功高之样，也不自谦，端过酒杯，一仰头就咕噜噜全倒进肚里，令在场的官员无不目瞪口呆。辜鸿铭抹抹嘴，骂骂咧咧道：外国人真是混蛋，不该欺侮咱中国人！

果然不出赵凤昌所料，这辜鸿铭第一句话就是骂外国人。盛宣怀苦笑了笑，道：汤生兄……

辜鸿铭却不理睬，自顾环视众人，继续开骂：教堂有什么好，洋教士有什么好？！正是这帮家伙，在他们本土上把自己的同胞、天才的科学家、持不同政见者布鲁诺活活烧死。怎么能够幻想着由他们来给中国带来光明！义和团能不爆发吗？这完全是外国人压迫出来的!

按照赵凤昌事先的关照,盛宣怀、余联沅等听任辜鸿铭骂完。辜鸿铭见众人寂然无声,笑一笑,道:你们说话呀。

盛宣怀和众人相看一眼,谁也没有话,怕又引起这位怪人的抢白。最后,还是盛宣怀一张笑脸相迎:汤生兄,请你去见英国驻沪总领事,传达一下张总督的意见。

翌日,辜鸿铭坐上上海道衙门派的官轿,前往英国领使馆谈判去了。路过字林西报社,他想了想,叫停。衙门陪同人员就说,还没到呀。辜鸿铭一瞪眼,道:我下车走走,看看老朋友也要经你同意吗?

《字林西报》记者巴尔福正在打字机上忙碌着,忽地,肩膀上落下一只有力的手,伴随熟悉的声音同时传出:如果我没猜错的话,巴尔福先生,你又在攻击、污蔑、谩骂义和团。

巴尔福回头,惊讶有加:辜先生怎么跑过来了?

辜鸿铭大大方方地在他身旁的椅子上坐下,道:在报上拜读了你的不少狗屁文章,所以想过来见见你,讨个公道。

"你是说义和团吗?义和团当然是万恶不赦的团匪。这次作乱,体现了其极端的仇外心理、盲目的排外主义,就是贵国的康有为之辈也是这样说的。"巴尔福嘻嘻笑着,递给辜鸿铭一支雪茄。

辜鸿铭接过雪茄借火点燃后,大摇其头说:我在此郑重地提醒你和西方的新闻媒介,不要混淆是非、胡说八道。所谓"义和团",实际上是由一群纯洁善良的人结成的友好团体。从它的名字,我们不难看出这种友好——义,正义;和,和谐;团,团结。最初,它是一个完全为了自卫的村社防御体系,练武强身、保卫家园是其宗旨。后来,不堪忍受西方传教士的欺负,奋起反抗,某种意义上是为文明而战。连你也不知道贵国驻华公使窦纳乐先生的正确描述吗?他说,"义和团"这个名称所包含的意思是,这个团体的成员将联合起来进行正义的事业,如有必要,他们将使用武力。

窦纳乐说过这样的话吗?巴尔福无从知道,正想着,忽然身后有人嚷道:义和团屠杀我们外国人士,难道也是友好行为?

辜鸿铭急忙回头,却见两位高瘦个洋人向这边走来,直觉眼熟。巴尔福不待他们走近,便拉辜鸿铭起身,介绍说:这位就是辜鸿铭先生。那两人表情显得有些意外,也有些兴奋,赶忙上前和辜鸿铭握手致意。巴尔福指着那位道久仰的洋人:这位就是工部局总董李德立先生,已接我任《字林西报》主笔多年。又指着那位道久违的洋人:这位是工部局秘书长濮兰德先生。

辜鸿铭想起来了,数年前,他曾在工部局门口亲见李德立率众迎接叶澄衷。这个被中国人叫作"巴柏叔"的洋人,可是在华英人中首屈一指的人物。他做过茶商,也做过上海电力公司秘和剧团台柱,出任工部局总董不久,便又接任巴尔福的《字林西报》主笔。使他成为大上海知名度最高的洋人的原因,不仅因为他爱在黄浦滩边散步、呼吸江潮及四野空气、喜欢和街头人士闲谈,更主要的是,当许多洋资本家打滩边码头主意时,他以工部局总董的地位极力反对那种损害"自然美"的企图,为黄浦滩头保留了一份清静环境。辜鸿铭确定眼前这位就是"巴柏叔"时,倒有些高兴认识的姿态,难得地送给对方一个称说:爱好和街头人士闲谈,算你懂得中国人的心理,这倒是一种很好的记者风度。

李德立表示了感谢之后,濮兰德一旁问道:辜先生对我有印象吗?

辜鸿铭看了看他,除了有些眼熟外,一无所知,于是摇了摇头。濮兰德便道:十多年前,辜先生给柯乐洪先生做私人翻译时,曾拜访过总税务司赫德先生,那时我们就见过面的,只是当时我仅是默默无闻的一名录事。

柯乐洪当然是知道的,赫德也是拜访过的,只是对眼前这个叫濮兰德的人没有印象,辜鸿铭歉意地摇了摇头。见濮兰德有几分尴尬,巴尔福便介绍起他的身世来,说他生于英国爱尔兰,1883年才二十岁时就考入中国海关。由于智力过人、精明能干,几年前终于荣居上海英租界工部局秘书长显位,深受英国官方赏识,现在还兼任《泰晤士报》驻沪通讯员。

"哦,原来阁下是集政客和新闻记者于一身的VIP(大人物),失敬、失敬!"辜鸿铭不无揶揄地说,看着濮兰德,又道:听声音,刚才骂义和团的话是你说的吧,你说什么了?

濮兰德点点头,他感到辜鸿铭挺有趣的,于是,便把旧话重述了一遍。

对朝廷招抚义和团,辜鸿铭虽也曾议论这是抱薪救火,只会引起更大的火灾。对义和团杀洋人,他虽也认为过火了点——难道多杀几个洋人就能解决中国的问题么?但面对洋人的指责,他还是要为义和团辩护的:义和团事件完全由于外国人压迫中国人所致。你们洋人被仇杀,完全是洋人的责任,洋人不该欺侮中国人!

李德立和濮兰德不约而同地张嘴,欲行辩论,却被辜鸿铭那有力而稍见野蛮的手势给拦住了。

"一句话，义和团是外国人压迫出来的！"说罢，辜鸿铭一拍长袍，道：跟你们扯不清，我要去谈判了！

辜鸿铭出得门来，却见两个洋人在一辆黄包车前停下，那拉车的苦力脸上长满了类似天花般的疙瘩。一洋人手指苦力的尊容大笑不已：Chop dollar！苦力没能听懂这句洋语，以为洋大人要去哪里，赶忙做了个请上车的姿势。另一位洋人却吐了口水，语带嘲笑地说：你这副尊容在美国东南部会被称为 Chop dollar——打上印记的美元！说罢哈哈大笑，拉着同伴扬长而去。

辜鸿铭听得真切，不禁皱起了眉头。

当辜鸿铭的官轿重新启程前往英国领事馆时，竟招来了众多市民的目光，轿子走到哪里，哪里就有市民指指点点，叽叽喳喳议论个不休。原来辜鸿铭竟雇了四个洋人替他抬轿。他坐在轿子上，跷起二郎腿，吸着烟，一副优哉游哉、不亦快活的神态。他由排外仇洋的心理演变来的举止，直教上海租界的各色人等看了瞠目结舌，那些受洋人欺负、压抑多时的市民心中大感快意。

比约定的时间迟到近一小时才到英国总领事馆。辜鸿铭也没说明事因表示歉意，屁股一落座，也没示意开始谈判，径自扯开了：你们外国人认为这次战争是太后挑起来的，因她仇恨外国人，错啦！华仑知道这位怪杰的脾性，只好耐着性子听他讲对时局的看法，对洋人的看法。

"以总领事先生的精明和公正，当知贵国和西方传教士的罪恶是义和团事变兴起的重要因素，它还将继续成为中外和好与中国良治的障碍。"辜鸿铭吸着华仑的雪茄，不亢不卑地按照自己的思路说下去。

"作为外交官，我的责任……"

"外交官？"辜鸿铭"哼哼"一笑，打断华仑的话：你作为外交官，却没有真正尽到外交官的职责，没有去照料你们在中国的国民，使其自身和商业活动符合有法度的文明国家的秩序、礼仪和良治，而是教导和帮助他们通过贩卖信仰、假药、铁路股票或滑膛枪去做生意或谋生。因此，我认为，你们这些外交官对义和团事变的发生也负有不容推脱的责任。

一个小时过去了，辜鸿铭竟没有涉及正题。华仑欲说什么，又被辜鸿铭的快嘴给堵了回去：总之，外国人讲中国人违背了国际法，在我看来，恰恰是外国人首先违背了国际法。

华仑忍不住站了起来，大声道：从辜先生一进门到现在都是听你一个人说，并且所说的都不是我们所要谈的问题。恕我直言，你所说的都已经成为过去的事了，我们现在急于要商量的是关于"东南互保"的问题。

辜鸿铭见对手这般着急，便知其已在心理上先败下阵来，微微一笑，道：我之所以谈这么多还未切入主题，是要你先得承认我的话有道理，然后我才可能和你谈正题。

华仑苦笑了笑，看看怀表，怏怏道一声：今天时间也不多了，明天再谈吧。辜先生你说呢？

第二天，谈判地点改在领事馆前面绿草如茵的草坪。辜鸿铭和华仑在长方形的条桌上对坐着，眼前的两杯咖啡腾腾地冒着热气，两位书记员分坐两边，忙着记录。

面对辜鸿铭的又一番高谈阔论，华仑脸上挂着冰霜，道：最使欧美人士讨厌的是，中国人在社交中满不在乎地浪费时间。在西方，社交访问是有时间限度的。

辜鸿铭听出了华仑的话中话，却一点也不在乎，微笑着说：在中国，则没有这样的时间限度。你们外国人应该入乡随俗嘛。

华仑感觉有些愠怒，起身道：我要提醒辜先生，时间就是金钱。

"根本不是这么一回事。"辜鸿铭说着架起二郎腿，用尖刻的语言回敬过去：在中国，每个人都有很多时间，但却不是每个人都有钱。

华仑遭这顿抢白，脸上红了一阵，半晌才道：辜先生应该知道，你浪费的不是自己的时间，而是别人的时间。

辜鸿铭却还是笑，笑完，他才仰头盯着对方，目光炯炯道：华仑先生也应该知道，是你请我来谈判的，要说浪费，也是你浪费我的时间。

华仑面对着这个"中国无赖"，一股无名之火直蹿心头，却又一时找不着回击的话，鼻子像患了伤风似的，连抽几下，接着便把牙齿咬得咯咯响。

辜鸿铭可不管华仑的急相，又燃上一支雪茄，来回吸吐几口后，娓娓道来：大不列颠和美利坚派出国内所有挑拨离间和爱管闲事之辈到中国来，专横跋扈地干涉上自皇太后下至那些底层人的生活方式；德意志派出所有他的犹太高利贷狗来中国欺骗达官贵人并使其堕落；法兰西派出他所有的"黑色暴徒"来中国保护一切流氓和无赖。当中国在这样一种情形之下发生义和团纵火事件——你们这些西方人还都感到奇怪！

华仑再也耐不住了，恨恨地把雪茄从嘴角拿掉，霍地起身道：两次与辜先生会谈，都没有谈到正题。你说英国如何不好，英国传教士如何不好，中国教民如何不好，这都是过去之事。我没有这么多工夫来听，我忙得很！

在华仑说话时，辜鸿铭旁若无人地吞云吐雾。华仑说完后，他还是默默地吸着烟，长时间一言不发。

两位记录员或许从没见过这样的谈判，疑惑地对看着，眼光碰在一起，却又低下了头，在本子上不知写些什么。

难挨的沉默足以消磨掉十个欧洲外交官的耐心。终于，华仑率先开口了：辜先生怎么又不说话了？

辜鸿铭这才微微一笑，道：总领事先生在中国生活多年，当知对一位正说到兴头上的中国人表明自己很忙，那往往会给他当头一棒，他唯一的办法便只能保持沉默了。这正如谚语所言"上山打虎易，让你开口难"。

好一个"钉子"。华仑万般无奈，只好重又坐下，语气极尽温和地说：好吧，我承认你说的有一定道理，但我们现在所商量的是善后之事。希望下午见面时，你先把张总督的意见，多多见示。

"张总督珍惜中外友好，更看重中国独立。总领事先生既然承认我的话有理，我们下一次见面就可以彼此商量善后的办法了。"

下午见面，双方甚欢。辜鸿铭并不需绞尽脑汁想什么善后的办法，所有的办法，盛宣怀们早已议定，并经张之洞批准。他唯一要做的是不失时机地亮出张之洞致华仑的手谕：上海租界归各国保护，长江内地各国商民产业均归督抚保护，本部堂与两江总督刘制台意见相同，合力任之，并饬上海道与各国领事迅速妥议办法，请尊处转致各国领事。

这场谈判，华仑表示最大幅度地接受中国方面的意见。辜鸿铭这两天的表演，终于让盛宣怀们猜到了张之洞的用意：办理中外交涉的难处是外国人不讲理、中国人不明事势。辜鸿铭不仅擅长西方诸国语言，精通西洋世情，还喜与洋人争辩，由他出面同洋人打交道，最合适不过。在不得已与西方谈判的情况下，委派辜鸿铭为自己的代表，是张之洞唱的一台戏。他要给西方和朝廷看到一副"我张之洞决不俯就西方的'姿态'"，而这姿态正要极端仇外的辜鸿铭代表他摆一摆。

根据张之洞的电报授权，上海道余联沅出面与各国领事紧急会商。

会商地点设在著名的会审公廨。公廨坐北朝南面对南京路，有着一个纯粹中国衙门式的大门，整座建筑为二层砖木结构，高高翘起的大飞檐算是一种神圣权势的象征。会审大厅的前方正中，巨大的审判台又高又长。上海道余联沅与领事团主席华仑在主桌上并排而坐，辜鸿铭以湖广总督全权代表身份出席，盛宣怀以两江、湖广总督共同聘请的帮办名义出席。在左下一排坐的全是顶戴花翎或长袍马褂的中国官绅，右下一排坐的是美国驻上海总领事古纳等一帮穿白领燕尾服或西服军装的西方官员，泾渭分明，各自代表着既沟通又对峙的东西方两个世界。双方没作什么争论就签下了两份条约——《东南互保条款》《保护上海城厢内外章程》。其核心内容为：上海租界准归各国保护，长江内地均归督抚保护，两不相扰，以保全商民人命产业为主。

条约既签，盛宣怀一颗悬在嗓子眼的心终于安定了。除了正在进行战争的北方以外，东南地区都行中立，自己的巨大财产再无须担忧在炮火中损毁了。他当然要在豪宅里大摆筵席，庆贺"互保计划"的成功。

好一番觥筹交错后，盛宣怀满面红光，喜形于色，道：这个《东南互保条款》还多亏了汤生的努力以及我等多番奔走才得以成。

沈曾植、陈季同、赵凤昌、张謇、汪康年等纷纷举杯来敬辜鸿铭，道的无非是汤生兄打好了前站、真是外交异才一类皆大欢喜的话。

辜鸿铭来者不拒，连饮数杯后道：这样的自保终究只能保一时，哪能一世呢？近三十年来，内忧外患相继而来，外洋各国"瓜分中国"之声近年更是甚嚣尘上。可朝廷一班所谓的"玉堂人物"先是以天朝麟凤自诩，对洋人一向鄙之如犬羊，等到交了手屡战屡败，只好屈膝求和，且自贬乌鸦，在洋人眼里矮了三分。咳，长此以往，国体哪能不烂？！

三、沪上浪迹

"东南互保"既成，辜鸿铭忽然感到这似乎是个难以解释的奇怪现象：一个国家的中央政府已和入侵各国宣战，地方政府竟与敌国订立协议，保持和平状态，岂不惊世骇俗！但他又想，不在其位不谋其政，这些所谓的经国大业，由那些大人们管去吧，自己力所能及的事，便是为慈禧太后辩护，为太后也支持的义和团辩护。

他是个激情飞越的人，流畅而寓含锋芒的文字很快就在笔下发出战斗的呐喊：

义和团运动中的中国人正像1789年他们的法国兄弟一样，以自己的鲜血向世人证明，他们也是"人"。谁无视这一点，谁就是一个奸贼，一个真正的蛮夷，一个残忍的野兽！

辜鸿铭的文章在《字林西报》上刊发后，伦敦、华盛顿和巴黎等地的著名报纸纷纷转载。这让陈季同万分的吃惊，对前来讨教法国文学的弟子曾朴道：当国人自惭形秽对着外国入侵者曲意奉承时，在对义和团的舆论一边倒的情况下，辜鸿铭竟挺身而出，公开写洋文骂洋人，为义和团做辩护，还居然在西方大受欢迎，真个是怪杰……吃惊之余，便是十二分的敬佩，差了仆人就去请辜鸿铭来寓所喝酒。

第二天上午，陈季同和曾朴在院中谈着法国文学，辜鸿铭就来了，同来的还有赵凤昌。陈季同介绍曾朴和他们认识后，接着刚才的话题道：我们在这个时代，不但科学要跟上人家，就是文学，也不可妄自尊大，自命为独一无二的文学之邦。殊不知，人家的进步和别的学问一样的一日千里，连文学都没拿我们算在内，都还不如日本呢。我在法国最久，同法人也接触得多，往往听到他们对中国的论调，不是轻蔑就是厌恶，活活要把你气死！

辜鸿铭虽然佩服陈季同的法文造诣，但对他的一些看法也还是有所保留的，想了想，觉得有必要提醒他：敬如兄当知也有特别的，比如瞿严姆波底爱就十分崇拜中国哲学，他认孔孟是政治道德的哲学家，《老子》是最高理性的书；又如阿培尔娄密沙也十分敬仰中国文学，他所作的《支那语言及文学论》，态度也还公平。

辜鸿铭一番颇有见地的话，直让曾朴佩服不已，心想，果然是个奇才，对法国文学居然不陌生。他见老师也不与辜鸿铭多争什么，眼珠一转，便接过辜鸿铭的话来，道：辜先生说的有道理，老师作的《中国人的自画像》《中国人的快乐》以及《支那童话》等就很受法国人士的欢迎，连大文豪法朗士都称说呢！

辜鸿铭微微一笑，看着曾朴道：真是个聪明的年轻人，既拍了我的马屁，又讨了老师的欢心。跟了这样的老师，你今后也作些东西来，译了过去，为中国文学增些光彩。

曾朴听得心头一热，连忙躬身致谢，道：多谢辜先生厚爱，学生愿为之努力（他日后果然作了部洋洋数十万言的小说《孽海花》来，把老师陈季同和辜鸿铭等原型尽皆写进书里）。

辜鸿铭和赵凤昌扶醉而回。赵凤昌睡前忽道：你知道吗？前些时候，眉叔向我提及你呢。

辜鸿铭一惊，睁着一对明亮的眼睛，似乎不太相信：马建忠先生真的还记得我？

"是的，他非常清楚地记得你。"赵凤昌以肯定的语气道，顿了顿又说：他现在病得可不轻。

"竹君，快带我去看他吧！"辜鸿铭不由分说就要来拉赵凤昌。

赵凤昌笑道：看你急的，都什么时候了，你不想让眉叔晚寝呀！

辜鸿铭这才注意起房内的灯光都已掌起来了，不觉也笑了，却不坐下，嘟哝一句：那就明天去吧，不过今晚我可要早睡。

辜鸿铭已有十六年没见着马建忠了，多年来总是默默地关注着这位在自己归国后的引路人。

第二天，辜鸿铭早早叫醒了赵凤昌，雇了车子迎着凉爽的晨风上路了。

听说辜鸿铭前来，马建忠显得十分高兴，强撑病体起床见客。他紧握着辜鸿铭的手说：我一直惦记着你呢。这些年来，你为国家做了很多有益的事情。

辜鸿铭听得心头一热，十多年前两人在新加坡的晤谈画面油然又浮现在他的脑海里。那时，马建忠给了自己多大的帮助和启迪呀。可自己回国十多年来，竟没有再向他请教，连一次醉心的神侃也没有，岂不可惜！这么想罢，他暗自责备自己当初在上海太过于自尊了，也许那时马建忠确实太忙，也许那位英国雇员压根儿没有转告自己的旅馆地址，以至于他没能回访。

"辜兄，这些年来，我家三弟可没少看你的文章，夸你不少呢！"一旁马建忠的四哥马相伯说。

"你把老祖宗留下的《论语》翻给洋人看，其功甚伟，给中西文化交流架了座桥！"马建忠欣喜有加。

"比起马先生厚厚十本的文通来，我这只能算是小巫了。"辜鸿铭真诚地说。前些年梁启超主笔《时务报》时，曾对马建忠撰写《马氏文通》一事有所报道，是故辜鸿铭知道详情。

"是啊，三弟为了这部《文通》几乎发了狂，十多年的工夫下去，直把他身子都搞垮了。"马相伯怜惜道。

在马相伯说话的当儿，辜鸿铭又一次端视马建忠。他发现，与十几年前相比，马建忠似乎变了一个人，眼光散淡无神，脸色蜡黄，身子骨单薄了许多。他心里不觉涌出一股酸涩的感觉，忙扶马建忠到病榻前躺坐下。

大家围着病榻落座后，马建忠温和地对辜鸿铭说：听惜阴介绍，汤生曾多次到过沪上，不知感觉如何呀？

辜鸿铭不假思索地说：上海能有什么呢，自开埠以来，它所有的一切，都被西方精神对东方精神的粗暴干涉给打破了。让人痛心的，还在于许多孔孟之徒成了西方文明的猎物和俘虏。大上海已成冒险家的乐园、洋人的极乐天堂，对真正的中国人来说，这里已不是他们的家园，租界、通商口岸、十里洋场、工部局、领事馆、大厦高楼，所有这些东西统和中国人无甚关系。这个被外国"治外法权"所辖制的帝国主义地盘，是个被全体爱国主义者所不齿的城市！

辜鸿铭一语道来，不独让马氏兄弟，就连赵凤昌也深觉愕然，好像他们自己也成了西方的俘虏似的，正在接受辜鸿铭的审判。

马相伯见辜鸿铭张嘴似乎还有宏论要发，怕弟弟病体吃不消，忙给赵凤昌使了个眼色。赵凤昌来时本已说好，只留上午半天时间陪辜鸿铭的，如今见了马相伯的眼神，心中会意，忙上前拉拉辜鸿铭的手，道：汤生，眉叔还在病中呢，恐不宜久谈，改日再来吧。

两人告辞马氏兄弟出来，辜鸿铭免不了要埋怨赵凤昌一番：我都还没说够呢。你知道吗？当初在新加坡，我和马先生谈了三天三夜。想想又道：咳，要是马先生不病就好了！

日已响午，两人随便找个饭馆解决了肚子问题后，赵凤昌嘱咐辜鸿铭先回惜阴堂，自己要去张园应酬。辜鸿铭心想，你上张园，还不是"上花台"。说什么也要随他同去，以期有幸共享。赵凤昌拗不过他的犟劲，想了想，道：到了那地方，你只带耳朵不带嘴巴，绝不许乱说话。辜鸿铭不假思索地眉开眼笑、一口应诺。

到得张园，赵凤昌却直奔安垲第而来，向守门人员出示了红帖子，守门员验看后，恭恭敬敬地请他们两人进去了。里头已坐着三五十人，正高谈阔论些什么，见赵凤昌他们到来，立时就有位年轻儒者起身前来招呼。赵凤昌忙把他介绍给辜鸿铭，说这是唐才常先生，曾在两湖书院学习。辜鸿铭在两湖书院执教前后不到一年，无从想起自己教没教过唐才常。倒是唐才常听得辜鸿铭的名号，略显惊讶，但还是口称老师，热情地表示了欢迎，并拉他们在自己身旁落座。

板凳还没坐热，辜鸿铭已隐约感知到众人的谈话内容，不禁微微一惊：原来他们竟在议论朝政。他也有满肚子话要说的，但刚要张嘴，却被一旁警惕着的赵凤昌用眼光制住了。这些人的议论很是出格，语气间居然充满了反满倾向，说什么"非我族类其心必异",这些字眼让辜鸿铭吃惊不小,但也有人说君臣之义如何能废,表示要忠于光绪皇帝,而且要求光绪皇帝复位。这些人想干什么?辜鸿铭微微转了头,用眼睛的余光来看唐才常,却见他也正用灼热的眼光注视自己,急忙装着若无其事的样子让脑袋"复位"了。他们在干什么呢?这唐才常是何许人也?一个个疑问在辜鸿铭心头升起。

原来,这是"正气会"改为"自立会"后的一次聚会,唐才常正是此会的发起人。不久前,他邀集容闳、严复、章太炎等社会名流八十多人,在张园召开中国国会,自任总干事,宣布"保全中国自立之权,创造新自立国",拥护光绪当政,拟在武汉发动"勤王讨贼"。会上,中国第一位留学生容闳被选为会长,严复当选为副会长。张园安垲第这个上海最高的建筑,几乎被他们当成了英国伦敦的海德公园,作为他们发表反清演讲的专门会场。

"老师,这是学生的拙文,敬请赐教。"唐才常的话打断了辜鸿铭漫无边际的猜想。

辜鸿铭接看报纸,眼光落在文章标题《通种说》上,不觉微微一惊:好不骇人听闻!

在文中,唐才常主张彻底消除中外之防,实行"华洋种族通婚",以改良中国人种,其中第十条就是专门以陈季同的婚姻为例,说明实行此制不仅应该而且可能。其言曰:"陈季同之妻,皆西妇也。彼西人初不以吾中国之弱、而摒之不齿婚姻之列,则吾又何为闻通种之说,而狷狷争,狷狷谗也。"

改良中国人种,这岂不是妄自菲薄?!辜鸿铭心想,这唐才常不仅胆大妄为,而且数典忘祖,断断不能结交。正这么想着,众人的议论一浪高过一浪,灌于满耳的多是激烈的反清言论。辜鸿铭如坐针毡,用眼去瞟一旁的赵凤昌,却见他安之若素。心里便寻思,这赵凤昌在上海与各色人等打交道,思想变化真大,得赶快离开这是非之地。他轻唤两声赵凤昌,赵凤昌却佯装没有听见,不加理睬,直让辜鸿铭感觉自己是个多余人,起身就走,也不管唐才常追上挽留。

四、又一个"谭嗣同"在武昌身首异处

辜鸿铭回鄂复命不久,即听到一个惊人的消息:八国联军攻陷天津,集结重兵沿运河向北京进逼。战前,总督府的幕僚们早就议论过义和团的"神功"和端

王的军队根本靠不住。没料到战局开端如此不利、一泻千里！张之洞在连道三遍"太后安危令人担忧！"后，急召辜鸿铭，让他速去同英国驻汉口领事交涉，照会联军各国必尊两宫，不得为难。他还加重语气，让辜鸿铭如此这般转告他的原话：否则，薄海臣民必然不服，以后事机实难逆料，"东南互保"的局面无以维持，中外祸乱更是无法避开。

英国驻汉口领事法磊斯听辜鸿铭如此转述，嘿嘿一笑，道：贵国为什么要废掉大皇帝？

辜鸿铭道：这是中国的内政，岂须你们操心！

法磊斯语带威胁地：作为友好国家，当然无权干涉中国的内政，但我们大英帝国的公使只认定"光绪"两字，其他什么人当皇帝，我们是否承认，就要请示本国政府了！

怀着一腔激愤回到督署，辜鸿铭少不得要向张之洞慷慨陈词：列强法内治权的行使，已经渗透到我国内政的许多方面，上至干涉皇太后的立储，下至干涉中国官员的任免，而且越来越变本加厉。以至于官员被任命到一个重要位置，必须首先从外国官员那里接受一个半官方的许可证书。这是哪门子的事！

张之洞似乎无动于衷，好半晌才懒洋洋看着辜鸿铭道：权在朝廷，我们做疆臣的有何办法？

辜鸿铭还欲想说什么，张之洞用手势制止了，从桌上拿过一纸电报递给辜鸿铭，道：沪上急电，报告英国舰队司令西摩尔在长江上有阴谋，我担心局势随时再度紧张，英国在寻找出兵长江的借口。

辜鸿铭接看电报，沉吟稍许，道：我却从这里看到了一个解除彼此紧张的机会。

张之洞眼睛一亮：哦，如何说？

"香帅练兵不是正需要钱吗？我就大胆地劝总督衙门向英相索尔兹伯理勋爵要求一笔借款。"

张之洞一时摸不着头脑：为何要向英相借款？

"借款的目的是要让英国首相信任我们，并不派军队到长江流域来。香港和上海的英国银行在英相的担保下将欣然接受此项业务，因此期望这笔等同长江和平值借款的成功，将成为恢复彼此信任的手段。我有理由相信，它能起到这一作用。告诉他们，在汉口最大的危险是，如果不发饷，将发生一次兵变。"

张之洞心想，辜鸿铭这个借款要求包含有一种机智而冷酷的算计，英国政府是否同长江地区的总督们保持友好的协作,借款与否是一个考验。他脸上露出欣喜的笑容,果断地说:好,你给英相发一份密电,要求提供一笔二十万英镑的贷款,帮助解决我们发不出军饷的问题。

这封密电及其借款,着实给英国政府出了一个不小的难题:如果英国诚心"互保",就不应拒绝这一要求,而一旦答应了张之洞,不仅借款的担保、抵押、利息等不如意,而且再糟糕的是,将束缚向中国出兵的手脚,毕竟,长江流域是块肥肉。尽管内阁成员们为此意见不一,但出于政治上的考虑,英国首相认为英国除了损害一些占领计划外,别无选择,于是力促财政部做出了借款的决定,借给张之洞七万五千英镑。

八国联军日益逼近北京的消息,连同总署严饬北上"勤王"的命令,不断传到武昌,直教张之洞心急如焚。几天后,以抢新闻著称的英国《字林西报》很快就报道了随军记者从北京发回的电讯,电讯详细描绘了8月14日北京被攻陷的情况。

阅此电讯,辜鸿铭的悲愤和怅惘难以言喻。拿着报纸紧急来见张之洞,也顾不得巡抚于荫霖等官员在场,痛心疾首道:真没想到,四万万人口的大清帝国这条"睡龙"竟被二万余杂牌军捆缚起来,动弹不得,任人捏弄了!

"牢骚少发!"张之洞瞪着一对猩红的眼睛吼道。显然,他接到消息后,一晚未睡。

辜鸿铭立时不吱声了,转身就要走,却又被张之洞喊住,递给他一沓文稿,神色冷峻道:汤生,这是我和刘制军联署致各国列强要求必尊两宫的信函。你尽快译成英文和德文,并立即设法送给英国首相、德国皇帝和那个曾送你金表已继皇位的俄国沙皇……

辜鸿铭手拿信函,想说什么,嘴巴翕动了动,终于没有说出。

紫禁城破后,慈禧向西逃窜途中,降旨赞扬"东南互保"为老成谋国之道,还通过驻外使臣向列强表白双方修好的愿望。

张之洞担心"背逆"的一颗悬心总算可以放下了,于是赶快饬令属下各府州县及守军各营广为宣达谕旨。

恰在这个时候,一个突如其来的消息,让张之洞出了一身冷汗。

消息是从江汉道稽察长徐升派出的"水客"那里传出的,言:流亡海外的康有为计划乘北方动乱之机,建立革命武装,拥护光绪皇帝当政,以继续其未能完成的维新计划。具体负责这次"勤王讨贼"行动的唐才常已在汉口英租界设立自立军秘密机关，运动沿江各省会党和清朝防军，组织自立军七军，自任诸军督办，拟在近期暴动举事；在此之际，唐才常还准备挟持张之洞，建立东南自立之国。

一身冷汗后，张之洞接下来便是咬牙切齿了。他决定先发制人，将党人一网打尽，以实际行动讨取太后的欢心。

在张之洞悄然与英国领事馆交涉之际，不明就里的唐才常还在汉口李慎德堂楼上，与自立军各位头头脑脑在商谈暴动的有关事宜。

张之洞的出马劝说取得了进展，英国人对支持唐才常"武装勤王"这一想法动摇了。于是，张之洞不费吹灰之力，便从英国驻汉口领事馆取得了对自立军领导人的搜捕证。8月22日凌晨，在张之洞密令和英国领事馆的密切配合下，统制张彪率亲军以突袭方式包围了英租界李慎德堂的自立军总部以及英租界附近的唐才常住所宝顺里。由于唐才常自恃有租界保护，事先未做任何防范，他和在汉口的自立军一帮骨干二十来人悉被张之洞的亲军一举擒拿。

这些天来，辜鸿铭因受派翻译张之洞致西方各国的信函，而没去督署衙门，对外头的事多有不闻。这天，他左手抚摸淑姑的小脚，右手执笔，一行行英文字句在笔下欢畅地流出。淑姑坐在一旁关切地问：好几天了，香帅的信函还没译好？

"我岂是仅作原材料的加工，我因事发挥，另作一文。"辜鸿铭不无得意地说：夫人你瞧，我这个题目译成中文便是《我们愿为君王去死，皇太后啊！中国人民对皇太后真实感情的陈述》。

傍晚时分，辜鸿铭想着郑孝胥吃花酒的邀请，忙准时前来郑家等候。同为闽人又同为张之洞幕僚的郑孝胥是风流才子，纳一女伶为妾后，每中宵即起，骗夫人说去锻炼筋骨，起初夫人也信以为真。岂料郑孝胥竟是偷偷摸摸地跑到小妾的床上"锻炼筋骨"。这把戏没过多久，即被其夫人拆穿，跳脚大骂，声震屋瓦，一时传为笑谈。郑孝胥平时在家是绝不敢多宠小妾的，又无法享受夫人的温情，只好常常呼朋引类外出喝花酒销魂。

辜鸿铭到来后，郑孝胥却道：看来今晚不成了，有重要事务要做。

辜鸿铭嘻嘻一笑：莫不是陪夫人"锻炼筋骨"？

郑孝胥脸一红，连忙压低声音道：香帅让我审讯唐才常呢。

"唐才常？"辜鸿铭吓了一跳。

郑孝胥把事情经过简要说了一遍，没有闲工夫与辜鸿铭再谈，草草吃过饭后，穿上官服就要上轿。辜鸿铭想想,也跟着他到了道台衙门,躲在后堂听审。

随着郑孝胥一声"升堂"的吆喝,犯人被带上来了,却不下跪。辜鸿铭探头一看,果然是唐才常。见他神态自若,挺胸直视,倒有一派英雄气概,倒也暗自称叹。

该如何处置唐才常和他的自立军呢?张之洞发了一夜的愁。唐才常是两湖书院的弟子,他手下一帮骨干如傅慈祥等还是自己派往日本学习军事的官费生。据悉,自己的长孙张厚琨亦与唐才常等人有联系。如果深究由这批人发动的自立军之事,于己不利,如果对已捕者不予处置,又恐巡抚于荫霖等同僚向朝廷告发。

昨夜一宿未睡的张之洞像头困兽,在书房里呼哧呼哧地来回踱步。他唤来了张彪,一字一句地下达命令:于今晚处决唐才常等在押者。

昨天张彪还听张之洞叹息"动辄杀人,大非佳兆"呢,今天怎么又想大开杀戒了,而且下手迅猛,大有快刀斩乱麻之味。他不觉悚然一惊,疑是听错了,小心翼翼地问道:这么快,不是还没审理吗?为何不在光天化日之下明正典刑?

张之洞道:还审什么?无论谁审他,他都难逃一死。按大清律例,谋逆造反是要满门抄斩的。我们只能在黑夜里杀人。再细审深究此案,还要牵连多少与他有瓜葛的人呢?

黑幕笼罩着湖畔,狂风阵阵。张彪率一队荷枪实弹的清军,押解着十几个桎梏加身的自立军成员走向湖边,瞬间便把犯人按跪在地,明晃晃的大刀纷纷挥劈而下。

最后只剩唐才常一人。辜鸿铭手捧碗酒上前:此去黄泉无客店,不知今晚落谁家。喝下这碗酒,老师送你上路。

唐才常鬓发肃然,接酒畅饮:慷慨临行真快事,英雄结局总如斯。谢谢辜先生,我们虽不是同道人,也没有成为敌人。辜鸿铭道:你我都是真正的读书人,惺惺相惜。

少顷,唐才常指着自己的脖颈,平静地说:堂堂男儿,怎能屈膝,请让我像英雄般地死去。动手吧!

唐才常起身,右手握拳,左手抚胸,双手再整一整领扣。张彪一旁问辜鸿铭:那手势什么意思?辜鸿铭低声相告:谨守秘密,抱定宗旨,恢复中华。

唐才常等二十余人在武昌、汉口两地身死后,张之洞向慈禧太后贡奉了一份效忠礼。

唐才常的自立军总部既破,张之洞旋即电告上海道,让其在沪上追捕自立军成员,并请"驻洋各埠领事传谕各华商,切勿误听康、梁邪说,枉助资财"。

辜鸿铭对唐才常的理论和做法当然多不赞成，但也深感其身上有一股英雄气概，尤其是称自己为"老师"，更是多少激起了一点怜悯之情，得悉张之洞的处理方法，当下找上门来，道：自立军因总部被破已风流云散，香帅何苦再行扩大范围，按册搜捕，昔年光武帝刘秀和魏武帝曹操均在"军中焚书安反侧"，我以为直可效法。

张之洞正要向朝廷表白自己与维新派没有牵连呢，哪能听信辜鸿铭的建议，依旧下令大肆搜捕。辜鸿铭对张之洞不满之余，又添失望，叹道：他这个人啊……

牢骚还没发完，忽听张之洞有请，以为又有人告密要挨克了。赶到督署，戈什哈说总督在暖阁里召见，当下心中生疑，不知何故。进得暖阁，却见里头还坐着位身着麒麟补服的大员，原来是两江总督刘坤一。辜鸿铭连忙向两位总督行了礼。

两相回礼后，张之洞起身，看着辜鸿铭，一部长须颤动，道：汤生，你说洋鬼子可恨不可恨？

"可恨！"

张之洞又问：可怕不可怕？

辜鸿铭语声洪亮地答道：不可怕！

张之洞再问：你怕不怕？

辜鸿铭有点奇怪了：香帅啊，你到底想说什么？

张之洞拉辜鸿铭在自己身边坐下，道：朝廷已派李中堂和庆亲王为全权议和大臣，和谈出现困难。你有"东南互保"的谈判经验，愿不愿到北京协助王爷和中堂？

原来，慈禧太后在任命李鸿章和庆亲王奕劻为议和全权大臣时，又命张之洞、刘坤一为会同办理大臣，一起参与和谈事务。张之洞和刘坤一计议，如果能有一个值得信任的内线人物到北京，利用他来表达两人对谈判签约的意见，可以在一定程度上干预李鸿章亲俄与委曲求和的态度。辜鸿铭虽恨洋人，却最愿和洋人打交道，对洋人心态、爱好、习惯的了解他人望尘莫及，于是，一经张之洞推荐，刘坤一当即同意。

能为国家做事，又是襄理全国瞩目的外交谈判，辜鸿铭哪能不愿，不假思索地答应了下来。张之洞和刘坤一相继交代了有关事宜，无非叮嘱他绝不可因位卑而不敢说话，在王爷和李中堂面前，讲清国内外形势和利害轻重。此外，还要将每日交涉、谈判情形以及王爷和中堂的意见随时电告武昌。两相谈话，辜鸿铭感觉，嗓门极高的武将刘坤一对待下属却如同老太太话家常——慈祥恺悌，不摆一点官架子；文臣张之洞则风棱峭厉，每句话都仿佛经过千锤百炼而出，交代事情有时往往过分郑重。

辜鸿铭告辞出了门，张之洞又在背后叫住了他，似乎有一百个不放心。再次嘱咐道：汤生，这次的对手不同于"东南互保"中的英国人，彼时英国人不欲别国插手长江流域，自然急于想同我们搞好关系，而眼下的对手，是在战争中夺取了京都的"八国联军"，你少不了要冒风险，万请小心。

辜鸿铭心里陡地涌过一阵暖流，却没有流露出来，腰杆一挺道：请香帅放心，我真理在握，正义在我，何惧洋鬼子横行！说毕，大踏步走出了张之洞的视线。

听说辜鸿铭要远赴北京办事，年轻的仆人刘二说什么也要跟随"保驾"。这刘二，正是辜鸿铭当年在上海街头从洋人手中解救过来，并送银让其为母亲抓药的小伙子。母亲死后，他既无依靠也了无牵挂，果然不食前言，辗转到武昌找着了好心大爷辜鸿铭，投奔在他门下当了仆人。

辜鸿铭前脚已经跨出大门了，忽地淑姑在后面叫道：官人，你辫子没梳正哩。边叫边拉回辜鸿铭，并急急从房间里拿来梳子，动作利索地为丈夫重新梳理起来，整整齐齐地编扎好两根辫子，女儿珍东在一旁咯咯地笑着。贞子忽地想起什么，轻拍儿子守庸的脑袋，道：去，给父亲弹一首曲子送行。儿子听话，飞快地跑回房内，欢快的琴声立时从房内飘出。不独辜鸿铭，连门外的刘二也重新回到了院里，惬意地听着。

贞子握着辜鸿铭那戴戒指的右手，深情无限地说：老爷，你去京都后，得多加小心，不该讲的话就不要多讲，朝中大臣可不比香帅有气量。

辜鸿铭凝重地点头，随之调皮地说：不该讲话时，我就看看这戒指，好像你们就站在我身旁，给我捂嘴巴了。

大伙儿都笑了，辜鸿铭原先那"慷慨赴国难"、"壮士一去兮不复回"的凝重心情一时也变得轻松起来。

第九章

臣子恨

一、降服联军统帅瓦德西

辜鸿铭和刘二主仆进皇城后,七拐八拐到了皇城附近的金鱼胡同,再一抬头,一座宏大的佛寺便展现在眼前。这是直隶总督、钦命和谈全权大臣李鸿章的住处。门口用德、英、法三种文字写着:联军核定中国地方,万勿骚扰。整个北京都被洋人瓜分为"外国辖境"了。各国只承认李鸿章、庆亲王住处为"中国地方",只是,这"中国地方"住着的不过是受礼遇的俘虏!辜鸿铭就这样万般不是滋味地入了门。

主客寒暄落座后,趁李鸿章看张之洞信函的时候,辜鸿铭注视着这位当朝名人,眉宇间混杂着一种说不清的感情。李鸿章身材颀长,很有威仪,曾被恭维为"云中之鹤",还有这种算命般的语言写进了诗里,说什么"万里封侯由骨相"。可瞅着他现在那稀疏的胡子、正在由灰变白的头发、突出的颧骨、浮肿的眼眶、满面秋霜的一张老脸,辜鸿铭心想,这是"仙鹤之相",何时成了一根扶不住的竹竿了?

李鸿章看过张之洞的举荐信后,面露欣喜之色:张制军介绍了先生的情况,有先生帮助,国家有幸!你一路也看到了,北京情况惨不忍睹!文武百官,除跟两宫跑了的,留在京城的,遭的罪就别提了,轻者替联军挑粪、驮尸,受尽污辱,重者丧命!说到这里,李鸿章轻咳两声,端起桌上的茶喝了一口,润了润嗓子后,忽然骂将起来:载漪、载勋、载澜、崇绮、徐桐、启秀……这群乱臣贼子!要不是他们蛊惑老佛爷利用义和拳杀洋人,怎会闯下如此大祸!怎会招惹八国联军一齐来攻打北京城,怎会让我来当这要命的议和全权大臣!

辜鸿铭语含讥讽:凭傅相的以往阅历,和外国人打交道,只要答应割地赔款,没有不成事的。真不知大清朝还能割得几回，赔得多少？

这带刺的话，居然激不起李鸿章心中的半点波澜。他的语气淡得像白开水：割地赔款是老生常谈了，这也是咱们国家的气数。唉，现在割地赔款也不行了。这次和议桌上争持不下的已经不是什么割地赔款，而是太后老佛爷的性命了！

辜鸿铭吃了一惊：他们真敢要太后的性命？

李鸿章托着那在日本和伊藤博文谈判时被刺客打伤的腮帮子，神情不无黯然：怎么不敢要！是一定要！他们的条件是要太后老佛爷为克林德公使偿命，另外还要皇上亲自去德国给德皇赔罪，然后才谈和议。

"这要价也太狠了。"辜鸿铭听得直来气：岂有此理，欺人太甚！

李鸿章目视辜鸿铭道：现在各国虎视眈眈，都想瓜分中国，各尝一脔。他们提出的要求太苛刻了，王爷和我都没法应付。

辜鸿铭朗声道：自江南五省独立宣言发出后，山东也积极响应，敌人的气焰已有所低落。五省独立宣言不是独立，而是备战。我国地域广大，敌军虽有枪炮，但不敢深入腹地，更经不起长期战争。只要我们调动全国人民一致对外、战斗到底，没有不胜的。我在欧洲时常和洋人谈起鸦片战争，他们总说：欧洲国家不惧中国政府，而惧像林则徐那样的中国将士，怕像广东三元里那样的百姓。

"林文忠还在就好了，让他去御敌或做这和议大臣。"李鸿章苦笑道。

"兵法云：'知己知彼，百战不殆。'战争和外交也要遵循这一原则。其实，八国联军联得并不紧，他们彼此间互相仇视、矛盾重重。"

"哦，请先生详加分析。"辜鸿铭这么一说，立时引起了李鸿章的注意。

综察八国联军，除奥地利、意大利两国没有实力外，德国、法国是世仇，法国和俄国联盟，其目的在于压制德国；英国和日本同盟，其目的在于打击俄国。我们再看美国，美国是西半球最强大的国家，它的勃勃雄心是：第一步，夺取英国、法国和西班牙在拉丁美洲的殖民地，独霸美洲；第二步，侵略东亚，与英、法、日、俄争夺市场，平分秋色，瓜分中国；第三步，再向欧洲进攻，统治世界。德国不仅与其他诸国争夺在中国的商业市场，还占据青岛，租借胶州湾，因此既是我国之敌，同时也与其他诸国为敌。所以联军内部钩心斗角，互相倾轧。正因为如此，我们找到了开锁的钥匙。

"依你之见，我们现在如何着手呢？"李鸿章问道。他非常精于从别人那里盘问到他想得到的东西，而且能滴水不漏，他那双黑色的小眼睛在发话或聆听时不停地注视着对方的一举一动。

辜鸿铭胸有成竹地说：我们要采用攻心战术。假借德国人之手，从联军内部瓦解联军，这样，外交问题不难迎刃而解。

李鸿章眼里射出欣喜的光芒，觉得此人器识不俗、见地不凡，身子动了一下，身旁的随从会意，将他小心翼翼地扶了起来。李鸿章上前走近辜鸿铭，苦涩的脸上一展难得的笑容，握住他的手：我同意你的意见，我们现在就去见庆王爷。

李鸿章叫上助手周馥等人步行出门上街，几位戈什哈穿了便衣，在前后散布开。

进屋后，李鸿章把辜鸿铭和庆亲王奕劻互相做了介绍后，还未及寒暄，奕劻就嚷叫起来：我们和议八字还没有一撇，他们却要老佛爷回銮。老佛爷好不容易才到西安，哪能轻易回京？何况现在满城洋兵，两宫回銮不等于往老虎嘴里送食吗？可不这样，他们就不肯和议。再不和议，恼了老佛爷，我们就不要活命了！

奕劻这一嚷，满屋子顿陷死寂一片。李鸿章把目光投向辜鸿铭，辜鸿铭会意，乃道：王爷不必过分忧虑敌人强大。这些国家，我看没有什么了不起，他们都是欺负老实人，真和他们死拼到底，他们的气焰也就消了。

初见王爷和宰辅，辜鸿铭的言谈举止一点也不见怯。以前读《孟子》时，他就对其中"大人则藐之"一句烂熟于心。孟老夫子说的在理呀，越是在名声大、地位高的人面前，越要保持自己的尊严，万不可过分恭敬，更不该气馁。因为你本来就名位低，若再妄自菲薄，在这种人的眼中则愈显渺小。应该反过来，以气盛当然最好还要有学识，来弥补自己名位的不足。

奕劻好不痛快地说：只要能与洋人议和，只要议和条款上不要太后抵命、皇上赔罪，我把王府半个家当送与辜先生，太后回銮，我还替你讨封。

李鸿章见奕劻说得过了头，便接过话来：辜先生熟谙各国国情，天下大事了如指掌，可谓天生英才、腹中有宝，望不要拘束、畅所欲言、为国效力。

奕劻也赶紧再接一句：对、对，请先生尽早告知和谈的步骤和方案。

辜鸿铭微微一笑，侃侃道出自己的计划。

翌日，奕劻偕李鸿章预备了一桌筵席，请瓦德西莅府进餐。瓦德西带上翻译和卫兵如约前来。这瓦德西身穿红绳绲边两排金色纽扣的戎服，虽然年届古稀，但健康甚佳，身材魁梧，泛红的脸上倔强地冒出一圈花白的络腮胡子，那胡子上的高鼻子像是草丛里架起的一座大炮。他落座后，看也不看那些美酒佳肴，径自点燃起雪茄吸起来。好半晌，奕劻才在一旁怯怯地问：元帅，我们何时开始议和呀？

瓦德西闭着眼道：要开谈？那好，你们把那帮纵容拳匪杀我外人的罪魁给杀了。

"元帅阁下，你们开列的名单太长了。这样杀起来，满朝文武不是被你们都杀光了？"

听了翻译的话后，瓦德西瞪大眼睛，拍桌叫嚷：这几十个人还都是些从犯，还不包括我们将要索取的首犯呢！你们赶快把慈禧这最大的祸首给严惩了！

李鸿章和奕劻以及助手周馥、陈夔龙面面相觑，作声不得。待瓦德西的气平了些，周馥仗着胆子说：老佛爷能惩办吗？把大清所有的大臣、子民全都惩办了，也不能惩办老佛爷啊！

瓦德西闻言大怒，从腰间拔出手枪朝桌上用力一拍：你们的太后臭名昭著，没有资格代表你们的国家。你们几位呢，也差不多是待决的囚犯，没有资格和我说话。你们等着听吩咐吧！

瓦德西收起手枪起身欲走，忽然一个纯正地道的德语传来：元帅阁下，你可晓得你在做什么？

瓦德西愣住了，转身东张西望间，辜鸿铭手夹中国式的烟杆，从屏风后转了出来：瓦德西先生，照我看，你才没有资格代表你们光荣的德皇呢！你太无礼，我马上给德皇陛下去电报。

瓦德西大吃一惊，眯缝着老眼望去，愣了半晌，忽然大踏步上前，拥抱着辜鸿铭，道：原来是老友大驾降临！一时间，刚才紧绷威严的脸上露出了久别见故知的笑容。

这番对话和亲热动作，直让奕劻、李鸿章等在旁的人看得目瞪口呆，一会儿瞧瞧这个，一会儿瞅瞅那个。真不敢相信，对他们凶神恶煞般的联军总帅瓦德西，见到辜鸿铭，竟热情而温顺。他们叽哩哇啦地在说些什么呢？

瓦德西和辜鸿铭相拥着，站在院厅中讲话：几天前，中国海关总税务司赫德老先生拜见我，拿出伦敦各报所载老友文章，讲给我听，并力言老友言论句句是真理、正义。还说"我，英人也，愿随辜先生为真理、正义而做斗争，更愿总帅再思辜先生言论而行！"我进北京后，心怀老友，只是不知老友栖身何处。

辜鸿铭道：我归国后，一直在湖广总督张之洞门下读中国书。

瓦德西哈哈一笑：这我就不必惊讶了！为什么张总督是江南五省独立宣言的倡议者。

辜鸿铭看着瓦德西，道：如果我没记错的话，元帅已六十多岁高龄了。为何还要离开本土、离开亲爱的妻子玛莉夫人，跋山涉水、万里迢迢、远渡重洋跑到中国征战杀戮？何等的艰辛、冒险！

"老友有所不知，我是肩负威廉皇帝陛下的使命来到中国，受八国之邀担任联军统帅的。我们的驻华公使克林德男爵被中国人枪杀了，我们的许多传教士被义和团杀害了，我们是到中国报仇雪恨的。"

"元帅，如果你知道克林德公使在死前曾无端寻衅，开枪打死义和团二十多人，就不奇怪他为什么会死？如果明白传教士们在中国干的好事，也就会明白为什么老百姓对他们恨之入骨。"

瓦德西一怔，辜鸿铭以凝重的语气继续说：总之，西方对我国政府和人民的一贯态度是蛮不讲理、唯力是视。这使得一向温文尔雅、文质彬彬的中国人在很长一段时间里无计可施，只好将你们视作不可理喻的动物，加以羁縻。

瓦德西不解：羁縻？

辜鸿铭点点头：反对外国人的无理的暴力行为，中国人有时用一种武器，它在汉语中称之为"羁縻"。翟理斯博士准确地把它译作 to halter（给……套上笼套）。事实上，当你遇到一个疯狂发作的公牛时，同它讲道理是无济于事的，你能做的唯一事情就是羁縻它，用笼套把它套起来。可是，许多外国人没有自知之明，将羁縻译作 to humbug（哄骗），以为中国人哄骗他们。不仅如此，他们还因此愈加贪得无厌，不断向中国提出更加无理和非分的要求，致使中西关系日益恶化。

瓦德西瞧了一眼呆立一旁的奕劻、李鸿章，再把目光转向辜鸿铭：那么，依老友之见，该怎样解决这场国际争端呢？

"和议为贵，而且，你们各国不能提过分的要求。"

瓦德西踌躇有加：只怕……

辜鸿铭慷慨激昂，振振有词：我们中国有句俗话"识时务者为俊杰"。我在武昌时，向欧美各国的知名报刊寄去了我的文章，披露这件事情的真相在于"欧美各国压迫中国太甚，才激起了中国人民的反抗；各国公使超越公使职权，擅自调兵侵入中国首都。"海外人士已广泛关注中国，谴责联军的侵略行径。另外，江南五省已发表了独立宣言，组织起了强大的兵力。元帅，你们要清楚，如果你们再挑起战争，你面对的将是有组织的四亿中国人民。我相信，那时死无葬身之地的绝不是我们。

瓦德西面部表情抽动了一下，语气终于不那么强硬了：好吧。我回去和各大使开会讨论此事，力争和议，恢复和贵国的邦交。说完，道声"不谈这些烦人的事了。"拉着辜鸿铭重又落座，端起酒杯，一杯给了辜鸿铭，一杯自个儿攥在手里，热情地说：老友，多年不见，我们先饮三杯。

辜鸿铭脸上展露笑容，从容举杯：元帅能坚持真理、主张正义，我深为感佩。借此薄酒一杯，真诚希望元帅主持解决和议问题。

瓦德西举起酒杯相碰：让我感谢老友。若不是你今天拯救了我，我将坠落于罪恶的深渊中，在晚年时变成一头毫无理智的"野兽"。

三杯过后，辜鸿铭想着奕劻和李鸿章他们还站着，连忙请他们落座。这两位王公大臣真如同做梦一般，辜鸿铭连请两遍后，他们才敢入座。

瓦德西开怀大饮，和辜鸿铭用德语尽兴交谈，扶醉而归。

望着瓦德西在卫兵们的簇拥下远去，李鸿章才饶有兴趣地问起辜鸿铭缘何认识瓦德西来。辜鸿铭也不多说，只道当年留欧期间与瓦德西有过一段交往。奕劻感叹了一两声后，心有余悸地问辜鸿铭：实不相瞒，我一见瓦德西，就有点胆战心跳。你怎么一点也不怕他？

辜鸿铭挺直腰杆，笑笑：真理在握，就算德皇站在我身边，又有何惧？！

二、枪口下救百姓，于联军司令部会赛金花

戎装和长袍马褂并肩而行，几个荷枪实弹的德国士兵牵着战马不近不远地跟随。肃杀的北京街头凭空添了一景。

瓦德西告诉辜鸿铭：我刚才来的路上，看到许多中国人的眼里充满了仇恨。仇恨，懂吗？他们用仇恨的眼睛看着我。这种仇恨的眼光，我每次到街上都能看到。

辜鸿铭笑了笑，随后严肃道：元帅，那是因为你们毁了他们的家园，杀了他们的父母和兄弟姐妹。你们在同中国交往中，一直采取"唯力是视"的态度，始终奉行蛮横的炮舰政策，这不仅给中国人民带来深重的灾难，而且破坏了远东的和平与安宁。

瓦德西沉默半晌后，问：此次和约，老友以为具体如何着手呢？

说话间，两人拐进一条街道，远远看见四五个德国兵正拖着两个姑娘，往另一条小胡同走去。七八个德国兵把二十来个百姓用枪逼到墙根，正准备枪杀。

辜鸿铭满腔愤怒地道：元帅，你瞧，这就是你们的军队，这样的凶残！看到我的同胞被我朋友指挥的军队无端地强奸、枪杀，我心里气愤而难过。

瓦德西阴沉着脸回答：他们是义和团。义和团，你懂吗？义和团，就得统统杀光！你可知道，昨天我们又损失了三个弟兄。

辜鸿铭冷冷一笑：义和团早已让你们杀光了。没杀的，也都跑光了。他们是绝不敢再在京城藏匿了。你们现在杀的，都是些手无寸铁的老百姓。你看，将要被杀的人群里，还有一个十多岁的孩子和一个六十多的老太太，他们怎么可能是义和团呢？

那边墙根附近，一个德国军官正喊着什么号令，士兵端起了枪、拉开栓，举起枪向老百姓瞄准。瓦德西突然向他们高喊停止。军官转身见是统帅，赶快跑步过来，行立正礼。

瓦德西鹰一般的眼睛直盯着对方，问：他们是些什么人？

军官回道：报告元帅，他们都是义和团。

"拿出证据来！"辜鸿铭毫不客气地抢着顶过去。

军官两手一摊：因为他们是中国人，中国人都是义和团，义和团该杀，所以这些中国人都得杀掉。

辜鸿铭冷笑一声，手指自己：我也是中国人，是不是也该杀？一味恃强，有伤恕道！

军官一时怔住了。

辜鸿铭撇开军官，竟站到了士兵队列前，以揶揄的口气，口若悬河地演讲：许多世纪以来，我们中国从不以武力而用智慧管理国家，为什么现在会遭到你们这些白种人的轻视和欺凌呢？因为你们发明了枪。那是你们的优点。我们是赤手空拳的群众，你们只知用你们那可恶的发明来压迫我们，却不晓得我们中国人有机械方面的天才，当黄种人会造和你们一样好的枪炮，而且射得一样直、一样准时，你们的侵略将面临什么呢？你们喜欢枪弹，你们也将被枪弹判决！

德国士兵们听着这位中国人的德语演讲，全都呆住了，手中端着的枪慢慢地垂落下来。

辜鸿铭清了清嗓子，继续慷慨激昂道：我以童叟无欺的诚实态度严正地告诉你们，中华民族是酷爱和平的，很不愿意打仗，但是外国人要欺负我们，那中国人也不是好惹的。你们也许不熟悉中国历史，认为中国人基本上算是个不好战的民族，战场上多的是怕死鬼，这种认识真可谓是大错特错了。在世界历史上，我不知道有哪个国家的军队能像中国军队那样经历过无数次血腥战争？你们想想，骁勇好战的部落需要一个个征服,满盖士兵尸骨的高山需要一座座攀登,茫茫无边的平原需要一片片占领。千百年来,勇敢无畏的中国军队就这样以百折不挠的精神,义无反顾地踏着死亡之路,顽强地前进、前进,最终使中国成为世界上疆域最为广阔的国家之一。我还可以告诉你们,中国军队的优良素质并不仅体现在征服外族的战争中,在更为严酷的自卫战中,他们的勇气也被无以复加地体现了出来。你们也许听过了,这个古老的国家常被北部和西部野蛮的外夷觊觎、进犯,由此引发了无数场血腥之战,最终的结局,总是入侵者遭到可耻的失败。你们也许要说这次侵入中国是手到擒来,我在此告诉你们,这不是你们战胜,而是中国朝廷在某个失误的决策中白给你们一次胜利。现在大江南北的各地将士正严阵以待,等候北上和你们打仗的指令。你们须知,那时和你们作战的是数亿有组织的中国人,而不是几千、几万乌合之众的团民,和你们较量的将是各省素孚众望的督抚、将军,而不是昏聩无知的端王和董福祥等人。如果还想再打侵略中国而得陇望蜀的如意算盘,我告诉你们,做梦去吧!

是啊,辜鸿铭所言的确有些道理。中国士兵向以勇敢、吃苦耐劳和数量众多著称。如果他们有个良好的政府,将帅身先士卒、正确指挥,那么他们潜在的力量必将得到挖掘,战斗力也将空前提高,世界上其他任何民族都难以与他们相比。虽然他们眼下生活在过去的岁月里,看上去过于落后,但正如中国人所说"兔子急了也咬人",无端且无限度的杀戮必将使所有的中国人同仇敌忾,于局势大大不利。瓦德西沉思着,耳旁又传出辜鸿铭那充满战斗力的讨伐告白:听说美国芝加哥有个规模宏大的屠场,其中最骇人听闻的是一架巨大的杀牛机器,简直令人想象不出那是怎样的装置,每天都有成群的牛,活生生地被驱赶到机器里去,而从另一端出来时,牛皮、牛骨、牛肉已分得干干净净。我时常想象着这架机器,总觉得它是有所象征,你们就是这架"机器"!

"你们就是这架'机器'!"辜鸿铭的话直让瓦德西浑身打了个哆嗦,他是个战胜的将军,一位以有涵养而自负的伯爵,他不想做冷冰冰毫无人情味的"机器",他终于向身旁的军官吼了一声:把他们松绑,统统放掉,今后不可再滥杀无辜!

正瑟瑟发抖、引颈等死的百姓,不意还能从鬼门关上回来,松绑后一个个扑通通地给辜鸿铭下跪,道声感谢救命大恩后,生怕洋鬼子反悔,一溜烟地跑远了。

百姓跑得无影无踪了,这群德国兵也退下去了。辜鸿铭却还呆呆地站在那里,听着脚步马蹄声急,看眼前风尘滚过,一时忘记了日,忘记了时。良久,瓦德西的声音才把他唤醒过来：我佩服老友的口才，但你刚才所说，却难服人。事实上，贵国的主权在历史上曾数次丧失于外族人手中，现在由满人统治的清朝就是一个实例。

辜鸿铭转身看着瓦德西，道：元帅难道没有觉察汉、满两个民族无甚差别吗？他们并肩而立，一致对外，无论在服饰、语言还是思维模式上，都没有什么大差别。中华民族的宽容特性就在于容纳征服者，并将征服者同化。

瓦德西想想、笑了笑，揽着辜鸿铭的肩往前走了几步，道：请你们的皇上回来。让那个始作俑的老女人留在西安，一切和议也就好说话了。

辜鸿铭不假思索地摇摇手：不可、不可！

瓦德西松开揽着辜鸿铭的手，大眼一瞪：为何？

辜鸿铭慢悠悠地道：一个可怜的寡妇家里来了一些蛮横的客人，这些客人竟然不让她按自己的方式管理家务，还在她家中进行抢劫比赛，并在激烈的争夺中烧毁了她的房子。这位老太太怎么办呢？所有明白事理的人都会说，这些客人是多么的蛮不讲理。可这些完全是暴徒身份的客人，不是要把这个老太婆踢出家门去，就是要让她赔偿并继续为他们看管房子。正人君子的建议则是，如果你们没有诚意或缺乏本钱赔偿老太太的损失，起码应有君子风度向她道歉。至少你们应做一件事，立即从她家里撤离，今后也务须循规守矩、诚实守法。

瓦德西不热不冷地追上一句：中国官员都像老友这样愚忠吗？

辜鸿铭驻足，望着瓦德西，正色道：中国人民作为个人和一个民族，有两种最为神圣的感情，那就是忠和孝。在家庭生活中，中国人热爱和尊敬父母；作为一个民族，中国人现在尊重国母皇太后陛下和皇太后陛下任命的后嗣及继承人。大清王朝统治已经惠泽中国人民二百五十多年了，可见中国人民心中这种"忠"的感情有多深。义和团小伙"扶清灭洋"的狂热更直接证明了这点。

瓦德西冷笑一声，不以为然道：慈禧臭名昭著，没想到竟得到中国人的拥戴和效忠。

不觉来到了一座金碧辉煌的宫殿，不用说，这就是紫禁城皇宫了。秋冬的阳光照在九重宫阙清一色的琉璃瓦上，闪出灼人的光辉。辜鸿铭心想，自己日思夜想到皇宫，不料竟不是作为朝廷官员享受此荣，而是通过强盗统帅的引领，心里那股滋味真像是打翻了五味瓶。

仪鸾殿现在做了瓦德西的统帅府。正面墙上挂着德皇威廉二世的大照片和德国国旗，侧面悬挂着一张世界地图和一张北京地图。中国的皇帝都说是真龙天子，唉，竟让瓦德西踩在了脚下！

幸好瓦德西此时并没坐在御座上，否则辜鸿铭无论如何也要把他拉下来。瓦德西正忙碌着挑选东西，一会儿便笑容可掬地捧过一尊弥勒佛，闪闪地发着金光，不用说，这是纯金的。他在手中掂了掂，递给辜鸿铭，道：这是我特意拣出来送给你的。

瓦德西的这一举动让辜鸿铭油然想及前些日子英国《每日电讯报》驻京记者辛博森的报道：在失了神圣性的皇宫，我们看到了帝国之都的最秘密处。在皇宫里抽鸦片烟、试穿皇帝的金袍，在御榻上打滚，有人还偷得中国皇后的一对绣着蝴蝶的红缎睡鞋，回味中国式的销魂忘怀……

辜鸿铭连连摆手。瓦德西略觉吃惊：你不满意？那好，这个皇宫里的任何珠宝，只要你喜欢，你就可以拿走！

辜鸿铭还是摆手，道：元帅，皇宫里的珠宝，不属于我，更不属于你，它是中国的国宝，怎么可以随便拿呢？一个文明的民族，一个有教养的伯爵，是不会抢夺别的民族的东西的！

"这个……"瓦德西脸色难看起来了。放下金佛，问：老友是想让我早日迁出仪鸾殿？

"不不不。"辜鸿铭忙道，依我看，元帅伯爵还得继续居住于此，直到联军全部撤出中国。

见瓦德西万分不解，辜鸿铭便解释道：元帅居此，一则可保护我国皇宫，二则不须为迁居而费唇舌向各国做解释，使他们对元帅产生亲近中国的看法，不利你在今后的和谈中发挥作用。当务之急，是加速和谈进程。

瓦德西点点头，俄顷又问：老友可知傅彩云女士？

傅彩云即"赛金花"。辜鸿铭早知瓦德西与她有旧，没想到他倒主动提及，也不答话，只微微颔了颔首。

瓦德西沉吟道：如果傅彩云夫人能说服克林德公使夫人，事情也许会好办些。

数日后，辜鸿铭正与瓦德西谈论，忽见瓦德西副官领着一位英俊小生进了仪鸾殿。只见他身穿青缎夹袄，外套一件四镶滚一字襟坎肩，腰间系一条纱带，脚蹬粉底快靴。辜鸿铭正猜测来人身份，却见瓦德西已起身上前相迎，介绍道：老友，这位就是彩云夫人。

"叫我'赛二爷'吧。"赛金花听罢瓦德西的介绍,笑了笑,脆声道,边说边大大方方地伸过手来。

来者是赛金花,怎么一身男装打扮?辜鸿铭愣了,迟疑了一秒钟,方伸手相握。这一握不打紧,却感觉那手娇柔而不盈一握,不是女性的手还会是男人的?辜鸿铭这才确信眼前的人就是赛金花。

这赛金花平日里嗜好男装打扮,又爱骑马,自称赛二爷。她胯下那坐骑高大俊美、飘逸华贵,仿佛是神话里的白龙马。

三人落座后,赛金花呷了一口茶,将自己如何说服克林德夫人收回她那为报私仇而坚持的不切实之念,娓娓道来。瓦德西眯着眼睛道:夫人能说服克林德公使夫人,倒给和议搬去了一个障碍。老实说,要贵国皇太后偿命并非我们的目的。

"如今义和团已被消灭。你们为什么还不撤走?"赛金花说话时柳眉微耸,眉宇间凝结着一股正气。辜鸿铭心想,这个赛金花天生丽质,匹妇一个但胸有国家,不坐圆桌,但游园中,竟有佳绩,着实不易。比起那些庸碌办外交丧权辱国的王公大臣,不知要可敬可佩几十倍。想及当年在广州时,张之洞曾请她那时任大清驻德公使的丈夫洪钧,向德国订购能制造新式连珠快枪和克虏伯过山炮的机器,辜鸿铭对赛金花的印象又好了一层。

"我们现在代之以武力解决的,是索赔。"瓦德西说罢,看着辜鸿铭和赛金花:我告诉你们,和约一事,我拜访了意大利和奥、美、日本公使,他们对我的态度表示支持;英、法公使还得争取;最最棘手的是俄国公使,他野心颇大,又狡猾万端。

赛金花道:俄人狡猾,当年先夫就曾惨遭俄人使诈欺骗,蒙冤一时。

辜鸿铭看着瓦德西道:中国有句古话叫"前车之覆,后车之鉴"。

"你们两位都是我的好友。我说句不该说的话——贵国王爷和李老宰相的态度不要左右摇摆,别叫那只狡猾的俄国'狐狸'钻进去,玩弄于股掌之上。"

听着瓦德西的话,辜鸿铭心想,他倒看出李鸿章亲俄的症结来了,脸上不禁微微腆红。

辜鸿铭与赛金花双双与瓦德西告别后,并行一处,竟无从道起。走近大门口临近分手时,看着五步一岗、十步一哨的德国卫兵,赛金花大声说:我觉得这些无耻的列强好像一条条蛆虫,爬满在一个已经腐烂了的人体上恣意吞噬。

"有什么办法呢?'物必自腐而后虫生'嘛。"

赛金花沉默俄顷,如剑似的目光转向辜鸿铭,道:你以为我一个女子就不为国运衰微难过吗?可难过又有什么用,这些年,各种丧权辱国的条约太多了,也不在乎多一条……

辜鸿铭看着赛金花,心里道,艳艳风尘,侠骨芳心,虽然是妓,却比那些须眉男子多了份爱国情操。

三、京城邂逅爱米,"大清皇宫"心绪难平

作别赛金花后,辜鸿铭叫上在门外等着的刘二,徒步穿行街头。两人昂首挺胸,一前一后地走着,两根长辫忽左忽右地晃动,相映成趣。一群洋人对着这对"活宝"指指点点。刘二虽有些惶恐,却也学着主人模样,熟视无睹。正走着,忽然对面传来一声喊叫:辜先生!辜鸿铭循声找去,竟是多年未见的爱米,急忙驻足,笑迎上前。

两人找个就近的咖啡馆座谈。刘二在外边待着,少不得对着室内的主子和洋女人挤眉弄眼。爱米见着辜鸿铭分外亲热,详细述说着她和维特离婚后,数年游遍大半个中国的经历。

辜鸿铭微笑道:怪不得夫人的汉语长进这么大。

爱米为辜鸿铭这难得的赞誉而高兴,报以嫣然一笑:中国人是可爱的,对他们了解越多、相处越久,便越发喜欢他们,为他们的优良品质所感动。即使以前语言有障碍时,我也感觉中国人多还是友好的。如果你对他们友好地一笑,他们就还以友善的目光。通过这无声的语言,让人情绪舒畅,觉得彼此间已达成某种理解。公正地说,在我的接触中,中国人体现了忠、厚、仁、让的精神风范。那些粗暴地贬低中国人、污辱中华民族的人,总是些鲁莽、心胸狭窄而偏执的家伙。

辜鸿铭搅动着手中的匙子,徐徐道:只可惜,中国人的这种忠、厚、仁、让正与西方人的野兽式的抢掠本性相反。一个真正的中国人,不得不鄙视欧洲人。中国是主情的民族,就是最下层的中国人也比欧洲同阶层的人少些粗暴,对战乱和军士多些痛恨。

"看,辜先生的偏执性格又来了。"爱米这么笑说着,目光真切地看着辜鸿铭,道:这次"恶性事故"完全是由你们那位崇拜权力的皇太后以充满敌意的行为招惹的。

辜鸿铭正色道:皇太后并非眷恋权力,十年前主动隐退一事,就可从中证明。

如果不是康有为及其同党以保护皇帝为借口谋害她的生命，我想她当不会再行出面。这次面对外国人的捣蛋，难道她不能制定一些应对政策？而仅仅因为北京一位疯人误杀了德国大使，德国政府竟陈兵城下，要让太后和四万万人为这起疯人案负责，这是多么的不合情理啊！俄国前驻华公使喀西尼伯爵与一个美国报界人士的会谈中指出："中国是一个礼仪之邦，然而英国和德国使臣的无礼——特别是驻北京的德国使臣的无礼，实在让人无法容忍。"中国人最重礼仪，所以在外交上受人无礼侮辱更比他国民族愤慨。贵国的歌德说过，"世上有两种势力——公道与礼义"。我敢断言，再过三五年，此物在你们西洋人的践踏下，必不存在。

这些年来，爱米广为接触中国人，勤学汉语，受雇于西方四大通讯社之一的德国沃尔夫通讯社后，积极探知中国政治。她总以为再见着辜鸿铭时，能和他辩个昏天黑地，至少打个平手，岂料这家伙言词咄咄逼人，动辄引经据典，还以歌德的名言做"攻子之盾"的武器，两三招下来，爱米竟不知如何应对了。她沉思半晌后，道：辜先生，就这次事件而言，处罚太后，让其归政皇帝，不正是大多数中国人所希望的吗？

辜鸿铭把头摇得像拨浪鼓，断然道：如果皇帝容许他的母亲遭受耻辱，那么，他就无面目见他的臣民或获得他们的忠顺。我国以孝治天下，臣民共戴两宫，无稍异视。而皇上又加有母子之恩，尤当尊敬皇太后。我皇太后之心不安，则我皇上之心亦无以自安。在中国，面子是一个重大的问题，即使皇帝也不能动摇臣民的信念和传统。

"哦，面子！"爱米当然知道在这个拥有四亿人口的泱泱大国，这个词并不是用来描述人的相貌的，而代表了渗透于整个社会生活中的一种观念。而正是这种观念，使每个中国人都像演员一般在生活的舞台上不断上演着一出出滑稽戏。爱米狐疑地看着辜鸿铭，道：辜先生为维护皇太后声誉而做的冗长辩护，真的符合中国人的感情？

辜鸿铭武断地点点头：我的意见应该受到重视。

辜鸿铭的意见并未在李鸿章和奕劻那里受到应有的尊重。没多久，列强便气焰嚣张地提出议和大纲。得知议和大纲的十二条内容，辜鸿铭吃了一惊，一阵风似的来到贤良寺李鸿章书房，却见周馥、陈夔龙正和李鸿章商谈着什么。也顾不得多礼，语气急切地道：傅相，这议和大纲十二条，何等荒唐！

躺坐在床上的李鸿章一脸的病态，看了看辜鸿铭，一改过去尊敬的口气，冷淡地说：此乃经国大事，先生不问为好。

辜鸿铭争辩道：这可是卖国条约呀！难道傅相不曾听说外界的评说？

"他们不就是送我个'卖国贼'的高帽吗！"李鸿章说罢，缓缓地支起身，枯涩的眼睛把每个在场的人都看了一眼，语气沉痛地说：想我李鸿章，不至于得罪了老天呀，为什么一次又一次地与我为难呢？！

周馥忙道：傅相精忠报国，朝廷上下有目共睹。

代奕劻前来探视李鸿章病体的陈夔龙亦道：请傅相珍摄贵体，切莫多想。皇恩浩荡，上苍有眼，我等力效犬马，总会有成效的。

他们说话时面红耳赤，不知是因为说了违心话，还是被炉火烤的。

"全是载漪他们闯的祸，倒让我这年近八旬的老东西难受，要不是朝廷连番催促，让我再到北京当一次卖国贼，我真个情愿老死广东！"李鸿章长叹一声后，重又躺下。

辜鸿铭不顾周馥、陈夔龙在旁暗示，仍然进言：傅相，对于这样不合情理的条款，不仅要修改它，如果必要，还要彻底改变整个内容。比如第五款，规定禁止我国购运军火及制造军火各种器料。若全行照允，则我国永无御侮之具，如何立国？所有各省制造枪炮局均须停闭，届时即使土匪溃勇，官兵亦不能清剿，必致内乱四起，这段必须删去……

见李鸿章微闭双眼，不再理睬自己，辜鸿铭轻蔑地瞪他一眼，一甩手扬长而去，出门叫了车，径往庆王府而来。

辜鸿铭进言毕，奕劻言语比李鸿章还冷：本王累了，不想过问此事，全凭李傅相做主。

听罢这位王爷、全权议和大臣的话，辜鸿铭差点没晕过去，道：贵为王爷，却在国家危急关头甩手不管，可耻的逃兵行为！

"你！"奕劻瞪着辜鸿铭，气得吹胡子瞪眼，见他毫无惧色，遂悻悻道：你去找李傅相说去吧。

辜鸿铭无计可施，把李鸿章、奕劻所拟《议和大纲》内容电告张之洞后，心中愤懑未去，少不得要来八大胡同找赛金花喝酒解闷。当赛金花出现在他面前时，辜鸿铭感觉眼睛一亮，只见她上身穿沉香色滚黑丝边素净无花袄儿，下着墨绿曳地长裙，外罩象牙白撒金斗逢，朴素高贵，却又透出一种逼人的美，寻思这才是真正的充满雌性气息的"赛金花"。

赛金花酒量不错，又是豪爽之人，连饮三杯后，语气也颇为激愤：朝廷以如此昏庸之人办理外务，能有什么好结果！走，我们见瓦德西将军去！

赛金花是在换上男装后，才和辜鸿铭来仪鸾殿的。见着瓦德西，辜鸿铭少不得要和他一番激烈争辩。对联军提出的惩办"祸首"，他认为即使要惩办，也不该由联军指名道姓、指手画脚地提出"砍头"要求，他们假如真有罪，也该由中国政府根据自己的法律定罪，这完全是中国的内政。

瓦德西摊摊手，一副遗憾的样子：这是联军会议定的，我无力改变，何况，贵国议和大臣对此并没有提出过多的反对意见。

"你们在控制了事态发展之后，仍要提出这种冷酷无情的砍头要求，这是一种道德上无能和玩世不恭的行为。对于文明的国家来说，它甚至比你们的军队在北部中国的暴行还要不光彩，我实在可怜你们这些对中国的大公大臣的性命负有责任的人！"

咀嚼着辜鸿铭的话，瓦德西一时沉默不语。

"元帅阁下，我可以负责任地告诉你，中国人越来越受不了外国人的压迫了，难道胶州湾不是以几个外交人员被强盗所杀为由，被你们德国强行夺走的吗？这些年来，把中国像切西瓜一样分掉的会谈停止过吗？你们不就是要地、要钱吗？谁不知道你们普鲁士惊人的胃口，连俾斯麦宰相都说：'在我们家里，所有的人都是些能吃能喝的大肚子，如果人人都有我们这样的胃口，国家还怎么能够存在！那时我们将不得不移民！'"

要地要钱？惊人的胃口？辜鸿铭的话让瓦德西发了个愣。是的，德国要钱，德国是有着惊人的胃口，8月中旬德皇授予他联军元帅权杖时，命他谨记要求中国赔偿，务到最高限度，因为德国急需此款，以制造战舰。是的，德国要地，德皇不是面告他务要争取在山东扩充已有的占有权嘛。但这些国家机密，他是不能相告于辜鸿铭的，他看了看辜鸿铭和赛金花，道：赔款一条，我本人倒愿意做些说服，尽量减少贵国的负担。

辜鸿铭冷笑一声，道：说得比唱得还好。元帅阁下，我记得贵国俾斯麦宰相关于殖民政策的精彩演讲，他说他本人并不信仰这种东西，但公众舆论之潮大得难以抗拒。俾斯麦宰相内在的绅士气质使他憎恶"殖民政策"，而他身上那种苏格兰低地人的自私毛病和那吓人的胃口，又把他引上殖民政策的道路。

瓦德西看了看辜鸿铭，又看看赛金花，耸耸肩，道：老友，彩云夫人，你们都是我的朋友，请相信我对贵国的善意和真诚。

辜鸿铭又是一声冷笑，打断瓦德西的讲话：中国根本不应承担什么赔款责任，只是因为遇到蛮不讲理的对手，无可奈何而已。说罢起身，目光如炬地看着瓦德西，道：按照我的意思，是一分钱也不给的，即使你们要抓我到拿破仑的流放地圣赫勒拿岛！

"老友……"

辜鸿铭气呼呼地打断了瓦德西的话，一双大眼眨也不眨地盯着他：我不理解列强怎么会选择一个德国陆军元帅——一个既是毛奇的信徒，更是俾斯麦"铁血政策"信徒的人来担任驻华联军总司令。当叶卡捷琳娜二世任命普罗佐罗夫斯基为莫斯科卫戍司令时，帕提奥姆金向这位沙皇写信说，"您从您的武库中搬出了一门最古老的大炮，您指向哪里他肯定就会朝哪里发炮，因为它没有自己的目标，但是，当心它要给陛下的名字蒙上血污。"

多么激烈的讽刺和挖苦啊，说的全是我，不仅一针见血，还要指桑骂槐的，用俄国将军来比作自己。瓦德西既感恼怒更觉羞辱。他也生气了，喝道：老友！

辜鸿铭没有理睬他，只看了赛金花一眼，旋即转身，把背影留给了瓦德西，他迎向了即将西落的余晖。

李鸿章和奕劻丧权辱国，洋人又得寸进尺，自己又岂能与虎谋皮，辜鸿铭直感孤独了。他晃动着一颗骄傲而孤独的头，心绪不平地离开了皇宫——现在的联军统帅府，回到寓所便铺纸挥笔，继续完成他的《关于中国问题的近期札记》：

德皇的"黄祸"之梦，实在不过是一个十足的梦魇。这个庞大的吃人恶魔，这个称之为"殖民政策"的现代怪异巨兽，正是今日世界可怕的现实。此时此刻，它正在咀嚼柏林小孩的骨头！请注意！欧洲各民族！要保护你们神圣的精神财富！……我对德国人民激动地写了这么多，因为我相信中国问题是可以和平解决的……

作毕，辜鸿铭一扔水笔，倒在床上蒙头便睡。这么个一反常态，直让刘二不知发生了什么事情。

四、爱国者和卖国者

除了展开文字作战，辜鸿铭少不得还要身体力行，常往贤良寺和庆王府两头跑。期望自己的真知灼见能像化雨春风，纵不能完全吹散李鸿章、奕劻心头的投降主义妖氛，也要让他们腐朽枯槁的血管里重新激活些许的爱国热血。

对辜鸿铭的到来，尤其是他那种直言无忌、犯颜冒上的性格，早已让李鸿章渐渐不悦了，但他还是得摆出一种大人不计小人过的风范来，因为对方是张之洞、刘坤一派来的助手，一个曾把瓦德西降服的怪人。

扩充了列强利益的议和大纲十二条，以各国公使的共同照会形式交给李鸿章。辜鸿铭看后，心想，这议和大纲不啻十二条绳索或线蛇，缠在一个无罪孩子的脖子上，怎受得了？他急急电告张之洞，在接到回电指示后，又急急来到贤良寺。李鸿章躺在病榻上正和奕劻谈话，床边放着一盆炭火，周馥、陈夔龙等坐立一旁。见辜鸿铭来到，李鸿章伸出干枯无力的手，朝床榻旁的椅子上指指，示意他坐下。

辜鸿铭一开口便是正事：香帅电请傅相修改和约意见，傅相当为国家前途考虑，再和各国公使交涉折冲。

"和约大纲乃列强争吵数月的共同签订，根本不容修改，稍一致词，即将决裂！做臣子的，只能以两宫为重，其余不能顾及。"李鸿章深叹一口长气，而后道：没想到南皮在外为官多年，仍是二十年前身居京师时的书生见解。

辜鸿铭岂能让李鸿章当众作践主公，立即接口道：满口子曰诗云，黍麦不辨者，谓之书生。今香帅电报所陈诸事，皆切中肯綮之言。傅相何不加考虑，遽以书生视之？

李鸿章不想就此和辜鸿铭拌嘴，他轻咳了咳，换了一种口吻道：刚才我已经对王爷说了，俄使在你们来之前告诉我，联军已提出赔款七亿两。是俄使拼命反对，才减为六亿两，再减少已不可能。

俄使果然狡猾，耍弄李鸿章于股掌之中。瓦德西不是说了吗，提出要求赔款七亿两的正是俄使，其次是英、法两使；反对赔偿这么大一笔款子的是瓦德西和意、奥、美三国公使；答应可以考虑的是日本公使。怎么在李鸿章这儿全颠倒过来了，这里面有阴谋！于是，辜鸿铭急切地把事实真相全盘倒出。

李鸿章和奕劻听后，一时皆沉默不语，那副无动于衷的神情，似乎根本不想去弄清事实真伪。半晌，周馥才道出一句：是谁提的七亿两已不重要了。王爷和傅相焦虑的是，这么一大笔赔款，我国如何拿得出？

辜鸿铭道：不必忧虑。讨要多少银两在他们，给多少在我们。

李鸿章白了辜鸿铭一眼：没有实力，说空话怎么行呢？

辜鸿铭朗声道：我们实力业已在握，王爷和傅相毋庸置疑。

李鸿章在床榻上直起上身，急问：什么实力？

辜鸿铭淡然一笑，道：傅相精通围棋，当知围棋无眼、全盘皆输。今联军八国，已有五国反对，只有三国坚持，何愁我们输棋！

李鸿章有气无力地说：七亿两他们是反对，但六亿却都赞成啦！

辜鸿铭再次重申：那是俄使的谎言。瓦德西尚未见英、法、俄三国公使，如何能说都赞成？所谓都赞成，必须等到八国公使联名请傅相到总理衙门，由瓦德西率众，当面提出。今俄使以私人身份来拜见傅相，如果宣布出去，他必招致各国公使的质问。傅相为何还信他的鬼话？

李鸿章沉吟许久，未再说话，脸色甚是难看。

辜鸿铭却继续他的高论：傅相请想，俄使的居心是想玩弄傅相和各国公使于股掌之中。借此大赔款，使我国筋疲力尽，丧失抵抗能力，然后一步步独霸东北三省。现在，他披着画皮，变成一个天女，载歌载舞，前来散花；他日脱下画皮，现出母夜叉狰狞面目，那时中国如何能逃出他的魔爪？不若抓住这个机会，激起各国公使愤怒，当众撕掉他的画皮，让他现出原形？

李鸿章手抚花白胡子，语气尽量变得温和些：先生说哪里话来！国家大事必须奉命而行，这倒要请先生今后慎言为是，少出风头。一些领事对你在洋报上的强硬态度和激烈谴责言辞感到生气。

辜鸿铭当仁不让，一口回将过去：连美国赫赫有名的政论家埃文斯都给我来信，声援我抨击列强、维护民族权益的正义立场。以傅相的傲慢和偏见，只知顺敌方之意大泼冷水，浑不管人家埃文斯在美国政界素有"小斗牛士"之称。傅相可曾记得"读圣贤书，所学何事"的箴言，试想无官守，无言责者，尚能不避斧钺，挺身而出，为国家大事奔走呼号，有官守有言责者，何能顾及个人利害，缄口不言？武昌张制军、南京刘制军联名电告傅相，要和洋人斗到底。

李鸿章见辜鸿铭如此不买账，不由得心头火起，"哼"一声后看也不看他。

僵局持续了约莫一分钟，室内静得只有炭火劈啪的声音。一直旁听的奕劻用铁钳拨了拨火盆里的炭，终于开口了：先生的分析有道理，但不知具体事态会怎样发展。

辜鸿铭以热辣辣的目光看着奕劻，仿佛希望他扭转乾坤：那就要看王爷和傅相怎样行事了。

奕劻却避开了辜鸿铭那热切的眼光，看了看李鸿章，见他脸无表情，遂起身道：傅相休息吧。反正哪国公使也不能以个人名义强迫我们接受要求。俄使再来拜见，虚与委蛇可也。

"王爷差矣！"辜鸿铭见奕劻欲行告辞，也只好起身，却又落下一句：对外国公使，千万不可采取虚与委蛇态度，必须持之以宝刀，诚实不欺。像当年文相国那样对待外国使臣，才能取得对方的尊敬，不敢撒野，潜移默化，久而久之，自不难纳外交于正轨。

辜鸿铭随奕劻出了贤良寺门口，还拉住他好一番劝说。

奕劻在冷风口泡了一会儿，神情颇为不耐烦，紧了紧衣服，道：李傅相怎会亲俄呢？只不过他不明白国际形势，始终对俄使抱有幻想，不似张、刘二位制军转变得快。加之俄使甜言蜜语、狡猾多端，他怕是给俄使弄糊涂了。

辜鸿铭心里暗骂奕劻老奸巨猾，想用这言词闭我之口，哼！他哪里能就此放手，继续缠住奕劻道：王爷可能不知，李傅相这病，我看完全是急出来的。他对议和毫无信心，又深感棘手，忧心如焚，哪有不失常态之理！

奕劻道：我所素知，李傅相乃喜怒不形于色之人，而今却大不然了！

辜鸿铭言辞恳切地说：我人微言轻，说什么李傅相也听不进去，幸有张、刘两位制军函电交争于外。倘王爷在"争"字上再下功夫，李傅相不能不略加考虑，或许不至于一意孤行，甘冒天下之大不韪。君有诤臣，父有诤子，士有诤友，何况国家大事，王爷，当争者必争。

奕劻搓搓冻冷的手，语气显得无动于衷：我生在深宫之中，长在妇人之手，不怕先生笑话，我活到这个年纪，北京城没出去几次，哪里了解什么国际形势。俗语说"哑巴梦见祖宗——有话说不出"，我说服不了李傅相，并不是我没有忠君爱国之心、不负责任……说罢，叹息一声，撇下辜鸿铭上了轿子。

望着奕劻坐轿远去的影子，辜鸿铭不禁又愤怒、又诧异、又瞧不起，无法表示这种复杂的情绪，便"啐"的一声射出一口浓浓的唾沫。

回到寓所，却见刘二和一位穿捂得严实的洋女人在等候，定睛一看，却是爱米。辜鸿铭一股火气正没处出，盯着爱米，咬牙切齿地道：假如我是一位将军，我真恨不得指挥手下的兵士杀了你们这些臭洋人！

爱米知道辜鸿铭火从何来，也不计较他的激烈言辞，摊摊手，嫣然一笑：杀了我，就没有人请你参加二十世纪第一个圣诞夜了。看，也只有我不想把辜先生冷落在京城。

走进"圣诞夜"时，夜色真的已经漫延开来，蜡烛替代了电灯，更添一层朦胧感。

在辜鸿铭进来时，几位老外主动站了起来，表示欢迎。

看着眼前一位熟悉的面孔，辜鸿铭突然变得结巴起来：你，你……还没有死？

那人就哈哈哈地笑了，道：我是学医的，命大着呢！难道辜先生希望我早死？

这人正是《泰晤士报》驻华记者莫理循。

当义和团攻打东交民巷使馆区的战斗还在继续时，《泰晤士报》根据不准确的情报来源宣布英国驻京人员已全部被杀，并特别向其驻京记者莫理循表示了悼念。这段有惊无险的经历，给莫理循本人的形象又增添了一层传奇色彩，也激发了他为大英帝国的在华利益奔走效力的"斗志"。他在北京一方面依托新闻工具制造舆论，同时毫无顾忌地参与本国对华政策的制定。

听完爱米的介绍，辜鸿铭才知今晚聚会的多是外国在华新闻记者。他想，中国每有什么事情发生，这些在华的外国新闻记者总是风闻而至、如蚁附膻。他知道今晚将有一场激烈的争辩。

听莫理循又吹嘘完一遍自己"死里逃生"的故事后，英国《每日电讯报》驻京记者辛博森接口道：莫理循医生说这些，似乎是为了证明中国是个野蛮的国家。

辛博森说一口流利的汉语。在爱米介绍辛博森时，辜鸿铭觉得这个名字好熟，似乎曾看过他写的文章，却记不住具体的篇目了。在他说话的当儿，辜鸿铭的眼睛直盯着他，听着他那带刺的自豪感，辜鸿铭心想，这可不是个好对付的角色。

巴尔福顺着辛博森的话道：听说辛博森先生在紫禁城抢到了不少宝物，想来当时也是没有遇到危险的。

众洋人听了大笑，辛博森一点也不尴尬，大谈起自己在北京城破后如何加入抢劫紫禁城的激动人心的故事。说话的同时，他的神情扬扬得意，末了还斜睨一眼莫理循，道：莫理循医生，你在进入皇宫时，见过中国皇后的鞋子吗？这可是大清帝国的隐私！

这话差点没让辜鸿铭晕过去，他感到自己全身燥热，热血涌荡，耳中分明听到了血管里哗哗奔流的躁动。

辜鸿铭张嘴想骂，但他终于抑制住了，他要先听听莫理循的回答。

莫理循笑了，道：鞋子算什么东西呢！我都看过皇帝绣着金龙的丝被呢，只可惜已被刺刀穿破。我在这里发表个声明，我没有辛博森先生那般幸运，抢了一手的好东西。在我进入皇宫时，宫殿的宝物已被在我们之前到来的日本、德国、俄国士兵抢掠过，已被在我之前的辛博森先生抢光了。我充其量是拿了些象牙、珍珠，它们被委弃于地，任由脚踏。

许多洋人又都肆无忌惮地哈哈大笑起来，间或还有人吹响了口哨。猛然间忽有人拍响桌子，如狮吼虎叫道：强盗！可恶的强盗！

桌上的酒杯受到震动，发出了响声。洋人们的嘴巴惊愕得还未来得及合上，辜鸿铭的高亢声音就像机关枪一样向他们"扫射"开来了：恕我不客气地说，你们欧洲的新闻机关……他一边说一边用手依次指过莫理循、辛博森、巴尔福，特别是你们英国，在这次事件中，扮演了一个纵容侵略的喉舌角色，联合起来纵容所在国政府对中国实行炮舰政策，并明目张胆地来瓜分中国。你们的国家是强盗国，而你们一个个是帮凶，为虎作伥之徒！亏你们还好意思叫Gentlemen（绅士）！当你们的文明杖和礼帽以及文明杖上白皙的手和礼帽下面聪明的脑袋，非请而悍然进入中国，侵入中国至高无上的皇宫时，你们，你们这些用武力推销文明的不明身份者，就被自己的行为给讽刺了！

蜡烛把辜鸿铭一张因生气而愤怒的脸映照得通红。一直喧闹不休的圣诞大厅，难得地出现静止状态，时光仿佛也停止了运转，大家一齐把目光转向了辜鸿铭。

哈哈哈，大厅里忽然响起一阵纵笑，却是辛博森。他笑过之后，反驳道：要我说，在这次事件中，大部分中国人像辜鸿铭先生这样，表现了极端的不友好。

"友好？"辜鸿铭怒目相向、厉词相斥：你们这些侵略者像小偷和无赖一样合伙闯进中国，偷盗、诈骗、威胁、谋杀并抢劫，还要叫中国人友好，真是天大的笑话！在欲图毁灭中国的强盗面前，难道中国民众还要被剥夺反抗的权利？你根本不了解中国人的感情，却自命为中国通！还是回去好好再读十年书吧！

自命为中国通的辛博森正暗中与莫理循争锋，不提防当众被辜鸿铭一番冷嘲热讽，脸一下就红了，咽了咽口水，强词争辩道：我和许多西方人士一样，本着一颗善良的心愿，呼吁和谈能顺利解决。

话题吸引过来了。辜鸿铭成了中心人物，他冷冷一笑，道：不错，西方许多自称公正高明的先生们提出了一些解决中国问题的方案，其目的最终是为了参与瓜分中国。我在此代表中国人民严正声明，这绝对是行不通的！中国问题，一定要在公平、公正的原则下，尊重中国人民的自愿和信仰，才可能得到比较圆满的解决。

一时间，大厅里又静穆下来了，大家都不想与这位以愤怒和善辩出名的中国人争执，怕自讨没趣，何况，他们也心虚理亏，实在无法把黑的说成白的，为侵略推卸罪名。

不知是辜鸿铭、赛金花周旋瓦德西的结果，还是因为辜鸿铭写的《尊王篇》所起的震慑作用，抑或是李鸿章、奕劻的力争，反正赔款数已然压至四亿五千两白银。但辜鸿铭对此并不高兴，再次来到贤良寺，鼓动李鸿章：即使赔款四亿五千万两，也不酱要把我国的血液吸干，使我国长期处于列强各国的经济控制之下。现在我国的大敌是俄国，其次是英、法。美、德、奥、意四国和日本已经和他们趋于分裂，所以，赔款数还可大力讨价削减，香帅来电希望傅相再行力争。

李鸿章神色不悦道：南皮干预得也太多了！早知如此，当初朝廷就应以他为议和大臣。

正说着，忽报英、法两公使求见。李鸿章看着辜鸿铭，语气威严道：辜先生，在英、法公使面前，你休得再行一言，否则本部堂即请你离席，恕不客气。

英、法公使来到李鸿章病榻前，稍作问候后，便一唱一和，严词相逼。法国公使道：这个和约大纲，贵大臣必须尽速签字，勿得违拗，否则，大战马上爆发，你们将自取灭亡。英国公使道：希望贵大臣勿步叶铭琛后尘，空吟望海楼头爱国之歌，无补客死异国他乡，葬尸海底之恨。未待李鸿章答话，两人便扬长而去。

李鸿章好半晌没说出话来，眼睁睁地看着他们离去，这才放声大哭：诸位，你们也看到了，国运可悲，非我计个人生死利害。

辜鸿铭忙安慰道：我看方才那两个小丑黔驴技穷，傅相何忧何惧？至于大战爆发，须经联军会议全体通过，然后由瓦德西下令，才能打响。英、法两国何敢采取单独行动！这俩小子竟敢以私人名义前来恫吓中国全权大臣，欺人太甚！请傅相和王爷联名照会联军各国公使，正告他们，嗣后拒绝接见英、法两国公使，看他们敢不前来道歉！

李鸿章无力地摆摆手，一脸苦笑道：别惹祸啦！老虎尾巴摸不得。

辜鸿铭心中一凛，看着李鸿章愤愤有声：傅相何其不明敌情！今八国联军已有四国倒向我方，而中堂却抱定投降主义，不敢拿出强硬态度，难道就不怕污名永留青史？

周馥见辜鸿铭言重了，忙在一旁小声提示：辜先生……

李鸿章被辜鸿铭一席话撞得心头发痛，盯着他看了好半天。一对浊眼流着毒辣的光芒，喉咙里滚动的痰清晰可闻，那干瘪的嘴唇颤了颤后，气呼呼道：先生难道把我看成秦桧不成？

辜鸿铭下意识地看了看手上戴着的金戒指，忍了忍，却还是大声说出了口：卖国者秦桧，误国者李鸿章！言罢，一拂衣袖，扬长而去。

虽有张之洞、刘坤一等疆臣的来电干预，但李鸿章、奕劻仍一意孤行地把列强提出的所谓"议和大纲十二条"，发给西安行在。得知列强"尊重"自己，未把自己列为"祸首"，慈禧"受宠若惊"之余，语出惊人地表示要"量中华之物力，结与国之欢心"，对大纲几乎不加修改、加以允准。

辜鸿铭没想到朝廷如此"慷慨"，更没想到皇太后会对那么多王公大臣下手，除吏部尚书兼体仁阁大学士徐桐、军机大臣刚毅先死外，军机大臣启秀、山西巡抚毓贤斩决；庄王载勋、军机大臣兼顺天府尹赵舒翘、户部侍郎英年赐死，端王载漪与其弟载澜发边外永禁；百余人禁锢革职，永不叙用；大阿哥废……他在寓所里狠命地吸烟，烟雾笼着他那张严峻的脸庞，桌上放着一厚沓稿纸，却不知写些什么，此时此刻，他还能为太后辩护什么？

"议和大纲十二条"既为清廷一字不易地加以接受。辜鸿铭自知再无处用力，乃决定离京返鄂。在他身后，《清史稿·辜汤生》如是称："庚子拳乱，联军北犯。汤生以英文草《尊王篇》，申大义。列强知中华以礼教立国，终不可侮，和议乃就。"

第十章

"尊王"和自尊

一、总督衙门的骑士和"来书"

外滩十七号,气球飘飘,彩旗猎猎,不同肤色不同衣着的宾客,从租界、从大上海的各个角落赶来,济济一堂。今天是鼎鼎大名的《字林西报》的正式搬迁仪式。它的新址与那炙手可热的汇丰银行比邻,正代表英国在中国殖民的两股大势力——舆论与金融。

工部局总董、《字林西报》主笔李德立和英国驻上海总领事华仑、中国总税务司赫德等剪彩过后,作为嘉宾的《万国公报》主笔李提摩太第一个发言,讲的还是那句他常挂嘴边的老话:要感化中国,就没有比文字宣传见效更快的方法了,《字林西报》为我们提供了一个可贵的借鉴……

李提摩太的话在高鼻蓝眼的同行中激起了不小的掌声,因为他本身的办报经验就可谓"有声有色"。但却让受邀前来"捧场"的辜鸿铭直感"咽下了一只苍蝇"。

对洋人的请客吃饭,辜鸿铭新近给自己立了个准则:能去则去。吃洋饭原本就是重要的交际手段。中国有个成语叫"折冲樽俎","折冲"是折退敌方的战车,"樽"是酒杯,"俎"是砧板,意思就是酒宴上克敌制胜。自己这些年参加洋人的酒宴,不就是折冲樽俎吗?哪次能让洋人占到便宜?洋人占不到便宜,那不就等于我代表中国取得了外交上的胜利。想当年赵国的上大夫蔺相如在渑池酒会上,勇挫骄横强大的秦王,千秋之后仍有史书为他讴歌,而我老辜挫败的可是真正的外国人,后世又该如何评说?这么想来,虽然恶着《字林西报》在中国的势力发展,却还是参加其乔迁之喜了,他要寻找机会为中国讲话。

与李提摩太第一次见面,辜鸿铭就在心中产生了恶感,这份感觉多年来一直未稍减。这次义和团事件后，李提摩太忽然潜到美国，鼓动美国政府参加联军镇压义和团运动。联军侵华后，他不仅到处发表文章攻击中国皇太后，还印发《如何在中国恢复秩序意见书》给各国政府，要求对中国实行国际共管，各国派遣常备军分驻中国、组织最高法庭审理联合内阁产生的纠葛，等等。所有这些都是辜鸿铭所不能容忍的。在李提摩太发言过后，辜鸿铭主动上前，道：李提摩太先生，怎么我总感觉你在放洋屁呀？

李提摩太不想和辜鸿铭在大庭广众面前交锋，若论口才，他还真佩服这辜鸿铭。他不愠不怒、心平气和道：能被辜先生骂，我备感荣幸，只是口头上的骂，多是过眼云烟，隔天就忘。辜先生何不在文章中骂我呀？这样时时可以翻看，不致被岁月的风沙埋没，也让我在历史上有更出名的机会。辜先生听我的准没错，你也可把文字当成利器。说罢，哈哈一笑，转身和别人应酬去了。

辜鸿铭怔怔间，赫德不知什么时候已然站在他面前，神色威严道：辜先生，你骂我的那些东西我看到了⋯⋯

辜鸿铭剑眉一耸，看着赫德，以挑战的态势道：怎么样？

面对这无畏的神情，赫德原想说的话又都咽下肚里去了，面带微笑地伸出手来道：想必你对我有些误会，希望我们友好。

辜鸿铭嘿嘿一笑，却没去握那肥肥的手，眼睛依然盯着赫德那张并不太诚实的脸：友好？除非你对中国友好。

"那当然，我是大清的命官呢！"赫德垂手，尴尬地笑一笑，顺着辜鸿铭的话说，而后又道：辜先生可曾读过《这些从秦国来：中国论集》？这是我苦心经营的为中国说话的一部新书，只是我不通文学，请多批评。

"你还欠骂呀？"辜鸿铭不以为然地笑了，接着道：骂你个狗血喷头，骂你个七窍流血，骂你个祖宗十八代，怎么样，不介意吧？不过，我可没工夫骂你单纯的文学，要骂也是你那吃里爬外与中国为敌的肮脏思想。说罢，微闭双眼，径自旁若无人地仰天大笑起来。

辜鸿铭记住了李提摩太的话，很快就草就一篇"笔伐"，约了赵凤昌，往外滩十七号《字林西报》新址而来，径自来见主笔李德立。

"这次变乱，你报助纣为虐、毫无羞耻感地一味刊发李提摩太之流的狗屁文章，无理责难受害的中国，为联军侵略制造舆论，恨屋及乌，此举不得不导致我萌生对主笔先生的厌恶之情。"见面后，辜鸿铭开门见山道明来意。这些话，他本来是想在《字林西报》庆典时当众对李德立说的，这样也许会生出热闹，他是喜欢热闹的。但李德立那天是主人，让众多宾客给缠住了，他没有走近辜鸿铭。

辜鸿铭一见面就说这些不友好的话，李德立心中当然有所不快了，但他还是表现出英国式的礼貌，微笑道：辜先生亦为我报知名作者，可请著论，我们即可登报。

辜鸿铭当真递过一沓文稿，道：你报经常未经我的许可而载我文字，我新作一篇骂李提摩太那厮的文论，请你们立刻登之。

李德立接过浏览一遍后，脸呈为难之色：李提摩太系我好友，又是我报的重要作者，此事恐难从命。辜先生是不是另作一文？我们将付你与优厚稿酬。

辜鸿铭脸色一变，一把将文稿夺过，骂骂咧咧道：我岂是你们区区稿费所能购买的。你们沆瀣一气，皆非善类！言罢起身，拉着不知所措的赵凤昌拂袖而去。

庚子年的和谈以中国接受列强"议和大纲十二条"画上句号，留给辛丑年的便是要签订和约。北京的谈判还在进行，李鸿章和列强还在双方利益上讨价还价，不，主要是列强讨价还价，李鸿章最终只是签字而已。辜鸿铭这么想着，一颗心就又悬浮起来。他情不自禁地想起自己那封致列强各国首脑须尊重中国的长文。

去年夏天，辜鸿铭奉命将张之洞、刘坤一联署致各国列强要求"必尊两宫"一函译成英文后，因事发挥，写成《尊王：中国人民对皇太后及其政权真实感情的陈述》一篇长文，并立即送交英国首相索尔兹伯里等西方政府首脑。但直到现在，辜鸿铭没有收到列强首脑的回音，连那位当年欣赏他并赠金表的俄国皇太子——现已登基的沙皇也没有音信。如此这般泥牛入海，盖此一时彼一时也。但辜鸿铭相信，只要他们收到看过，在对华政策上肯定会有所改良的。

既然担心自己的长文没法送到那些列强首脑手中，何不干脆公开发表，让这些统治者看到，并让世界上更多的正义之士能够听到中国人的呐喊。在众多的洋报中，辜鸿铭选择了《日本邮报》，这是一家于日本横滨出版、在西方世界影响颇大的英文报纸。他还专门给该报编辑写了一封信：

在请求您发表这篇文章之前，我要说明的是，我这样做，完全由我自己负责……

作为一个不著名的中国人，首次以自己的名义、自行负责地出来公开对世界发言，我想文明世界有权问问我就这一重大问题发表意见的资格。因此，我认为有必要说一说，现在的作者是一个花了十年时间在欧洲学习其语言、文学、历史和制度，又花了二十年时间研究本国事物的中国人。关于他的品行，我只能说：尽管现在的作者不能自夸是一个 Chevalier sans peur et sans reproche（无可指摘、无所畏惧的骑士），然而我想，那些在华外国人，无论与我有着私人交往、深知我为人的人，还是以任何关系同我有过接触的人，当我说，现在的作者从没有做任何卑鄙无耻之事，以取悦和讨好在华外国人，或者应该遭到他们的冷遇和唾弃，他们都会给予证实。

末了，我冒昧地公开请求俄国驻日本公使阁下，请他将我所写的东西毕恭毕敬地呈送给俄皇陛下过目。承蒙陛下记得，多年以前，他访问汉口的时候，我曾有幸做过他和张之洞总督阁下之间的翻译。

我还冒昧地请求德国驻日本公使阁下，请他毕恭毕敬地把我的这篇东西呈交给普鲁士的海因里希亲王殿下，他访问武昌期间，我曾荣幸地得到他馈赠的特别礼物。

如此冒昧地、公开地利用他们高贵的名字，我希望俄国皇帝陛下和海因里希亲王殿下能够谅解。因为我迫不得已这样做，不仅代表中国和中国人民，也是为了世界的和平与文明。我知道并且相信，他们都是世界文明与和平最热心的维护者，我曾听到他们亲口这样承诺过。

信稿发出一个来月后，《日本邮报》全文登载了辜鸿铭的那篇长文，还照发了他致该报编辑的信。身在大上海的辜鸿铭，一时又博取了来自洋人世界众说纷纭的看法。

正当辜鸿铭踌躇满志地期待"一言兴邦"的成效时，9月，《辛丑条约》正式在北京签订。得知条约丧权辱国的内容，辜鸿铭整个人都呆了，烟燃尽了，灼着了他的手也没感觉，好半天没说一句话。第二天，他还是闷闷不乐、不思茶饭。赵凤昌便安慰道：你已尽心尽力，何况这事也不是你我所能做主的。见辜鸿铭还在唉声叹气，一个劲地往喉咙里倒酒，赵凤昌便硬拉他起来，道：走，要喝酒就去马相伯那喝去，一醉解千愁。

马宅依旧，只是马建忠原先的书房里摆上了他的黑框照片，几炷香袅袅地燃着，一旁静默的还有那十卷本的《马氏文通》。马建忠是在去年夏天病逝的。李鸿章受命主持议和，离粤北上途经上海，要求马建忠再度担任他的外交助理。病中的马建忠为报知己之恩，冒着酷暑翻译有关文电，一身病体再加连日积劳，病情竟日愈加重，遂告无治，溘然长逝。

面对这位引领自己回国的师长遗像，辜鸿铭感慨万千。一方面是哀其英年早逝，另一方面又庆幸他没有跟随李鸿章北上，做外交助理，否则，汉奸卖国贼的罪名或许也少不了让他再戴一次。马建忠应召回国后，入李鸿章幕府已久，长期充任李鸿章办理洋务和对外交涉的首要助手，其中甘苦外人焉个能知，对李鸿章签订卖国条约究竟该负什么责任？辜鸿铭嗟叹之余，却还是相信马建忠是爱国的，否则也就不会在新加坡有那番推心置腹的话。马建忠对辜鸿铭的一生产生了重大影响，甚至连退出耶稣会也影响了辜鸿铭。想着二十年前新加坡的三日晤谈，想着去年和马氏兄弟的会面，而今竟成永诀，辜鸿铭悲从中来，毕恭毕敬地在马建忠遗像前献了香，又连鞠三躬。

　　酒逢知己千杯少。性情中人马相伯对《辛丑条约》也是锥心般地痛，如今逢着与他一样痛心的辜鸿铭，自是酒落话多。三人对中国的贫弱、朝政的腐败大发一段感慨后，马相伯把眼神停在辜鸿铭身上：近十年来，中国的读书人中，我看汤生表现最佳，国难当头之时，汤生置生死于度外，敢于在国际社会为中国人呼喊出正义的声音，这种铁铮铮的硬骨头精神难道是可以漠视或小看的吗？我看汤生不愧为一个伟大的爱国者，不愧为中华民族的骑士！马相伯慨然说完，给辜鸿铭倒满酒，满怀敬佩之情道：来，汤生，我敬你一杯酒！

　　马相伯刚才一番发自肺腑的话，直让辜鸿铭听得全身热血沸腾，当即起身碰杯，仰头一饮而尽。

　　赵凤昌见辜鸿铭喝完，也给他斟满一杯酒，敬过去，道：马兄说得对。汤生，你独一无二的辩护，当在今后的历史上记下一笔。

　　握着这酒杯，辜鸿铭眼眶里有点潮湿，他太需要理解、太需要鼓励、太需要"同盟军"了！去年夏天中国局势危急以来，他以笔为刀写了不少文章，谴责列强对中国内政的干涉，抨击在华教会和传教士，明确而系统地阐明对文明和东西文化的看法，驳斥了"黄祸论"。他自以为在孤独地"冲锋陷阵"，没想到自己还有个坚强的"阵营"，还有不少盟友在关注自己，在为自己喝彩，他感动之余，热血在胸中奔涌。

　　又三杯两盏落肚，辜鸿铭已是十分的醉意，却觉再舒畅不过，自己作为民族骑士，已为祖国尽心尽力。

　　辜鸿铭在回武昌前，决定把在庚辛两年间以英文所写论文结集付刊，定书名为"总督衙门来书"，又取了个中文书名"尊王篇"，并请赵凤昌为中文书名题签。

二、把这些权贵一网打尽

不可思议处，有时正是可思议处。

经历"义和团运动"和"八国联军侵华"后，亲手"扑灭了"戊戌百日维新的慈禧太后，还未回銮京师，就要皇帝和她同下"变法诏"，美其名曰"新政"。上谕各地督抚速呈意见，已晋太子太保衔的刘坤一特请张謇、沈曾植等就"变通政治"事宜，各为条议，寄给张之洞供参考。张之洞深感欲挽即将倾覆之社稷于未倒，非行变法不可。他写成"兴学育才""整顿中法""采用西法"三个奏折，为刘坤一首肯后，以两人名义会奏，为清廷所重。三个奏折统称为"江楚会奏变法三折"，遂成为"新政"的基础。

当是时也，辜鸿铭也正伏案疾书，只不过所作并非有关"新政"事宜，他在为即将由上海别发洋行出版发行的《总督衙门来书》（即《尊王篇》）补充作序，其云：

……在此，我想将我所要表达的观点进一步概括如下：

1. 在中国的议和是十分虚假的，因为列强没有老老实实努力去弄清中国眼下事态出现的根源。甚至连根源何在也全不了解，他们试图消除的是吴淞炮台！

2. 列强在中国唯一正确的政策，是让中国独立，看管好在华外人，使他们规规矩矩、安居乐业。

3. 今日世界真正的无政府状态不在中国，而在欧美。

与国外那些所谓的中国问题观察家相比，辜鸿铭自信自己有独特的优越之处。作为中国人，他不仅用自己的理智，也用自己的感情去思维。他甚至知道，在自己的血管里汹涌奔腾着的是既有自豪也有耻辱的中国血。

辜鸿铭感慨颇多。自己庚辛年间为国家所做的贡献，朝廷竟没有丝毫的表彰，张之洞的赞说也仅留于口头，至今自己仍未见什么好彩头。而梁鼎芬经张之洞的保荐，已然在庚子年复官，先知州，后升武昌府知府，湖北成立警务处后，又兼任总提调，梁敦彦似乎也要升个道呀、府的，可自己……咳！这次在外交上，自己又为中国多少争得了些声誉。当年蔺相如渑池酒会回国后，官位都排到了大将廉颇之上，可我……咳！辜鸿铭好不惆怅，要说的话、要闹的情绪不道出来，真如鲠在喉。这样"非常有损于我自尊的事"公开对国人说不方便，那就一并在此公开对洋人世界说。

辜鸿铭有悲愤、有怅惘，张之洞也有这份难宁心绪。只不过，他的怅恨之情源于李鸿章的死。

张之洞在成功策动"东南互保"后，声望日隆，加封太子少保不够，又被委为筹办新政的参预政务大臣，其"中体西用"学说为封疆大吏们的必学之课。他自料完全可以取代李鸿章之席，岂料李鸿章死前却向朝廷推荐山东巡抚袁世凯代直隶总督兼北洋大臣，而朝廷竟然也就准了，这无疑是大大扇了张之洞的耳光。十多年前他即是总督，而袁世凯还仅是一个五品同知呢，没想到这小儿现在居然一路向"龙门"跃进，成了疆臣领袖了！

袁世凯因"小站练兵"而平步青云，更使张之洞决心丝毫不能懈怠练兵。送出去学军事的两湖生员已不少了，他们可都是自己今后倚仗的干臣。使他略为不安的是，这些留日学生尤其是留学日本士官学校的学生，不听告诫，依旧在日本频繁参加革命活动，那可要不得！他想了又想，决定拍发电报给日本留学生监督，嘱令他们即行回国效力。

积极办理新政的张之洞如此这般不久，新任直隶总督兼北洋大臣袁世凯要来武昌拜会他来了。

接到电报，张之洞为会见时间发了愁。直隶总督来武昌，张之洞照规矩行事，得盛陈仪卫并亲自出门迎接，这都是情理。只是他推算袁世凯的专轮到汉口时将过午时一点，再让自己开宴相陪，没有一二个时辰不会了事，极不凑巧，这段时间恰是他的休息之时。于是，张之洞想着推迟至晚上再为袁世凯接风。

不料，辜鸿铭却连说不妥。因袁世凯新任直督，这次又是特意来拜访，子曰："有朋自远方来，不亦乐乎。"还是不要怠慢为好，待之以礼，以免朝廷上下飞短流长。

张之洞见辜鸿铭说得有理，也就同意了。

满汉全席是张之洞酒池肉林式的宴请风格。当春风得意的袁世凯挪动着矮壮滚圆、穿戴总督官服的身躯，率一群随从进入宴会厅时，不禁眼前一亮，觉得张之洞如此破费，太给自己面子了。

张之洞率端方等僚属与袁世凯一行分坐长桌两旁。开宴时，正是张之洞"入梦"的好时候，加之去汉口迎接致精力不济，入席后，只觉双眼酸涩、总想合拢，勉强支撑也只是半开而已。张之洞致欢迎词、介绍陪同人员并敬酒后，端方少不得也要敬酒，大说好话，一会儿一个慰帅，一会儿一个宫保，叫得十分亲热。张之洞一旁听了，恶心端方之余也备感不是滋味。

袁世凯置身于端方等人的称说中，并没得意忘形。对张之洞这当朝名臣，他丝毫不敢怠慢与不恭。他摆脱开端方等人的应酬后，面向张之洞站起了身，晃动着滚圆的大脑袋，举杯回敬道：香帅经营有方，湖北新政红红火火，实在让慰庭钦佩。来，小弟敬老哥一杯！

张之洞强打精神喝下一杯后，道一声慰庭老弟鸿运当头，听那不冷不热中寓含嘲弄的语气，仿佛说袁世凯能有今天全靠运气吃饭。望七之年的张之洞有资格这样说。想当年，他高中探花时，袁世凯还只是个女人怀抱中的小儿；他疆寄晋抚时，袁世凯也不过是个游手寄食的落魄青年。在张之洞看来，袁世凯是个不通文墨、纯靠投机的暴发户。一向自许甚高的大才子张南皮眼里何时有过袁世凯。可今天，疆臣中最美味的"肥肉"却被袁世凯叼在了嘴里。越是看不起袁世凯，张之洞心里就越为自己难受。

袁世凯这次南来拜会张之洞，目的就是为了结欢他。环顾当今疆吏中，李鸿章已死，刘坤一半截身子也已进了黄土，张之洞不仅最有声望，还是太后真正的宠臣，日后弄不好就可能出阁入相。而自己的直督之席，虽说是疆臣领袖，却一点不稳。万一今后皇上掌权，凭着自己在戊戌时的告密一事，麻烦就不知从何说起呢！得结欢眼前这个政坛"不倒翁"。袁世凯又向张之洞敬了一杯后，捋着两撇胡子，眼睛十分有神地看着张之洞，主动找话说：人们常说酒杯中有大海，今日一见香帅海量，果然如此。

"嗯……"已现劳累的张之洞几杯酒下肚，睡意更浓，在欲梦未梦中听见有人对他说话，就迷迷糊糊地应了一声。

"香帅兴学育才，兴办实业，声望日隆。更有《劝学篇》……中外闻名……慰庭拜读之后……深受教益……革除积弊，仿效西法，兴学育才，兴办实业……"在一堂肃然之中，袁世凯谦恭地说不到三五句后，就要被迫中断。因张之洞嘴张、眼闭即将入梦，待他头歪向一旁而惊醒时，袁世凯方好再开口，因此一句话断续了许久才能完整表达。

满座的人见此状，无不局促不安。可谁也不好提醒张之洞。袁世凯困窘地坐着，众目睽睽之下尴尬无比。

慢慢地，张之洞整个人躺伏在了椅背上，打起了呼噜。袁世凯脸上一阵灼热，郁郁不欢地朝四周看一看，随后站了起来。奉陪的端方及湖北藩、臬两司从左右两侧来到袁世凯的身边，他们想叫醒张之洞。袁世凯摆了摆手，无比体贴地低声道：香帅年纪大了，又奔波了一天，准是累了，让他睡吧，谁也别惊扰了他。说罢，朝自己的随从一挥手，昂首挺胸走出了宴会厅。

按照清例，总督进出辕门，必须鸣炮。随着炮声一响，张之洞终于被惊醒。他睁开蒙眬的双眼一看四周已空，忙问左右：慰帅呢？得知袁世凯已不辞而别，张之洞轻拍脑门，连道失礼、失态。大声谓左右赶快备轿，追上慰帅送他一程。

梁敦彦看在眼里，忍不住轻声责备一旁的辜鸿铭：我看你不是戏弄香帅就是作践袁世凯。

此语可谓道破辜鸿铭的"天机"。他以前虽没和袁世凯交往过，但从马相伯所讲袁世凯忘恩负义的故事中，从袁世凯戊戌期间大逆不道出卖皇帝的事件中，他已对其品德恶感在心，故借此时机戏弄他一番。

回銮京师后的慈禧，面对山河破碎、弱国贫民，可以无动于衷，昨日的西逃之辱，可以相忘风中，但一年一度的"万寿大典"在"压惊"的今年却要比以往搞得更有声色。皇太后"万寿"临近，湖广总督衙门饬令各行各业皆行庆祝。湖北巡抚端方还专门写了首《爱国歌》，请了乐师谱曲，要求官民同唱。官府告示不够，各级衙门还派出专门小吏，上街敲锣打鼓，在每家每店门口大声吆喝。

一时间，别说督抚司道衙门，就连大街小巷也都张灯结彩，像过大节一样。各衙门间竞相攀比，场面一个比一个大。省城上下，沉浸在喜洋洋的景象中。

万寿大典在纺纱厂隆重开张，说是庆典，其实说白了也就是大吃大喝一场，是由国帑提供的吃喝中感念天恩。除大小官员外，参加宴会的还有各界人士，法磊斯等外国驻汉领事等也应邀前来。张之洞即席讲话：今天我们喜气洋洋欢聚一堂，共享尊敬的皇太后六十八寿辰之乐。除外宾外，全体下跪，为皇太后万寿叩头。

在张之洞的领头下，屋内黑压压的一片人撩袍向北而跪。法磊斯等洋人则稍示鞠躬，剩下的时间都用来惊奇地看中国人的活动。一位洋报记者不时地前后左右来回奔走，寻找角度拍照。数百个额头不约而同地碰着地面。在连磕了数个只有他们才知会不会痛的头后，跪拜仪式终于结束了。主持人宣布起立，同唱《爱国歌》。

随着这声令下，军界和学界的洋乐队齐奏西乐，大家或投入感情或有口无心地哼唱起了新编的《爱国歌》，歌颂大清王朝和慈禧太后。

这项内容最振奋人心，因为一经结束，就可以马上涌向餐桌了。洋人总结的有一定的道理：如果有什么东西可以让中国人倾心投入的话，那便是吃人家的丰盛大餐了。他们中有许多人，参加万寿庆典，最大的期待也许莫过于这次诱人的盛宴。他们知道，清廉的总督大人是从不吝啬公款吃喝的，也唯有这样的时候，他们才可沾到油水。

张之洞摆下的六十八张酒席果然是满汉全席，南北大菜，钟鸣鼎食，水陆杂陈，每张桌子几乎都要被厨师精心制作的美味佳肴压垮。人们各就各位后。汤匙、筷子的碰撞声，人们喉咙中发出的咕噜声，吹凉热菜、热饭奇怪的气息声，并夹杂着其他嘈杂的声音不绝于耳，充斥着整个大殿。这段"走调的音乐"，在这些吃客听来，却是最美妙不过了。相比之下，那为给宴会助兴而伴奏的西乐和反复播唱着的《爱国歌》，倒成了"非正音"。人人都全身心地投入到吃喝中，唯恐稍一落后，山珍海味、寿酒寿食尽落他人之肚。

一番开怀畅饮、尽情消受后，人们最初的饥饿感得到了缓解，这才情愿停杯、住筷，嘀嘀咕咕地作些议论了。渐渐地，酒劲开始起作用了，人们的脸红得都像猴屁股。听到县令、余瘦等人在隔桌恭维端方所作的《爱国歌》无与伦比时，辜鸿铭的脸色就挂不住了。他对端方、余瘦之流的"爱国"嗤之以鼻，并以抱怨的口气道：满街都在唱《爱国歌》，却没有听说有人唱《爱民歌》。

梁鼎芬打趣道：巡抚大人已作《爱国歌》，汤生何不作首《爱民歌》？

同桌的群僚就跟着梁鼎芬起哄。辜鸿铭也不推却，稍作沉吟，扬头微微一笑道：我已想出四句，请诸位斧正。在众人的静默中，辜鸿铭一字一句地大声念将起来：天子万年，百姓花钱；万寿无疆，百姓遭殃。

梁鼎芬不意辜鸿铭竟然说出如此大逆不道的话来，大惊失色，手一抖，杯中的酒溅了一身。同桌中立时有人叫嚷：汤生好大胆子，竟敢在老佛爷的生日酒宴上信口胡说，侮辱老佛爷！

辜鸿铭心不服、口不服，语声淡淡而有力：爱民者民亦爱之，这有何错？《论语》云"道千乘之国，敬事而信，节用而爱人，使民以时"。难道一个国家要强大，统治者可以不重视自己的工作，不要人民的信任，不厉行节约，不关切下层人民的生存处境吗？

余瘦夹在人群中大呼：制台大人、中丞大人，这等对老佛爷大不敬的狂徒，其罪足可斩首！

经这么一闹，大小官吏们满口的"金波玉粒"顿成"鲠喉之刺"，满腔的兴致也被罪过和紧张感冲得无影无踪。一群官员们眼睛瞪圆了望着张之洞，在等候他下达收拾辜鸿铭的命令。张之洞也恼怒辜鸿铭的当众闹事，却又想，若将此事扩大，让太后知道了，非同小可，还是冷处理的好。于是，他装聋作哑，一副酒力微醉之样，顾左右而言他。

借着七分酒力，辜鸿铭深一脚浅一脚地回了家中，床上一躺，就向淑姑和贞子扬扬得意地吹嘘了今日的表现。他吹得越是高兴，贞子听得越是生气，杏眼一瞪，嗔怪起来：你好像比人家多长了一个脑袋！

想到前些时候因言遭詈而惹贞子生气、对自己闭门不相理睬，辜鸿铭哪敢还嘴，心想，天下最可怕的当是自己的女人，你若得罪了她，她能使你不死不活，最终你还得奴婢膝地、亲递"降书顺表"，以示心服口服。至于得罪了权贵要人，也不过是小事一桩，他们若不辨是非，至多也不过要我的命，给个痛快，而无须再违心递上顺表降书。讷讷半晌，他才道声今天喝多了，忘了手上还戴着戒指。

淑姑也在一旁不轻不重地责备：你不怕文字狱什么的，也得考虑我们姐妹和孩子们呀！

她们这妾唱妻随一嚷，辜鸿铭越发不敢应招了，干脆闭目合嘴，不作争论，一会儿竟呼呼地睡着了。

翌日，梁敦彦来到读易草堂，语带双关地对辜鸿铭说：汤生，昨日那顺口溜编得可好啊！辜鸿铭笑道：崧生兄过奖。

梁敦彦也不多话，来到辜鸿铭的书桌旁，挥就一个"人"字，那"人"字头顶出了格。接着脸色冷峻地说：香帅让我来提醒你，不要把旁人当傻瓜，聪明反被聪明误，总有一天误了卿卿性命！

见辜鸿铭看着"人"字嘿嘿直笑，梁敦彦正色道：今日受香帅之托，给你讲讲为人之道。香帅给你说过，这"人"字的一撇、一捺只不过两笔，可要写好它，却须穷毕生之力。我读私塾开始描红时，老师就指教我写字不能出格。每当那"胳膊""腿"伸出格，老师就来揪我耳朵。耳朵被拉长了，字也写规矩了。做人亦如此，不能出格。你看，这"人"字一头顶出了格，成了出头的椽子——

辜鸿铭明知故问：崧生兄是想告诉我出头的椽子先烂？

梁敦彦语重心长地：是的，高调做事，低调做人。遇事绕开走，轻易不开口。寓巧于拙，不显山与水。越是锋利的宝剑，越不可轻易出鞘。如果自恃削铁如泥，更要深藏不露……说罢，又挥笔写就一个中规中矩的"人"字，道：人在屋檐下，就得把头低。龟宿方格中，一世保平安，胆敢破格，人头难保！

辜鸿铭比画着：你要我一辈子就生活在这方格之中？

梁敦彦点点头：普天之下莫非王土。你从海外归来至今，还不知道是待在谁家的屋檐下？

辜鸿铭又是一笑，继而道：不管是在谁家的屋檐下，我希望能自由地生活、自由地伸胳膊蹬腿。

张之洞如是袒护、点拨辜鸿铭，可辜鸿铭不仅不领情，还要当着梁敦彦的面来个反击：这个万寿庆典实在是好上加好，耗费的钱资也就万上加万了。真没想到，素以清廉闻名的张之洞也腐败至此！

吃人家的嘴软，可辜鸿铭却不。新近要外放的梁敦彦谨慎加着感激，自然要为张之洞讲好话了：据我所知，东家确实没有贪污的劣迹呀，他全家还负债为生呢！

"就他个人来说，确实够清廉的。然而，在此国贫民穷之际，以靡费公款、大肆铺张来显示朝廷的德政，以表对太后的忠诚，这难道不是另一种腐败吗？"

梁敦彦一时无言，半晌叹了口气。照辜鸿铭这么说，张之洞再怎么清廉也不能摆脱这腐败的谴责了。不过，辜鸿铭讲得也不错，贪污和廉洁是政治上一个很重大的关节，而奢侈和俭朴便是贪污和廉洁的根底。要教他廉，必先教他俭，唯俭可以养廉，不俭便不能廉。一切贪污，大都因奢侈而引发。真可惜，清廉的张之洞也未能给如今做官的人树一个榜样。梁敦彦想了想，岔开话题道：汤生，你写《尊王篇》，为太后说尽好话，这次却是为何？

"我是清醒之人。《尊王篇》嘛，那是骗洋鬼子的，为的是告诉他们，我民心犹存，士气犹在，使之不敢欺负大老中华。可我心底下，对太后却也是有腹诽的。"辜鸿铭说罢，微叹了口气，道：当年太后在文祥等人辅佑朝政时，尚能励精图治，但庚子变故后，割地赔款，大清朝都要被她葬送了，还有什么善政可言？我还有什么劲来忠君？

梁敦彦还以为辜鸿铭是在当年看到彭玉麟虎门之哭后，见别人忠君，自己也来了劲，没想到辜鸿铭却有别人不知的内在情感，并蕴藉着无人感知的良苦用心，内心微微一动，却怕他再没有节制地议论下去，找个借口赶紧分手道别了。

吃罢慈禧太后的"万寿宴"不久，辜鸿铭又被端方请进了巡抚府。端方因作《爱国歌》受到太后的奖赏，心中大悦，有意炫耀，特在府中摆下盛宴，请辜鸿铭、梁鼎芬、郑孝胥、凌福彭等文人学士分享圣恩。席间，端方一幕僚入室报告：宜昌地区江堤决口、洪水泛滥。端方一副急于公事模样，忙道：这可是个大事故。

赶快打电报慰问，问问伤了房屋几何，伤了良田几何，伤了牛羊几何？幕僚喏喏而退。

端方如此理事，让辜鸿铭好生瞧不起，心想，房屋、良田、牛羊在端方眼里倒成了天大的重要，却不问百姓的安危。这么想罢，不禁又为老百姓发起感叹来——咳，有时候，老百姓真是猪狗不如呀。

辞别端方后，辜鸿铭和梁鼎芬、郑孝胥、凌福彭一行人散步回督府。郑孝胥对端方的满屋子收藏似乎十分羡慕，又说道：端老四（端方在家排行第四）入仕很早，年纪轻轻就当上了部堂衙门的主事，刚入不惑已是大省巡抚，可谓少年得志。言谈间一脸的佩服。这么一来，辜鸿铭又有点看不起郑孝胥了，道：端方这么个缺原则、少信仰，只知投机钻营和享乐的纨绔放荡的公子哥，有什么值得称道的呢？！

三、突遭遣返，利害相随

宜昌江堤决口后，长江流域淹了一大片。一连数月，湖北各地发来的告急电报十有八九事关饥饿，请求救济、调拨粮食。

得知全省灾情，辜鸿铭虽爱莫能助，却也要发一番议论，提醒当政者要如何地爱民。辜鸿铭的议论可以从昨天发到明天，也可从今天联着大后天，他总有议论的言辞，而且一点也不显干巴。要想在短时间内使老百姓摆脱缺粮的困境，谈何容易，连张之洞、端方都这么想，可到辜鸿铭这边，却显得简单，一二三说得条条是道：首先要着手的是使老百姓不怨恨政府，如今老百姓挨饿，除了天灾，多是新政造成的；而老百姓有所怨恨，则不是新政造成的；老百姓不是怨恨新政，而是怨恨那些主办新政的大臣们昧于认识；如果朝廷上下果能认清办新政的目的，富民强国，那么，老百姓即使饿死，又有什么可怨可恨的呢！

在辜鸿铭所讽快要吃撑的人中，就有巡抚端方。饿死几个百姓，在端方眼里确实算不了什么。从来也改不掉挥霍钱财技能的端方，用变戏法赚来的金山银山，在抚院不远处择地建了一座小巧玲珑的公园，还买来了两头狮子供观赏。端方有空时，便手持金石古玩，或携妻妾子女，或陪同法磊斯等老外来此游览。虽然其晃晃荡荡的步态令人忍俊不禁，却不时有洋报记者为其拍摄。

端方三天两头就跟外国人厮混一起，连同洋报对他的大加吹捧，让张之洞看得极不舒服。想这端午桥在陕西时就对境内的传教士极尽谄媚讨好之能事，来武昌后又与那些有利可图的外国人拉关系，到底想干什么？是不是想用投机的手段，盯住总督职位？这个梁星海竟也为他说好话，什么意思？张之洞下意识地模仿起端方那晃晃荡荡的步态，刚走两步，便急得停住，咬牙切齿地暗骂道：这个人，不学无术，又无行，混迹于官场，竟然成了一省的巡抚！

张之洞正恼着端方，未几，两江总督、太子太保刘坤一病逝，朝廷谕令他再署两江。

望七之龄的张之洞正在湖北大行新政，哪里乐意迁徙江宁（南京），再行接受人家的摊子？他这受命，也苦坏了辜鸿铭、凌福彭等一些点名跟随的幕僚。端方却喜坏了，这小子连做梦都想当总督，张之洞一去，他以巡抚兼代总督，也算遂了心愿。

地连三楚、势控长江的六朝故都南京，除了秦淮河的歌女、玄武湖的船娘，还有著名的大学城。无论盛世还是国难当头，这里都荟萃了一批做学问的人。南京夫子庙乃全国极为出名的考场，多年来成了读书人出人头地的前沿阵地。远的不说，明朝初年的南京国子监是当时全国最高的学府，聚集于此的读书人竟超两万，泱泱《永乐大典》就是于此编撰完成的。张之洞想着要在南京创一番名垂史册的事业，莫过于行新政，而行新政最有远见也是最有效的方式，莫过于创办新式学校。于是，这位自诩教育家的总督，于明朝国子监的旧址上兴建一所全国最漂亮的新学校，名为三江师范学堂。他希望这所学堂培养一支可观的教师队伍，从而把新教育大面积地推行开来，为积贫积弱的中国注入一股新鲜有劲的血液。

新鲜的"血液"倒也不少，马上便有两位美国传教士前来应聘。然而，这些洋人心中所念及的并不是真的传道授业，而更乐意推销美国文明。这倒引得张之洞及辜鸿铭的极度不满。

在两江总督衙门，新政也罢，新学堂也罢，辜鸿铭既没法以重要角色参与，也不想主动参与。骂人骂世的他多的是拿酒买欢，除了秦淮河、玄武湖这些销魂去处，便是在督署高谈阔论。这天，他忽地谈起了刘坤一。对这位粗率耿直、操一口湖南方言、说起话来调门极高的已故总督，辜鸿铭难得有所好感，称之为李鸿章失势后中国士大夫的领袖。并说相比于刘坤一，张之洞也缺乏气节或道德勇气，尽管张之洞是一个秉性高洁的人。为了说清问题，辜鸿铭也举了个例子，说当初张之洞也是同意和刘坤一联衔上奏，反对朝廷废立的，却又反悔，在中途追回奏折。

凌福彭试图要为张之洞辩护：中途追回奏折，这是因为东家认为权在太后，非疆臣所得干预,君臣之义至重,中外之口难防,东家所以报国者在此。

辜鸿铭摆摆手:非也非也!东家这个人呀,见小事勇,见大事怯,姑留其身,以作后图……

说话间,窗外闪过一人影,凌福彭急向辜鸿铭做了个住口的手势,拉开窗帘看时,人影已倏然而去。

"明天又得挨东家的骂了。"辜鸿铭苦笑道,停顿片刻,又自嘲地说:这有什么好怕的呢!

第二天见面,张之洞并没有骂辜鸿铭,却在数天后,找个借口遣他回武昌去了。这次,辜鸿铭在南京待了不过一季。

辜鸿铭回到武昌,倒也轻松快乐,除了伏案翻译儒家经典,便是东游西逛,有时独自一人,有时携妇将雏,来端方新建的公园参观。

几日后,辜鸿铭受邀来到端方官邸闲谈。正说着,门房来报,说是余知州求见总督大人。端方眼也不抬,脸露鄙夷道:让他进来。

知州余瘦到得客厅,向端方恭敬行礼。端方下巴朝天,一手抚弄着胡子,一手把玩着古玩,视而不见,傲慢至极。余瘦哭丧着脸道:这些洋人,不仅欺压百姓,侵占、毁坏百姓庙宇,还侮辱我国官员……

端方冷冷地挥挥手:此等小事,你自己办理即可。

辜鸿铭对端方的尖刻阴险、轻佻纨绔早有所闻,今天见他又如此怠慢下属,哪里看得顺眼,虽然他也于心憎恶这位余瘦。待余瘦喏喏告退后,辜鸿铭便在一旁道开了:我听说阁下署理总督后贵体欠安,可不知哪儿不舒服?

端方摆摆手:哪有这事?外边的人乱谣传的!

"不不不!鄙人看来,阁下确实是有病——是眼疾。"

端方被辜鸿铭说得有点莫名其妙:老夫子,你这是哪里话?

"刚才看见有人向阁下请安,你竟然看不见,恐怕这眼疾毛病已经很严重了,而你还没有觉察到吧?"

端方知道又受辜鸿铭戏弄了,那尖瘦的脸顿时红了,像是蟹在开水里浸了一浸。

端方虽然恼着辜鸿铭,几天后却还是应诺请他去喝咖啡。这天的端方还特意换了一身便服。谈及京师正拟办税务学堂,端方道:现在中国急需讲求专门学问,鄙意以为,也应在湖北创办厘金学堂。

辜鸿铭点点头:阁下言之有理,是该创办个厘金学堂,完善厘金制度,以肃正督抚司道等而下之官吏们的行事，防止任意提用款项，混淆公款与私账，总之，使他们没有那么方便利用财政制度的漏洞贪污巨款。

端方听得愕然，觉得辜鸿铭字字句句都是针对他而言的。这些年，不说别的民财，仅赈灾款他就侵吞了数百万两之巨。以致有知情人撰联，将"端方"二字镶嵌其中，大加讥议：卖差卖缺卖厘金，端人不若是也；买书买画买古董，方子何其多乎。

端方正自恨失嘴，生怕辜鸿铭揪住这个话题，却不料，耳中听到的却是：既有厘金学堂，州县官亦不可无学堂。如此，则督抚亦不可无督抚学堂。

端方先又是愕然，继而大笑。

辜鸿铭一本正经地继续说：学问之道，有大人之学，有小人之学。小人之学讲求的是一个"艺"字，所以不能没有专门的培训学堂以精其业。大人之学需要明白的是一个"道"字，所以要探求天下之理而不能单纯拘于一技一艺。掌握了此道，便可得心应手处理天下事了，无所不可。这就像操刀而割，锋刃则无所不宜，用它割牛肉也可，割羊肉也可，而不必切牛肉用一把刀，切羊肉却又另做一把刀。

说话时，眼前忽有一男一女闪现，看那金发碧眼却是洋人。他们在邻桌就座了，趁着等上咖啡时间，两人偎依着展读一张英文报纸。

端方眼睛滴溜溜地盯着那张报纸，忽然不无欣喜地回头对辜鸿铭道：老夫子，你看，这对洋朋友在看登有我小照和介绍的报纸呢！

辜鸿铭望一眼报纸，果见上面印着端方的人头，遂冷冷道：阁下此番粉墨亮相，付给了人家报纸多少赏钱呀？

端方笑一笑：老夫子快别挖苦我了。我要与彼两人谈话，听听他们的读后感，老夫子可为我翻译？

换了便服的端方骨子里依然脱不掉媚洋的奴性，辜鸿铭于心不耻，恨不得把端方身体里每根奴骨都捏为粉齑。他想这两位洋青年，不知身份，端方堂堂的朝廷总督，怎能轻与寻常外人交接？我得为中国顾全脸面。遂起身到洋人旁，用英语相告：总督大人在此，说你俩在公众场合过分亲昵，有碍文明中国的教化，请速离去。

这对洋青年抬头看看辜鸿铭，又看看端方，嘀咕一声"少见多怪"，万般不情愿地起身离去，那张报纸被弃之于地。

端方见状，莫明其妙。辜鸿铭踱着方步，过来相告道：洋人说，区区小事，何足挂齿？堂堂总督，怎会如此轻浮！

端方真的搞不明白，自己只不过想找洋人聊聊天，怎就被视为轻浮？那些洋人鱼贯来找辜鸿铭，就不轻浮？

辜鸿铭自被张之洞打发回武昌后，端方不时请他到署中谈事，貌极恭顺。能在这位巡抚兼署总督那得到一种特别礼遇，辜鸿铭也备感虚荣，虽然他对这位花少于心极为蔑视。这天，他接到端方邀请后，又坐轿来到了巡抚府。

进得客厅，却见武昌知府梁鼎芬也在座，彼此间不觉都有些尴尬，想同为张之洞幕僚，怎么一并到了端方官邸。端方一如既往地让内役给辜鸿铭上热毛巾擦脸，而后亲切有加道：朝廷谕准湖广派赴德留学生8人、赴日本10人、赴俄4人。老夫子早年出国留学多年，回国后又亲执教鞭，当知中西教育的差别，盼能垂教一二。

原来是这个问题，那还不容易。辜鸿铭道：西方教育，目的是培养出懂得如何挣钱糊口、如何成功适应社会的人；中国教育，目的则是培养出完善的有道德教养的人，其不仅能适应社会，还能促使社会向好的方向发展，其最终目的在于创造一个更完美的社会。从教育的方法和内容的特点上来看，欧洲人在学校所学者一则曰知识、二则曰知识、三则曰知识，中国人在学校所学者则为君子之道。说完，瞟一眼梁鼎芬，以揶揄的口气问：知府大人以为然否？

梁鼎芬道：言之有理、言之有理。

辜鸿铭摆摆手：不不，现在官费派学生出国留学之风日见剧烈，我担心终会出事。

端方忙问：老夫子为何这么说？

"古人以'士'为四民之首，因为士心所向民心皆从。可等这些留学生回国一看，政治这样的腐败，他们一定要大声疾呼改革，这样一唱众和，来势汹汹，岂不导致人心离散？这，这，今后实不敢想！阁下何其愚昧！"

端方心里骂一声"狗嘴里吐不出象牙来"，原想得到他的几句称说，岂料……不问他也罢。

告辞端方出来，梁鼎芬无论如何也要拉辜鸿铭到家中喝酒，辜鸿铭也不拒绝，刚好有话要和他说呢。两杯酒落肚，便直奔主题：人说梁星海不屈于权贵，而独善事张之洞。我看却不然，你功名心太重，见端午桥执掌帅印，过从亲密，乐此不疲奔走其门下，阿之谀之。

梁鼎芬脸一红，忙道：汤生兄说哪里话，你今番不也去了。

辜鸿铭理直气壮道：是端午桥请我去的。我知道自己该做什么、不该做什么！

梁鼎芬不想与辜鸿铭争论，换个话题道：汤生兄倒以为端午桥为人如何？

"轻浮。"辜鸿铭不假思索地从齿缝间吐出两个字来。

"轻浮？"

"那个余瘦，你知道的，你弹劾管什么用？东家撤了他的知县，端午桥却要升任他为知州。前些时候，端午桥又不喜欢他了，你道为何？这余瘦的如夫人颇有两分姿色，端午桥看上了，欲求亲近，余瘦却舍不得，能不恼着巡抚大人？但现在我听说端午桥又和余瘦热起来了，八成是余瘦甘心戴了绿帽子。"

辜鸿铭详细道及此事，梁鼎芬半晌无言，良久才道：我怎么从没听说呢？

"端午桥呀，就像东家那只猫。你知道吧，东家那猫也真怪了，每次屙屎之后，总要就地刨出些浮土埋之，再从周围抓挠些纸屑、碎草之类掩盖其上。其实盖与不盖，其物、其臭还是在那个地方，然而因为看不见秽物了，就仿佛给一件见不得人的东西蒙上了一块遮羞布。端午桥何其狡猾，也学会了猫盖屎的方法，做事苟且，对人取巧欺诈，无论个人的琐事还是国家大事，莫不大搞样子货，做表面文章。老实说，猫在盖完屎的一转眼，便忘记了屎在哪里，还得意自己干得漂亮，忘形之中难免不踏足于此，从而使自己陷污了两脚。像端午桥这样行使'猫盖屎'政策之徒，结果恐怕还是自己弄脏了自己。这就应了一句中国老话——欲盖弥彰！"

辜鸿铭的话让梁鼎芬好一番咀嚼，心想，可别小看了"猫盖屎"这种形式，它对有些人可是大有用场。既可凭借此举对上司有交代，蒙混过关，又可对黎庶有回音，巧加欺骗，而名声地位却随之而来。不过，还是老祖宗说得对，"若要人不知，除非己莫为"，无论"盖屎"手段多么高明，纸总是包不住火的。

"端午桥因为轻浮，所以义理不能入，自以为是，顺着他就好，稍为拂逆其意，必定大怒，所喜者惟奸佞之人，对正直不阿的人心怀厌恶。也因为义理不能入，所以他心中无主见，时间一长必随大流，稍一诱惑就趋之若鹜，而随大流必定就会向下流，再向前就会跟着奸邪一起流走。此等之人，星海切切慎待之，当知近墨者黑，古今天下事，利之所在，害亦随之。"

梁鼎芬慢慢地被名利心给诱惑了，辜鸿铭希望自己的苦口婆心，不致使他过分偏离道德轨道。比较之下，他发现已擢汉口道的梁敦彦才真正算是同一条战壕里信念坚定的战友，彼此间更有共同的东西。于是，他著译劳顿之余，一有闲情便往汉口道衙门跑。

如此这般过了一段闲暇时光，忽接张之洞南京来电，说他奉旨入京陛见，要梁敦彦和辜鸿铭随行。张之洞居然没有冷落自己，随同入京陛见，该是多风光的事啊，弄不好就可在太后皇上面前讨个封赏。辜鸿铭少不得一番遐想。

四、向袁世凯细说练兵要旨，嘲讽天下督抚爱吹牛

数十匹高头大马"嘚嘚嘚"奔驰在保定城郊，为首一匹，鬃毛蓬松，犹如狮子，乃新疆伊犁纯白雪夜追风马，又称"狮子马"，骑者乃直隶总督兼北洋大臣袁世凯。得知张之洞入京陛见，他以为必将受重用，于是早早做好了一切出迎准备，寻机巴结。上次袁世凯赴武昌见面，张之洞无礼相待，这次却要出保定府驻节地远道迎接，属下将领多有不解。袁世凯对此也不想多解释，只想"世之成大事者，何必在小节上计较"。

袁世凯在督署花厅设盛宴款待张之洞一行，山珍海味、佳酿美酒琳琅满目，他和藩司杨士骧分坐两旁，将张之洞奉在正中，辜鸿铭、梁敦彦和已升任湖北新军统制的张彪等居侧而坐。席间，袁世凯亲自为张之洞斟酒拣菜，寻找话题交谈。可张之洞似乎并不怎么领情，像是要故意气气这不通文墨的官场暴发户，倒与翰林出身的杨士骧大谈起士林逸事、翰苑掌故来。袁世凯附不上风雅，难得插上一两句话，心里虽懊恼，表面上则依旧笑着不敢发火。

翌日，袁世凯盛情邀请张之洞一行观看其练兵。他今天特意穿了军服，身佩指挥刀，手戴白手套，向官兵招手致意，大声道：弟兄们辛苦了！官兵们举枪高呼：舍生忘死，为宫保大人效力！

袁世凯听了浑身舒服，好不得意，笑谓张之洞道：我国军队积习锢弊、深入膏肓，非认真仿照西法，急练劲旅，不足以为御侮。

张之洞昨晚冷了袁世凯，见他今天对自己还恭敬有加，倒觉得不好意思起来，又见北洋军确实雄壮威武，于心佩服，顺着他的话道：然也，一个国家要立足于世界，当须有支强大的武装力量。兵之于国家，犹气之于人身也，人未有无气而能生者，国未有无兵而能存者。老夫诚盼你能为国家做出贡献。

袁世凯一脸喜色，又召来段祺瑞、冯国璋、曹锟、张勋等一帮北洋心腹将官，与张之洞见了面，还令带过一队精兵，情真意切地说：香帅，此去北京，尚有时日，

沿途刁民、冒险犯难者委实不少，慰庭特地挑选精兵十名，护卫香帅北上，并警卫京城住所。

张之洞扫一眼跟前荷枪实弹的卫兵，喜不自禁：多谢慰庭美意。

趁张之洞和卫兵问询之际，袁世凯于一旁问张之洞的亲信、现已升任湖北新军统制的张彪：你也是搞军事的，觉得本帅练兵如何呀？

还未待张彪回答，一旁的辜鸿铭却大摇其头道：依我看，袁宫保固然善于兵事，但在练兵宗旨上却不如香帅。

袁世凯一愣后，道：哦，我倒愿闻其详。

辜鸿铭巴不得袁世凯这句话呢，立时出句：香帅练兵，其宗旨为保种、保教、保国。保种必先保教，保教必先保国，是故香帅号令将士知忠爱、厉廉耻，须先知自己是中国人，将来学成，专为报效国家，若临战无勇，乃国家之耻，一身之耻。而袁宫保练兵，何曾倡导国家利益？

袁世凯无从辩驳，讷讷半响后，语气温和又道：辜先生在西方多年，当知彼国练兵的宗旨？

辜鸿铭道：西方国家练兵的主要宗旨在于尊敬国王，军队以为国王服务为其存在的目的。

一旁的张彪也答：香帅为湖北自强军所编军歌也体现了"忠君体国"的精神教育。

袁世凯心不在焉地"哦"了一声后，又面向辜鸿铭道：辜先生，我听说你用英文写过一篇叫《尊王篇》的东西，我想听一听你所说的尊王的道理。

辜鸿铭目光炯炯地看着袁世凯道：在西洋各国，如果各大臣的住所有兵队、警卫，都是出于国家的特别恩赏。现在，香帅进京，袁宫保知道他将握政柄，大受重用，派兵护送还不够，竟要专为他守卫住所，此所谓"以国家的军队巴结同僚"。将士们见你动辄就用国家的军队与同僚联络感情，他们今后也将只知有你而不知有国家。国家一旦战事爆发，他们将只为自己的统帅而战，难以与兄弟部队配合。这样一来，虽然你的部队步伐齐整，号令严明，器械熟练，也不可能打胜仗。所以我说，练兵的要旨在于尊王。如果全国的部队都为一个目的服务，齐心协力，那将会战无不胜、攻无不克。

袁世凯听罢，神情万分的尴尬，"哦"一声后，撇开辜鸿铭，顾左右而言他。

辜鸿铭一个小小幕僚竟不畏大人，敢于当面讽刺炙手可热的袁世凯，且中西结合、侃侃论道，这份风度和学识倒也让段祺瑞、冯国璋、曹锟、张勋等北洋新锐刮目相看，而在日后的交往中，更是领教了他那辛辣的怪味。

虽先后遭张之洞和辜鸿铭主仆的嘲讽，袁世凯却还如无事一般，将已成暮气的张之洞礼送出保定城外。

梁敦彦婉言劝说辜鸿铭无须冒犯袁世凯这位新贵。辜鸿铭说：书生都有嶙峋骨，我可不怕袁世凯。

是啊，真正的读书人，都具有一种独立自由的人格，所谓"天子不得臣，诸侯不得友"，不随时欲，不赶时髦，洁身自好，孤芳自赏。柔弱如辜鸿铭，亦能柱立中流，梁敦彦真个要对辜鸿铭刮目相看了。

梁敦彦从这次操练感觉到，北洋官兵自然而然地流露出忠于袁氏的私家军队的心态，操练时只挂北洋旗，没有大清黄旗，还喊出为宫保大人效力这等耸人听闻的话来，眼里哪还有皇上太后？他回味着辜鸿铭的话，苦笑了笑，道：你说现在的士兵不知道有国家，心目中唯有自己的主帅，各省官厅里的大小官员，心目中不也只有他们的长官督抚吗？哪有什么国家？这样，部队中的士兵也就没什么可指责的了。

辜鸿铭轻叹了一口气，道：你说得确实如此，中国还没有被外国人瓜分，自己内部早已四分五裂了。

一路谈着时局，不觉萧萧，到天津坐上火车，北京就近了。

紫禁城城角在朝晖中勾勒出一幅恬淡的画面。愈走近，朝阳映照着红墙碧瓦，破落帝国的都城在肃穆的氛围中，竟也显得庄严而浩大。八国联军走了，这里依然还是天朝的心脏、神话般的东方巨龙之首，只是今后，这里诉说的是古老的神话还是流血的历史、不堪回首的国耻。辜鸿铭还真是无从思忖。

辜鸿铭没有官品，既不得随同觐见皇上太后，也不能上朝，又因可恶的气候，懒得出门，躲在客栈里无所事事，甚为无聊。这天，梁敦彦以道员身份奉旨召见，得睹百官威仪，皇家气派，回来一说，直听得辜鸿铭心痒痒的，恨不得自己马上穿上补服、戴上个顶戴花翎，忝于朝列。梁敦彦见他既羡慕又着急，忙说尽好话，并安慰他"迟早有此一天"。辜鸿铭苦笑了笑，又问在朝房里的见闻。梁敦彦择有趣的介绍了，并道：今日在朝房，等着叩见太后和皇上时，听锡良锡清帅对人说，像咱们这种人，怎么配得上做督抚呢，还不是托太后、皇上的厚爱，理当忠君爱国。

辜鸿铭沉吟片刻，点点头，道：锡良能出此言，不仅有自知之明，更算得上是个不自欺欺人的真君子。

梁敦彦深有感触道：依我看，现在如果想评判各个督抚的器识才能，根本不必看他本人做事，只要看他用人便得了。或者，不必看他派什么人办事，只要看一看他的那些手下是什么人，便能略知一二。

"不、不，要照我说，连他手下、左右也不必看，如果想看现在的督抚是否贤能，只需看他吹牛不吹牛就行了。"辜鸿铭边说边点上香烟，吐出一口后，又道：人们说中国的衰弱是因为外交上的失败，有的说是因为没有工业。我却认为，中国的衰弱既不因外交也不因没有实业，而是因为中国的督抚爱吹牛。现在，要振兴中国，必须从督抚不吹牛皮做起，孔子说"一言可以兴邦。为君难，为臣不易。"

梁敦彦心想，辜鸿铭说得确实有理。吹牛之弊、之害、之祸大而又大，尤其是掌军国者吹牛，可以误国、误军、殃民。战国时的赵括、三国时的马谡，他们吹牛的结局人所共知。可以说，吹牛正在毁掉中国，它的破坏作用无以复加。梁敦彦疑虑道：奇怪的是，自古以来吹牛就没有好名声，为什么仍有不少爱好者心驰神往呢？

梁敦彦这么一问，辜鸿铭细一寻思，就得出道道来：吹牛也是有利可图的，既可满足虚荣心，又可抬高身价，还可哗众取宠。最妙的是，吹牛可以不上税，吹了白吹，不负责任，不吹白不吹。袁世凯那天在练兵场上吹的牛何其大也！

在列举了一大串吹牛得利的例子后，辜鸿铭又道：据我所知，曾国藩不爱吹牛，有求实的精神。他不说大话、不骛虚名、不行驾空之事、不谈过高之理，他"小处下手"的方针连同躬亲务实的作风，结果让洪秀全倒了楣，从而成就了千古功业。

夜色随着细雨涌进了房门，两人就近窗前坐了，偶尔有一两滴湿润的雨点飘落在发肤上，倒觉清凉舒服。

梁敦彦谈兴未消，倾身侧听雨声，道：汤生兄，好久未有如此谈兴了，难得摆脱了江南的繁杂事务，在京师有这么一段轻闲时光。

辜鸿铭起身道：我让人摆些酒菜来，我们谈个够。

稍几，店员把酒菜摆上。辜鸿铭两杯酒下肚，更有滔滔不绝的话：当今督抚大员，我打过交道的，李鸿章死了，我是不佩服他的；刘坤一也已作古，此人我还有些佩服，也不说他；袁项城小人一个，更不用说；只剩两人——东家和端午桥。恕我直言，东家学问有余而聪明不足，故其病在傲。端午桥聪明有余而学问不足，故其病在浮。东家傲，傲则学而不化，学而不化必道貌岸然，至其极就是伪君子，故其门下幕僚多为伪君子。午桥浮，浮则学而不固，学而不固必无常态，至其极即是真小人，故其门下幕僚多真小人。当初曾文正公说，督抚要考绝无良心科，沈葆桢当考第一。我以为现在考督抚绝无良心科，端午桥当考第一。

梁敦彦与辜鸿铭"英雄所见略同"，笑笑：你不曾听人说，端午桥多情好士，焉得为无良心？

辜鸿铭端起酒杯，喝一口，润了润咽喉，道：端午桥未闻君子之道，聪明人处浊乱之世，没有听过君子之道，则心中没有主见，故没有一个立身处世的标准，这样，人虽然有情，也像水性杨花的妇人一般，最容易做没良心事。所以我以为，端午桥必考绝无良心科第一。当然，端午桥的真情好士无非要的是好士之名而已。

梁敦彦哈哈一笑，算是肯定了辜鸿铭的评说。时至黎明，杯盘一片狼藉，酒已罄，壶已干，两人醉意早已蒙眬了。梁敦彦又问：汤生兄如何说东家门下多伪君子呢？

"唉，崧生兄，我想你也明白，既然你这么问，我就给你举个例子吧。东家为人，风流自许，以学问自命，常常称'能做数年京官，读书篱下，其愿足矣'。星海早年即投其所好，深知东家饱含书生意气，尤重诗文，特别是苏东坡、黄庭坚两家，却又不喜欢别人言其师承。星海诗本宗晚唐，为投东家所好，不惜变其诗风，专诵苏、黄诗句。面见东家，侃侃而谈，东家深重之，人云'星海乃小之洞，之洞乃大星海'。可东家何曾料到，他署理两江期间，星海竟暗中和端午桥过从亲密。而这端午桥，可是东家所恶之人。单星海一人，即可见香帅幕下不乏伪君子。当年在广东，崧生兄不也曾遭此类伪君子践踏吗？"辜鸿铭那金脸罩、铁嘴皮的功夫发作起来，谁都可以置之嘴里而被"一网打尽"。

被辜鸿铭提及往事，梁敦彦讷了半晌，而后打着呵欠道：你我跟随东家多年，不说也罢……

五、意外中的不幸

张之洞陛见后的处境并不好。

庆亲王奕劻以军机领班兼外务部总理大臣后，实权在握，成为朝中最为炙手可热的新贵。他对张之洞带头策划东南互保深怀忌恨，因此将他晾在一边。张之洞乘兴而来，却未料进退维谷、无事可做，尴尬之余，隔三岔五便和一些任闲职的翰林老友，集于半截胡同之广各居。辜鸿铭和梁敦彦有时也随往，得以结识一些风雅中人。

闲着无事时,辜鸿铭少不得又要想着前往八大胡同。作为清末倡优聚居的芳菲之地,八大胡同的名声极大,类似上海的四马路、南京的秦淮河。

这日正待出门,恰逢一位认识的杨御史来访。言谈间,杨御史说:辜兄此番随张香帅来京,为何不去拜访各位显要?起码该去递一个名刺,朝廷有人好做官啊!庆王爷接替荣禄入主军机后,又兼了外务部的总理大臣,锡清帅也是大权在握,据说他们对你印象倒还不错。

"看见奕劻我就要呕吐。这个当朝宰相,屁个才干也没有,却又贪得无厌,若论德操,则与小人无异。我不拜客,这难道是矫情么?那些朝贵们,不是我所怕的,所怕的是,他官高一级、人品却减了一等。官和人品成反比例,与他们相交,倒污了你的心。"

杨御史听得肃然起敬:早就听说辜兄才华横溢,学贯中西,照理你早就该飞黄腾达了,而你还是屈身布衣,不能不令人费解,现在听辜兄说不拜客,我就全明白了。

辜鸿铭就势上坡:我何尝不知卖官鬻爵的勾当。从前卖官还是小的,影响不算太大;而现在,内而侍郎、外而督抚都可拿钱买到,丑声四播,影响极大。我耻于跻身此阶。

两人相视而笑。辜鸿铭接着说:不过,不瞒老兄,今天我倒是很想拜见一人。

杨御史疑惑地看着辜鸿铭:要拜谁呀?

辜鸿铭幽幽地道出"赛金花"三个字。

这天,辜鸿铭兴致勃勃地去八大胡同,在曾经红透半边天的"赛金花寓所"门前停了脚,但见招牌字迹斑驳,大门紧闭,颇感意外。忙打听,却听及早进刑部大狱去,不觉怅然,当即离去。

辜鸿铭回到贤良寺,暮色四合,正待进门,忽一人正从院内出来,撞在了一起。辜鸿铭一个趔趄险些跌地,那人急忙上前搀住了,连道两声抱歉。两人四目一对,却各自"啊呀"一声,原来这人却是杨度。

杨度是进京参加经济特科考试的,听说正受命与学部商订学堂章程的张之洞,被朝廷指派为阅卷大臣,特地前来拜访,才高自负兼济天下的杨度一心想拿个第一名回去。

去年在武昌见面时,辜鸿铭对杨度的印象还不坏,觉得这位被张之洞欣赏的青年举子，确实有才华、有锐气。如今两人又撞在一起了，也算有缘，他揉了揉稍有疼痛的肩膀，开玩笑似的说：你今天撞运气了，中了皇榜，可别忘了请我喝酒。

杨度不意辜鸿铭这么会说吉利话，笑得露出一口整齐的白牙，连道：托老兄的福，一定、一定。

癸卯科考试，朝廷派了八位阅卷大臣，以张之洞为主考。朝廷对这开国后的第一次经济特科之考，并无成议，一切都委托张之洞，要他全权办理。杨度在经济特科考试中大出风头，第一个交卷，策论做得委实不错，考取了一等第二名。比拟殿试，即为榜眼。

杨度见榜后即约了辜鸿铭等旧知新欢，在京师著名的大饭庄子会贤堂大张筵席。辜鸿铭到得什刹海，下了马车进得门来，杨度等人已在那里笑脸相迎了。

这方正在觥筹交错，一件大事已悄然发生了。

经济特科正场录取名单发榜的第二天，与张之洞对头的军机大臣瞿鸿禨，说该科状元梁士诒与梁启超共头（意即同姓），与康有为同尾（康有为字祖诒），又是广东人，十足的康、梁余党。这不明示张之洞要为康、梁翻案吗？瞿鸿禨将"梁头康脚"一事奏上。一听"康、梁"两字，慈禧神经似的愤怒起来，当即降旨撤销梁士诒的第一名。

谕旨下达，不独张之洞呆愣了半天，就连杨度也忐忑不安起来。"状元"被突削于半途，一点也没增加他取而代之的欲望，而是感觉到自己这榜眼位置也不稳。

果不其然，五天后，杨度和正场录取的百多名考生再次走进保和殿参加完复试，还未松口气，就听说有监察御史上奏太后，说已查明考取第二名的杨度在日本期间有攻击朝廷的言行。此次考试，杨度的正场策论中比比可见不满朝廷政纲的文字，可见该生狂妄成性，请削去该生举人功名，拘捕讯办。杨度从供职于翰林院的好友那里得悉此讯，吓得赶紧随梁士诒离京南下，后来又去了日本。

有清以来第一次，也是中国历史上空前绝后的经济特科，因为这么个意外的插曲，就这样成为一场令人啼笑皆非的儿戏。

说来也真是可恨、可悲、可叹！

1904年2月8日，日军突然向驻扎于中国旅顺口的俄国舰队发起袭击。10日，日、俄正式宣战。战火燃于东北境内，旷日持久，清廷竟然不闻不管，听之任之，成为国际笑话。

这场战争是这两个帝国主义为重新分割在中国东北和朝鲜的权益而发。海关总税务司赫德倒要摸清中国的意图，以便为大英帝国的在华利益提供应对策略。这天，他陛见回来，在《日本邮报》上看到辜鸿铭发表的关于日俄战争的文章，又得知他随张之洞在京，便动了一见他的心思。唯恐这怪杰拒绝，便邀请他同游颐和园。

辜鸿铭一直视赫德为外国列强在中国的代理人。如今这代理人又一次主动来约，还义愤填膺地谈论起日俄战争，辜鸿铭心里就有了"猫哭老鼠假慈悲"的嗤笑，也激不起与赫德讨论的兴致，唯独对同游宫苑怀着一种崇敬而激动的心绪。

一脚踏入颐和园，但见这里琳宫绀宇、碧瓦朱甍，万寿山飞阁流丹，昆明湖长桥卧影，真是建筑富丽、风景幽美的皇家禁地，时当春夏之交，凉风送爽，令人心旷神怡。置身这太后游幸的宫苑，辜鸿铭一时嗟叹丛生，想去年张之洞也被赏游皇室禁苑，自己却不能沾光同游，而这肥老外，论官品远没有张之洞高，却能随意携人出入，真是非同小可。

赫德的游园感受却和辜鸿铭迥异，说太后陛下生活极端地奢侈腐朽，这颐和园多半是挪用海军军费建起供她享乐的。辜鸿铭一听格外来气，连道：快给我闭嘴。

赫德呆愣地看着辜鸿铭。

辜鸿铭以讥讽的口气道：你，赫德，拥有个人的铜管乐队，在我看来，你这个特权外人，生活比皇太后要奢侈腐朽得多！

是的，辜鸿铭并非妄言，爱听音乐的赫德拥有自己私人的管弦乐队，他办公时必令管弦乐队吹打弹奏，表明他的写字速度与音乐节奏合拍，而一旦他放下笔，管弦乐队的演奏便戛然而止。《泰晤士报》驻华记者莫理循因刺探机密又兼嘲讽清廷而被驱逐出境前，不止一次地说赫德搜刮了贫穷中国的大量钱财。

赫德为自己辩护道：我拿的可是薪水呀。

"我为皇太后陛下的政府工作了十八年，但迄今为止，我的薪水还不如你手下的一个四等助手。我承认这种事实非常有损自己的尊严。"

赫德没有吱声了，对这个怪杰的遭遇，他似乎有点同情。

在颐和园的慈禧住所，辜鸿铭以崇敬的眼神看着里头的设施，好半响，他的目光停留在御桌上一本打开的书上，不无好奇地上前翻看了书名，是载有中国圣贤统治箴言的《书经》。他立时感叹起来：皇太后这么大年纪了，还在努力学习如何给她的人民一个良治。好一个生活简朴、趣味高雅、勤于治国的太后！这与世人眼中生活腐朽的慈禧太后有何相干呢？

赫德瞟看了一眼门口的太监，改用英语对辜鸿铭道：单建颐和园一项，太后花的钱还少吗？

辜鸿铭不顾赫德的用意，照旧用汉语道：我想提醒赫德先生及所有不了解内情的人们注意，当太后开始花钱修建这一宫苑的时候，她已经努力工作并赚回了它。为了把太平天国叛乱所致中国的混乱和惨景变成今日中国的相对繁荣，她操劳了整整三十年。当她把权柄交给外甥、当今皇上的时候，向她的人民提出为他们的太后修建一个富丽堂皇的家，以让她在这里度过余生，这难道是奢侈的不情之请吗？

面对这怪杰慷慨激昂的论调，赫德只有苦笑地摇摇头。

两个月后，朝廷发下谕令：张之洞返回湖北照任鄂督，两江总督由周馥接任。张之洞离京前，为辜鸿铭保举了个外务部部郎的官衔，算是辜鸿铭京师之行的最大收获。

辜鸿铭滞留京师行将一年，连做梦都想着回武昌，此番以外务部部郎的体面身价回去，淑姑和贞子不知会如何为自己庆贺。越是想着淑姑和贞子，就越嫌归途漫漫。好不容易到了汉口码头，辜鸿铭那颗思家的心刹那间就飞了起来。

读易草堂一反常态地紧闭家门，孩子们的欢声笑语哪去了？辜鸿铭狐疑地看了看大门，连唤几声，也没人应答。

"人呢？人都死到哪去了？"辜鸿铭边说边使劲地敲着大门。

随着大门"吱呀"一声打开，露出了刘二的半个头，惊喜道：老爷可回来啦！

见院里静悄悄的，辜鸿铭不觉有些心惊：怎么了？

刘二满脸忧伤道：老爷到京师后不久，二夫人就病了，现在……

辜鸿铭"啊"了一声，急急撩起长袍，三步并作两步直向贞子房冲去。

贞子躺在病床上，两眼直愣愣地盯着房门，看见丈夫后，蜡黄的面容挤出了些笑意，艰难地伸出了纤瘦的手。辜鸿铭急忙俯身下来，一把将贞子的手握住，眼圈一红，轻声唤道：贞子！你快好起来，我当官了！

"老爷，你终于当官了！"贞子费力地抚摸着辜鸿铭的脸颊，睁大那失神的眼睛，道：今后说话那就更要小心一点，不能老使孩子气……

辜鸿铭语声哽咽道：我……我记住了……你这是怎么了？

淑姑一旁流泪相告：本来以为只是风寒一类的小病而已，多躺躺就能好了，谁知病得越来越重了。

贞子多想偎依在丈夫的胸怀里，说些缠绵的情话啊，可她头晕沉沉的，说话声更是有气无力：老爷，我恐怕不能陪你多久了……

泪水刹那间从辜鸿铭眼眶里倾泻出来，连声道：不会的，不会的！

见辜鸿铭这么一哭，儿女们也齐声"嘤嘤"哭泣起来。

贞子吃力道：我已经是个中国人了。我知道，基督教叫人爱基督，伊斯兰教叫人爱先知，孔教则叫人爱父母。老爷以前不是说，一个中国人当他要死时，并不以相信还有来世而得到安慰，而是相信他的子孙都将记住他、怀念他，直到永远。

辜鸿铭眼泪汪汪地点着头，他多么想再告诉贞子，中国人孝敬父母与西方教民对来世的信仰不同，它建立在族类不朽的信仰之上。但他却语不成声，只是一个劲地劝慰贞子：你会好的……

辜守庸跪在一旁哭声哀哀，贞子微笑地摸着儿子的头，一会儿又转眼看着淑姑：姐姐，今后这个家就靠你了。

淑姑也早已是泪流满面，哽咽道：妹子，你放心吧！

贞子眼睁睁地看着辜鸿铭，看着这个自己一生所爱的男子，他是那么那么近，又是那么那么远，蒙眬中她感到自己的身子正开始游离人间：……老爷，我要死了，看见你回来了，我就可以放心去了！

"贞子！"辜鸿铭生怕贞子会飞走似的急急抱住了她的身子，看到她那秀气的脸庞，憔悴得如同将要离开生命之树的叶子，泪水一次又一次地模糊了他的双眼。

贞子的病逝，简直像摘去了辜鸿铭的心肝，连日来，他以泪洗面，日夜呆坐在贞子的灵柩旁，素日里的灵气和才华仿佛统统离他而去，就像一个低能儿似的，不知如何来打发今后的岁月。

安葬了贞子，辜鸿铭的怅然并未稍减，连日来茶饭不思。面对供在桌上宛如生前的贞子的遗照和那些尚未枯萎的花篮，不觉凄凉寂寞，生死之感油然而生，思前想后，多少旧事如在眼前。为排遣内心的伤感，这日又来到了江边，怏怏坐在码头边傻待。刘二害怕他出事，不近不远地悄然跟着。眼前江水滔滔，仿佛是贞子的琴声。"闲坐悲君亦自悲"，这不是元稹的悼亡诗吗？辜鸿铭脑海里倏地闪过，喃喃自语间，竟也吟就了一首"悼亡诗"来：此恨人人有，百年能有几？痛哉长江水，同渡不同归。

辜鸿铭悲妾之丧，深深感动着有过类似情怀的张之洞。恰好新任两江总督周馥恳请同意奏调辜鸿铭赴上海谈判黄浦江浚治一事，事成即就督办一职。张之洞想，若如此，则可让辜鸿铭离开这个令他时刻触发旧情的庭院，同时也让繁难的政务来冲淡他那锥心般的悲痛，于是欣然同意。

辜鸿铭受召来到抱冰堂，张之洞亲致问候，请他节哀顺变后，言归正传，道：上海各国领事准备开办浚治黄浦江事宜。这个黄浦江浚治局乃依照奕劻、李鸿章与列强订立的《辛丑和约》第十一款二条所设。附件就是这般苛刻。

辜鸿铭愤愤道：在中国的土地上浚治中国的河道，我国钱要出，却仅列名参与，没有管理的份，岂不是主权丧尽？真他妈的可气！

张之洞望着辜鸿铭，心想，汤生真是难得，适才还看他情陷丧妻的悲伤中，可一谈及国家大事，便毫不含糊了。他捋着花白胡须，温和地说：汤生你追随我近二十年，出力不少，论中西学问，非常人能及，和洋人外交更是游刃有余。这些年来我对你有所疏忽，可你为什么从来不提出晋升和改善物质待遇的要求呢？瞧我，几乎把你的晋升给忘了。

辜鸿铭不解地看着张之洞。

张之洞正色道：汤生，我和周玉帅已向朝廷保举你为上海黄浦浚治局谈判代表，并拟委以督办一职，只是你家庭新近遭此变故……

辜鸿铭朗声道：为国分忧，岂能应家庭变故而耽搁。请香帅放心，汤生愿为国家赴汤蹈火。

听说辜鸿铭要赴上海就职，幕中同僚纷纷前来叙旧。前来串门的各色人等多了，辜鸿铭却吃不消，他要在赴上海前完成他那篇名为《日俄战争的道德原因》的长文，呼吁这场爆发在中国境内的非正义之战尽早结束，于是闭门造车。逾万字的长稿寄往《日本邮报》后，辜鸿铭才接受张之洞的饯行。

第十一章

沪上折冲

一、怎么又是你

外滩公园面临黄浦江，傍晚时分，在这儿吹吹海风，那是再舒适不过的。每天总少不了一群洋人到这儿迎朝霞、看落日。

踏上这人来人往、车水马龙的外滩，辜鸿铭一家很快就淹没在人潮车海里。辜守庸和妹妹辜珍东的眼睛一个个很鲜活，兴趣盎然地来回逡看租界洋景。辜鸿铭自然又少不了一番教诲，说洋人到中国，经历过三个时期，洋鬼子——洋大人——帝国主义者，还逐一形象化，说洋鬼子用大炮轰开了我国的海口，变成了洋大人，他们在租界的种种行为，都是罪恶不光彩的。

在上海道台衙门安排的旅馆住下后，辜鸿铭稍事休息，便根据约定时间来英国领事馆谈判。

还是以前和英国驻上海总领事华仑谈判的那间办公室里，华仑还是那般西装革履，辜鸿铭也还是那般长袍马褂、头上拖根辫子，与之前不同是身上穿了大清官员的补服。华仑见辜鸿铭后的第一句话，竟是万般的无奈：怎么又是辜先生？

辜鸿铭笑道：我也奇怪，这次的谈判对手怎又是华仑先生，是朋友相逢呢，还是冤家路狭？

第一次作为官员代表中国政府与洋人交涉的辜鸿铭，说起话来理直气壮、虎虎生风。华仑自知理亏，也说不过他，沉思稍许，道：我们是不打不相识，老朋友了。既然辜先生出面，我也不想为难贵国政府，如果你能说服其他各国领事，我想我们还是能接受贵国要求的。

虽然华仑这前提很苛刻，辜鸿铭也明知说服各国领事会碰很多硬钉子，但有着为国争主权的信念，两天后他在就会同上海道衙门的两位官员前往交涉，第一站来到位于吴淞江北岸的德国领事馆。

得知是辜鸿铭前来，德国领事席尔和他的助手们早做了准备，一见面就摆上了几个话题刁难。席尔一助手说：虽然辜先生为义和团做了大量的辩护，我还是认为，不久前发生的义和团运动是一种黄种人排斥白种人、落后民族拒绝先进文明的野蛮运动。另一位助手也附和道：对，黄种人野蛮，向来仇视文明。

上海道衙门的两位官员听不懂德语，不知将发生什么事，一个比一个紧张地看着辜鸿铭。辜鸿铭安慰他们说，不要紧，他们不过想和我玩一下智力游戏。言毕转过目光，直看着两位领事，一连串熟练的德语从嘴巴里蹦出：你们欧美人总以文明自居，视中国人为野蛮，但你们并不了解中国人，事实上不懂得什么叫真正的文明。在你们看来，文明或评价一个民族是否文明的标准，不过是物质生活水平而已，因为中国和东方民族的实际生活水平十分低下、难如人愿，所以你们便鄙视中国和东方民族，认为不文明，其实大谬不然。

辜鸿铭威严地扫视了席尔他们一眼，继续说：真正的文明或者说评判一个民族是否文明的恰当标准，并不是什么物质生活水平，而是另有他物。你们欧洲人，尤其是那些没有思想且讲究实惠的一类人，习惯于将现代政治经济学家所说的"生活水平"看作是衡量一个民族道德文化或文明的标准。毫无疑问，中国和东方民族的实际生活水平难如人意，但是，生活水平本身却不是评价一个民族文明合适的尺度。

席尔就问：那什么才是合适的尺度呢？

辜鸿铭微微一笑，反问：今天美国的生活水平比之德国如何？

席尔想了想，道：坦诚地说，要高得多。

辜鸿铭点了点头，道：尽管一个美国百万富翁的儿子以一个德国大学教授的生活简朴，而可能怀疑在这样一所大学里教育的价值，然而，我相信没有一个有教养的人在旅行了这两个国家之后，会承认德国人没有美国人文明。

席尔不意辜鸿铭这般友好、公正，倒觉得有点奇了。

辜鸿铭继续道：实际上，生活水平可以适当地被看作文明的条件，但它却不是文明本身。举一个物理现象来说明，热在一个动物体内是生命和健康的条件，但动物体内的热度本身却不是衡量动物体内结构优质与否的真正和绝对的尺度。一个结构和组织真正优质的动物躯体可能因某种原因而变得很冷，同样，一个民族的生活水平可能因为经济原因而变得非常低下,但是它本身却不是该民族道德文化或文明低下的一个证明。爱尔兰的土豆歉收和大不列颠长期持续的贸易萧条,可能相对降低了这些国家人民的生活水平,然而人们不会仅由此就评判说爱尔兰或大不列颠人已变得不怎么文明。

对手们没想到辜鸿铭还能运用他在西方所学的近代生物学知识和有关西方经济发展的最近信息,来驳斥单纯以物质生活水平来衡量一个民族文明程度的观点,不禁佩服有加。席尔语气变得和婉起来,说:这项工程由贵国政府主办,我想我们还是能接受的。

这些天来,辜鸿铭领着两位官员马不停蹄地跑遍了各有关列强使馆。列强各国驻上海的领事们早闻辜鸿铭的奇才,及今一见,对面前这位能操诸种流利西语的大清官员,先在心理上输了几分硬气。辜鸿铭经几番艰苦交锋,"难题"一个个迎刃而解。从俄领使馆出来后,辜鸿铭不无欣喜地对两位陪同官员说:维护主权的目的业已达到,就由两位大人电告周玉帅和外务部。

这几天来的所见所闻,真个使这两位见了洋领事便要觳觫发抖的官员大开了眼界,对辜鸿铭称羡不已,说辜部郎在洋人圈中如入无人之境、左右逢源、堪称国宝云云。

二、洋员贪污的背后

辜鸿铭身着督办官服风风光光、高高兴兴地到九江路东口的浚治局上任了。这个黄浦浚治局直接隶属于上海道,主要的业务联系是在海关税务司及大批受聘负责河道清淤、修整业务的洋人。他精精神神地对手下大小主事发号施令,对这个说:荷兰河工奈格技术不错,可继续聘作工程师,你立即把聘书送达。对那个说:这些洋人也都可以照聘,但一律得听我们的号令而行,否则予以辞退,绝不含糊。又谓财务主管:将账目全部清理出来,呈报与我,本官要全面了解人员和经费状况。这些大小主事恭敬如仪,连声道是。

首次当众发号施令,听着他们的唯唯诺诺和一片"大人"之呼声,辜鸿铭深感惬意。回到家里,美滋滋地对淑姑道:当了这一局之首,今后说出的话,再不是供人参考或是建议了,而是发布命令,让手下从命执行!言罢轻哼唱起京剧来,却是"一朝权在手,便把令来行"。

淑姑见他这份感觉，便笑了，而后正色道：官人今后得收敛起往日当师爷时的散漫作风。

"那是，那是。"辜鸿铭嘴里应着，一只手却来捏淑姑那瘦如羊蹄的小脚。他觉得当官也好、做师爷也好，关键是要有骨气。在洋人面前，我就是中国人；在暴虐面前，我就是正义；在罪恶面前，我就是良知。

辜鸿铭督办清理财务账目命令既下，忙坏了浚治局财务主管和他的手下人等。检查的结果让财务主管倒吸了一口凉气：开始不到一年，就有十六万两银子无影无踪了。找来找去，才发现好几页账簿记载着华金和卜安生的名下有许多不明不白的款子。辜鸿铭决计要查办贪污洋员。

消息一出，可惊动了上海滩的各色人等。不多时，王买办和幕僚方联袂前来说项。幕僚方开口便说这等小事，汤生兄何须计较，自讨没趣。

辜鸿铭看着幕僚方，极尽揶揄之能事：方兄既在夷场难免夷务，替租界里的洋鬼子编些书、办些报，师夷之长技本为制夷，想不到竟是为两位洋饕餮做说客。

幕僚方心中大惭，却还是忍气吞声道：汤生兄，和洋人打交道，别敬酒不吃吃罚酒呀……

辜鸿铭语带鄙夷：你们这些无行文人，平时经济文章，关键时不能退兵平乱，连一死报君王的气节也没有，只会避迹沪上，衣食洋人，吃里爬外，天底下再没有比这更可耻可鄙的事了！

幕僚方面红耳赤，再说不出话来。

王买办阴阳怪气地说：按黄浦浚治局章程规定，凡局中重大问题均需与各国驻沪领事协商解决，谁和洋人顶上牛，自有好戏在后头。

竟把我看成是那种只拿钱不愿负责的庸吏，辜鸿铭心中好不恼火，瞪他一眼，厉声喝道：住嘴！拿洋人当猫、自己当耗子，吓唬自己玩，你这是犯邪！说罢，端起茶杯，高喊刘二送客！

幕僚方还想说什么，见刘二做了请出的手势，只好住口。王买办走到门口，回头道：辜大人大祸临头了，可别来求我！

辜鸿铭才不怕什么洋鬼子，担心什么大祸临头呢！晚饭后，他还要了一壶酒，往肚里倒落三二杯后，语气不觉激愤起来，对淑姑说：咱督办软硬不吃，不将这两名贪污中国人血汗钱的洋人整垮，誓不罢休！

"这洋人好惹吗？"

淑姑正问着，头戴红丝结顶小帽、身穿蓝布长袍、脑后垂着麻绳似的短辫的刘二已在门外通报：有一洋人求见老爷。

辜鸿铭有点不耐烦起来：你让他明天到局里见吧。刘二回道：小的也这般劝，可他非要见老爷，还说是老爷的老朋友。辜鸿铭就纳闷起来，撇下酒杯，撩衣急急来到会客厅，却见是伍尔兹。那伍尔兹见辜鸿铭出来，立即站起，貌甚谦恭，"啊哈"两声辜督办久违了。

"无事不登三宝殿。伍尔兹先生有何事见教？"辜鸿铭开门见山地问。

伍尔兹递上雪茄，并替辜鸿铭点上，一副漫不经心的样子：听说辜督办手下两人出了纰漏，督办大为震怒，必要严办，敝人对督办这种认真负责的做事态度十分敬佩，那两名冒领巨额的挖工泥费的小人真是罪有应得，不过，不知督办有没有兴趣听一听敝人的看法？

辜鸿铭狐疑地扫视了伍尔兹一番，微微点了头，算是回答。

"他们是华仑总领事请来的。中国有句古话'打狗要看主人面'，辜督办何必与他们为难？"伍尔兹语声淡淡，仿佛这事真的与他无关。

辜鸿铭两眼盯着天花板，一声不吭。

"敝人来华多年，深知贵国衙门派头——有钱就有理，有理无钱也没得法，何况中国政府向来怕洋人。如果督办力主严办，不仅吃力不讨好，反而有碍前途，督办当三思。"

伍尔兹这么一说，辜鸿铭心里头算是有数了，脸上却装着风平浪静，不动声色地问：依你的高见呢？

伍尔兹以为辜鸿铭上钩，喜形于色地建议：与其不了了之，倒不如捞一点实惠。这两名职员和我曾是知交，万望辜督办能识大体，念他们初犯，放他们过关，大事化小，小事化了。我这里有点小意思，请督办好好考虑。伍尔兹说罢，朝客房外看了看，随即拿出一张银票，放到辜鸿铭面前。

辜鸿铭将双眼瞪得像怀表一样大：十五万，不少嘛！

伍尔兹喜上眉梢：督办你看清楚了。

"竟把我当成惯于贪污私饱，甚至不惜勾结洋人损国自肥的贪官，真是狗眼看人！"辜鸿铭鼻孔里哼了一哼，转头问伍尔兹：在中国几年了？伍尔兹如实回答：前后少说也有十多年了。辜鸿铭"嘿嘿"两声，似笑非笑，道：看来你在中国白住了这许多年，还是黑白不分。一边说一边朝伍尔兹拍拍手，张开五指，打了个手势。

这手势，中国人当然一看就能明白是在暗讽对方五毒俱全，可怜无知的伍尔兹却还以为是受到特殊的礼遇呢，笑道：我认得钱就可以了。

辜鸿铭怒目圆睁，把银票朝伍尔兹身上一扔，大骂道：滚——滚出去，你瞎了狗眼，竟敢拿钱收买我，不要以为中国人都是可以用钱收买的！

自从传出要严惩两位贪污洋员的消息后，辜鸿铭"好事连连"。不断有外国外交官宴请，他都欣然接受，只是对方一涉及正事，他不是佯装不胜酒力就是王顾左右而言他，谁对他都没办法。

谁知数日后，华仑却使了个美人计企图诱使辜鸿铭就范。辜鸿铭面对洋女人，却吟诵起了曾为贞子所作的悼亡诗来，既是坚定了自己的立场，也打消了敌方的计谋。

在金钱收买和美人计迭次宣告破产后，以华仑为首的各领事见"软的"和"私了"都行不通，只好联合起来召开中外协商会议，以图合商解决两洋员问题。辜鸿铭对此问题毫不让步：各位领事先生出马说情也不成。此类丑恶行径断断袒护不得，非严惩不可！

法国领事麦尊想出了个歪点子：辜督办，我看算了吧。我们都不是工程专家，所查获的材料，只能请专家来核实确认。

美国领事瑟福德附和道：是啊，也许是督办先生搞错了，这个案件恐怕有待进一步考察证实。

辜鸿铭睨视了他们好半天，一语未发，转身到门外唤醒正在长凳上打瞌睡的刘二，耳语一番，刘二喏喏而去。领事们不知辜鸿铭在捣鼓什么，正欲行问话，辜鸿铭回头，徐徐道：我让人取件宝贝给诸位观赏。言罢，也不点出是何宝物，就又海阔天空、言不及义地东谈西扯起来。

约莫半个时辰工夫，刘二回来，交给辜鸿铭一件红色包裹的东西。辜鸿铭扬扬自得地将红布当众打开，竟是他在德国莱比锡大学所获的土木工程学位证书。华仑和各领事睁大眼睛、面面相觑，想不到身兼哲学家和语言学家等多种身份的辜鸿铭，竟还获得过欧洲著名学府莱比锡大学土木工程的学位，这也真是奇了！

华仑见辜鸿铭软硬不吃，对他一点办法也没有，只好通过外交手段向上海道和两江总督衙门施压。如接圣旨般的上海道台急急就来找辜鸿铭，说：此小事又涉及对外交涉，辜督办就不要再追究了，把它搁置起来吧。

"官大一级压死人",何况这浚治局直接隶属于上海道。可辜鸿铭偏偏不吃这一套,一口回绝,还讥笑地说:道台大人胡来,在中国的地皮上,咋就这么怕洋人?

上海道知道辜鸿铭的脾性,也不计较,只是赔着笑道:辜督办,不是本道阻拦,实是周玉帅电令如此,不得有违。一边说,一边出示两江总督周馥的电令。

辜鸿铭接看,愣了愣,俄顷才愤然有声:常听老百姓说"天下乌鸦一般黑",孰不知天下总督大都得了"惧洋症"。哼!你们这样和洋人打交道,就像狗只用后腿走路——是无法做好的!

在周馥惮于交涉下,洋人舞弊案最终被搁置起来。辜鸿铭心里头一股恶气哪能忍下,你怕?我才不怕!就在洋人们以为"大事可以化了"的当儿,辜鸿铭愤而为文,把案件原委、证据以及自己所受的种种软硬兼施一一诉诸文字,投给《字林西报》。主笔李德立有意袒护洋员,踌躇间迟迟不用。这可又惹火了辜鸿铭,道:此处不用爷稿,自有别处相求。转而给了《捷报》,终于原文照登,算是出了口气。

三、立宪葫芦,官官商商

紧接《捷报》而至的喜讯是日俄战争结束了!

辜鸿铭觉得,这场战争的结束像庚辛和谈一样,多少有自己的一份幕后努力,自己又为祖国做了件好事。自日俄战争爆发的第一天,他便密切关注着这一给中国带来不幸的战事,在痛失爱妾贞子之后,还忍痛完成《且听着,统治者,请明察:日俄战争的道德原因》长稿,交由《日本邮报》连载,接着又由上海墨丘利出版有限公司出版单行本。一位名叫刘师培的青年学者还将之译成中文,在国内传播。

辜鸿铭对日俄战争的直观了解,还是通过莫理循的照片。莫理循两年前被清廷驱逐出境后,闻听日俄在中国作战,就又秘密潜往东北,专门考察这场世界关注的战争,并亲眼目睹了日军以胜利者的姿态侵占旅顺的全过程,拍下了不少战地照片。日俄战争一结束,他又打通关节,来到上海租界,再次为大英帝国在华的利益奔走效力。

日本和沙俄为了争夺在华利益,竟然把两国战火燃烧在无辜的中国土地上,这是哪门子的事?!看到异邦两国毫无顾忌地在自己的土地上兵戎相见,朝廷不仅不难堪,还视若无睹,置身局外,仿佛与自己无关,世上哪有这样的荒唐事?!像所有情怀炽热的爱国者一样,辜鸿铭对此再愤怒不过。他嘴痒难忍,极想找人来好好辩论一番,他想到了赵凤昌——这段时间,他不是叫嚷立宪吗?立什么宪呀!

为立宪与否的问题,赵凤昌与辜鸿铭已经发生了几番争执。他说:要救中国,收富强之效,必须改变国体,而改变国体,以君主立宪最为切实可行,这是英国、日本早已行之有效的……立宪实是朝廷之福,一来可以像日本那样万世一系、皇室永固,二来可以打击革命党,只要全国拥戴朝廷,孙文、黄兴的革命活动就无所施其技了。辜鸿铭认为:在内忧外患中图救亡,那是没错的,可选择日本模式,却不可取,如同"橘过淮则枳"一样,日本模式在中国是收不到甜蜜之果的。为什么要在列强环伺、国难当头的时候,制造内部混乱呢?两人争得面红耳赤,谁也说服不了谁。为避免伤和气,向来求同存异的赵凤昌干脆不和辜鸿铭说立宪了。这天见辜鸿铭来找,赵凤昌首先声明不谈立宪话题,否则恕不奉陪。

"那谈什么?"辜鸿铭一屁股坐下,喝着茶,一声不吭。

话不投机。辜鸿铭怏怏不乐地回家,到得家门,却见门口停着一辆高级马车和三五粗壮汉,正疑惑,已有人在向自己作揖,恭敬唤声"老夫子久违了"。辜鸿铭定睛一看,却是端方。

"哟,什么风把大总督刮来了?"

"特来向老夫子讨教。"端方一边说一边搀着辜鸿铭进了大厅。落座后,端方说:朝廷让我等五大臣考察欧美和日本各国宪政。说来惭愧,不要说如何觐见彼方君主,就是如何吃西菜、宾主位置与使用刀叉之技法,我也懵懂不知。

辜鸿铭"嘿嘿"两声,道:堂堂钦命立宪大臣竟然毫无外交常识,却要出使外国考察立宪,真是笑话!

端方看着辜鸿铭,谦恭有加:所以请求老夫子告以出使须知,以利外交上酬酢。

辜鸿铭起身踱了一圈后,望着端方道:为了不使我中华尊严在你们手中扫地,我嘴巴里就给你"吐"一份备忘录吧,但你必须亲自手抄。

端方大喜:多谢老夫子!

于是,辜鸿铭口授外交要诀,端方满头大汗地用毛笔字抄记。约莫过了三个时辰,辜鸿铭揶揄地看着态度认真的端方,道:我都说累了,你呢?

端方放下毛笔,揉揉酸痛的手,憨得颇有一分可爱:还可以、还可以。

辜鸿铭以同情的眼光看着端方:就这样吧。咳,让你这种人出使,也怪可怜的。

端方像得救似的收起抄下的一厚沓纸:有了这出使须知,就有了万应宝典。

辜鸿铭鄙夷地一笑:切忌张冠李戴,倘误饮了餐桌上的洗手水,回来可告我其中味道。

虽然端方对辜鸿铭礼遇有加,但辜鸿铭一直把他视为满族王公大臣中言谈举止最无教养、令人讨厌的人。如今这种人竟作为五大臣之一被派去出洋考察宪政,真是匪夷所思。对这样的人,辜鸿铭当然要用一种独特的暗讽来表达对其的厌恶。其暗讽水平之高,端方哪能听出其中之意,就像糖衣药丸,里面才会令人苦涩。端方说着"是是是",一边从怀中取出一张银票,递给辜鸿铭,说,这份银票是给老夫子的酬谢,待我出洋回来再行谢过。

辜鸿铭看也不看,道:世上有润笔费,却未闻还有润口费。留着你在外国多喝一杯茶润润口吧。

送走端方,想及朝廷竟派五位无知的王公大臣出国考察,辜鸿铭郁闷之余,蓦地激起了灵感,创作起了一个故事,"新加坡有位财主,富甲一方,只可惜年老无儿子,一心想为独生女招个倒插门的丈夫,把女婿当作半个儿子也成,让其继承家业。这位财主目不识丁,常以之为此生憾事,便想为女儿找个读书人,最好是像宋玉那样才貌双全的女婿。有一位从中国来新加坡谋生的青年美男子,在老乡的商行借住,土财主见他每天都在读书,而且是正襟危坐,不禁喜在心里,有意招其为婿。这美男子稀里糊涂地成了土财主的上门女婿后,一天,土财主美滋滋地对他说:你是我的爱婿,也就是我的儿了,从此,我将一切账目交由你管理,我再不需花冤枉钱聘什么管账先生了……爱婿听得呆若木鸡,良久才讷讷地说:老丈人,我……我不识字呀。土财主大吃一惊,急问:你以前不是每天都手不释卷地看书吗?爱婿答:我哪是看书,在看书中的插图呢。"

第二天见面,辜鸿铭把这故事相告赵凤昌,赵凤昌大笑不止。辜鸿铭却感慨万端,说:现在这帮王公大臣出洋考察,正如那美男子一样,他们是出洋看洋画,哪里是考察?!

赵凤昌听罢,恍然有所思。朝廷的立宪葫芦里装的是什么药?聪明如他,一时也无所晓了。

还在揣测朝廷的立宪葫芦里装的什么药时,《万国公报》刊发了一篇题为《中国振兴之新纪元》的文章,给了辜鸿铭一个不小的震动:科举制度真的废除了!连伟大的卡莱尔,连不讲人道的赫德,连那么多老外都说中国的科举好,怎么竟还给废了?

一个新思想的提出是一个艰难的过程,把这一思想在现实中贯彻更是十倍艰难，废科举也是。反对废除科举的辜鸿铭，眼见全国上下都波澜不惊，而新的教育体制正在全面运转，心想，既然是皇帝的上谕，也肯定经过了太后的，自己也就必须无条件地与上一致。

心虽这么想，对力主废除科举的恩公张之洞，却仍然怀有一份淡淡的怨艾之情。远在武昌的张之洞却还来电嘱示他代表自己去看望盛宣怀，因为上海和汉口的报纸纷传盛宣怀将获朝廷新宠，要擢为度支部大臣了，张之洞也不知虚实，便请辜鸿铭代为前往祝贺。

搞洋务的衮衮诸公中，辜鸿铭最看不起三个人——李鸿章已作古，不去说他；袁世凯深得洋务之渔利，造洋楼、广置姬妾、置田园，穷奢极欲；盛宣怀敛聚天下资财为己用，投资近六百万两银的汉阳铁厂让他以"官督商办"承办后，他中饱私囊、鲸吞蚕食，将这个曾号称亚洲第一的钢铁企业变为自家私产。富可敌国的盛宣怀在国家的利益上总可慷慨解囊、为国分忧吧，可却是逢大事避趋之。三年前，张之洞进京陛见掌管学部时，朝廷还让他筹措所偿还的外债之事。张之洞认为盛宣怀有敌国之富，且才识与气魄均高人一筹，对筹划经济、办理洋务有一套本事，恰其新授侍郎后滞留京师，便大力举荐，希望与他共商。可盛宣怀为了躲避这个重任，不顾张之洞坚留，仍借故请假回沪。张之洞对他期望甚殷，亲乘火车送他远至丰台，恳切请他早日返京。盛宣怀答以将沪事办完，即行回京，最多不过半月。可出京后的盛宣怀黄鹤一去不复返，直到第二年张之洞回鄂后，他始才返京。辜鸿铭当时就很有感慨，说洋务大臣如盛宣怀者，欲富其国，其必先谋富身，盼望靠他们富国强兵，真是与虎谋皮。辜鸿铭这次受命前来盛府，名为祝贺，却想着要当面嘲弄他一番。

"当当当"，随着整点的到来，盛府客厅的西洋自鸣钟响了。

刚刚落座的辜鸿铭微微抬头，细眯着眼睛，看着被烟雾缠绕着的主人盛宣怀说：这悦耳的钟声提醒我，已到富豪的家中了。盛宫保的经营才华真个当世无双。

盛宣怀府宅真够说得上是富丽堂皇了，英式家具，法式沙发，俄式地毯，意式雕塑，希腊绘画，美国台灯，应有尽有，一尊乌黑闪亮的稀世珍品宫德炉赫然摆在桌上。盛宣怀当然是以富自豪的，因此明知辜鸿铭的话里有刺，却一点也不在乎，嘿嘿地笑着，转眼去看一旁和辜守庸玩在一块的胖儿子。身材跟老子资本一样雄厚的盛家小少爷，看来也是极喜炫耀财富的，正把各色各样的八音盒摆放在辜守庸面前，一一示范其玩法。那些八音盒，有演奏中国流行曲调的，有演奏欧洲歌剧和流行歌曲的，其中一只不比香烟盒子大小，用象牙制成，最为奇异，一碰到弹簧，盒盖就打开了，一只比苍蝇稍大些的夜莺跳了出来，栖息在盒子边上，动听地歌唱起来。它的嘴一张一合，尾巴摇摆着，两翼扑动着，甚至颈部与腿部也能合拍转动，像只真夜莺。直逗得辜守庸哈哈笑起来。

盛宣怀得意地向辜鸿铭介绍说：这盒子是瑞士造的，它上面还有洋文题词呢。曾在几个著名的欧洲收藏家那里转了几手，咳，这劳什子，竟花了我二百英镑。

辜鸿铭淡淡道：我曾听说，欧洲的一些破烂，到了国内都可价值连城，想来宫保没看走眼。

"那是，那是。"盛宣怀说着，见辜鸿铭父子穿着陈旧，便换个话题讨好地说：汤生兄为何如此节俭？我这里有几块好面料，送与令郎做几件衣服穿。

"不、不。"辜鸿铭摇摇手道：宫保大人当知《中庸》"衣锦尚絅，恶其文之著也"之意吧？

"此语是说，穿着锦绣衣服，外面罩件套衫，这是讨厌锦衣花纹太露眼。引申开来，是说高贵之人只想观察别人，不想取悦于人，所以衣着朴素，而卑贱之人一心想引人注目，这就要精心打扮，穿得华丽了。"盛宣怀纵不是科班出身，读了十数年的子曰诗云，也是知道其语的，遂苦笑道：我又何必吃力不讨好呢？要知汤生兄满嘴是利牙。

"我可不想得罪宫保呀。要知，宫保实为我大清罕见的贤能名臣，名震中外，享誉千秋。这次加官晋爵，不唯朝廷所幸，亦为我等所荣。"

听辜鸿铭这么一说，盛宣怀连忙摆摆手：加官晋爵？子虚乌有，纯系外人谣传。

辜鸿铭绝不会没有话，也不会使这样的场合冷场：要依我看呀，度支部是国家财政的关键。当今朝野上下，除宫保外，还有谁能胜任此职？

盛宣怀听辜鸿铭这么郑重地当自己是一尊人物，身心庞然膨胀，人格伟大了好些。他内心窃喜，表面上却十分谦虚，说：汤生兄太看得起盛某了。论理财，我不如香帅。

张之洞理财当然也是名声在外的。他接掌粤督时，广东的度支已十分困窘，一年多的中法战争，更使藩库负债累累，而在他离任时，广东不仅诸业举办，还使藩库存现银二百万两，书院、书局杂款五十余万两。新接粤督李瀚章尝听人言，张之洞在广东滥用巨亏，可等接任后看到如此情景，不禁赞赏有加，自叹弗如。对这些，辜鸿铭焉能不知此情，但他却不假思索地向盛宣怀摆起了手，说：不，香帅比起你来，实在差太远了。

辜鸿铭这么说罢，盛宣怀心里愈发高兴，但仍故作惊讶状：汤生兄凭什么这么说呢？

辜鸿铭皮里阳秋道：香帅是劳苦的命，快望七的人了，每天依然是事务不断，经济上也转不过来，一家几十口人就差没有吃糠咽菜了，哪来钱买你那些西洋玩意？他的部属，如我，一个个也还都是穷酸不堪、一贫如洗。而李鸿章幕下，凡是懂西文的人，像罗丰禄之流，即便只是个小小的翻译，哪个不是腰缠万贯、大腹便便、豪侈自雄？宫保你呢，原也是李鸿章幕下的，由一买办出身，数几年间即拥有百万家产，富雄一方。所以我说香帅的经济管理才能比你差远了。

盛宣怀不甘受讥，为己力辩：曾文正在给刘印渠的信中说，"自王安石以来，如果有人谈利，则为正人君子所责骂，后来，君子们都不谈有没有财产，不谈财产的多少，他们总是避开钱财。但要使社会富足、国家兴旺，坚守贫困怎么能办得到呢？"南宋名士叶适也曾说，"仁人君子并不是不谈钱财"。

"宫保真是学问家。钱财生命根，不可不谈，不可不理。但时下我们所说的'理财'，不是管理财物，而是争夺钱财。有几个人是靠正当的途径经营管理而得到钱财的。现在的有钱人都是洋场的买办和劝业会的阔绅。孔子说，'君君臣臣，父父子子。'我看要想知道发财的诀窍，还须添一句，'官官商商'。眼下的中国，当官不能便经商，经商无门便当官，最后是官商狼狈为奸——天下的老百姓难怪要饥寒交迫了。"

辜鸿铭的绵里藏针使得盛宣怀脸一红：按汤生兄之见，何为真正的理财？

辜鸿铭正色道：《易经》上说，"损上益下，谓之泰；损下益上，谓之否。"懂得了这个道理，才可以说理财。说罢，目光炯炯地看着盛宣怀：宫保如想听忠告，我愿把一句民谚相送，"与其一日暴富，不如日进薄利"，这也正应了法国谚语，"有价值的火是能够持续燃烧的火"。

盛宣怀"哦"一声后，再也说不出话来，遂从桌上拿起一把精致的折扇，虽是冷天，却还是摇了摇。辜鸿铭斜睨过去，只见那扇面上细密地写着些英语常用单词，直觉得好笑。自上海出现英语热后，精于生财之道的商家便发明印制了英汉语汇对照的扇子，让人们一面扇风，一面对照学英语。于是，上海人会操英语者与日俱增，连一般的茶房、跑堂、店员也能与洋人应酬几句。作为洋务红人，盛宣怀少不得也要赶这时髦。像端方一样，他也以能够结识高层洋人为期盼、为莫大的荣耀。

辜鸿铭告别盛府，安步当车回家，颇觉困顿。晚饭后，把快要散架的身子"放"在西洋风格的浴缸里正怡然自乐地享受着，忽见辜守庸手持线装书进来，眨巴着眼睛说想学经商。

"呵，小小年纪，出口不凡，你怎么想发财啦？"躺在浴缸里的辜鸿铭对儿子的话颇感惊讶。

辜守庸拍拍手中的书卷，说：自己刚看完《史记》里的《货殖列传》，对那些发财的人很崇敬，所以也想着发财。

"好孩子，你还小，咱有饭吃就行了，发不发财无所谓。"

辜守庸执拗得很：不，父亲，我要发财！

辜鸿铭心想，小孩的话岂能当真，遂笑说：好、好，你能发财就好了。

"那，那我……"辜守庸脸上笑开了一朵花，鼓起勇气道：那我再不读子曰诗云啦。

"什么？"辜鸿铭在浴缸边沿用力一拍，大眼一瞪：不行！这是哪来的瘟疫思想？！见了几次盛宣怀，就受其污染了！

辜守庸被训得哭起来：学校的同学都笑我穿得旧。我为家里穷而难过，想替父亲分些负担，反正现在科举也废了。

"照你这样说，倒有几分孝心，难得难得！"

这么个天天在自己眼皮底下长大的人，怎么会突然间思富厌贫、想当商人来了？辜鸿铭招呼儿子到眼前，替他抹去眼角的泪，说：科举废了，并不影响一个人读书呀。又温和地道起《中庸》那"衣锦尚絅，恶其文之著也"的典故来，并说：我们中国风俗一向贱视优伶，因为优伶总是以取观于人为日常功夫。我的儿子难道会像优伶或今日中国那些士大夫，无聊到事事欲取观于人？你如此没有出息，该怎么告慰母亲的在天之灵？

如此一说，辜守庸愈发地悲伤起来，说：孩儿谨遵父命，再不敢造次。

晚寝时，辜鸿铭想到儿子适才的想法，就莫名其妙地归罪于盛宣怀来了。想到盛宣怀，他就少不了要用"欲壑难填"来冷讽，并对淑姑道，欲壑难填真是个不可理喻的古老问题。《颜氏家训》记载某领军被抄家，抄出了一屋子的麻鞋；唐代权相元载被抄家，竟抄出胡椒数百石；本朝和珅家的清单中，土地、商号、金银不算,仅金或银的唾壶就有上千个,这些都非生活必需品。他们又非商人,储存这么多干什么?盛宣怀倒是个商人,要被抄了家,富可敌国。我真是奇怪了,老庄有云,"鼹鼠饮河,不过满腹"、"鹪鹩栖树,不过一枝"。人活一世,不就是嘴巴要吃饭吗,要那么多钱财干吗?

淑姑就说:你没到那个品级,到了那个品级,也许就知道这些钱财干什么用了。

辜鸿铭叹了一口气,愈发不能理解。是品级之差造成了人性的变异?难道品级高了,所见益广,贪欲也随之高涨?

对贞子留下的这唯一骨肉,辜鸿铭是极爱的,总想按自己的理想塑造他,父子俩也总有不少共同的东西。那天,赵凤昌摸着辜守庸的头,问他长大后想娶什么样的媳妇,辜守庸便答:娶个小脚的、花不棱登的媳妇。大脚媳妇上轿会把轿底踏掉,抬来抬去没人要,只好满街跑。我要小脚媳妇,像我大母亲一样,天天在炕上盘腿做活。辜鸿铭和赵凤昌听得大笑,淑姑眼泪也都笑了出来。

四、知命之年的旧雨新欢

"哈罗。"黄皮肤的车夫拉着欧巴罗的"种子",以带着吴腔的洋话问候小主人。

"你好。"六七岁的小查理操着才学会的中国话回答车夫。

查理夫人听着这有趣的对话,再看小儿子那天生的贵族举止,就和陪同她散步的伍尔兹夫人一起笑了。

她们和大多数外国侨民一样,对上海的处境感到宽慰。自进入上海的第一天起,她们连芝麻大小的麻烦似乎也很少遇到。上海人和多数中国人一样,在痛苦与屈辱中已被强行改造了。作为一个不厌恶中国生活的文学家,查理夫人是欢迎这种变化的,她希望在中国看不到敌意。因此,她雇的仆人、厨子和车夫全是中国人。

黄浦滩吹来的凉风使透明的裙摆轻轻飘扬着,查理夫人感受到一阵凉快,话题不知不觉就扯到辜鸿铭新近出版的英译《中庸》一书来了,说:辜鸿铭要把此书献给亡妻吉田贞子,还真是个情种呢。伍尔兹夫人以前也是怀疑中国人纳妾毫无爱情可言,可有谁能说辜鸿铭和亡妾之间这种深厚不泯的感情不是自己通常挂在嘴上的那种神圣的爱情呢?这么一想,她就犯傻了。

她们的先生——查理和伍尔兹当然是不屑在两人以上的场合里谈论什么男欢女爱的。他们相信金钱万能,有钱就可以拥有情。这当儿,他们正和华仑还有一位叫迪迪的英国汉学家在圣乔治俱乐部喝哥伦比亚咖啡。

"大学者,你不是发愿要翻译包括《中庸》在内的中国名著吗?看来辜鸿铭要把你的饭碗给端了。"

听华仑说罢,迪迪叹了口气:总领事先生也看过辜鸿铭的英译《中庸》?真没想到,对于英文,辜鸿铭操使起来如同"公孙大娘舞剑,呼延灼耍双鞭",要多顺手有多顺手。

伍尔兹接话说:辜鸿铭这个人也真是怪了,英文好得不可思议,自家语言却并不怎么了得,这算哪门子的事?

华仑摇了摇头:辜鸿铭掌握了中国最富战斗性的讽刺语言,如何就说他汉语不行了?

迪迪觉得,华仑的话是对的,辜鸿铭的汉学水平确实不能小看。对辜鸿铭"抢饭碗"一事,他并不认同。译述这东西,谁有本事,谁显神通。他所嫉妒的,不过是辜鸿铭译述的精确和优美。辜鸿铭既译《中庸》,我还可以翻译中国的古诗词呀,反正中国的文学经典又不只是《中庸》。心态既平,迪迪决定登门同辜鸿铭探讨汉诗英译问题。

对这个有一面之晤的英国汉学家,辜鸿铭已没有多大的印象。这么些年来,到读易草堂的洋人数不胜数,他一个脑袋既装不下也没有兴趣来装那么多的汤姆、约翰、查理、鲍勃……对洋人的来访,他已经熟视无睹,当成家常便饭了。只不过,迪迪是来请教汉诗英译的问题,这多少激起了他露一手的心绪,也想以此教化洋人。于是,他从《诗经》谈到李、杜,还当场献技,译了一首唐诗。

"现在,你把原文同我可怜蹩脚的译诗比照一下,就可以看出汉文原诗在措辞、体式及命意上虽然简单,而思想感情却是深邃无边。"

迪迪认真地听着辜鸿铭对经典汉文的深入理解和独特英译,使他深为景仰。

"我这首近乎拙劣的译诗,其实也仅在表达一下唐诗的含义而已,但唐诗里蕴含有一种优美、庄严的感染力及尊贵感,是我所不能译出的,实际上也许是英语这种浅陋的语文所不能译出的。"

迪迪回应道:我倒觉得辜先生给了这首汉诗一个不坏的英译。

辜鸿铭不知是谦虚还是故摆姿态,摆摆手,说:我的译作未能传达原诗的神韵高妙于万一。你肯定听过交响乐吧?迪迪点头后,辜鸿铭启齿一笑,说:英译汉诗就好比强求用一件独奏乐器去演奏织体丰富的交响乐,即便英文水平再高,也只能干着急、无济于事。

迪迪觉得作为一个学者，辜鸿铭在许多方面都有自己的真知灼见，尤其他能用一种巧妙的譬喻来说明，这使他很乐意与之交流各种看法。熟稔数国文字的辜鸿铭说起汉字文化来情有独钟：如果一百年前你作为一个旅行者来到中国，你不会看到一个胜利者骑在马背上的雕像，到处看到的只会是文字，碑记、匾额、楹联、题壁刻石。虽是文字，其真实感却远胜于影像，可以说，文字于中国人绝不会是简单的语言符号。他还坦率地承认，自己的汉字写得不够漂亮，就像一个佳人伸出一双不美的手。

辜鸿铭说话时精神抖擞、意气风发、情形激昂，像个年轻的对前程充满了必胜信心的斗士。迪迪对辜鸿铭的这种精神状态甚为钦佩，觉得在中国人普遍失去自信力的当今，辜鸿铭无异为一道亮丽的"风景线"。这么一种飞越的激情，本该出于少年之心怀呀，可辜鸿铭已是人到中年。一种莫名的景仰之情，使得迪迪突然唐突地问及辜鸿铭的年龄。

"知天命了。"辜鸿铭淡淡地说。见迪迪一时没有听懂"知天命"的含义，便又解释道：孔子曰"五十而知天命"，这是说到这年龄的人，当懂得神圣的宇宙秩序，也就是"道"；孔子又说"不知命无以为君子也"，也就是说，一个没有天命知识的人，即不懂得神圣的宇宙秩序的人是无法成为君子的；孔子还说："道也者，不可须臾离也，可离非道也。"基督也说："上帝就在你的心中。"

迪迪听着听着就有些瞠目结舌了，他素闻中国圣人孔子和孟子的书中最难解的章句，于辜鸿铭却是最容易不过的，凡是古圣昔贤的学说精华，都深印在他脑子里，而且在谈话时，能自如而适当地加以引用，如同神父们在传教时引用《圣经》一般，今天一见，果然如此，心想，这辜鸿铭真是个天生的尤物。

身处华洋杂处的大上海，洋人们少不得经常到辜鸿铭府上造访，辜鸿铭把居所作为"没有硝烟的战场"，强烈抨击西方的侵略主义。他对法国人讲法语、对英国人讲英语、对德国人讲德语，所发出的正确和不尽正确的"声音"全系为他那多灾多难的祖国做辩护。长期以来，自命高人一等的西方人不仅早已习惯了对中华民族与文化的歧视，甚至还早已习惯了中国人对此所抱以的沉默。没想到，中国竟出了辜鸿铭这么一位"斗士"，公然以流畅、地道的外语向西方的歧视大胆地提出了挑战，不懈地"教训"西方。一时间，辜鸿铭成为大上海的洋人世界中知名度最高的中国人。

辜鸿铭陶醉了吧？不！已届天命之年的辜鸿铭对自己的身况却有些怨艾。担任这个偏于技术型的黄浦浚治局督办，与他的平生抱负、职志及性格相去甚远。督办局那点儿事务也花不了他的多少精力和时间，而此间优裕的生活条件和充足的时间，倒使他得以在上海的十里洋场做"旧雨新知"之畅游。

得知俄国驻上海总领事勃罗江斯基要回国述职，辜鸿铭便送过去两本签名书，其中一本是《日俄战争的道德原因》，请他回莫斯科后呈交俄国皇帝。有关沙皇尼古拉二世以皇储身份访华期间赠金表于辜鸿铭的事，勃罗江斯基早有所闻。他眨巴着眼睛，心想，俄皇对辜鸿铭如此恩赐，辜鸿铭为何还要为日本人唱赞歌呢？说日俄战争日胜俄败之因在于日本有许多像他的日本妻子那样的女子——她们像古罗马那些崇高的母亲一样伟大，哺育了勇敢的战士。这是什么话？

就在勃罗江斯基纳闷的当儿，辜鸿铭又递过签名的《尊王篇》和英译《中庸》，请他转交托尔斯泰伯爵。

勃罗江斯基就有些吃惊了：先生认识托尔斯泰伯爵？

辜鸿铭摇了摇头，嘴角含笑地说：算是神交吧。

辜鸿铭和俄国大文豪托尔斯泰的神交，缘于对方对中国的友好。托尔斯泰不仅对中国人民怀有敬意，还酷爱中国古代经典，长期研究不辍，从中汲取思想和精神养料。博览群书的辜鸿铭从俄国和欧美的报道中得知，托尔斯泰在五十至六十三岁这个时期，所列的十一种阅读书中，有两种是中国古代经典。一是《孔子和孟子》，标明对他的影响及留下的印象是"极深刻"；另一种是《老子》，注语是"深刻"。在这之后，托尔斯泰对中国的传统文化和社会生活的兴趣日趋浓厚，为此，从心灵上与辜鸿铭走得越来越接近了。

世界上多几个雨果、多几个托尔斯泰就好了，辜鸿铭常常这般设想。

托尔斯泰收到辜鸿铭的著作和附信后十分高兴，认真阅读了这两本书，于同年8月让秘书给辜鸿铭回了信，还让好友切尔特科夫把其被禁著作寄给辜鸿铭。10月，他又亲自给辜鸿铭写了复信，并将该信公之于世。辜鸿铭能找到像托尔斯泰这样的西方盟友当然是件引为得意的事情。在此之后，他在著作中不断提及托尔斯泰，公开引他为同道。

"你还来呀？辜鸿铭骂人疯着呢！"

身着中国儒服的德国传教士卫礼贤耳边不知响起了多少次如此忠告，但他还是从青岛来到了上海，目的只有一个——结识辜鸿铭。这些年来，辜鸿铭的大名如雷贯耳,卫礼贤把他列为中国第一值得结交的人士。

寒暄数句,辜鸿铭扔下卫礼贤的名刺,抬眼望一下这位裹着中国儒服的洋人,不无冷淡地说:卫礼贤先生既自命汉学家,还有胆量开尊孔书院,怎地连汉语也不会讲?

早在1897年青岛被德国占领后,卫礼贤就作为同善会的传教士来中国传教,并开办了以"尊孔"为主旨的礼贤书院,他一口汉语纯正而流利,但今天却想见识见识辜鸿铭的德语水准。听辜鸿铭这么一嚷,卫礼贤就笑了,说:在中国找不着人说德语。久闻辜先生对法国人讲法语、对英国人讲英语、对德国人讲德语,就想着找辜先生解解闷、听听乡音。

言归正传后,卫礼贤极力表示自己如何热爱中国、如何希望做中国人民的朋友、如何做善事,还引经据典地大说了一通孔孟之道,直听得辜鸿铭将信将疑。作为一个矢志研究中国问题的汉学家,卫礼贤以自己独到的提问来引出辜鸿铭的赐教:辜先生,难道你不认为一个经济极端落后的民族在文明上存在着巨大的缺陷?

"我提请先生注意,一个社会和民族有着发达的经济和物质文明,并不等于该民族就一定道德高尚、风俗纯净、文化繁荣;同理,一个在经济和物质方面暂时落后的民族,也未必在文明的其他地方都没有优长。"

卫礼贤面带微笑地听着,他认定辜鸿铭将是他在中国不可多得的朋友。

回到下榻处——德国驻沪领事馆,卫礼贤眉飞色舞地向为见到辜鸿铭而给予其帮助的德国领事席尔表示由衷的感谢,并说:辜鸿铭是我可以用母语与之交谈的第一个中国人,他在中国发出了一种难得的、独特的声音,这使我为之敬佩。

翌日,在同席尔等人出游上海愚园时,卫礼贤意外地发现了一个"新大陆"——辜鸿铭在廊壁上留下了一首用拉丁文写的诗。席尔仔细端详着上面的题字,赞叹有加:果然出自辜鸿铭手笔。我说呢,能用拉丁文作诗的,中国绝不可能找出第二人。席尔见卫礼贤如此心仪辜鸿铭,便建议晚上由他做东设宴,邀请辜鸿铭聚会。

卫礼贤不辞辛劳,亲自驱车到浚治局请客。辜鸿铭同意赴宴,这让卫礼贤感到这位大思想家挺给自己面子,于是和席尔等都推辜鸿铭坐首席。置身于五个人高马大的洋人中,辜鸿铭不甚高的个头好不容易才"浮出水面"。

酒足饭饱,而辜鸿铭却还在高谈阔论。他的激情是持久的、稳定的,如同能够熔化钢铁的熊熊烈焰。在这持久喷吐的"烈焰"前,不独席尔,就是其他客人也都受不了了,陆续告退,最后只剩下卫礼贤一人在倾听了。辜鸿铭面对的仿佛还是那么多人，提高已然有些沙哑的嗓音道：从我上述所谈中，诸位不难得出这样的结论——如果研究中国文明，德国人将变得淳朴起来、美国人将变得深沉起来、英国人将变得博大起来……

冗长而有趣的谈话终于结束了。卫礼贤见辜鸿铭似乎喝多了酒，走路都有点踉跄，便殷勤地扶他出了门，敦请他乘坐停靠在门前的高级洋马车。辜鸿铭摇摇头，指着手拉黄包车并等候一旁的刘二道：我有自己的专车。

这刘二放下车子，上前搀扶主人上车时，见他胡须上汤珠、汗珠闪闪，忍不住伸手帮其揩去，却被辜鸿铭挡住，骂句：媚上！

卫礼贤见状，哈哈地笑了起来。

在沪小居半月，卫礼贤与辜鸿铭会晤十余次，他的谦恭和对中国文化尤其是对孔子学说的见识，渐渐消弭了辜鸿铭的敌意，并转化为好感。在卫礼贤身上，辜鸿铭依稀看到了花之安的影子，他对花之安的去世生出了一份遗憾，他觉得传教士中也有友人，只可惜太少了。

五、黄浦案结，万民伞来

建于三国东吴时期的静安寺是上海西郊的一个名胜之地，千百年以来，静安寺一直置身于幽静之中，可这幽静却被时下上海的繁华打碎了、给洋人打碎了。

十来位中国苦力抬着沉重的大箱小箧穿行于树丛中，向着前面的洋房蹒跚，跟在他们后面的是一群洋当差，手里拿着鞭子并不断吆喝着。上海自开埠以来，就成了西方冒险家的乐园，洋人的势力一天天膨胀，大清王朝似乎在上海消失了。

这当儿，辜鸿铭和赵凤昌就在静安寺外走着，风中传来辜鸿铭一串串似醉非醉的话语：什么是天堂？——天堂是在上海静安寺路最舒适的洋房里！谁是傻瓜？——傻瓜是任何外国人在上海不发财！什么是侮辱上帝？——侮辱上帝是说赫德税务司为中国定下的海关制度美并非至善至美！……

黄浦浚治局的公事不多，辜鸿铭督办之余，不是受洋领事们邀请喝咖啡、打弹子球便是坐上黄包车让刘二拉着跑过一条又一条街道。由于车速甚快，主仆俩脑后的长辫如两条飘带，在洋人的指指点点中尽兴而归。再者，就是和赵凤昌等友人相聚，纵谈中外，感伤时局。

督办的事务很快就要干完了，辜鸿铭致函张之洞，请求另置职位。等候之际，忽接两江总督周馥的札委。原来，不久前美国轮船撞沉了中国货船，既接中国船主状告。周馥觉得这个案子显系美船失理，遂委辜鸿铭为中方代表，在沪直接向美领事洽商处理事宜。

美国领事馆与德国领事馆同位于吴淞江北岸，两馆相距不远，一路上看着江上来往的中国民船，辜鸿铭眼前浮动着洋船在我大江大河上横冲直撞的情景，中国的官船、民船、大小船只遇到纷纷避让。"外国轮船日益增多，揽我江海河水之利，获利甚厚，于国不利啊！"辜鸿铭早就对此窝着一肚子火，如今受命，决计要为受害的中国船主讨回公道。不想，在他为中国货船索赔事项与美国领事瑟福德洽谈时，瑟福德在赔偿额度上大做狡赖文章，还以不容商量的口气道：督办先生，我劝你不要再为此事伤神了，还是发扬中国人的崇高品德，遇事忍耐些吧，我们的态度不会改的。

是的，遇事忍耐为中国人的崇高品德，凡对中国有所了解的人都不否认这一点。和气生财、忍为家训、小不忍则乱大谋，这就是中国人的道德秉性。昔有唐代诗僧寒山谓拾得，"今有人侮我，冷笑笑我，藐视目我，毁我伤我，嫌恶恨我，诡谲欺我，则奈何？"拾得曰，"子但忍受之，依他，让他，敬他避他，苦苦耐他，作聋作哑，漠然置他。冷眼观之，看他如何结局。"大事化小、小事化无，这是中华民族不愿生事的一个写照，然而这种品质却助长了西方人随意施暴的恶习。辜鸿铭还能忍耐什么，商之既不洽，他不由得拍案而起，怒气冲天地说：我要聘请律师，法庭上解决！

瑟福德似乎无动于衷，耸耸肩说：讲英语的民族，人的血管中流淌的是肆无忌惮的血液，它使我们蔑视法律、不服约束。

辜鸿铭冷冷一笑：是的，你们美国的法庭是专门为那些弱者和不幸者、为各大城市的街头妓女们准备的。

发誓要为中国船主讨回公道的辜鸿铭在征询了某些友好的驻沪领事意见后，决定不用美国法律，而直接启用国际公法提出上诉。美国人闻听这个辜鸿铭要来真格的，态度便不似先前那样强硬了。此事处理的最终结果是，辜鸿铭摆平了这一沉船案，为中国船主争到了应有的赔偿。

沉船案既结，浚治局那些大小主事少不得要围着辜鸿铭来一番恭维：在恐洋风气日甚的现今，大人面对欧洲列强为何恃而无恐？辜鸿铭捋须镇定地答：恃天地不变之正气而已。又有人问：何谓天地不变之正气？辜鸿铭洋洋自得地答：就是中华民族的精神，具体而言就是君臣、父子、夫妇、兄弟、朋友——五伦之道，我国既有此道，也就有此天地不变之正气，我有何恐惧？古云"以德服人""仁以爱人，义以断事""君子之道"，发扬而光大之，非特可以御侮自救，且足以挽救世界之文明。

辜鸿铭的一番议论被好事者搬上报端后，在上海各界引起了反响。有识者认为，在中西交讧、民族危亡之秋，辜鸿铭恃此以救国，实无异于纸上谈兵，尤其他把返诸孔孟之道视作振兴中华的出路，可谓迂腐至极！他那"半章《论语》可以振兴中国"的名言，也让人对他失了敬意。总之，他的救国方略中充溢着一种虚骄和迂腐之气。也有人认为，不管怎么说，敬辜鸿铭也好，反感他也好，在晚清官场中，像他这样不媚洋、不畏洋、敢于而且也善于同洋人叫板的寥若晨星。辜鸿铭的所言所为是在为中国人、为大清争面子。

为大清争了面子的辜鸿铭督办黄浦浚治局头尾三年来，未曾有辱使命。只是，这浚治局"庙"太小了，容不得他大展宏图，另外那是个薪俸不少、责任不大的临时机构。到了1907年的春夏之交，黄浦江浚治工程大体告竣，辜鸿铭的任务也算完成了，他在上海已再无工可督、无事可办了。就在这时，他接到了来自武昌的电示，原来老主公张之洞已被补授军机大臣，要以首相身份跻身晚清政坛了。张之洞不忘旧情，召辜鸿铭北上入京，荐其任外务部员外郎。

在离开上海前夕，辜鸿铭带一家人来到万国公墓祭奠贞子。他对墓地稍做了些清理和修补，并为已经有些变平的坟地添上些新土。淑姑和孩子们则把供品摆放在坟头的石板上，双手合十站在墓头以告慰亡灵。

贞子墓地整洁无华，几株松柏在阳光和轻柔的风中静静地摇曳着。看着微风把满世界的纸钱送上天，辜鸿铭轻声吟哦起那首悼亡诗来：此恨人人有，百年能有几？痛哉长江水，同渡不同归。

启程北上的时候到了，门外围着密密麻麻的人群，他们中有洋人和上海道衙门大小官员、浚治局的大小主事和民工，还有赵凤昌等友人。最令辜鸿铭激动的是，成群结队的市民百姓听到消息后，也从四面八方赶来欢送这位受他们爱戴的官员，有人还燃起了鞭炮。在浚治局三年，辜鸿铭除了光明磊落的收入外，从没收受过分文的贿赂，更没从下属和百姓身上敲诈过一文钱，却还乐善好施，把维持正义和关心百姓作为为官目标。

辜鸿铭就在夹道的人群中，步行缓缓地向前走着，和生张熟李打着招呼，以作感谢和道别，脸上浮现出和善慈祥的表情。就在这时，一群市民——有曾在沉船事件中受过辜鸿铭恩泽的百姓、有受益过辜鸿铭政绩的人们，高举一把红绸制成的巨伞来了，走近辜鸿铭身边时，齐跪地上，眼里浸满了感激的泪水。那伞沿儿垂下两尺长的帘子，上面写着一句句简短而感人肺腑的话。

哦，这就是万民伞了。辜鸿铭在接过万民伞的当儿，神情激动无比，忍不住热泪滚落。他知道，这赠物——百姓在力所能及的范围内唯一可以给予他的东西，凝聚了百姓们的真情，自己从此拥有了可以受用终身的"面子"。不是吗？皇帝可以授予自己最高的荣誉，却不能给自己这样一件东西。在热泪中，辜鸿铭又感动于中国百姓最美丽的品德——感恩。是的，这种感恩戴德之情在中国普通百姓中尤其在农民兄弟中非常流行，一位受你恩惠的百姓会一辈子记得你的恩惠，他还很可能在家里为你竖一块木牌子来敬仰你，或者为你而赴汤蹈火。这万民伞就是中国百姓感恩戴德最好的表达。

万民伞由几双强壮的手臂高高举起，在阳光下熠熠生辉。辜鸿铭在伞下行走，觉得自己仿佛成为万物中美的化身。在他的历史上，这是最荣光也是最值得纪念的一天。天大的"面子"使他感到前所未有的自豪，对今后的仕途，他心头那灼热的追求越发炽烈——只有谋取理想的高位，才能"致君尧舜上，再使风俗淳"，也才能为百姓办更多的事。

第十二章

外务京都

一、无所畏惧，睥睨权贵

秋虫接二连三地鸣叫着。先哲寺张之洞的寓所简陋得难以想象，若干桌椅杂乱地填塞着空间。昏暗的灯光下，一身素服的张之洞睁着昏昏欲睡的浊眼，和外务部侍郎梁敦彦在商谈湖北按察使梁鼎芬奏请朝廷罢免庆亲王奕劻、现军机大臣兼外务部尚书袁世凯的专折。

风云变幻莫测、几起几伏的潮涨潮落，使所谓的"清流派"协办大学士兼军机大臣瞿鸿禨、邮传部尚书岑春煊、军机大臣林绍年等在丁未政潮中彻底败北。这场政争以"浊流派"庆亲王奕劻、直隶总督袁世凯联盟全胜而告结，清朝气数可想而知了。在南昌教案中称病辞职不就的湖北按察使梁鼎芬，看到奕劻、袁世凯浊流受重再三，忍不住又要公忠体国——为漏雨的破屋补洞了——愤而上疏加以弹劾。

对袁世凯，张之洞虽然向无好感，但如今以醇亲王载沣、陆军部尚书铁良等少年贵胄为急先锋的满族亲贵大员，打着立宪幌子，借改良官制之机，急欲抓住朝廷大权，排斥汉大臣。这又使他觉得应该跟袁世凯站成一队。

送走梁敦彦，张之洞思绪难平，一夜没睡好。翌日上午十时许，忽报辜鸿铭前来，正在书房里喝早茶的张之洞忙嘱请进。

"香帅！"辜鸿铭进屋，朝张之洞深深一拜。

"呵，汤生来了！"张之洞起身牵着辜鸿铭的手，平易可亲地说：来，坐，坐！

辜鸿铭端详着张之洞好一番，但见他清癯的面孔上，萧疏的长髯根根见肉，看上去真有"飘飘欲仙"的样子，只是，这美髯和主人那编得整齐的发辫一样，白花花的灼人眼目。沉重的政务造成了张之洞过度苍老，但他那身质朴的行装却还是表现了一如既往的庄严的气度，不由得让辜鸿铭想起传教士杨格非的评判：我不相信中国别的官员能像张之洞那样充满政治家的美德和富有裨益人民的运筹。望着眼前这位朝气不再的朝中大老，辜鸿铭不禁语声哽咽：三年未见，没想到香帅老了许多！

"唉，老了！"张之洞捋着花白胡须，不胜感慨，注目辜鸿铭良久，忽地像发现了新大陆似的说：汤生也变了。

人到中年，像所有人一样，辜鸿铭的相貌变化很大，更多地继承了父亲那种方脸宽额的中国相貌，而所谓混血儿的面目，则变得越来越淡。这样的评说，他不止一次从赵凤昌他们那里听到，不意今天张之洞也这般说，一时就高兴起来。

久别重逢，两人都藏了一肚子的话，谈得最多的当然是时事。辜鸿铭呷一口仆人端上的清茶，道起了梁鼎芬上折奏请罢免奕劻、袁世凯一事，大加赞同，还说袁世凯奸雄嘴脸早现，竟还会和香帅一道调入京枢，这种人不除，终究是本朝的大害。

张之洞不以为然道：当此朝政危机之日，节庵作为鄂臬，不当为此种言论。

辜鸿铭不解地看着张之洞：香帅，这是为何？

"咳，一言难尽，不说为好……"张之洞不无怅惘地摆了摆手。

张之洞的知遇之恩令辜鸿铭无比感激，但感激却不能事事苟同。张之洞由清流而转洋务，辜鸿铭已略有不满，没想到张之洞在晚年时竟又跟风奏请立宪，只觉他见解也太狭隘了点。辜鸿铭本想就废科举和立宪事与他理论理论，但见他说话凝重，似有满腹心事，也就不好再提。

隔两天，辜鸿铭来东堂子胡同外务部衙门就职从五品员外郎。这员外郎，当初奕劻就曾答应上奏封赏，可数年后到张之洞手里才落到实处——还真是朝里有人好做官呀。能够又一次和好友、外务部侍郎梁敦彦战斗在一起，辜鸿铭感到高兴。

外务部即原总理各国事务衙门，大概是因为"总理各国事务"的称谓有君临天下之意，又因其不像军机处那样拥有实权，连各省督抚都指挥不了。列强哪能容忍它存在，于是在和清廷签订的《辛丑条约》中，令改此名，班列各部之首。辜鸿铭对此深有感触：洋人不努力去弄清总理衙门的由来，而反对它的名字，仿佛玫瑰换了任何别的名字闻起来就不香了似的。

新上任的员外郎很快就参加外务部衙门的一次盛大宴会了,地点是京城名气最大的六国饭店。和梁敦彦坐在大厅角落的沙发椅上,辜鸿铭又一次向外头望了望,面露不耐烦之色:怎么搞的,袁大头还不来呀?

梁敦彦"嘘"了一声,小声道:你在人家手下工作,还敢这样妄称?

辜鸿铭却大不以为然地说:我才不怕袁世凯。他既非举人,亦非进士出身,以一纨绔子弟,凭借祖上的余荫和惯有的偷鸡摸狗,出卖皇上,才得以官运亨通,跻身中枢。这样的人,要怕我才对呀!

一介书生,柔弱如辜鸿铭,竟能柱立中流,睥睨权贵,不为时事所拘,保持本色,这需要拥有一种多么强大的精神力量呀!这力量是他的性情、人格、信仰、操守和学识共同建构起来的,这是他的生命之树赖以支撑的根。梁敦彦何尝不佩服辜鸿铭的大勇,但今番见他过于放肆地谈论顶头上司,也不禁有点瞠目结舌,东瞅瞅、西瞟瞟,唯恐别人听了去。见辜鸿铭还不想住口,忙急急劝阻:再谈,我即离你而去。

见梁敦彦如坐针毡样,辜鸿铭嘻嘻一笑,拉住梁敦彦的手:有你这太后亲宠的侍郎兜着,我怕谁呀?

梁敦彦苦笑道:我怕是——泥菩萨过河。

"泥菩萨?"辜鸿铭很轻松地说:反正闲着,不谈点什么,真个百无聊赖。说什么好呢?想我几近二十年职务才得以小小升迁,香帅还舍不得荐以公卿……不说这劳什事,哎,香帅入阁拜相,你以为如何?

梁敦彦摇摇手:莫谈大臣事。

辜鸿铭不高兴地瞄他一眼:既怕谈袁世凯,又怕谈香帅,咳,崧生兄,官做大了,人倒虚伪起来了!也不管梁敦彦愿不愿意听,辜鸿铭径自在旁说开了:依我之见,香帅可与曾文正相提并论,曾国藩是大臣,香帅呢,算是个儒臣。

梁敦彦忍不住问:何为大臣,何谓儒臣?

"三公论道,此儒臣事也。计天下之安危,论行政之得失,此大臣事也。政之有无关乎国家之兴亡,教之有无关乎人类之存灭,且无教之政终必至于无政也。香帅高于曾文正,即在于知六经大旨,以维持名教为己任,懂得儒家政教合一的思想。"

梁敦彦一边听辜鸿铭胡吹,一边不时扭头警惕地向外张望,忽然他"嘘"了一声:宫保来了。

在前呼后拥中,袁世凯左手挽英国驻华公使朱尔典,右手挽《泰晤士报》

驻京记者莫理循,出现在六国饭店门口。侍者忙碌地在他们前面一路铺设红地毯。"噗,噗,噗",记者们手中的照相机没闲过。

军机大臣兼外务部尚书宴请英国驻华公使,按理官小位卑的辜鸿铭没有资格参加,唯其系中外大名人,又与袁世凯、莫理循等熟识,袁世凯也想借机笼络这个名士属下,所以让其破格出席这场有中外要员参与的宴会。听罢介绍,朱尔典向辜鸿铭微微点了点头,一番"久仰久仰、相见恨晚"后,说:向闻辜先生爱说笑话,今天有幸认识,能否请先生来个有趣的开场白助兴。

大家就鼓掌欢迎,仿佛辜鸿铭瞬间就可以给自己带来欢乐。

恭敬不如从命,辜鸿铭微微一笑,说:我就给公使先生和在座各位大人讲个李鸿章中堂的遗事吧。李中堂某年在总署宴请各国外交官,请他们吃中国菜。中国的那些山珍海味让各国的外交官们大开口福……咳,真不好形容他们的吃相。后来上了一盘熊掌,不知怎的,人手一个还多出一个来。这些外交官谁不想多吃一份,可都是有身份的人,谁好意思开口,于是大家互相谦让了半天。一阵阴风刮来,蜡烛灭了,屋里一片漆黑,忽然听到"啊"的一声惨叫,等侍者重新点燃蜡烛一看,某位公使的手正在盘子里抓着熊掌,然而他的手背上扎了五六把叉子。

大家都被这个笑话给逗乐了,虽然朱尔典和莫理循明知辜鸿铭的寓意,却还是忍不住笑出了声。

朱尔典来华久了,又当过使馆的中文秘书,汉语说得自然不错。在向袁世凯敬酒时,他说:新政的一些重大措施都是在袁宫保和张中堂两人联衔上奏后得到朝廷批准的,你们在所辖地区推行新政也最为得力,堪称新政的南北两大支柱,本公使至为佩服。今宫保高升,大喜之日,请宫保多饮几杯。

"也为公使先生的荣升干杯!"袁世凯笑容满面,持杯一碰,仰脖一饮而尽。

侍者给袁世凯斟满酒后,莫理循也向袁世凯举起了酒杯:酒逢知己千杯少!袁世凯哈哈大笑,持杯又是一饮而尽,抹抹嘴道:当今推行新政,唯我与张中堂两人,差能担当大事。

辜鸿铭不冷不热地说一声:听宫保此言,令人遥想当年曹操与刘备煮酒论英雄一幕,"今天下英雄,唯使君与操耳"言犹在耳。

袁世凯恬不知耻地说:可惜今天张中堂不在,否则真还可以煮酒论英雄了。言罢,面向朱尔典,捋着胡子扬扬得意地说:张中堂是讲学问的。我呢,不讲学问,只讲办事。言下之意,他张之洞不过是一介书生,没有主持大政的能力。袁世凯自诩这是自己的得意之谈，想来辜鸿铭也是赞赏的，遂转头问辜鸿铭：你说是不是？

"确实是这样，不过，要看办什么事。如果是老妈子倒马桶，当然用不了什么学问啰。但是，除了倒马桶外，我不知道天下有什么事是没学问的人可以办得好的。"

一句话把袁世凯噎得目瞪口呆。袁世凯一瞪眼：你在嘲笑我？

"哎呀呀——"辜鸿铭脸不改色、心不跳地说：在中国从来没有人会嘲笑自己的上司，谁不知道上司总是比下属能力强。

袁世凯明知辜鸿铭还在讽刺自己，但又不好当众发作，只好向客人自嘲道：我手下这位员外郎，就是爱说笑话。

"不过，要依我说……"

在辜鸿铭说话时，旁坐的梁敦彦以膝盖磨蹭他，示意他住口。辜鸿铭却照直说下去：宫保刚才那话，好像是已故李中堂的名言。他说，"在中国千行百业之中，唯做官最容易。就我而言，文的，我不敢做知县，武的，我不敢做将军；至于总督、巡抚，我敢立刻走马上任。"

果然是个怪杰。朱尔典目不转睛地看着辜鸿铭，问：这是为何？

辜鸿铭一本正经地回答：这还不简单——官愈大愈好做，愈用不着学问。

莫理循担心袁世凯在这么大的场面下不了台，赶紧换了个话题，看着梁敦彦说：侍郎大人，我听说北京到张家口的铁路，像干路上的蚯蚓一样爬行呢！弄不好还要我国政府援手。

"多谢贵国政府的美意。我想这蚯蚓只要不死，就能自己爬完所有的里程，我信心十足着呢！"梁敦彦不卑不亢地回答。

"不说别的地段，单北京去居庸关，崇山峻岭，深涧巨壑，特别是古称天险的八达岭更是陡壁悬崖，难哪！只怕中国能够修建这条铁路的工程师还没出世呢！"朱尔典接着莫理循的话，不无挖苦地说。从担任公使的第一天起，他就密制了加紧侵略中国，掠夺矿山、铁路等权益的政策。他既不相信中国人能自建铁路，更不愿看到这样的现实。

"是呀，事非经过不知难，但中国人向来善于与天斗，人定胜天。"

梁敦彦的回答，让辜鸿铭听了满心高兴，觉得他真是道上的莫逆。散筵后，两人弃轿谈论。

针对刚才辜鸿铭对袁世凯的冷嘲热讽，梁敦彦道：听恭维话是袁世凯每天所必需滋润的最好营养品，这种廉价而实用的营养品，你又不必花一分钱就能拿出，何不大方提供？

辜鸿铭摇摇头，断然道：袁世凯不学无术，不会给国家和朝廷办好事的。

在沉默无言中走了一段路后，辜鸿铭叹道：没学问诚然办不好事，然而，当今权贵们，无学问反倒窃居高位，手掌大权而能办大事。香帅再怎么有学问，也未必能在振刷朝纲中发挥作用。

一路说着，夜色由暗而亮，笙歌声由远而近，梁敦彦抬头，惊问：汤生要带我到哪里去？

辜鸿铭瞧一瞧眼前的门面和那些招手揽客的女子，不禁哈哈一笑：怎么，一走就到了风流场！

二、重臣面前斥张之洞

辜鸿铭外务京都，门庭焉会冷落！

这天，德国沃尔夫通讯社记者爱米肩挎相机走下了洋马车，"噗"的一声，就给守门的刘二照了张相，把个刘二乐得哈哈直笑。刘二和爱米也算熟悉了，主动说：我家老爷在书房做文章呢。也不通报，就径直把爱米往客厅里带。

辜鸿铭出来会客，爱米欲给他照相，却被他制止了：本官素来厌恶被机器践踏尊容。爱米只好收起相机，说：士别三日，刮目相看，辜先生已荣升京官了。

辜鸿铭听得内心高兴，虽然此前已经当过三年的督办，可那只能算是初登政治舞台的见习生，何况这督办和总理、监督、襄办等职衔一样，只是地方长官临时委派的差使，这次才算正儿八经的朝廷命官，在大清政府的官谱里可以找到自己的位置，也总算可以在这个名正言顺的位置上，名正言顺地为国家效劳，所谓"亲炙帝都事君王"了。他心里滋润着，表面上却又一副不足道的样子：咳，小小的从五品，比弼马温大多少？

爱米今天身着中国旗袍，倒也有些特色，辜鸿铭看得新鲜，却又说：在中国，一个活跃于家庭之外的女性肯定是个妓女。咳，你一个女人家，抛什么头、露什么面、当什么记者呢？

爱米眉毛一扬，回敬道：辜大人，我可不是你家的如夫人，不需你费神调理。

辜鸿铭微微一笑：无事不登三宝殿，说吧，记者女士。

爱米得知辜鸿铭正在撰写《中国的人治与为官》，说：太好了，我正想请辜先生谈谈中西政治比较。

辜鸿铭想着未完成的文章，欲行推辞，借口道：这可是个大问题，时间要花不少，孤男寡女独处，我夫人岂不疑心？

爱米改谈立宪话题。辜鸿铭警觉地看了她一眼，沉默片刻后说：中国为什么几乎没有经历过其他国家所经常发生的那种政体改革，你或许可以从我的故事中找到答案——昔有工匠砌一堵石墙，墙有六尺厚、四尺高。别人问他何以设计出此尺码？工匠答曰，我这墙若是被风吹倒，反而会更高！故事说完，辜鸿铭开始意味深长地作譬喻了：中国的政体根本不可能被推翻，因为它是一个立方体，它翻倒时，只是换了个面，无论是外表还是内在本质，都与原来的一个样，这种过程再怎么反复出现，其结果肯定还是像人用脚走路那样不会改变。

辜鸿铭像玩魔方一样，把这堵墙"推"来，爱米直觉有点糊涂了。这个国家需要受到伟大变革的震动，可连这堵无形的石墙都粉碎不了，又从何谈起呢？

"立宪"八字还没有一撇，变革还没有产生惊涛骇浪般奔涌的波涛，辜鸿铭就有点受不了了。这日，他在先哲寺张之洞寓所大门口，与端方等官员不期而遇，心想，他们八成又是要来和张之洞谈立宪事宜，也不说话，只是对着端方左瞧右看，把个端方搞得莫明其妙，浑身上下不舒服。

好半响，辜鸿铭才开口道：唉，胖了，吃胖了！哈，这还不是食洋不化的结果！

那几位官员从未见过辜鸿铭，但见他的补服图案为白鹇，就觉得万分吃惊。这五品小官竟敢嘲笑端方，难道不知仙鹤补子为一品高官吗？见其他几位大臣面面相觑，端方又好气又好笑，对辜鸿铭说：老夫子，真会开玩笑。

辜鸿铭说话时目光须臾没有离开过这群官员的脸：食洋不化可不好。你们难道没听过这么个故事？辜鸿铭领着众大臣往院里走，边走边娓娓讲着故事——有段时间，我国沿海及内地瘟疫流行，死了很多人，国内医生个个束手无策，最后不得不向欧美国家求援，重金礼聘一位名叫鬼放得狗屁的洋专家渡海东来。鬼放得狗屁先生到了中国，马不停蹄地到处游走，详加观察。最后，他提出一份报告，说贵国流行的疫症，其实并不疑难，只是因为狗放屁所引起的，因为狗这种东西体性偏凉，不能吃杂七杂八的食物。在我们欧美各国，狗所吃的食物乃是专家调配处理的狗食，所以，我们那儿的狗全都健康强壮。而贵国的狗呢，所吃的却是不加选择的残渣剩菜，长久下来，消化不良，五脏六腑中郁结的秽气又不能下通，积变为毒，由其口出，这便是引起瘟疫的毒气了！总而言之，贵国的瘟疫百病都是由于"狗屁不通"所引起的。

有人忍不住笑将起来。辜鸿铭的语气却再严肃不过了：中国的读书人向来通天知地无所不晓，你们的立宪奏章与鬼放得狗屎先生的诊断报告相形之下，多半也是"狗屁不通"。

"汤生休得胡言！"

还未到客厅，辜鸿铭就听得一声熟悉的呵斥，抬头望去，却见张之洞兀自一人伫立于稍有积雪的院落一角，似在沉思。

"香帅，难道我说得不对吗？"辜鸿铭似有些不服气。

张之洞以不悦的神情看着辜鸿铭，却没有说话，脸上堆砌着严峻的尊严。

辜鸿铭不识好歹，又郑重其事、自以为聪明地把相告于爱米的"石墙故事"道开了。这还不够，他信马由缰，又大谈一通西政弊陋处，并目光炯炯地看着诸大臣，说：你们今天信誓旦旦地说要搞国会，明天又言不由衷地主张立宪，汤生冒犯相问一句，你们可曾读过诸葛亮的《前出师表》？

就有一大臣回应：怎能不读？

"既然读过，可曾悟及诸葛先生的《前出师表》乃真正的'国会请愿书'。"

说话的那位大臣又是一笑：何以言之？牛头不对马嘴。

辜鸿铭言笑自若道：武侯谓后主曰"诚宜开张圣听"云云，即是请开国会。又曰"宫中府中，俱为一体，陟罚臧否不宜异同，若有作奸犯科及为忠善者，宜付有司论其刑赏，以昭陛下平明之理"云云，即是请立宪。我看西洋各国今日之所以开国会、立宪，其命意所在，还不是为了平明之治。今朝廷果能开张圣听，则治自明。如此，虽无国会，亦有国会；不如此，虽有国会，不如无国会。朝廷能视官民上下、贵贱、大小俱为一体，陟罚臧否无有异同，则治自平。如此，虽不立宪，亦立宪也；不如此，虽立宪，亦非立宪。故我说，《前出师表》是一篇真国会请愿书。

这事经辜鸿铭如此这番移花接木，还真是有点言人人殊了，端方和几位大臣一时难以言喻。一直肃然静听没有说话的张之洞终于开口了，道：刚才我还和杨度说你知经不知权呢！

辜鸿铭咀嚼着张之洞的话：知经而不知权？

张之洞见辜鸿铭不太明白，盯看了他一眼，慢吞吞地补上一句：你这个人呀，学问确实是不错的，可惜只知固守传统，而不知在特殊情况下稍作权变。

说我迂腐不知变通，原来是这么一回事。辜鸿铭对主人的这一评价颇不以为然，为了证明自己并非张之洞所说的那种只知经而不知权的人，他引《论语》中孔子的话，来解析什么是权以及权的重要性。他说："权之为大义大矣哉！"怎么个"大"法儿呢？譬如治水，知土能克水，然执此理以治水患，则必徒为堵御之防，如此水愈积愈不可防，一旦决堤而溢，其害尤甚于无防也。此治水之知以不知权也。知权者必察其地势之高下，水力之大小，或不与水争地而疏通之，或别开沟渠河道而引导之，随时立制，因地制宜，无拘拘一定成见，此之谓知所以用理也。

为自己争辩不够，辜鸿铭还反唇相讥：如果我真是知经不知权，那香帅是只知术而不知权。

几位大臣瞪大眼睛看着辜鸿铭。想不到这小小芝麻官，竟然敢当众顶撞当朝大学士兼军机大臣，莫非吃了豹子胆？张之洞也没想到今天辜鸿铭倒指责自己"不知权"，不无吃惊地道：如何了？

辜鸿铭似乎豁出去了，大声道：照香帅的意思，中国人就个人而言必须保存中国人的特质，继续去做儒家的君子；但中华民族则必须抛弃儒教原则而采取现代欧洲新知，变成欧洲人种和成为一种食肉动物，这不是矛盾的结论吗？

张之洞有点来气了：国家在此忧患关头，我这番变通调和难道不正当合理？此所谓知经、知权。

辜鸿铭摇了摇头，道：香帅如此天真而荒唐、奇怪地调和中西文明，当然迷惑了不少人，包括你自己。不过，这只是一种肤浅的思想，一种虚假的理想主义，一种用理不得其正的"术"而非"权"。因为你知术而不知权，调和结果不仅保护不了儒家文明，最终只有加速儒家文明的崩溃。要知道，儒家传统文明在本质上难以同西方近代文明调和并存，西方的刀叉、机器之类的东西与中国的文化格格不入。

一大臣见辜鸿铭说话越来越出格，不给张之洞留面子，实在看不过去了，语带嗔怪地说：你怎如此狂妄，谓香帅知术而不知权呢？！

四周都寂然一片，寒风中只响着辜鸿铭的声音，他脸不红心不跳，引用起了《易经》中"形而上者谓之道，形而下者谓之器"的话，愤愤然半文半白地说：凡所以运行于天地间之事物，唯理与势而已矣。道者，理之全体也；器者，势之总名也。小人重势不重理，君子重理不重势。小人重势，故常以势灭理；君子重理，故能以理制势。如欲以理制势，要在必知所以用理也。所谓权，便是用理的权宜观念。

张之洞听辜鸿铭那理呀、势呀的一番论说，一言不发，表情冷峻，那在寒风中紧攥的手心几乎要捏出汗来了。

毕竟是在欧洲正经学过逻辑学的人，辜鸿铭讲起道理来，总是习惯于一圈儿接一圈儿地往下顺着演绎。在阐明了用理得其正为权，不得其正为术后，辜鸿铭才把自己想说的那些意见拉入正题：夫理之用谓之德，势之用谓之力，忠信、笃敬，德也，此中国之所长；大舰、巨炮，力也，此西洋之所长。甲申一役，清流党诸贤但知德足以胜力，以为中国有此德必可制胜，于是朝廷遂欲以忠信、笃敬敌大舰、巨炮，而不知忠信、笃敬乃无形之物，大舰、巨炮乃有形之物，以无形之物攻有形之物，而欲以是奏效于疆场，有这样的理吗？此所谓知有理而不用知理以制势。

具体到张之洞，辜鸿铭一针见血地指出：甲申以后，香帅身为朝廷大员、太后亲宠，痛定思痛，想着在经国大业上要舍理而言势，但舍理而言势，则入于小人之道，他又扯不下脸做个重势的小人，于是乎发明了这个两全的方法——为国则舍理而言势，为人则舍势而言理，故有公利私利之说。你们说说，这叫哪门子知权呢？根本是术，是不折不扣的玩手段作风！说完，不知是天气冷，还是由于刚才过分激动，辜鸿铭的整个身子还在微微颤抖，胸腔里似乎还传出怦怦的跳动声。

大家都把目光聚向了张之洞，等待他的雷霆震怒。

天上飘起了小雪，张之洞却还在沉默，身子一动也不动，他在风雪中站成了一尊"塑像"，雪花落在他的衣服上，挂在他那花白的长髯上。

张之洞心潮澎湃，他在脑海里过滤了一遍又一遍辜鸿铭的话。是的，他在两湖两广办新政，成绩巨大。他承认中国在军事装备、机器生产、科学技术等方面明显落后，有向外国学习并将外国的成功经验搬过来的必要，这不是较为"开明"或"进步"吗？至于中国的纲纪伦常及周公孔孟之道，则是世界上最完美无缺的精神宝典，无须改变，也不能改变。他把这种认识用"中学为体，西学为用"八个字作了精辟概括，得到朝野许多人士的赞同。视自己为难得知己的辜鸿铭为什么就不能苟同呢？难道真是自己的见解太过狭隘了？

蓦然回首，这些年来，自己所受的责备还不多吗？自己从清流转为洋务后，不仅要遭受那些顽固派的攻击，连那些进步人士也指责洋务派只是学习了西方的皮毛，而没有学习西方富强的本原，还说西方富强的本原不在于军事装备、机器生产，而在于资本主义的经济制度和政治制度，因此，中国要想富强，必须实行全面的、根本的改革，"根本不净，百事皆非"，"全变则强，小变仍亡"。他们也批判"中学为体，西学为用"的理论，言"有其体才能有其用"——牛以负重，马以致远。如果以牛之体而求致远之用，以马之体而求负重之用，结果只能是"两蹶"而已。

唉，中国的事咋就这么难办？！光争论就要花去你的半世精力！这么想罢，张之洞那张布满皱纹的脸写着无尽的苦寂。

是的，辜鸿铭讲得也不是没有道理，他在很多方面对自己还是相当理解的。他骂得忠诚、痛快，骂得有学问，骂得理直气壮！就说立宪吧，出洋考察五大臣之首镇国公载泽，何德何才，却做了宪政编查馆的督办。杨度不是说载泽对宪政一窍不通吗，宪政编查馆的人员倒不少，但都是这个王爷、那个贝子推荐来的三亲四戚，不是纨绔少年，就是甩手大爷，光拿薪水，没有一个能办实事的。看来，太后确实不想真立宪，宣布预备仿行立宪，建一个宪政衙门，都是做做样子的。要改变中国的政体——哼！

一番沉思默想后，张之洞的内心渐趋平静，他眼光温和地看了看辜鸿铭，轻声道：你回去吧。又朝端方他们挥挥手：你们也回去吧，我好好想一想。

张之洞目送客人离去，却还不挪动步子，兀自把自己浸淫在飘然风雪中，耳中不时传入寒鸦三两声，更添一分枯寂。

三、上书帝后，再次得罪袁世凯

清廷既已宣布预备立宪，朝臣疆吏，缙绅官民，人人皆大言于立宪及国会，各地立宪请愿蜂起，国会请愿书亦雪片般遍传国中。外国报纸也加入进来，为清廷新派官员赴欧美考察及立宪之举喝彩。对此种种，辜鸿铭相与刺谑，疾言力斥：这些出洋看画的官员谋略从西洋那里寻到拯救中国的良方，简直就是南辕北辙。他们还不如待在家里好好地研究孔子，因为，只有当这些官员们真正领会了孔子的教义和方法，并以之取代这洋玩意儿时，在中国才不会出现目前新政所导致的混乱、灾难和痛苦。他还借某外国领事之口，骂立宪政体为"马拉马夫政体"，称设立议院乃西方乱政之由。

嘴里骂了，文中骂了，可辜鸿铭却一点也不过瘾，他痛惜自己无能为力来阻止一茬又一茬效尤西方徒慕西学之辈，也不能迫使那些到欧美考察宪政的官员转头研究孔子。

"举世皆浊我独清。"已届天命的辜鸿铭深深地感到一种难言的悲哀和深深的寂寞，不经意地回眸起自己那一半在西方、一半在东方的人生之路。帝都北京——这天朝的心脏，自回国后的二十多年来，最是他向往的圣堂。此时的他虽然风华不再、鬓发微染，但这又何妨，对他这么个执意叶落归根、报效祖国的人来说，这算得了什么？何况，在从沪滨北上时，他就坚信，自己五十华诞已阅尽人生沧桑之树，就要到开花结果的时候了。可最可怕的是，在大可一展宏图的帝都，他挂着外务部从五部员外郎的虚衔，竟无事可做，看着生命史上的最佳年华转眼间又要离去一年了，他心中涌起一股不胜寒颤的凉意。

如今的廷内京外，新政之声嚣嚣，上自大僚巨贾，下到贩夫走卒，人们都疯了一般不问青红皂白，争相追逐西洋的种种时髦。辜鸿铭看不惯，也不愿看到这些。既然这样，还不如"眼不见为净"为好，于是，除了按时到外务部点卯外，他多半时间干脆足不出户。

这天，他端坐沙发，长辫下垂，口吸香烟，耐心地教儿子以孔孟之义。辜守庸听了一会儿，就有些不耐烦了，恂恂然说：朝廷在向各部下诏条陈时政，父亲却用如此宝贵的时间来教育不孝儿，真让不孝儿感动，父亲的话儿全明白，你就赶快去应诏写奏折吧，母亲已在书房等候多时了。

辜鸿铭却又燃起一支香烟，不急不躁地说：行文，需到火候，方可下笔，作文者当惜墨如金，戒躁进，盖行远必自迩迩，非一朝一夕之功也。

辜守庸越听越感头昏沉沉的，终于趴在桌上睡着了。辜鸿铭叹口气，道声"孺子不可教也"，怏怏出了儿子的小书房。

是的，儿子说得对，朝廷已向各部下诏条陈时政，广开言路，自己五品之职虽然无法入朝觐见，但陆游不是说了吗，位卑未敢忘忧国，自己怎能对看不惯的东西仅表示不屑之态，而放卸作为大清忠臣和子民的那份责任，坐视国家民族前途阽危而不顾呢？不，不能这样，得把自己的所思所想和政治主张应诏陈言，上达天听，保不准，这还是一次献策朝廷的机会。

想到这里，辜鸿铭顿觉血脉贲张、热浪奔涌、精神倍增，疾步走到书房，铺纸提笔，想着要将自己那深厚的中西学识、回国服务二十年来阅尽的是非、厚积的真知灼见等来个畅言抒发，全部呈献给大清帝后，贡献给多灾多难的祖国。平生第一次条陈时政，辜鸿铭内心翻江倒海般的不平静。为了平息心态、整理思绪，他招来了淑姑，揉捏着她那瘦如羊蹄的金莲，顿觉天地贯通，右手握管，在"具呈外务部员外郎辜汤生为应诏陈言"之后，行云如水般开写。

"言人之所未言，发人之所未发，语不惊人誓不休。"这是辜鸿铭的为文惯例，给帝后上书更应如此。在指出大清中国今日之弊在于"行内政而不守旧法，而办外事又无定章"后，辜鸿铭对于当今新政之弊痛力解剖。条陈国事，不仅要指谬除弊，关键是要表述自己的政治主张，辜鸿铭将之娓娓道来。洋洋洒洒就是五千多字，手都写酸了，淑姑一旁早就累睡了，可辜鸿铭心头的热火始终未泯。他掷笔后想了想，复又拿起，于此之外，添加一段画龙点睛之文，并别有用心地向帝后特别申明自己的阅历，以期引起重视：

职本海滨下士，游学欧西，于彼邦国政民风曾经考察，略识端倪。回国后，凡中国经史诸子百家之言，亦尝稍稍涉猎，参观中外，利弊显然，现值圣明广开言路之时，目击时艰，忠义奋发，故敢就梼昧所及，披露沥陈，上渎天听，不胜屏营悚惶之至，伏乞代奏。谨呈。

不经意间，晨曦破窗而入，辜鸿铭仍不觉困倦，循由惯例，捧着奏疏从头到尾细阅一遍。应该说，自己条陈的宗旨——内政宜申成宪，以存纲纪而固邦本；外事宜定规制，以责功实而振国势——是明确的，通篇按内政、外事两条线走下来，先"破"后"立"，可谓逻辑清晰，条理分明。如果按照自己的政治主张，则内政可修、外事可定也。辜鸿铭对此自信有加，甚至觉得自己就是那个写出了《出师表》这一千秋雄文的诸葛亮。

放下奏稿，缓缓走向窗口，吸纳着清新的晨风，忽然一股悲凉之意袭上辜鸿铭，这不是风，而是心中的冷——这么好的奏疏，只因自己资历不够，无法入朝面奏，而只能请人代奏圣上。

由人代奏同自己当廷面奏是大不相同，但辜鸿铭这份长达五千字的奏疏还是在朝廷内外激起了一阵波澜，反应最大的当算军机大臣兼外务部尚书袁世凯。这天下朝后，他家也没回，先打道到了锡拉胡同来看张之洞。

张之洞原在先哲寺安居，冬天寒冷，路途又远，入值极不方便。工于心计的袁世凯便在离紫禁城较近的锡拉胡同购置了一所宽敞的庭院，然后对张之洞说这是多年前买的一所房子，空着无用，请中堂搬进去住，不图别的，图个上朝方便。正苦于此事的张之洞稍加推辞也便同意了。他焉能想到，锡拉胡同寓所里的门房、杂役多是袁世凯安置的暗探。自此，张之洞的一举一动几乎都在袁世凯的掌握之中。

第十二章 外务京都

在军机处列名两亲王、三中堂之后的袁世凯，对张之洞一如既往地恭敬，请安问候，执的全是弟子礼。张之洞寓居先哲寺时，他便不时前来看望，有时是有事，有时是闲聊天。迁居锡拉胡同后，袁世凯的身影更是隔三岔五地出现。今天见袁世凯来，张之洞也没起身，随便用手指指身边的椅子，懒散地道一句：慰庭来了，坐吧。少年高第、仕途顺利，养成了张之洞高傲自恃的脾性，到了晚年，功勋在世，名满天下，则更添几分倚老卖老、偃蹇散漫的作风。对这个比自己小近二轮同忝军机的后辈，张之洞从不到大门迎接，顶多只站在书房门边等候。

袁世凯是为辜鸿铭的奏疏而来。第一次应诏向帝后条陈时事，人微言轻的辜鸿铭不顾后果公开批评朝野言行西法与新政之风不够，还一腔热血地发出了"用小人办外事，其祸更烈"的肺腑之言，弦外之音，针对的是执掌外务部的袁世凯。袁世凯焉能不恼恨。

张之洞得知袁世凯的来由后，把玩着手中的鼻烟壶，漫不经心地说：我说慰庭呀，汤生奏折中所言"用小人办外事，其祸更烈"，我看并不是专门针对你所发，你既不是小人，又何必耿耿于怀。

袁世凯对张之洞的态度大为不悦，却不好表示出来，只好恼火地嚷一声：这个辜鸿铭，要不是看在香帅面上，我真……

"慰庭想怎么样呀，是不是也不让汤生做员外郎呀？"

张之洞可谓话中有话，当初梁鼎芬疏弹奕劻、袁世凯，不为军机处上报，乃乞去职。时湖南巡抚缺出，张之洞乃以此职相荐，却为奕劻、袁世凯所持，不获。梁鼎芬郁郁不自得，自撰一联，曰："读书学剑两无成，此心耿耿；钟鼎山林俱不遂，双鬓萧萧。"既寄张之洞，张之洞难免好一番感慨。

袁世凯知张之洞之所指，一时也就沉默不语了。

还是张之洞打破了这难挨的沉默：汤生入外务部，以其杰出之才当一小小员外郎，不算过分吧？言毕，袁世凯意味深长地看了张之洞一眼，说：他连我都敢骂，我也拿他没办法，有那么多的洋人给他撑腰呢！

话不投机，袁世凯乃讪讪告辞，一路不得心平，想辜鸿铭呀辜鸿铭，你也不要太自以为是了，总有一天我要给你好看的。

四、京师政坛发作师爷气

会贤堂生意好，一是因其地处什刹海，门前风光旖旎无比。酒宴未开或酒阑散席后，客人身倚栏杆，眺望荷塘风光，心旷神怡；二是这家饭庄子由张之洞的庖人经营。"宰相门前七品官"，张之洞的厨子与上层人士关系该亲就能亲。因为后海和前海一带是醇亲王载沣等王公亲贵的府邸大宅，不少人办喜事都爱放在会贤堂，久而久之，会贤堂就做了王公府邸和清宫内务府的生意。当然，会贤堂也是北京风味最好的饭庄子之一，这里以鲜莲子闻名，而鸭丁烩鲜莲子、烧鸭鲜莲子馅饺子，又是这里别开生面的名馔。

这天，辜鸿铭、沈曾植、罗振玉、乔樹等一帮旧友为梁敦彦赴美国接受耶鲁大学名誉法学博士学位饯行。在等汪康年之机，辜鸿铭看着满桌的文章俊秀，说：既在等穰卿，在座诸位皆文章大家，何不每人吟诗一首，让汤生见教。大家齐声说好，认为这样既可消闲时光，也算是不需花钱的雅事。沈曾植说：汤生兄既有此议，就以汤生兄先，如何？大家欣然同意后，辜鸿铭沉吟道：我虽也学写几句破诗，但焉敢自负到要与诸位方家来比。这样吧，我新近看了英国诗人科伯的一首叙事长诗，还算是精品，也还记得其中内容，我翻译出来，请诸位方家雅正，如何？既蒙同意，辜鸿铭道声笔墨伺候，饭庄伙计立时就端来了纸墨笔砚。辜鸿铭起身背手踱了一圈，口中喃喃数语后，重又落座，欣然握笔。每写完一张，沈曾植诸人就传看一张，觉得朗朗上口，颇有意趣。不一会儿，《京报》经理汪康年来到，在罗振玉示意下，也就默不作声，只凑近了头来看。辜鸿铭继续把余下的内容译出：

富翁果赛马，争至伦敦城，适至上马处，下马气始平。

天子万万年，富翁寿且康，他时骑也出，我亦愿观光。

辜鸿铭译毕，于掷笔揉手之际，一双眼睛滴溜溜地观看众人神情，却见他们皆面露欣喜之态。梁敦彦首先道：汤生兄，科伯这首《痴汉骑马歌》我也是读过的，没想到你竟译得如此生动有趣。瞧那个布贩子，在你的笔下，多么诙谐传神呀，了不得、了不得！沈曾植接着赞叹：汤生今天虽未曾作诗，但谁敢言这首译作比作诗容易呢！汪康年也道：汤生若不嫌弃，下次我们《京报》登了它。

辜鸿铭译诗花时不少，况汪康年又至，大伙笑言既有汤生题诗在上头，谁能再与争锋？竟没继续即兴赛诗，径自开筵起来。

酒过三巡，辜鸿铭话就多了，一会儿说崧生兄要去美国了，这侍郎就由我来护理吧，我也就可以当廷面奏了；一会儿又说你出洋接受博士学位，可不要像那些看洋画的，挖空心思想着要从西洋那里寻到什么不中用的救国偏方；一会儿又瞪着大眼相问，你这博士也说一说，我那奏疏如何呀？当着众人的面，梁敦彦也不多说，只是笑笑拍拍辜鸿铭的肩膀。

"汤生兄那份奏折，我是认真拜读过了的，探根索元，洞见症结，虽西汉的贾谊贾长沙复生亦不能过之，真是天下的奇文，沉疴之药石！"说话的是学部正五品参事官罗振玉，语气不无钦佩。

"世上竟有如此识货的。"辜鸿铭顿觉眼眶有点潮，却又轻叹一声：人微言轻，怕只能被朝廷束之高阁了。

"汤生兄捅了袁世凯的马蜂窝，今后可得小心点儿！"沈曾植虽然在新政和立宪等问题上与辜鸿铭道不同，但对他的多数主张还是赞同的，尤其佩服他那睥睨权贵的大丈夫气概。

辜鸿铭笑说无妨后，又道：沈公已离开外务部了，还怕袁世凯那厮不成？

沈曾植有些不悦，说：汤生兄也莫小看人了。我岂是贪生怕死之徒、趋炎附势之辈？今天袁世凯设宴邀请我，我还坚辞不去呢！辜鸿铭连道两声失敬后，沈曾植紧绷的脸才缓和下来。

沈曾植是以署安徽布政使护理巡抚入京办事的，刚好听说梁敦彦即行远赴美国，便抽身前来送行。

乔槭由沈曾植的话谈及袁世凯拉帮结派的情景，一字一句地说：喜好结党，敢于结党，而且善于结党，这大概是袁项城一类小人得志常见之举。君子一类的人，囿于孔夫子的说教，轻易不大敢结党，这显然不利于有道之人和正直之士从事政治，他们常常寄希望于君主的贤明，或者是指望成为一人之下万人之上的贤相，这也许可以抵制小人的朋党，但显然这不是时时靠得住的办法。孔夫子不党主义的说教不能防止小人结党，只能限制君子的政治影响力，以致古今朝野常常出现"群臣朋党，才能之人去亡"的情况。

"君子不轻易结党，但不得已也要结党。像我们今天一起聚会，何尝不是一种结党？"梁敦彦说罢，笑了笑又说：莫谈政治为好，来，喝酒、喝酒。

酒喝下去了，辜鸿铭那尖锐的抨击在酒精的作用下持续升温。提起袁世凯，他有着不尽的切齿之恨，说：袁世凯这种人对国家和民族最大的危害在于，他们身居高位后,那些寄生虫和邪恶分子便蜂拥而至,聚集其周围,像一块臭虫肉上的蚂蚁或杆菌,不仅损害这些虚弱者自身的身体,而且危及一个民族和国家的道德命脉和物质命脉。

乔樾见辜鸿铭滔滔之语未见终止,并且神情愈发复杂,听着听着,他的眼睛愈瞪愈大,不无敬佩地看着辜鸿铭,说:汤生兄讲得有道理,想想,袁项城不过乡间一无赖,竟然也和香帅一道进入军机处。老佛爷如此用人,天下谁还去追求学问呢,无赖之徒岂不起而效之?

辜鸿铭见有人呼应,语气愈发激越起来:要依我看呀,袁世凯是个彻头彻尾的流氓,他代表着残暴、污秽无耻的群氓意志,他是个比李鸿章甚至比康有为还要坏得多的恶棍。李鸿章虽然庸俗,但不暴虐刻毒;康有为及其雅各宾虽暴虐刻毒,却还不太粗俗,他们有理想,强烈渴望有一种太平盛世的到来;而袁世凯却结合了庸人李鸿章的粗俗和康有为及其雅各宾的暴虐刻毒,如同英国殖民大臣张伯伦,他是中国的叛徒雅各宾。

梁敦彦担心隔墙有耳,有点听不下去了,可他越是劝阻辜鸿铭"莫谈政治、莫要犯上作乱",辜鸿铭越是不肯住口。仿佛他有许多年没讲过话似的,仿佛与在座的旧友半个世纪没见过面了。是的,谁都不能阻止辜鸿铭说话,他要吐尽心中块垒。多年的不满和失望足以让人生出许多牢骚,何况是他辜鸿铭,与其任这些牢骚积郁腹中,何不一吐为快。只不过,他也得照顾梁敦彦的面子和情绪,于是换了个话题,谈起自己多年才得以小小升迁的缘由,那在于僵尸般的大清官僚体制。他愤世嫉俗的话语很高亢,说:如今官场上下皆顽劣无耻为度,以模棱两可为合宜,不学无术自是其愚,植党乾没以自神其智,此真患得患失之鄙夫,而足以亡人家国也。

众人听罢,也就深思起来。应该说,辜鸿铭的描述和揭露是真实的,他讽时骂世、狂言怪语,根源在不得志也。这次谁都没有起而呼应,因为大家都是官场中人,又都满腹经纶,可有几个人自感得志呢?在这点上,他们和辜鸿铭真可谓"同是天涯沦落人"了。

辜鸿铭见一时没人帮腔了,又想着要挑起争议以消弭寂寞,遂指着沈曾植道:沈公当初赴日本是为了考察学务,既不是看洋画的,为何也满口立宪起来?

沈曾植没有正面回答辜鸿铭的问题,他不想在这个问题上与辜鸿铭作无谓的争议,他以退为进道:汤生兄那张嘴巴也太过尖酸刻薄了吧。

第十二章 外务京都

辜鸿铭笑了笑，说：在满目萧萧的今日天下，我辜某人也唯有这张嘴能发点牢骚了，为何还要刻意虐待它呢？但看那满朝文武、廷臣疆吏，谁个不在忙着争官做、刮地皮，我来过过这嘴瘾又有何不可？

在京师政坛，辜鸿铭的师爷气又发作了，最具体的表现便是好骂人，他不仅在生张熟李面前骂，还在外务部骂，漫天撒网，一心要过一番嘴瘾，似乎要把以奕劻、袁世凯为代表的著名政坛闻人一网打尽。他还哼起了不知从哪整理出来的"官谣道情"，唱的是"世人只道官儿好，摇尾乞怜会取巧，声声恭喜上门来，报道老爷牌挂了。官儿好呀官儿好。世人只道官儿好，敲骨求金图中饱。饿莩载道我不关，只要囊中塞钞票。官儿好呀官儿好……"

他骂他的，满朝文武、廷臣疆吏照样在忙着争官做、刮地皮，仿佛两不相干。

只是张之洞的府第，却多半由无声的冷月相伴。虽然位极人臣，爬进了帝国决策者的小圈子，但除了勤勉王事外，张之洞树立的却是"君子不党"的为政原则，远离吹拉弹唱、美姬红粉，平日与其唱和的也只有少得可怜的硕儒通士和志同道合者。一两年下来，他更累了，也更见苍老了。咳，在军机当差实在毫无诗情画意，每天披星戴月，半夜三四点就得上朝，回到家中，就差身子骨没有散架。

这天逢别人当值，张之洞难得清闲下来，这才感觉到一份寂寥冷清。梁敦彦去美国了，辜鸿铭自那次争执后已没再来，自己怎么连个知心的讲话人都没有呀？想到辜鸿铭，想到辜鸿铭背地里的议论，张之洞独立院中，心情萧萧。想想辜鸿铭说得也对，自己作为一方疆臣还能有所为。是的，自己力行新政的政绩都是在任封疆大吏时取得的，一旦入参军机后，反倒只能秉旨办事而碌碌无为，即使有学问也派不上场。难道现在真的已进入龚自珍所言"将萎之华，惨于槁木"的"衰世"？值此君主专制风雨飘摇、民主政治喷薄欲出之际，难道要自己放弃"君为臣纲"的万古不移之规，附和他们实行议会制度？不，这肯定不行。民权之说，无一益而有百害，所以自己主张有限制的立宪，人民有义务、无权利。为什么要主张"整顿中法"、"采用西法"、汲纳"西政"，这还不是意在通过革除贫弱废弛之弊，引进西方某些法律制度和行政措施，使大清王朝重抖擞，君主制重新焕发生机和活力。所有这一切，都是为了大清王朝的江山啊。可有几个人能体察自己的苦心，太后可曾体察？自己真是辜鸿铭所指责的"知术不知权吗"？看现在朝廷上下，新政嚣嚣，可到处都是只闻雷响不见雨滴，究竟怎么回事了？越是往深处思想，张之洞越是感到心乱如麻、苦寂难熬。得出去看看他去，这个不识好歹的辜汤生，张之洞心里涩涩地想。

辜鸿铭嘴巴哼唧着《官谣道情》下得轿来，刘二在门口迎着，低声说：老爷你猜谁来了？辜鸿铭疑惑地径往厅里走，却是张之洞默然无语地端坐着，但见他满脸倦色、一部长须飘飘。辜鸿铭看傻了眼，赶紧趋步上前参拜：香帅折杀汤生了，外面还下着雪呢，怎地就亲来了？

张之洞抬起一对似睁非睁的浊眼，语声缓缓：汤生，你，陪我到外面，转转吧。

既然张之洞要自己谈对立宪治国的看法，那就谈吧。辜鸿铭哪来的磕磕绊绊，想说什么就说什么：治国如同治病，所以古人将良医与良相并称。药虽然对症，也必须随着人的年龄、体质区别，谨慎加减。该加的不可减，该减的不能加。比如藏红花，虽是妇科常用之药，然而对八十岁的老太婆，则极不妥当；再如腽肭脐，虽是健肾壮阳之药，然而对二十岁的小伙子，岂能妄用？

张之洞走了一段路，感到劳累，停下脚步，略定一下神，看着辜鸿铭：那你用什么方法救国保教？

辜鸿铭手折一细棍在雪地上比画着：真正掌握儒家方法的人，既知"德能胜力"和"理能制势"，又知德何以胜力、理怎样制势，他不会赤膊同炮舰相拼，肉身与电车相撞，甚至可以暂时容忍，采纳或保护西方文明所表现出来的某些实体的器物，但最终他能以德服人，将其文明的弊端和危害消弭于无形之中，即所谓"君子笃恭而天下平"。

张之洞像是自言自语，又像是对辜鸿铭说话：依靠自己传统文化的优势，来抵御消弭西方物质文明对中国传统的破坏力量？

"对！这就是恃'君子之道'救国保教。要真正做到这点，还必须了解西方文明。一来我不知西人之学，亦无以知儒家之道之大且极矣；二来不了解西方文明的真相，就无法有效地对付它。"

一阵大风骤至，把张之洞的帽子刮落于地，辜鸿铭紧追两步，俯身拾起，拍去帽上的雪花，恭敬地递给张之洞。

张之洞正帽之际，辜鸿铭以一位上海住户为维护自己宁静优雅的传统生活方式，反对洋人修建电车道作譬喻，来说明对这个问题的解决方式。他谈道：解决这个问题的方式不外四种，一是这位上海住户可以公开抗议在上海街道上修筑电车道。如果抗议无效，他自己也好，纠集一些志同道合的人也好，向电车司机抗议，要求停车。如果还无效，那么就用拳头和身子拼命地抵挡正往前开的电车，这样做，上海住户和他的同志就会粉身碎骨，而电车道却原封不动，这是端王他们利用义和团抵挡列强的方法。

雪空中有寒鸦三两只飞过。张之洞凝望白茫茫的天地，长叹一口气，不知是为国家忧愁，还是为传统儒学陷入困境而发担忧。

"第二种方法是，上海住户自己或找几个朋友建立一个对立的电车道公司，从财政和其他方面来搞垮外国的电车道公司。到这一步，且不说能不能搞垮对方，而自己原来的生活方式却注定要被破坏，甚至乱糟糟的无从收拾。这何尝不是香帅你用以抵抗欧洲物质文明侵入中国的方法。"

辜鸿铭的话让张之洞陷入深思，一动不动，脸部表情凝滞，像风雪中矗立的一尊雕像。

"第三种做法，上海住户跟电车公司断绝关系。但是断绝关系与不合作并非精神上的力量，不能用来矫正或改革社会上的失误。这是俄国托尔斯泰和印度的甘地所主张和建议的做法。托尔斯泰在给我的信上倡导跟一切欧洲的东西断绝关系，以之来对付社会祸患。我看呢，这绝不是什么可行的新方法。"辜鸿铭说罢，扔掉手中的棍子，搓搓被冻僵的手，呵着气说：我个人认为，以上的这些做法对保护我国传统文明都是行不通的。

良久，身旁的"雕像"开口了：你的看法呢？

"依我看，上海住户不必跟电车公司脱离关系，甚至可以袒护它，不过在私人生活和公众生活中，千万要有充分的自尊和忠厚的表现，以得到上海全体百姓的敬重。如果上海全体百姓团结一致给予他精神和道义上的支持，电车道自然也就作废了。这是孔子抵制社会祸患和政治祸患、改造世界的办法，也是促进世界和平安定和真正文明的唯一动力。"

在满世界充满恭维和虚伪之语时，辜鸿铭由其师爷气而发出的内心衷曲，不啻是份清凉解毒散。张之洞这般想着，咀嚼着辜鸿铭的话，想说什么，却终于没有说出，搓搓手，折身回头，迈着僵硬的步履向来路走去。

第十三章

伤心挂冠

一、洋人们疯了，竟敢在天子脚下抨击中国皇太后

"中国必须进行一场真正的自上而下的改革，才会灌注生气，希望的曙光才不会太遥远。"这是英国《每日电讯报》驻京特约记者辛博森的声音。

不独这位著名的中国通在抨击中国皇太后，连爱米也不留情面地加入到了抨击之列。爱米喜欢拉辜鸿铭逛街溜巷，在看风景和观察形形色色的人员之际，听他讲些沉浮的世事，不啻是一种乐趣，而对中国文化也是一次深入浅出的了解，她对中国问题的一些见解，不少是在同辜鸿铭瞎逛闲聊后总结出来的。在她所认识的中国人中，唯独辜鸿铭能给她这种奇妙的感觉，这种感觉像风中的薄荷一样，散发着令人向往的淡淡的馨香。

世事沉浮，什么都可能发生，但阶层之间的差距不可以道里计，这是明白无误地写在了各自的脸上的。不同的面孔表情，刻写着不同的种族、身份、职业和等级。钱庄里的雇员多是肥头大耳的；报馆记者多是戴礼帽的；交际花是浓妆艳抹的；在街头百无聊赖行走、面呈菜色的该是苦力……爱米自负能在人群中一眼辨别众生的出身和地位来。

听她这么一说，辜鸿铭却摇了摇头，说：像历代王朝一样，大清帝国对尊、卑、贵、贱的等级颁有明确的法令。一部《大清会典》规定了哪一等级人才能着哪一种质地、品位的装饰，然而，你们洋鬼子一进来，在租界里搞起个什么消费革命，受了鼓动的大清臣民们，有的就逾越雷池了。你看上海，几至无人不绸、无人不缎，你还能从衣着上区别每个人的身份来？瞧那些妓女，出局必乘大轿，还要打灯笼

的侍从，这个派头简直要直追府道台了。还有那些三教九流的人物，也不管自己的出身如何，只要口袋里有了钱，就可以披金戴银，昂首阔步列官场，咳，我都认不清这社会的真实面目了。

辜鸿铭说这话时的神态，不知是赞扬还是揶揄，抑或两者都有。对于爱米的邀请，他多半不加拒绝，和一个颇有几分风韵的女老外出现在大庭广众面前，招揽一些好奇的目光，也符合他的个性。

这天他们来到了崇文门，这崇文门是北京最大的税关，爱米说这里的全部税银也只够皇太后梳妆费开销。辜鸿铭不喜欢人家动辄议论皇太后，何况洋人，他语气严厉地督促爱米住嘴。爱米只好拣辜鸿铭喜欢的话题。她望着大大小小的门和门外街头造型各异的牌坊，说：北京的城建堪称全中国甚至世界城市建筑的典范。

作为德国莱比锡土木工程学院的毕业生，辜鸿铭对建筑当然不会隔膜。他说北京的伟大以建筑为第一，接着如数家珍般地谈论开了皇宫三殿，直说得唾沫横飞、眉飞色舞。

谈皇宫论建筑，这在辜鸿铭不知是第几次了，但每次论及，都会增加一些他新近发掘的内容。爱米听后，说：中国的皇宫，连同它周围的城墙当然伟大，可都是替一个人的作威作福而壮声势的。有了这些排场，才更使百姓知道皇帝的尊严，于是四方之人，咸来朝拜，整个中国都为这么一个人效力着。你们的慈禧太后也真够厉害的，竟能玩转皇帝于手心，集大权的她不腐败才怪呢！不过，这日子快要到头了！

"你想说什么？"辜鸿铭看着爱米，忽然厉声问道。

"太后病危，皇帝命亦不保，中国很快就要改变政体了。"

"什么？！"

辜鸿铭眼里喷着烈焰，看着爱米，心想，这些洋鬼子在中国的土地上，尤其是在天子脚下，居然敢如此犯上作乱，诅咒太后、皇上早死，就不怕杀头？！

爱米担心自己要在这烈焰中"熔化"，忙低下了头，喃喃地说：这是从濮兰德那听来的消息。

辜鸿铭显得有些暴怒了：濮兰德还说了些什么？

"他还说，为了给太后和皇帝祈寿，活佛十三世达赖喇嘛已从西藏来到了北京。"

达赖喇嘛来北京是人所共知的事，达赖乘专列到京的那天（1908年9月27日），清廷理藩部、内务部、步军统领衙门、顺天府等各衙门的官员以及青海的东科尔呼图克图、北京各大喇嘛寺的扎萨克喇嘛等云集前门火车站相迎。本来欢迎达赖是没有辜鸿铭的事的，他的身影却还是出现在黑压压的欢迎队伍里，因为达赖是位值得他敬重的爱国者和抗英英雄。

辜鸿铭既知此情，就对爱米说：达赖活佛向太后皇帝祈寿念经，这有什么值得大惊小怪的呢？

"关键是活佛为皇帝祈寿似无效果。这段时间，医生频繁前往颐和园诊视，看来情况大为不妙。"爱米一边说一边偷偷地拿眼睛去瞄辜鸿铭，看他的反应如何，见他良久不语，便又喃喃地说下去：濮兰德还说前些时候两宫由颐和园回西苑时，太后曾无比伤感地对左右说，"皇帝病重，我们恐怕一时不能到这里来了"。

民间相传活佛与皇帝，若同居一城，必有一人不利，难道是真的？辜鸿铭这么想罢，一时沉默不语，抬头仰望着苍天，在如血的残阳下，无数只小小的蜻蜓在漫天飞舞着。

晚风吹拂着爱米的发梢，站在可以一任长风浩荡的皇城大街上，她感到一阵凉意袭身，北京的秋天在傍暮时分总是让人感觉凉冷。辜鸿铭的冷淡更使她有些支持不住了，于是小声说要回去了。见辜鸿铭不语，便慢慢地转了身要离开。

"且慢。"辜鸿铭叫住了她，轻声问道：濮兰德从哪听来的小道消息，就不怕杀头？

"不，辜先生，我看这是真的。"爱米转过了头，目光中流露着善良和诚恳，说：濮兰德在中国生活多年，与上层人物建立了多种关系，他从宫廷内部得到的信息也许并不会比辜先生少，而且，我听说他甚至获得了一些宫中档案和私人信札。

听爱米这么一说，辜鸿铭又不言语了，他冥冥之中感到了一种可怕的肃杀之气，这不祥之气就来自深深的皇宫。

爱米在转身离去时，再次瞥了辜鸿铭一眼，她吃惊地发现，这个人的眼角竟然涌出一两滴晶莹的泪珠。

太后和皇上果然龙体欠安！辜鸿铭拐弯抹角地从张之洞等人那里探知了一些蛛丝马迹。再问是怎么个欠安法，张之洞眼睛一瞪，说：你打听宫内事干什么，你有几颗脑袋呀？辜鸿铭不敢吱声，心里愈加忐忑不安起来，嘱咐淑姑周日行香时，别忘了给两宫祈寿。

在太后和皇上的欠安中，大清新政像多病老牛拉的破车，于朝廷内外七嘴八舌的清议中缓缓地、漫无目的地行驶着。

几天后的迟暮时分，等候在家门口的刘二看到辜鸿铭回来了，立马就朝院内叫喊：夫人，老爷回来了！辜鸿铭满脸忧伤，一语不发，直奔书房而去，一屁股跌坐在木椅上，呆若木鸡。淑姑见状就有些慌了，摇着他的臂膀，连声追问：怎么了？！

"国丧，双重国丧！"辜鸿铭一语未了，已是泪如雨下。

却原来，光绪皇帝以三十八岁英年驾崩了，相隔一日后，七十四岁的慈禧也驾鹤西去。

淑姑见辜鸿铭如丧考妣般哭得悲痛欲绝，心想，"你连皇上、太后的面都没见过，也值得哭丧啊，真不知眼泪是从哪来的？"但她想是这么想，却哪敢讲出口来，只是轻轻地拍着他的肩以示劝慰。

两天内连丧两宫，不仅清朝立国二百六十年来绝无仅有，自秦皇汉武以降也鲜有其例，一时间紫禁城里满目素白、哀乐震天，一切国事几乎停办，上自军机处，下到国子监，京中各衙门的大小官员都投入了空前未有的国丧之中。

自回国以来，辜鸿铭就一直希望享受面炙大清帝后的殊荣，尤其是这次外务京都以来，在天子脚下为国办差，这份愿望就更为炽烈。可现在，在1908年11月15日这天，一切都因为大清帝后的先后晏驾而随风飘逝。

站在紫禁城夕阳的余晖下，辜鸿铭感觉原先气派的皇宫显得是那么的灰暗，沉沉暮气笼罩着死寂。晚秋的冷风吹来，他不觉打了个寒战，腿脚忍不住哆嗦了一下，他蓦然又有了个不良的预感——大清王朝难道要处于风雨飘摇之中了吗？

这种预感在张之洞那里显得尤为强烈。把大清动荡的江山交给一位三岁娃娃和一个志大才疏、优柔寡断的摄政王以及一个遇到困境只会啼哭的皇后，清室命运实在堪忧。连日来，张之洞茶饭不思，他显得更清瘦、更苍老了，那飘洒在胸前的白须已然失去了昔日的光泽。

皇帝太后都死了，中国也很快就要改变政体了。一时间，在京的洋人都纷传着这么个信息。

这天，外务部来了几位洋客，指名要找辜鸿铭员外郎会谈。辜鸿铭出来看时，却是爱米、辛博森等人，他们请辜鸿铭就中西政体比较发表意见。他们的态度并不是居高临下，而是以尊敬和商量的口吻，并且当着一帮看热闹的属吏面，辜鸿铭想这何尝不是一种效应呢，于是毫不矜持地答应了。

对中国眼下的政体，辜鸿铭在说话时显得有点矜夸：在中国，君主居五伦之首，握权力之极，皇上的裁决就是最高法律，广大民众不干预政事，即所谓"庶民不议"。

辛博森说：这也太不民主了！贵国早应仿效欧洲立宪，倡行民主，现在那老女人死了……

"中国的事，哪容你们洋人来瞎操心！"辜鸿铭大喝一声。

辜鸿铭信口雌黄的诡辩和对中国政体的人为的美化，深深地激怒了这伙有头有脸的洋人。"道不同不相为谋"，他们过早地结束了这场不对茬儿的对话，分别坐上了各自停在门外的洋马车。

外务部衙门一茬又一茬的洋人进进出出、出出进进，让附近和过往的市民大开了眼界。他们伫立远看，三三两两地交谈。有的说现在是五洲万国交通时代，从前多少辞章考据的学问，是不尽可以用世的，我看现在读书，最好能通外国语言文字，一件件都要学会，那才算得是个经济；有的就应和道，是啊，总要学些西法，识些洋务，派入外务部当一个差，才能够有出息哩。不知谁加了一句"还可以泡洋妞"，惹得大伙都笑了。

辜鸿铭到外务部按时点卯、按时回家，日复一日，周而复始，也感觉不出自己有多大作为，倒了解了官场这"大染缸"的不少实情。这日，哼唱着"世人只道官儿好，鱼肉乡民欺群小……"回到家中，淑姑见他一脸喜色，便问什么喜事。

辜鸿铭一脸兴奋，连比带画地说：袁世凯被朝廷赶跑了！

二、天下之道只有两端，不是王道就是王八蛋之道

袁世凯是被载沣赶出朝的，没成为载沣的刀下鬼，就算万分幸运了。

既赶走袁世凯，载沣为了消弭各地此起彼伏的反清隐患，摆出了一副热衷立宪的架势，极力笼络国内的立宪党人，先是仿效立宪国家由国务总理副署负责制，规定谕旨须由军机大臣署名，接下来又特发一道谕旨，宣示决心立宪的态度。各省民意机构——咨议局相继成立后，朝廷资政院也随之成立，载沣又派溥伦、载泽为纂拟宪法大臣，饬令宪政编查馆加快草拟宪法的步子。这期间，他又革去奏阻立宪的陕甘总督升允和玩误宪政筹备的甘肃布政使。不少立宪党人被载沣的表面现象所迷惑，以为他是个宪政热心者，就连流亡异国十多年的康有为也请张之洞呈交信件给载沣，期望出山辅佐明公。

刚从日本调查农学回国的学部参事官、新授正四品京师大学堂农科监督罗振玉认为，袁世凯既罢，以辜鸿铭为外务部尚书最为合适，因为以中国之大，没有谁比他更了解洋人的。

逢着罗振玉，辜鸿铭的话就特多，两人都主张恪守旧制、反对立宪新政，忧国忧民。听说罗振玉想吃西餐，辜鸿铭就把他带到了东交民巷外头的那家西餐厅。用餐时，辜鸿铭的娴熟与罗振玉的笨拙相映成趣。

话题接着袁世凯的罢职，辜鸿铭说：去了个袁世凯又如何？朝廷里多的是乱国有余、治国不足的人，摆着那些七零八落的人才，要支撑这个内忧外患的天下，越想越觉危险。

罗振玉也颇有同感，说：近来贿赂彰闻，苞苴不绝，里头呢，亲近弄臣，移天换日；外头呢，大臣小吏，颠簸作浪，不晓得要闹成什么世界来！

听这么一说，辜鸿铭一时沉默不语了，埋头喝起汤来。

"汤生兄，你倒说说看，从哪里寻求挽救我大清朝的良方？"

辜鸿铭手指碗中汤，嘴里含糊不清地说：喝汤。

"喝汤？"

辜鸿铭以刀叉轻敲着碗汤的边沿，道：叔蕴兄，你看我中国自咸同以来，内虚外伤，列强环伺，就像一副百病丛生的身躯，从"天灵盖"病到了"脚趾末梢"，就是那些"医道高手"也不知从何着手。一开始，有一位"时髦郎中"——湘乡曾国藩开出一个处方，叫"洋务清火汤"，服了若干剂，不见起色。甲午一战，症候突变，来势凶猛，有"儒医"张香涛另开一处方，叫"新政补元汤"，药性燥烈，服之恐生巨变，因就"原方"略加删减，美其名曰"宪政和平调胃汤"。因为"药方"不对症，自服此剂后，不仅没有见到转机，病却愈发凶了。咳，真不知还有什么"药方""仙汤"能起死回生？

罗振玉认真听着，神情愈发地忧国伤民起来，说：我堂堂中华，为何到大清时竟积贫积弱？

辜鸿铭又埋头喝下一口汤后，重又抬首，言辞不无痛心：衰弱的病因，我看可从陈陈相因、无所事事、聊以度日、狗屁不通、好吹牛皮、不务实事等官场作风里找到。这些官老爷们凭借其政治地位，除了不务正事在官场吹牛或争权夺利之外，还个个以举办企业为名大发横财。为了发财致富，他们哪里会把国家民族利益放在心头？官官相护，狼狈为奸，真是见怪不怪了。当官不能便经商，经商无门便做官，如此下来，政治哪能不腐败，经济焉能不凋敝！

"新政和立宪难道就不能给大清朝带来福音？"罗振玉心绪重重地唉了好几声。

辜鸿铭望着吃西餐吃得一塌糊涂的罗振玉，苦笑了笑后，拿过一个干净的碗，夹过三两种菜搅拌开来，递给罗振玉：你瞧，这里的每道菜都芳香扑鼻，令人食欲倍增，现以三两种相杂一起，你品尝品尝，看看味道如何？

罗振玉浅尝后，皱紧了眉头。

辜鸿铭不动声色，又往碗里杂入好几种佳肴，说：如此十余种菜了，请叔蕴兄品尝，味道如何？

罗振玉看了看色彩纷呈的菜肴，迟疑着接过，又浅尝了尝，欲行呕吐，大摇其头：什么味道，甜酸苦咸，于我不宜！

辜鸿铭目光定定地看着他：我国今日所行的新政与立宪，何尝不是这样？

谈论时局是苦的，汤也是苦的，这么一浸泡，整个心也是苦的了。

在西餐厅一角，伍尔兹夫人眼睛一直向门外观望，似乎在等人用餐，伍尔兹则跷着二郎腿在看一张英文报纸。

伍尔兹夫人忽然间看到了辜鸿铭，正踌躇着要不要同他打招呼，门口响起了查理的声音：总督阁下这边请……

大腹便便的新任直隶总督端方在查理和查理夫人的陪同下，说笑着入座。查理见伍尔兹还在看报，笑问有什么好新闻。

伍尔兹道：有趣，你瞧濮兰德这篇文章，写得真是深刻！中国官员，咳……

查理夫人感兴趣地问：怎么了？

伍尔兹指着报纸道：五十年来，我西洋因为同中国通商，耗费了大量的兵饷，其他损失更是无数。在战场上，将士们自然是每战必胜，但胜后一旦与中国交涉，则无不一败涂地。难道是中国官员的才智胜过欧人吗？还是他们的品行胜过欧人呢？显然都不是。

端方感兴趣地问：那会是什么？

伍尔兹道：濮兰德说，若论才智，中国官员为欧人充当看门家丁，恐怕也难以胜任；若论品行，更是不如。那么，像这样一些既无才智又无德行的人，为何欧罗巴的钦差领事一经相遇，便觉觳觫恐惧，不能坚持定见，在中国人的讨价还价面前步步退让，使本来该得到的款项大大地打了折扣呢？对这个问题，濮兰德研究琢磨了好久，才恍然大悟，原来并非其他奥妙，不过是中国官员穿着的官服朝珠在作祟。

查理夫人一番轻笑后，望着端方问：总督阁下，中国官员的官服上，怎么会绣着各式各样的花纹、动物图案？

端方自作聪明地解释：上面绣着生龙活虎、龙凤呈祥，说明我国王道欣欣向荣，迈的是龙骧虎步。

伍尔兹夫人笑道：总督阁下何不说鸡鸣狗盗、龙争虎斗呢？

端方道声夫人真会说笑，再无他语。

伍尔兹看了看端方，道：依濮兰德的意思，今日我西洋在同中国的交涉中应与中国商定新约，逼令他们大大小小的外交官员，在与欧人交涉时不准挂朝珠，而一律改用欧式的窄袖短衣，耸领高帽，这样一来，便能万事大吉。

两位洋夫人又是嘻嘻而笑。

查理接过话来说：如果中国真能按此约去做，我们欧洲即便全数退回庚子赔款，也十分划算。

伍尔兹夫人对查理夫人一番耳语，查理夫人抬起头来，目光瞟向远处的辜鸿铭。想了想，她从伍尔兹那儿取过报纸，起身向辜鸿铭走来。

辜鸿铭与查理夫人不见久矣，两人寒暄施礼后，查理夫人递过手中的报纸，问：辜先生，你看过这篇文章吗？

辜鸿铭接过，见是濮兰德写的，扫一眼，淡淡地说：哦，这缺德的濮兰德小子！也不理查理夫人，竟将报纸覆住了残羹冷汤。

查理夫人自讨没趣，脸上顿没了原先的光彩。罗振玉看了开心，一旁道说：不是可做瓶盖吗？

"做瓶盖也是有毒的！"辜鸿铭瞥了一眼查理夫人，说罢，示意罗振玉起身离去。这时，端方已看到了辜鸿铭，原希望他先向自己问安，但见他的眼光根本不朝自己这边光顾，便降尊主动地打起了招呼：老夫子……

辜鸿铭转眼看到了端方，故作惊讶：噢，这不是新任直督吗？新官上任，就被洋鬼子给包围了！说罢，也不与他们再作理会，手拉罗振玉穿过众人交织的目光扬长而去。

两人到得西餐厅大堂，却见一出梨园戏在此演出，吸引了不少洋观众。辜鸿铭驻足观望一番，竟有些触景生情地说：十多年前，我刚到北京时，有人对我说，"京师之事，可二言蔽之——游戏做官，认真做戏。"真没想到，十几、二十年过去了，还是这种状况，甚至做戏者又做官，做官者又做戏。真可谓剧场之外是舞台，人人皆过客！

相偕出堂后，罗振玉忽道：汤生兄，我见你言必称孔孟，平时所发议论，也都是王道，可王道在今天怎么就不盛行了呢？

辜鸿铭快人快语地说：天下之道只有两端，不是王道就是王八蛋之道。

这愤世嫉俗而冷酷的评判，听得罗振玉有些不解，问：何出此言？

辜鸿铭道：孟子说过，道只有两种，仁与不仁而已，仁便是王道，不仁就是王八蛋之道；既然现在王道不兴，那么，盛行于世的就是王八蛋之道了！

"王八蛋之道！是啊，这是中国自古以来被流氓们不断实践的、夺取天下和治理天下的方式，却为何于斯为盛呢？"罗振玉莫名地有些伤感起来。

三、当面为张之洞拟就挽联

夕阳落日下的大清王朝虽然被迫实行新政，陆续在政治、经济、军事、文化、社会等方面进行了一系列改革，但是辫子和马褂一直是官方咬定不能放弃的祖制。于反对立宪和新政的辜鸿铭来说，也许只有这点上还算差强人意。

梁敦彦从美国耶鲁大学接受法学博士学位回国后，在张之洞的力荐下，就任外务部尚书。素不拜上司的辜鸿铭，对这位老友当然例外，何况他还有满肚子的牢骚要找人倾吐呢。

像以往那样，梁敦彦的书房一点也不奢华，家用设备极其简陋，客厅里的沙发好几处现出破绽，有的地方甚至坍陷了。逢有中外客人来访，梁敦彦就拿出一条家用红毯子，盖住沙发那破烂坍陷处，方才出门迎客。

谈及流亡异国十多年的康有为请张之洞呈信摄政王载沣事，梁敦彦点评道：可笑康有为被朝廷的表面现象迷惑了。

辜鸿铭不解地问：当今监国果真不是宪政热心者？

梁敦彦心情甚为抑郁，道：假热心，真反对。他要保的是皇室永固，皇族大权不外落。

"这未尝不是坏事呢！"辜鸿铭似乎有了底，心情也好转起来，想着要为皇室永固竭尽忠诚。

但朝中人事却朝着他不愿看到的情况发展。载沣以载洵为筹办海军大臣，以载涛管理军谘府事务。这些尽出揽权的都是些纨绔亲贵、少不更事之流。

"载沣此举，简直是把国家大事当成儿戏！"

听辜鸿铭这一嚷，世食君禄的张之洞内心更是无法平静。他当面冒险犯难，指出载沣执政以来许多不妥之处，说：一味任用皇室宗亲，满汉鸿沟日深，监国让两个兄弟分做陆、海军大臣，实为先朝未见，香涛深受国恩，忝居大学士、军机大臣，祈望监国改弦易辙……

载沣以不悦的神情打断了张之洞的话：中堂老矣，还是少管些国事为好！

张之洞身任疆吏数十年，早已养成颐指气使的骄慢习气，现在以大学士、军机大臣做了真宰相，心系国家安危，而这个被他视同孙辈的年轻人，居然可以摆起监国的架子教训他。一时间，他的脸色被气得煞白，嘴唇哆嗦着，再不能语。颤巍巍地被扶上轿后，才捶胸连呼：不意受此等气，今日始知军机大臣不可为也！

归途中，忽有刺客袭击，幸赖卫兵护卫，张之洞未受毫发之伤。虽逮着了刺客，张之洞思虑再三，却示意放走。众人不解。张之洞躺在扶椅上，两眼发直：不放走，又能怎样？人言可以顺藤摸瓜，揪出幕后主使。张之洞叹了口气，道：我也想穷追，可又担心到时水落石出，反而使自己和对方都浮出水面，相互对峙，岂不是麻烦更大？再说我也老了，经不起当面锣对面鼓的。

辜鸿铭问：香帅就这样打断牙齿连血吞？

张之洞无奈地点点头：在山西、两广、湖广、两湖，老夫尚可登高一呼，可在京师只能忍气吞声。

辜鸿铭叹息：想不到你老人阁拜相，位极人臣，非但不能伸己志，还要当缩头乌龟。

张之洞连声叹气：唉……到底是谁要置我于死地呢？

辜鸿铭略一思忖，答：依我看，不是革命党就是摄政王。

张之洞想想，道：摄政王没理由杀我。我是皇太后的托孤大臣，我只想以忠报国。当今内外国事日益艰难，亡国危机迫在眉睫。监国摄政王想重振朝纲，挽狂澜于既倒，老夫虽无能，尚可助他一臂之力。

辜鸿铭未置可否：香帅，戏台只一个，他们要上台，你就得下来。即使摄政王不杀你，他身边的人，那些王爷、贝勒呢？张之洞一摆手：别再说了。辜鸿铭却不舍：香帅好比那埋头于沙堆中的鸵鸟……

张之洞闭上双眼：我累了……辜鸿铭忽然提高声音：既然摄政王没理由杀你，那就是革命党了。张之洞颔首：是革命党。辜鸿铭却大摇其头：其实，革命党才舍不得杀你，你是革命党的大恩人！

张之洞睁开眼：此话怎讲？辜鸿铭平静地说：近日，同盟会在日本东京集会，你当年选派留日的两湖书院学生黄兴，提议要给你颁发一枚百吨黄金铸造的大勋章。张之洞吃惊地：荒唐，为何要给我颁发勋章？

辜鸿铭答：说是用来奖励你为革命党所做出的重大贡献。听说黄兴还拟了颁奖语：其一，张香涛用官费资送三千名湖广留日生，此中半数成为革命党骨干；其二，张香涛建造的汉阳枪炮厂为革命党准备了充足的武器，革命党将接过他的"汉阳造"驱逐鞑虏、恢复中华。

张之洞"哇"地吐出一口鲜血。辜鸿铭顿时失色，大叫：香帅！

第二天，张之洞称病不再入朝。他老是老了点，但并无什么真病，只不过对朝中新贵用事怀私不怿，以此作为抗议，促使载沣反省而已。但载沣却巴不得张之洞不入值，以便他一意孤行，于是准奏，并关切地说：老中堂尽管在家静心养病。

听说张之洞生病了，梁敦彦急忙前往探视。关切地询问：老幕主病况如何？张之洞答：没有什么。反问一声：崧生在外面听见了什么消息？

梁敦彦答：各省排满风气很浓，革命党人声势高涨。

张之洞轻咳两声，沉吟道：我看不是汉人排满，而是满人在排汉呀！他轻轻翻了翻桌上摆放的《张居正全集》，说：张江陵的相业那才是成大事。说罢，重重地叹了口气。身旁的人听得出，张之洞与其是在称赞并羡慕张居正的相业，倒不如是叹惜自己难伸志向、受掣后辈。

一日，躺在床上的张之洞望着窗外的明月，忽觉精神良好，特请一班幕僚来府中天井赏月。

众幕僚纷纷问候，张之洞一并致谢，而后道：值此明月夜，你我在寒舍一起饮茶赏月，实是一种缘分，不知还有多少人是远隔千山万水而共赏一轮明月。言罢，跪地拜月，众幕僚也纷纷跪下。

张之洞轻声念：今宵拜月，常圆莫缺。昔我往矣，武昌一船随月流。几只归鸿，唳长空……念到此处，忍不住老泪纵横。

几位幕僚扶张之洞坐下，即有人吟诗弄赋：离人无语月无声，明月有光人有情；别后相思人似月，苦吟千里寄知音。辜鸿铭说：我不爱作诗，但记得唐人王建一首咏月诗,不妨借花献佛与大家共赏,说的是:月初生,居人见月一月行。行行一年十二月,强半马上看盈缺。百年欢乐能几何,在家见少行见多。不缘衣食相驱遣,此身谁愿长奔波。框中有帛仓有粟,岂向天涯走碌碌。家人见月望我归,正是道上思家时……

张之洞若有所思地接过最后一句:家人见月望我归,正是道上思家时。辜鸿铭道:香帅,这最后两句诗,正可作为你一生的总结。

张之洞捋须低语:老夫一生七十二载,用此两句诗,一十四个字就可定论?

辜鸿铭点头:是的,香帅只顾做事忘了做人,只知有月不知有家,只顾呼风唤雨、指点江山,忘了人生乐趣、真情实爱!

张之洞眼光定定地看着辜鸿铭:汤生,你在我身边二十多年,为何时至今日才有此一说?辜鸿铭答:香帅是做大事者,而且是专做别人不想做、不敢做、不能做的大事!这二十多年间,我随你从广州到武昌到南京,再到京师,哪见你一刻得安宁!

张之洞长叹:知我者汤生也!

辜鸿铭紧接一句:骂你者也是汤生!

身旁幕僚想阻止辜鸿铭说下去,张之洞挥手制止。

辜鸿铭也不管众人投来的目光,径是说开来:香帅一生所为乃事倍功半,种豆得瓜!化铁炉差点成了烧钱炉,幸亏盛宣怀出手相救,才得以起死回生;汉阳兵工厂造出了枪炮,可并没有阻止洋人打进北京城;而更可叹的是,你兴学所培养之人才,经营之事业,均为革命党人所利用!香帅,你可知革命党领袖孙文是怎样夸奖你的吗?他说你是不言革命之革命家!

张之洞苦笑了笑。

"但是,香帅你即使不是中国人物中最伟大的,也是特了不起的一位!你是大清三朝重臣的佼佼者,不但李文忠公不能与你比肩,就是深孚众望的曾文正公也略逊一筹。香帅,我早就为你拟就了一副挽联!"

听辜鸿铭这一说,众幕僚纷起斥之。辜鸿铭毫不理睬,径自道来:我知道,活人忌讳死。但人死后再敬送挽联,死者能知道生者对他的评价吗?实不相瞒,这挽联,我不但为香帅拟就,也为诸位好友一一拟就!

几位幕僚同声骂句"辜疯子"。张之洞却不由得心头一乐:汤生,我想听听你为我拟就的挽联。

辜鸿铭一字一句地念起来：邪说诬民，荀卿子劝学崇儒以保名教；中原多故，武乡侯鞠躬尽瘁独矢孤忠。

张之洞开心地笑了：好联，好联！香涛在此拜谢汤生！

辜鸿铭此时已是泪如雨下。他扭过身，双眼蒙眬地望着天上的圆月。

张之洞称病之际，监国摄政王载沣也曾照例亲临张宅慰问过一次，但绝无请他力疾上朝、共图国政的表示，因此，张之洞欲销假都不可能。面对以载沣为首的朝廷对宪政假热心、真反对的态度，满汉鸿沟的无可弥补，以及内外国事的日益艰难，张之洞心情甚为抑郁。这年7月，刚办过七十二岁寿筵的张之洞假病成真、小病成大，中外名医迭进方药，均告无效。到8月间，眼见病势日渐危险，长子张权慌忙上报朝廷。

载沣闻讯，再次亲降张府探视，说：老中堂有名望，公忠体国，廉政无私，可敬可嘉，好好为国珍重。

张之洞躺在枕席上，一只手放在病中随时翻看的《张居正全集》上，凛然道：公忠体国不敢当，廉政无私敢不自勉。

张之洞说话的用意是讽谏载沣要廉政无私，不要滥用亲贵，把大清皇朝推向崩溃的边沿。张之洞自知死期不远，想着前生受尽的浩荡皇恩，愿在临别时把一番正言傥论对年轻的监国摄政王做最后一次规劝，使之明了亡国危机已迫在眉睫，从而猛然醒悟、振作朝纲。无奈，载沣不愿听啰唆，说：老中堂病得很重，不宜多说话，有什么话，等病好了再说吧，我很忙，得先走了。气得张之洞闭上眼睛再不理载沣。

载沣刚走，小皇帝的师傅陈宝琛进来探视，问：监国刚才说了些什么？

张之洞两眼无神地看了看老友，轻轻地摇摇头，叹道：他什么话也没说，也不让我讲话。咳，大清……咳，国运尽矣！

陈宝琛正说着些知心贴底的话，辜鸿铭急急来到了病榻前，怔怔地看着张之洞，见他额头上搭了条白毛巾，咳嗽不已，脸色蜡黄，形容枯槁，好半晌哽咽的喉咙里才哑然喊出一句：香帅……

张之洞伸出瘦如鸡爪的手吃力地握着辜鸿铭的手，还未说话，已是涕泪纵流。辜鸿铭看在眼里，心里更觉难过，说：香帅，你好好调养吧，一边把张之洞的手轻轻地放回去，并从张之洞夫人朝云手中接过汤药，欲给张之洞喂食。

张之洞摇摇头，凄然道：咳，大清朝已和我一样，汤药不进了。咳，我恐中国之祸,不在四海之外,而在九州之内矣!言毕,紧闭双眼,一任泪水顺着脸颊往下流淌。

听张之洞说话吃力的样子,辜鸿铭不难感觉他已然病入膏肓、游丝将尽,此情此景使得他也是泪眼蒙眬。想着这二十多年来,自己在张之洞的领导下,为维护儒教文明的事业而战,现在战局尚未明了,首领却要撒手而去,心里怎能不悲痛?他语声哽咽:香帅,最后的胜利也许仍属于我们,你一定要……

张之洞孤独而失望地摇了摇头,半晌伸出颤巍巍的手来握辜鸿铭,并艰难地说:汤生,你视我为何人?

辜鸿铭哽咽着:我视香帅如师、如兄、如父!我和香帅是两个身子一颗心!

张之洞两眼噙满泪水:汤生,今日有你这句话,南皮一生足矣!我走后,最放心不下的就是你……我再没办法帮你了……你得好自为之啊!

辜鸿铭木然地:香帅……师傅……继而语声凄厉地:兄长!

逾数日,张之洞病情加重,乃唤过朝云暮雨一帮妻妾及儿孙,吩咐长子张权执笔,在他早已写好的"勿负国恩,勿坠家风"的遗训上再加几行字"吾生平学问行十之四五,治术行十之五六,心术则大中至正。"

就在这天夜里,一代名臣张之洞带着无尽的遗憾和忧虑,走完了七十二年的人生里程。张之洞的死标志着晚清时代一个重要的时期——所谓同光中兴的结束。危机四伏的晚清政权更是风雨飘摇。

张之洞既逝,前来祭奠的大小官员络绎不绝。素花点点的灵堂内,哀号声声,一派悲凉气息。辜鸿铭一身素服,迈着沉重的步子,捧着挽幛恭敬地献呈灵前,而后双膝跪下,足足磕了三个响头,抬头时已是泪流满面。其挽联果然这般写道:

> 邪说诬民,荀卿子劝学崇儒以保名教;
> 中原多故,武乡侯鞠躬尽瘁独矢孤忠。
> ——外务部员外郎辜汤生

辜鸿铭起身后,一张泪脸,面向众人说:文襄公一生清正廉洁,为国去后竟负债累累,致使一家八十余口几乎无以为生,当朝衮衮诸公,有哪个能有此风骨与气节?!

想着当年与张之洞"公利私利"的争辩,言犹在耳,而张之洞却已寂然作古。

辜鸿铭不禁怆然泪下，边说边用袖子拭擦眼泪。梁敦彦、罗振玉等一班文臣武将、幕僚门人，哪个不知张之洞平生不事聚敛个人财富，办实业，兴洋务，年年月月动辄百千万两，却向不轻取一文钱为私用，更拒不义之财，而亲朋故旧有难，往往还解囊相助，以致过年时入不敷出，在混浊的官场如此清廉自守，实在是难有其二的雅洁君子。如今又听辜鸿铭这么一说、一泣，大家皆嘘唏不已。

辜鸿铭拿过一小篮，在里面放下银锭，尔后慨然对众人道：汤生在此带个头，为文襄公一家募捐些过日子的款子，使文襄公家人得以为生，不致流离失所。如此，文襄公在九泉之下可以瞑目矣！说罢手捧小篮，依次走到前来祭拜的大小官员面前，为张之洞家人募捐。

张之洞门人僚属知其廉且穷，所以致送赙仪都比较重些，加上辜鸿铭的临时募捐，总计亦不足二万之数。张家所办丧事也就全赖于此款，治丧下来所剩无几。他日，门人僚属聚在一起，追怀老主公，再次赞语不绝：香帅一生显宦高官，位极人臣，而宦囊空空，可称廉圣，那么这些挽联对他的称颂，一点也不为过。

大家说着，就又道起了那些挽幛、挽联。辜鸿铭对自己那联是有些自负的，私下里认为自己是站在与别人不同的角度来评价张之洞的，而且通过联语，道出了自己的政治倾向及文化路向。在联中，辜鸿铭把自己折服并盛赞于张之洞之处，归纳为两点——一为保名教，二为忠朝廷。在前者，他比之为荀子，赞其在西学东渐、世风逆转之际，仍不遗余力地阐扬孔氏儒学名教，始终以维护纲常为己任；在后者，他又比之为诸葛亮，誉其在内忧外患接踵而至、朝廷几如风雨飘摇的情势下，毕生鞠躬尽瘁，始终以孤忠清室为追求。

一旁的罗振玉说话了：汤生兄所撰之联，我看当属最佳之一，对文襄公的评价高低大家尽可见仁见智，但我个人不能不承认它具有相当的准确性，此之断论，足堪谠论，而且……罗振玉意味深长地看了辜鸿铭一眼，接着说：此联也真实地反映了汤生兄驾驭汉文已达炉火纯青之境界。

就有人颔首，面向辜鸿铭，语带钦佩地问：汤生兄一再称颂香帅是位伟人——一位目光远大的政治家。同是积极从事洋务活动，怎么把香帅和曾文正公、李文忠公分开来看？

在辜鸿铭眼中，张之洞是同光宣三朝重臣中的佼佼者，不但李鸿章根本不能与之比肩，即使深孚众望的曾国藩也略逊一筹。对曾、李、张三人，他早有自己独特的评价。如今既有人再行问及，便搬出"儒臣""大臣"旧论重述：曾文正办洋务之病,在于仅计及于政,而未计及于教。至于李鸿章的病,那就更大了,其更不知有所谓教者。曾、李等人徒效西方皮毛的洋务诸举,正是其陋处所在;而香帅效西法而非慕欧化,图富强而志不仅在富强,盖欲借富强以保中国,保中国即所以保名教,这正是他为儒臣之所在。

辜鸿铭滔滔一番理据,颇有服人处,大家一时也就算默认了。

夏秋之交,天空飘起了细雨,北京城沉入无边的黑夜中,而一处窗口却还闪烁着灯光,两个人在窗边把酒谈论的声音依稀可辨。一个说:崧生兄,数年前,你我随香帅来京,那番深谈至今思之,犹有沧桑之感。另一个说:香帅已去,朝中衮衮诸公碌碌无为,哪有一点国治民兴的气象!说罢,好一阵叹气。

此时此刻,辜鸿铭和梁敦彦相对坐在灯下,把酒论时政。

辜鸿铭新被擢升为外务部正五品郎中,张之洞临终未了的事总算促成了,使得他在与人对话时,能以部郎自称了。但今天,辜部郎的语气却显得颇为伤感:难道香帅所要诊治的病人——大清王朝,真个是汤药不进了?难道我们的事业,真的要归于失败了?

梁敦彦痛苦地说:天下大势,不可为啊!

辜鸿铭摸出一支香烟,点上,深吸一口后吐出,他的大半个脸被袅袅轻烟给遮没了,说出的话语浸醺着无尽的忧伤:现在时局即如这缕缕轻烟,只待风一吹到,即会大变,若无劲风,也会袅袅散去,不依人力啊!

四、新赏文科进士失望离京

立宪运动冷冷热热地走着,仿佛无关辜鸿铭的痛痒。在绝大多数官绅士民人云亦云地欢呼新政时,他却不信中国旧式的秩序会过时甚或消亡,为此不仅上书公然反对新政,顽固坚持纲常名教立国,还动辄给西方文化指谬,认为西方文化没什么好值得中国借鉴的。中国甚至西方各国,如果要永远保持国家兴旺,都要到中国传统文化中去寻求办法。

在外务部衙门,辜鸿铭的话语几乎每天都在不屈不挠、喋喋不休地"撞击"着大小臣工们的耳膜:中国文明主"王道",中华民族的特质是博大、深沉、淳朴和灵性,这就决定了中国人重感情、求忠厚、讲礼义;而西方文明讲"武力",从而造成其蛮横、不识时务、一味恃强,这样便产生了"霸道文明"。

辜鸿铭的放言听得有人匪夷所思，心想，所谓"王道"不过是写在纸上的、从没有实行过的治国方略，它只能让像辜鸿铭这样从小在国外长大、对中国文化一知半解的人深信。但他们知道辜鸿铭那鸟脾性的，犯不着与他相冲，于是径自不语，只在心里哂笑。倒是那些留学归来的一帮属吏，自诩见多识广，忍不住跳出来反驳：不错，我国是世界上最早的文明古国之一，只是到了现在，中国文明落伍了，这是什么原因呢？事生于世而备适于事，大胆地引进洋人可取的法门，用之于炎黄子孙的天才上，何尝不可？

辜鸿铭大摇其头，说：中国近代文明之所以走向衰落，除了帝国主义的侵略，还跟一部分像你们这样崇洋媚外的中国人盲目引进西学、对西方文化囫囵吞枣休戚相关，西方文化的破坏作用日甚一日，难道你们还要推波助澜，欲灭中国而后快？！你们这些人哪——一知半解，食洋不化！

对这位半截子归国的华侨不合时宜的不经之谈，那些年轻的留学生官员在他身后少不得要来一番针砭。其中一人说：辜左丞算得上是出国留学的祖宗辈，没想到却是个十足的文化保守主义者，他那么激烈地偏袒中国文明的每一个方面，我想是由于他不寻常的背景。就有人问：什么背景？

"你想想，他是既非西方亦非东方的，或可说绝非纯然是中国的——生在外国，受的是西式教育，只能马马虎虎地讲中国话，和日本女人结婚。最重要的是，他没有中国的科举名位，这就难免使他被那些自负的饱学之士视为外人，而看他不起。"

"这话有道理。我听说他回国后，始终不被士大夫圈子真正接纳，在某种程度上一直被视为外人而没有安全感。说不定他由此对中国所有事物不分青红皂白予以呵护支持，以此极端的保守态度来证明他非假洋鬼子，而是一个地道的、真正的中国人。"

在七嘴八舌的议论中，大伙儿都觉得辜鸿铭所议皆迂腐、不识中国的时务。在西方国家以坚船利炮轰开了中国古老围墙后，使中国人大吃苦头的同时，也大开了眼界，遂使西方文化在中国全成了新生事物，而辜鸿铭反对革命、拒绝改良，一心希望凭借自己心目中的东方精神来改造现代人类的文明结构，看上去很像是要拉住历史的车轮往后退。在中国的文化俊杰眼中，他反倒成了一只大逆不道的怪物。

但辜鸿铭也有自己的同道人。梁敦彦是兼容并蓄之人，对朝廷忠贞不贰的罗振玉与自己的观点几乎同出一辙，此外，经常来往并有书信联系共激斗志的还有梁鼎芬、沈曾植、汪康年、凌福彭等一批人。在京城，罗振玉公务和求学之余，颇喜和辜鸿铭纵谈古今中外，两人互相串着门子，彼此的客厅里常常茶香缕缕。

这天晤谈，罗振玉谈及立宪事，情不自禁又提起辜鸿铭当初那折上皇帝书，认为洋洋数千言皆痛陈利害：汤生兄位卑分疏，其自任天下之重如此！顿了顿，又说：汤生兄做人和学问皆属上乘。

那份奏折，执政以为迂阔而不报。辜鸿铭想到这儿，心里就有气，如今听罗振玉对自己推崇，心里好不舒坦，说：汤生做人如何，明明白白，至于学问嘛，你倒说实话，如何？

罗振玉不假思索地回答：当属醇儒。

辜鸿铭瞪大了眼睛：醇儒？

罗振玉一点也不含糊：是的，是醇儒。前番我与沈公子培先生等几位泰斗议论时，公推汤生兄为醇儒。

遍观朝野，士大夫对辜鸿铭精别国方言、邃西学西政的称说不少，而对于他深于中国学问、精通儒道则始终茫昧如初。今天罗振玉却给他带来了前所未有的称谓，把个辜鸿铭激动得嘴唇哆嗦起来，一时变得语无伦次：叔蕴兄……你……你不会夸大其词，为讨好我而冠高帽吧？

"汤生兄说哪里话，我是据实说来。"

罗振玉说罢，辜鸿铭突地一把攥住他的双手，言词中不无伤感：这样的话，我等了二十多年……

等了二十多年，辜鸿铭不仅等到了硕学之士沈曾植和罗振玉等人迟到的"醇儒"称谓，在1901年1月，还等到了一份殊荣——钦赐游学专门一等、赏文科进士出。

这是清廷在取消科举之后的第一次进士名衔的颁赏，也可以说是新政带来的新事物，因为在此前，进士都是过五关斩六将考出来的，且从不分科属类别，而今则成了朝廷的恩赏之物，并分出文科、工科来。

与辜鸿铭同登文科进士榜的还有三人，其一是严复，其二是严复学生伍光建，另一位是王邵廉。工科进士则有两位，一位是被誉为中国铁路之父的詹天佑，另一位是魏瀚。

物以稀为贵。辜鸿铭能在为数不多的名额里占据一份，自然欣喜不已，想从前人不中进士，随你官做得多大，总抱着终身遗憾，自己今后再无此等遗憾了。

在感念皇恩之后,又想,如果十年前朝廷便肯破例赏自己这一进士头衔,那该有多好呀,自己的激动将无以复加。可现在……这么一寻思,便又添了遗憾和不满——将自己列入"游学专门"之类,可见朝廷仍以"洋学生"对自己,所重者也还是自己的西学,而不是自己所倾心并有造诣的传统国学;再者,自己怎能夹在严复、伍光建师徒中间屈居第二呢?要知道,严复、伍光建均是靠译欧西学术名著到中国而成名的,而自己对他们所从事的西学东渐工作向来不以为然。在自己看来,光大中华学术并致力中学西渐方为当务之急。自己名居严复之后,表明朝廷也是很热心效法西学的,怎能不令自己生出"本末倒置"之叹呢?于是,在外务部的几位留学官吏围着新科榜眼表示祝贺时,辜鸿铭脸上看不出什么欣喜的表情,失神的眼睛木然地看着他们,欲言又止。微一叹气,转身离去,形样不无惆怅。

见着梁敦彦后,辜鸿铭以明显不服气的语气问:你看我和严又陵比较如何?

梁敦彦已从辜鸿铭的举止看出了他内心的不悦,遂答以遁词:你两位各有所长,何必相比。

辜鸿铭偏不放过梁敦彦模棱两可的话,追问:严又陵竟喜西学,把欧西的东西拼命翻译进来,我深感费解,他所有的本领,我可否赶得上?

梁敦彦安慰道:你所精通的各种外国语文,严先生不如你远矣。

"哪,严又陵又有什么可以和我比的呢?"

梁敦彦想了想,说严又陵贯通中外,向国人大量译介西学著述,比如赫胥黎的《天演论》、亚当·斯密的《原富》以及《名学》诸书,文笔雅驯,罕有其匹,他翻译的许多东西,现在很被人推崇。

辜鸿铭却深不以其为然,语气颇带轻蔑的一种恍然而又怅然的味道:啊,你是说他有几本书,可这有什么了不起呢?这中间他本人有何创见,谈何贡献?我看他的所谓翻译,不过是鹦鹉学舌的雕虫小技。

辜鸿铭对这个进士头衔虽存不满,却因之连跳两级,被擢为外务部左丞。左丞为正三品文职,清制,各部于侍郎下设左右丞,为堂官与司官的中间一级。部内和京中的同僚故旧,由此对他格外刮目相看起来。一时间,那些交深交浅者,见面都不免殷勤起来,有些还专门到府上向他祝贺。面对大大小小的贺礼,辜鸿铭作揖道:诸位的心意辜某领了。这钱物嘛,还得麻烦你们认回去。在座者有的职务比我高,送钱给我,就不怕人家说在拉拢我;职务低的送钱于我,就不怕有贿赂上司之嫌?

直让众人听得一时怔住了。在令刘二退回钱物时,辜鸿铭一旁道:《叔向贺贫》的典故想来诸位耳熟能详,为何就吝啬不向我这穷光蛋道贺呢?明代的邹吉水说,现在,人们见面就诉穷,这是贪婪的表现,这"穷"字断送了多少豪杰。看先辈中那些有重大功业的大人物,大都是穷人。为什么他们耐得住穷,现在的人就耐不住呢?想想看,一个人如果耐不住穷,能干出什么大事?张中堂耐了一辈子穷,两袖清风去,何等光明磊落!我们现在的人,应当把"增长气骨、开通识见"作为人生信条。

新科进士辜鸿铭左丞的言行在京官中传开后,被多数人目为不可理喻、假正经。

"世人只道官儿好,摇尾乞怜会取巧,声声恭喜上门来,报道老爷牌挂了。官儿好呀官儿好……"这天,辜鸿铭哼着《官谣道情》回到家中,忽然凌福彭从客厅里冒了出来,拱手道:恭喜汤生兄,荣登榜眼,连升两级。

久别重逢,辜鸿铭却不理会老友的恭喜,双眼盯着凌福彭问:你以为我学问如何?

"当然了不起呀,不仅精通西学,而且也精通国学和儒道,怎么了?"凌福彭边说边示意辜鸿铭落座。

辜鸿铭脸上紧绷着的神情稍有松弛,却不落座,想了想,眼睛定定地看着凌福彭,又问:你说句实话,我的国学水平如何?

"当然出色!"

辜鸿铭听罢,浑身一个激灵,愣了半晌,呆立着,突然一屁股跌坐在椅子上,放声大哭起来,直看得凌福彭万分吃惊。

你道这是为何?原来辜鸿铭是为自己的国学水平再次得到首肯而高兴痛哭。他对罗振玉的话总是将信将疑,如今凌福彭这位老幕友的旁证,才使他心里底气十足,他只觉得这样的评语比皇帝亲赐的游学专门一等还来得金贵。精于西学西政,那是他自负的资本,中外皆知,他早已不以为然,重者乃在于说自己深国学和精儒道。所谓愈难得到的东西越想得到、愈觉珍贵,辜鸿铭所渴望的荣誉一直在此而不在彼。

辜鸿铭对这一荣衔似乎并不满意,在新制未明、旧制已失的非凡年代里,他愈发地感到这个文科进士第二名显得是那么的不伦不类。尤其是朝局的腐朽、新政的不得人心,更使他打不起精神来。

一方面是看不下去的朝政，一方面是"致君尧舜上，再使风俗淳"的抱负和爱国心，辜鸿铭忍不住就又给朝廷上了奏折。但如上次那般，泥牛入海不见回。这个进士有什么稀罕，这个左丞又能管什么用呢？辜鸿铭深深地失望了。

自进士加封暨荣升左丞后，辜鸿铭礼金一个没收，请客吃饭倒糜费不少，一时间弄得家庭生计入不敷出。看到饭桌上的菜一天比一天简单，守庸、珍东他们相互观望着，嘴噘得老高，谁都不动筷子，似乎在等着下一道好菜上来。辜鸿铭却大口大口地吃着，边吃边催促孩儿们快吃。丫环端上最后一道菜，小珍东满怀希望地朝碗中一看，随后扫兴地"咳"了一声，把高举着的筷子重又放下，嘴又重新噘起。淑姑放下碗筷，不悦地对丫环道：怎么搞的，一天到晚尽是这些菜？弄得丫环好不委屈，泪水直在眼眶里打着转，说：这个月的伙食费早就用光了，这买菜的钱，还是我们几个下人凑的……

淑姑窝了一肚子气，晚上连金莲都没让辜鸿铭碰一下，发狠道：你这瘟官做他干吗？我看如今这京城里的尚书、侍郎，外省的督抚，有多大能耐呢？不过头儿尖些，手儿长些，心儿黑些，便一个个高车大马、鼎烹肉食起来！你哪一点儿不如人家？就穷酸到这地步！没顿饱饭吃！天也太不平了！

辜鸿铭能说什么呢，只有满脸歉意地哄着淑姑：没办法呀，我总不能去抢，去贪污？

为了不使家中断炊，辜鸿铭只好又去找梁敦彦，拿了钱，信誓旦旦地说：说好了，这是我借你的，有借必还。

梁敦彦见辜鸿铭这么认真，没好气地说：好好，你爱怎么还就怎么还，能多还最好。看了看辜鸿铭，说：汤生，我劝你还是……

一语未了，辜鸿铭就知梁敦彦想说什么，一瞪眼：我说过，我不怕袁世凯！

书生都有嶙峋骨。梁敦彦于心佩服辜鸿铭的骨气，无奈"峣峣者易折，皎皎者易污"，自古以来，习俗和庸众总要力图诛杀自己的异类。而辜鸿铭身上的这种书生气，较之别的书生还要更多一重——既有中国的，又有西洋的。更何况他是那样的自负、那样的古怪，与习俗格格不入，听说这次摄政王看了他的奏折后，大骂了一通。想到这，行将出洋的梁敦彦难免要为老友的不虞之测担忧。

不久前，梁敦彦接上谕，令他以特使身份出使美、德，洽商与中国联盟之事。他既然要劝辜鸿铭，就不能把自己要出使外洋之事相告，唯恐他误以为要乘自己的树荫。牛脾气发作起来，可不好拉转回头了。想了想，乃道：汤生，袁世凯卷土重来是早晚的事。我知道你不怕他,他还怕你呢,只是,你想想,你新上的奏折又被打回,咳,你虽蒙朝廷授予荣衔,可你的主张何曾受到重视?

这句话深深触痛了辜鸿铭的心思,他的双眼一时茫然起来。

一个人走在皇城根下,品味着梁敦彦的话,辜鸿铭感觉自己再也找不到那种雄心勃勃、一展抱负的夙愿了。抬头仰望那神圣得不能再神圣,曾让他激动无数次的紫禁城,却感到它似已失去了往日的光环。举目四望,在他眼里,整个帝都也一下子失去了特殊魅力,于恍惚中变作了一只掉光了羽毛的巨鸟,无力而无奈地栖息在落日的余晖里。

再向朝廷奏呈自己的识见,陈述自己归国济世的抱负,可有什么用?理想和现实往往难融一体,那个希望"致君尧舜上,再使风俗淳"的杜甫,那个说过"外物不移方是学"的陆游,最终不都是空怀怅恨吗?在无知权贵掌权的时代,自己羁留京师能有什么作为呢?他想到了老友梁鼎芬——他不就是几次乞罢嘛,得请后即取公服焚之,以示不再做官。万事不如拉野屎,在荒郊野外何等舒畅,为了追求这份自由和潇洒,倒不如就此辞了这闲官,择地而居。

决心既下,辜鸿铭遂辞外务部左丞之职,率一家老小南下。上了火车,他忍不住回望了一下即将在眼前消失的北京,心想,我恐怕是我们的队伍中唯一仍然相信我们的事业——中国文明最终必将战胜欧洲文明的人。但现在,我孤身一人,像维吉尔所写的故事中的英雄一样,在特洛伊城被攻破之后,不得不四处流浪,在流浪中仍为中国文明的事业而战……

说"用之则行,舍之则藏"也好,道"邦无道则卷而怀之"也罢,新科榜眼辜鸿铭回望渐渐远去的大清帝都时,心情伤感而悲怆。

第十四章

国变哀歌

一、故人把酒，筑起文字纪念碑

转眼张之洞已归西一载，辜鸿铭挂冠南下时，本朝第一硕学通儒、护理安徽巡抚沈曾植也向上交了乞退书，整装来沪当寓公。受其影响，大弟曾桐亦辞广东布政使，迁上海，兄弟俩同居一所。会合着辜鸿铭和早就定居上海的赵凤昌，大家同病相怜，在宴谈吟咏中，抒发压抑和不满之气。

现实也是纷扰繁杂的，唯一值得怀念的只有昔日好时光了。这样忆旧怀逝起来，少不得又要说到张之洞。沈曾植在平生师友中，说话最投机也最佩服的就是张之洞，张之洞死后，好一段时间他没能从怅然若失的状态中解脱出来。曾做过张之洞首席幕僚的赵凤昌，对他当然也是以知己相托的。辜鸿铭感觉自己对张之洞的情感无人可及，不是吗，自己在他身边二十来年，如许之长，即便草木也会生情啊！而且，他辞职后又继承了张之洞兴学重教的遗志，做了南洋公学的教务长。他要在张之洞逝世一周年之际，用文字为老主公建一座永恒的纪念碑。

这年中秋之夜，一轮明月高悬辽阔的天际，辜鸿铭那简易书房里，一缕散发着淡淡芳菲的清茶正陪着主人在装订《张文襄幕府纪闻》。利用学生们放暑假之机，辜鸿铭在半个来月中写好了自己第一本汉文著述。为了说明写作缘由，他觉得还要加上一个弁言，于是，他那歪歪扭扭的汉字密密麻麻地落在洁白的宣纸上：

余为张文襄属吏，粤鄂相随二十余年，虽未敢云以国士相待，然始终礼遇不少衰。去年文襄作古，不无今昔之慨。今夏多闲，撷拾旧闻，随事纪录，便尔成帙，亦以见雪泥鸿爪之遗云尔。其间系慨世之务，僭越之罪固不敢辞，昔人谓漆园南华一书，为愤世之言，余赋性疏野，动触时讳，处兹时局，犹得苟全，亦自以为万幸，又何愤焉？惟历观近十年来，时事沧桑，人道牛马，其变迁又不知伊于何极，是不能不摧怆于怀。古人云："作易者其有忧患乎！"识者亮之。宣统庚戌中秋汉滨读易者识。

《张文襄幕府纪闻》分上下两册，以汉文铅印本刊行。分送给沈曾植、赵凤昌等老友后，他们赞不绝口。在这部以笔记为体裁的小册子中，辜鸿铭以其流畅精练的文笔叙述了自己穷居张之洞幕府经年看到的世间百象。在他愤世嫉俗、见解独特、伤时忧国的笔下，那些名震朝野的中兴名流，如曾国藩、李鸿章、袁世凯、端方、盛宣怀、锡良等无不在他文章中留下了画像或骂名。曾国藩、李鸿章死就死了，可辜鸿铭竟敢无所忌惮地大加挞伐那些在世的当道人物，胆量委实不小，一时间，大家对他更添一份敬佩。

既然连沈曾植这样的国学硕儒都称道，本着促使外国对中国有所了解的一贯主张，辜鸿铭又将之译成英文，寄给《皇帝亚洲学会华北分会季刊》发表。

身在上海，辜鸿铭总放不下北京。大清王朝的日子似乎越来越不好过，隔三岔五总要闹出些事情来，张謇、郑孝胥在上海成立的预备立宪公会请愿早开国会的声音不小；康有为也将保皇会改组为中华帝国宪政会；梁启超在日本组织了政闻社；孙中山、黄兴更是在干亲痛仇快的暴乱；而朝中那些不晓事的酒囊饭袋在干什么呀，听说他们在鼓吹商办铁路收归国有，要向帝国主义大肆借款，以肥自己的腰包呢！所有这些，深深刺痛了辜鸿铭的神经。他就想，如果张之洞在，会是怎样的情景呢？可惜，现在这个清流运动的老头领死了，在这个战场上，似乎只剩下自己孤身一人！咳，中华复兴何时待？浮想联翩间，他蓦地想到了英国的"牛津运动"。

上个世纪三十年代初，为了倡导宗教事业之复兴，牛津大学名流纽曼教授等人明确提出，要复兴早期基督教会的传统，改变现有礼仪，在罗马天主教和新教间建立一条中间路线，保护教会不受自由主义思想的侵蚀，避免世俗权力的干涉。在留学时就有一种"牛津情结"的辜鸿铭极为同意牛津大学出身的英国名学者马太·阿诺德的一段总结：这场运动所攻击的目标可以用一个词来概括，即"自由主义"。这场声势浩大的运动，最终因受英国政界和各国教会的抵制，而归于失败，但是，即使在改信天主教后，纽曼等人仍坚持要恢复传统的教义和礼仪，而并不皈依天主教的传统。如果套用中国《诗经》中的一句名言，诚可谓："我心匪石，不可转也；我心匪席，不可卷也。"在距它三十多年后发生的，以李鸿藻、张之洞为先后代表的中国清流运动，与英国的牛津运动相类比，自然可称为"中国的牛津运动"。在辜鸿铭心目中，清流运动是针对西方自由主义、针对现代欧洲的所谓进步观念和新学而发起的，在反对学习西方的实利倾向即其物质文明的同时，主张坚守儒家故道及其所张本的东方文明。可以说，清流运动和牛津运动所反对和攻击的是同一个敌人——现代高度物质文明的破坏力量。

联想到此，辜鸿铭忽地明白了，这么些年来，自己特别感激并称颂张之洞，缘于张之洞所终生倡言并力行的保中国儒家纲常名教的伟业，尽管这些努力最终失败了。而辜鸿铭对张之洞颇有微词的地方，也正在于这个失败，因为作为继李鸿藻后，充任"中国牛津运动"相当于英国纽曼博士地位的领袖人物——张之洞在两广总督任上后期，变得日益脱离这场运动了。大清帝国大厦的飘摇，就在于清流运动的失败！

这是个多么凄美而哀怨的故事呀，他想着要为此写一本书，既纪念这场不复再来的运动，也纪念已然作古的老头领。他给自己立下一个准则，自己在这篇故事中谈到这位老头领时，不能一味褒扬，西谚不是说过了嘛："我爱柏拉图，但更爱真理。"自己写这本书的目的，并不是要臧否什么人或什么事，目的是要帮助人们，尤其是洋人们，如实地了解中国的现状。

整个夏天，除了和沈曾植、赵凤昌等三两知己应酬，辜鸿铭大部分时间都在书房里度过，用英语字母组合堆砌着自己的精神世界。当儿子辜守庸辞别双亲要远行去青岛大学念书时，他才感觉时间过得真快，不知不觉中，南洋公学也就开学了。

又经周余，辜鸿铭于督学之外终于写完了《中国的牛津运动》这本书。他发现，还有很多很多的情感未及在文中抒发，尤其是对张之洞，一想到他，总抑制不了火辣辣、沉甸甸发之由衷的深情。在结尾处，他如此这般写道：

他是中国牛津运动中最优秀的和最有代表性的人物，也是最后一位伟大的文人学士。两年前，当我在北京见到他的时候，他告诉我，他彻底绝望了。我尽力安慰他，并向他保证，最后的胜利仍将属于我们。他摇了摇头。我希望能够再次在他的指挥下重返战场，但现在战局还未明了，我们的头领却死去，Ave atque Vale！（告别了！）

英文著作《中国牛津运动故事》出版后，上海那家专销此书的外文书店前所未有地聚集了形形色色的洋人。这畅销的局面，使书店经理惊喜交加，和小伙计应接不暇，忙得满头大汗，心里却还在想，辜鸿铭的著作那么好卖，当初怎么就不多印些？

在这风雨如磐的岁月里，辜鸿铭不仅以自己的声音，还以自己的著述，自觉地担负起了中国人在英语世界的发言人的职任，这使沈曾植敬佩有加，特地在寓所设便宴，为辜鸿铭庆功志贺。

沈曾植愈老愈古怪，平日待人接客，总是神情傲兀，不大理会人，而且对天气也鄙夷不理，虽是夏天，所穿却还是长袍外套，其弟曾桐请他脱衣服，他死不肯，教人倒替他出汗。辜鸿铭、赵凤昌诸友也算是熟悉他的脾性了，见怪不怪，更何况他们也各有怪癖，大家摆在一起，似乎扯平了。

杯来盏去，不亦乐乎，沈曾桐又敬了辜鸿铭一杯，说：汤生兄，我倒希望你多用中文写作，省得我们这些洋文盲看不懂，也省得今后让后人多了笔到国外翻找资料的费用。

沈曾植却摇了摇手，说：还是用洋文写作好，汤生兄国学超群，当务之急就是要教化洋毛子。

在这样的场合，与一二知友毫不矫情地调侃，辜鸿铭神情总是高兴的，叫他喝酒他就喝，快乐得像孩子。

席间，赵凤昌拍了拍辜鸿铭的手，颇为动情地说：香帅离开我们一年多了，想不到，你为他老人家筑起了一座文字的纪念碑。

辜鸿铭也显得情动于衷：说真的，我很感激香帅二十多年所给予我的保护……

在上海熟识的洋人中，似乎只有查理夫人没向辜鸿铭祝贺新书出版。不久前，她因查理继续向中国贩运鸦片一事而与他争吵，检讨自己在不知不觉中支持查理干了伤天害理的事，于是，她怀着一种忏悔的心绪离开了中国。

辜鸿铭心情一不好，就想着要去青楼。赛金花早已从良，芳踪无处寻，只好找了家中等档次的场所。刚在龟奴的笑脸相迎中迈进大门，却听见里头在叫局：必须通达中西方文字，面孔要好，风头要足，还要学堂出身，有知识的女子，才配得上我们老板的身份！接着耳边便响过一阵莺莺燕燕的嬉闹声。

很快，辜鸿铭被安排了一位叫FF的女子。这女子年约十七八，青青的，嫩嫩的，再加上那苗条的腰肢，像初春早晨迎风伫立的一棵青草。

"FF，这是什么意思呀？"辜鸿铭问。

那女子就笑了，说：女学生都有一个外国名字的，FF 意即 Foreign-fashion（以外国式）。

原来对方还是个女学生，这真的吗？辜鸿铭睁大了眼睛，极力要从这女子身上发现学生的影子，但是，他发现自己很徒劳。女学生的纯真哪儿去了，女学生的含蓄哪儿去了，难道她是假冒的？还真希望她是假冒的，女学生涉足风月，多么可怕，多么不可思议呀！这么寻思着，他不知是为她的假冒而庆幸，还是为她是真学生而悲哀。

由 FF 让辜鸿铭不由自主地想到了正上女学堂的女儿珍东，于是不假思索地放过了她。正考虑着如何离去，又来了一位女子，甜甜地说自己叫 TT 小姐。

看来，女学生在风月场上还真走俏，她们重叠洋名之风确实盛行，看来，时髦的女子个个都要来冒充女学生，都要来给自己取洋名的，而且她们的外国名字不是安娜、丽莎这样称呼的，而是专挑两个英文字母组成重叠，这重叠的字母其实是含着些意思的，比如 FF，是 Foreign-fashion 的重叠，而 TT 这洋名又是啥意思呢？

TT 小姐笑而不答，风情万种地上前偎着辜鸿铭，把一张香气袭人的粉脸往他脸上蹭。辜鸿铭明显能听到自己咚咚咚的心跳声。他强抑制住了这份感觉，像一尾浸在水中的鱼欲挣扎着跳出水盆，揶揄说：该不会是 prostitute（妓女）的意思吧？

TT 小姐摇摇头，旋又点点头，笑道：我也不知道什么意思，老爷说什么意思，那就是什么意思了！

辜鸿铭心里窝了一肚的气，心想，世界上的语言中，中文和德文向来最为排外，德国人很能不让外文"侵略"，捍卫自己的文化领地，法国人也在急起直追，可中国人却甘愿让自己有着五千年光辉历史的文字沦落风尘，贱同日文，不须多加思索，就把外文直接搬过来了，在自己的文字里张牙舞爪地跳跃，咳，好端端的中文给外文搞糟了，给那些崇洋媚外之徒给玷污了！

辜鸿铭再也激不起半点情欲，扔下一点碎钱，就抬脚提袍出了门。

《中国牛津运动故事》出版后，辜鸿铭把它连同《张文襄幕府纪闻》一并寄给了托尔斯泰。在《中国牛津运动故事》一书中，他还批评过托尔斯泰呢。

虽然远在俄罗斯，但托尔斯泰却和辜鸿铭织着一个共同的梦——中国文化拯救世界，这使得辜鸿铭于心把托尔斯泰引为异国知己。托尔斯泰的回信，先后在德文《新自由报》、法文《欧巴罗邮报》上发表，《世界周刊》等英文报刊也曾予以转载，刘师培译述后，在创设于日本的中文《天义报》上连载。托尔斯泰的回信以及公开发表，对辜鸿铭的文化保守主义思想是个有力的声援。辜鸿铭在西方世界的声望以及他对中国文化的信念都因此而得到了加强。尽管如此，辜鸿铭对托尔斯泰信中表现出的观点却不尽苟同。

托尔斯泰收到自己的书后，看到自己对他的批评，会有什么反响呢？辜鸿铭一直等着这位西方盟友的回音。

然而他没有等到，不久传来消息——托尔斯泰死了。

对托尔斯泰的去世，辜鸿铭深感遗憾，觉得自此便在西方世界少了一位有影响的盟友。他无从知道，在1908年10月，当托尔斯泰收到他寄来的英译《中庸》和《大学》时，曾在日记中说它们"激发思想"。他也不知道，托尔斯泰去世前，还念念不忘中国，说假如我还年轻的话，那我一定要到中国去。对给辜鸿铭的那封信，他也记忆犹新。当有人称道其生平著述时，他答言：此皆不足道。余以为最有价值者，复中国人某一书而已。言下对给辜鸿铭这封阐发中国情结和满腹牢骚的长信，他追念不已。

托尔斯泰也是反对教会的伪善的，也是反对在中国建立议会制度的，托尔斯泰为救世而开的药方，与自己也是有相同之处的……而今，这位伟大的思想家和艺术家、这位未曾谋面的异国知己死了，辜鸿铭悲伤之余，也只能遥寄心香一瓣了。

令辜鸿铭意想不到的是，1911年2月出版的《东方杂志》，把托尔斯泰写给他的那封长信题名为《俄国大文豪托尔斯泰伯爵与中国某君书》，再一次刊发了。

《东方杂志》流入了南洋公学校园，但学生们对托尔斯泰信中的观念表现了极大的不满。有的说托尔斯泰老了，满口胡言，他那和平主义的主张实际上是放纵帝国主义，一任他们屠杀、宰割；他所要求的"不以恶报恶"已被无数事实证明，是绝对行不通、办不到的。有的说，是啊，历史上的中国人民对俄罗斯帝国总可说是"不以恶报恶"了，可结果又如何呢？更有人说，托尔斯泰晚年发出的这种号召，是一种乌托邦式的幻想，他既然看到西方列强间是豺狼之斗，又要求被侵略者和平自持，且忍耐之，甚至以这才是对付恶者而得胜的唯一之道，这不仅是典型的东郭先生，而且是在为虎作伥了！

面对学生们七嘴八舌的议论和诘责，辜鸿铭感到《东方杂志》在这时候重发此信，实在不是时候，这似乎不是在纪念这位对中国人和中国文化怀有善意的世界级思想家，而是在组织人们声讨他。想到学生们的议论也有可取之处，托尔斯泰的主张有些确是谬论，辜鸿铭也就免开尊口，没做辩护。

二、山雨欲来风满楼

号外号外，革命党人在广州聚众暴动！

汇合着各方信息，大清之亡已是大势所趋，只是时间早晚的问题了，任何改革良策到这时已经没有意义了。眼看自己曾为之殚精竭虑的清王朝就要崩溃，辜鸿铭心中的忧虑难以名状，看着沈曾植问：沈公，你说怎么办？

沈曾植闭眼静思良久，才又微睁双目，答非所问道：我正筹立佛学研究会，现在社会上流行的新思想、新学问都充满了杀机，只有靠清静慈悲的佛学才能拯救芸芸众生。

辜鸿铭不无诧异地看着沈曾植，不由自主地联想起了托尔斯泰，他在晚年不是也在潜心研读佛典吗，难道正如他所言，对革命党人也不要以恶制恶吗？辜鸿铭一时心乱如麻，望着窗外黑蒙蒙的夜晚，感到一片迷茫。

黄花岗之役一个月后，围绕着铁路是仍归商办还是收归国有，清廷接受了新任邮传部尚书盛宣怀的建议，上谕通告全国，要将已归民办的川汉、粤汉铁路收归国有，旋又令盛宣怀与英、法、德、美四国银行团缔结借款合同。一石激起千重浪，湘、鄂、川、粤各地对此表示强烈反对，四川反抗尤烈。1911年6月，成都每街均设保路协会，以保路废约为宗旨，全省各地纷起响应，参加者达数十万人。

数十万人！辜鸿铭从洋报上看到这消息，吓了一大跳。辜鸿铭急欲了解局势走向，有空就往望平街跑。

这条全长不过五六十丈的街道，却是名震中外的报馆街，与世界呼吸相通。望平街的历史也就是现代中国的报业史。在朝局动荡之时，望平街这条短短的街道，每天都从早到晚地活跃着，往往四更向尽，东方未明，街头早已是人影憧憧，那些都是贩报的人。拿了新报，有数千之众的男女老幼就像一股洪流，掠过望平街，向几条马路流去。

站在望平街，不用看报，单听议论，就可体会到朝野中外的动态。辜鸿铭正是在望平街上了解到保路风潮这一局势的进展。

8月，成都全城罢市。9月，四川全省抗粮抗捐，继而各地贫民暴动，四川总督赵尔丰受令弹压，岂料引发更大民愤，由保路运动发展为武装起义，二十万民众包围成都。清廷急调云南、贵州、湖南、湖北、陕西等省军队入川镇压，多为义军所败。以镇抚名义重登政治舞台的川汉、粤汉铁路督办大臣端方率湖北新军一标行至资州时，竟为起义新军所杀，横尸荒野。旋即，四川荣县等地宣布独立。

独立是什么概念？那就是要脱离这个政体。事局怎么会发展到这地步呢？这帮朝廷亲贵也太窝囊无能了！端方死就死了，可那个赵屠夫（赵尔丰）处理事情也太不当了，他就不会做些弹性应变，和闹事的民众坐下来谈谈，总之，他们都是酒囊饭袋、尸位素餐之辈！辜鸿铭心绪未曾稍平，忽又从望平街传出一个更令人吃惊的消息来——武昌爆发起义，革命党人节节胜利！

辜鸿铭心绪烦乱，骂不绝口。他先是骂湖广总督瑞澂草包一个，以及镇守武昌的新军第八镇统制张彪（原系张之洞的卫队长）饭桶一个，怎么轻而易举就让新军策了反，丢了武昌和汉阳？接着便是骂黎元洪，说黎宋卿（黎元洪字宋卿）自甲午战后投奔张之洞，颇受宠信，两次受派到日本学习，升至湖北新军协统，竟也参加闹事，还居然当上了什么鄂州军政府大都督，食君禄做反贼，真不是东西。得悉朝廷已请袁世凯出山，以内阁总理大臣兼湖广总督统兵南下，辜鸿铭更是激愤不已，心想，堂堂皇朝就这么不中用，就没有帅才了？摄政王饮鸩止渴，用有着狼子野心的袁世凯来对付革命党，岂不是引狼入室？如此想来，又骂摄政王载沣草包加饭桶，监国不过二年，就把国家搞得乱七八糟。这武昌暴乱，还不是由那个铁路风潮点燃了导火线！

武昌成立军政府后，湖南、陕西、江西等十数省也相继起事，宣布独立。南洋公学也不平静了！

几年前，南洋公学为实行兵式体操（军事训练），曾从商部领得步枪四百支。每逢学校举行运动会，就把弹头取去后，实弹鸣枪向观众表演，因此校中储备着相当数量的子弹。兵式体操的助教许奇松曾留学日本，参加了同盟会，在他的影响下，校中师生不少人暗中从事革命活动。黄兴来沪曾在一个秘密地点向革命师生演讲，当众血书"驱除鞑虏"四字，鼓励大家"恢复中华"，这使师生深为感动，决心参加革命。闻讯武昌起义，革命师生都想起来响应。

这可如何是好？监督唐文治风闻此事，一时就傻呆了。他系翰林出身，官居二品，自思深受皇恩，哪忍反清。于是急急地来找教务长辜鸿铭商量对策，他知道这位老兄可是实打实的保皇党。

"可不能听任娃娃们乱来，得马上制止，灭其于未燃之中！"辜鸿铭不假思索地说。

很快就召开了全校师生大会，可唐文治面对骚动的人群，临阵胆怯，不敢讲话。

辜鸿铭乃摆出一副赴汤蹈火的气概，从容起身，即兴发表演讲：你们都是正在求学的青年，年幼无知，缺少经验，切莫听信革命党的唆使，为革命党卖命做蠢事。我要告诉你们——革命党是毒血，必须开刀，把脓血挤出去消毒！

什么？台下的师生们愤怒了，大声抗议，有人甚至高呼起"反动的辜鸿铭"等口号，汹涌潮水一般的话语很快就淹没了辜鸿铭无助的声音。

辜鸿铭见情况不容乐观，忙去找沈曾植商议对策，可一介硕儒沈曾植除了发出"我辈当图共死之道，来日大难，自有同死之时"的悲哀，束手无策，而且终日楼居，不出门户，似乎要与社会隔离。找赵凤昌，却多半不在家，在家时电话又老是忙音。便去见上海道台，上海道台搓着手来回走了几圈，忧心如焚，可他能有什么办法呢？

这是些什么官，平常食皇粮、拿君禄，可一遇国家大难，一个个贪生怕死，裹足不前，大清焉有复兴之理！望着上海道那嘿嘿笑着的一张肥脸，辜鸿铭一双眼睛渐自黯淡下来。

连续数天，辜鸿铭上午到南洋公学履行职责，下午又肩负起挽救濒于危亡的大清王朝的重任，席不暇暖地前往各国领事馆串门说情，请求他们出面帮助挽救摇摇欲坠的清廷。可每次，他都是满怀希望而去，带着口干舌燥和一怀失望怏怏而回。

辜鸿铭甘做大清王朝的"孝子贤孙"，见劝说列强出兵围剿革命军无望，便又冒天下之大不韪，在《字林西报》两次发表公开信，一面指责列强助纣为虐、纵容革命，一面又谴责他们袖手旁观、见死不救。最后，他还是满腔盼望列强能响应他的呼吁，帮助清廷围剿革命。两信发表后，中外哗然，有的报纸在大标题中径直称辜鸿铭为不识时务的"怪物"。

得知自己被戴上了"怪物"的高帽，辜鸿铭非但没有悔改，反而更加放纵起自己的怪脾气来。不管是出自以毒攻毒的强硬举措或是出自破罐子破摔的荏弱心理，总之，他把怪当成了自己进攻或防守的武器。这天，辜鸿铭一脚踏入南洋公学校门，校园还是那个校园，只是里面的一切都似乎倾斜了，不仅那些教习向自己射来了充满轻蔑的眼光，就连学生们也怀着敌意一窝蜂围了上来。后院起火了，这些学生要造反了！辜鸿铭脑海中倏地掠过这个想法，几天前的一幕又油然浮在眼前。武昌革命后，学堂里盛传"谁要革命就把辫子剪掉"的口号。辜鸿铭气急败坏，扬言要学生写悔过书，却遭到更多学生的剪辫示威。当他发觉不少学生已剪了辫子，大为震惊，立即召开紧急会议，怒斥学生：你们吃了大清国的饭、读了大清国的书，敢于这样胡闹，真是大胆已极，姑念各记大过两次，以观后效。可学生们已意识到大清王朝快要完蛋了，杀头尚且不怕，记过又有什么关系呢？根本就不拿教务长的话当一回事，剪辫者径是有增无减，辜鸿铭虽着急，却没有办法。公学监督唐文治已不管事，要辜鸿铭来开除这些可造之才，可他也下不了手。

学生造反，这可是辜鸿铭最担心的。眼前的阵势虽让他心惊肉跳，但他还是强装镇定下了车，甩着一根长辫堂而皇之地直接前往教务长办公室。

学生们一层层涌上，不一会儿，便把不小的办公室围得水泄不通。刘二适才见势不妙，早有防备地叫来了几位校役，挤开人群，欲上前保护辜鸿铭，但为辜鸿铭推开了。

辜鸿铭倒也面不改色心不跳，说可以和学生们对话。立时就有学生诘质道：在此全国上下响应革命的时刻，教务长为何要发表反革命意味甚浓的公开信？

辜鸿铭大声回答：本朝德泽深厚，沿袭孔教道统，仁政迈越前代，革命自是不当！

又有学生质问：国人之所以亟待于反满起义，实行排满革命，正是为了救亡图存、振兴中华。满清王朝早已成了洋人的朝廷，因此，理所当然要成为被推翻的对象。

辜鸿铭反驳道：革命的动机虽让人同情，或许也还具有某种正当性，但革命的手段和目的却是根本错误的。满汉一家人嘛。

学生们实在难以理解，辜鸿铭在做这番荒唐而又肤浅可笑的辩解时，何以能那样的慷慨激昂和气壮如牛。大家沉默片刻后，一学生带头呼起口号：反动的辜鸿铭！

学生们群情激愤，口号震耳欲聋。辜鸿铭在口号声中一动不动，面色微红，神态却是波澜不惊，平静得像座古老的雕塑。他足足和学生们对视了几分钟，学生们倒被他这反常的镇静弄得不知所措，口号也稀落落地歇停下来。一时间，全场鸦雀无声，静得能听见彼此怦怦的心跳。这时，辜鸿铭说话了，大声而极显威严：言论本可自由，作为学生，你们不佩服我、要造我的反，我无话可说，甚至可以辞职，但你们绝不可污蔑我的人格！

又沉默稍许，一学生大着胆子问：辜教务长真的要辞职？

辜鸿铭冷冷地说：我连外务部左丞都辞了，何惜这区区教务长之位！

学生们发一声欢呼，鼓掌而散。看着他们消失在眼前，辜鸿铭一屁股跌坐在太师椅上，怔怔地发了半小时呆。

几天后，革命党人在陈其美等人的领导下，发动了上海起义。南洋公学的革命师生手持枪械参与攻打江南制造局。制造局攻克后，清兵投降，革命师生胜利回校，第一件事就是要求监督唐文治升白旗向革命投降。唐文治坚持不可，最后只允升红十字旗，表示中立。革命师生不听唐文治的主张，在航海科学习的桅杆上，主动升起白旗。

这天，辜鸿铭从虹桥路保皇党人郑孝胥家中出来，到校办公。见校内红十字旗和白旗飘飘，立时就傻了眼，马车竟自停滞不前。一帮革命师生发现后，纷纷围将过来，大声道：你诬革命党为毒血，要开刀挤出消毒。现在全校已升白旗投降革命军，是你挤出毒血，还是革命挤出你？

辜鸿铭两唇哆嗦，差点要虚脱过去。

"你不是说要辞职吗？怎么还来学校？看来你不仅是个莲迷，还是个官迷！"

辜鸿铭竭力克制住内心的愤怒，攒积力气大喝一声：一日为师，终身为父，不许你们诬蔑我！你们革命，我誓死保皇，道不同不相为谋，自此我再不踏进南洋公学半步！

言罢，即嘱刘二掉头，离开学校。第二天，南洋公学的师生们再没见辜鸿铭到校。

辜鸿铭在家闲居两日，终觉郁闷不去，想着去惜阴堂，却感觉赵凤昌这段时间神出鬼没，心想，竹君在沪上多年，耳濡目染，思想见解和往常已大不相同，难保没有和立宪派或革命党人混在一起，道不同不相为谋，罢罢罢。这么想罢，便去新闸路找沈曾植。却见他家中高朋满座，有认识的，有不认识的，经介绍，多是从北京、湖北、广东等地前来沪上避难的。辜鸿铭心里就觉得不是滋味，想武将不怕死，文臣死不怕，才是忠君之道，怎地都乱哄哄避难来了！尤其是朝廷那帮天潢贵胄，竟在此关头撇下皇帝都出来了！心里一团烦绪，熟人和他打招呼，他也不太理会。偏巧有人道：沈公学问泰斗，汤生兄西学第一，我等干脆拜师学艺，闲来觥咏遣日，岂不妙哉。立时有人拥护，说既如此超凡脱俗，我们干脆就此成立一个"超社"。此建议一出，立时有人叽哩哇啦地摇头晃脑地吟将起来。却又有人道：你们想在沪上久住，可好了那些旅馆生意，这些天听说屋租房价骤升不少呢！这群人闹哄哄，唯独辜鸿铭进屋后一语不发，沈曾植就问：汤生兄在想什么呢？

辜鸿铭轻咳两声，说：看诸位在此乐不思蜀、吟诗作赋，倒使我也想附庸风雅，向诸位献上一联助兴。

大家连说好好，在掌声中，数人拥了辜鸿铭到书房。辜鸿铭提笔运气，唰唰数下，在宣纸上留下十二字联，却是"君在，臣何敢死？寇至，我则先逃。"

众人一看之下，焉个不知联中嘲讽愚弄之意，刚才的高兴劲儿立时就像霜打的茄子——蔫了。辜鸿铭掷笔，扬长而去。

三、没有皇帝坐龙廷，还叫什么中国

当辜鸿铭正为大清的存亡而殚精竭虑呼号奔走时，他的昔日好友赵凤昌干的却是推翻清室之事。

1911年12月17日，英租界南阳路惜阴堂花园洋房来了一干人，他们是从北京来的唐绍仪、杨士琦和杨度等人。赵凤昌活动能力强，交游广泛，无论政府大老、立宪派台柱和革命党人，如盛宣怀、张謇、梁启超、唐绍仪、伍廷芳，就连黄兴及前些时候行刺摄政王载沣的孙中山秘书汪精卫也都有联系。武昌起义后，南方各省先后独立，各方政客云集上海，赵凤昌寓所惜阴堂一时便成了群英荟萃的交谈中心。

南北和谈既成，从海外回来的孙中山被齐集南京的十七省代表选举为临时大总统，旋于第二年元旦就职于南京，定国号为中华民国，下令改用公历。紧接着，孙中山致电袁世凯——如袁世凯能使清帝实行退位，宣布共和，则临时政府拥戴他为大总统。一切都水到渠成了，袁世凯毫不容情地拉下了伪面目，开始了蓄谋已久的逼宫计划。

张謇和唐绍仪在上海为即将闪亮登场的袁世凯罗致了一批所谓的名流。辜鸿铭也名列其中——这个在西方有着广泛影响的名士，在今后的共和政府中也可以出一番力呀。张謇也许不觉得辜鸿铭有怎样的过人之处，但长期搞外交的唐绍仪却力挺辜鸿铭。为表尊敬和诚意，唐绍仪特地在租界选了一家上好的饭店设宴，以张謇之名，请辜鸿铭大驾光临。

被上海、被全中国的"革命空气"窒息得头脑昏沉的辜鸿铭，正想着找人练嘴皮子，对这样高规格的邀请哪能不去呢！他大口大口地吃着佳肴，喝着美酒，一边竖起耳朵来听唐绍仪的鼓动：项城公得到了外国的支持，他具备了欧洲人认为一个高明的政治家所应具备的一切素质……

辜鸿铭发一声冷笑，咕噜咽下一口酒后，咂咂嘴，道：是呀，袁世凯总是善用不义之财来做他的政治笼络，上至天潢贵胄，下至贩夫走卒，无不趋之若鹜，就连傲慢的洋人，面对他毫不吝啬开出的利益价码，也都温驯得像羔羊。这是他的最高明之处，佩服、佩服！

"共和政体已是势在必行，而项城是新政体首脑的最合适人选。汤生兄才华横溢，何不捐弃前嫌，与项城鼎力合作，并以此为国民出力呢？"

唐绍仪说罢，辜鸿铭以戏谑的眼光看着他，道：你们两人，谁当了总统首相的，邀我老辜效劳，我都没得说的，可袁世凯东山再起，于国于民都不会是好事。我是骂过他的人，今后看样子还要骂他，我与他有什么可合作的？

见外交才子唐绍仪劝说难见成效，张謇想了想，只好亲自出马，以故人身份亲热地拍着辜鸿铭的肩说：昔年陈琳作讨曹贼文、骆宾王作讨武曌檄，情形尤甚于兄，犹为曹操、武则天所容。项城世之英雄也，又岂在乎一二骂名，汤生兄尽可放心。

辜鸿铭斜睨着眼说：我闻状元公素重操行，鄙薄趋炎附势之徒，当年就曾公开"南不拜张（之洞），北不投李（鸿章）"，并自道其志，曰农家寒士，自少不喜见富贵人，即有声望之要人，亦不轻见，见必不为屈下。如今怎么劝起我附势趋炎来了？

张謇听罢，顿觉双颊微烫，却还是哈哈一笑，道：此一时彼一时也，古云"识时务者为俊杰"，孟子又云"君之视臣如犬马，则臣视君如国人；君之视臣如土芥，则臣视君如寇仇"。汤生兄乃聪明之人，在这件事上怎么就执迷不悟呢？

辜鸿铭不发一语，径自埋头喝酒。

唐绍仪和张謇相互交换了一下眼色，以为辜鸿铭动心了，遂又进一言：季直公有句格言"徇谋于众，决定于一"，依唐某看来，采纳大家的意见自己来决定大事，这也是处理事务的一个好方法，汤生兄……

辜鸿铭响亮地打了个饱嗝，这正是一顿好饭菜，好久没吃得这么开心了。他感觉肚里胀胀的，摸着肚子说：你们说来说去，就是要拉我为袁世凯效命？

"不、不，是为共和政体国家效劳……"

"没有皇帝坐龙廷，中国还叫什么中国！"辜鸿铭不容唐绍仪把话说完，目光如炬地盯着他，而后又转向张謇，大声道：辜某命不如人，诚当见弃，然而，你们两人本为大清高官，却谋做袁世凯的走狗，真可谓土芥尚书、犬马状元！言罢，掷杯于地，不辞而别。

第十四章　国变哀歌

看着辜鸿铭大摇大摆地出了餐室，张謇气得浑身哆嗦，话都说不出一句来。这么些年来，无论朝廷命官还是平民百姓，提到他状元儒商张謇的名字，哪个不肃然起敬，可辜鸿铭竟敢以"犬马状元"相称，还不留情面地大加嘲讽，真是太气人了！好半晌，他才缓过气来，看着唐绍仪道：少川，叫你别来找他，你偏不听，这下……

见识了一位怪杰，得了顶"土芥尚书"的帽子——唐绍仪苦笑不已。

不独辜鸿铭拒绝为袁世凯效劳，沈曾植也否决了袁记党人的"出山"之请，这使他们还能成为同志，相互来往。这天，辜鸿铭到得泥城桥西麦根路沈家新居，沈曾植神秘兮兮地说要带他去见一老友。辜鸿铭忙问是谁，他也不答，只说过会儿就知，他就住在附近呢！

辜鸿铭随沈家兄弟来到一栋不起色的宅院内，一见主人，吃了一惊：节庵兄何时来沪上了？

"也就是半旬前，本想等着拾掇完毕，即随沈公同去拜会汤生兄，没料到劳驾你上门来了。"梁鼎芬边说边亲热地拉着辜鸿铭的手，让进客厅，问长问短。

当年梁鼎芬一心想为漏雨的破屋补洞——弹劾奕劻、袁世凯，没想到却被赶出破屋去，只好称病归家。在获允后的谢恩折中，他一语双关地写道："洒（西+之）者疾来无时，医多束手，群邪杂进，正气潜调，外患既滋，内维又溃，既忧伤之己过，欲补救而无功。"表面道自己的病症，实际是说朝政的溃败。但纵不为朝廷所爱所容，他却还不忘一个劲地表白愚忠："归依亲墓，松楸之荫方长；回首君门，葵藿之心未死。"此折文采斐然，刊布即报，一时竞相传诵。

武昌起义后，南方各省相继响应，时任广东宣慰使的梁鼎芬电劝黎元洪扶清，为黎元洪笑谢，并反劝他识时务。听说广东方面拟举自己为都督，梁鼎芬认为此举系大逆不道，誓死不从，唯觉大势已去，时局难以收拾，又惊惧于"鱼游于沸鼎之中"的处境，乃于星夜离家赴沪，决心以清节自持。

辜鸿铭得知此情，感慨不已。梁鼎芬一旁又道：武昌革命，乃铁路风潮所起，你们可知铁路国有之议，系何人所为？

大家众口一词说是盛宣怀呀。梁鼎芬沉吟道：铁路国有之议，台面主持人是盛杏荪，但幕后策划人却是太夷。

"啊，大家都吃了一惊，怎么会是郑孝胥呢？"

梁鼎芬徐徐道出了内幕。原来郑孝胥谋升邮传部侍郎，帮助盛宣怀策划铁路国有，满冀谋划成功，弹冠上任，岂料却为革命搭上桥梁，闯下大祸，哪里还谋得了邮传部侍郎，放了他湖南布政使，又不敢到任，只好溜回到沪上仍当寓公生活。

辜鸿铭怅恨不已，心想，自己前段时间还曾借住虹桥路郑孝胥家中，却如何没听他透露半点内情，郑孝胥他妈不够君子。他可不想让人怀疑自己与郑孝胥同流合污，眼珠一转，一本正经地追问起梁鼎芬来：星海可知郑孝胥住哪儿？我要好好骂他一骂，他可是大清的罪人！

正谈话间，正受命外出沽酒的梁家仆人高声喊着跌跌撞撞进来：老爷，不好了，大事不好了！

梁鼎芬满心不悦地瞪他一眼：何事如此慌张？

"皇帝宣布退位了！"仆人一边说，一边递上手中那被捏得皱巴巴的报纸。

大家都还以为听错了，梁鼎芬一把从仆人手里抢过，果然，头版头条一行大字映入眼帘——清帝宣布退位！他以为看花了眼，瞪大眼睛再看，俄顷，两行老泪扑簌簌直往下掉，看着辜鸿铭和沈家兄弟，声音哽咽地说：不好了，不得了了，皇帝宣布退位了！

"这怎么可能？这怎么行？"沈家兄弟立时大呼小叫起来。

辜鸿铭接看报纸，目瞪口呆地"啊"了好半天，继而泪流满面，捶胸顿足地大喊：没有皇帝坐龙廷，中国还叫什么中国呀！

梁鼎芬呆呆地站立一会儿，忽然双脚一软，向北而跪，几个人也跟着下跪，都像孩子似的哭泣着。在如丧考妣的恸哭声中，他们不住地把头向地上叩去。

辜鸿铭看着报上登载的这道谕旨，感叹二百六十八年的清室竟然就在自己眼前成为过去的历史。他抹去眼泪，拉着梁鼎芬的手说：灾难临头了，我们该怎么办？

梁鼎芬用双手抱住辜鸿铭，流着眼泪，用一种让人永远也不会忘记的声音说：世受国恩，死生一志！

沈曾植也还在流泪，哽咽着说：事情变成这样，我真不想活了，生命已经一文不值了。

沈曾桐试图安慰兄长，可越是安慰，却哭得越是厉害。一时间，屋里回荡着这几位老朽凄厉的啼哭。沈曾桐重重叹了一口气，道：全是袁世凯作的乱，准是他投靠了孙中山，要逼皇帝退位！

辜鸿铭愤愤地说：我早就跟香帅说过，袁世凯不是个好东西。要不是当初香帅说情，袁世凯早就叫摄政王给杀了！咳，留下了一个亡国祸种！

梁鼎芬心想，张之洞当年如果真像自己那样从思想上严加控制学生，也不至于酿成洪水大祸。他当然不好为自己摆谱,来放言自己当初有怎样的先见之明——驱逐黄兴、开除宋教仁而被革命学生骂为"政界学界一蟊贼"这等往事。他乃看着辜鸿铭,以万分敬佩的口吻道:而汤生兄却非寻常学者可等类齐观,论事于二十年前,而应验于二十年后,真如孔子所谓"百世可知",不愧为醇儒,不愧为卫道之干城、警世之木铎。我自当以汤生兄为榜样,忠于朝廷。

辜鸿铭被梁鼎芬的"迷魂汤"一灌,脑子就更是发热,慨然道:我要去北京,找袁世凯算账去!

梁鼎芬毫不犹豫地紧接着说:汤生兄,我随你去北京,给先皇守灵!

辜鸿铭点点头,看着沈曾植,轻声问:沈公怎么打算?

因为正和陈焕章等商量发起孔教会,以图在文化上做最后的挣扎,沈曾植接应道:我还是留在上海,我们南北呼应。

就在辜鸿铭安置好家小,打点行装准备偕梁鼎芬北上时,梁鼎芬却病倒了。那晚送别辜鸿铭和沈家兄弟后,梁鼎芬借酒买醉,吃了哭,哭了吃,酩酊大醉后,在院内冷风中站了一夜,孤苦不堪,翌日高烧不退,被家人紧急送往麦家圈医院。他病中犹不忘北上事,嘱辜鸿铭先行,自己病好就来。

四、矢志保辫

辜鸿铭主仆既到北京,但见各处遍悬五色旗,那熟悉的大清龙旗已不见踪影,心里好一顿嗟叹。打从紫禁城过,他甚至不敢多看一眼,多停留一步,似乎这昔日的皇宫已变得倾斜了,似乎里面还传出孤独无助的隆裕太后和小皇帝的哭声。他也不敢去见袁世凯,袁世凯寓居的外务部公署十步一岗,五步一哨,卫兵枪刺闪闪。他吃饱了撑着,敢与袁世凯理论去?漫无目的地游逛一圈后,见天色向晚,该往何处借宿呢?想梁敦彦去美国未回,罗振玉又东渡扶桑了,汪康年不久前即已辞世……在脑海中盘算了一通,咽了咽口水,叫了车子,便往东城灯市口史家胡同凌福彭家而来。

敲了半天的门,凌福彭家门才闪出一条窄窄的缝,仆人睁大眼睛看清来人后,连忙让快进,一边絮絮叨叨地说:这年头兵荒马乱,老爷叫不要开门呢!

见是辜鸿铭主仆前来,凌福彭不无吃惊:你在上海有难不避,跑到北京做什么?辜鸿铭说:要与袁世凯做斗争呢。凌福彭就一声嗤笑:靠你能成?

仆人端上热茶暖身，辜鸿铭润了润喉，接着便十二分认真地听凌福彭诉说京师重案。

当听到袁世凯也遭保皇党暗算、卫队长等贴身卫兵十多人被炸死炸伤时，辜鸿铭解恨地一跺脚，说声好，接着又是一声长叹，说：炸弹不长眼，能把这国贼炸死就好了。他声音大得出奇，唬得凌福彭连忙嘘声以止。当听说保皇党首领良弼遇炸身死后，辜鸿铭又是一阵扼腕长叹。

闲扯中，凌福彭捧出一张报纸，上面登着清廷接受退位的《优待条例》。条例一侧还刊有最后一道上谕，饬令文武官吏，各循职守，毋生异论。看完条例和上谕，凌福彭又跟着辜鸿铭难受了一次。

南北双方既达成协议，清帝也已宣布退位，因为袁世凯赞成共和，中华民国临时大总统孙中山遂向临时参议院辞职。临时参议院选举袁世凯为临时大总统，其后又选举黎元洪为副总统。在即将成为中华民国临时大总统的前夕，袁世凯耐人寻味地剪掉了辫子。他显然认为这是剪辫子的最佳时机，既可表示革故鼎新的决心，又可表现弃旧图新的分寸，让新旧人士都无从置喙。

于是，京师城厢内外遍设执事者，义务剪辫会也同时设立，由受剪者自选发式，剪平头的一律免费，留分头的便宜收资，请专业理发师特殊服务。为了刺激剪辫，某些部门、某些风骚人物还专门在茶馆戏园设摊，规定在其限期天数内，凡自愿前来剪辫者，不仅不收分文，还可获赠一碗大肉面，以示庆贺和助兴。强迫和自愿双管齐下，"咔嚓、咔嚓"声在大白天里此起彼伏，蔚为壮观。

北京城的大街小巷、交通要道，凡是客流量聚集的地方，剪辫运动几乎都是被强制发起的。那些执事者手持利剪，拖住行人强行剪除其垂于脑后的长辫，也有好事之徒自告奋勇强行替人剪辫者。于是乎，有人正走在大街上，忽然发现自己的辫子掉在地上；有人抬手想绾辫子，却发现它早已不在其位；有人突感后脑勺上一阵冰凉，用手一摸，原来是辫子与头分了家。不少人如丧考妣，喊着"我的辫子、我的辫子"，一屁股跌坐在毛发层层叠叠的地上，号啕大哭。

这个场面，直把外出送信的刘二吓白了脸，幸好他腿快，才得以躲过这场剪发革命。他拐进一胡同后，正待喘口气，却见两人嘀咕着朝这边走来，他疑是兵士追来，忙躲进一块石板下，却是一高一矮两个市民。高个子说：当年洪杨起义时，许多脑袋是连辫子一起落地的，现在我们虽然丢了辫子，脑袋却还存在。我说二狗子，都民国了，你还留那劳什子干什么用，要给先皇磕头啊？矮子神秘地说：

我告诉你，不能留光头啊！好多人在传说——宣统还朝，秃子开瓢。哇！高个子下意识地摸摸脑袋，好像担心明天就有不虞之毁。

回到住所，刘二惊魂未定地把大街上闹哄哄的剪发场面告诉了辜鸿铭，听到"宣统还朝，秃子开瓢"的民间议论，辜鸿铭不觉浑身一凛。

"老爷，万一我这头发也被革命军剪了，那可怎么办？"

刘二说这话时，辜鸿铭想的还是"宣统还朝，秃子开瓢"那句话，竟没有理睬。刘二重复一遍，并央求帮拿办法，辜鸿铭才回过神来，说：这就需要智慧了。他教刘二把头发盘起来，堆在头顶上，再戴上顶帽子。

刘二如此行事后，照照壁上的破镜子，见看不到辫子外露了，不禁大喜，说：真是柳暗花明又一村，妙妙，可盘可放，随其所宜而适，真个是可进可退！末了，不忘打趣道：老爷，你这办法不妨算是"咸与维新"兼"保存国粹"。

辜鸿铭啐他一口：我是怕你这个怕死鬼一不留神就站错了队，我呢，坚决不剪！

刘二受了感染，语气坚定地说：我跟着老爷，宁死不剪！

当辜鸿铭怀着愤懑的心情，戴着捂耳的冬帽，孤独地走在大街上时，为庆祝清帝退位实行共和而搭起的"五族欢腾""庆祝袁大总统即位"等牌楼沿街而立，造型各异，成了北京街头的一道风景。

凡剪发执行者守候之处，不管人们愿不愿意，都得一律留下辫子，然后开路。人群中，有笑逐颜开，主动将辫子送上的；有稀里糊涂，顺其自然的；有本能反抗，先与剪家大捉迷藏，来个百米赛跑，被逮住剪掉"爱物"后，当场痛哭失声的。

长辫在肩的辜鸿铭见情形不对，欲要转身时，已来不及了。一群兵士把他拦住了。

辜鸿铭大喝一声：你们休得无礼！

刘二也旋风般地从身后跑来护主，扎了马步，两拳相握，做了个随时格斗的举动。那奋不顾身、大义凛然的神色仿佛是个武林高手，完全有把握保护主人。

主仆俩这番神情，一时还真把这群兵士给镇住了，闹不清对方是何身份。

领头的小头目决定先礼后兵，开导说：辫子是满清实行异族统治的象征，我们革命的目的，不仅要破除满清王朝，还要废除旧伦理、旧习惯等所有野蛮之物，现在是民国了，我们从头到脚都要来个改头换面。

辜鸿铭傲然不理。

小头目想了想，摊开手中的公报，大声说：这剪发令说了——令到之日，限二十日内，官军民一律剪掉辫子，有不遵者，以违法论。

辜鸿铭嗤地一笑：我连袁世凯都不怕，你们谁敢剪我的辫子！

小头目见他口气不小，左瞧右瞧，忽道：这位老先生，怎么越瞧越觉眼熟呀？

"你还别跟我套近乎。我倒要问你几个问题，回答得让我信服，我便将辫子给你剪了，不然，恕不从命！"

小头目语气缓和道：老先生尽管提问。

辜鸿铭冷声冷语道：革命是为了自由，取消专制，这是你们标榜的吗？

小头目做了肯定的回答后，辜鸿铭道：头发一律怕是与专制思想有关，愿意响应的就去剪吧，愿意拖的也不妨还拖，发型的事应归到个人的事，你不喜欢辫子，但也不必去管别人的头发。

在辜鸿铭说话间，那小头目的眼睛一直没有离开过他，待他说完，才道：敢问老先生，可曾在武昌自强学堂任教过？

这下轮到辜鸿铭惊诧了，他看着对方，问：你在自强学堂读过？

小头目点点头后，又看着辜鸿铭，语带歉意地说：如果我没猜错，您老准是辜先生，一别多时，竟认不出老师来了。言罢，面对辜鸿铭一鞠躬，说：请老师恕罪。

辜鸿铭淡淡地看着对方，说：我可没教过你这样闹革命的学生。咳，张香帅啊张香帅，你开办什么自强学堂，到头来，他们竟然成了反朝廷的急先锋！辜鸿铭喃喃地说着，也不再看那头目，挺胸抬脚而去。刘二学着主子模样，挺胸撒腿而去。兵士欲行阻拦，却被小头目用手势止住了。

几天后，刘二设法弄来了辆黄包车，拉着辜鸿铭去看乔樾。正不急不缓地跑着，听到前方响起刺耳的马叫声，"嗒嗒嗒"地走来一小支兵士，为首那官员骨架虽瘦，肚子却肥大得出奇，在兵士们前呼后拥下，走起路来一摇三晃，一副大腹便便之样。辜鸿铭眼尖，一眼就认出为首者竟是余瘦，忙叫刘二挡住他们的去路。

余瘦受阻，正想骂人，抬头一见，那发怒的神色还在加深，嘴里却已经啊了一声，一阵飞快的阴转晴后，脸上立时换上了笑脸，连连打躬作揖，说辜先生，别来无恙！

辜鸿铭也不下车，那大而明亮的眼睛在说话时没离开过余瘦：大腹便便，神态傲慢，这可是一个官员应具备的基本素质。

余瘦尴尬地笑笑，言不由衷地说，辜先生真会说笑话。

"笑话？你的部分表情都是装出来的。你胖了，像你们这类官员从来都不会是瘦的，为什么会这样呢？"辜鸿铭目光挑战性地扫视着那几位肥胖的兵员，痛斥道：因为你们总是忙着搜刮民脂民膏，并以此为乐。你们从不满足，正是人民的血汗养肥了你们！

"你敢骂我们！"一兵士嗷嗷叫着，欲行上来揪辜鸿铭。

余瘦连忙挥手制止了这个兵士的粗鲁动作，岔开话题，道：辜先生怎么还留辫子呀，你不知袁总统也剪辫了吗？

"那也不至于剪了辫子就穿西装！没有辫子的食肉兽！"辜鸿铭怒火中烧，开始高声咒骂，他力气越来越足，嗓门越来越亮。余瘦分辩不得，见周围已聚了一大堆看热闹的人，不觉心慌起来，白了辜鸿铭一眼，悻悻地说：我惹不得你，还躲不起吗？言罢率队急匆匆离去。

辜鸿铭面朝他的背影，直到把口水吐干，才又大声斥骂道：沐猴而冠！言不及义，这是个什么世界！

辜鸿铭的斥骂声换来了青年人看古董的眼光和笑声。

到得乔樾家，却见客厅已坐着数人。一位皇亲，原也有过一面之交的，听说已在民国政府高就，辜鸿铭也不理睬，径自大声地叫嚷，指桑骂槐：沐猴而冠！言不及义，这是个什么世界！

那位皇亲小声地说：汤生兄小声点儿，别让四邻都听见了。

"让四邻听见，才出我一口鸟气呢。怎么了，你怕？"

皇亲劝导道：汤生兄，现在时代不同了，你看不惯也没办法改变它，何必白白地生这么多气呢？

辜鸿铭根本听不进，反而更大声地开骂：这个疯狂的世界！没有皇帝坐龙廷，中国还叫什么中国？

乔樾一旁道：汤生兄敢与老袁叫板，真乃大英雄，你讽刺他拥兵自重，以兵为私，袁世凯背叛朝廷，你的话得到应验，真是有先见之明，佩服！！

辜鸿铭听罢，忽而低泣道：也怪当初摄政王心太软，没有及时除去袁世凯，让他祸害我大清！

皇亲见辜鸿铭哀号不已，涕泗满襟，乔樾又默然无语，只好起身劝道：辜先生，事已至此，悲伤无益……

辜鸿铭抬起一对泪眼，手指皇亲，号叫道：你是皇亲却成民国疆吏，我依旧是清室故官，喜忧不同，啼笑自异！

直说得皇亲一脸窘相，无地自容，恨不得找个地缝钻进去。

第十五章

蜉寄留痕

一、谁敢动你的辫子就和他拼命

民国眼睁睁地就在面前成立了，它的掌门人竟是连盗跖贼徒不如的袁世凯，这样的政体有什么希望，国家和民族的命运真是千钧一发了。辜鸿铭发誓绝不跟从袁世凯这个毁弃了中华民族忠义观念和中国文明的罪人。最可鄙的是那些趋炎附势之徒，竟还好意思嘲笑我痴心忠于清室。我效古今高洁之士忠君报国，总比你们摇尾乞怜依附袁世凯要来得高尚！唉，普天之下，有谁能知，我之忠于清室，其实也是忠于中国之政教，即系忠于中国之文明？！唯一使辜鸿铭稍感欣慰的是，不管是在北京、上海还是青岛，他都有一批志同道合者。混迹这帮拥帝复辟的遗老遗少中间，惶惶无所依的他就感到自己有了根基。

遗老遗少以宗社党为主体，广结外围，形成了一个不小的阵势，为首者乃小恭王溥伟。溥伟乃老恭王奕䜣的孙子，是反对袁世凯的强硬派。在某场合，溥伟见宣统朝文科进士辜鸿铭发高论、反对革命、大谈保全清室的道理，叹赏之余，立时引为同道。他见辜鸿铭精通汉洋之学，特别是语言天赋无有出其右者，正可以借助于联络列强，于是借重有加，请他东渡扶桑，游说日本政府支持。手中既无枪炮巨舰，袋中又无金银钞票的辜鸿铭，唯于脑中装有为天下苍生立帝王、免于无君无父的宏愿，欣然肩负起了这一重任。

这是辜鸿铭归国多年后的第一次出洋。想三十年前，意气风发的他毅然决然地从西洋回到南洋，再放舟东方故园，一路上听到的尽是大清积贫积弱的议论，激起他一腔热血，发誓要为振兴中华而竭力，而如今，充塞于耳的竟是清亡换代的笑谈，教他如何不黯然神伤，揾英雄泪？！

抵日本后，辜鸿铭断断续续做了些巡回演讲，会晤了一干日本政要，更多的时间是和蛰居于此的罗振玉、王国维师徒空发感慨。待了半年多，他深觉事不可为，无聊之余，决定东返。

得知沈曾植已然迁居沪上麦根路海日楼，辜鸿铭便来看望。戴上了"学识最渊博的国学大师"之桂冠的沈曾植一直以维系儒家礼教为己任，颇具卓识地提出"欲复兴亚洲，须兴儒术"的观点，并倡导在上海建立经科大学，成立亚洲学术研究会，使上海成为亚洲儒学研究的中心，继而成为亚洲文化和学术研究的中心。

辜鸿铭把此去日本无功而返的情况简略说了。沈曾植见他唉声叹气，过分自责，乃安慰道：此事重大，非你一人之力所能奏效，何须求全责备。

为了唤起辜鸿铭振作精神，沈曾植接着又相告了他们在上海复辟的活动情况：沪上有广大的租界供复辟活动，江苏阳湖绅士恽祖祁、恽毓昌父子提供经费最多，迄今已和军界张勋、徐宝山、张怀芝、张作霖等均有联系，并与升允、长庚、锡良等声气相通，与小恭王溥伟、肃亲王善耆也早有暗通。

辜鸿铭终觉有辱使命，也不想与沈曾植多谈复辟活动事宜，咕噜喝下一口酽茶后，不无忧伤地说：此次在日本，见到一两位从武昌出去的留学生，竟说民国成立系孙中山与张香涛的合作，你说气人不气人！

有关这样的论调，那些遗老遗少们没少在沈曾植面前发牢骚。也难怪，谁教他张之洞治理的湖北武昌竟成为辛亥革命的策源地呢？谁教他编练的新军打响了武昌起义的第一枪呢？谁教他创办的实业为武昌起义提供了雄厚的物质基础呢？谁教革命党魁首黄兴竟是由他派去留学的？孙中山领导的同盟会一向是把武装起义的重点放在华南沿海沿边，可为什么有意栽花花不活，而地处长江中游不是起义重点的武昌，为什么无心插柳柳成荫，竟能在没有同盟会领导人指挥的情况下一炮获得成功？为什么革命军攻下湖广总督署后，把一个本应是革命对象的张之洞部属黎元洪推上了首义之区都督的宝座？

所有这些，都是不可破译的天问。是巧合还是人为？直教视张之洞为生平第一知己的沈曾植惶惑不已。报上不是说，当孙中山应黎元洪之邀到武昌时，特地游览了张之洞的祠宇奥略楼，道：以南皮造成楚材，颠覆满祚，可谓为不言革命之大革命家。辛亥革命的领导人之一居正不也说：湖北自张之洞提倡学堂后，而新潮输入，革命已伏萌芽，嗣后复派多数学生赴日本，学陆军者如吴禄贞等已大露锋芒，同时，留学生创刊《湖北学生界》以鼓吹之，革命思想因之勃发……想想也真是，孙中山的同盟会会员中，有多少是从湖北两湖等书院出去留学的青年学子。想晚清封疆督抚百十人，有几个能像张之洞那样与时俱进——兴学堂，办实业，为国家中兴而焦头烂额。就发展的成效而言，当张之洞离鄂时，湖北的交通通讯已居全国先列，在内地各省中占首位，工业跃到全国第二，其中钢铁业等为全国第一，商品流转量为内地各省之冠，货币铸造量比各省都多。张之洞其功甚伟，可到头来却还不落个好，不独那些官僚讽刺他"好大喜功、干傻事"。他苦心总督了十数载的湖广竟结出了武昌首义之果；他费十数载之经营，糜数千万之库帑、辛苦选练之新军都均为革命党人所用。这一桩桩不可抹灭的史实，似可说明张之洞不自觉地充当了革命的酿造师，革了大清的命啊！一想到此，沈曾植吓了一跳，琢磨着辜鸿铭的问题，好半晌才说：香帅开工厂、建铁路、练军队和办学堂，都是为巩固大清江山计，结果却走到了反面，挖了朝廷的墙脚，培养了自己的掘墓人，所谓"种豆得瓜"，这是完全出乎他的意料的。其实你也知道，香帅对两湖学生参加革命活动甚为不满，如他捕杀唐才常、欲杀吴禄贞等即是明证。那些留学生回国后，在湖北宣传革命、传播革命书刊，不是均遭香帅的严禁吗？

连沈曾植都感觉自己为张之洞所做的辩护苍白无力。

辜鸿铭埋头吸着香烟，一番沉默后，轻轻一声喟叹：我尝听香帅言"吾恐中国之祸，不在四海之外，而在九州之内矣！"及今想来，分析何等中肯，咳，千秋功罪，谁人曾与评说？万世几曾存正论，青史凭谁论是非！

清室既亡，宗社党策划复辟的中心有三，其中旅大的领袖是小恭王溥伟自己，外加肃王善耆；青岛的显贵也不少，首领有原学部副大臣劳乃宣、京师大学堂总监刘廷琛等；上海更是遗老显贵的麇集地，但他们徒有忠贞之心，却百事难以措手，真正有志复辟的也并不多，沈曾植巍然被推为领袖，也发誓要做亡国忠臣，可平日多从事学术，和居沪的多数遗老相处不甚融洽。南京路上迎风招展的五色旗也令人觉得压抑，辜鸿铭乃决定携家北上，避居青岛，那里更有适合自己生活的空气。

为什么要选择青岛呢？一来儿子辜守庸在中德合办的青岛大学就读，二来辜鸿铭在德国人心目中已有极高的声望——不仅青岛大学的德国教授把他当作中国现代著名哲学家来崇敬，而且青岛德租界里还有卫礼贤等洋知音。就在去年，卫礼贤把自己的《中国的牛津运动》一书译成德文出版，定名《为中国反对欧洲观念而辩护：批判论文》，德国哥廷根大学的新康德派对该书大为推崇，列为该校哲学系师生必读之参考书。

一家人租了黄包车直往外滩而来，经过江海关大楼时，却见在工部局乐队鼓乐齐鸣中，江海关的大自鸣钟前矗立起一个站立的铜人像。这是黄浦滩众多洋人铜塑中的一座，洋人爱怎么立就怎么立，这是他们的事，中国政府是不能过问的。辜鸿铭对此早就不觉半点的新鲜，唯见那铜人敞开着齐膝短大衣、左腿略弓、背手低头，以一种含而不露的神态默默凝视着南京路。辜鸿铭看着那铜人似乎面熟，下车过去瞧热闹，却是总握中国海关行政权达四十八年之久的总税务司赫德的铜像。

1908年，七十有四的赫德以年老多病请假回国，三年后病逝于伦敦。铜人赫德保持着这种奇妙的姿势，仿佛要将中国再看三十年。在中国的土地上，居然站立着赫德，还有右边那座巴夏礼的铜像，还有北京那克林德碑坊，等等，最明白无误地提示了国家观念的失落。辜鸿铭面带嘲弄之情朝着赫德铜像方向吐了口水。莫理循说得何其有理——赫德死后谁会去悼念他？他拿了中国人差不多一百万英镑！

"它们总有一天要被拆毁的！"重新坐上黄包车，望着渐行渐远的赫德铜像，辜鸿铭愤然有声。

到青岛租界寻求保护的有形形色色的人物，他们从四面八方汇聚到青岛，坐上东洋车后，又四面八方地散去。在这个王朝崩溃的转型时期，细心的人们会在僧侣中发现绝望的贝子和朝臣，在乞丐和强盗间见到旧日的将军，在简陋的茅屋里找到默不作声的学者。他们还会发现，前清时的那些权臣和实业巨贾，现在已是无所适从的漂泊者，是借酒浇愁的山野诗人和画家。

在这青岛街头，除了不时闪过的身背枪支来回巡逻的德国士兵，触目惊心的还有那些年轻的学生，他们手持剪刀在动员行人剪辫。加蓬东洋车把辜鸿铭一双忧郁的眼睛从码头带到了礼贤书院。书院的建筑构造极似孔庙，在其门前，一位满头卷曲金发、一双有神的碧眼、下颌堆着蓬乱的紫髯、身披神父黑袍的洋人，正和几位留辫老者谈论着什么。他就是德国牧师卫礼贤，几位留辫老者正是劳乃宣、刘廷琛等人。

稍作安顿，辜鸿铭心里惦念着儿子，担心他违背父训——剪发易服，于是，也不及和他们多谈，就略带歉意地说：诸位，恕不奉陪，我要先看看犬子去！

正如辜鸿铭所担心的那样，青岛大学的剪辫运动开展得如火如荼。辜守庸试图说服父亲同意他剪辫,不意换来辜鸿铭的一顿臭骂。辜鸿铭瞪着一双大眼,火暴暴训斥道:你如果像这帮浪荡少年那样剪发易服,那么我就不认你这个儿子!为取小利而忘大义,忘却尔祖尔父,死了有什么面目去见列祖列宗?!

说得这么严重,辜守庸一时就犯傻了,嘴巴翕动着,却什么话也说不出。

辜鸿铭轻咳两声,严峻的脸色稍加松弛,语气也缓和了些,让儿子背诵韩愈的《伯夷颂》。

辜守庸不知何意,只顾背来:士特立独行,适于义而已。不顾人之是非,皆豪杰之士,信道笃而自知者也。一家非之,力行而不惑者寡矣。至于一国一州非之,力行而不惑者,则千百年乃一人而已耳。若伯夷者,穷天地亘万世而不顾者也……

辜鸿铭用手制止儿子继续背下去,满目慈爱地看着儿子,道:历来有识之士都热衷表彰敢于"特立独行"的人,韩退之针砭的正是那种遇变而随意改变主张与节操的人,表彰的是具有坚定信念,不仅不顾"举世非之",而且是"穷天地亘万世"而不顾的"特立独行"之士。

辜守庸听得出父亲希望自己做特立独行之士,咽了咽口水,瞄一眼父亲,轻声道:这种人,在现实社会中极为罕见,自秦之来,两千年出了几个?

"是的,当今社会,芸芸众生,多的是见胜迹纷聚、见败兆而纷逃的人,可我们却还是要特立独行!"

辜守庸急得眼泪都要出来了,望着父亲问:他们要强迫剪,那我如何办?

辜鸿铭上前,为儿子把头发盘起来,并给他戴上帽子,端详着他,好一番谆谆教诲:不管上课还是课外,都这样把头发盘起来,箍上个帽子,平日少抛头露面,教室、宿舍、食堂三点一线。我看你也可准备一把剪子,谁敢动粗,你就和他拼命,总之,不能让辫子这么无端葬送!

辜守庸想了想,见父亲语态安详,遂大着胆儿又道:父亲何其愚忠也!

辜鸿铭轻叹了一口气,良久才道:古今中外,王朝总有兴和亡,兴有从龙功臣,亡有殉节忠臣,关键是不能做袁世凯这般反易覆的盗贼小人!

在他说话的当儿,辜守庸吃惊地发现,父亲的眼角竟有晶莹的泪珠在闪烁。

二、酒桌上戏弄庆亲王

在青岛,辜鸿铭除了常常去看望儿子,便是四处走走。对他来说,在这些没有心思读书、写作的动荡日子里，只有找人聊聊天、骂骂娘，难挨的光阴才可打发。旅居于青岛的那些亡清要人，只要是忠于皇室脑后还拖着辫子的，尤其是满清显贵，几乎都视他为知音。而礼贤书院，经常是他们的聚集地。

三月初的一个傍晚，礼贤书院的饭厅又是人头攒动，辜鸿铭、劳乃宣、刘廷琛等一干人坐定后，卫礼贤神秘兮兮地说：还差一人呢。

"谁呢？"

大家正猜揣间，见两人踱着方步一前一后闪将进来。大家定睛相看，前头的却是庆亲王奕劻，后面那位也许是保镖。

大清前脚刚亡，奕劻收拾细软、带着家人后脚就出了都门，跑往天津当寓公去了，这次为在海边购建别墅而来青岛租界，听得卫礼贤乃德国著名的中国通，经人介绍得以相识，相互间作了拜访。他没料到今晚辜鸿铭等亦在此，眼神一对，慌忙想退回身去，卫礼贤忙上前拦住了。辜鸿铭斜睨着眼看着奕劻：庆王爷别来无恙！要我们跪请入座吗？

奕劻无奈，只好坐下，却生怕辜鸿铭挖苦，先发制人地退让一步，说：辜先生，我是佩服你的，现在什么话都不要说，喝酒！

劳乃宣一旁嚷道：总要变个戏法？猜拳为戏，输者喝酒，如何？这奕劻乃惯于逢场作戏之人，心想，在此地斯境，也还得对这些昔日臣僚放下亲王的架子，于是痛痛快快地答应了下来。

轮到和奕劻划拳时，辜鸿铭总是装出张开手指的样子，当来个狡猾的停顿后突然改变出指数，而且通常是在对方出完之后，才报出自己所出的拳数。奕劻见辜鸿铭如此戏弄自己，心里恼火，脸上也上了火，幸好输拳后的连喝几杯，掩盖了他脸上的羞红。

又一杯酒后，奕劻终于喷着酒气提醒辜鸿铭道：辜先生出拳慢了。

辜鸿铭明知故问地回答：是吗？我这么做，也是可以原谅，咳，我酒量极浅，一旦受了酒精的影响，总是变得酷爱争吵。一边说一边拍了拍手，把脑后那根长辫曳向胸前，意味深长地望了望奕劻，补上一句说：那时保不准会骂王爷你呢！

辜鸿铭此番曳辫动作，要对已然剪辫的前大清亲王奕劻暗讽什么，那是不言而喻的。一接上辜鸿铭那带有挑战的眼光，奕劻慌地避开了，摆出一副豪爽样儿，很是无拘无束地说：赢则我为人所敬，输则有酒可饮。有什么不好呢？

卫礼贤从辜鸿铭的神情中看出了即将萌发的争斗苗头，忙说：青岛为古老中国的杰出代表的相聚提供了一个最好的机会,这让我想起王羲之描写兰亭聚会时的情形。说罢,离座而诵。

像出门必带算盘的盛宣怀一样,奕劻在青岛才露一个面,就神龙无踪了。对辜鸿铭来说,眼不见为静,这倒省得他一番再费心思与他们计较,只是有时心胸里闷着一肚骂人的话,似乎只有对着他们才能有的放矢,而"的"却找不着了,这多少使他感到一丝淡淡的遗憾。

小恭王溥伟的潜来,使流浪青岛的一帮遗臣有了中心,地点当然是小恭王所住市郊的那家远离大道、隐蔽的啤酒店里。小恭王将家中财物变卖充作复辟活动费,恭王府的珠宝由此流落四方,成为收藏家的珍品并且传到美国,他的这种毁家纾难的复国精神让大家备受感动。于是,只要他一召唤,大家准要前来听命,把复辟叫得震天响。辜鸿铭逢场必发高论,或反对革命,或大谈保全清室的道理,最是博得溥伟的青睐。辜鸿铭对溥伟的好感不仅在于他有复国之志,还在于他还拖条精心梳理的大辫子。小恭王的满族卫士却剪了辫子,这使辜鸿铭大为恼火,曾经当众大声呵责于他。但溥伟却说卫士剪辫有理,之所以迈出这一步,完全是为了谨慎处事,是为本王安全着想。

生于帝王之家、长于深宫妇人之手的溥伟向来自傲清高,惯于命令别人,流放奔波的经历改变了他的性格,使他多了份思考和人情味。辉煌的往日已一去不返,过去锦衣玉食、一呼百应、随心所欲的特殊待遇,恰恰导致了今天的衰败,这是他得出的大清命运败颓的结论。于是他借鉴既往,决心礼贤下士、广掘人才,在不失昔日皇家亲王风度的同时,常常以小孩那般缺乏经验的方式与人交往,聆听他人的主张。

辜鸿铭参加这类联欢会,大凡脑里有什么想法、胸中有何块垒,就不留分毫地向众人抖示出来,一吐而后快。他的牢骚发得与别人不同,标新立异本就是他的行当,见人就夸耀他的新、他的异,正是他崇尚的清谈风度。没想到,溥伟这里有了他标新立异的温床。辜鸿铭成了溥伟那儿最受欢迎的人之一,以至于溥伟在青岛海边买了别墅,将北京的家人都接来时,特别允许辜鸿铭随卫礼贤前来相见。

溥伟仗着有德国人和租界的庇护,在青岛频频召集秘密会议。他是决不把自己当作挡车螳臂的,纵是如此,他也不惜粉身碎骨。辜鸿铭也参加过几次小规模的会议,从中见到了铁良这些宗社党的中坚。铁良是满洲镶白旗人,在兵部侍郎任上曾去日本考察过军事,回国后,在庸庸碌碌的旗人中间便以通晓军务而闻名,练兵处成立后，鹤立鸡群的他自然而然地做了会办大臣，虽然对于皇室非常忠诚，只可惜其并不懂军事，使得练兵大权依然掌握在袁世凯手中，从而渐渐丰厚了袁世凯的羽毛。辜鸿铭已知铁良来由，少不得当着溥伟面对其好一顿冷嘲热讽：玉臣（铁良字）亦亡国之罪人耶！铁良乃鸡肠小肚、睚眦必报之人，当着溥伟的面向辜鸿铭发泄自己的恼怒，直呼他为"疯人疯语"。

和铁良闹得不快，辜鸿铭就更不想加入宗社党，去实施什么危险的行动了。又听说保皇会和孔教会的头领康有为也从海外潜回了青岛，和溥伟、铁良等人成天闭关密谈，辜鸿铭又感觉到这个宗社党鱼龙混杂、泥沙俱下，难成大事。这样一来，溥伟那儿他都懒得去了。

宗社党诸头领在青岛活动，开始也有所疑惧，通过卫礼贤斡旋，青岛德国当局对待逃亡过来的各党派人士采取了个明确的态度，表示只要他们遵从青岛的规则和法律，就会得到保护。

宗社党诸人既与卫礼贤来往不疏，卫礼贤当然知道他们的活动，使他奇怪的是，康有为和辜鸿铭同道保皇尊孔，却为辜鸿铭所不容。

自当年武昌辩论战后，辜鸿铭对康有为印象欠佳——感觉他这人品性不正，行事不择手段，其轻言变法，必致祸端。而康有为在变法导致帝后之争、宫廷政变后，不仅不能像谭嗣同那样以死报圣恩，出逃后还不忘挟天子以谋私利，岂是君子之所为，简直是小人一个！

为了使尊孔的卫礼贤不致受康有为之毒，辜鸿铭细告了康有为所谓"奉旨出京"后的一番表演，说他在流亡中，面目全非地篡改皇帝的密诏，到处招摇，骗取华侨和外国人的资财。

卫礼贤觉得奇怪，问道：康有为在国外不是宣称光绪皇帝给他的密诏原文已经烧毁了吗？

辜鸿铭嗤地一笑，说：这正是康有为的狡猾和可鄙处。他以为这样就无可对证了，可他没想到，密诏原文是在杨锐手中，而未毁灭。杨死后，其子杨庆昶趁扶柩出京之机，将密诏秘密带回四川原籍，并在皇帝和太后驾崩后，将密诏交呈朝廷。朝廷宣布密诏内容，康有为伪造密诏的真相由此大白于天下。

卫礼贤一时就有点瞠目结舌，看着辜鸿铭，说：这不会是骗人之说吧，你又怎知其中奥秘？

辜鸿铭又是哧哧一笑，说：别忘了杨锐乃张之洞门生，此事我焉能不知？

卫礼贤似是而非地点了点头后，辜鸿铭又道：话说回来，即使皇帝真的给了康有为而不是给杨锐密诏，无论站在忠君的道德立场，还是凭着江湖好汉的哥们义气，他都应该严守秘密、守口如瓶，这是政治家的基本人格。要知此时皇帝还在北京，正处于太后警惕的控制中，透露密诏内容，给皇帝会有什么好果子吃呢？然而康有为却鲜廉寡耻，明明是给杨锐的密诏，却偏要伪造说是给自己的密诏，并大肆宣扬皇帝如何如何礼遇他，由此发誓一定要在海外保皇，以此来募集捐款，为他奢华的生活提供保证。他后来果然凭此积攒了许多不义之财。

虽然青岛的遗老遗少们对康有为毁誉参半，但并没能阻止卫礼贤和康有为的来往。卫礼贤似乎不太关注康有为的政治品格，重要的是他是位大学者、孔教会的会长，自己要从他身上吸取学术养分。

作为一个对中国有着一定感情的汉学家，卫礼贤有自己天真而纯粹的设想，那就是希望通过翻译、讲座和出版的方式，在东西方文化之间架起一座桥梁，将黑格尔、康德他们的著作译成中文，也把中国的经典译成德语。这些年来，他不遗余力地做了这方面的努力，还专此把辜鸿铭的《中国的牛津运动》等著作译成德文出版，在德国掀起一股"辜热"旋风。

除了定居青岛的亡清硕学显宦之外，不时还有些重要人物来此做长期或短暂的逗留。他们的到来和聚首，使得五花八门的文化和学说浮现出来，碰撞出火花，为卫礼贤深入中国文化的学处提供了一个绝妙良机。

礼贤书院从外面看似很庄严，其实不过是普通的中国风格的房屋，有两个小院子和一座不错的花园，旁边才是洋房——一座装饰简单明快的教堂。教堂拐角处有个面积不大的寄宿小学堂，与卫礼贤的住所小心地隔开了。一个礼拜天的弥撒结束后，卫礼贤三言两语就打发了那些欲和他交谈的教民，匆匆往住所过来，他要来安排一次见面。就在此时，来自德国的造访者——哲学家兼旅行家赫尔曼·盖沙令伯爵正在书房等他，辜鸿铭也该到了吧？

盖沙令伯爵对中国文化的痴迷不知始于何时，但有一点可以肯定，在看了大文豪歌德对此所做的论述后，他对学习有关中国文化的东西更为热诚。听说德据青岛荟萃了中国最重要的文人学士，便专程过洋前来取经。卫礼贤为他安排接触了几位官学一体者，给盖沙令的印象是，这些年老绅士处事恬淡安闲，本性朴实宽宏，但见解却是老生常谈，他感觉中国人缺少一种激情，甚至比不上欧洲人有活力。

卫礼贤想了想，说：伯爵你这眼界，倒可会会辜鸿铭，他的激情和活力丝毫不比任何欧洲人差。

"辜鸿铭，那可是个怪杰！"

卫礼贤疑惑地看着盖沙令：如此说来，你在国内就已知此人？

盖沙令点点头，说：是啊，只是没想到他也在青岛，真是"踏破铁鞋无觅处，得来全不费功夫"。盖沙令说话时脸上漾出笑容，并极大幅度地舒展开来，看着卫礼贤，眉飞色舞又道：听说他睥睨一切、我行我素、骂人骂世、与世抗争且为人刚愎，度着与人对抗的生活。众人所承认者，他则否认；众人所欢喜者，他则厌恶；众人所崇拜者，他则藐视。与众不同，即是他的快乐与骄傲，可是如此？

卫礼贤哈哈大笑起来，擦了擦笑出的泪水，道：辜鸿铭是这种人吗？

盖沙令就此停止议论，望着卫礼贤。卫礼贤笑过后，说：伯爵听来的这种表面论断未免太简单化了。其实，形成辜鸿铭这种个性的原因，我看根由在于他对中国传统文明尤其是儒教文化的真诚热爱，正是这份挚爱，使得他爱屋及乌。在儒家文明遭到破坏时，他走向极端，以维护他心中神圣不可侵犯的传统价值。我可以负责任地告诉伯爵，他在半小时内以发议论的方式讲出来的东西，足够另外一个人在同一方向上努力好几年。

在给两人做了会面的安排后，卫礼贤一结束弥撒，就往住所赶。到得那间挂有孔子像的小图书室时，却还未见辜鸿铭到来，而盖沙令正凝望着那硕大的孔子像出神。见卫礼贤进来，盖沙令起身相问：听说辜鸿铭能解答孔子和孟子的最难理解的章句，并可信口引用中国所有圣贤的学说，像神父们在传教时引用圣经一般……

话尾未落，书院仆役禀报说：辜鸿铭先生走到半路又回去了，说是身体不适。

"身体不舒服，怎么会呢？"卫礼贤这么说罢，忽然一拍脑门，"啊"了一声，说：是他心里不舒服。怎么能叫他过来呢？伯爵，还是我们去看这位怪杰吧。

辜鸿铭住所离礼贤书院不远，转个弯就到了。这似乎是多年废弃不用的一间平房，房内空荡荡的，显得简陋而寒酸。在小小的有海棠和菊花盛开的院落里，辜鸿铭怀抱两岁的小女儿娜佳来回溜达，哼着儿歌逗她。小娜佳把玩着父亲的辫子，咯咯直笑着。淑姑在一旁做着女红，不时转过头，望望爷儿俩玩乐。在欧洲游学多年的辜鸿铭除了纳妾等主张与欧美风情格格不入外，在生儿育女方面却也几乎能与国际接轨，那就是并不认同"多子多福"，这当然是要以有儿子做继承人为前提的。要不是淑姑一再恳求，他这辈子也许不考虑再添子嗣了。

辜鸿铭抱娜佳溜达时，两眼不时向门外瞟。在刚才要去礼贤书院时，得知要见自己的是位德国来的客人，辜鸿铭就犯踌躇了，心想，洋人要见我我就主动送上门去，岂不太掉价，于是托词说身体不好，不便见客而掉头回家。凭着他对卫礼贤的了解，八成他会亲带客人前来拜访的。

不多时，他所期待的敲门声终于在耳边响起，果然是卫礼贤带德国客人来了。辜鸿铭对他们的到来并不感意外，左手牵娜佳，右手和卫礼贤、盖沙令握手，神情极为悠闲。小娜佳睁着大眼睛，并不害怕地看着身材高大的洋人。

盖沙令以好奇的目光看着辜鸿铭，感觉他初看上去一点也不吸引人——颧骨突出，扁平的鼻子就像是老祖宗在某次打斗中受伤之后传下来似的。辜鸿铭表达感情的方式太过放肆了，以同样好奇且带有惊异的神情紧盯盖沙令的脸，仿佛看到的是刚被捕获的珍禽。两人对视良久，不约而同地哈哈大笑起来。

卫礼贤不动声色地问起辜鸿铭的病况。辜鸿铭"哦"了一声后，说：没关系，小恙而已，有朋自远方来，不亦乐乎，你们这一来，我的病就去了。

三人到客厅坐定后，辜鸿铭始以友善的目光看着盖沙令，说：我的要好的西方朋友多是德国人，如布德勒、花之安、瓦德西、卫礼贤、洛斯金，爱米女士是不能算进来的，我们中国有句古话叫"朋友妻不可欺"。前面三位已和上帝握手，伯爵阁下再不来，这空出的位置就要另行处理了。

辜鸿铭一段幽默的笑谈或是一个有趣的故事，常常可以改变他那张严肃而神秘的脸。幽默就像一种溶剂，能溶解一切不友善的气氛，盖沙令惊奇地感到，自己与这个刚才还素不相识的中国人的距离一下子拉近了。

"歌德是西方圣哲，是西方的孔子、真正文化的象征，德意志民族是西方各民族中文化水准较高的民族，因为他们爱好公正和秩序，公正与秩序是文化或文明最本质的内涵所在。"

辜鸿铭说的天马行空。盖沙令连道高论高论，心想，只要同辜鸿铭这样的中国儒者直接接触并做思想交流，自己对儒家文化便会有个更深认识，这个儒者道德水准极高，这也许得归功于儒家文化的陶冶。

感觉到人世间又多了一位崇拜者，辜鸿铭说话的兴致自是高昂起来：以往一般的西方人对东方的关心仅仅出于好奇心，但现在不同了，尽管人数不多，毕竟还是有些人对东方文化进行了认真的思考。

盖沙令道：我是为了向你们学习才来到东方的，西洋文化已到了日暮途穷的绝地了，我向往东方智慧，推崇孔子。

辜鸿铭从怀里摸出一块糖来，递给小娜佳，轻轻抚摸了一下她的脸蛋，示意她出去玩。看着娜佳乖巧地离开，辜鸿铭不无轻松地对盖沙令说：你是有心人，可惜来得太迟了！

盖沙令似乎有些不解：太迟了？

辜鸿铭没有直接回答对方的不解，而是顺着自己的话意说下去：现今，欧美的有识者对列强各国明争暗斗的情形以及奇技淫巧的状况，已经是疾首蹙额，无法挽回了，可惜我国的一帮傻小子还要急起直追，唯恐落后。这正如有眼的人偏要紧随瞎子们，向深坑的边上赛跑，可气的还不迷途知返，真是可叹！言罢，气哼哼好半晌。

卫礼贤见盖沙令听得有点懵然，便一旁相告道：西学现在成了中国最时髦的话题之一。

辜鸿铭的话语开始激越起来，说：西化越完全彻底越好，传统越革除越打破越好——这是什么心理？我看有这种心理的中国人几乎完全失掉了自信。可我还是要向你们欧洲宣布——中国的传统文化、中国人的精神远比西方优越。你们凭什么理由说你们比我们好呢？你们的艺术或文字比我们的优美吗？我们的思想家不及你们的深奥吗？我们的文化不及你们的精巧、不及你们细微吗？哎，当你们穴居野处茹毛饮血的时候，我们已经是进化的人类了！

盖沙令抬头看了看卫礼贤，见他正做思考状，便直接回应了辜鸿铭的连珠炮似的逼问，说：我坦率地承认，古代东方的智慧就像黎明时分冉冉升起的太阳，向我们放射着光芒；我们，对人生奥秘怀有真切关注的人们——正感受到东方的魅力。

辜鸿铭对盖沙令的话表示满意，他微微点点头，说：你来中国真是太迟了，不过，还能悟道，启蒙思想家莱布尼茨早就意识到中国文化是医治西方弊病的良药，他说，"我们从前谁也不相信世界上还有比我们的伦理更美满，立身处世更进步的民族存在，现在东方的中国给我们一大觉醒。"你听他怎么对欧洲社会发出忠告，"在我看来，我们目前处于道德沦落难以自拔之境，我甚至认为必须请中国派遣人员前来教导我们关于儒教的目的和实践，正如我们派遣教士到中国传授上帝启示的神学一样。"莱布尼茨代表着一些早觉悟的欧洲人，承认欧洲是道德上的野蛮人。

盖沙令对辜鸿铭的结论似乎不敢苟同,但一时半晌又找不着可以反驳的词儿,便似是而非地说:以道德立身,这种类型的人在西方也是有的,但他们的根本态度……恐怕还是你们来得纯粹。

辜鸿铭自顾自地吸足了烟,木偶般一动不动,而那双眼睛始终不曾离开过盖沙令的脸,似乎要从他的灵魂里挖出什么东西出来解剖。

客厅里突然陷入死一般的寂静,厅外娜佳的欢叫声清晰入耳。就在盖沙令浑身燥热不得不解开衣扣而万般不自在时,"木偶人"才重又开口,话语柔缓而威仪凛然:自古,东方的文化是以人为本、以己度人,所以主张正心;而今,西方的文化是向物考究、以暴易暴,因而趋于纵欲。正心,才能使人安贫乐道、和平共处;纵欲,必致使人竞争排挤、你死我活。你若以为欧美现今那种竞争的情形是人类的进步,啧啧,那怎么说你呢,就如同见着一伙强盗相互厮杀,而心生羡慕要去敬献鲜花。

盖沙令无法招架辜鸿铭发出的重球,又无词回击,语塞之间,额头上的大汗珠频频冒出,他又不得不解开了另一个衣扣。卫礼贤见状,急忙解围,说:东西文化各有其存在的基础,中国不能抛开自己的文化基础去实行西化,西方也不能照搬中国的文化,但我坚信对东方文明的了解,使西方人更清楚地认识了自己,在此基础上实现东西合作,必将能创造出一种更美好、更完善的新文化。

如此又畅谈一番,多是辜鸿铭主讲,绘声绘色而怡然自得。盖沙令和卫礼贤只有听的份儿,难得插上一两句。告别辜鸿铭出来,两人还是安步当车,夏秋之交的劲风一吹,两旁梧桐树叶纷纷离枝舞蹈,自成景致。

卫礼贤瞄一眼盖沙令,见他还在静默着,便道:辜鸿铭的礼节可能会使伯爵反感。

盖沙令摇摇头,若有所思地说:在相互交往过程中,重要的不是礼节,而是真诚的态度,这才是真实的东西。我们西方所缺乏的不是礼仪,恰是真诚的态度。

"辜鸿铭是思想界的'花花公子',见人就要亮出自己缝制的一件件'思想新衣'。我觉得,他的'思想新衣'能给欧洲带去空谷足音,于是我下力气来翻译他的著述。可就有人问我,辜鸿铭的东西值得你花这么大的工夫翻译吗?还说我们德国已经有很多大哲学家了,会接受这个辜鸿铭吗?"

盖沙令毫不含糊地接过话来:德国需要辜鸿铭,只可惜,他是属于中国的。

初见辜鸿铭，盖沙令印象至深。今夜无月，房屋四周都被深黑的夜色涂抹，静静地潜入了睡眠之途，盖沙令却还在回味整理着与辜鸿铭白天谈话的内容，在日记里留下了他的如许心声：

我惊奇地发现，辜鸿铭有一种西方人所说的磁性人格（magnetic personality）。这种性格实非中国文学里什么"平易近人""和蔼可亲"等形容词所能概括得了的。有这种禀赋的人，他在人类群居生活中所起的社会作用，恍如物理界带有磁性物体所发生的磁场，它在社会上所发生引力的幅度之大小，端视其在社会中影响力之高低，影响力愈高，则幅度愈大……

三、天下没有不散的筵席

无论是洋人圈子，还是宗社党人的聚会，抑或是中外联欢会，辜鸿铭的踪影不时可见。他的停留视心情而定，或短或长，有时不合心境，甚而像流星一样突然离去。卫礼贤也好，盖沙令也好，总感觉与辜鸿铭相处常有收益，因为他经常富于想象地描绘出中国文化的精彩画面，弘扬先哲智慧中最深刻的内涵，还动辄把中国和欧洲的人文精神在不同时代下做一一对比，这种精神会餐，是任何人都不可能满足他们的。但他的坏脾气一来，便对所有的事情都愤然表示不满，于是诅咒新纪元，诟骂革命和为非作歹的洋鬼子，没有一个人他找不出缺点来，没有一个人不挨他的骂。那个躲到青岛后闭户不出的亡清阁老徐世昌，照样没有躲过辜鸿铭的骂。有人说徐阁老和袁世凯交好多年，国变后仍不忘所受皇室的恩典，不做袁世凯的高官，实是难得的忠臣。辜鸿铭就"嗤"的一声笑，说徐阁老的辫子都剪了，哪像是遗老的风范，不过受清室荣宠，做了多年大官，不好意思立刻掉转脸来捧盟弟罢了。辜鸿铭这等尖刻的谈论，得罪了不少人，那些宗社党的成员大都对他敬而远之。

但小恭王溥伟却不讨嫌辜鸿铭。辜鸿铭这天跑场参加的另一个聚会即为溥伟所召集，人员多是熟悉的脸孔，如劳乃宣、刘廷琛、升允等。在他到来时，这场中式餐席已然开张，谁也没有跟他打招呼，因为都在静听小恭王的谈话。他怏怏不乐地在那个留给自己的空位坐下了。

通过这些热闹的聚会，辜鸿铭找到了宣泄情感的场所，宣泄完又备感无聊和寂寞。卫礼贤倒不同，他通过这些聚会，广识中国学者，像只不知疲倦的蜜蜂一样，博采众学，在此基础上，毫不费力地成立了儒教协会，筹措到了足够的钱，还给礼贤书院图书室添置了不少珍贵的中国书籍。在青岛的这些日子里，盖沙令也收获不少，但他根据既定行程，很快就要去上海等地了。

临别青岛的前一天，盖沙令亲自把辜鸿铭约请到了礼贤书院，嘱卫礼贤请厨子做中国菜。

来华后，盖沙令也参加过多次中式宴会。第一次他就像那些不谙华情的外国人一样，出了洋相，在一开始时便吃了太多的开胃小菜，因此在正菜上来后，才吃三四道便觉饱了，而后面竟还陆续上了二十多道菜，他只能干坐着发呆。后来他记住了卫礼贤的提示，对于冗长而以丰盛著称的中国宴会，每道菜仅尝上一两口，吃菜时不能着急，应该从容不迫。今晚他要召开小规模的中国宴会，为的是靠着中国宴会既定的冗长之习，能和辜鸿铭做尽兴交谈。好几次聚会，辜鸿铭还没有用完属于他的那份晚餐时，谈话的火焰就好像是闪开的火花一样迸射，仿佛担心别人要来抢话头，他总是迫不及待，还未轮到自己，便把中文、英文、法文和德文混合在一起，又说又笑。

耶稣受难的像下，摆着本厚厚的镶嵌金边的圣经，漆红色的餐桌上可谓满汉全席。但辜鸿铭一入席，就对这专门准备的中国宴会表示异议，说：只有一半是中国式的，食物是中国的，酒却是德国的。

这是一场饯别宴，大家谈的多是些关涉友情的话题。卫礼贤酒酣之中，还用小提琴弹奏了一段欧洲音乐，他的出色表演令人如醉如痴。受到鼓励的他，接着又卖力地用笛子演奏起了动听的中国曲子。不知不觉中夜幕渐渐降临，屋内陈设逐渐黯淡，一股恍若隔世的深情伴着那悠扬的笛音四处飘荡。

灯光亮起，盖沙令动情地对卫礼贤说：神父先生优美的旋律，即使我将来不再记起，但今天的情景，已使我的人生旅程充满了令人留恋的亮色。

觥筹交错，你来我往，喝下几杯德国烈酒后，卫礼贤脸色酡红，他抚摸着下颏那堆蓬乱的紫髯，沉默半晌，忽然想起什么似的，起身，翻开那镶嵌金边的《圣经》，从中取出本有插图的导游小册子，指着小册子上一张图画，深有感触地对盖沙令和辜鸿铭说：这是我在德国的家，近二十年来，我一直没有机会回家。平抑了一下强烈的乡愁后，卫礼贤睁着那双绿莹莹的碧眼继续道：平时，也不敢往那个小册子上的图画多看一眼，怕家乡的风景触动我的思乡情。

卫礼贤说话时，眼里蕴含着一眶泪水。

又几杯酒落肚,卫礼贤已是头重脚轻,终于一头伏在桌上呼呼睡着了。

在盖沙令和辜鸿铭手忙脚乱把他扶到房间休息时,耳边传来"哐哐哐"有节奏的声音,那是更夫敲着竹梆子穿行于大街小巷在巡夜。盖沙令竖耳谛听半晌,说:有这么美妙的声音,神父的梦乡因此而染上了神奇的东方色彩。

更夫报出的更鼓,当然是正宗的当地时间。辜鸿铭见时辰不早,也欲行告辞,盖沙令却借用了两首中国诗:酒逢知己千杯少,劝君更进一杯酒。辜鸿铭听得亲切,欲走的屁股重又粘在了凳上。

辜鸿铭滔滔不绝地高论着,一边说话一边在纸片上混合写着中文、英文、法文和德文,写满了欧洲和中国的格言、妙言警句。每写上一两条后,便把纸片儿推给盖沙令。盖沙令看傻了眼,说:辜先生把这么多种文字混在一起,以为我看得懂?

辜鸿铭说:我把一切都倾泻给你了。指着一张纸片上的格言说:要走就走吧,天下没有不散的筵席,过些天,我也要去北京了。一蓑烟雨任平生——这是你我的共勉。

晚风从窗户涌将进来,地上的碎纸在风中舞蹈。

看着辜鸿铭,盖沙令于心承认自己确实面对着一个充满活力的中国人,他的激情持久而稳定,如同能够熔化钢铁的熊熊烈焰,而不像谷草那样易燃易灭。他关切地看着辜鸿铭,道:辜先生为何要去北京呢?难道还能找袁世凯算账?

辜鸿铭沉默着,脸上浮现起一丝儿捉摸不定的神情,他的心因了这问话而倍觉苦涩。

这苦涩伴着他难眠的今晚。回到住家,一想到袁世凯,一想到大清的覆亡,辜鸿铭对袁世凯的仇恨就不打一处来。他坐在孤灯下,信手涂鸦,雪白的宣纸上留下了几行歪歪扭扭的字,那是他对袁世凯的讨伐:

袁世凯的行为,连盗跖贼徒之廉耻义气且不如。袁世凯奉命出山以扶清室。既出,乃背忠弃义,投降革命党,百般狡计,使其士兵失了忠君之心,然后拥兵自为,成为民国总统……袁世凯不但毁弃中国民族之忠义观念,并且毁弃中国之政教,即中国之文明。

他多么希望这些讨伐的檄文真能变成一把把匕首利剑,直插袁世凯的心窝,或者能变成清醒剂,唤醒那些沉睡的真正的中国人,跟着自己义无反顾地反袁世凯去。

这可不是魔咒，辜鸿铭心里苦苦地想，于是点一把火把它给烧了。望着小小的一丝灰烬，他忽地又希望天底下真有魔咒或催命符这样的东西，径直要了袁世凯的性命去。

还是锥心的痛，难挨的孤寂。今后的路还长，自己该怎么办？辜鸿铭心潮起伏间，又在纸上涂鸦起来：

许多人笑我痴心忠于清室。但我之忠于清室，非仅忠于吾家世受皇恩之王室——乃忠于中国之政教，即系忠于中国之文明。

辜鸿铭固执地带着他那种对儒家传统文化坚定的信念，满怀着对新时代的愤懑和抵触情绪，在这个难以平静的夜晚，和着血泪写下了自己的心曲。写毕，捧看良久，两滴清泪忽地从那皱纹交错纵横的眼角滚出，紧接着一滴又一滴眼泪看似汇成了一条小溪流，无声地唱着哀歌，长长地挂在了那张愈来愈中国化的脸上，不一会儿就打湿了手中的宣纸。

"对，忠于清室，即忠于中国政教，即忠于中国文明！"辜鸿铭喃喃自语间，泪水又汹涌而出。道固在是，无待旁求——他又想起了当年服膺儒家经典的这句肺腑之言，千年百年，这都该是自己生命的主旨呀。

灯灭了，房内笼罩在无边的黑暗中，闪烁的烟火映照着一张仿佛千年的苍凉老脸，照不见的还有深深的太息。

第十六章

精神守望

一、在德不在辨

民国，这个用生命之血催开的政体，似乎离民众心目中共和的理想甚远。在短短时间内，北京政坛发生的一系列纷繁复杂的景象，就足以让人瞠目结舌。所有这一切，似乎都与辜鸿铭无关，民国与他没有瓜葛，他与人说话，总是要加上你们民国或他们民国的字样。

辜鸿铭怀着对民国太多的愤懑和抵触情绪来到了民国首都北京，栖身于皇城根旁的椿树胡同十八号。这座四合院是远在青岛的小恭王溥伟相送的，用以答谢辜鸿铭对大清朝廷至死不渝的忠诚。

这素净的独家二进院子古色古香。辜鸿铭的书斋选在北房，里头设备稀散，一张老式书桌，几把黑木椅子，靠墙有书架，架上的书大半都是中国书，还有几百本未加装订的学术杂志。墙壁空白处尤其是临窗那墙上，挂着一副副小巧的联对，上面录的都是孔子的语录。辜鸿铭在窗前坐着，口吸土耳其 Westminster（威斯敏斯特）牌香烟不辍，望着窗子外廊子转角处，陷入沉思默想中，从此后，自己看来就要在这里著书立说，接待中外友人，议论时政，终其一生了。

这天，刘二从外边招呼了几位下人，对这座独院做简易的粉饰。在鞭炮声中，几位下人把"王风满中夏"几个大字贴上门扇，接着又小心翼翼地把两个红色的匾额挂上门墙，匾额上写着大大的"福""寿"两字。他们的动作虽是万般谨慎，刘二却还是忍不住反复盼咐：你们可得小心了，这可是乾隆爷的御笔。

"啧啧啧。"刘二听得背后声响，回头见是凌福彭、梁鼎芬、乔橄等人，忙扯开嗓门报知主人。话音刚落，辜鸿铭已手牵女儿娜佳，笑盈盈地立于厅堂门前了。

"汤生兄喜迁新居，不知能否讨得一杯水酒喝？"

辜鸿铭看一眼说话之人，"哎呀"一声，说：筱帅也来了，真让我蓬荜生辉，长时未聚，自当畅饮，诸位快快请进！

这位筱帅即陈夔龙，字筱石，乃光绪进士，其妻认奕劻为义父，因此官运亨通，在庚子谈判时以顺天府尹之职充任奕劻助手，故与辜鸿铭熟识。民国建立，他寓居上海，痛骂袁世凯是乱臣贼子，这次因废清隆裕太后驾崩而秘密进京，为等梓宫出殡故在京逗留，听得辜鸿铭来京，应了梁鼎芬的邀请，便偕一帮遗老寻来聚会。此前因为奕劻的关系，他没少遭梁鼎芬责难，但忠于大清的遗老身份，却使两人在上海时就握手言欢。

大家进门左手一转弯，便到了客厅，就座后，仆人很快端上香飘四溢的茉莉花茶相待。谈话间，辜鸿铭拿出一盒精致的雪茄来，说这可是上好的雪茄，德国一位伯爵送的，给每人递了一根后，就迅捷地把盒子放进了衣袋里，那神色，生怕别人抢似的。乔樾觉得滑稽，笑问：汤生兄既是敬烟，何必要把烟盒收起来，岂不失礼？辜鸿铭道：俗话说得好——吃自己的要省，吃别人的要狠。中国人没有能够在这种场合克制自己不多抽两根的，因此，这种礼貌的代价太大了！大家听罢，都捧腹大笑起来。

有说有笑，时间过得飞快，一会儿便叫开饭了。

喝谈间，凌福彭见梁鼎芬似有无限心事，郁郁不乐，便有意把话题引向他，说：节庵兄，我是佩服你的，想当年，你尝于广众中詈奕劻误国，声色俱厉，淋漓悲壮，不留余地，谁不称快！这次国变，前拒革命党人高官，后拒袁世凯厚禄，以清节自持，于危难局势中在大冷天哭谒崇陵，当今天下，谁能出君右！来来，我敬你一杯。说毕，率先仰头喝下一满杯。

接着凌福彭的话，陈夔龙也把话题转向梁鼎芬，说：节庵兄平日好饮酒赋诗，我至今尚记得老兄之咏梅诗，"无端清泪洒天涯，泪眼追寻肠断花。一半斜阳一半雪，他生应念此人家。"今日何不赋诗助兴，效当年王羲之雅事，以诗文记录此间景况。

梁鼎芬摆了摆手，说：筱帅见笑，我生孤苦，学无成就，怎堪以文字存世！

陈夔龙道：我尝闻节庵兄在鄂时诗名极盛，辛亥年沪上住麦家圈医院时，病中仍不忘作诗，卧床口占，由他人笔录，数日间即有几十篇，平时可想而知，听说却是写了烧、烧了写，不知为何？

梁鼎芬治学之余，最喜赋诗谱词，光绪晚年，湖北会聚各方人才，因有评定海内诗家之会，以陈三立为巨擘，陈衍次之，郑孝胥再次之，梁鼎芬居第五，张之洞居第六。他既以"留得人间几首诗"自期，便不免过于追求完美，宁缺毋滥。见陈夔龙提及往事，他轻叹了口气，说：我心凄凉，文字不能传世也，我是一字也不想刊于这浑浊之世的。

辜鸿铭插一句，道：我手头尚存节庵兄书信，也许可用来存世。

"凡我字迹文稿，这些年我是见一烧一的，有烧不尽者，均系亲朋故旧收集而成，非我本意。"梁鼎芬说罢，看着辜鸿铭，道：我是佩服汤生兄的，想当年，汤生兄力陈西政之失，反对香帅设报馆开言路，说民气一动，不可复静，驯至辩言乱政，将不可收拾，已而果有戊戌之变法，庚子之拳祸，辛亥之革命；又言今日祸中国者，必乱臣贼子和留学生耳，言犹在耳，而大清已覆，孰可悲哉！如果早从汤生兄良言，焉何会有今日之乱哉！

乔樾见话语越说越沉重，大家都苦着一张脸，忙道：既往矣，我们还是从酒里寻找解脱，寻找李太白，呼儿将出换美酒，与尔同销万古愁吧。

留辫的辜鸿铭怕着街头那些剪辫的兵士，很是在家躲藏了几天，可他又觉做缩头乌龟可耳，那颗躁动的心又如何安静下来，这天，怀着天不怕地不怕的勇气，叫刘二拉了他去街上出游。

辜鸿铭的黄包车招摇过市，主仆俩均昂首挺胸，脑后两条辫子相映成趣。少不得有人看热闹，对着他们指指点点，有人还在他们后面跟着叫嚷。辜鸿铭耳里灌满了议论，他视如过耳之风，不屑搭理，惹急了他，他便切齿高骂一句——猴子猴孙！

辜鸿铭主仆俩在街头自由闲逛了好一阵，身后还跟着一帮看热闹的市民，能够在大庭广众前引人注目，这使辜鸿铭感到高兴，脸上呈现出得意神色。

"嘀——"前方忽然出现了两个巡警，吹着哨子向这边招手，刘二一见，顿时吓白了脸，语气哆嗦道：老爷，警察！

辜鸿铭淡然自若道：慌什么，进了警察局，目的便达到了！

主仆俩连人带车被带到警区后，辜鸿铭坦然地面对警察小头目，用英语飞快地说了一大通。

警察小头目大摇其头：听不懂，听不懂。

辜鸿铭笑笑，抚摸着辫子，用汉语道：我回国后饱经风雨，煞费苦心，历经几多呵护与培育，辫子才长得有点起色，现在却要叫我割辫，能情愿吗？

警察小头目撇着嘴道：不情愿也得割，现在是民国了。

辜鸿铭毫无惧色道：你敢把我的辫子割下，明天你这位置就没有了，我们要不要赌一把？

警察小头目见辜鸿铭话讲得这么重，又见他满口洋文，心里直思忖这是个什么角色。他把目光扫向刘二，问：你家老爷是何许人也？

刘二挺起胸脯，答非所问地说：我家老爷连袁世凯都不怕，还怕你们一个小警察！

警察小头目狐疑地又看着辜鸿铭。

辜鸿铭大侃起来：在我所最痛恨的革命发生以前，中国比任何国度较有自由，没有教士，没有巡警，没有公安局捐，没有所得税等。总之，凡使欧洲人民苦不欲生的东西，一切都没有……

警察小头目听傻了，嚷道：你说什么，我怎么一句也听不懂！

辜鸿铭大喝一声：不要浪费时间了，叫你们的头儿吴炳湘来，或叫袁世凯亲自来！

警察小头目见对方连警察总监吴炳湘都知道，而且直唤大总统的名字，心想，可不好得罪，眼珠转了一圈后，赔着笑脸说：老先生受惊了，下官亲自送您老出门去。

在警区门口等着看热闹的人群，见眼睛还未来得及眨几下，这主仆俩脸上挂着微笑，毫发无损地走了出来，警察小头目在后面恭敬如仪，一时全都看傻了眼。

辜鸿铭提袍跨腿上得车来，把辫子曳过胸前，面向众人高声说：你们看吧，这辫子是个标记，我正是大老中华最后一个代表！言罢，叫刘二拉起黄包车扬长而去。

一位观众目送黄包车远去，摇摇头说：真是个怪人！

"你就不说他是个好人？庚子赔款后，若没有他支撑国家门面，洋人兴许把咱中国人看成连鼻子都不会有了！"一位着长袍的高瘦个儿终于认出了辜鸿铭，于一旁道。

身旁一位着西装的观众听说是辜鸿铭，"呀"了一声后，对高瘦个儿说：这老夫子听说是个爱国狂，怎么连洋人挖苦中国人最厉害的"猪尾巴"，也还舍不得剪啊？

高瘦个儿道：你问他去呀！

两人对上话后，互相做了介绍，没想竟是同行，都在做报纸的主笔，高瘦个儿叫王峰，着西装那位叫高海山。第二天，两人相偕前往采访辜鸿铭。

当两人由刘二引领进入辜鸿铭的书房时，辜鸿铭还伏在桌前写稿。两人得以观察这间横条形书房——房门朝前院，屋内附有书架，架中所贮皆中西书籍；左面朝窗处安置了一个大书桌，右面留下三分之一的空间布置了一些椅子与茶几，作为会客之用。

辜鸿铭终于转过了头来，起身招呼两人落座。高海山抢先，问起辜鸿铭留辫的原因？

辜鸿铭看着两人道：这十几年来，改良派也好，立宪派和革命派也好，均是盲目追求西化，那些激进的革命者更是愚蠢地鼓吹剪辫易服，天真地想象中国受列强歧视的原因在于我们有辫子，而满人则须对这一结果负责，真是幼稚得很！你们看过我那篇《在德不在辫》的小文吗？

高海山和王峰相互看了一眼，满怀歉意地摇了摇头。

辜鸿铭虽感有些遗憾，却还是兴致勃勃地为他们讲解说：那是我在宣统年间为辫子写的一篇公开辩护书。为什么叫作辩护书呢？因为我要和一个洋鬼子争辩。这洋鬼子叫濮兰德，先在总税务司赫德手下干过两年录事司，做过上海英租界的秘书长，后来到北京任中英公司驻华代表，此人平时爱写点关于中国的东西，然此人缺德，笔下多有讥词以揶揄我中国和华人。他曾写过一部名叫《江湖浪游》的书，谈他几十年在我国的观感，其中有篇名叫《黼黻为厉》，说五十年来，他们西洋与中国官员交涉商务和赔款时，便要戳棘恐惧，不能坚持定见。为什么会这样呢？濮兰德说此无他，不过是中国官员官服上所绣花纹、动物图案在作祟，即"黼黻为之厉"。濮兰德还说，依他的意思，今日西洋要想在同我国的交涉中稳操胜券，应当立即与我国商定新约，逼令我国外交官员在与欧人交涉时不准挂朝珠、穿黼黻，而一律改用欧式的窄袖短衣、耸领高帽，这样定能万事大吉。

趁辜鸿铭点烟之际，王峰道：濮兰德这轻佻言论，藐视我中华至极！

辜鸿铭吐了一口浓烟后，道：我堂堂中华君子不以人废言，濮兰德所言我国黼黻衣冠，能使洋人畏惧，虽系戏言，然未尝没有至理寓乎其中，孔夫子不是说过吗，"君子正其衣冠，尊其瞻视。俨然庄重，他人望而畏之。"并且，就人之常情而论，凡是遇到不同于自己的人，因无法窥其深浅，便有所疑忌，于是自然产生敬重之心；相反，遇到同自己毫无二致的人，一眼就可看出其底蕴，当然就无所顾忌了，从而易生狎侮之念。

辜鸿铭所言虽有牵强处，但不无意味，两人自是认真听他言说。

渐渐地，辜鸿铭开始进入正题了，说：现在那些人总以"除辫易服"为当今救国急务，我却认为中国的存亡"在德而不在辫"，辫子除与不除，原无什么大出入。如果搞外交的人偏要除辫，并窄袖短衣、耸领高帽，你们说，这样做是让洋人生畏敬心，还是生狎侮心？

高海山一时无语，王峰也未作正面回答，只是说：恕我直言，辜先生辩护似乎随意了点。

"不！"辜鸿铭大声道：我可以肯定，那些狂热分子不久就会发现他们犯下了一个可怕的错误——洋人绝不会因为我们割去发辫、穿上西装，就会对我们稍加尊敬。我完全可以肯定，当我们中国人变成西化者洋鬼子时，欧美人只能对我们更加蔑视。事实上，只有当欧美人了解到真正的中国人——一种有着与他们截然不同却毫不逊色于他们的文明的人民时，他们才会对我们有所尊重。因此，中国目前最迫切的改革并非改头换面，而应是派出我们的良民——最优秀的中国人，去向欧美人民展示我们的真相。这种最优交往，或许有望打破东西畛域。

王峰想了想，说：辜先生所言甚有道理，但我看多少误解或有意歪曲了革命派的"西化"追求。革命者并非只满足于习俗上的"剪辫易服"，而是从根本上引进了西方近代民主政治体制。

辜鸿铭吐出两个烟圈后，一副不屑样：能实现强国梦吗？看王峰还想争执下去，便起身伸伸腰，打个呵欠，下了逐客令：我累了，恕不再作陪……言罢径直走出书房。

和高海山出得辜家院门，王峰继续道：辜鸿铭"在德不在辫"一语固然有理，但拿服饰与辫子作为振中华国威的法宝，装出庞然大物的黔之驴模样，能吓住虎视眈眈的列强吗？见高海山只是点头，便问他刚才为何一声不吭，不反驳反驳辜鸿铭？

高海山苦笑道：他这嘴皮子天下无敌，愈战愈勇，我哪有能力驳倒他，听说连袁世凯都对他无可奈何呢。

虽然辜鸿铭从心里不能接受凌福彭剪辫易服之举，但当凌福彭拉着十岁的小女儿叔华要来拜师求教英文时，他还是收下了这个伶俐可爱的女弟子。

"学英文要像英国人教孩子那样，从小得教会孩子背儿歌；稍大一点就教背诗、背圣经，像中国人教孩子背四书五经一样。"辜鸿铭对凌福彭说罢，拉过凌叔华，说：

辜伯先教你背一首莎士比亚的诗,接着便信口诵来。叫凌叔华跟诵数遍后,就让她一人默诵,自己则在片纸上写起这首诗的译文来。

正在这时,刘二手拿一个图章进室,说:老爷要的图章刻好了。辜鸿铭接过,欣赏了好一番,叫道:好,好!凌福彭见上面刻的是"东西南北老人"六字,便问此为何意。

辜鸿铭得意地说:我要同康有为的周游三十六国比一比,看谁的棒!这个康有为,听说常将他曾游三十六国的图章印在字幅上。我也要印上我一生的履历:生在南洋,学在西洋,婚在东洋,仕在北洋,这不就是东西南北吗?

凌福彭出身翰苑,精于辞章,酷爱绘画,曾组织过"北京画会",是故家里常有文人墨客出出进进。凌叔华从小受到文学艺术的陶冶,六岁时便爱上了绘画。凌福彭对她倒也疼爱,替她找了当年为慈禧太后所宠爱的女画家缪素筠加以指导,七八岁时又让她拜著名山水兰竹画家王竹林为师。他一心想把女儿调教为一代才女,亲自教授女儿古典诗词还不够,又请老友辜鸿铭教学英语。因家住得近,他便隔二连三带女儿过辜家来。辜鸿铭空闲时,连着女儿珍东,倒也能悉心教授她们英文。这天,他又让她们背莎士比亚的诗歌去了,自己和凌福彭议起时政来。辜鸿铭像以往那样,说话时总迫不及待,还未轮到自己,便骂袁世凯、骂孽生的民国。

凌福彭好心劝道:汤生兄,你今后要待在北京,就少说一两句,袁世凯现在可是一手遮天……

辜鸿铭像受到污辱似的,猛然打断凌福彭的话,粗着微红的脖子嚷叫道:如果怕他袁世凯,我就不来北京了!这个没有辫子的食肉兽!

凌福彭忽地想起了什么,神秘兮兮地说:汤生兄,告诉你个新消息,他们中华民国颁发《重申剪辫令》了。

辜鸿铭大眼一瞪,问:是不是又要叫我们剪辫?

"不,不是的,是剪留自便。"凌福彭说罢,便故意装成鸭公嗓,模仿着官员的语气,一字一句地说:日来因剪辫而致冲突之案时有所闻,为此,本部重申,对于普遍人民剪辫与否,可听其自然,不以政令干涉。

辜鸿铭疑惑地看着凌福彭,说:这不是拿我穷开心吧?

"怎是穷开心呢?待会儿你去外面大街看看,这份布告贴得满街都是。"

"噢。"辜鸿铭却还是不相信,起身朝门外喊来刘二,嘱他速去街上看看是否有新的"剪辫令"。

不一会儿,凌叔华过来,拉着辜鸿铭的手道:辜伯,莎士比亚的诗我能背出来了。说着就流利地背诵起来。

辜鸿铭一边听着,一边频频点头地说:还真像我小时候。

说话间,刘二气喘吁吁地回来相报:他们民国果真颁布了新的"剪辫令"了。边说边脱下帽子,那根如蛇般盘曲的长辫弹跳着从紧箍的头顶坠下。

辜鸿铭听罢,一脸的欣喜,就差没有拍手称好,那份神情如获大赦。

既然强行剪辫的野蛮行为矫正了,辜鸿铭就可随心所欲地上街,四面八方随处溜达了。

北京当然还是那个熟悉的北京,只是男人们头上的辫子几乎要绝迹了,除开那些西装革履者,即使身上还套着长袍马褂的,也再见不着那雍容华贵的官服和鲜艳夺目的大红顶子了。忽如一夜春风来,大街小巷出现了千姿百态的女子,那些天足女子昂首挺胸,毫无顾忌地撒开一双双天然的大脚丫子,一路大声说笑,仿佛这世界是她们似的。她们身上那旗袍也裹得太紧扎了些,脚下那高跟鞋也离奇了些,头上那弯弯曲曲的烫发也太刺眼了些!那些小步走着的显然多是小脚女子,她们怎么也不深居闺房,羞答答地绣刺、绣字了?

"别以为穿西装、着皮鞋、烫头发就很时髦,那不过是洋人的无聊玩意儿而已!"

不止一次,辜鸿铭大声向迎面走来的男男女女告诫,但换来的却是他们看古董似的眼光和笑声。

"这世道真是变了!"辜鸿铭深深地叹息着。曲高和寡,难道自己也要随大流?不,绝不!不是说物以稀为贵嘛,辫子、小脚,还有长袍马褂、双梁布鞋,在这样的时代才更显卓尔不群,更为耀眼夺目,也更值得珍惜呢!

椿树胡同位于东四南大街与王府井大街之间,离紫禁城不远。辜鸿铭足迹自是多半在此出没。虽然早知王府井大街已被袁世凯易名为莫理循大街,走在北京这条最为繁华的街上,他还是愤然有加。莫理循这个沾染着帝国主义习气的英国佬,和袁世凯这贼头勾结得也太离谱了!

沪西有纪念赫德的赫德路,北京首善之区有莫理循大街又有什么奇怪呢?可辜鸿铭总感觉莫理循可恶。想当初,这小子还愤愤攻击赫德拿了中国人差不多一百万英镑,这小子自己哪会是省油的灯,难道没得过袁世凯的好处?!他想搞什么勾当呢？得，问问他去！

二、与老对手、总统顾问莫理循交锋

当辜鸿铭前往西绒线胡同莫理循那所大宅院时，莫理循客厅里正烟雾缭绕。英国《泰晤士报》特约通讯员濮兰德、《纽约先驱报》记者端纳、美联社记者摩尔、《芝加哥每日新闻》记者威廉·翟理斯等人济济一堂，议论纷呈。

如果说西方记者来华的目的主要是"改变中国"的话，那么他们心目中的中国或许可以用莫理循的梦想来描述——这是个受过英国和西方教育的顺从信徒们的、保守的、有既成权力体制、甘愿同英国和西方统治集团相勾结的中国。戴着"领港人""拯救中国的救星"等桂冠的莫理循，对利用新职位改变中国充满了信心。

这些外国记者中，同情革命的端纳不为辜鸿铭所喜，吹拍袁世凯的莫理循更为辜鸿铭所恶。辜鸿铭读过他们的文章和报道，总感觉中国的事情要他们这些外人来掺和干什么？

莫理循把辜鸿铭和陌生的记者们互做介绍后，辜鸿铭开门见山地说：博士先生，记得当年你曾指责赫德拿了中国人的一百万英镑，可你在中国却是名利双收，不仅留下了著作，还积攒了大量财富，恕我直言，你现在受聘于袁世凯，金钱是一个重要因素。

正如中国民谚所说"有钱能使鬼推磨"，洋记者莫理循也并不是不食中国烟火的神仙。他在《泰晤士报》任记者的薪水每年1200镑，而袁世凯开给他的年薪是3500镑，另外，每年还有250镑的住房津贴，在中国境内旅差费全部实报实销。两相权衡，他辞去了担任了17年之久的《泰晤士报》北京记者之职，专职做了总统府的顾问。面对辜鸿铭的诘责，莫理循答非所云道：我现在考虑的可不是金钱，而是对目前的职位不知何去何从，这使我颇为头痛。密斯特辜，你是知道的，在中国，要一个顾问提供意见是不难的，中国人也愿意听别人的意见，但终了他们仍照自己的意思行事。

莫理循欲图绕开金钱"王顾左右而言他"，辜鸿铭偏不让，冷笑一声，说：你要叫老袁让出总统宝座，当然有难处，至于要叫他多给你一些财宝，岂不一蹴而就！

莫理循心里骂着辜鸿铭，口中却讪笑着说：密斯特辜真会说笑话。

辜鸿铭也不加理会，面向端纳道：端纳先生，听说你当初做总督顾问是不取报酬的，是这样的吗？得到肯定的回答后，辜鸿铭把脸转向莫理循，道：而博士先生却是拿了人家薪水的，我可以告诉你，一旦你做了中国公务员，就没有影响力了！

是啊，如果莫理循博士仍是《泰晤士报》记者，将有双倍尊贵的地位和三倍的影响力。

见濮兰德也在附和辜鸿铭，莫理循既有点不高兴，又有些不以为然，说：我们不谈这个事了，生米煮成了熟饭，情况如何，等着瞧吧。现在，我们还是来采访采访密斯特辜，听听他的高见吧。边说边目示美联社记者摩尔和《芝加哥每日新闻》记者威廉·翟理斯，说：你们不是一直想结识密斯特辜吗？这不，他找上门来了——得来全不费功夫。

不待辜鸿铭表态，美联社记者摩尔立即开始了发问：我曾在报上看过密斯特辜的一段议论，"这次真正的灾难不是革命，而是革命以袁世凯成为共和国总统而告终。"这话太深奥了，你为什么这样说呢？

"问得好。"于是，辜鸿铭顺水推舟地接受了采访，回答说：以袁世凯为临时总统结束的这场革命，破坏了一切文明和统治所赖以生存的最终基础，即人民的一般道德。是的，正如你们所指出的那样，大清中国的政体有各种各样的缺点和弊病，但尽管如此，它仍能在民众中保证一般的道德。而现在，在袁世凯和他的民国之下，一切都将不可能了。在中国，我认为对皇帝的忠诚是一种宗教，可以说，它正是儒家国教的基石，而袁世凯毁掉了这一基石，民众丧失了一般道德，又怎么能进行统治，更不用说文明了！

"以往中国历史上也发生过不少改朝换代的事情或者叫'革命'，中国人民却并没有因此丧失道德，何以这次特别呢？"

提问的是同情孙中山革命的端纳，他是个具有强烈的政治敏锐的职业记者，对中国的现实充满了同情和改造的愿望。

辜鸿铭向莫理循要了根雪茄，吸上后，道：因为，以往每次导致改朝换代的"革命"总存在两个前提，一是"革命"为人民制造，而不是像这次这样为群氓制造，二是那个成功地变成政府最高统治者的人必须具有卓越的道德品质，并赢得全民族的尊崇，而袁世凯却大搞阴谋、欺骗、背叛和谋杀，食言而肥，其所作所为哪还有一丁点儿道德可言？！

洋记者们认真地听着，飞快地在采访本上记着，唯独莫理循漠然地吸着雪茄烟，微微闭目，似听非听。辜鸿铭的声音继续在客厅里响起：袁世凯这人最懂得投机。你们外国人廉价地对这个窃国大盗赞赏、支持，实是昏聩和缺乏远见。在此，我可以明白地告诉你们，袁世凯的统治不会长久。

端纳抬头问：为何？

"以袁世凯为总统的'革命'，使人民保持一般的道德都不可能，他哪能在自己的位置上坐稳！"

这个回答干净利索而不拖泥带水，端纳甚觉精辟，"唰唰唰"在本上记着。

莫理循终于耐不住沉默了，开口为袁世凯做辩解：在我看来，袁世凯是位挽救了中国目前的局势而没有流血的杰出政治家。

辜鸿铭似乎早在等莫理循跳出来，他目光炯炯地看着对方，说：这也许就是博士先生还有一群幼稚的外国人欣赏袁世凯的原因。殊不知，他不过仅为了一时，推迟了必要的流血，而将可怕的混乱和更大的流血留给了未来。如果博士先生拿了袁世凯的佣金而还能站在公正一边的话，承认我这说法并非耸人听闻的话，那么袁世凯的所作所为比人类流血还要更坏千万倍——他不仅破坏了中华民族的廉耻和责任感，而且破坏了中华民族的政教和文明。这就是我想表述的观点——目前，中国真正的灾难不是群氓制造的革命，而是革命以袁世凯成为总统而告终。

洋记者们静静地观察着这个"生理学"上的奇迹——辜鸿铭不停地以骂带说，连明显的喘气间歇都没有，即使喘气亦在叫骂个不停。

美联社记者摩尔趁辜鸿铭喘气的机会，见缝插针地问：密斯特辜再三说到袁世凯投机，在戊戌时期，他向慈禧太后告密，难道并非出自对朝廷的忠心，而也是投机？

"对，那纯粹出于他品德的卑劣，是背叛和出卖康梁同党的政治投机。"

莫理循摇摇头，道：照密斯特辜的说法，当年你的幕主张之洞退出康梁，其所作所为难道不也是投机吗？

"否！张之洞的退出是由于他有高贵的品德、优美文雅的品质和牛津运动影响所致的精练，他同袁贼岂能相提并论？！"

《芝加哥每日新闻》记者威廉·翟理斯提了一个问题：密斯特辜，能知道你反对袁世凯、忠于皇帝王朝的理由吗？

不待辜鸿铭回答，莫理循冷笑着向辜鸿铭发起反攻：他只知道自己该给皇帝管的,哪里晓得天赋人权、万物平等的公理呢!

摩尔也哂笑道:我真奇怪密斯特辜怎么会没完没了地为慈禧辩护,慈禧在世时并不曾注意你啊!

辜鸿铭莞尔一笑,道:许多外国朋友嘲笑我,认为我对满族王朝愚忠。我告诉你们,我的忠诚不仅是对我世受皇恩之王朝的忠诚,也是对中国政教的忠诚,对中国文明之根本的忠诚。

在这场谈话中,濮兰德几乎没开口说半句话,只是在本子上记着什么。这个敌视中国的新闻记者,笔下对中国和中国人极尽讥嘲挪揄之能事。辜鸿铭朝他投去一个颇含讥诮的眼光,意味深长地说:濮兰德先生在记录时可得真实些,真实些,再真实些,可不要歪曲啊!你到北京来任中英公司驻华代表,订合约可不比写书,可不要歪曲呀!

"密斯特辜说笑了……"濮兰德说着,抬眼一触及辜鸿铭那大而明亮的眼睛,急急地闪开了,他哪能听不懂辜鸿铭的弦外之音。

三年前,濮兰德和白克好司合著的《清室外纪》和《慈禧外纪》出版,在西方颇为畅销,被列为第一部向西方世界全面反映清廷和慈禧一生的传记。书中抄录了大量公私文件,对慈禧的腐化生活、狡诈的权谋和太监李莲英的权势等着墨甚详,但记述评论不合事实之处尚多。辜鸿铭曾在不同场合予以抨击。

濮兰德见辜鸿铭已然提及,自己一味躲避也不是上策,乃恭敬地问:密斯特辜有何见教呢?

"不要说见教,单看你书中那些捕风捉影、言过其实的话,就知你是何等用心了!"辜鸿铭说罢,略作停顿,看一眼莫理循等人,继而指桑骂槐道:你们这些现代英国人呀,来中国时,因为打着开金矿、卖便宜肥皂,或借款给中国人修些无用的铁路来赚钱的如意算盘,试图将自己对于完美的小小看法强加给中国人,所以,只要中国人予以抵制,或有什么地方不合自己的意愿,就会怒火中烧,变成一个病态主义者。濮兰德先生和白克好司先生呢,为了泄私愤,便写出那些心怀叵意、无中生有的下流事情来诽谤中国。

濮兰德故作大度地说:仁者见仁,智者见智。密斯特辜何须把一己意见强加于我?

"哦,你倒要问问你,你了解真正的中国妇女吗?不,你根本不了解,也不可能了解真正的中国女性,更不要说她们的最高典范——已故皇太陛下了。因为像你们这种人不够淳朴,没有纯洁的心灵,你们太聪明了,像所有现代人一样具有一种歪曲事实的智慧。我国孟子曰'所恶于智者为其凿也',翻译成今天的话就是我憎恨你们这些聪明人总是歪曲事实。"

辜鸿铭"啧啧"叹了口气后,旋又向这些洋记者们推荐前清郡主德龄所著的关于慈禧和清宫的英文书,说:我在此向你们这些记者呼吁,德龄女士关于太后和宫廷的书,希望有助于西方读者认同她所认识的已故皇太后陛下,从而抛弃濮兰德和白克好司强加给你们的错误印象。

辜鸿铭说得口沫横飞,莫理循直听得心头发毛。他干脆审视起辜鸿铭来,眼光先是落在辜鸿铭那张因口若悬河而一张一合的利嘴上,继而停留在他脑后那根已然有些稀疏的辫子上。

正如辜鸿铭所判断的那样,只要一提及慈禧太后的恶行,那些洋人总要涉及太后毒杀皇帝的传闻,仿佛不这样,不成太后之恶。这不,《芝加哥每日新闻》记者威廉·翟理斯就这样问及了。所谓"以子之矛攻子之盾",辜鸿铭笑着借用濮兰德书中之语,说:太后常劝勉皇帝鼓励精神,有顾恤之意,并命皇帝择放大臣,凡事仍依旧例,有谕旨必示帝阅之,还要太监以后帝来请安时,不可使外候于外,又命会议国政时,免帝跪地迎送之礼。之后,辜鸿铭作结论说:虎毒不食子,这样的慈母能忍心下毒手吗?太后可不比袁世凯,当年要不是太后仁慈,十个袁世凯的脑袋也都搬家了!

莫理循把还剩半截长的雪茄摁灭了,从齿缝里蹦出一句阴森森的话来:密斯特辜这样嘲弄袁总统,为废王朝唱赞歌,难道就不怕……

辜鸿铭轻蔑地一笑,打断莫理循的话,说:你们不是记下了我的话吗,尽可拿在报上发表,看我怕不怕袁世凯!眼光冷冷地盯着莫理循,道:至于顾问博士嘛,尽可向袁世凯告密领赏去!

一阵难挨的沉默之后,端纳轻咳两声,打破了这份死一般的静寂,说:明天隆裕太后梓宫出殡,想来密斯特辜必定要随行叩礼的哟?

"你说呢?"辜鸿铭反问道。

三、政客和银行家同样充满了臭气

天刚蒙蒙亮,紫禁城"皇门"大开,在阵阵哀号声中,次第扛出花花绿绿的旗伞,里面的人身着孝服，几乎倾巢而出，一时间队伍蜿蜒如蛇。这天是废清隆裕太后梓宫奉移之期。

虽然两年前，一片龙旗就已出了京门，但民国初创，为了避免更多的流血，迁就了袁世凯所提优待清室的条件，其中"仍存帝号"一款，使清室在名义上形成了国内之国，所以那些遗老遗少仍然做着"日月重光"的怪梦。废皇太后隆裕在时隔四年后追随先皇于地下，撇下个孤儿小皇帝，这些遗老遗少哪个不泪水涟涟，如丧考妣。身穿孝服随行叩礼的多为前清满族王公大臣。辜鸿铭和梁鼎芬、陈夔龙、陈宝琛还有从青岛赶来奔丧的徐世昌、劳乃宣等人也是一身素服，成了汉员中难得的异数。辜鸿铭左瞧右看，在满汉王公大臣中寻找着熟悉的人，忽然发现了什么，问陈宝琛：陈师傅，今日为何不见奕劻来？

陈宝琛叹了口气，道：听说庆王在天津德租界做了庆记公司的大老板，又在日租界开了一家公司，哪里肯向倒台的皇太后奔丧呢？！

"俗话说'马上的朋友马下完，活时候的朋友死了算'。人的心，暗得很哪！这个混蛋奕劻，要不是他主张起用袁世凯，我大清焉会落得如此结局！你们再看那些摄影记者，横冲直撞，全不守规矩，袁世凯请他们来干什么勾当？想宣统元年德宗奉安时，端方命人拍照，上谕大不敬，革职查办。袁世凯明知此事，今天却故意为之，岂不是嘲弄隆裕太后？筱帅你说是吗？"

在辜鸿铭气哼哼说话时，一旁的陈夔龙面部表情翕动了一下，却最终没能说出话，他怕辜鸿铭再骂奕劻、再说到端方事，自己不好下台，讪讪着另站队列去了。

辜鸿铭的话语并没有就此停止，又对陈宝琛道：陈师傅，听说隆裕太后皇寿时，袁世凯这个惯于扮假戏的怪角，还派总统府秘书长梁士诒前去贺寿，说不好袁世凯就是隆裕太后的催命鬼！

"在这个时候，还是少说两句吧。"陈宝琛见辜鸿铭一路骂袁世凯没个完，怕惹是生非，婉转地劝阻了。

一路缓行，既到陵地，一位西装革履的绅士在梓宫前三鞠躬。置身于长袍马褂中，他真显得鹤立鸡群，难免一些人在旁指手画脚。

那正是奕劻的儿女亲家孙宝琦嘛！孙宝琦历任直隶道台、驻法公使、驻德公使等职，1911年初升任山东巡抚，辛亥革命时，一度宣布山东独立，旋即取消，现在已是袁政府的要员。辜鸿铭决计要奚落他一番，叫了梁鼎芬和劳乃宣走近孙宝琦，却假装不认得他，上前欠身为礼，问：先生是哪一国人？叫什么名字？

孙宝琦抬头见是辜鸿铭，忙道：汤生兄莫恶作剧！

"什么东西？"辜鸿铭脸色一沉，陡然板起面孔来，指着孙宝琦道：你若是革命党，就不应该来；若是大清朝的官，就应该穿孝服来。你这个无耻的东西，亏你还老着脸站在这片净土上！你带信给奕劻那个老浑蛋，最好莫活在这个世界上吧！

孙宝琦当众被辜鸿铭如此羞辱，立时面红耳赤，想和辜鸿铭理论，又怕不是对手，弄不好也出丑一番，脑筋飞速一转，心想，他们这些做惯了奴才的人们，常会对解放者投以憎恶的眼光。辜鸿铭亏还是留过学的，不明大义而自命深明大义，真愚人也，何须与他计较而自掉身价。为此，乃悻悻而去。

沈曾植和劳乃宣双双向辜鸿铭竖起了大拇指，大声道：汤生兄骂得真痛快！

辜鸿铭参加梓宫奉移礼仪回来，又闲居两日，淑姑道开了家中生计，说：你已有两年多时间没有正式工作了，为何还不去谋职？辜鸿铭看着淑姑，打趣道：男人最苦的事莫过于被自己钟爱的女人看作是铸钱机。咳，我看这世间呀，最有趣的是女子，最无趣的也是女子，使男子无上快乐的是女子，使男子无穷烦恼的也是女子。

淑姑用手指轻点了点辜鸿铭的面颊，亲昵地说：你尽会耍嘴皮子。就这一点，把个辜鸿铭激得性情大发，一把搂过淑姑，欲和她施行某种爱举，淑姑半推半就轻声道：你知不知呀？明天柴米可全没有了。

辜鸿铭登时垂头丧气，如同败军之将，两手一松，放下淑姑，叹口气道：没钱而求爱，如同无罪找枷扛，枷与家，两字同音，我看家累之难负荷，尤甚于扛枷。

淑姑笑一笑，入内屋后旋即出来，举着手头的一点金器，说：明天拿去当了，尚可对付半月。辜鸿铭立时精神复振，如同得了十万援军，重又搂住淑姑。

淑姑亲昵声中带有嗔怪：怎么又来兴趣了？

笑意在辜鸿铭那张嘴皮子上漾开，说：食重于色，这是天经地义的事。在笑声中，辜鸿铭把温情无限的淑姑拥放到床上，放下帐子，颤声道：古云"宁为穷人妻，不为富人妾"，夫人找我，还真是前世造化。

淑姑白了辜鸿铭一眼，说：你今天咋这么多话呀？辜鸿铭却像个死皮赖脸的坏小子，说：夫人，我还想再送你一首诗呢！言毕，径自离身趋向桌前，铺纸蘸墨，不多时便挥毫而就一首《示内》，边写还边念：

> 莫道家贫卒岁难，
> 北风曾过几番寒。
> 明年桃柳堂前树，
> 还汝春光满眼看。

这当儿，门外传来刘二的粗重声：老爷，有洋客来访！辜鸿铭本想出去，但望着淑姑姣好的面容，遂又改变了主意。

半小时过去了，一小时过去了，辜鸿铭客厅的烟缸里堆满了雪茄头。伍尔兹和英国汇丰银行总裁助理尤乌如坐针毡地干坐着，尤乌抬腕看了看金灿灿的手表，脸上写满气愤的神色，嚷道：一小时多了，辜鸿铭还不来见，太侮辱人了！

说话间，"橐橐橐"的脚步声传入耳膜，辜鸿铭出现在他们的面前。伍尔兹连忙起身，笑容可掬地说：密斯特辜忙完了？我们再等等也没关系。

辜鸿铭在他们近旁的一张椅子上坐下，看了一眼不知从哪冒出来的伍尔兹，听他介绍另一位洋人是英国汇丰银行的总裁助理，便说：面对你们这样好的耐性和脾气，我似乎只有不遗余力地满足你们的要求了，有事便直说吧。

伍尔兹重新落座后，小心翼翼地问：密斯特辜那年辞去南洋公学之职后，一直没有找事来做？

辜鸿铭警惕地看一眼伍尔兹，说：我忙着呢。整日里不是潜心向壁钻研中国文化，就是与你们这些来访的中外客人谈论，这不是事吗？

伍尔兹笑一笑：我是说那种有薪水的工作，密斯特辜想找份事来做吗？

自那年辞去南洋公学监督之职后，辜鸿铭在家坐吃山空，有意谋些事来做，但他是决不会出门去求人的。如今听伍尔兹这一说，"哦"了一声，旋即拉长声调问：你那边能有什么好事啊？

这话说得很灵巧，包含着轻视和不相信之意，言外之意是你们洋人在中国能有什么好事呢！这倒使得伍尔兹无法再卖关子，只好一五一十地把事情原委倒出。原来英国汇丰银行、法国汇理银行、德国德华银行、日本正金银行、俄国道胜银行组成了五国银行团，要和民国谈判借款事宜，迫切需要一个称职的翻译，可要疏通如此众多的代表们的语言交流，实在不是件易事，这样的人选不要说中国，就是世界上也是寥寥无几，各国在京大使馆推荐的人物中，都一致提到了辜鸿铭。

辜鸿铭听伍尔兹这么说罢，心里窃喜，口中却道：你们言过其实了吧？

"不、不。"伍尔兹急忙摆手,言辞恳切道:外国驻华人员,哪个不曾听说和见识过密斯特辜的语言天赋!

同来的那位洋人紧接着说:是啊,欧洲诸国的语言,哪个能难倒密斯特辜,即使是东方的日本语言也不在话下!普天之下,除了密斯特辜,我还不知有谁能胜任这份工作。

"哦,是这样的嘛。"辜鸿铭听得心里十分舒服。语言上的本钱大大抬高了他的身价,也增强了他的自信与自负。他徐徐吐出一口浓烟,看着两人淡然自若地说:看在老熟人的面上,我就不拒绝了,不过这身价嘛——他说着伸出手指道:得六千银圆。

如此狮子大开口,直把两位洋人吓了一大跳。伍尔兹愣了半晌才道:密斯特辜,你不是开玩笑吧?尤乌也嚷道:六千元聘请一个翻译?天哪,密斯特辜的胃口怎这么大?要知道,贵国眼下一个中级公务员的月薪才不过数十银圆而已。

辜鸿铭一声不吭,径自悠闲自得地吸吐着水烟。

伍尔兹急了,说:密斯特辜即使要敲竹杠,也不至于这样狮子大张口呀!

辜鸿铭抬头嘿嘿一笑,不缓不紧地说:这我不管,你们不愿,我倒清闲呢!也省得靠近你们这铜臭熏天的地方。端起茶来,叫刘二送客。

这两个洋人回去后,向五国银行团执行主席、英国汇丰银行总裁喜理乐做了汇报,喜理乐沉默半晌后,道:别人也许一两银子也不值,但辜鸿铭却值得,就这样定吧,这笔钱我们到时候叫中国人加倍还。

于是,第二天伍尔兹、尤乌重来拜访,不打折扣地答应了辜鸿铭所提的条件。

辜鸿铭狮子大张口原本是刁难洋人,等着他们上门再讨价还价,然后自己以高高在上再加怜悯的姿势给予宽容,没想到对方竟这么爽快地接受了,这倒使他有点不相信,说:空口无凭,订下合同为证。

尤乌道:辜先生请放心,我们讲话绝对算话的。

辜鸿铭不以为然地摇摇头,说:我国有为有守的士大夫,一诺重千金,江湖好汉,男子汉大丈夫讲话也照样算话。可你们洋人就不同了,纵是总统、议长、校长、经理、教授,上午说好的事,下午就可否认,他们的口头承诺,直如放屁;与你们洋佬打交道,最好事无巨细,都得订个契约或合同;我国早期留欧的知识分子,未看透你们洋佬的本质,往往被你们的甜言蜜语骗得一辈子不能翻身。你们还想来骗我呀?

伍尔兹见辜鸿铭说得坚决，与尤鸟交换了一下眼色，无可奈何地说：行，我们签个合同吧。

合同既签，辜鸿铭与尤鸟人各一份，尤鸟随即递过一张银票，六千元聘金写得清清楚楚。

辜鸿铭接过看一看，也不说话，与合同一并往茶杯下一压，又吸起烟来。

辜鸿铭一口流利的英语、德语、法语、俄语，兼着日语，解决了五国诸行的实际困难，使他们能准确地表达出自己的看法。不独英国汇丰银行的喜理乐，法国汇理银行的贾切尔、德国德华银行的柯立士、日本正金银行的田中、俄国道胜银行的里尔基，无不对辜鸿铭的出色翻译表示赞赏。

工作得久了，辜鸿铭发现了五国银行团和中华民国政府的各自目的——政府需要筹措战争经费，银行正等着政府上门谈生意，以期获取巨额的利息。银行家和政客同样充满了臭气！辜鸿铭看出事情端倪后，急急来向喜理乐辞职，把那份合同"啪"地往他桌上一拍，眼睛定定地看着喜理乐。

喜理乐听得辜鸿铭要辞职，惊愕有加，以为是开玩笑。

"开玩笑？谁跟你开玩笑！"

"难道密斯特辜还嫌六千银圆不够吗？"

"你们银行真是个铜臭熏天之地。我倒要问你，你们借款给中国的内在动机是什么？友好吗？呸！你们银行家是什么货色？还不是晴天千方百计借伞给你，雨天却凶巴巴地逼你归还的那种人！"

喜理乐咀嚼着这句深觉有味的格言，不动声色地拿起合同扫了一眼，道：合同期未满，密斯特辜就终止合约，恐怕不好吧？

辜鸿铭两眼炯炯有神地盯着对方：总裁先生，你说怎么办？

望着辜鸿铭那毫无惧色的眼神，喜理乐突然"哈"地一笑，耸耸肩无比轻松地说：看在密斯特辜这段时间为我们所做的贡献的份上，要终止就终止吧，何况这谈判的事儿也差不多了，你的事情几乎完成了。

前后不到一月工夫，袁世凯擅自和五国银行团签订了《善后借款合同》，借到二千五百万英镑（约二亿八千万银圆）的"善后借款"，规定年息五厘，四十七年还清，以全部盐税收入做抵押。辜鸿铭得此消息，略一算计：四十七年之内，中国连本带利要付出六千七百八十五万英镑，这笔沉重的负担自然都要压在人民身上！还是孙中山给五国银行团的严正声明说得好：袁世凯属非法借款，中国人民绝对不予承认。可这能阻止袁世凯的非法勾当吗？而自己竟然还间接地助纣为虐，要不是早点识破他们的勾结，真要成汉奸了！

辜鸿铭狠狠敲了五国银行团一下，没想到这些洋鬼子黑得简直没底，凶狠地敲了袁世凯一竹杠，可袁世凯会损失什么呢？今后遭殃的只能是百姓！

这个世界究竟怎么了，走火入魔到什么程度了？西欧国家早已被金银的臭气熏昏了头，他们的武器已被镀上金银的光亮，时刻都会刺刀见红。血还流得不够吗？整个污秽的世界仿佛只有血能清洗！尧舜啊，禹汤啊，文武周公、孔子啊，你们这些先贤睁眼看看吧，你们的智慧伟业已被袁世凯毁灭殆尽了！

走在五月阴云密布既没有星光也没有月亮的晚上，辜鸿铭的心在呐喊、在流血，这个黑暗的世界何时才能重见星光呢？

四、挨饿的求职者面斥独裁者

"你们民国有什么好呢？就袁世凯那个德行呀，啧啧啧！"

只要有场合，也不管有没有听众，辜鸿铭总要这么发表议论，他希望自己的声音能穿透黑暗世界的封锁，在阴霾的天空中撬开一道亮光，让那些蒙在鼓里的国人认清袁世凯的伪善面目和丑恶嘴脸。他还不时地在洋报刊上发表文章，这么做的目的只有一个，就是破坏袁世凯在西方的声誉与国际形象。

这天下午，他正在书房里埋头写批袁檄文，淑姑一如既往地坐在他身旁，任凭他左手捏揉小脚，刘二忽在门外高声报告有洋人来访。得，今天又有人可以充任自己批袁的国际听众了，会是谁呢？

来者弗兰西斯·波里，乃法国汉学家，被袁世凯聘为其长子袁克定的外籍老师。辜鸿铭的大名于他可谓如雷贯耳，以至于一到中国，行李还没整理好，就先问起辜鸿铭的情况，誉之智者、名士有之，呼其怪人、疯老头的说法亦充斥于耳，这使他更想着要一睹辜鸿铭真容，以考虑是否能和他合作把《论语》译成法文出版。

两人寒暄一番后，辜鸿铭见弗兰西斯仔细打量着自己简陋得不能再简陋的居家，便笑笑，大大方方地介绍起了家事：我的家庭不富裕，值钱者，唯夫人之金莲，先生可能不知，中国妇人小脚之臭味较之巴黎香水，其味尤醇。辜鸿铭说话时，眉宇间含有莫大愉快之色。

弗兰西斯已知辜鸿铭是莲迷，但他却不想过多地和对方谈论小脚，顺手摸了摸陈旧的木椅，以疑惑的眼光问：先生任过许多官职，有些官职提供了许多捞一把的机会，为何就没与富字结缘？

辜鸿铭莞尔一笑，道：古人云"穷且益坚，不坠青云之志。"穷困的境遇，不正可以锻炼和考验一个人的骨气吗？我哪能放弃这种绝妙的修行机会。

"佩服、佩服！先生的话使我想起我国哲学家卢梭的名言，他说'追求金钱，只会使自己失去精神，远离真理'。"

一个能引用卢梭语录的人，应该是不俗之人，这是辜鸿铭对弗兰西斯的初步印象。辜鸿铭语气亲切地说：在欧洲人中，我的头脑和心与法国人最接近，法国精神令我难忘，伏尔泰——你们法国十八世纪的哲学家，他是那么鄙视权威。

接下来，辜鸿铭就要引出袁世凯了。谁知弗兰西斯抢先发问：辜先生为何就不能鄙视权威？譬如对慈禧，听说你总在为她辩护？

"我为什么没有自由辩护的权利呢，你们欧洲不是提倡什么自由和民主吗？"辜鸿铭说罢，见弗兰西斯点头称许，便把慈禧如何圣明、如何勤政大吹了一通，末了还说：当然人无完人、金无足赤。如果说已故皇太后陛下有缺点的话，那便是用人不当，尤其是没有及时处死袁世凯这个卖国贼，使得大清帝国从支离破碎而趋向毁灭。

辜鸿铭说得口沫横飞、荒谬绝伦，弗兰西斯既无法插嘴，更难得入耳。他干脆审视起辜鸿铭来——这个身着中国长袍、在北京人都已剪掉辫子的时候却还留着两条发辫的小老头，像禁欲者一样瘦削，但面孔却很有神采，宽宽的额头下闪烁着两只带着笑意的大眼睛。

辜鸿铭见弗兰西斯心不在焉，眼光轻飘飘地看着自己，喝问：你干什么？

弗兰西斯笑问：先生为什么要留辫子？

辜鸿铭直着脖子盯着弗兰西斯看了良久，徐徐答：你为什么要留胡子？

也不容对方作答，辜鸿铭便又抢先说了下去：其实你不要吃惊，穿什么、留什么纯属个人爱好，也说不上谁文明、谁野蛮。值得我们惊讶的是，袁世凯这厮怎么竟爬上了民国总统的宝座？

辜鸿铭终于把话题引向了袁世凯，说完，他意味深长地瞥了弗兰西斯一眼，他要看看这位洋人如何说。

"照我看来，袁世凯并非十恶不赦……"

弗兰西斯的话刚出口，辜鸿铭一声棒喝：住嘴！

这声音像是歇斯底里的吆喝，那么的粗暴，那么的不友好，弗兰西斯很是吃了一惊。

辜鸿铭眼里冒火地盯着他，问：你为什么要给袁世凯唱颂歌？

"正如先生可以自由地为慈禧辩护一样，我为何不能自由地给袁世凯唱颂歌呢，难道没有自由说话的权利？"

真可谓"以子之矛攻子之盾"，辜鸿铭阴沉着脸愣了半晌，才道一声：那就免谈袁世凯。

弗兰西斯痛痛快快地说：免谈一切政治。接着又道：我十分愿意倾听辜先生在文化上的真知灼见。

在弗兰西斯的诱导下，辜鸿铭由洋而中，谈罢伏尔泰、卢梭对法国文化的贡献，再论中国经典，说：中国经典道德之崇高，已深入到真正的中国人的骨髓之中，将始终保持永恒的力量和价值，永远也不会在这个世界上消失。在他说话时，弗兰西斯只有听的份儿，几乎插不上嘴。如此青梅煮酒，不觉日已偏西。

弗兰西斯回到家里，妻子波娃迎头就问：辜鸿铭究竟怎么样？

弗兰西斯笑道：我们开始正式谈话后，他就口若悬河起来，法语说得那么纯正，我几乎没说上几句话，这场谈话，其实只是辜鸿铭一场长长的独白。

波娃拍着女儿泰蕾丝的手在笑。

弗兰西斯道：不过你也别笑，这次会见却令我毕生难忘——我从没见过如此执着、如此固执己见、信念坚定的人。

听丈夫满口说好，波娃就有点奇怪了：雅克不是说他是个疯老头吗？

"是呀，还真可以说是个疯老头——善良而充满智慧的疯老头。他有一个聪明的头脑和一颗伟大的心，拒绝凡夫俗子所追求的金钱、地位和荣誉。"

一来一往，不仅弗兰西斯和中国的"疯老头"混熟了，就连他的妻子、女儿也和辜鸿铭一家人熟识了。和弗兰西斯的感觉一样，波娃、泰蕾丝母女俩也觉得辜鸿铭幽默风趣。辜珍东也能说些法语，与泰蕾丝一见面就亲热地牵起手。

当得知要不是前番为五国银行团做翻译挣了六千银圆，辜鸿铭一家就差不多要喝西北风时，弗兰西斯就想着为辜鸿铭谋份职业，以期有固定的收入。在他有关"创办通讯办公室"的提议得到袁世凯的首肯后，他就有了主意。

这天他来到中南海总统府。这年的4月初国会成立后，袁世凯以铁狮子胡同原址道路狭窄、车辆进出不便、房屋不敷使用为由，把总统府合着家眷迁到了中南海皇家院，他在居仁堂楼下办公，楼上为卧室。他亲切地请弗兰西斯在富丽堂皇的客厅坐定后，递上一根雪茄，道：犬子克定拜先生为师以来，对西方知识的了解日有长进，对此我深为感谢。先生关于"创办通讯办公室"的提议，克定已详加转告，这个想法当然是好的，只是，谁来创办呢？

弗兰西斯不假思索地说：这个职位非辜鸿铭莫属。

"辜鸿铭？"原本已把自己胖墩墩的身子陷进了进口沙发里的袁世凯听得弗兰西斯此言，不觉吃了一惊。

"是的，辜鸿铭学识渊博、通晓多种外语，他将成为内行而卓有成效地主持这个通讯办公室。"

袁世凯脸上倏地掠过一丝不快，但很快就消失了，摇摇头道：先生有所不知，辜鸿铭在言论上是使我最伤脑筋的敌人——他以汉语和洋文公开与我作斗，嘴下毫不隐讳和留情……难道他会为我效劳？

袁世凯不是无中生有，辜鸿铭和他作斗不是一两天的事。想当年自己还是清朝的封疆大吏甚至是他的顶头上司时，就没少挨过他的冷嘲热讽，如今做了民国总统，听说辜鸿铭骂得更凶了。莫理循就曾几次提醒自己要注意辜鸿铭，因为他四处散布不利于自己的言语，而且颇有"市场"。

弗兰西斯觉察着袁世凯脸上的表情变化，揣摩着对方的心思，不急不慢地又进一言：像所有具有真才实学的人一样，辜鸿铭难免也会恃才傲物。在时下中国，谁有才华与他相提并论？即使那些最有名的翰林，也望尘莫及。

袁世凯眼睛转溜了一圈：哦？

弗兰西斯继续道：翰林们只知有关中国的知识，而辜鸿铭却谙熟整个世界的知识；他具有第一流的甚至是举世无双的头脑，这头脑充满智慧。我认为从这个角度来看，辜鸿铭是唯一通晓东学和西学的中国人。

见弗兰西斯说得那么坚决，袁世凯思想一番后，说：辜鸿铭能为我所用，当然求之不得，只是……

弗兰西斯见袁世凯有所松动，忙说：总统也许不知，辜鸿铭因为多年失业，无事可做，一家人坐吃山空，就差没借钱度日。在这个节骨眼上，你给他提供一个好差使，谅他会珍惜的。

袁世凯捋了一下硬粗的短须，沉吟道：看在先生的面子上，我就先接见一下辜鸿铭，看他态度如何。

这是袁世凯就任民国临时大总统后对辜鸿铭的第一次接见。握着辜鸿铭的手,说:辜先生,我们有好长一段时间没见面了。

面对眼前威风凛凛的气派、堆砌着尊严的声调、那装模作样的温和其实透出严厉的目光,辜鸿铭竟然熟视无睹一般,不冷不热地说:是啊,古人云"士别三日,刮目相看",没想到,一见面你就做了总统,没想到,你又吃胖了许多。

袁世凯不意辜鸿铭一句话就打断了自己欲行设置的下马威,倒让自己感觉到了一丝尴尬,只好自我解嘲道:我这是心宽体胖哩。

步入总统办公室落座后,辜鸿铭大大方方地抓起桌上的果点就吃,而后面向袁世凯跷起了二郎腿,道:你们民国病入膏肓,你这总统真个不知还是假的不觉?

"什么叫你们民国?"辜鸿铭入座后的第一句话就让袁世凯感觉不快,但袁世凯却装着若无其事样,腾坐在沙发上,两腿叉开,挺直腰板,右手夹着雪茄,反问辜鸿铭。

"我中国,在道光以前是误于妄自尊大,自宣统末年到你们民国,是坏于妄自菲薄。以前是忘了世上还有外国,现在是忘了世上还有中国;以前是强人后己,而今是强己从人;以前是不知自己有劣点,而一味地保守,现在是不知外国有劣点,而一味地仿效。闹到今日,旧病未除,新病又生。新旧之病,聚在一身,焉不病入膏肓?"

听辜鸿铭这一说,袁世凯不悦的神情毕现,他扫一眼辜鸿铭,道:真有这么严重?

辜鸿铭肯定地点点头,以不容置疑的口吻说:"当局者迷,旁观者清。"不过,如果总统阁下有心,我倒愿意合作,帮你们民国开个良方。

袁世凯夹着雪茄,腾出拇指摸摸牛角胡,"嗯啊"一声,面无表情地说:本总统当然希望与辜先生合作。

"我的治国良方其实不复杂,也容易记取,简而言之有二,其一,重尊伟大而神圣的儒教秩序;其二,龙廷上要端坐真命天子……"

辜鸿铭谈得兴致勃勃、忘乎所以。袁世凯一手摸着短胡子,嘴上吧嗒着雪茄,似乎在克制着欲要决堤的怒涛,脸色却是越来越难看,一时间感觉自己正遭受辜鸿铭的审判。

弗兰西斯几次欲用眼光制止辜鸿铭说下去,辜鸿铭却丝毫不理会他的暗示,也不在乎袁世凯的脸色,还在一个劲地说:两者归一,奠定中国的基石是"名分大义"。一个中国人,特别是一个有教养的中国人,如果背叛了孔子的名教法典，抛弃了忠君之道，即孔子国教中的名分大义，那么，这样一个丧失了民族精神、种族精神的中国人，就不再是一个真正的中国人了！

袁世凯忽闪着微露凶光的眼睛，倏地窜起身来，恼火地亮开嗓门说：改日再听辜先生的高论吧！送客！

辜鸿铭是面带微笑离开袁世凯总统府的，边走还边向那一长排卫兵挤眉弄眼，感觉好生愉快。

出得中南海，弗兰西斯忍不住责怪道：你编造什么瞎话？你知道吗，你丢掉了即可到手的工作。

辜鸿铭大大咧咧地说：虽然如此，我一点损失也没有，还挽回了面子。

弗兰西斯想不到辜鸿铭是为了挽回自己的面子而主动推却这项任职的，百思不得其解道：一位挨饿的求职者前来向独裁者请求一个力所能及的职位时，竟当面斥责独裁者——真是少见。

辜鸿铭哈哈一笑，说：我对他够客气了，礼貌地告诉他背叛了儒家原则。假如袁世凯稍有见识，就会立即明白并体味一个学者给他的这一高超而谨慎的忠告。这是开导他要为人正派，可袁世凯只是个武夫出身，中国那句聪明的谚语"好男不当兵，好铁不打钉"正可套在他身上。袁世凯不懂思想和语言的奥妙及细腻之处……

辜鸿铭这番理论直听得弗兰西斯目瞪口呆、匪夷所思，好半晌才重新开口说：袁世凯可不是随便可以被你开玩笑耍弄的，弄不好要掉脑袋……

辜鸿铭打断弗兰西斯的话：我跟你说，我不怕袁世凯！说着大笑而激昂地重复着刚才的那句话：袁世凯是个大老粗，一个大老粗，一个大老粗！说话时，他嘴角的肌肉急剧地收缩着，像是汹涌起伏的潮水。

弗兰西斯紧张地看着前后左右，生怕被人听见。辜鸿铭却哈哈大笑，边笑边模仿着袁世凯那肥硕的姿态，在前面摇摇摆摆地走起来。

五、要来个议员当当

在国民党人和其同情者的密切关注下，"宋教仁案"在宋教仁被刺两个来月后得以侦破，从凶手应桂馨和武士英那里搜到了他们与北京总统府、国务院往来的机密函电，举国舆论大哗，袁世凯和赵秉钧一时成了千夫所指，被呼为"袁贼"、"赵犯"。

由袁世凯一手操纵的"宋案"和"善后大借款"引发了国民党内外铺天盖地的反袁浪潮，口诛笔伐不够，还发动了史称"二次革命"的讨袁之役。但不出二月，这场武力征讨以南方的失败而告终。

袁世凯为掩人耳目，把国务总理赵秉钧当作替罪羊给抛了出来，调其为直隶都督，命由进步党名誉理事、前任财政总长熊希龄组阁。在一年多时间里，袁记政府换了三任总理，其速之快，令世人瞠目。一时间，京城内外议论纷纭。

熊希龄受命组阁，雄心勃勃，请来梁启超做财政总长，让杨度为交通总长，张謇为农工商总长，前清驻英、德公使汪大燮为教育总长。这四人皆为海内第一流人才，熊希龄自认他的内阁将是名副其实的名流内阁。名流内阁尚未真正开张，熊希龄就欣欣然地亮相了，他特地在六国饭店举办一场有中外各界名流参加的宴会。

民国初年，官场规定的"礼服"是穿西式大礼服、加戴"五加仑"高帽。于是，长袍马褂、脑后拖根辫子的辜鸿铭的出现犹如鹤立鸡群，教中外名流吃惊不已。

杨度急问熊希龄：熊总理为何要请辜鸿铭来？

"辜鸿铭可是国内数一数二的名流。"熊希龄一边说，一边上前迎接这位早在上海就认识的名士。

辜鸿铭前前后后地打量着熊希龄，不冷不热地说：秉三老弟效忠袁世凯，果真有出息，人模人样当上国务总理了。

熊希龄貌甚谦恭：哪里、哪里，老先生能出席宴会，就是熊某的荣幸！

辜鸿铭附在熊希龄耳边，说：你们中华民国这免费的高级宴会，我能不出席吗？

熊希龄笑笑，拉辜鸿铭上前，欲介绍给杨度等人。杨度摆摆手，说：不用介绍，早在武昌我就认识辜先生了。言罢向辜鸿铭点头致礼。

辜鸿铭和杨度确实有过数面之交。当年杨度前谒湖广总督张之洞，请其保举赴京参加经济特科考试时，和辜鸿铭就已相识。但此刻，辜鸿铭却看了杨度好半天，然后大喊大叫道：啊，是杨皙子呀——袁大总统的大红人！幸会、幸会！我一直盼望能见着皙子先生，当面讨一个说法呢。

杨度对辜鸿铭的无礼颇为不悦，也不知他葫芦里卖的什么药，便问：什么说法？

辜鸿铭盯着杨度，不急不缓地说：皙子自许有宰相之才，且为袁大总统效尽了犬马之劳，听说还一度搬进了总统府，以便随时顾问。可这么个稀世之才，唐、赵两内阁都进不了，却是为何？

一直盼望要做民国宰相、要做中国的俾斯麦和伊藤博文的杨度，也正为此事郁闷不解，如今见辜鸿铭于大庭广众揭开此事，又羞又怒，脸色由红转青，半天说不出一句话来。

那熊希龄见状，忙和稀泥似的对辜鸿铭说：老先生有所不知，皙子这回可要入阁了。

辜鸿铭却像是没有听见，径自环顾众人道：依我看呀，皙子如若回到君王时代，说不定还真是个中国的俾斯麦、伊藤博文什么的。可惜呀，这是个什么乌七八糟的时代，你们民国也太失信于人了！

杨度虽愠怒，却不好当众发作，只好讪讪地说：辜先生真会说笑话……

正在这时，一位政界要人穿戴一新匆匆进来，他走起路来让人总感到有点儿不太对劲。长袍马褂的辜鸿铭看出了苗头，当众笑指：你们这位中华民国的官长好幽默，怎地把裤子穿错了！

众人看着这位要人的滑稽相，哄堂大笑。

却原来，这位要人以前穿戴西式大礼服都有人现场咨询，人家帮他装扮好后，他再动身参加重大活动。可这天穿戴整齐后，那穿衣"专家"出去了，又见赴宴时间尚早，而自己被捂得已是一身臭汗，便脱衣冲了个澡，待再穿时就忘了怎么个穿法。"这扣子，这下摆，这，唉……"他直埋怨做这种大礼服容易，有钱就行，可是如何穿法，怎么有这么多的文章！在几位随员手忙脚乱地帮助下，总算收拾停当，没想到却还是出了洋相。置身于笑声中，这位要人似乎并不怎么地感到害臊，强作镇定地解释说：适才身旁无洋员可备咨询，误听属下之言，把裤子穿错了。

众人又是一笑。辜鸿铭在笑声中接过话说：穿错裤子有什么关系呢？可有人却要认定裤子也代表文化。不同文化之间有文化冲突，不同的裤子之间也有裤子冲突嘛！

辜鸿铭身处这帮袁记政府的要人中间，神采飞扬，目光高傲而冷漠。眼前这群所谓的名流，有的高得像骆驼；有的矮得像豪猪；有的机灵得像猴子；有的笨得像狗熊；有的满脸烟菜色、瘦弱得风吹就倒，可在升官发财的道场比西班牙的公牛还要疯狂；有的不苟言笑、道貌岸然，却惯于男盗女娼、偷鸡摸狗。辜鸿铭冷眼觑着他们，觉得倒也五花八门。

几位洋人联袂而来，见辜鸿铭在此，其中的爱米就抢先笑了，说：有辜先生在，我们不会寂寞了！弗兰西斯也说：中式宴会是个冗长的过程，有辜先生做伴，就不觉时间之难熬了！于是大家一起簇拥着辜鸿铭在沙发椅上坐下。

富丽堂皇的大厅上，每张桌均铺上了洁白的织花布，碧玉杯、象牙筷、细瓷调羹、镂花小碟一应俱全，连白兰地和张裕干红等也都已安放停当，只待上菜了。坐在沙发上的客人们聊着天——有人打着哈哈，和别人扯些无关紧要的话；有人低声下气，似乎有什么事求助于要人；有人打着官腔，言不由衷地应付着他人的奉承；有人半开玩笑，发泄对世事的不满……想今天北京城三教九流的人物都差不多到场了，在西装革履和高跟鞋、卷发、烫发的先生与女士中间，虽也有人长衫缎鞋、手捧茶杯喝茶的，但长袍马褂、嘴衔雪茄者却只有辜鸿铭一人。

时间又过去了一大块，客人们似乎都有些坐不住了，主持宴会的司仪不止一次地说：宴会马上就要开始，但还要等几位尊贵的客人。听他的口气，似乎那几位贵宾不到，宴会上的美酒佳肴即使变酸、变馊也在所不惜。

大家在猜测着贵宾是谁时都少不得往门口观望，每个人的脑海里或多或少地生着他们的气。

终于，汽车的喇叭声响过，在众人望眼欲穿的视线里，几个贵宾姗姗出现了，却是梁启超、张謇和莫理循。

"民以食为天，怎么能让大家空着肚子等你们几个人呢！"梁启超他们还未落座，辜鸿铭就从洋人堆里站起来，手里还夹着一根雪茄，发一声喊。

梁启超见是辜鸿铭，哈地一笑，说：原来是辜老先生呀，失敬、失敬，辜老先生能出席这次宴会，真是奇迹。

辜鸿铭不冷不热地说：要说奇，老辜可就奇不过卓如老弟了——想当初卓如老弟化友为敌，和老师康南海决了裂，接着又化敌为友，投奔了袁大总统，此惊世骇俗之举可谓当世无双呀！

梁启超知道辜鸿铭天生喜辩、又爱瞎掰，也不想与他计较，一脸正色道：林穆公尝言"苟利国家生死以，岂因祸福避趋之"，卓如不才，这些年来却也以此为人生信条，致力为国富民强而奔走，虽无成就而不愧。

梁启超的话博得了一些掌声，司仪也就在掌声中恭请众人入席，宴会开张。

张謇领教过辜鸿铭的嘲讽，生怕他再在众人面前纠缠上自己，连眼睛也不曾和他对视，紧挨着梁启超落了座。

大家在说笑间谦让着入席，辜鸿铭被洋人们拉着坐在了熊希龄内阁对面的长桌上。和大伙一起喝下第一杯敬酒后，辜鸿铭将小杯中的洋酒倒在大碗里，然后又自顾自地将瓶里的洋酒再加倒一些进去,仰头喝下。

众人颇为不解地看着辜鸿铭。坐在对面的杨度想趁机嘲笑一番辜鸿铭,于是大声道:辜老先生也是出过洋的人,难道不知洋酒在宴席上是不能倒在碗里的?

辜鸿铭正愁没人理会,让他不能借题发挥,见有袁世凯的大红人杨度出面挖苦,他高兴还来不及呢。他正面迎着杨度的目光,以应战性的口吻道:洋酒这玩意儿为什么就不能放在大碗里呢?看着对面穿错裤子的那位要人,又环视众人,道:事实上这就和穿裤子一样,某种饮料有某种喝法,某种裤子有某种穿法,其实裤以蔽体,酒以解渴,怎样穿,怎样喝,本是小事,不幸的是,偏有人把我们这宗伟大的东方文明视作衰世文明,偏要向西式的所谓盛世文明转型,闹出许多无事生非、自找麻烦的事来。

好生厉害的辜鸿铭,杨度于心叫苦,怎么误入这家伙设下的陷阱,得如何抽身?

辜鸿铭一张嘴巴停不下来,望了望杨度,又看着众人,道:大家见我用大碗喝这烈性洋酒,可能心里面和杨皙子先生一样骂我是二百五吧?

见大家不语,辜鸿铭便笑了笑,道:酒杯、饭碗小事也,但是正如大炮筒上晒裤子,一叶知秋嘛,挑在眼皮上的小事都是二百五,操心暗室,闭门造车的大事,也就不可能是五百二。

众人轻声笑着,忽有人道:辜先生,我知道你嘴利,能不能少说一两句?别碍着了我们用餐。

辜鸿铭不客气地回敬道:你们这些官老爷们,平日饕餮得还不够吗?饕餮容易,可要听我老辜理论,岂是易事?!要不是看在熊总理和杨皙子面上,我才懒得动口费心呢!

"是啊,是啊!"熊希龄应和道:辜老先生,适才怎地又联想起文化与政治来了?

辜鸿铭稍一沉吟,道:借来的衣服不合身体,借来的文化或者政治体制不适国情,衣服之合与不合,仅仅关系一身,文化或政治体制之适与不适,且必牵涉全国。一个人在借用别人的衣服之前,尚须打量自己与别人身材的肥瘦长短,一个国家在借取别国的文化与政治体制之前,对本国与外国的国势民情岂可不细加考核?

适才说话那人反驳道:难道西洋的东西全无可取?

辜鸿铭连连摆手:不不!使我纳闷的是,我国自吸收西洋文化与其政治以来,为何只得其害而未获其利呢?诸位可肯告知老辜?

见良久没有人应话,辜鸿铭遂大声道:在我看来,之所以只得其害而未获其利,就是坏于徒知吸取，而不知斟酌。

辜鸿铭向来是不甘当配角的，尤其在喝酒的时候，他总有话要说，总要找些人和事来讽刺挖苦。他看着熊希龄，大言不惭道：秉三老弟受命组织什么名流内阁，怎么不把兄弟也考虑进去，让我当个外交总长什么的，该不会丢你的脸吧？

熊希龄老实道：老先生大才，天下共知，只是，这内阁人选最终都还是要经过总统批准的，如老先生不弃，我倒想推荐老先生先当个议员。

"当议员？"辜鸿铭眼珠迅疾一转，心想，当个议员委实不赖，今后就有阵地来和袁世凯作对，揭露他那种种阴谋和阳谋了。于是乘胜追击道：我虽愿从，只怕秉三老弟做主不了吧？你们这些党魁，你们这名流内阁，怕只是为总统粉饰门面的吧。

熊希龄被这么一激，脸立时红了，说：区区小事怎做不了主，我明天就让人给你补办个议员证！

辜鸿铭微微一笑，道：什么外交总长，什么议员，我老辜才不稀罕，但恭敬不如从命，这议员也是为百姓办事的，当当何妨。

盛筵热热闹闹地进行着。英国驻华使馆的文化参赞上前向辜鸿铭敬酒后，辜鸿铭用手拍了拍他的肩膀，说：贵国已故海军上将戈登关于对埃及的看法，我看可以套用来讲中国——只要外国人还统治着埃及，埃及人的呼声还是被窒息，这个国家就是各国中最悲惨的。他们民国重要的并不是门户开放政策，而是应该使列强实行让中国人自己当家做主的政策。你们要知道，中国的烧炭人在自己的陋屋里也是主人。

这位参赞本是慕名前来敬酒，不意辜鸿铭一扯就扯到了政治头上，一时不知如何回答。

辜鸿铭继续注目这位参赞，说：如果说老实，我看天下唯中国的百姓最老实，他们最怕官，因此也最容易治。当权的若不能治中国，天下再没有好治的国家了。

辜鸿铭说话的声音很大，吸引了爱米、弗兰西斯等人赞赏的眼光。

爱米忍不住问：既然有这么好的百姓，可中国的政局为什么如此纷乱，有什么法子可以补救呢？

辜鸿铭目光威慑地环顾了四周人众，声若洪钟地回答：有，法子很简单，把眼前在座的这些政客和官僚拉出去枪决掉，中国政局就会安定些。中国的要人中，有许多是可要可不要的，有许多是要不得的，更有许多是万不可要的。

辜鸿铭说得胆大妄为，一时牵引过来那些各色人等的目光。迎着睽睽众目，辜鸿铭毫不顾忌地说下去：世界上只有小贼才是贼。至于大盗，偷名、偷利，甚至于把国家偷卖了，而且还是人们所崇拜的大人物呢！

与会的洋人多半是中国通，哪个没听懂辜鸿铭的弦外之音，不少人觉得辜鸿铭所言不仅有理，而且还不畏强权，纷纷向他投去佩服的眼光。爱米离席，上前给辜鸿铭脸上一个吻：我看，希腊格言"狂人常吐实言"始终适用于辜先生。辜先生，我尊敬你这样的中国狂人！

"且慢！"辜鸿铭那干瘦的手往下一按，说：值得注意的是，今天世界的真正动乱不在中国——虽然中国受它的影响，而是在欧洲及美洲。他眼光从洋人脸上一一掠过，大喊道：注意，欧洲人！照顾你们神圣的文化珍宝吧！

这场名流宴会，大半时间都被辜鸿铭给"包干"了。出尽风头的他还意想不到地得了个议员的赏赐。

宴会后，熊希龄把名流内阁的人选送到了袁世凯那里，袁世凯却给他泼了冷水，说：梁启超不合适做财长，只能任司法总长；这交通总长一职嘛，也有人支撑了，皙子就改任教育总长吧。

熊希龄哪敢违抗，只好照着袁世凯的意思办理。杨度气恼有加，哪愿屈就冷官闲曹，遂以"帮忙不帮闲"为由拒绝入阁。袁世凯见杨度不愿入阁，便特任他为政治会议议员加以安慰。

得知此情，辜鸿铭冷笑了好几声。

第十七章

民国新闻人物

一、冷眼看袁世凯"演戏"

进入一个新时代，总得要在外表上有所表示，"咔嚓"一剪子下去，清王朝断了根。剪辫，算是给民国的洗礼。可中国头上这盘缠，何曾买过多少新路？不独那些依依不舍的遗老遗少们，发誓要以承受不了脑袋之轻的生命来坚守阵地，就连那些已剪了辫子的，并不习惯脑袋上一点装饰物都没有，于是人们不约而同地喜欢起各式各样的帽子来，喜煞了帽子店的大小老板。

对这些剪辫戴帽者，辜鸿铭总爱骂上一句"沐猴而冠"。可以享受他这一骂名的国会议员，一抓一箩筐，幕僚袁和幕僚方就名列其中。这两位劣幕自于广州被张之洞驱逐后，为了钱财，分分合合，合合分分，任凭城头变幻大王旗，一对狐朋狗友硬是散不去，还以议员身份联袂到了京城。这天，他们领了政府的津贴，就来逛京城赫赫有名的东安市场，看有什么宝贝值得他们消费，然后又相偕去八大胡同吃了回花酒。

两天后，国会投票选举中华民国正式大总统。袁世凯的临时总统已做了一年多，他对"临时"二字颇不满意，但代替宪法的《临时约法》只能产生临时总统，要变临时为正式，则必须先由国会制定宪法，再依宪法选举总统。宪法的制定非一朝一夕，于是梁士诒、杨度等建议先制定《大总统选举法》，选出正式总统后，再制定宪法。这个建议甚合老袁心意，于是，《大总统选举法》很快就制定出来了，接着便是正式总统选举。

正如辜鸿铭所希望的那样，不少议员虽拿了袁记政府的津贴，却不甘心变成袁世凯的橡皮图章。上午第一次唱票，袁世凯得票率没有达到四分之三的规定。

第一轮选举后，梁士诒又带着几大皮箱的银圆，来给议员们发放出席费，还置办了丰盛的午宴。梁士诒亲自出面，向议员们敬酒，殷勤而谦恭。

与辜鸿铭同桌的一位胖议员道：今日"选举"者如此借助于金钱与酒食，我看这绝不是有道之象。

辜鸿铭立时就使起了抬杠的本领，说：老兄真是不爱读书，要知道"选""举"的本义就是金钱与酒食。

胖议员白了辜鸿铭一眼，争辩说：好好的选举，怎会与金钱、酒食相关呢？

辜鸿铭见他不信，便引书为证，说："选"与'镁'通，货币名也，古时所谓金钱万选者是；"举"盛宴也，《周礼》"三月一举"即指杀牲作馔。"选举"两字的"娘家"就是金钱与酒食。

胖议员道：照先生这么说，如此候选人整日以金钱、酒食忙于选举，真可谓善读古人书了。

宴会行将结束时，一持枪军人突然拍案而起，声音如虎吼一般：下午要是再不通过正式大总统，就立刻宣布议员死刑，丑话讲在前头。

议员们议论纷起。高海山面有骇色，辜鸿铭捏了他的手，说：你怎么连骨头都发抖呀？接着纵声一笑，道：就你这骨头，谁也不会奢望你为国家牺牲性命，但起码你得做到不要趋炎附势、甘做走狗！

第二轮选举，袁世凯还是没有得到规定的票数。

"中国既然要改变政治体制，采用某些西方国家所盛行的国民代表制，就得记住这一传统：只能把选举权和被选举权给予那些德才兼备的出类拔萃者。"

走出会场，辜鸿铭正满心欢喜地向议员们鼓吹，忽地，门口响起嘈杂的脚步声。

三四千身着长衫的市民组成了所谓"公民团"，如潮水般涌来，一会儿便把选举会场里三层外三层包围得水泄不通。"公民团"驱赶着议员们返身回去，扯开嗓子吼叫着让选出他们中意的总统。

议员们被迫重新回到会场后，公民团还在歇斯底里地不停鼓噪：今天要是不选出我们满意的总统，谁也甭想出会场半步，更甭想回家！

就在众议员们骂骂咧咧之际，幕僚袁等人分别跳上桌子，大声道：大家就选了袁总统吧，省得让我们跟着受苦。

"呸，你们给我住嘴！"会场中爆出一声雷霆般的怒吼。

不独幕僚袁,全场都被这雷霆般的吼声给镇住了,眼光齐刷刷地投向那个摇曳着长辫的老先生。

自从在国会里遇见了幕僚袁,辜鸿铭就像箭猪碰见了仇敌,总想着狠狠刺他一把。如今见他如此嚣张地公然为袁世凯拉票,只觉热血上涌、毛发根根竖直,一步步逼近幕僚袁,厉声训斥道:你如此辛苦,真是个典型的吃烧红薯之流。

"吃烧红薯?"大家闻所未闻这样的比喻,纷纷交头接耳、窃窃私语。

辜鸿铭环顾众人一眼,朗声道:诸位当知烧熟的红薯何以食之。首先是捧在手里,然后用手拍打,扒开后就一个劲地吹,最后吃完了,还用舌头舔红薯皮,此所谓捧、拍、吹、舔也!

众人忍俊不禁,拍手称妙。但也有人在台下叫嚷:我们这位袁兄,举贤不避亲,正直得很呢!

辜鸿铭冷笑道:你说他正直,我也认了,我想把他比作竹子。

台下那人道:竹子高雅,这种比拟最为精确。

幕僚袁明知不可能从辜鸿铭嘴中得到什么好的评价,但还是拿眼角的余光热烈地期盼着意外。

辜鸿铭嘴上毫不留情:竹子柔顺,腹中空空,东风吹来,朝西弯,西风吹来,朝东弯,没风的时候,一点也不弯,真个好用!

幕僚袁那张脸涨红得像猴屁股,赶紧灰溜溜地跳下了桌子。

在激烈的争辩中,夜幕降临,大家直感到肚子咕咕叫。几位议员想出去呼吸一下新鲜空气,刚走出门槛,便为公民团所阻。

胖议员道:我要去方便一下。

公民团却还是不放他去,蛮横地说:不行!

胖议员恼火地说:活人还真要让尿憋死!边说边扒开围拢他的人群,欲强行出去。没想就此招致了一顿拳打脚踢。公民团边打边骂:饿死、憋死拉倒。三天选不出袁大总统,就饿你们三天!

辜鸿铭看着会场外发生的事,用英语骂了一句:没有辫子的畜生,野兽!

胖议员和公民团员撕打间,突然扯裂了一人的长衫,赫然露出军服,立时有人高喊:看哪,他们哪里是市民,完全是兵痞子扮的!

这些所谓的公民团,确实都是袁世凯总统府的拱卫军套上长衫伪装而成。

辜鸿铭望着闹哄哄的会场内外,当众大发议论:各国的军人是用来保卫国家的,我国的军人却别有妙用。政界要人可以用来迎亲，也可以用来送殡，选举时又用来围困议院、威逼议员、强奸民意！

掌灯了，七点了，八点了，议员们非但水米未进，还不许出外，连小解都受到限制。经过第三轮投票，袁世凯才在晚上十点勉强以微弱的超规定票数正式当选中华民国第一任正式大总统。他把这场艰难的选举归咎于国民党，借国民党几个月前组织讨袁军与他对抗之事，明文下令取缔国民党。国民党一解散，国民党籍的议员则不合法。袁世凯因此下令追缴所有国民党籍议员的证书、徽章，限期令他们离开北京。没有了国民党籍的议员，国会便也名存实亡了。虽然袁世凯另组了行政会议（旋改名为政治会议），以之行使国会职权，可他仍没放过这空头摆设，想着自己利用国会登上正式大总统的宝座已然实现，今后何需这个碍眼的东西，于是便正式下令停止两院现有议员职务，为国会送了终。

自1912年3月到1914年2月，从唐绍仪、陆征祥、赵秉钧、熊希龄到孙宝琦，新民国走马灯似的换了五任内阁。国人在眼花缭乱之际，最终如同醍醐灌顶般明白所谓民主其实是假的，左右中国政坛的真正力量是枪杆子。一些自诩有见识的人放出风来，说中国的国民无论是百姓还是官员，都缺乏民主共和的素养，这样的国情大概不适宜民主，还是专制合适些。那些遗老遗少一提起民主共和，更是摇头叹息，不知不觉地怀念起前清王朝来。

自失去议员资格以来，辜鸿铭逢人就骂袁世凯，有时家中没有客人，他便杀出家门，找外人骂去。这天，他坐着刘二的黄包车又外出了。车子横穿一条街道时，险与一辆小车相撞。小车司机探出头来，朝刘二骂道：找死呀？

刘二仰着头，粗着脖子，一副不甘示弱状：恶人先骂，道理就在你这了？！

双方的主子都抬起头来，目光交接，各自吃了一惊，原来小车上坐的却是熊希龄。

熊希龄迟疑片刻，主动下了车，招呼道：老先生哪里去？

辜鸿铭也下了车，走近熊希龄，作揖道：哈，熊总理，我现在已不是议员了，当然不是参加你们的国会，可我却是世袭的孔子信徒，赶去参加你们民国大总统的祭孔大典呢！哈，孔夫子的头衔已经一长串了，你们民国那个总统却还要给他加官晋爵，好笑好笑。看着熊希龄，辜鸿铭的语气里分不出是戏弄还是关切：听说你辞去总理职务了？为何呀？才当不过半年嘛！

熊希龄脸就红起来，半晌，才以那复杂的目光看着辜鸿铭，说：老先生，不管怎么说，对你，我还是十二分敬佩的，今后多保重！

目送熊希龄坐车而去，辜鸿铭又哼起了小曲来：世人只道官儿好，哪知官场多纷扰，官至总理又何如，一脚被人踢掉了，官儿好呀官儿好……贱种乎？贵种乎？

辜鸿铭来到孔庙门前时，这里已是人山人海。一大群达官贵人、各界名流和新闻记者早已在恭候袁世凯的到来了。

自称不需学问便能办事的一介武夫袁世凯，却在1913年做出了恢复学院祀孔的决定，这还不够，又要在第二年举行祭孔大典，并确立衍圣公孔子后代的世袭地位。他玩弄的花样总是叫人瞠目结舌。总统府豢养的那批文士还专门炮制了一篇《大总统祭圣告令》。

一个毁坏了儒家纲常的盗贼，竟奢谈尊孔，这在辜鸿铭看来既滑稽又可笑。他正来来回回地看着装扮一新的孔庙，身后响起一个熟悉的声音：辜先生也来参加大典呀？

辜鸿铭见是爱米，温和地打过招呼后，说：既有祭孔大典，我这孔子最忠实的信徒能不来吗？

爱米笑了，说：辜先生不仅是孔子最忠实的信徒，依我看，还是孔子学说的权威，我倒想请教，孔子的伟大至圣从何处体现呢？

"孔子的伟大之处就在于——他认为国家在建立秩序时，精神的价值是首要的，国家是为了民众的利益而存在，采纳或是忽视这一原则决定着当权者的兴衰……"

正说着，周围人头攒动，军乐嘹亮，掌声如雷，不言而喻——袁世凯来了！

在礼炮声中，袁世凯由司仪前导行礼，俎豆馨香，向孔子硕大的塑像三跪九叩。

袁世凯言过其实、文过饰非的冗长祭文如何能吸引辜鸿铭？要不是身旁有个愿意听他吹嘘并向其殷勤请教的爱米，他也许早就拍拍屁股溜之大吉了。辜鸿铭的话在爱米看来，当然要比袁世凯的祭文更值一听，于是她的问题接二连三：辜先生，你对大总统祭祀孔子有何感想？

"我感到他们民国的上流社会和大众阶层各自有不同的哲学和宗教。平日没见谁到这里参拜过孔子，他们好像对关公、对观音菩萨更为崇敬呢！"

辜鸿铭语带不恭的滔滔论说颇让周围一帮丢白眼，但他是辜鸿铭呀，和他说话的是女洋人呀。他们如何敢表示不满？

辜鸿铭又答了一个问题，忽然反问起爱米来，语气不无揶揄：女士今天前来，是为袁世凯鼓吹捧场呢，还是因为你本身热爱中国传统文化？

"鼓吹捧场，用得着我吗？"

爱米正说着，忽见人潮涌动、鼓乐齐鸣，抬头望去，只见袁世凯在持枪卫队的前呼后拥下，起驾回府，频频和中外人士招手告别，诸色人等趋之若鹜，涌上前向袁世凯挥手。

辜鸿铭习惯性地朝地下啐了啐口水，说：今天的祭孔真是玷污了孔子，应该由我祭才对呀！

爱米哈哈笑将起来。忽然，躁动的人群挤进一个满脸胡子的黑衣人来，一把拉着她的手，用德语急促地说：我真的和中国女人分手了。难道你还不能原谅我？！

爱米冷冷地喊道：维特，你放手！

维特还是不放手，并以哀求的口气道：我就要离开这个可恶的国家，回柏林去了，你和我一起回去吧！

"你放手啊！"爱米边说边暴躁地一撒手，目光如剑般盯了维特好一会儿，突然发一声吼：你休想再纠缠我，你这个贱种！说罢，扭头就走。

"宝石，宝石，宝石还没还给我呢！"维特一边嚷着，一边撒腿急急追赶过去。

辜鸿铭看着这出闹剧，大摇其头。刚好弗兰西斯找上他来，便对其道：真有她的，竟骂前夫是贱种。难道你们西方的人种有贵种和贱种之分？

弗兰西斯点点头，道：凡是到中国来的西方人虽然住了很久，但质体没有什么变化，形体和外貌依然和以前一样，这样的人是"贵种"；如果来华没住多久，形体就膨胀开来，大腹便便，肥头大耳，这种人即为"贱种"。

辜鸿铭听得有趣，问：为什么会这样呢？

"中国的物价比西方低得多，西方那些'贱种'之人看到你们的食品那么便宜，便放开大肚猛吃，直吃得大肚如坟堆，再也恢复不了从前的体形。"

听弗兰西斯这般说罢，辜鸿铭嘻嘻一笑，想了想，道：我国的袁世凯、袁大头，在甲午以前，本是乡里的一个穷无赖，不久成了暴发户，又因结党钻营，也做上了官，官越做越高，各种欲望越发无度，肚子也越发膨胀，他与你们所说的西方"贱种"比，有什么不同呢？庄子云"其嗜欲深者，其天机必浅"，孟子亦说"养其大体为大夫，养其小体为小人"。别人说袁世凯是豪杰，我看他是贱种一个，一个追求物欲享受的贱种。

辜鸿铭唾沫横飞好一通，见弗兰西斯并无热烈反应且瞻前顾后，唯恐别人听了去，不觉寞然，便欲辞别。却被弗兰西斯拉住了，说：先生不是答应引荐几位中国学者吗，可有人选？

辜鸿铭沉吟片刻，道：倒有一位，很值得先生结交，而且，他还是中国时下为数不多的"贵种"。

弗兰西斯大喜，便要拉辜鸿铭去见面。辜鸿铭却说：不急不急，过几天就是中国传统的清明节了，还是节日这天去好，不过路远着呢，你得弄部车子来……

清明节这天，天刚破晓，一辆小汽车穿行在浓雾中。冷风吹进窗口，辜鸿铭的咳嗽声连连遗落在悠长的道路上。

也不知奔驰了多久，车子才"呼哧、呼哧"地在一座巨大的陵墓前停下。一看车子，那些守陵的兵士便打开了大门，一股萧森冷气扑面而来。

陵殿的石径曲折不平，长着青苔。因为阒无人至，陵园显得沉寂冷漠，像深藏在凄风云烟中。弗兰西斯没想到辜鸿铭会带他来这个地方，甚觉迷惑。见辜鸿铭脸色肃然、眉含哀愁，也不好说话，只是默默地随他而来，并缓缓走上陵殿。陵殿前的燎池许久没人来烧纸钱了，上面铺了一层浅浅的冷灰。辜鸿铭顾不得撩起长衫的前襟，在墀下猛地跪下，含着泪水，含着虔诚。直教弗兰西斯看得目瞪口呆。

起身后，辜鸿铭语含悲愤地开口了：这埋在地下的就是我国已故光绪皇帝，他是被袁世凯这个贼子谋杀的。

弗兰西斯这才知道这壮观的陵园竟是皇陵，一时蒙了，好半晌才接着辜鸿铭的话说：不是有人说光绪皇帝是被慈禧太后毒死的吗？

辜鸿铭断然道：荒谬可笑！以前，不是也有人说太后毒死了儿子同治皇帝吗？不足为信！太后已死，为什么还有那么多的人不让她安心九泉呢？！

果然是慈禧太后的"辩护律师"。听着辜鸿铭充满深情的叙说，弗兰西斯心想，慈禧在世时似乎并不曾注意到他，给他个像样的官职，而他却还能这样忠君，确实是异数。如果慈禧地下有知，想必要为这么个聪明、赤胆忠心的遗臣而感莫大欣慰了。相形之下，那些曾备受她宠信、身居高位的大臣们就太令她失望了。

这么想着，万道霞光被一个突然出现的影子给遮了一大半，定睛相看，却是位拖着青布长衫、一身白束的老者。弗兰西斯指着这长长的身影，惊吓道：啊，上帝啊，你们中国鬼来了！

辜鸿铭起身，说：这就是我今天要介绍给你的誉满天下的大学者梁鼎芬先生。适才在车上，弗兰西斯已然听了介绍，对梁鼎芬的学问人品自是敬重，不意他竟是比辜鸿铭更为尽忠的遗老，不觉就有点匪夷所思了。

弗兰西斯没有深究梁鼎芬的怪诞，他所想的是，皇帝的陵宫还需要民间捐资修建，也算大千世界的一则趣闻了。但从某种意义上说，又何尝不是中国某些进步的象征——民众再不须为一个专制君主的臭皮囊而苦役其身，乃至抛尸荒野了！就让死去的皇帝永远"可怜"去吧，这正是活着的百姓的万幸！当然，他是不能把这想法形之于口的，他可不想惹这两个"活宝"。

到得秋树庐，但见里面简陋无比，主人手书"斯是陋室，惟吾德馨"悬于客厅，更凸现了主人好名而不嗜利的名士之风。弗兰西斯微露惊讶之色：这就是久居官场的皇室忠臣的居所吗？与总统府的下人都是天壤之别呀！辜鸿铭瞅着弗兰西斯的表情变化，趁梁鼎芬沏茶之际，把他为官如何清廉的芝麻往事又是狠吹了一通。

作为汉学家，又居华多时，弗兰西斯如何不了解中国"学而优则仕"的含义，如何不知"一官二吏三僧四道五医六工七猎八民九儒十丐"的分工排序，这些，都反映出了官在中国的尊贵地位。古老的中国，确实无愧于"官国"之称，官国者，官本位之国也，谚云"升官发财""若要富，走官路"，还真道出了官与财的关系，官做得越大，财自然就越多，难怪中国人的官瘾深不可测。可辜鸿铭也好，这个梁鼎芬也好，似乎远离了"升官发财"的怪圈。弗兰西斯在莫名中，又想起了"异数"这个词儿，和他们在一起，他总要情不自禁地想到这个词儿。

满室茶香四溢。梁鼎芬沏好茶就座后，弗兰西斯就端出了自己心中的疑惑：梁先生，中国有句古话叫"官久自富"，先生何故贫寒至此，给人感觉像是没做过官似的。

梁鼎芬听出了弗兰西斯的弦外之音：是啊，中国自古就有"官久自富"的说法，这是对官场实况的最真实描摹，这并非说官的俸禄数量多，积之可以成富，而是说官有"外财"，可以靠"外财"致富。但这岂是自己的人生主旨。他看着弗兰西斯，淡淡道：做官致富的奥秘是不言自明的，但如此致富，绝非善富，如此做官，必非清官。

如此浩然之气，直让弗兰西斯心生敬意——辜鸿铭许以"贵种"的知友，不仅体态上不见肥胖，而且落拓有名士风，非今之政客所能及也。

听说弗兰西斯是袁世凯总统府的贵客，梁鼎芬不禁多望了几眼，沉吟道：我对袁项城是有看法的,不知洋先生是否介意?

弗兰西斯道:不妨、不妨,但说无妨。

"辛亥年南方闹革命时,我就看出袁项城并不忠于朝廷。他家世受国恩,不便直接从清室取政权,便利用同盟会和革命军的力量来推翻朝廷,而后又排斥革命党独霸天下。这二三年来种种光怪陆离的事,于我,并不出乎意料。"

辜鸿铭接应道:袁世凯现在真不得了,权势熏天,他们民国都被他玩弄于手掌中,以他的性格,今后弄不好就要当皇帝了。接着又是轻蔑一笑,说:表现在袁世凯身上的,与其说是权力,不如叫"气焰"。

"气焰?"弗兰西斯对这个词有些不解。

"对,袁世凯浑身上下都熊熊燃烧着官火,炙手可热得很。"梁鼎芬说着,白了弗兰西斯一眼,话中有话道:不过,他遇到你们洋人,天大的气焰也会立时降温。

弗兰西斯感觉到了这话的讽刺意味,可还没发话,辜鸿铭旋又接过了话,愤愤地说:把袁世凯这些玩弄特权的现代官僚们称为"公仆",简直是对民主的莫大污辱,我看他才是民主的最大天敌。

真不愧一对知友"活宝",抨击起袁世凯来就像关不住的水闸,弗兰西斯想。他不得不接过这个话题,说:特权是官吏所特有的,它成了平等权力的对立面,在这个意义上说,官员们正是民主的天敌,可惜你们中国人不是想方设法来局限或者消灭这种邪恶,而是挖空心思期待分得一点特权的余荫,最好是能做官吏的守门人。

梁鼎芬健谈而无城府,他抚摸着微白的丰髯,纵声一笑:我们要是想去投靠袁世凯,何至于当一个守门人?

辜鸿铭亦道:节庵先生当年就弹劾过袁世凯,我老辜也是骂袁的!

"你们能以一己之力弹劾特权要人。可你们敢像我们欧美人那样,把他们的房子付之一炬吗?"

面对弗兰西斯的咄咄逼问,这对"活宝"一时默然。

弗兰西斯继续道:我是佩服孔子的,也倾心中国文化,但我认为,用孔子的方式建立起来的政府,是世界上最容易滋生腐败的政府之一。

"此话怎么说?"辜鸿铭大眼一瞪,仿佛弗兰西斯侵犯了他的神圣领地。

"一个简单而无情的事实是,你们中国人向来希望官员们都是正人君子,并且平日里也多把他们当作了正人君子,结果如何?只有十分之一甚至百分之一的官员成为真正的君子，而其他人虽然也奢谈什么仁义道德，实则上已堕落成了不折不扣的小人。如果你们一开始就把他们当作无赖、骗子或窃贼，用监狱、用刑罚相威胁，正如我们西方所做的那样，也许只有不到十分之一的人会变为这样的小人，而多数人会成为正人君子。这样，虽然还不能保证其如何为民，但至少得到了一个表面上廉洁的政府。不是有句中国话吗——武将不惜死，文官不爱钱，则天下太平矣！"

弗兰西斯讲得入情入理，这确实也是中国政治的弊端，直听得梁鼎芬颔首称许，半晌才说：自宋朝以来，那些理学家们把孔教弄窄了，使其变得狭隘和僵化，孔教精神、中国文明的精神也因此被庸俗化了⋯⋯

梁鼎芬的学问不可谓不深矣，但烙刻上了满脑子的忠君思想，不时也透出些迂腐气息。这份感觉，在回家的路上听了辜鸿铭的一则故事后，更使弗兰西斯加深了一层。

辜鸿铭所言乃光绪驾崩后的事。当时梁鼎芬刚被庆亲王奕劻罢官回籍，听到讣告后星夜北上，一路望国门而哭。奕劻听说他要来凭吊，命卫兵阻止其进皇帝灵柩停放之地。不能像别的大臣那样跪祭先皇了，梁鼎芬便披麻戴孝，以地为席，以砖为枕，躺于路边，每天都要伏地而哭，按哭天子之礼哭了整整九天九夜。

这九天九夜的数字，真让弗兰西斯大吃了一惊，联想到辜鸿铭此番于清明时来祭拜皇陵，便问：皇帝已死多年，先生何以要这么远地来祭拜？

辜鸿铭没有直接回答这个提问，而是说起孔子的一则故事：孔子在野外遇见一妇人，她因丢失一根用蓍草做的簪子而痛哭。孔子问何须为区区一枚草簪而哭？妇人说她并非为草簪本身哭，而是那根簪子她戴了多年，不忍割舍啊。这件极小的事能感动孔圣人，并载入书籍流传后世，全是因为那妇人不忘故。

既"抛砖"完这个故事，辜鸿铭就开始"引玉"了，说：一个人对一件事能不忘故，也就是俗话说的念旧，这是敦厚的美德，是真正的中国人的一种天性。

这两位深受孔子之教、痴心于清室并言忠于中国文明的中国人，难道真是真正意义上的"贵种"，弗兰西斯迷惘了。

二、什么是污辱上帝？——就是污辱在华的英国人

"民主共和？啧啧，你们中华民国能有民主共和？那是袁世凯做给世人看的！

这贱种解散国会、废除内阁，怕是还要当皇帝呢！"

不独在梁敦彦面前，面对形形色色的人，辜鸿铭都敢于抛出这句话来。

袁世凯张狂的言行举止，不经意地暴露了想当皇帝的隐情。他的性格和野心，其实早就被莫理循所掌握。武昌起义不久，莫理循就以《泰晤士报》驻华记者的身份向中外亮出了袁世凯或许"僭越称帝"的论点。袁世凯组成责任内阁的第二天，莫理循在一封私人书信中再次谈到了对袁世凯的看法：只要他活着就想当独裁者，不论政府是君主立宪制还是共和制的。

莫理循在1885年偶然来了趟中国，一种难以言说的情绪使他产生了改变这老大帝国的想法。他凭着自己的才干攀上了袁世凯这棵大树，并为之不遗余力地献计献策，由此获得显赫地位，并戴上了"中国救星"等桂冠。这位议论界最活跃的人物就任总统顾问后，对利用新职位改变中国充满了信心，决心以最大的努力来帮助袁世凯达到自己的目的，并使中国政治上西化、经济上加强同英国的贸易关系。

那天，就在中华民国正式总统袁世凯解散国会之后，莫理循和总统府的另一名洋顾问、美国政治学院前代院长古德诺博士秘密觐见袁世凯。莫理循说道：近来得出一个研究结论，中国人向来就没有研究政治的能力，因此，在中国实行君主制比共和制更适宜。古德诺接口道：德国皇帝最近在一次谈话中也认为共和制不符合中国国情。这次秘密"觐见"后，莫理循更是深得袁世凯的信任。这个英国佬倒也卖力，为了实现自己改变中国的愿望，主动请缨返伦敦执行一项特殊"使命"——为袁世凯打通与大英当局的良好关系。

总统顾问返英前夕，特地在六国饭店接受记者的采访。记者中除辛博森、濮兰德外，还有美联社记者摩尔、《芝加哥每日新闻》记者威廉·翟理斯等人，就连李提摩太也来了。看着十数名在华名记者围着自己，争先恐后要从自己嘴里得到有关中国政局的最新动向，莫理循飘飘然间就有了一种自命不凡的得意之感。他希望通过这些记者向读者担保"新中国"的稳定性，于是口无遮拦地说：在我将要离开北京时，中国局势看起来比我所经历的任何时候都要好；革命党人由于缺钱，减少了活动；袁总统已经把局势牢牢地控制在手中……

莫理循话未说完，门外传来一个洪亮的声音：袁世凯不是独夫专制又是什么呢？！

大家回头相看，却是位留着发辫、眼睛水汪汪地亮着、手持香烟的老头儿，头上那根晃荡着的辫子向人标示他就是辜鸿铭。有谁相信，在欧洲文化界乃至整个西方社会里，这位貌不惊人的中国人却是个十分惹眼的了不起的人物。他的确是闻名遐迩和大名鼎鼎的，以致一提起 Kaw Hong Beng、Amoy ku 或他自署的那个"一个穿长袍的中国人"，很多人都不免肃然起敬。

"辜鸿铭怎地来了，我可没有邀请他？"莫理循心里暗暗叫苦。哪知这是辛博森的诡计——他秘请辜鸿铭前来，是为了治治莫理循，出出其丑。自辞去海关之职并被英国《每日电讯报》正式任命为驻京记者后，辛博森成为在中国政治舞台上翻云覆雨的一名重要角色。他最忌恨的便是莫理循在华影响远甚于他，于是两相抵牾。在莫理循被袁世凯任命为总统顾问时，他更多地出于个人目的，向《每日电讯报》发出了一则题为《中国的未来，莫理循博士的任命》的电文："总统秘书厅的中国顾问和领导人集体谒见总统并正式抗议任用莫理循博士为政府的政治顾问。他们坚持认为政府各部虽然自己可用专家，但国家是不容许任何外国人掌握有关国家大政的一切知识的。"这是辛博森参与京城政治斗争的开始，这则电讯引起了莫理循的憎恨，称之为"一项蓄意制造的谎言"。辛博森著述甚丰，十分刻苦，令同时在华的许多西方记者难以望其项背。

正如辛博森所预料的那样，辜鸿铭到来后，莫理循立时就不敢胡吹了，生怕冲撞了这位老怪杰，倒让自己在大庭广众前下不了台。

莫理循言行谨慎了，可辜鸿铭却是出言不逊，开口就说：博士顾问，你不再为袁世凯鼓吹了？

这可是个刁钻的问题。说是吧，那岂不承认自己的确在为袁世凯鼓吹；说不吧，凭着老辜的性格，少不了要和自己争辩一番，被他咬住可不好办。莫理循一时不知如何回答，只是讷讷道：辜先生真会说笑话。

辜鸿铭冲莫理循纵声一笑，道：笑话，是吗？真是笑话！我向来厌恶有的中国人甘做洋人走狗，没想到也有洋人甘做中国人走狗的，哈哈，这样说来，真是笑话！

莫理循脸上青一阵红一阵。以前没做总统顾问时，他可以在很多问题上与辜鸿铭论个高低。自做顾问后，因顾忌而生出种种心虚，对辜鸿铭免不了退避三舍。此刻，他更无意与辜鸿铭当众交锋而受辱，于是找个托词说：辜先生只是无原则地谩骂，而我对辜先生却是友好的，礼让为好。说罢，径自匆匆结束了采访。

辛博森像是获取了胜利一般，嚷着要请辜鸿铭吃饭，并力挽在场的记者作陪，就连欲行告退的濮兰德也被他强拉住了。

对生于爱尔兰、集政客和新闻记者于一身的濮兰德，辜鸿铭憎恶已久。大家就桌后，辜鸿铭眼光游离地看着众人，最后落在了濮兰德身上，道：我是瘟疫吗，濮兰德先生？

濮兰德不意辜鸿铭一下就咬住了自己，更不知此话何意，莫名地摇了摇头。

"既不是瘟疫，有什么好怕的？！"

"辜先生太会骂人了。"濮兰德道，他对上次相见时辜鸿铭极力嘲讽其所著《慈禧外纪》一书之事记忆犹新。

"骂人，我是那么不讲理的人吗？如果你对中国友好，我作为真正的中国人，感谢你还来不及呢！但是你却偏离了良心和道德，不仅肆意诬蔑中国人，还时时处处打着铁算盘来维护英国利益，还要强求中国全盘接受已然堕落的西方文明。"辜鸿铭说罢，用力"呸"了一声，而后眼光瞥开濮兰德，看着众人，以一种蛊惑性的口吻道：在座诸位，以前肯定认为濮兰德先生和白克好司先生合作的那部书，提供了有关大清宫庭的第一手资料，是划时代的力作，孰不知它是一堆狗屎不如的假东西。两年前，德龄郡主出版的《清宫二年记》，给了濮兰德先生一记耳光。

辜鸿铭当着那么多人面前这么嚷道。濮兰德一时脸就红了，好像给他耳光的并非德龄郡主，而恰是眼前这位"中国疯子"，他讷讷着不知如何回应。辛博森忙上前解围，说：这么一本书，难道就全无可取之处？

"不错，在濮兰德和白克好司两先生的书中，确实存在一些有价值的材料——它向我们显示出对历史的歪曲竟可以达到何种的地步！"

"正如辜先生所说，濮兰德先生不可谓不是位聪明人，不说别的，单说传播中国文化，难道就没贡献？"李提摩太一旁道。

辜鸿铭看着李提摩太，颇有意蕴地说：你们这些到中国的英国人或欧洲人，为什么不满足已有的经济贸易，还要使中国全盘西化，照莫理循博士的话来说，就是要传播盎格鲁·撒克逊的理想？咳，怀着这种目标和远见，以及带着从书本上看来的关于中国人、中国文化的种种胡言乱语，对中国的种种歪曲误解能不比比皆是？

辛博森张口欲言，却被辜鸿铭打断了：像莫理循博士一样，你也是中国伟大的盎格鲁－撒克逊观念的传布者。你新近出版的那本《远东的新调整》是什么货色的书，你们倒启发我为中国学生编一本盎格鲁－撒克逊观念的手册。说毕，冲着辛博森放声大笑，笑得全身发颤，脑后那条灰色的小辫子时时晃动，那对亮而大的眼睛，因为这笑，而显得更为有神、更为辛辣。

辜鸿铭张嘴大笑。人们可以清楚地看到他的牙齿有所折断，还有的稍有变色，这也许是吸食香烟的后果，而那细而小的手分明已经枯萎，快像动物的爪子了，却还抓着一根香烟。辛博森费尽心机请来辜鸿铭，并破费做东，不意其不识好歹，竟把矛头对准了自己。在辜鸿铭刺人耳膜的笑声中，辛博森神情尴尬，濮兰德等人也不知所措，面面相觑。

李提摩太可真火了，大声道：辜先生，我是不喜欢你的，要不是我要回国了，我才不会和你共餐！

辜鸿铭轻松一笑，说：在中国不是好好的嘛，你都待了二十多年了，如何想着回去？

这一说不打紧，李提摩太叹了口气：咳，梦里不知身是客……说话时，眸子里竟闪现出晶莹的泪花。

在华日久，李提摩太改变中国的理想不稍减。直到1907年，历经波折的他还利用庚子赔款筹办了中国最早的新式学校之一——山西大学堂，并亲任西斋监督，试图以此来实现他靠西学改造中国知识阶层的夙愿，然又经一番折磨，除了累垮身体外，他发现所做的努力几成泡影。说起来还真是羡慕莫理循，他怎么就能爬上总统顾问的宝座而名利双收？想当初，要不是慈禧太后发动政变，自己也就是皇帝的顾问了，这是多么遗憾又是多么痛惜的事实啊！中国的事情也真是难办，自己以前在《万国公报》上登载孙中山的《上李傅相书》，希望改良中国某些现状，但这个孙中山居然提倡并发动起了暴力革命，要以唤起中国人的民族觉醒运动为目标，这哪里可取呢，自己当然得反对，可这几年支持袁世凯又有什么成效呢？咳，如烟往事，往事如烟！李提摩太陡地生出一种"上当受骗"的心情，随着时光的推移而愈发凝重，最终促使他决心辞职回国。是中国利用了他，还是他利用了中国？到现在他也没弄清。

李提摩太在酸不溜丢地陈述自己对中国的失望之情时，辜鸿铭不知从哪儿拿来了纸笔，在上面写着些什么。李提摩太以为自己的说法触动了辜鸿铭，在一通长话完了后，问辜鸿铭都记了些什么。辜鸿铭笑说：我试着为中国学生编了些盎格鲁-撒克逊观念的语录。言罢，逐条念将起来：

1.——人最主要的目标是什么？

人最主要的目标是使大英帝国荣耀、为大英帝国增光。

2. 你信仰上帝吗？

是的，当我上教堂的时候。

3.——你不在教堂时，信仰什么？

我信仰利益——你给我什么报酬。

4.——何为极恶？

极恶是妨碍大英帝国的贸易。

5.——谁是傻瓜？

傻瓜是任何一个到了中国没有捞一把就回去的洋人！

6.——何为人之完美状态？

英国先生在中国工作。

7.——何为亵渎神灵？

亵渎神灵是称呼英国人是鸦片贩子、法国人是传教士……

令辜鸿铭至为反感的是英国人和西方人那种"盎格鲁-撒克逊观念传染病"。像莫理循、辛博森那样，傲慢自尊，放肆狂妄，带着满脑子连自己都不明白的 A+B=C 的东西来到中国，自觉比中国人优越，不再满足于贩卖曼彻斯特商品，还要以他们所谓的盎格鲁-撒克逊观念开化中国人。他们表现出了英国最糟糕、最令人讨厌的民族特性——那便是装模作样的虚伪恶习。

辜鸿铭不留情面地声讨，让李提摩太听得极为恼怒，心想，辜鸿铭不遗余力地鼓吹自己的同胞是世界上最有礼义的人民，所以是最文明的人民，但他本人的行为却常常体现不出这些令人钦佩的品质；他既高傲自大又粗鲁无礼，他极力赞美中国人的中庸之道，誉为人生准则，而自己的思维方式又是那样武断和偏颇；他声称汉语是世界上最优秀的语言，而他最擅长、用得最多的却是洋文。毫无疑问，是西方个性自由的观念导致了他我行我素的行为。他的思想也绝非纯然是中国的，而是种独特的中西合璧，可他却矢口否认，还一味地抨击培养过他的西方。讨厌的辜疯子！如此一肚子的不满，岂能不发泄出来！

"辜先生对外国人为什么不友好呢？……"

李提摩太这句话刚说出口，辜鸿铭就堵了过去：外国人对中国人友好了？不是用鸦片毁了中国人的健康、掏空了中国人的腰包，就是用宗教搅乱了中国人的思想，或是用枪炮毁了中国人的家园；你们西方文明的核心特点就是它的侵犯性，这一点不言自明。直到现在，你们一个著名的条约就可以把我们的港口变成国际化港口，进口的是什么东西呢？军火！我们希望和平的机器，可你们给我们带来的却是战争机器，没有心肝，没有灵魂，像飓风一样横冲直撞。这就是你们的友好吗？！亏你们还有脸来标榜人权？！

辜鸿铭越说越激动，越说越慷慨。想当年在西方，他饱受"人权"的神圣熏陶，回国的这几十年来，耳里听到的、眼里看到的却是西方列强弱肉强食、瓜分中国的狂潮，在这两种境遇对比的强烈刺激下，他作为一个有良知的中国人，能够对猛兽般的列强顶礼膜拜，像一般时髦人物那样去拼命追随西方文明吗？

"辜先生，你污辱了我们英国人。"

辜鸿铭哈哈一笑，说：这使我想着再编一则关于盎格鲁－撒克逊观念的句子——什么是污辱上帝？——污辱上帝就是污辱在华的英国人。

众洋人一时都默不作声，几位记者在本子上飞速地记录着，不知是留着今后声讨辜鸿铭之用，还是准备发表在明天的报纸上。

在李提摩太回国前，老熟人辜鸿铭别说挽留，就连一句友好的言辞都没有。顽固守旧、粗鲁无礼是辜鸿铭留给对方的最后印象。直到1919年李提摩太在英国去世，仍然耿耿不忘中国的"辜疯子"。

这天回到家里，已是掌灯时分，淑姑端上一盆热水，辜鸿铭一边泡脚一边想着白天的争论，那个阿瑟·史密斯在《中国人的特性》中究竟说了些什么？他草草地泡完脚，便到了书房，从尘封的书堆中寻到了这本书。

他的目光不惮其烦地在密密麻麻的英文单词里快速地穿行。"好面子、不精确、神经麻木、好吃懒做、撒谎成性、缺乏良知……"这一大串尖锐的评述不时使他紧皱眉头。这个美国传教士居然以一本挖苦中国人的书而成名，真是匪夷所思！这本被西方世界推为了解中国的必读书，就算对中国人某些特性和习惯方面的描写有独到之处，但它把中国人的某些不良的国民性都笼统地上升为一个民族的特性，不仅损害了中国人民的感情和民族自尊，同时也助长了各色洋人对华的歧视心理。这个阿瑟·史密斯算是什么货色的"中国问题权威专家"，还是那位有正义感的英国新闻记者斯特德说得好——有什么样的作家，就有什么样的读者。

这些来华洋人，上至使领官员，下至耶稣会士及一般商人，自以为比中国人优越，动辄以自己的是非好恶来评价中国的一切，如果不合他们的逻辑和习惯，便极尽诬蔑、歪曲、贬损之能事。相对于可恶的阿瑟·史密斯，这些时时想用盎格鲁－撒克逊观念来开化、教训中国人的洋人，可统称为"约翰·史密斯"，他们中这种普遍存在的文化心理上的殖民综合征，何其可恶！辜鸿铭撇下书，铺纸握笔，写下了《约翰·史密斯在中国》一文的题头，愤怒的声讨如泉涌出：

……在中国，那约翰·史密斯极想成为一种凌驾于中国人之上的优越者，而阿瑟·史密斯牧师则为此写了一本书，以最终证明他和约翰·史密斯确实比中国人优越得多。于是，阿瑟·史密斯牧师自然成了约翰·史密斯的非常亲爱之人，他那本《中国人的特性》一书，也就成了约翰·史密斯的一部圣经。

淑姑过来了，无声地给辜鸿铭沏着茶，尔后默无声息地坐在一旁，以备辜鸿铭索莲之需。

辜鸿铭吸了口烟，烟雾缭绕中，他有了个故事：一位独裁者把人的智能分成两种，一是算术型的，二是代数型的。这位独裁者进而观察指出，所有经济的和实用的智慧都是 2+2=4 这种算式的延伸或变化，而每个哲学命题则更多地具有 A+B=C 这种表达式的普遍特点。在这位独裁者眼中，前者 2+2=4 所包含的不过是一种普遍的简单公理，而后者所涵盖的则是一种相对复杂的逻辑，因为在这 A+B=C 之中，毕竟存在着许多未知的因素，因而就不应该轻易地做出判断。辜鸿铭咀嚼着这个故事，由此及彼，心想，在中西交往中，在中外民族、中西文化及东西文明的比较上，应该而且必须严格恪守 2+2=4 这种普遍公理，你阿瑟·史密斯也好，那些约翰·史密斯们也罢，充其量也仅有一种"算术型智能"，根本不配来讲诸如中国人的特性及民族性问题。因为这是一种极为高深复杂的"代数型"难题，岂是你们所能说清楚的？可这些人却偏要带着满脑子连自己也不懂的 A+B=C 的东西来开化中国人，真是有毛病、愚不可及！在西方、在来华的洋人中，有多少与约翰·史密斯患有同一种毛病的人啊！

辜鸿铭呷了口浓茶，故乡闽南的铁观音味道醇香，只不过他在这一刻忘了此为何味，一腔心思想的都是东西方之间事。东西方间当然有差别，这点我承认，那位得了诺贝尔文学奖的英国诗人吉卜林不是说 "东就是东，西就是西"嘛。拿东西方之间 A+B=C 这个方程来说，只要是真正有教养的人，如孔子、莎士比亚、歌德等，彼此的解答当不会有太大的出入，而只有在那些缺少教养的人，如康有为、端方、阿瑟·史密斯及约翰·史密斯，以及他们培养的中国人约翰者流看来，才会产生天壤之别。我所特别反对的就是阿瑟·史密斯之流故意夸大这种差别，甚

至借这种差别来诬蔑、贬损中国人和中华民族。辜鸿铭整理了一下心绪,写道:

在东西方之间,对 A+B=C 式方程的解答是非常复杂和困难的问题。不仅东方的孔子、康有为先生和端方总督之间有着不同的理解,而且在西方的莎士比亚和歌德之间也存在着差别。实际的情况是,当你专门解答 A+B=C 的方程时,你将会发现在东方的孔子和西方的莎士比亚之间,只存在着微乎其微的差别;而倒是在西方的理雅各博士和西方的阿瑟·史密斯之间,反而存在着大量的不同。

胸中自有雄兵百万——此是何等的气势,辜鸿铭对此景仰不已。如今他坐在书城,直感自己也像是摇羽毛扇的诸葛亮。是的,他是在同那些贼人海盗作战,以维护国家利益,而不是寻章摘句,做风花雪月的无聊文字游戏。那密密麻麻的词句便是他调遣的兵勇。他要通过它们来表达自己的呐喊,借以撕破这罩在中外人士头上的黑幕。

是的,黑幕!窗外夜色如漆,世界静谧得无声无息,窗内人更憔悴而孤独,可拼却这六旬之躯,也得战斗!他为自己的勇士风格而自豪、而热血沸腾。伏案数小时仍不觉劳顿,精神愈发振作,而淑姑已靠在椅上悄然睡去。他想到了白天所作的那些短小精悍的语录,它们对于揭露传教士阿瑟·史密斯以及完全受其影响的约翰·史密斯们的"盎格鲁-撒克逊观念",不可谓不是把利刃。得,正好将它们收入文中。

三、一桩最有价值的新闻

不止一次,王峰和高海山目睹、领教过辜鸿铭的名士习性和不平凡所在。这天,他们在辜鸿铭家中交谈正酣,门外忽然响起汽车喇叭声,接着便是嘈杂的脚步声,却是梁敦彦坐着他那漂亮的轿车来走动,同车走下的还有凌福彭、梁鼎芬等几位旧识。辜府真是往来无白丁、谈笑有鸿儒。

得知眼前两位是报纸主笔,梁敦彦笑道:老辜吹牛不上税,算不算一桩新闻?

王峰和高海山异口同声地问:辜先生如何吹牛?

"老辜说可以一字不漏地背诵英国诗人弥尔顿的《失乐园》。这六千多行的无韵长诗,想必弥尔顿本人也不能全背出来。"

听梁敦彦这般说罢,王峰和高海山两双眼睛便不约而同朝辜鸿铭这边望来。辜鸿铭吸着香烟,一副人淡如菊的神情,说:天下人爱吹牛,为何独不准我吹牛?

要知道，吹牛妙用大着呢。人这个东西，就是这么奇怪，无论什么事，你若丁是丁、卯是卯地实话实说，非但讨不得他人的共鸣，少不了还要冷笑你一番。

"听说洋人是不太爱吹牛的。"王峰抢口道。

辜鸿铭徐徐地吐出一口浓烟，冷笑一声，道：白痴才不吹牛呢，洋人多白痴。哪像我们中国人呀，做事专走捷径，走捷径的第一法门就是吹牛。

大家都听得有点目瞪口呆，不知辜鸿铭究竟想表达什么意思。

"我们中国人太过聪明了，据聪明人的见解，凡事都该坐享其成，饭来张口，衣来伸手。拿牛来说吧，辛辛苦苦地耕田种地，待禾苗庄稼长出之后，那马呀、羊呀、老鼠什么的便很悠闲地来吃，这么看来，牛有多傻，而马呀、羊呀、老鼠什么的是何等聪明。我们的国人压根儿不愿做卖力的傻牛。人家老外子而孙、孙而子地埋头于研究室，穷几代人精力发明了电灯，我们用它来打牌、照明、过生活，须臾不可离，却泼冷水说'这电灯也没啥了不起的，叫人花钱的东西，不算它剥削就不错了，还叫什么发明！要是我有这份闲心呀，做个高空吊钩，吊住太阳，不让它西坠，哪还需什么电灯劳什子'。你道我吹牛，瞧你这没长见识的，就没读过李太白的诗，他不也说过'恨不得挂长绳于青天，系此西飞之白日'嘛。我辛辛苦苦发明了吊钩，倒让人家来享乐，我岂非天大的傻瓜，我才不干呢，这劳力的事还是让人家去发明算了，等到他们实验成功，我们再坐享其成，这是何等的合算。"

大家渐渐地听出了道道，老辜用的却是高明的反讽。大家浅笑之中，辜鸿铭也不说话，起身入屋，一会儿便取出册英文书来，往梁敦彦手中一递，道：你说我吹牛，我要你听听，我是如何吹牛的。说完，径自滔滔不绝、一路无阻地背起弥尔顿的长诗《失乐园》来。梁敦彦对照着书认真看了一半，却未见一字错漏，直看得他眼花脑涨，哪有工夫听他全背下去，合上书卷，道：好了，好了！

辜鸿铭听罢，双眸像猫儿眼那样闪耀着动人的光彩，咧开嘴笑道：堵住你的嘴了吧！别说弥尔顿，莎士比亚的书我照样能一字不漏地背出来！你说我吹牛，孔夫子说过"当仁不让"，讲到学问，我是主张一分一厘都不该让的，当今交通总长给我磕头，我完全受得了！

梁敦彦一脸尴尬，不知如何进退。凌福彭赶快说好说歹，转移个话题：汤生兄的记忆力真强，这可是六千多行的无韵诗，你少年时学得，如何能终身不忘？

辜鸿铭吸了一口烟，用灰黄的手指头弹去长长的烟灰，不无得意地说：外国人 remember by brain，中国人 remember by heart。

梁鼎芬不解地问梁敦彦：他说什么？

梁敦彦道：他说外国人用脑记忆、中国人用心记忆。

好有哲理的话。在梁敦彦翻译时，高海山和王峰迅速在本子上记起来，保不准这又是老辜的一句名言。连同刚才所见背诵英国长诗一幕，何尝不是件有价值的新闻。

虽然辜鸿铭答应定期教凌叔华英语，但找他的人太多，他哪有分身术，于是给她和珍东布置的几乎都是背诵任务。这天上午，他家客厅又坐了一屋的洋人，直到凌叔华背诵完了，客人还在高谈阔论。凌叔华一时无以容忍，对珍东说：真讨厌，你家天天有客来访，旧客还没走，新客又至，我都快急死了！

在窗外"监学"的凌福彭小声地说：丫头，要耐心等候，辜伯那么忙，你别捣蛋！

捣蛋，我还真想捣蛋呢，凌叔华心想，她仰着脸问父亲：父亲，找辜伯的都是些什么人呀？

"他们呀，多是世界名流呢。"

"名流？辜伯是名流？"

"是呀！世界文豪托尔斯泰还与辜伯通信讨论东西文化呢，这可是不世的遭遇。"

凌叔华转头就问珍东：珍东，你看过信吗？见珍东摇了摇头，便道：我要看信。

凌福彭摩挲着女儿的头发，轻轻一笑道：你那点洋文根底呀，还想看懂信……

"辜伯的洋文真的那么好吗？"

"俄国沙皇当年来中国时，还是个皇太子，因为你辜伯做通译做得好，他便格外地把一块自用的镶有宝石的金表赏赐给他。在中国，也只有你辜伯一人享此殊荣吧。好了，别说那么多了，熟能生巧，你们还是再多背诵几遍吧，免得辜伯检查时过不了关。"凌福彭说罢，找处椅子坐下，闭目养神起来，不大一会儿便呼噜作响。

凌叔华朝珍东努努嘴，示意她继续背诵，自己则踮起脚跟，绕过父亲，直往客厅而去，也不顾洋人在场，径自走向辜鸿铭，撒娇道：辜伯，你给我讲些《天方夜谭》的故事，你一定去过那些地方。

辜鸿铭慈爱地抚摸着凌叔华的头：辜伯没有去过。

凌叔华拉着辜鸿铭的手，不依不饶道：辜伯骗我，我知道你什么国都去过，你想瞒我可不成。

辜鸿铭开心地笑了,说:我若生在《天方夜谭》那个世界就好了!我可以给这些外国朋友讲上三千个中国故事呢。

正说着,凌福彭站在门口朝女儿招手:丫头,别烦辜伯。

凌叔华却不理睬父亲,嘟哝着嘴一本正经地对辜鸿铭道:如果明天上午你带珍东姐到我家,教我背诗,我今天就不烦了,否则……

辜鸿铭笑了,连连点头同意。凌叔华却还伸出手指,要和辜鸿铭拉钩,仿佛担心他要赖似的。辜鸿铭哈哈大笑地和她拉了勾,还说耍赖是小狗。他说话时那神态,完全像个天真烂漫的老顽童,洋人们看得入迷了。

第二天早饭后,辜鸿铭拉着珍东正要出门,却见凌叔华闪现在门口,嚷道:辜伯,我接你来了!

辜鸿铭情不自禁地笑了:你还怕辜伯耍赖,辜伯可不想当小狗!

凌叔华和辜珍东一左一右地拉着辜鸿铭上得街来,辜鸿铭感觉自己又回到了无忧无虑的少年时代。哼完英文歌曲,便又翻起了"陈年老历",说自己早年入爱丁堡大学时便能全篇背诵弥尔顿的《失乐园》,过些时候忘了,再重新读熟,一生中曾把它滚瓜烂熟地诵过近百遍。

凌叔华问:辜伯,爱丁堡大学在哪儿?

"在欧洲,远在天边呢。"

凌叔华噘起了小嘴,说:可惜没去过。旋又问:辜伯,南洋在哪儿?

辜鸿铭抬头看着远方,仿佛陷入情感的追思之境:辜伯就出生在南洋的槟榔屿,那是出产槟榔的小岛,那里有高山,还有大海,风景好得很呢……

听着他的描述,凌叔华和辜珍东表现出一副神往的样子。

出了椿树胡同,三人说说笑笑往前走着,忽见前方飘扬着"天足会"的旗帜。几位西洋女子大概是从东交民巷使馆区出来的,正用中英文混合着演讲,劝导中国女子永不缠足。辜鸿铭听得浑身不舒服,眉头一皱,心生一计,附在女儿耳边说些什么。辜珍东想了想,点点头。

那洋妞用不地道的汉语唱完歌子,辜珍东挤进人群,用英语辩驳道:不要你们干涉中国女子缠足,去管管你们西洋女子缠腰吧!瞧你将腰肢缚得多紧呀,为何不先放了腰?

众人眼光齐刷刷地投射于这个年纪不大竟讲一口流利英文的中国女孩,那洋妞未曾料到半途会杀出个小程咬金来,一时赫然,半晌才用英语说:这是我国与贵国风俗不同处。

我国女子缠足,亦是我国与贵国风俗不同处,可你们竟以之为诲淫,可恶可恨!辜珍东伶牙俐齿地说罢,转身离去。她的背后寂静了一会儿,忽然响起热烈的掌声。

这边天足会一闹,辜家八岁的次女辜娜佳便也跟着闹起来。这天,缠足不多时的她在院中试步子,咬紧牙关一蹦一跳走了一会儿,两脚终于沾不得地皮了,疼得一屁股跌坐下来,惨兮兮地看着大家,带着哭腔恳求道:母亲,帮我松松脚布,我宁愿大脚。

淑姑六神无主地看着辜鸿铭。辜珍东同情地看着妹妹,又看着父亲。辜鸿铭却道:二丫,受苦一时,好看一世,等小脚裹成,谁看谁夸,长大全靠这双宝贝脚,求亲保婚少不得了。

辜娜佳满脸泪水冲着父亲喊:你没受过活罪,话当然好说。

"小二丫,倒也嘴利。"辜鸿铭笑一笑,道:大脚丫子,嫁也嫁不出去,即使嫁出去了,也绝不是好人家。

辜娜佳哭道:我宁愿当尼姑。

辜鸿铭上前为女儿擦了擦泪,道:二丫,你听没听过一支歌,父亲唱给你听——裹小脚,嫁秀才,白面馒头就肉菜;裹大脚,嫁瞎子,糟糠饽饽就辣子……

辜鸿铭正有滋有味地轻唱着,门外忽地又响起了锣鼓声。他的脸色一时就变了,不用说,又是天足会的人。

这支天足会由中国女子组成,她们手持喇叭,大声动员放足:各位父老乡亲同胞姐妹们听了!世上的东西,都有种自然生长的天性。如果有人拿绳子把正在生长的树缠住,不叫它长了,人人都得骂这人。可为啥让自己的女儿的脚缠着,不叫它长,还不当回事?

一人嗓子喊哑了,立时便又有人接过喇叭喊起来:有人说脚大不好嫁,这是为了满足老爷们的爱好。男人是人,女人也是人,为了男人喜欢好玩,咱们姐妹打四五岁起,早也缠、晚也缠,天天缠一直至死也得缠着走!跑不了、走不快,连小鸡小鸭也追不上,夏天沤得发臭,冬天冻得长疮,削脚垫、挑鸡眼,苦到头啦!打今儿起,谁要非小脚不娶,就叫他打一辈子光棍,断子绝孙!

天足会的这帮女人仿佛窥见了辜鸿铭的心思,字字句句都像是针对他。他的脸色越发地凝重,而淑姑和两个女儿皆竖起耳朵倾听。

外边呼起了口号，随风飘进院里，听得分外清晰：不肯放足的女子，只能甘当男子的玩物！娶小脚女子为妻的男子，是时代的叛徒！叫女子缠足的家长，是毒蛇猛兽！口号完毕，又有人唱起了《劝放足歌》——五龄女子吞声哭，哭向床前问慈母，母亲爱儿自孩提，为何缚儿如缚鸡？儿足骨折儿心碎，困守闺门难动移。邻家有女已放足，走向学堂去读书……

好长一会儿，天足会鸣金收兵。辜鸿铭直担心她们的鼓噪"弄脏"了妻女的耳朵，待她们退去，连忙做起了两个女儿的工作：你们如听放脚胡说，一旦松开脚布，定然不能行走，折骨缩肉，焉能恢复？反而叫天足的看不上，让裹脚的看不起，姥姥不疼、舅舅不爱。别人随口一夸是假的，自己受罪是真的。说罢，朝辜珍东使了一个眼色，说：丫头，你劝劝妹妹。

辜珍东努努嘴，却帮妹妹说话：妹妹的脚缠不多久，放足该没事儿。

"放屁！"辜鸿铭大眼一瞪，气呼呼地道：放脚，天足是学洋人、反祖宗！

"缠足才是反祖宗呢！尧舜禹汤、文武周公、孔圣人的时候，哪有缠脚的？还亏你给小孩读《孝经》。《孝经》上不是说'身体发肤，受之父母，不敢毁伤'，你怎地背道而驰呀？"

淑姑一旁也帮女儿撑腰。作为女人，她亲受过缠足之苦，作为母者，她又不惮烦累竭力为女缠足，凡此原因，因男性以小足为择偶标准也。早在她祖母在时，她就已知此中风俗：有女在家，无论品貌如何，先将两只脚裹得齐整，方不致误在家中。男尊女卑的观念像铁桶般在人们的心坎中箍就。于是女子便为世所轻，即便生身父母也对生女多抱怨憾。不是嘛，生男曰弄璋，生女曰弄瓦；产男则寝之床，产女则寝之地。为了能使女儿顺利嫁掉，为母者只得横心替她死缠活裹，能有纤纤小脚，则不愁没人要也，是故谚云"疼儿不疼学，疼女不疼脚"。淑姑一向也是如此看重小脚的，焉何今天如此愚蠢，竟寻章摘句"反起水来"？辜鸿铭一时恼怒有加：你，你……

淑姑少有地拿出了泼辣作风：我作了折衷——我和大丫不放脚，但二丫随她。

连续三天，辜鸿铭快快不乐。正好弗兰西斯夫妇相邀前去做客，便一口应诺。

这天，泰蕾丝像往常一样，跟着中国保姆学说汉语，念的是唐诗：白日依山尽，黄河入海流。欲穷千里目，更上一层楼。

辜鸿铭以赞赏的神情侧耳倾听，频频点头，对弗兰西斯夫妇说：中国的精神中有一种文静的特色，也可以说，中国人生活在孩童所特有的单纯天真的精神之中，中国的语言受此特点的影响，许多人学习汉语不成功，相反，每个孩子，即使是欧洲的孩子，在中国学汉语也不费吹灰之力，且比学任何其他语言都来得容易，原因是孩子用心而不是用脑学习。

只要辜鸿铭不谈纳妾、小脚及纵论人生和哲学，即使有所偏颇，弗兰西斯夫妇也觉是可爱的。可他们的欣喜之情还没来得及产生，辜鸿铭却又说开了，看着波娃道：我的小女儿也很有灵性，我当然宠爱她，可是，要让她放足，我却感到踌躇。

波娃道：孩子既然生在这个新时代，做父母的就没有必要过分强行自己的意志，你那个根深蒂固的思想，不要在孩子的身上打下烙印了。

见辜鸿铭一时默然无语，波娃便又说起了不久前在京郊路上见到两个中国少女的情形：她们顶多十六七岁，因为裹脚，她们的脚烂掉了，只能用手和膝盖行走，看到我们，便以泪洗面，长吁短叹。在我们德国或是英国，这样年纪的姑娘应是"咯咯笑"的呀，可她们也许生来就不知何为笑。

辜鸿铭道：追求时尚嘛，总是少不了要给人带来痛苦的，你们欧美国家还不是这样吗？

"是的，但绝没有像缠足那样普遍、那样惨不忍睹。我常听莫理循博士说，当年曾有不少中国妇女向他求医，请他帮助恢复因裹脚而坏死的双肢，因为外国医生总能创造奇迹。医疗技术或许能够修复看得见的伤残，但她们内心的伤痕如何修补？有位汽船船长告诉我，坐他船的中国姑娘都是由男人们像扛麻袋一样扛上船的。像这样的生，还不如死呀。辜先生何其凶残，不讲人道！"

波娃这一嚷，辜鸿铭立时就没了声音。恰在这时，泰蕾丝冲了出来，道：辜伯伯坏，强迫女孩子缠足，珍东姐姐都没法和我玩了！

辜鸿铭一时面红耳赤起来。小泰蕾丝没费什么口舌，竟使他答应重新考虑这件事。他拉着泰蕾丝的手，喃喃说：泰蕾丝小姐，人非圣贤，孰能无过，我有时也会弄错，但只要有理性和心灵指引我，我总可以纠正自己的看法。

弗兰西斯拍手道：辜先生如果真的赞成放足，那可真是一桩最有价值的新闻。

四、与中国 Babu 洋话对骂

位于宣武门外菜市口北半截胡同的百年老店广和居，最受文人墨客的钟爱。

墙上用玻璃杠镶嵌着张之洞、翁同龢、何绍基等人的题诗，煞是风雅。辜鸿铭结束了在国家机关供职的生涯后，一有朋友相邀，最爱在此度日。这天，是梁敦彦做东，客人有辜鸿铭与凌福彭、乔樾等，他们坐在单间雅座内，与外边用屏风分隔开来。

每次和梁敦彦小酌大斟，辜鸿铭的话题总要转到袁世凯这边。这番天马行空道完艳事，便循例照旧道政事。梁敦彦对辜鸿铭的"骂袁"有不同看法，小声地说：汤生也不要说绝了，袁总统执政也不至于一无是处。

"好个屁！袁世凯给你这个昔日同僚小恩小惠，就把你给买了？！"

辜鸿铭这一说，梁敦彦的脸唰地红了起来：你，你不要血口喷人！

"我可不擅长冤枉好人，老袁执政有哪一点好？"辜鸿铭当仁不让，目光直逼梁敦彦：令堂大人不是信佛吗？佛家最忌讳的不外是杀、盗、淫，可老袁执政时代，你每天把街头巷尾的各种报纸收过来看，一半篇幅讲的都是这三件事。

辜鸿铭那声震屋宇的辩论声把隔壁一位客人的注意力给吸引过来了。他竖耳谛听，频频点头：嗯，这位先生所议有理，袁世凯执政，国将不国了！

这客人西装革履、油头肥脸，却是西印度特立尼达的华侨，姓陈名友仁。他在欧美留学多年，一口流利标准的英语比中文好上万倍，对西方的那一套倾心膺服。袁世凯执政后，他见中国还乱罩在专制的黑暗中，本着一颗炽热的爱国心，毅然回国创办《北京英文日报》，以批评袁世凯为内容，促进中国真正的民主共和。这天，约了京城一报的主笔来广和居谈事，请对方大力相助。可他好说歹说，那位主笔就是摆手：陈先生，你的聘金算是很高了，可兄弟我有几个脑袋敢写文章骂袁总统？我劝你，还是不要去惹袁总统的好，这个顺昌逆亡的道理……陈友仁猛地一拍桌子，喝道：滚，算老子看错人了！软骨头！这位主笔灰溜溜地走后，陈友仁一个人干坐在那里聆听隔座的辩论声。

"袁世凯左一个'崇礼'、右一个'崇礼'，可为什么那些与他政见不同的人，便一个个地要遭到残杀？至于盗贼纷起，官仓硕鼠大如牛，真可谓世风日下、人欲横行！商女不知亡国恨，隔江犹唱后庭花！这许多警语，不知道一般的人民可知道吗？"

这声音同出一人，在陈友仁的耳膜回旋，他寻思道：好精辟的议论，好倔强的一个人。他隔着屏风看着里面的人，想了想，喊来店小二，小声地问：那边雅座可都是些什么人？

陈友仁一口中文糟糕别扭至极，店小二一时没听懂，只是傻乎乎地看着他。陈友仁可有些生气了，连讲带比画地问：我问你，那边都有些什么人？

店小二费了好大的劲总算听懂了，附在陈友仁耳边道：都是京城名流，现在说话的好像是辜鸿铭……

辜鸿铭喝下三杯两盏酒后，说话的兴致愈发高了：杀、盗、淫的反义便是仁、义、礼。天下行仁，便可以止杀；天下行义，便不致苟取；天下行礼，便不致淫乱。这是我个人的浅见，让我来当总统……

梁敦彦沉下脸，喝道：汤生，不要说了。

梁敦彦虽严肃，却并不呆板，也看场合开些玩笑，只是不像辜鸿铭那样没有节制地开过头。他的话还算管用，辜鸿铭立时就住了口。

这方还在高谈阔论，经久不见散席的迹象。那方陈友仁孤零零一人倾听良久，虽觉有味，却还有其他事缠身，无法相持等待，只好依依不舍地离开了。

又数天，陈友仁和两位中年华侨又骂骂咧咧地向广和居走来。他边走边骂道：袁世凯让我发动海外华侨募捐，真是打错算盘了。这个政治流氓，哪能与孙中山先生相提并论。也配我们海外华侨的捐助！一同行华侨小声地说：陈先生，你在咫尺天威下也敢骂袁世凯呀？陈友仁气哼哼地踏上了楼梯：别人骂不得，我却骂得！

上得楼来，却见一长袍老者坐在沙发椅上看报等人。陈友仁朝他瞟去一眼，再瞟一眼他所看的报纸，挖苦道：这些狗屁报纸，根本就没有新鲜事，也值得看？

长袍老者头也不抬，道：不然不然，这种报纸我看胜于全球。

陈友仁奇怪地问：此话怎说？

长袍老者这才微微抬头，说话间牵动着满脸的皱褶：别国的报纸，消息最早也得在事情发生以后再见报，而这种报纸呢，则在事情尚未发生之前已作刊载了。你说这还不是冠绝全球？

一华侨接口道：这就奇了，没发生的事怎么见报呢？

长袍老者一脸认真地说：未发生的事才是唯一令人感兴趣的新闻，虽然第二天就声明报道有误，也许只有这样，才不会使人感到百无聊赖。

在长袍老者说话时，陈友仁好奇地注目于他，觉得声音很是熟悉，正欲再行开口，忽见一人"噔噔噔"地上楼来，直向长袍老者，边擦汗边向他致歉迟到。长袍老者也不多说话，起身拉着对方就往雅座走，一下就把脑后那根有些花白的辫子亮给了众人。

陈友仁看得有些傻眼，叫来店伙计，得知这老者乃大名鼎鼎、红透北京城的辜鸿铭，情不自禁地"哦"了一声，怪不得声音这么熟呢，原来竟是那天隔壁发议论者。撇下两友，直奔辜鸿铭所在的雅座，大大方方地向辜鸿铭拱手道：辜先生，久仰、久仰。

辜鸿铭抬头见是刚才说话之人，皱皱眉道：你这中国话说得很不是味道，想来也做过番仔吧？

"直话直说，痛快！"陈友仁不请自坐，用流利的英文自我介绍道：我是西印度华侨，回国后创办《北京英文日报》，叫陈友仁是也。

辜鸿铭道：英文说得倒还不错，只可惜，你是中国人。我呢，向来不喜欢和中国人讲洋话的。你还是说中国话吧，虽不地道，却也是自己的语言。

陈友仁上下打量着辜鸿铭，话语也毫无顾忌：你的气色不错，看来修身养性的功夫不浅，只是怎还是前清打扮，想必皇恩浩荡不敢忘怀？

"皇恩个屁！我老辜尚存一点忠心，忠的是中国固有传统。你现在世道，欧风美雨，吸之不遗余力，国已不国，奈何不得啊！我也好久没有去海外了，不知新一代的华人会不会背祖忘宗，成为没有人性的走兽？"

陈友仁笑道：我在海外早听说老兄嬉笑怒骂的本事，今日相见，老兄的幽默本领果真尖刻！我是主张中西合璧的，但不知何故，许多东西到了中国就变了味。

"现在，我国有一派人，一听'守旧'二字，就视同蛇蝎，一见'维新'二字，就尊如神圣。这全是因为不知如何是守旧、如何才是维新。没有旧的，怎能生出新的？正如没有父母，决不能有儿女。真正的守旧是守己之长，真正的维新是学人之长。无自信力决不配谈守旧，无鉴别力哪配谈维新！"

两人对上话了，陈友仁递给辜鸿铭一根雪茄，赞道：老兄所言极是。

辜鸿铭吸上一口，道：自信力是由深知自己的长处而生出来的，鉴别力是由熟悉别人的长处而生出来的。守旧与维新，全须在长处上守，在长处上学。

陈友仁连道精辟，并诚挚有加地说：老兄文采斐然，我正想请你按期给我们《北京英文日报》撰写专稿，每月四篇，至于薪水吗，每月大洋三百五十元，如何？

辜鸿铭摇了摇手，淡淡道：以前我有位同僚好友，叫汪康年的，办了份《京报》，几番约我写稿，我都没答应。陈友仁就问为何，辜鸿铭答：我写稿呀，要骂人的，一骂就要骂到袁世凯，谁敢发？

陈友仁眼睛倏地一亮：我敢发，我要的就是老兄骂人的专稿！

辜鸿铭定定地看着陈友仁，半响才点了点头：你那三百五十元大洋算是高薪的了，君子爱财取之有道，这段时间我正缺钱花呢！说罢"嘿嘿"一笑，面向冷落一旁的客人，道：是你们孔教会杂志的好几倍呢！即使没有这位陈先生相请，我也绝不给你们孔教会写稿。言罢，从长袍里取出份红聘书来，朝他眼前一扬，说：东方学会即使不给我发聘金，我也要为它捧场！

由着对袁世凯的鄙视，辜鸿铭很快就为陈友仁的《北京英文日报》撰写专稿，直言无隐地骂起袁世凯来。《北京英文日报》因有了辜鸿铭的文章而销量大增。那些圈内同行在佩服辜鸿铭和陈友仁的勇气和胆量之余，又颇感奇怪，革命党的陈友仁和保皇党的辜鸿铭怎么也会走在一起？这个时代变化也太快了。

这天，陈友仁在办公室问新被录用的青年记者周文生：小周，你在武昌可曾听过辜鸿铭这个人？

"就是那个中西学问很好的辜鸿铭，在湖北学界，有谁没听过，有谁不钦佩呢？！"

"我正要向辜先生约稿，你想不想去见见他？"

陈友仁带上周文生坐了轿车来椿树胡同，在客厅里稍等片刻，一位身着深蓝色长袍、头上拖着一根辫子的老者从书房里转了出来。周文生料想这就是大名鼎鼎的辜鸿铭了，急忙起身，结结巴巴地道：辜，辜，辜先生……

陈友仁见周文生紧张样，连忙说：辜先生，这是我报刚招聘的周记者，他从武昌来京，久仰你的大名呢。

辜鸿铭态度极端平易，上前按住周文生请其坐下，一边从茶几上摸出烟来，分递给他们，并亲自为他们点上火。

陈友仁脸上挂满笑意，道：有的人文章虽好，可除了作者之外，没有人会感兴趣。辜兄的文章除了袁世凯不满意，怕是整个中国都欢呼呢！

辜鸿铭哈哈大笑起来，像是个无忧无虑的孩子。

暑日里，辜鸿铭待在家里看书写作，或辅导两个女儿外加凌叔华学习洋文，或接客会友，不亦乐乎。几棵荫屋的古树给这个四合院带来了无边的凉意。这天早饭后，辜鸿铭正闲坐院中泡茶，门外响起了汽车喇叭声，竟是陈友仁前来，说要接他去六国饭店聚会。

革命党的陈友仁与保皇党的辜鸿铭终不是一条藤上的瓜。陈友仁是个完全西化的人，而辜鸿铭赞颂的却是中国传统，两人虽都是华侨，且都精通英文，都有直言不讳、桀骜不驯的骨气，但在思想上却大不相谋，甚至格格不入。这次宴会，陈友仁和辜鸿铭都吃得很不是滋味，在路上两人都"吃饱"了对方的气。

半月后，陈友仁在《北京英文日报》上发了一篇谈离婚的文章，竟惹得辜鸿铭火冒三丈，杀上报馆来，也不管报馆里还有别的采编人员，径直以不满的口吻对陈友仁道：老实告诉你，我对你的文章很感冒。

陈友仁吃惊地看着辜鸿铭：为何？

"你那些狗屁文章，尽教人离婚、再娶、重嫁，成何体统！"

陈友仁辩解道：夫妻之道，有义则合，无义则分，这有何不可？

辜鸿铭怒目圆睁：同床共枕多年的妻子，只因她不合现代潮流，竟编造缘由、强词夺理地将她抛弃，这种男人简直是禽兽不如，禽兽不如的男人也配写文章教化人？

陈友仁跳将起来：你敢骂我禽兽不如？

辜鸿铭冷冷地道：骂你又怎样了？说罢拂袖而去。

看着辜鸿铭怒冲冲而回，淑姑忙柔声相问发生了什么事。辜鸿铭怒气未消，说：把婚配多年、已生子女的缠足太太视如眼中钉、肉中刺，谈何人道？此人定是受过杂种文化洗礼的人，简直是禽兽不如！

淑姑一时动了情，说：是啊，一日夫妻百日恩嘛。怎能动不动就离婚？说罢，向门外叫丫鬟：看看老爷的补汤炖好没有？

丫鬟端来热气腾腾的补汤，淑姑接过，温柔地搅拌后，亲自给辜鸿铭喂食起来。辜鸿铭服下几匙后，火气稍微消了消，一脸深情地凝望着淑姑，轻声道：一对禽兽也绝不会因为对方失去一点羽毛或与同类稍有差别而施行仳离，另觅新欢，何况万物之灵长的人呢！

淑姑温柔地伏在辜鸿铭身上，感觉自己的男人真是世上少有的好男人。辜鸿铭抚摸着妻子的头发，好一会儿才说：我倒要写文章来驳驳陈友仁这小子。淑姑听罢，立时帮他铺开稿纸，待他坐好后，自己亦坐在椅子上，伸出了纤纤细足。

为了让《北京英文日报》发表这篇文章，辜鸿铭和陈友仁大动口舌。陈友仁中文本不佳，如此激辩，更不是辜鸿铭对手，也为了防止别人在门外偷听，他操起了熟练的英语：缠足的妇女全是自愿为玩物！

辜鸿铭把雪茄从嘴上移开，用英语回敬道：照你这么妄加污蔑的说法，家家坟地里所埋的女祖宗，有几个不是玩物？追本溯源，现今的文明人，有几个不是从那些"玩物"肚里爬出来的？有些人奶毛未脱，却也要大骂小脚，这不但够不上后知后觉，也不过是拾人牙慧的应声虫而已。

陈友仁火冒三丈，吐掉嘴上叼着的雪茄，气哼哼地拍着桌上的辜鸿铭的手稿，大声相讥：粗俗不堪的小脚竟也被你津津乐道，真是无聊透顶！

辜鸿铭粗着脖子，骂得一点也不留情：姓陈的，你回去好好问问你家老娘，再出来卖嘴皮子！小脚好不好且不说，反正你是小脚女人生的，你敢说你是大脚女人生的？

这几句话算把陈友仁"钉"在那了，嘴唇上的胡子直翘。他重又点上一根雪茄后，还压不住心头的火气，遂不管三七二十一，撕破脸皮骂将开来：我还以为是多大的名士呦，原来所擅长的不过是江湖术。好一个庸俗的抄经文士！

辜鸿铭冷冷地：你认为你高贵呀？好一个失去国籍、半英国化的印度人、洋人的走狗。

在他们对骂时，办公室外早就围聚着数位采编人员，屏声静气、挤眉弄眼地看着里面的争吵。他们都是懂英文的，这个说"用洋话对骂，真新鲜"，那个说"这真是一次棋逢敌手的较量。两人的英文水平都很高，且都精于谩骂……"

在随后，陈友仁和辜鸿铭在那张英文报纸上展开了一场针锋相对、棋逢敌手的笔战，一时颇为引人瞩目。

几天后，北京东方学会的金梁邀约辜鸿铭为学会撰稿时，少不得谈及此事：听说陈友仁组织和发动了对你有关中国妇女观点的围攻，不知情况如何？

辜鸿铭也不回避，轻松地相告实情：这位聪明的中国 Babu，仗着是中英友谊社的重要成员，有英国使臣和海关总税务司的庇护，公然做了这个有预谋的、流氓行动的怂恿者，只可惜，他对我的威胁根本不顶事，我连袁世凯都不怕，还怕他一个 Babu！

在谈话中，辜鸿铭提到陈友仁，总要称他为"聪明的中国 Babu"，觉得非这样不足以表达自己对陈友仁的轻视。经他解释，金梁才知，这个 Babu 指的是懂得一点英语的印度人。

不多久，辜鸿铭向东方学会提交了洋洋洒洒三四万言的《中国人的精神》，并在会上向与会的中外人士宣讲，引起巨大反响。

在论述中国文明与现代欧洲文明有着根本的不同时，辜鸿铭引用了美国最有影响的艺术评论家和历史学家勃纳德·贝伦森在比较欧洲与东方艺术的一段话"我们欧洲人的艺术有着一个致命的、向着科学发展的趋向,而且每幅杰作几乎都有着让人无法忍受的、为瓜分利益而斗争的战场的印记"。辜鸿铭指出:正如贝伦森对欧洲的艺术评价一样,我认为欧洲的文明也是为瓜分利益而斗争的战场,这一可怕的战场存在于人们的头脑和心灵中,造成了永恒的冲突和混乱。

当盖沙令、爱米、弗兰西斯、辛博森这些文化洋人在耐心分析解读辜鸿铭这段论述时,那些报贩们已扬着手中的报纸沿街叫卖起来:号外,号外,欧洲爆发世界大战!

欧洲大战交战的一方为德国和奥匈帝国所组成的同盟国,另一方为俄国、法国、英国所组成的协约国。双方为重新瓜分世界、争夺殖民地而展开激烈的斗争。在华的老外们可都惊慌起来了,这个说:天啊,真没想到,会有这场亘古未有的巨大战祸!那个道:西方人自我沉醉的文明迷梦,也该惊醒了!就连辛博森的语气也不无沉重:以前,我总认为辜鸿铭关于中国文化拯救西方的主张荒谬可笑,现在,咳,他还真算个预言家……

盖沙令因为国内发生战乱,急欲回国。前去向辜鸿铭辞行,却见他和爱米在大树荫下对弈。辜鸿铭亲切地唤他在旁观战。

盖沙令却想着大战的事,语气中显得不无暴怒:这场大战,还真验证了西方文明已开始走向没落。咳,这该死的战争!狗娘养的战争!

"你们的西方文明和我们的东方文明当然不是一条藤上的瓜,有这样的战争,也势在必行!"

辜鸿铭的这一说直如火上浇油,把个盖沙令急得要跳起来:我们今后怎么办,该怎么办?!难道就没出路了?!此时荫屋的古树上,那嘹亮的蝉声正在欢噪,像海潮般地冲击着盖沙令的耳鼓,似乎天地间都被这种声浪填满了。

辜鸿铭看出了这洋人的烦躁,举着手中的棋子,意味深长地道:伯爵先生,中国历史上有位政治家名叫李闹,他性格很暴躁,可一到下棋时,就会完全变成另一个样子,因此,每当他开始发怒时,人们就向他提议下一盘棋,他的脸色也就马上恢复了平静。说罢起身,拉盖沙令坐在自己的位置上,说:在这么美丽的女子面前,难道伯爵就不想一露身手?

盖沙令坐下,和爱米走起棋来。在树叶茂密的浓荫下,石桌上落棋的声音听起来富有诗意。盖沙令脸色渐有好转,说:下棋还真能够平息心情。

辜鸿铭笑道:是啊,当人们想获得思想的清静和恬淡之时,有三种声音最乐于倾听。

盖沙令仰头问：哪三种声音？

瀑布声、林中的风声和这种对弈的棋声。

盖沙令离开了中国，辜鸿铭那独一无二的秉性和学养以及那些富含哲理的话，让他牢记了一辈子。

五、用孔教眼光看欧战

欧战爆发后，袁世凯既不想开罪所崇拜的德皇威廉二世，也不愿得罪好友莫理循和朱尔典公使，以及他们背后站着的世界第一强国英国，乃宣布中华民国政府对欧战中立。

日本觊觎中国既久，自然不是省油的灯，见欧洲各国忙于争斗，无暇东顾，决定趁火打劫，排斥西方各国，将中国作为自己独占的殖民地。这年秋天，日本出动海陆两万多兵力，加上少数英军，组成英日联军，宣布对德作战。这支联军不去德国，也不去欧洲其他国家，却向侵占中国胶州湾的德军进攻。两个月后，日军攻下青岛，俘虏德军二千多人，德国总督华德克被押到东京本愿寺监禁。德国强占了十七年之久的青岛，连同整个山东，成了日本的"国土"。

消息传来，辜鸿铭心绪怅然，想偌大的中国竟像砧板上的鱼，任人宰割，连小小的日本也要来分上一块，这是什么世道呀！他们中华民国算怎么回事呀！这么想着，便又分外挂念起青岛的故人们，不知他们在青岛可否平安。

时光向着深秋飞来，北京城的花草树木竟皆卸装，孤零零的树丫上栖着几只寒鸦，景色萧然，心情亦是萧然。今天，辜鸿铭的这份心情因为老友梁鼎芬的到来而散淡了。

梁鼎芬是来向辜鸿铭借钱的。能向自己借钱，辜鸿铭感到高兴，这说明梁鼎芬是把自己当朋友看待的。梁鼎芬做官十数年，而囊空如洗，皆因其持身廉，非所有一概不取之故。辜鸿铭焉能相忘，昔年梁鼎芬为武昌知府，江汉关例于岁暮馈万金，他勃然作色，并言此虽旧规而我不取，至其任湖北按察，所入更薄，解官之日，几断炊烟。自捐助修建光绪陵后，梁鼎芬更是贫寒。每逢张之洞忌日，他总要往积水潭高庙张之洞祠行礼祭奠，而后往访张之洞长子张权，向之借贷。张权亦不富，却常为梁当衣物银币十几二十元救急。梁鼎芬穷且益坚，不坠青云之志,尝取皇陵松枝若干赠友人,说你如果没有钱用,可以此物向满人亲贵家要钱。

梁鼎芬到来时,刘二要为其脱大衣,梁鼎芬却谢绝了,谓辜鸿铭道:近来上澡堂,最怕茶房给我脱衣,因为几年前做的衣服,外表虽还像件衣,里面可破得花花絮絮,自己看了都觉难为情。

两人站立院中说话间,树上所剩无几的泛黄树叶一片片地随风落下。梁鼎芬看在眼里,更有了"一年容易又秋风"之慨,说:诚然秋是深了,咳,有时想及自己的寒衣,正合黄仲则"全家尽在西风里,九月寒衣未剪裁"之句,心里也不无惭愧,想自己奔波一生,行囊空空,清风两袖,相比那些贪官污吏和巧取豪夺者,真有说不出的景仰!

辜鸿铭知道后半句乃是梁鼎芬说的反话,乃安慰说:穷人有穷人的活法,富人有富人的死法,何去羡慕他人。

两人携手进入客厅,辜鸿铭请梁鼎芬稍坐,自己去后堂取洋人送的上好咖啡。梁鼎芬背着手在客厅里踱着步,忽地传来一个声音:好、好,辫子还留着,我真担心看不着你的辫子了!

梁鼎芬回头看时,却是位老外,一时怔了。那老外看着梁鼎芬,也发了会儿呆。俄顷,辜鸿铭从后堂转出,见状大笑,忙把双方作了介绍。而后,上前紧拥着老外,道:卫礼贤先生,自青岛被日本占了,没有你的音信,我一天天为你担心哪,没想到你从天而降,到了寒舍!

卫礼贤笑问:何为寒舍?

辜鸿铭指着客厅内那将熄未熄之炉火道:就是炉火不温之谓。

卫礼贤大笑,说:多时未见,辜先生还是那般幽默风趣。

三人落座后,辜鸿铭就关切地问起小恭王溥伟的事来。卫礼贤喝了口浓浓的咖啡,稍稍整理了一番思绪,把辜鸿铭离开青岛后有关溥伟的事娓娓道来。

"宗社党解体后,溥伟虽仍念念不忘复国,他心中还充满了许多政治设想,希望能够帮助年幼的皇帝再度夺回皇位,但袁世凯在全国遍布了耳目,他的所有努力都付之东流。力不从心的他对生活也变得似乎索然无味,绝不在人面前提及往昔的权力与美景,仿佛这些于他都如浮云流水。他与全家人在一所简单的别墅里用着普通的膳宿,因为财力渐散,他甚至放弃了建座金鱼池和后花园的设想。

"日本人发动战争后,尤其当日舰向青岛打来炮弹后,那些遗老遗少大都想着法儿离开了青岛,有的向内地转移,有的投奔天津租界,溥伟却不愿迁居,说自己情愿历青岛被日人围攻之险也不愿回到共和政体下的内陆。青岛被占后，日本人极力拉拢溥伟，允许他迁回海滨别墅，还给了他一个个挣钱的最佳职位，先是让他接管租界的鸦片交易，他力辞不干，旋又委他负责青岛环境，他又婉言谢绝了。虽然常感囊中羞涩，但他对日本人提供的种种肥差无动于衷，皆行拒绝。"

辜鸿铭和梁鼎芬对溥伟不向日人屈膝低首的操守颇感佩服，对宗社党的烟消云散深觉遗憾。辜鸿铭感慨一番后，追问：现在恭王情况如何？

"我来时，听说恭王刚被管家骗去一笔钱，想来他的日子过得并不如意……"卫礼贤想想道。

也许觉得这话题过于沉重，卫礼贤话锋一转，面向梁鼎芬道：先生既是当今高士，又是书画大家，能否赏赐墨宝，以便珍藏为念。

梁鼎芬尚在迟疑，辜鸿铭却已起身取来纸墨笔砚。梁鼎芬见状，料不好推辞，又见卫礼贤一口汉语说得相当标准，谈吐不俗，与辜鸿铭又是同道中人，乃提笔作了幅山水绢本小轴，题诗其上，日"用笔萧疏自远人，残山剩水认前尘，为君略作云林意，月暗风欹好自亲"。下钤"病翁呻吟"及"梁格庄"二方印。

卫礼贤毕恭毕敬地接过，仔细端详一番后，肃然道：先生所赠，乃连城之宝也，我当以一生珍藏之。

卫礼贤旅居北京后，本着对中华文化的热爱，很快就加入了北京东方学会，并成其重要成员。与辜鸿铭三天两头相处，谈的都是欧战，忧世之情不可言表。

自欧战爆发以来，辜鸿铭无时不瞪眼注视战争的进程。夜深人静了，想象着列强在战场上兵戎相见的惨烈场面，想象着士兵在枪林弹雨下尸积如山的情景，辜鸿铭的心就在抽搐，久难平静，独坐书斋与先贤圣哲对话，他要从先贤那里寻求救世的良方。看来，《中国的清流运动》一书中所提中西文化具有同等价值、应当兼收并蓄的看法必须抛弃，欧洲文明已令人彻底失望，中国文明才是唯一的救世良方呀！透过欧洲的战火来温习中国文明，辜鸿铭越来越觉得只有中国文明才是世界最优秀的文明。要拯救西方，只有采用儒家学说，而作为一种道德力量，基督教已经无效，这是辜鸿铭得出的新结论，这个新结论是他在暗夜里发出的一声长啸，是他为这个世界开出的一剂处方。

卫礼贤感觉辜鸿铭的论调自是有可圈可点之处。一日忽发奇想，这么精彩、这么富含哲理、富有批判精神的不刊之论，只供自己一人倾听太可惜了，辜鸿铭既有无敌口才，何不就欧战问题用德语做次演讲？辜鸿铭受此鼓动，心也就痒了，沉吟良久后说：做演讲可以，但须依我几件事，一是不做德语演讲而做英文演讲，因为在京的洋人中持英语者较德语为多，题目嘛，就叫《用孔教眼光看欧战》，另外，此演讲得收门票，每票四元，所得皆归东方学会，做今后经费。

辜鸿铭演讲的消息经数家洋文报纸披露后，又提前一礼拜在京城各处张贴了海报。在京洋人大发议论：前所未闻，中国人演讲还要收门票！一票四元，比京剧小叫天谭鑫培的演出还高呢！

议论归议论，前来听讲的洋人还是络绎不绝，他们想看看这个狂妄的中国人，究竟以什么样的文化、什么样的眼光、什么水准的英文来对欧战指手画脚。

这天，地处王府井大街的天主教礼堂内黑压压地坐满了听众，多为欧美人士。在临时搭架的黑板上，辜鸿铭龙飞凤舞地用英文写下了演讲题目。而后，用他那大而明亮的眼睛扫视了台下约莫有一分钟，轻咳了咳，才"女士们、先生们"地道出了开场白。

辜鸿铭今天的装束一如既往地随便——身穿黑长衫，头戴一顶黑色的小瓜皮帽，深灰色的裤子在脚踝的地方以袜带系住。他手指对面墙上的耶稣受难像，以深沉平婉的语调道：我一直以为，耶稣是慈爱和善的化身，所以每年一度的圣诞节，你们西方都隆重地悬灯结彩，以纪念这圣诞老人的降临。《圣经》中就说过"主啊！愿你的慈爱和善良常常保佑我。"

辜鸿铭由耶稣说起，引经据典，一时就和台下的欧美听众产生了心灵的共鸣。

辜鸿铭把手收回，挺起胸膛，气冲丹田：使我遗憾而吃惊的是，生活在慈爱和善世界里的西方人，缺乏的却偏偏是慈爱和善良，因此，"化干戈为玉帛"对你们来说，只能是一种遥不可及的梦。你们装备过好的武装，为战争的随时爆发打下了伏笔，你们靠着钢铁、化学、电力、战舰以及祖先留传下来的陈规陋习去处理一切事务，去攫取世界上可能攫取到的任何一块新属地。是的，哪里尚有一小片剩余的土地，哪里就会有一个英、法、德或俄国的殖民地，倘若人们反抗，结果就只有杀戮。现在，你们又无所顾忌地在欧洲自家门口干了起来，你盯着我的腰包，我盯着你的口袋。为眼下发生的这场亘古未有的巨大战祸唱句挽歌吧，它惊醒了西方人自我沉醉的文明迷梦，也彻底打破了东方人对西方文明的幻想！

一张干瘪的嘴巴，吐出的却是洪亮的声音。

"自十九世纪以来，欧洲产生了两种极为有力的学说，一是生物进化论，再一就是个人本位主义。把'生存竞争、优胜劣汰'作为世界进化的根本，这种怪论恰好投合了当代人的心理。就私人方面论，崇拜武力、崇拜黄金成了天经地义；就国家方面论，军阀主义、帝国主义成了最时髦的政治方针。这回欧洲大战，其起源实由于此。现在的都市生活和从前堡聚的村落生活截然两途，除了物质的利害关系外，绝无情感可言。"

脑后那根最是惹眼的辫子，随着讲话人的激动程度，时不时地向前晃动着。

台下听众中，几位老外窃窃私语地议论着什么，立时旁边就有人不客气地说：先生们，别影响了我的耳朵……

"欲望日日加高，百物日日加贵，生活日日加难，竞争日日加烈。虽然享用的物质增加了速率，总不能和欲望的腾升同一比例。怎么好呢？只有竞争主义、弱肉强食。这次欧洲大战便是一个报应。在这种竞争的人生观念底下，那千千万万人前脚接后脚地来这世界走一趟，住几十年，干什么呢？独一无二的目的就是抢面包吃。这样的人生还有一丝意味，人类还有一毫价值吗？"

哗——，听众中发出如雷掌声。

辛博森没有鼓掌。这位英国传教士的第二代，处处维护英国利益，主张中国西化，最听不惯的就是辜鸿铭批判西方这不好、那不好。正当他不着边际地想些什么时，耳边传来一句英语问话：请问先生，这位演讲的辜鸿铭到底是什么人呀？

辛博森没有回答，他不想为辜鸿铭做宣传，这个"墙内开花墙外香"的中国人，在西方的名气怕是要比自己大呢！辛博森不理睬对方的问话，但很快就有人替他代答了：连辜鸿铭也不知道？也太孤陋寡闻了，他是我们英国爱丁堡大学毕业的博士。

在没有鼓掌的洋人中，还有古德诺。这位荣膺德国柏林大学政法博士学位的美国政客，来华就任总统顾问后，一向受到尊重，可那天在中外名人联欢会上，就因当众发表宣言，说袁记《中华民国约法》比孙中山《临时约法》更符合中国国情，就招来了辜鸿铭的讽刺和嘲弄。在得悉古德诺要为中国制定宪法大计时，辜鸿铭更是不屑地笑开了：噢，宪法——美国在你的名义下都发生了些什么？只是无休止地绞杀无辜的中国人或私刑拷打黑人！

自那次受到辜鸿铭无端地羞辱后，古德诺敌意未消，但匪夷所思的是，在这敌意中，竟又夹杂着些许的佩服成分，佩服辜鸿铭渊博的学识、流畅的语言、雄辩无敌的口才，甚至也佩服那天马行空、荒诞不经却能自圆其说的怪论。他不想与辜鸿铭做正面交锋，这家伙能英、法、德、拉丁语一股脑儿上，自己根本招架不住，而且他骂人和讽刺的能力举世无双，何苦招他的骂。只因今天他的演说题目太离奇古怪，容不得自己不来听，何况，自己正准备离华回国，走时不来听一场辜鸿铭精彩的演讲也真是可惜了。于是，古德诺戴着墨镜，也悄悄地来到了天主教礼堂，坐在了角落边。

辛博森和古德诺没有拍手，自有人拍手。此起彼伏的掌声传出礼堂外，给了刘二以极大的鼓舞。他摇晃着脑袋后那根辫子，坐在车兜上和一群车夫大声闲谈，告诉别人自己就是演讲者辜鸿铭先生的车夫。听说了他的身份后，几位由着兴趣在礼堂外徘徊捕捉新闻的记者也上前与他搭上了话。

"说你家老爷是哲学家，你知道什么叫哲学家，你服侍哲学家有什么感觉？"

还未待刘二回答，又有一记者道：听说哲学家大都是些沉闷枯燥的家伙，好像是水汗已被吹干了的橘子，跟这种东西做伴，除了讨厌外，怕没有别的记忆。

刘二一脸的不在乎，仰头徐徐吐了口浓烟，大声道：哲学家是什么，你们还不知道？问洋人去。哲学家是洋人给我家老爷的封号！我家老爷可不是刚才你所说的那种哲学家。我告你，跟我家老爷随便搭个伴儿，不要说是数天，就是几年，你也完全不会晓得讨厌为何物。可惜，你哪有资格给我家老爷搭伴儿。

刘二说话的神情很骄傲，他看到有人给自己拍照，更是兴奋起来，立时挺直腰杆，仿佛明天自己也成了新闻人物。

辜鸿铭的话音还从教堂飘出来：教义称"爱你们的仇敌，不要互相争斗，走向战争"。可是教会以此仅仅使人类成为了耶稣会信徒，且正是这种耶稣会教义导致了可怕的战争。相反，孔子则说"如果必要，你们应当去参战，但你们必须以一种君子之风参战，并像一名君子那样去战——简而言之，按公正行事"。人类文明的希望存在于孔子的君子之道中，其基础是按公正行事。

刘二听不懂老爷的满嘴洋文，那帮车夫更是如同对牛弹琴，他们听得懂的只是掌声。

教堂闷热，可一个小时过去了、两个小时过去了，听众依旧座无虚席，没有一人因故离席。辜鸿铭对这现象甚表满意，他最大的幸福就是有人虔诚地听他发议论，他继续口若悬河地鼓吹儒学救世：十九世纪物质的进步比从前几十个世纪的取得还强几倍，可我们人类不仅没有从中得到幸福，反倒受了许多灾难。欧洲的先觉之士已经清醒过来了，开始忧虑他们的物质文明，是制造社会腐败的种子，远不如这世外桃源的中国。诸位，目前的这场战争，必须促使我们从文明角度去认识战争，复从战争角度来反省西方文明，总之必须对此进行严肃认真的思考。

听众表情莫不严肃，这样闻所未闻的演讲不能不让他们思索。

"关于这场战争的爆发，在座诸位连同外界的人们一样，都有各自的揣测。有人指责资本家为了商业利益将整个世界卷入战争，而资本家会说这场战争使他们得不偿失，他们的子女奔赴前线、战死沙场，并且他们也会证明银行家们如何尽量防止战争的爆发。法国人也许会列举德国皇帝的罪状，而德国人则回敬以法国人王朝时代的罪行。各个国家的领导者总是尽力地证明，他们自己如何防止战争爆发，只是他们该死的敌人迫使他们卷入了战争……"

辜鸿铭直截了当地指责欧洲人发动大战的动因，他说：在我看来，英国人崇拜群氓、德国人崇拜武力即是大战爆发的根源。英国人应当负直接责任。为什么要这样说呢？就是因为德国民族仇视不义、肮脏和纷乱，所以仇视英国人崇拜群氓和群氓崇拜。德国人见自己周围尽是群氓和群氓崇拜以及崇拜者，使得整个欧洲都为大英帝国而激动，因而更加崇信武力，以为只有这样才能拯救人道，所以说英国的崇拜群氓导致了德国的军国主义。

他的分析尖锐而独到，很能吸引观众听下去。

"他们那些人，同盟国和协约国的那些统治者应当看到，整个欧洲差不多都成了一个硕大无朋的屠宰场，为此，每天要花销人民辛辛苦苦挣来的九百万英镑的血汗钱，去葬送数以万计的无辜的生命，去摧毁成千上万无辜妇女的家园和幸福。这，实在是一种该死的疯狂！难道欧洲的和平只有通过每天浪费九百万英镑实实在在的钱，去屠杀千千万万无辜的生命，才能获得吗？！好一个欧洲和平！如果这种耗资额和屠杀率再继续攀升下去，那么，不久以后欧洲和平将会到来，是的，是会到来的。不过那时的欧洲，恐怕早已从世界地图上抹了去！"

会场鸦雀无声，辜鸿铭的话犹如重拳出击，重重地撞击着人们的耳膜，在心灵深处引起巨大的回旋。

"我们如果要消灭战争、提倡和平，就要先消灭德国的武力崇拜和英国的群氓崇拜，而奉孔子中庸之道。诸位，当年我在德国曾说起孔子的'四海之内皆兄弟'、'不患寡而患不均'，又讲墨子的'兼爱''寝兵'。你们瞧，这些德国人如何来着——他们都跳起来，大声说：没想到你们家里有这么多宝贝，该分点儿给我们！"

趁着辜鸿铭喝茶之机，一位洋人在台下起身，问：请问辜先生，孔子的学说真有这么神奇？

辜鸿铭定睛看了看她,笑答:我告诉你这位尊敬的小姐,伟大的孔子学说以其宏伟气派,数千年行于世间,照耀了东方世界。相形之下,以机器文明为内核的欧洲文明不过小儿科,最重要的是,欧洲人在学校所学,一则曰知识,再则曰知识,三则曰知识;中国人在学校所学,为君子之道,三岁小儿已开始闻圣人之道。因此,伟大的中国文化才数千年不坠。孔子当有支配全世界的地位,因为他指示了人类唯一的幸福之道。

这女老外一时激动,立即用英语高喊起来:孔子万岁!她身旁的几位孔子信徒也跟着她喊起来。一时间,"孔子万岁"的呼声响彻礼堂,直听得辛博森匪夷所思,皱眉摇头道:中国不西化,真不知希望在哪儿呢!古德诺听得也是一头雾水,心想,辜鸿铭以一种理想主义的热情,以形而上的道德来对付形而下的实实在在看得见、摸得着的机枪、大炮、潜艇,用心可谓良苦,但他的儒教救世理论只能是送给这次欧战的风凉话,且拿他的话当安眠药吧!

"辜鸿铭语录"在辛博森、古德诺们看来虽然滑稽可笑,有时甚至愚不可及,但他的所作所为却使他们十分佩服,佩服他的独立人格——一个能靠自己人格和信念支撑自己的人,是了不起的,辜鸿铭正是这样一个人。与其说他喜欢做这样的独行客,还不如说他欣赏龚自珍诗中所云"亦狂亦侠亦温文"。这是卫礼贤对辜鸿铭的理解。

辜鸿铭对欧洲的了解尤令卫礼贤佩服。辜鸿铭的比较研究多好,他说得真好:欧美的竞争主义要把人类推向毁灭,只有中国的"仁义"哲学才能拯救世界。仁义,多么美好的字眼啊,辜鸿铭,多么了不起的人文学者啊,他不但有骨气,同时还有他的理论,算得上近代中国思想界的一位伟才。卫礼贤衷心称许道:这样的人,一千年才能出一个呢!

时值初夏,教堂又济济一堂,煞是闷热,辜鸿铭用手揩去额上冒出的汗珠,诙谐地说:这个世界被战火烤得太热了,也该凉快凉快了!

大家听懂了他的话,再次用掌声表示出了共鸣。辜鸿铭的精彩演讲给一位德籍博士阿诺尔德以至深的印象。过几天,旅华德国人要在北京纪念俾斯麦诞辰一百周年,届时何不邀请他参加?

六、痛批《茶花女》

袁世凯接受日本意欲灭亡中国的"二十一条"消息传出,像一枚炸弹爆响在中国,各地掀起了此起彼伏的爱国浪潮。一些有血气的北洋军人也极力反对丧权辱国之条约。督理江苏军务的宣武上将冯国璋通电反对,面对日本的武力威胁,要求不惜一战。段祺瑞亦以陆军总长身份领衔十九省将军致电政府,宣称:"有图破坏中国之完全者,必以死力拒之,中国虽弱,然国民将群起殉国。"

辜鸿铭对冯段之流虽向无好感,但觉得他们此时的表现还算差强人意,不啻给了老袁一记耳光。大是大非当前,当交通总长的梁敦彦还有那个国务卿徐世昌如何作为呢?辜鸿铭十分关切,便夤夜来到梁敦彦家中。

梁敦彦客厅里已坐着三五位客人,经介绍才知都是袁记政府的大小官员。辜鸿铭也不管三七二十一,不及答礼寒暄,坐下后就单刀直问梁敦彦对这一事件的看法。

梁敦彦虽是反对"二十一条"的,但他向来持重,在众人面前不好直接表达自己的想法,乃虚与委蛇道:我想总统是聪明人,即便不是权宜之计,也当会三思而后行的。

"重锤打不出一个响屁来,崧生真是越老越狡猾!"辜鸿铭心里暗骂道,但他又不好去拗人家的口,想了想,只好又问:你们那个相国呢?

"段上将的领衔电报,就是经由徐国务卿呈送给大总统的。"

"如此公事公办,他就没有自己的意见?"

"并无多言。"

"徐世昌老奸巨猾,还不是为了不得罪他的盟弟!"

辜鸿铭这么说罢,客厅中立有一人反驳道:徐相国这样做也是为了顾全大局吧。

"自古而来,中国历史上那些毫无责任感、毫无羞耻感的当政者,总爱以顾全大局昭告于人,似乎他们都是公忠体国、关心民瘼,实则其所作所为无不和其所言相反。袁世凯、徐世昌之流何尝不是如此?"辜鸿铭这么想罢,斜睨着那位说话人,故作不知地问:大橘(局与橘音同)究竟有多大?

对方瞠目不能对。辜鸿铭乃用双手做了个碗口大的圆形,徐徐道:我想,大橘有这样大吧。

那人不无诧异地看着辜鸿铭,问:你怎样知道?

辜鸿铭道：普通人所见到的"大橘"其范围绝不会超过饭碗，而徐世昌他们眼中的大局只是金钱和饭碗！袁世凯的大局就更大了，他的一己之家要比整个中国都要来得大。他已经投降洋人了。你们中华民国有这么个卖国总统，天下不乱才怪！

辜鸿铭一发起牛脾气来，恨不得漫天撒网来把著名的政坛闻人一网打尽。为了避免挨骂，谁都不再吭声，抽烟的抽烟，喝茶的喝茶，东张西望的东张西望。客厅内顿陷于死一般的寂静中，梁敦彦大口大口地吸着雪茄，做袁记政府交通总长几个月来的经历，着实使他看透了那些新贵们的大局是什么，辜鸿铭的话更使他内心受到了极大的冲击。万一袁世凯真的冒天下之大不韪，自己该何去何从？得作认真思考。

由于中国民气高昂、舆论大张挞伐，有力地遏制了日本欲亡中国的狼子野心，迫使日本当局同意与袁世凯"容日后协商"，撤回了二十一条中最为重要的第五号的六个条件（其中包括中国中央政府须聘用日本人为政治、军事、财政顾问，中国警政由中日合办等）。5月9日深夜11时，在日本最后通牒期满时，袁世凯将正式承认二十一条其他各条款的书面照会送交日本公使馆。其包括：日本要求继承德国在山东青岛和胶济铁路的一切权益，将旅顺、大连、南满洲及安奉两铁路期限均延长至九十九年为期，及合办汉冶萍公司等。

消息传出，举国愤怒，更有爱国志士慨然将5月9日定为国耻日。

连日的口诛笔伐，并不能使袁世凯改弦易张。辜鸿铭虽然难抑心中激愤，却奈何不了局势。这日颇觉无聊，便来约弗兰西斯外出散散心，另外也借机向他打探袁世凯的最新动作。

"散心？"弗兰西斯第一个想到的便是公园。周游过众多国家，他以为世界上最好的地方当数北京，北京顶好的地方当数公园，而公园中最舒适之处当算茶座。辜鸿铭觉得弗兰西斯的想法一点也不夸张，便商定前往中央公园看新景——洋人驯狮。

看罢，辜鸿铭触发了情感之弦，他面向弗兰西斯道：拿破仑说中国为睡狮，狮而云睡，终有一醒之时。

那位洋驯狮听得分明，抬头看着辜鸿铭，笑道：不尽然，不尽然。

辜鸿铭诧异地问：为何？

"我们初学驯狮之术，都是捕捉到小狮子后，让母狗喂乳。等它们长大，自然是狮形而狗性，这样容易训练它们做演出。为防备它们还会咬人，又用生鸦片和牛肉搅拌，以之为食。开始每天只放少许鸦片，而后渐渐加量。狮子所食鸦片日益增多，终日昏昏皆在睡梦中，尽人调戏。有时它虽能张牙舞爪、发声嗥吼，但也不过如梦谵而已，根本不能咬人。"

辜鸿铭愣愣地听着，洋驯狮随意地拍拍正在吃肉而眼睛微闭的狮子，半认真半戏谑道：你瞧它，虽有狮之形，却无狮之质，甚至连以前的狗性也没有了，它呀，注定只能长睡，永无醒时。

辜鸿铭欲说什么，却发现自己哑然无言。一时间，他仿佛就像一头战败受伤的困兽，正在静僻处舔舐着还在流血的伤口，虽无气力吼叫，但那喉咙里却仍在喷发着一阵阵低哀的咆哮声，以示心中的不服。

驯狮人以不屑的神情继续道：你们中国地大人多又怎样，如同眼前这庞然大物，受毒之深，哪里只限于鸦片呢？

听完驯狮人这么一说，辜鸿铭长久默然，心想，如此说来，把中国当作睡狮的一代枭雄拿破仑，是误把死狮当作睡狮了。但这百年来，中国人哪个承认自己是死狮？说"我们不过暂时打了个瞌睡，当心些，朋友，一觉醒来，有仇必报"。于是在那些出版物中，赫然就有醒狮和狮吼之类问世。洋人也认为你似乎没有死，但不争气的是，这狮子在自己身上挠挠痒又睡着了，于是人家断定，即使不是死狮，或者是个活猪吧。有时想起来，中国还真像一头猪，而西方人则是一条狗，狗喜欢咬弄猪，而猪则报之以"哼哼"，这甚至很可能是满意的"哼哼"，当然，最好它能安静地自己待着，叫狗不要去打扰他。

睡狮真的难有醒时吗？驯狮人讲的还真是个寓言，可怕、可怕！我国人应该尽早领悟这点……辜鸿铭离开了这里，还忍不住回望了一眼那似乎能洞穿中国灵魂的洋驯狮。

对这场震撼世界的欧洲大战，辜鸿铭要说的话太多了，各种场合的正式和非正式演说不够，更多的是形于笔端。他要向世界宣扬他心中早已酝酿的梦——儒学救世。他要把自己数十年研究中国文化的心得体会和盘托出，供世人参详，让世人见识中国文化的精神和价值所在，然后使它在整个世界重放异彩。

很快，辜鸿铭就有了数篇文章在各种英文报刊上问世，连同以前的一二篇，结集为《The Spirit of the Chinese People》（《中国人的精神》），又请擅长书法的梁敦彦、梁鼎芬分别题了中文书名：《春秋大义》《原华》。两位好友便问：一本书为啥需三个名字？他诡秘一笑，说：这正是我对此书思想主题的高度概括。关于出版这本书，辜鸿铭在纪念俾斯麦诞辰百年的纪念会上就已向外界透露，他要继诠释德意志精神后，精确地描述中华民族的精神。

首发式气氛热烈，辜鸿铭文不加点地回答各式各样的记者和读者的提问——"这本系列论文集以'The Spirit of the Chinese People（中国人的精神）'命名，不言而喻，因组成此书的多篇文论中，以'中国人的精神'为核心。""但为何此书的封面上又要题写《春秋大义》《原华》的中文名？"辜鸿铭解释说：称其为《春秋大义》，是因为本书强调了孔子在《春秋》里所包含的"尊王攘夷"和"名分"等儒教经义的缘故。接下来，辜鸿铭便乐此不疲地在洋人们呈递的书上签下自己的大名。他签的当然是中文名，虽然这中文签名比起洋文签名来要逊色一大截，但他还是要以自己的实际行动来展示汉字的魅力。

辜鸿铭口若悬河，他的话好像总也说不完，令人怀疑那不大的脑袋里是不是装着话语魔盒。坐上午餐桌后，他的话还是没能打住，见左右两边都坐着欧美佳丽，便咧嘴笑了，虽经东道主的提醒，他就是不动刀叉，说：我今天都不用吃饭了。东道主便有点紧张了，问：是不是我们这里的饭菜不好？辜鸿铭摇了摇手，说：非也、非也。中国古人不是说过了吗——秀色可餐也，又说秀色疗饥。秀色既然可餐，又可疗饥，吃不吃饭、饭菜的好坏又有什么关系呢？一席话，直听得这些佳丽们无不甜美而笑，每个人都感觉自己魅力四射。

辜鸿铭话锋一转：遗憾的是，西方的这些文明不是已经成为化石，就是全然蜕化变质，这同样在妇女身上得到了反映。如果硬要我以有限的现代欧洲文学知识来命名一本代表欧洲文明退化透顶的书，我将毫不犹豫地以《茶花女》命之。

立有七嘴八舌的声音：茶花女，那不是世界名著吗？

"是的，这是标上了世界名著的一本书。在欧洲有教养的阶层中，像这样的书能够并已经成为世界名著，的的确确是文明或道德教养普遍衰退的、真正令人担忧的标志。"接着，辜鸿铭以一种嘲弄中带着谴责的口吻环顾周围说：欧洲文明盛产的"法国茶花女"，胸前安放的一朵茶花糜烂而终，它就是当今欧洲腐朽、不贞洁的最好象征。不幸的是，现在我们中国也有一些青年，像一群苍蝇一样围着她嗡嗡乱飞，而抛弃了传统的妇人理想，这真是一场文明的灾难！你们西方人应对此灾难负责！

直听得满桌的洋人目瞪口呆，有人一个劲地摆手：辜先生，这个我们英国可负责不了，要负责就叫法国的莫泊桑先生负责。

辜鸿铭口无遮拦地说：将"邪恶的化身"这个"科学名词"用在写《茶花女》

的那个法国佬身上,实在真实而正确、最恰当不过。我坚信,以一种娱悦之心展读此书的人,他的身上肯定具有邪恶的印记,除非他立马去看道德医生,否则行将无救。相反,像我这样道德健全的人读此书时,相伴的是一种挥之不去的厌倦、恶心,道德愈健全,厌恶之感就愈强烈。一句话,任何想检验和了解自身德行的人,都可以拿此书来作为其灵魂的检验器。

"辜先生,据我所知,《茶花女》还是你的福建老乡林琴南译介进来的。"《北京英文日报》记者周文生一旁悄声相告。自辜鸿铭与《北京英文日报》老板陈友仁断交以来,周文生并没有因此疏离辜鸿铭,一有机会他总想着在辜鸿铭这边挖些文化新闻。在周文生看来,林琴南将《茶花女》译介进来,适应了学习西方、开启民智的时代潮流,划破了闭关自守的厚雾,使中国人真正意义上接触到了西方文学的瑰宝。难道辜鸿铭没有读过作品?可听他的口气,又似乎读过。这究竟是怎么回事?

辜鸿铭微微点了点头,却没有做任何的表示。他见她们说的差不多了,才轻咳了咳,道:女子嘛,就是要给人留下神秘感,少去抛头露面,犹抱琵琶半遮面才美,才能激发男子的想象力,裸露那么多,让人一览无余,岂不倒胃口?

那位最先披露日本二十一条的《芝加哥每日新闻》记者威廉·翟理斯,好一会儿才忍住笑,道:据我了解,贵国林纾先生将《茶花女》翻译成中文后,一帮少男少女如痴如醉,有关新式"髦儿戏"风行大江南北,成为时下中国女子的时尚,辜先生如何看呢?

辜鸿铭语气甚为恼火,说:林琴南将欧式社交女性引入中国后,使得我堂堂中华文明古国淑女贤妻因此日见其少,女性离传统越来越远,后果极为惨痛,可叹这林琴南仅识欧西文明之皮相,昏聩糊涂,罪不容诛……

东道主见辜鸿铭说起话来浑身是劲,一点儿也不觉困顿,而大家总有层出不穷的问题,抬腕看表,见下个活动的时间快到了,忙说:大家还是看辜鸿铭先生书中那篇《中国妇女》吧,我们还要看演出呢。

演出有点离谱,只见演员的衣着愈发地暴露,不时引来台下的口哨声。辜鸿铭看着便觉无味,道:这哪里还像女人,哪还有半点儿女人味!是林琴南的《茶花女》害了她们!说罢起身,强拉两人离开,喝茶去。

无巧不成书,他们选中的茶室,竟有三位高人在此瀹茗消暑了。你道这三位高人是谁?却是被康有为称作"译才并世数严林"的文坛健将、同出闽省首府福州的严复(严又陵)和林纾(林琴南),外加一个桐城派末期的重要人物、光宣年间曾任学部主事、辛亥革命后为国史馆总纂的马其昶。

三人旁若无人,正说得投机,冷不防背后突然爆响一声呵斥:如我操生杀之柄,必杀两人以谢天下!

辜鸿铭带着刚才看演出时的余怒而至。严复虽在1901年时和辜鸿铭同为商务版的《华英单韵字典集成》一书作过序,但两人缘悭一面,林纾和马其昶也是闻其名不知其人。三人听这么一声断喝,吓了一跳,便将目光聚向了他。

周文生见辜鸿铭引来旁人的注意,忙关切地说:先生中午是否喝多了,才讲此酒话?

"不,我是认真的,这两人必杀无疑!"辜鸿铭昂着头,粗着脖子,像不屈的斗士。

辜鸿铭的怪谈引来了马其昶的好奇,隔张桌子打探道:敢问先生,想杀哪两人?

辜鸿铭大声相告:一为严又陵,二为林琴南!

"为何?"严复惊得就差没从椅子上跳起来,林纾也是一脸的茫然,见这人并未见过的,却如何这般伤人?严复眉毛微微上扬,沉着地问:这两人不知有何开罪足下之处,竟开刀无情?

"严又陵以《天演论》宣扬物竞天择,于是国人只知竞而不言理,以致兵连祸结,民不聊生。更可笑,这个林纾(林琴南)不懂外文,却强为翻译,把个《茶花女》作为二手货引进国中,诲淫诲盗,使一班青年男女就只知奢言恋爱,而不知礼教为何物。这两个中华传统文明的罪人不杀,天下安得太平?"辜鸿铭说得慷慨激昂、唾沫横飞。

马其昶听得蹊跷,急忙相问:敢问先生大名?

辜鸿铭大声回答:大丈夫行不更名、坐不改姓,我姓辜名鸿铭是也,请报足下大名。

马其昶听得竟是辜鸿铭,急忙起身行礼,说:哦,原来竟是辜先生,失敬、失敬,在下马其昶,这两位……

还未待他说完,"啪"的一声,辜鸿铭已拍响了桌子,指着马其昶大骂开来:马其昶,滚!袁世凯的走狗,也有脸到这里来丢人现眼!我受不了这里有你的气味!

严复和林纾都指望马其昶率先与这个不好惹的老怪物干仗,谁都不愿做出头鸟。于是乎,任凭辜鸿铭激烈地漫骂,两人竟是充耳不闻、心静如水,仿佛事不关己,直让马其昶傻了眼。

《中国人的精神》出版后，销路极佳。那些欧美读者对辜鸿铭早生景仰，有此景仰，见了他的书就要买，大家都说好，便又多买了，作为礼物送给亲朋好友。这可是中国作者千年未遇的盛事，如同温度计掉热水里一样，辜鸿铭的声名迅速蹿升。连日来，前来他家讨要新书或请他签名的生张熟李络绎不绝。他累而兴奋着，兴奋自己已处在世界名人的顶端。这天下午，辜鸿铭正在家里和卫礼贤等几位德国朋友谈论此书的德译问题，刘二来递名片，说是总统府参政杨度来访。

杨度来此干吗？辜鸿铭未及细想，便让刘二请进。令他吃惊的是，和杨度同来者竟是莫理循。

辜鸿铭请他们就座并把卫礼贤等人作了介绍后，看着莫理循不无戏谑道：无事不登三宝殿，想必这就是博士顾问从英国数度来华的原因，也是你来寒舍的原因吧？

莫理循道：听说先生新有大著出版，特来府上讨要，为我的书库添上一份重金。

莫理循在中国近二十年，可谓是名利双收，不仅出版了著作，而且还获得了大量的财富，其中之一就是价值连城的莫理循书库，对此辜鸿铭焉能不知。他笑道：我的一本小书就那么值钱吗？害得博士顾问万里迢迢跨洋越海而来，何况这本书嘛，英国书店会有卖的。

莫理循道：请先生签名，那价值可就不一样了。

辜鸿铭笑一笑，说：我的书是要卖钱的，聊补无米之炊，五元钱一本，签名费就不算了，熟人打熟客嘛。

莫理循一笑：那自然。

趁辜鸿铭取书给莫理循签名时，杨度一旁问卫礼贤：辜先生以英文出版《中国人的精神》，宣扬中国文明拯救西方的思想，你们能接受吗？

卫礼贤道：我们这些人都极度厌战，祈求永久的和平，因而对西方近代文明反省尤深，所以移情别恋，热爱东方文化，满怀希望地期待光明的未来，辜鸿铭先生正是希望的使者。

莫理循从英国一回来就要拜访辜鸿铭，卫礼贤竟然以"希望的使者"冠于辜鸿铭，足见这老辜在欧美影响力何等之大。当今中国，舍他其谁？杨度一时就对这位名扬中外的怪杰心生一份敬意。

第十八章

课堂和政坛

一、应聘北大教授，冷眼看政坛旋涡

乐极生悲，合着辜鸿铭倒霉。自《中国人的精神》出版后，他的家里就没有一日平静过，不是旧友闻讯前来祝贺，就是老外来访，还有那些记者、读者、好奇者、崇拜者什么的，都快把门槛踏低了。那天晚上辜鸿铭喝得酩酊醉，送走梁敦彦他们后，忘了拴紧大门，竟让"鼓上蚤"钻了空子，不独稿费被悉数卷走，还盗去了淑姑的私房钱和一盒玉器。

"我们家难得有几个钱，现在又要守穷了！"这是淑姑在家中遭盗后的第一句话，说完，眼泪汪汪的。

淑姑常常唠叨，辜鸿铭却不当一回事。弗兰西斯听说后，赶紧找几位外国友人商议援助。大家仿佛都对辜鸿铭有感情，其中有人说：辜先生是个十分出奇的人，如果我是中国政府的首脑，我发誓将花上一大笔钱，把他供养在高级宾馆里，怎能让他生活在缺吃少穿的现实呢？！大家很快就凑了个份子钱，给辜鸿铭送来。谁知，辜鸿铭语气坚定地说：各位的盛情我领了，但这钱，断断不能收下！

进入民国以来，旧秩序已然倾塌，新秩序却未能让人如意地建立。那些遗老遗少们或随波逐流，或另事新朝，或退隐西山。新式的共和国提倡欧化万能，滥觞英美商业主义气味。辜鸿铭深深厌恶着这个刻着袁世凯印痕的新时代，然又觉隐居毫无意义，虽然现在不能"致君尧舜上"了，但还可尽自己的努力来"再使风俗淳"啊，何况家庭生计也逼着他要找个相对固定的事来做。该找什么事来做，给妻子增添大的快乐呢？辜鸿铭便想要以英文谋生，想到英文谋生，他就想操教

书的老本行。弗兰西斯的一句话对他触动很大，他说：教书也可以干政治呀。你看现在世界的和中国的大政客，哪个不是教授出身？是的，此言甚是，古德诺这个政客不就是教授嘛！现任美国驻华公使芮恩施不就当过威斯康星大学教授嘛！与不通世事的学生为伍，以自己的言传身教，今后也可望薪火续传，为大老中华培养几个真正的读书种子，引导他们做真正的中国人。辜鸿铭想到这里，便跃跃欲试了。听说国立北京大学正向社会贤达招聘教授，他衣服也来不及换，便叫上刘二到了北大。

这天，前来北京大学应聘教授的各色人等还真不少。招聘负责人正忙着，忽见眼前来了位老头，身着枣红色的旧马褂，那长袍已磨得油光闪烁，袖子上斑斑点点尽是鼻涕唾液痕迹，戴顶平顶红结的瓜皮小帽，帽子后面是条小辫子，再看他的脚，踏的是对过时的双梁布鞋。负责人冷冷地扫了他一眼，不耐烦地朝他挥了挥手，连说：去去去，我们这里又不是难民所！

辜鸿铭勃然大怒，大声问：我是来求职的，你们不是需要教授吗？

在满屋求职者的啧啧声中，负责人重又打量了一番辜鸿铭，语声十二分的惊讶：就你？

辜鸿铭声若洪钟：对，我！

负责人狐疑地看着辜鸿铭，问：你是谁？

辜鸿铭像背书般快速地介绍：祖籍福建，生于马来亚的槟榔屿，十岁赴欧，先后在英国、德国读书，其后还到过法、意、奥等国，精通英、法、德、拉丁、希腊等语言，获得过十几个学位，其中最后一个也是唯一一个本土的学位是宣统皇帝赐的文科进士……

一求职者看着辜鸿铭，忽然像发现新大陆似的小声地对旁人道：想来他就是辜鸿铭了！

北大代理校长胡仁源听罢报告，沉吟道：辜鸿铭肚子里装了不少西方的书和知识，他用英文写的文章，连英国人也点头称叹，以为有维多利亚时代的味儿，可以和英国最出色的文豪比肩。他新近用英文写作出版的《中国人的精神》，就在欧美国家名噪一时。

招聘负责人小心翼翼地提醒道：胡校长，辜鸿铭可是个有名的怪人，他到现在还效忠清朝，还在为慈禧那老妖婆辩护，而且他还留有辫子，还主张纳妾、缠足……

胡仁源笑一笑后，道：对于怪人，我总是有所偏爱，原因之一是物以稀为贵，之二是怪的一部分或大部分来于真，或说痴，如果有上帝，这痴必是上帝的情之所钟，我们常人怎么能不刮目相看呢？他这个人我要定了。你明天就向他发聘书，新学期快到了，让他有个准备。

看着红帖子，得知丈夫真的找到事来做了，淑姑高兴得连自己都觉脸红地拥抱了一下辜鸿铭。辜鸿铭好不得意，看着妻子，直问她：你快乐了吧？淑姑满脸挂笑地点头，笑得眼泪都快出来了。辜鸿铭不觉又有了感慨——学问家有学问家的烦恼，家庭主妇有家庭主妇的快乐，要做到"不以物喜，不以己悲"，还真难哪。

在辜鸿铭为教授加冕而欢欣时，大洋彼岸的另一位教授古德诺，也正为一份无以复加的厚禄而兴奋。这厚禄是他用"顾问"换来的，说得更明白些，是用他的盖世奇文换到的。如同辜鸿铭的《中国人的精神》极强烈地震撼了洋人一样，作为袁世凯的宪法顾问、美国霍浦金斯大学校长、著名的政治学家，古德诺的文章也强烈地震撼了中国。

古德诺继去年在纽约发表《中国新约法论》，为袁记《中华民国约法》鼓吹后，又于这年的8月在《亚细亚日报》发表《共和君主论》一文，认为"中国是民智低下之国，其人民平日未尝与知政事，绝无政治之智慧，则率行共和制，断无善果""中国如用君主制，较共和制为宜"。

在美国这么个实行民主宪政已有一百多年历史的国家，竟有政治学家公然提出世界国体以君主为优的论点，指出中国非行君主制不可，这对刚刚离开君主尚只有三四年的中国遗老遗少们来说，无疑是一帖强有力的兴奋剂。继劳乃宣率先发布《正续共和解》、国史馆的旧派人员联名上书复辟之议后，形形色色的人发表文章或公开演讲，沸沸扬扬地鼓吹恢复帝制，还政于清室。一时间，长城内外、大江南北掀起了一股复辟清朝之风。某日政事堂会议，内务总长朱启钤提出查禁此事，袁世凯却道：宣统满族，业已让位，果要皇帝，自属汉族，清系自明取得，便当找姓朱的，最好是明洪武后人，如寻不着，朱总长你也可以做嘛，还有朱家宝（直隶巡按使）、朱瑞（浙江都督）皆有做皇帝资格，再不然，朱友芬、朱素云亦可为之。

众人哈哈大笑，梁敦彦却听得猛然一震，心想，袁世凯岂不是在公开倡言帝制吗？而他倡言帝制，却是抵制满族的皇帝，至于汉人，当总长的朱启钤也好，社会地位低贱的戏子朱素云也好，不过是说着玩儿的。难道是袁世凯本人想为之？

这天，一辆陈旧而古朴的骡马车徐徐停在椿树胡同十八号。刘二一眼望见，便知是宣统小皇帝的师傅梁鼎芬来了，笑道：梁师傅来得正好。我家老爷和梁总长在谈事呢！

三位老友见过后，言归正传，辜鸿铭道：还政清室不是袁世凯的意图。古德诺他们不过是为袁世凯复辟帝制制造舆论。

梁敦彦虽隐约听说袁世凯有称帝之想，却不敢相信，沉吟道：古德诺并没有说由谁来做皇帝呀，他是以学者身份发表学术见解，即使袁世凯要称帝，两者间也没有多大牵连。我和美国驻华公使黄恩施先生谈时，他说"由一个国家或一个国家的官员来断定哪一种政体适合于另一个国家，那无论如何是不恰当的"。

梁鼎芬道：袁世凯如获至宝地利用古德诺的文章，却是必然的，他的野心又不是一天两天长成的。他现在一手遮天，又有德国、日本在一东一西撑腰，为什么不称帝呢？

"中外历史上不肯称帝、称王的大有人在，譬如华盛顿……"

梁敦彦话音未落，即被辜鸿铭打断：我们可不能以圣人之心来度袁大头！

时值盛夏，当外界围绕着古德诺的文章像蝉们叫个不休时，袁世凯正在中南海里紧锣密鼓地编织着他的帝王梦。为了筹备帝制，他物色到了像杨度、莫理循、古德诺这等人物，以及一班帮闲名士。

八月的京师气候令人烦躁，这一天，"筹画国家治安会"的招牌在震天价响的鞭炮声中高高悬起在石驸马大街的洋楼大门上，仪式隆重而气派。第二天，京师各大报均以头版头条重要位置发表《发起筹安会宣言书》。过了几天，京师各报又在显著位置登载了筹安会的一则启事，说"本会成立以来，要求入会者繁多，形势迫不及待，故简化入会章程，推举杨度为理事长，孙毓筠为副理事长，严复、刘师培、李燮和、胡瑛为理事"。

筹安会成立之始，这一系列非同凡响的举动在京师官场、学界、三教九流中反响哗然。梁敦彦想，这会的宗旨还不是要改革国体，把袁世凯昇上台去做皇帝。袁世凯难道真的要黄袍加身呀？他为时局苦恼着，便乘坐上他那美制轿车来到了椿树胡同，找辜鸿铭喝酒浇愁去。

当梁敦彦来到时，辜鸿铭正和凌福彭在酒桌边掂量着杨度拼凑的筹安六君子，说：一个是一心想水涨船高、梦想当宰相的政客，一个是落魄江湖的军人，两个是国民党人中的叛徒，另外两个是书呆子。梁敦彦加入谈论后，辜鸿铭笑道：他们这个筹安会呀,是产皇帝的私窠子。崧生兄现在总该明白过来了吧,你们的大总统是要做皇帝的!何不跟着杨度他们鸣锣开道呢?

"汤生休得胡说!我岂是那种人?"梁敦彦瞪了辜鸿铭一眼,随后摸出一根雪茄,也不理睬辜鸿铭,径自埋头吸将起来。

辜鸿铭嘻嘻一笑,说:我是赞成君主制的,问题是什么人做皇帝。像袁世凯那样的贱种,哪配坐龙廷。现在最适宜做皇帝的人,除了原先人马还是原先人马。

梁敦彦还是没有说话,一个劲地吸着雪茄。

"听说这筹安会六君子,唯严复没有出席那个成立仪式。"凌福彭说罢,似带遗憾又含困惑道:严又陵学富五车,一贯很有主见,当年袁世凯任北洋大臣时曾有意笼络他,被他骂了个狗血喷头,说"袁世凯是什么东西?够得上找我!"康梁变法致群情鼎沸,严又陵却大泼冷水,说"康氏怕死,梁氏爱出风头,皆难成事"。次次都被他说中,临到晚年却干下这么一件蠢事,沾惹上一身腥臊。

严复业已被舆论界视为开一代西学风气的巨人,其影响所及,对中国传统文化形成的冲击不言而喻。正因这样,使得辜鸿铭对他深为憎恶,发誓不原谅他。辜鸿铭冷笑一声,说:还不是上了杨度的圈套!接着又道:有人说他正直,我也认了。我想把他比作竹子,这竹子到处都用得着,它柔顺、中间是空的,东风吹来,它朝西弯;西风吹来,它朝东弯;没风的时候,它一点儿也不弯。

梁敦彦后来才知,正是杨度一句"先生高卧,如苍生何?"打动了严复的心,稀里糊涂地参加了令人掩鼻的"筹安会",当了个挂名的理事。

二、西餐馆里出风头,北大开学典礼特别亮相

从椿树胡同到王府井大街便有一家广东人办的"海天春番餐馆",因距住家不远,一有洋人来请,辜鸿铭便爱往这家菜馆跑。

既来海天春番餐馆,左瞧右看未见法国记者毛西尔的踪影,辜鸿铭便径自在一张桌旁坐下了。约莫等了十来分钟,侍者又来问点菜否,辜鸿铭便看了菜单,拿笔随意画了画。他也不等法国记者了,旁若无人地独自哺啜起来。从身后望去,他是个拖着长辫的老头儿,而从正面看,他使用刀叉的方法极为娴熟,像是位绅士。这等不入时俗之态,很是令人侧目。

不知何时,旁座来了两位大学生,点好菜后,便用英语交谈起来,说得疙疙

瘩瘩的好不费力，但自鸣得意之情却溢于言表。辜鸿铭听得难受，觉得他们影响了自己的食欲，但相比之下，那位迟到的法国记者伏比西更是可恶，更令他生气。辜鸿铭不搭理两学生，没想到他们倒犯上来了，其中一位诡谲地向同伴使个眼色，说：你瞧他那身衣着，令人怀疑是咸同年间的古人在世。

辜鸿铭不动声色地拿眼角余光瞥了他们一眼，仍不理会，埋头进食。

另一位大学生好生打量了辜鸿铭一番，也肆意地嘲笑起来：不，我看他所着服装乃是仿仙人所制。

辜鸿铭依旧饮啖自如，却不料又招来两学生鄙夷的眼色，一个说：这老头龌龊，还配吃西餐吗？另一个就答：咳，乡下人进京，到城门口总要拜上一拜，才敢进城，这老头儿正恰合这个比例。

辜鸿铭面带怒容扭头转身盯着他们。两人见状大恐，说：这死老头要动粗了！辜鸿铭见他们紧张样，火气倒也消了不少，用英语道：我吃西餐的时候，你们两个人还没出娘胎呢！

两人不觉惊起，方拟谢罪道歉，辜鸿铭却厉声道：你们到底是洋人还是华人？快说！

听他们说是中国人，还是北京大学的学生，辜鸿铭乃改用汉语揶揄道：其实不用你们说，我也知道你们是中国人，黄皮肤黑眼珠，那是刀锯斧砍也改不掉的。可为何不对自己的同胞讲中国话，却讲什么屁洋文？！

两学生暗叹人不可貌相，这老头儿一口英语够自己学上十年八载，羞愧低首，恨不得找个地缝钻进去。众客见这边热闹，纷纷转身过来，那些原本不屑一顾这"糟老头"的人，眼光里也情不自禁地流露出钦佩的神情。

辜鸿铭也不起身，只拿眼睛来瞄两学生，大声道：旧俄时代的贵族，见面时多持法语，就是平日与家人谈话也多用法语，俄语唯对奴仆及所谓下等人用之。他们视自国语言为奴隶语言，而以操他国语言为荣，这种亡国言行，没想到我国有悖谬更过于此者！

两学生被训得汗珠直冒，仓皇出逃。辜鸿铭像不曾发生什么事情一样，在从前后左右瞟来的目光中饮啖自如。又过了好一会儿，一个汗人，说准确点儿，是法国记者毛西尔才气喘吁吁地赶到，满怀歉意地解释迟到的原因。

辜鸿铭瞥一眼大汗淋漓的毛西尔，一声不吭，待对方解释完，才一抹嘴巴，说：我吃饱了，你付账吧。边说边起身离开。

西餐馆的那些大老爷们适才目睹了这糟老头儿斥退两位"假洋鬼子"的罕事，如今又见他神气十足，根本不拿金发碧眼、人高马大的洋人当回事，而洋人没得饭吃却付了钱，并乖乖地跟他出了门，不禁就愕然了。想袁世凯天大的一个总统，不仅要对西洋鬼子礼让十二分，对东洋小日本也是不敢造次，否则怎会有这丧权辱国的二十一条，眼前这位其貌不扬的老头儿却是何方神仙？

毛西尔下一次见到辜鸿铭，是在九月初北京大学的开学典礼上。典礼很是隆重，北京大学新聘英文门教授辜鸿铭端坐在主席台上。

主持典礼的北大代理校长、工科学长胡仁源做完简短的开幕词后，道：下面请我校新聘的英文门教授辜鸿铭先生讲话。大家欢迎！

辜鸿铭起身，向台下师生欠身为礼，脑后那根辫子不慎滑到胸前，台下哄然大笑。辜鸿铭却一点儿也不显尴尬，大大方方地把辫子往脑后一甩，即兴讲话：我来北大和诸君共事，最希望的是风气淳朴些。我为什么有这个希望呢？主要是缘于我的担心。你们中华民国的官场是腐败的，社会文化风气是浑浊的，我真的不希望我所做事的北大也染上了这个沉疴。

台下笑声过后，便是掌声。

辜鸿铭看着黑压压的人群，感情忽地激动起来，竟不顾场合，语气变得严厉，以骂代讲：说到官场的腐败，大家也知道，现在做官的人都是为了保住他们的饭碗。他们的饭碗可跟咱们的饭碗不同，他们的饭碗大得很，里面可以装美金、可以装汽车，还可以装姨太太，亏他们还有脸以公仆自居！

雷鸣一般的掌声中，毛西尔也情不自禁地拍响了手。

掌声给了辜鸿铭更大的自信，觉得在座的都是他骂人的忠实听众，于是他骂得更具体，也更欢了：我看到报纸上披露，你们中华民国总统（他总改不了"你们中华民国"这个词）的年俸是36万元，比美国总统还高一倍多，这还不够，还有48万元的总统办公费，36万元的总统交际费。我在此需要特别指出的是，这统共120万元的开支，不过是法定数字罢了，总统的特别费是没有限制的，他可以任意批条子到中国银行、交通银行取款，这些银行是总统自家的金库！

全场一片沉寂，台上台下的师生均被辜鸿铭揭示的事实真相给震惊了。假如以貌取人，台下那些学生想，这位身着蓝布长袍、足蹬厚底朝鞋、头戴红顶瓜皮小帽、拖长辫一条、手提水烟袋的老先生，该是教甲骨文、考古学之类的，岂料他竟是英文门教授，真够滑稽！先前在西餐馆遭遇辜鸿铭的两位大学生竟没想到，这糟老头竟有如此来头，他们低声告诉同学：他的英文好得够我们学一辈子。

在毛西尔看来，辜鸿铭的怪，怪在他的怪语连珠，十分的学识，十二分的才华，加上对现实的处处不满与直率苛刻的脾性，这就常常使他骂起人来秘响旁通、论起事来异趣横生。身处众目睽睽中，辜鸿铭坦然无忌，由此及彼，由远而近，说到筹安会的用心，说到袁世凯的皇帝美梦，真是夏日惊雷：皇帝的金椅是千年永固的，一旦登上龙庭，无论是爱嚼舌根的文臣，还是恃功剽悍的武夫，也都只得俯首称臣，不敢怀有二心；一代开国君主同公仆总统可大不一样，中国的二十四史以后就是袁家王朝的二十五史！

掌声过后，辜鸿铭继续说：再如社会文化风气的浑浊，大家也都是有目共睹的。现在的人，包括那些自以为是的文学教授，用词做文章都不通，他们所用的名词就不通嘛。譬如说"改良"吧，以前的人都说"从良"，字典中也只有"从良"这个词，指的是娼妓弃邪从正，没有说"改良"的。"改良"让我百思不得其解，你既然已经是"良"了，还改什么？难道要把"良"改回去退而从"娼"吗？

明眼人听得出，辜鸿铭这是指桑骂槐，骂的是那些改良派。

辜鸿铭骂人骂世、天马行空、无所不及，越说越来劲，不时让人捧腹。在台下拍照并记录的毛西尔，在本子上记下了学生们的声声议论：他怎么一开口就骂人骂世，好像跟民国有血海深仇似的。我看他八成是复辟派的人物。胡校长第一个安排辜鸿铭发言，似乎可表明他是个很有声望的人……

辜鸿铭的特别亮相给北京大学的芸芸师生留下了不可磨灭的印记，他的许多奇闻逸事在他第一次踏足北大时，便已在这块土壤上生根发芽，接着便像蒲公英一样随风四处播散。

在北大英文门一个班的学生进入各自座位所发出的嘈杂声中，辜鸿铭大摇大摆的身影在教室外边的长廊出现了。立刻，屋子里安静下来了，数十双热切的眼睛盯住了他。每位学生都试图要掂出这位老师的分量，看看他是假严厉还是真和蔼，是假古董还是真新潮，是假有趣还是真呆板？这些问题在他们的大脑中飞快地闪过。尽管他们都听过老师昨天的即兴发言，虽然老师还是像昨天一个穿戴：身着蓝布长袍，足蹬厚底朝鞋，头戴红顶瓜皮小帽，拖长辫一条，手提水烟袋，他们还是要洞察一切，试图抓住可能得到答案的每一个信息。

这位被学生们紧张焦急的双眼凝视着的人，在身手敏捷地登上讲台后，并未开口说话，却旁若无人地抽起烟来。一分钟过去了，两分钟过去了，他还在专心致志地抽着自己的烟,那张令人琢磨不透的脸被一个接一个烟圈给罩住了,根本看不见丝毫的笑容。终于,一个细细的嬉笑声忍俊不禁地从屋子的一角传出,几乎同时,从另一角又发出一个音质和音量不尽相同的嬉笑声,一个接一个,其他声音也陆续地加入进来,不少学生开始挤眉弄眼扮鬼脸。但其中两人同坐一桌,却是神情肃然、未敢造次,他们正是先前在西餐馆遭过辜鸿铭训斥的两个。越是严肃,越是被辜鸿铭那双大眼睛给逮着了。辜鸿铭向他们投去微微一笑,开腔道出了人教室后的第一句话:哦,原来是你们,幸会幸会!

两位学生最担心的就是被认出来,脸一红,正要起身说什么,却被辜鸿铭用手制止了。辜鸿铭把目光从他们窘迫惶惑的脸上移开,环顾起教室来。在这一学期,眼前这间屋子就是他的家。很明显,这屋子过小过挤,课桌也过陈旧,空气似乎不够流通,弥漫着混浊的气味,可辜鸿铭不在乎,他觉得在这种环境下教书没有什么不协调之处。

辜鸿铭宽恕了那两位无意中冲撞了他的大学生,决心为他们严守机密,但他内心却并没有忘记这件事,他由此想及,现在的大学生也太多得自以为是、不分敌我、不辨美丑了。他可不能被眼前这么多年轻而充满朝气的面孔所轻易打动,以跟着他们的感觉走,他在琢磨如何与这些新时代的青年学子和谐相处。终于,辜鸿铭抽完了烟,把烟蒂往窗外一扔,说话了:刚才,诸位一定在笑我这条小小尾巴吧?

首次在课堂亮相,辜鸿铭没有什么热烈兴奋的言辞,却自亮家丑,倒让学生们大感意外。

"诸位有所不知,这条辫子还给我争得了荣誉呢!"辜鸿铭摩挲着后脑勺的辫子道。

在学生们睁大的眼睛中,辜鸿铭又一次拣出了芝麻陈事,说:当年在爱丁堡大学曾参加百米赛跑,在离终点线只有两米冲刺时,万没料到一跤跌倒……学生们听得有趣,起哄道:太遗憾了!

辜鸿铭却摇了摇手,道:不,诸位有所不知,我跌倒时,辫梢刚好甩到了终点线,裁判们于是吵开了。不少人坚持应把冠军授予我,因辫子不能说不是身体的部位,身体部位一碰线就算胜利。

众生就笑问结果,辜鸿铭狡黠地眨了眨眼,说:裁判们吵得不可开交,最后,在要求运动委员会对比赛规则做出更明确的规定的同时,还是把冠军判给了我。

诸位，你们说我这条辫子有没有保留的价值？

太妙了，简直妙不可言！众生鼓掌而呼。

辜鸿铭一晃脑袋，把辫子甩在胸前。学生们看到，他的辫子是用红丝线夹在头发里辫起来的。他走到一位学生面前，语气极尽温和，说：我要剪下它是极容易的事，不过，据辜某人看来，诸位精神上的那条辫子想去掉可不容易，谁敢说自己精神上没有残留一条辫子？

好似凌空落下一粒小石，教室里的笑闹戛然而止。

沉默有顷，辜鸿铭那双炯炯有神的眼睛扫视一遍学生后，道：诸位也许笑我痴心于清室，准确地讲，我并非仅忠于王室，而是忠于中国的政教，忠于中国的文明。我留着辫子，这是一个标记，我是要告诉世人，我是老大中华末了的一个代表。你们的辫子是剪掉了，但融化在你们血液里的华夏文明，是想抹也抹不掉的。

大家掌声笑声未了，辜鸿铭却又说开了：这个学期由我来教诸位的英国诗，这是我的荣幸，未尝不是你们的福分。我有三章约法，你们受得了的，就来上我的课，受不了的就趁早退去。

众生洗耳恭听告示：第一，我进教室的时候，你们要站起来，上完课得让我先出去，这是师徒大义，不可不讲；第二，我问你们话和你们问我话，你们都得站起来；第三，我指定你们要背的书，你们都要背，背不出就不能坐下。有没有异议？

众生面面相觑。

辜鸿铭来到那两位被他"饶恕"的学生面前，拍着其中一人的肩膀，一语双关地说：你有没有异议？

该学生起立，答：第一、第二条都容易做到，第三条却有点困难，可我们想跟先生学好英语，也就不敢有异议了。

辜鸿铭颔首称许，一边转身回讲台，一边说：好，现在请打开 Page one（第一页）……

三、像是在上海大世界里看哈哈镜

执教北大的辜鸿铭并没有两耳不闻窗外事，即使他不主动望闻，中外那些旧雨新知，也会找上门来相诉一二，并倾听他的看法和见解。这天，弗兰西斯便来访了，告之他所了解的内情：参政院已然开会审查各省变更国体"请愿书"，一俟《国民代表大会组织法》制定颁布，便投票公举。

辜鸿铭冷笑道：这些，都是袁世凯要当皇帝的先兆。袁世凯要做皇帝，却不敢公然"我自为之"，学什么王莽篡汉的故事，叫各省绅士歌功颂德，上书劝进，真是可笑。

"那么多人跟着劝进。听说好处多多呢！"

"好处，好处能不多吗？杨度组织'筹安会'不够，还劝进起自己那位八十多岁的老师来了。他得了袁世凯那块'旷代逸才'的金匾后，还把老母接来北京风光一阵。"

辜鸿铭总要把筹安会说成"臭安会"，大家也觉得这正符合他的爱憎个性。正听他说着，却见刘二进来，在他耳边说了些什么，并递过手中的名片。辜鸿铭接过细看，却见上面写着"朱启钤总长随员"，乃笑顾弗兰西斯道：世上竟有这类在名片上自撰头衔叫某某总长随员的，且挟以登门拜客，真让我开了眼界。说罢，转头对刘二道：让他进来吧。

来到客厅的是多年不见的幕僚方，亲亲热热地作了个揖：辜兄，别来无恙？

"身子骨倒还正直，就是瘦了。咳，不如方兄来得风光呀！"辜鸿铭一边起身来拉幕僚方，一边说：听说方兄在南方油水不少，怎地跑来北京？

幕僚方是应幕僚袁和余瘦之邀从外地来京的。幕僚袁和余瘦身在京城，看到继杨度成立筹安会后，梁士诒也挂牌组织了个"全国请愿联合会"，那个内务总长朱启钤等一干人也蠢蠢欲动。他们既知帝制开始进入实质阶段，便急电幕僚方，让他从速来京。幕僚方得知事情原委后，起初并不觉欢心，只是一个劲地问：帝制对我们到底有什么好处呢？幕僚袁就笑了，说：老弟真糊涂，没有好处的话，大家难道是跟着瞎起哄？总统是可以变更的，倘若上面一变，下面势必哗啦啦换一大批人，我们这些人又得去重新经营，投靠新主子。丢了官，我们还能做什么？皇帝却是终身的，臣子的饭碗就是铁打的，除非改朝换代。不独幕僚方，余瘦也还有疑惑，说：据我所知，也有人不高兴。我看大总统手下的那些将军们，本指望大总统百年后，他们也能过过大总统的瘾，改为帝制后，他们今后只有侍奉世袭皇帝袁克定了。幕僚袁又是一笑，说：问题就在这里。不然大总统为什么一面信誓旦旦不做皇帝，一面又让别人左一个请愿、右一个拥戴，他要那些将军们心服口服，让他们主动把他请上皇帝的龙椅。我们若在此时帮大总统做事，今后只要他一加皇袍，我们能不吃香？！幕僚方被说得怦然心动，于是靠着他们的引荐和钻营，当上了内务总长朱启钤的随员。

幕僚方当然不会把自己来京的内情相告于辜鸿铭，他看一眼弗兰西斯，迟疑不语。辜鸿铭便笑道：哦，不碍事的，这位洋先生还是袁克定的老师呢，与你算是一家人，有话直说。

"辜兄才华横溢，何不呈书劝进？凭老兄在西方的名望……"

幕僚方一言未完，辜鸿铭对弗兰西斯顾左右而言：所以我说呀，政客奔走运动，皆以巨大利益为目的。投怀送抱——该投谁的怀，该送谁的抱？他们心里清楚得很，这与那满街拉客、迎新送旧以求苟合之资的娼妓，有什么两样呢？

弗兰西斯听出了话中话，忍不住哈哈大笑：你这话哲理十足，却表现出一个地道的嫖客的眼光。

幕僚方笑不是，不笑也不是，神情颇为尴尬。

"我这观点是有来由的。"辜鸿铭点上一支烟后，道：就说唐绍仪吧，他在辛亥卖身革命党，背叛朝廷，不久又做了袁世凯的国务总理，被袁世凯抛弃后又跑到广东，投靠袁世凯的死敌，像这种不讲信义、无政治操守的人，与游街拉客的娼妓有什么不同呢？说罢，又斜睨着幕僚方，说：你们那个朱启钤总长，操守也不过尔尔。方兄你说是不是呀？

幕僚方干笑着。

辜鸿铭那双大而明亮的眼睛从幕僚方身上移开，跷起二郎腿，对弗兰西斯道：要依我看，不仅政客，他们中华民国的所有政治机构也都不过是娼妓。

弗兰西斯问：你这样说，那民国大总统所居何位？

辜鸿铭吐出一口烟圈，徐徐道：我实在不忍心将他比作妓院老鸨。

弗兰西斯又是一阵大笑，想辜鸿铭如此一个好嫖之徒，居然万分鄙视和痛恨娼妓品格，这看起来似乎有些矛盾，其实也许正因为久溺此道，他才格外对此有切肤之痛。

"袁世凯以民意粉饰帝制，其最滑稽可哂者，即组织起了所谓女子请愿团，女子请愿团不足，又有娼妓请愿团，国民请愿团不足，而有乞丐请愿团，开历史以来未有之奇闻趣事也！"辜鸿铭这般说罢，又看了看幕僚方，说：方兄既是总长随员，当知此倡议者为何人？

幕僚方再也坐不住了，起身讪讪告辞。

第十八章 课堂和政坛

"慢!"辜鸿铭从桌上拿起幕僚方的名片,信手取过一支笔来,涂去"朱启钤总"几个字及"员"字,递还给幕僚方,说:方兄这名刺,以朱启钤总长随员作头衔,也太繁杂了点,我看干脆去头去尾,叫个"长随"最妙不过。一边说,一边为自己的杰作哈哈大笑起来。

幕僚方欲说什么,但看着辜鸿铭那玩世不恭、无所畏惧的神情,咽了咽口水,羞愧丧气而退。

辜鸿铭以长笑欢送幕僚方后,忽然想起了什么,若有所思地问弗兰西斯:先生既出入总统府,当可帮我弄个国民代表当当?

弗兰西斯不解而问:国民代表可是要公举袁总统为皇帝的呀。你也敢做?

"为什么不做呢?我倒想看看袁世凯能搞出什么把戏!"

早早吃过晚饭后,辜鸿铭散步送别弗兰西斯与泰蕾丝。还未出胡同,耳边响起圆浑的叫卖声:现揭锅的汤圆的来——甜甜的汤圆圆又圆喽,一个大馅好的哎——

回头一看,却见一小贩挑着个担子在沿街叫卖。辜鸿铭心想,怎么没听说过汤圆这名堂,乃向货郎招手,大声道:来,来碗尝尝。

小货郎颤悠悠挑担过来,撂下担子,熟练地盛上三碗递上。辜鸿铭疑惑地看看碗中之物,吃上一口后,终于忍不住道:这不是元宵吗?

小货郎四下瞅瞅,赶紧说:老先生,可千万不能叫元宵,弄不好要掉脑袋的!

辜鸿铭就奇怪起来:元宵就是元宵,怎地要掉脑袋?

小货郎小声相告:老先生有所不知,元宵与"袁消"谐音,袁大总统已下了命令,把"元宵"改叫"汤圆"了。一边说,一边急急收下辜鸿铭的钱,匆匆挑起货担而去。

泰蕾丝叫嚷着:中国元宵好吃,我要再来一碗。小货郎听得浑身发毛,哪敢止步,头也不回,就像避瘟疫似的逃远了。弗兰西斯看在眼里,笑道:总统这样改名,可是杰作?

辜鸿铭哧地一声冷笑,道:一肚子鬼胎的人最怕鬼。袁世凯怕小贩沿街叫卖,会像符咒一样咒死他这未来的皇帝呢!

妇女请愿团、花界请愿团、女子参政会,接二连三地在中国政坛爆响。这些让辜鸿铭目瞪口呆的名目,使他蓦然产生了一种又要让那些记者们掏笔记录的理论:让女人走向社会,这是一种无法挽回的错误。

自筹安会挂牌营业后,京城忽地出现了一群很疯的女郎,她们冶服香车、招摇过市，搞请愿坚决支持帝制不够，还砸那些持不同声音的报馆，仿佛不这样不足以显示她们所醉心的时髦。谁也惹不起她们，倒不仅因为她们个个自称总统门生，而是她们确实非同常人，不是达官的小姐就是显贵的姨太太，最不济的也是总长、议长的干女儿。

五月的天，婆婆的脸，说变就变！也就在这个时候，梁启超与袁世凯变得彻底决裂了。

梁启超自戊戌变法后与袁世凯势不两立，可袁世凯做了民国总统后，竟又接受了袁世凯的进京邀请。袁世凯像对孙中山、黄兴一样，以国家元首礼仪相待，将自己乘坐的金漆朱轮双马车饰以黄缎迎接他，还特别打开了正阳门请他进城，这欢迎的仪式是何等的隆重。可好景不长，严酷的现实让梁启超识穿了袁世凯的真面目——袁世凯能够容许的共和制，仅仅是有助于他改做君主的共和制。在察觉袁世凯称帝企图后，梁启超对两年来的追随深为悔恨。政治理想破灭之后的梁启超置身于北洋政府事外，教书、办报、写书，密切注意袁世凯的举动。如今，看到袁世凯一步步撕去伪装，赤裸裸地走上了帝制自为的深渊，梁启超终于有了自己的主张。

当袁克定、杨度拉梁启超参加筹安会，还贿赂二十万两银票时，梁启超拒绝了，并说自己要做顺应时代潮流的功臣，决不做倒退复辟的罪人。为防报复，第二天一早，他将二十万两银票扔在枕头上，然后悄然携眷迁居天津租界。其间他怀着最天真的想法，上书袁世凯，规劝他决不可行帝制做皇帝，否则背信弃义，必为友邦所讥、为国人所诟，并说"诚愿大总统以一身开中国将来新英雄之纪元，不愿我总统以一身作中国过去旧奸雄之结局"。

袁世凯当然不会因梁启超的一封信回心转意。梁启超愤而与袁世凯划清界限，作《异哉所谓国体问题者》，力斥帝制之非，表示即使四万万人中的三万万九千九百九十九人赞成，他一人也断不能赞成。此文在《北京英文日报》的汉文版上赫然刊发后，如同一颗重磅炮弹炸在中国政坛上，在全国各地引起惊天动地的轰鸣。

这些事，辜鸿铭是后来才知道的。回想他们以往的合作，连着各色女子的请愿，给他的感觉，好像是在上海大世界里照哈哈镜。政治是何等的肮脏，天下之道，不是王道就是王八道，暂且抛了这王八道去，倒不如与夫人忘情山水。两门不出待在家里相夫教子的夫人多好啊，与她在一起，多快乐、少忧伤。

不久，经弗兰西斯活动，辜鸿铭取得了议员资格。当弗兰西斯向袁家父子推荐辜鸿铭时，袁世凯说：辜鸿铭是反对我的呀。弗兰西斯就说：人总是会变的。据我所知，辜鸿铭已经很久没有骂总统了，他是拥护帝制的。这最后几个字起到了决定性作用，袁世凯默然片刻，就同意了。

辜鸿铭听弗兰西斯如此相告，摇摇头，道：波里，你知道的，我拥护帝制，可不是拥护袁世凯这个贱种当皇帝！

弗兰西斯道：这个我知道，你既然这样，为何还要担任袁世凯的议员？

辜鸿铭笑道：这个劳什子议员本没什么当头的，但一可以发挥点牵制作用，二可以抓住时机多给袁大头一点难堪，三保准能领到些阿堵物。何乐不为！

旅居北京既久，弗兰西斯对四合院情有所钟，他总感觉四合院里住的人的心态与常人有所不同。四合院自成一统，与人无求，与世无争，这等环境中培养起来的心态，好的方面是坦率，坏的方面是保守，哪怕不能适应外界变化，也不改初衷。他感觉辜鸿铭这两方面都兼备。

弗兰西斯带来的信息中，最使辜鸿铭震动的还是北洋集团那些大小人物，他们并没有多少真心实意支持袁世凯称帝的。号称北洋三杰的王士珍、段祺瑞、冯国璋就常搞小动作，追随袁世凯多年的幕僚、内阁教育总长张一麟公开劝阻袁世凯行帝制，就连皇二子袁克文也作诗讽谏。

辜鸿铭道：后院都起火了，袁世凯能得多少人心呢？梁启超和张謇他们还算跑得快！想他们当初多像一家亲啊。嚙，婆婆的脸，五月的天，说变就变！

辜鸿铭的挖苦，多刻薄，多冰冷，又多活灵活现啊！三天两头都要出入中南海的弗兰西斯，耳闻目睹了多少令他难以相信的事实。中国的政局真是说变就变啊！

海聊一番出书房时，弗兰西斯却被眼前的景象愣住了：珍东、娜佳和泰蕾丝在院里叫着一二三，分别把手中捏好的面人儿掷于地，踩上一脚，异口同声地喊：打倒总统，打倒皇帝，打倒袁世凯！

又一日，凌福彭来访，谈及袁世凯帝制不得人心，道：美国佬古德诺真不知钻进了什么牛角尖，竟然要拥戴袁世凯做皇帝。

辜鸿铭道：古德诺可不是那种帮忙造点舆论的外国旅游者，也不能说他是来骗饭吃的。我倒同情他太倒霉，轻易吃了杨度的大亏。

"为什么？"

"你知道吗？古德诺来华前是美国政治学院院长，要不是被杨度捣了蛋，他可能要被共和党提名为总统候选人,说不定就接了威尔逊的班,当了美国总统……"

辜鸿铭正说着,门外响过汽车喇叭声,走下车来的竟是梁敦彦。凌福彭急地起身相迎,辜鸿铭却依旧懒洋洋地坐着,斜睨对方一眼,以挖苦的语气道:总长大人体察下情来了!

梁敦彦一脸的严肃,说:总长一职我已辞去,我今天是来向老兄道别的。

"辞职?"辜鸿铭真不相信梁敦彦也会辞职。当初梁敦彦从美国回来,自己就苦口婆心地劝他勿要和袁世凯合作,他就是不听,怎么现在想着辞职了?

梁敦彦庄重地点了点头,道:老袁果有野心称帝,我岂能同流合污,所以退出政界。

辜鸿铭一反刚才不冷不热的情态,一跃起身,上前亲热地拉着梁敦彦的手,拍拍他的肩膀,赞赏道:难得崧生兄与老袁划清了界限,做顺应时代潮流的良民!

凌福彭一旁问:崧生兄意欲何往?

"息影津门!"

辜鸿铭"呀"了一声,道:做隐士有什么意义呢,为什么不能像我这样战斗呢?!大隐隐于市,中隐隐于朝,小隐隐于野!

梁敦彦也懒得理论,说:我争不过你,还是省点儿时间和气力向芮恩施道别吧,不过我得提醒你这么一句"卷土重来未可知!"

辜鸿铭一时没有品出这弦外之音,见他要去见芮恩施,好说歹说要跟他一同去,说:我也多时不见芮恩施了。听说这个美国鬼子也是反对老袁称帝的,算是我的西方盟友,如今关键时刻,得给他打打气。

四、处处皆是演讲场

地处东交民巷的美国公使官邸,是座华丽的中式建筑,杨栌树叶在秋天的空气中开得灿红。

莫理循的造访,使美国驻华公使芮恩施的客厅里发出了激烈的争辩声。多年来,他们常就中国问题交换些看法。在对待中国欲行帝制的问题上,他们难得地出现了分歧。芮恩施不很赞成莫理循对帝制的阐释,也不很赞成古德诺所发表的文章。今天当着莫理循的面,他又一次重申了自己的立场:我还是认为,企图重建帝制是向后倒退,而且,由一个国家或一个国家的官员来断定哪一种政体最适合于另一个国家，那无论如何是不恰当的。说罢，在递给莫理循一个意味深长的眼神的同时，也递上了一根上好的雪茄。外交官折冲樽俎，习惯非吸雪茄不可，养成习惯，竟是一日不可无此物了。

莫理循无法说服芮恩施，而且他知道，不独芮恩施，就连由自己推荐来担任英国驻华公使的多年好友朱尔典，以及其他一些国家的驻华公使，也大都反对袁世凯的帝制活动。

见莫理循还是埋头吸着雪茄，芮恩施遂又道：博士既为袁总统顾问，何不劝说利害？

莫理循轻叹了口气，半响才说：我在华做总统顾问的经验是，头一年热情，第二年悲观，第三年漠然无动于衷。

这话可不像当初雄心勃勃欲行改变中国的莫理循说的，但他今天却交心一般地道出了内心衷曲，言谈中浸透出无边的失望。直听得芮恩施心里咯噔一下，难道莫理循竟不吃香？

莫理循的失意是随着时光的推移与日俱增的。在不遗余力地推销大英帝国殖民主义政策时，在他自视黄金万两的建议遭到搁浅后，他对中国的人和事越发地模糊起来，直到无法理解。虽然袁世凯已不像当初那样对他几乎言听计从，但他还是想把袁世凯推上帝制的位置，为他改变中国的宏伟目标做最后一搏。也许到那时，一切都好说了。

芮恩施和莫理循交谈间，秘书送上梁敦彦的名片。芮恩施拉上莫理循一同出来迎接，一边大声说着欢迎之语，一边张开了双臂，等着梁敦彦的拥抱。但辜鸿铭的在场，改变了梁敦彦的既有做法，只是和洋公使握了握手。准确地说，在看到辜鸿铭竟随同前来的当儿，芮恩施就已有意识地收拢了那张开的双臂，他知道这个"中国刺猬"的文明观，他不想招惹这个中国真正的外交官。

"辜先生真是稀客。"这话几乎是芮恩施和莫理循异口同声说出的。大家都笑了，辜鸿铭总会使人产生笑意的。

不待梁敦彦说话，辜鸿铭抢先道：你们先说一说官场那些乌七八糟的事，我到外边呼吸一下新鲜空气。说罢，径自起身出门。梁敦彦也乐得辜鸿铭回避，省得他一旁多嘴，于是向芮恩施和莫理循使了个眼色，任其自便。

但这份清静为时不长。三人正面红耳热议论之际，那串他们熟悉的声音已直抵耳根前：你们说的袁世凯，我见过的，腿短腰粗头圆，像是只活脱脱的癞蛤蟆！

话毕，人已随一阵秋风而来，在原先位置坐了，毫不拘谨地拿起桌上的雪茄抽起来。辜鸿铭知道，但凡这些外交官，雪茄价上都是不封顶的，他平常可抽不起。

芮恩施轻声道：辜先生，据我所知，你所痛恨的人，康有为、梁启超他们都由对立的立场不约而同地成为你的同路人了，你不想庆祝一下自己"吾道不孤"吗？

辜鸿铭哪能对这些破坏中国传统文化的罪人稍加宽宥呢。他唉唉两声，道：什么同路人？就说这个梁启超，只要老袁不当皇帝，不管是做独裁总统还是做终身总统，他仍还是愿意为老袁跑前跑后，效犬马之劳的。我呢，不管他老袁是做总统还是当皇帝，都是"呸、呸、呸！"

莫理循却讨厌辜鸿铭的古怪，觉得他的种种言谈多是使性子所为，曲辩、诡辩、强词夺理不说，有时纯粹就是令人啼笑皆非、不知所云的牵强比附和东拉西扯。但他不想再与辜鸿铭论战，他领教过其独一无二的辛辣的讽刺。他只是喃喃地说了一句：辜先生难道不知？贵国很快就会有自己的皇帝了。

"我国民谚常借用自然现象来说明事理。比如，'水落石出'暗喻隐藏的恶行终将暴露；再如，'草叶露珠片片有'意味着天道的公平。我甚至觉得，这些民谚是针对袁世凯而说的，也许要在他收场之时，他就会领悟出来。"

一旦辜鸿铭开口说话，那他往往就是大家的中心。芮恩施一时竟也顾不得梁敦彦，辜鸿铭刚才那句话让他眼睛一亮：辜先生难道给袁总统的帝制活动作了预测？

辜鸿铭一字一顿、声若洪钟地说：非败不可！

芮恩施听得浑身一凛，辜鸿铭这论断与他真是不谋而合，他纵是严谨，却还是于话里透出了自己的心思：袁总统不幸晚生了一百年。如果他早生一二百年，在一个封闭的大帝国里照样当一名大臣，人们都不知法国大革命、美国独立战争这档事，民主自由等学说也没能传播进来，在那时，有机会让他取代满族皇帝当一个汉族皇帝，或许还是个不错的天子。可惜，他是于一个大变革的时代生在一个大变革的国土上！

莫理循还是不同意芮恩施的看法，说：时势造就人，人也可以改变时势嘛。

辜鸿铭就此截住了莫理循的话，说：博士顾问一天到晚都想着改变中国。我告诉你，枪毙袁世凯，让梦魇般的民国回到大清时代，是改变中国时势的最佳方式……

说话间，一个惊雷似的声音从屋外吼出，震得屋宇嗡嗡作响，一时让辜鸿铭噤若寒蝉，梁敦彦也吓了一大跳。

"坦克,不许胡来!"随着莫理循一声喊,那吼声戛然而止。辜鸿铭和梁敦彦正面面相觑,眼前已旋风一般跑来位十来岁的胖家伙,径直走到莫理循面前。莫理循抚摸着他的头,让他见过辜鸿铭和梁敦彦。原来这胖小子竟是莫理循的儿子,他的拿手绝活就是爱在人们面前展示他那惊人的肺活量。他旁若无人地一声怪吼,往往能把方圆十里的人震得心惊肉跳。

胖小子大大方方地向两位中国客人行了个鞠躬礼,一口汉语从他那厚厚的嘴唇间流利地蹦出:我叫乔治·阿拉斯戴尔,生于北京,长于北京,东安市场的各类小吃养胖了我,又因为我嗓门大,父亲就叫我坦克。

梁敦彦听得有趣,哈哈大笑起来。可辜鸿铭怎么也乐不起来。传教士的第二代已经是个小小中国通了,这无论如何不是个喜人的信号。辜鸿铭与其说是被"坦克"的一声怪吼乱了心情,还不如说是被传教士的第二代搞得心里颇不宁静。

吼声,由那些中国人的肺腑发出并汇聚而成的吼声,也搅乱了袁世凯的心绪。

亲子作诗反对,胞弟、胞妹登报脱离关系,梁启超振臂举戈,张謇、梁敦彦、赵尔巽、李经羲等纷纷辞职,是随着这吼声到来的。袁世凯不免有些沮丧,最使他意外的是,担任政事堂国务卿的盟兄徐世昌竟也向他辞职,并说:帝制诚乃大事,不可不留下回旋余地,如果使亲厚的人都陷于其中,万一将来事机不顺,就没有局外人挺身而出为总统转圜了。我当此时求去,尚是局外之人,不是为我自己设想,而是为总统留一后步。就在袁世凯似乎有些瞻前顾后、举棋不定时,全国各地统一按所谓"请愿委员会"指示,申决国体投票,报来的消息竟是清一色的主张君主政体。长子袁克文的智囊参政杨度的鼓噪,更使袁世凯利令智昏,使他坚信自己不是孤家寡人。他觉得自己踩着石头过河,如今已排除了一切艰难阻挠,跨过了湍急的河道中央,下面完全可以抹抹汗、松口气,等着顺利抵达彼岸了。

当辜鸿铭随着众议员们鱼贯地进入议事厅时,但见身着厚皮大衣虎视眈眈的军警们在两旁夹道,看似欢迎议员,实是监督。辜鸿铭边走边嚷:岂有此理!选举总统我见过,从没听过有选举皇帝的!他高亢的异议,在人流的鼓噪声里显得很是微弱,没有人注意他的话,即使有人听见了也不在意。

议事厅中间立着两个大甂,左甂贴"君宪"两字,右甂贴"共和"两字。看到一长溜议员填了票,均向左甂投入,辜鸿铭简直要被气疯了,这么一投下去,中国就有一个皇帝要坐龙廷了,而这个皇帝竟是自己最深恶痛绝的袁世凯,他能不急嘛!他愤而敲击着桌子,大声疾呼:议员先生们,拿出你们的道德良心来,这强盗走狗都不如的袁大头,他配坐金銮殿吗?

因为用力过猛,他声音都有点嘶哑了,但除了杨度等人投来的怒火之眼,没有几个人理睬他,人流继续向着左瓯而涌。他呆呆地站着,在长长的投票队伍中,他发现了一个又一个熟悉的身影——幕僚袁、幕僚方、高海山、余瘦……忽然他一个箭步上前,拦阻一人道:云门,你也要投老袁一票?

云门是参政院参政樊增祥,他因师事过张之洞,所以和辜鸿铭认识。他瞄了辜鸿铭一眼,淡淡地说了一句"识时务者为俊杰",就挣脱了辜鸿铭的纠缠。

辜鸿铭呆呆地看着,他发现天地间数自己最孤独,孤独使他生就一种无以言喻的壮美,他迈着流星大步,与那帮俗人背道而驰,高举着手中的票,向着右瓯投入。

开瓯验票,结果不言而喻。杨度以嘲弄的口吻看着呆若木鸡的辜鸿铭道:老先生也看到了,这次选举,可是充分发扬民主的,这可是大伙共同选举出的皇帝。

"木鸡"被这刺耳的冷嘲给激活了,辜鸿铭昂头扬眉,一如雄鸡遇敌竖起鸡冠一般,冷眼面对这位日益蹿红的政敌:民主个屁,说白了还不是胁迫!说罢朝地上吐了一口痰,大声道:投票也罢,普选也罢,不过是个空名,最终选出的只是那些靠枪杆、靠嘴皮吃饭的官僚政客!

全场一片寂然,这会场上响起的空谷足音,让有的人脸红,让有的人沉思,让有的人感到好笑。

"诸位!你们一定还记得我曾引用过的卡莱尔的那句名言'君权对于我们来说,若不是一种神圣的权利,就是一种魔鬼般的罪恶'。在现代社会中,总统、政客和公职人员的欺诈和伪善,使得他们一面声称政治无道德可言,一面又在动听地大谈什么社会之安、国家之善,这就是卡莱尔所说的魔鬼般的罪恶!"辜鸿铭的话铿锵有力,很是煽情,一帮议员们似乎有所触动,在低声议论着。

眼看辜鸿铭又要把会场当成演讲场地了,杨度急忙拿了喇叭呼呼:大家既然一致赞成君宪,应即奉当今袁大总统为我国皇帝,并向大总统恭上推戴书。

众多议员拍手赞成,幕僚袁、幕僚方、余瘦和高海山拍得最响,他们的手上均戴着开会专用的"拍手套"。高海山与辜鸿铭相距不远,见辜鸿铭正冷眼面对自己,只觉耳根为之一红,迟疑着先行放下了手。

虽然辜鸿铭投了反对票,但三百银圆的议员出席费还是少不了他。看到他在领取银圆,肩挎相机等着采访的爱米就想,他骂人骂世,自己也不见得清高嘛。她上前截住辜鸿铭,道:辜先生,记得你说过,民意代表领取政府赏赐,是政治

第十八章 课堂和政坛

婊子之所为，今天，我可碰上新闻了。你对手中的黄白之物，有何高见？

辜鸿铭拍拍一包现款，说：没错，你撞上了新闻。高见不敢当，出席费不可谓不丰厚。你跟我走一趟，我身上还有可作独家新闻的材料呢。

于是乎，爱米的黄包车与辜鸿铭的黄包车并辔而行。

刘二把辜鸿铭直接拉到了前门外的八大胡同。辜鸿铭下了车，在一家名曰春香楼的窑子门前站定，举着那袋银圆，向爱米摇晃着，发出叮当作响的声音。爱米看着四周环境，气黄了脸，正待发话，却见辜鸿铭刹那间已被红红艳艳的窑姐们连推带搡地弄进了春香楼。爱米怔怔地看着这一切，心想，如此亵渎政府，还真要有点傲骨。

出了春香楼，辜鸿铭又奔毗邻的秋露馆，依旧点一遍名，为每位窑姐奉送一块银圆，直到把这包来路不白的钱全部花光后，才哈哈大笑，道一声"人为财死，鸟为食亡"，扬长而去。

辜鸿铭来到黄包车前，见爱米不曾离去，还在等候他，不觉脸红了，讷讷地问：你还没走？爱米笑道：在等辜先生的独家新闻呢！

两人弃车，默默地往前走了几步，爱米突问：既然这样，辜先生为何不再纳妾？

辜鸿铭叹了口气，良久才道：自我如夫人贞子去世后，我就发誓再不纳妾，咳，这就叫"曾经沧海难为水，除却巫山不是云"。

难得辜鸿铭如此有情有义，直让寡居多年的爱米听得好生感慨，油然地陷入了沉蓄多年的情感旋涡。

五、京城底下第一号傻瓜

辜鸿铭在推戴会上孤掌难鸣，只好摇笔弄墨发些空议论，又觉得这样过于冷漠，太无聊了，便想着在学生中寻求知音。连续几天，他早早地来到教室，为的是上课间隙和学生们闲谈，向他们灌输自己的思想。

"你们民国成立以来，到现在越走越不是路，将近走到绝地了，这周围的空气之坏，真要叫人窒息欲死！"

辜鸿铭的声情并茂，听得学生们很是入神。他因此愈发地口无遮拦：你们说，现在社会大乱是什么原因呢？我看主要是因为没有君主。比如说法律吧，你要说"法律"（辜鸿铭说这话时声音奇小），没有人害怕；你要讲"王法"（辜鸿铭说这话时，声音高八度，接着还拍了桌子），大家就害怕了，少了那个"王"字就不行。

众生哄堂大笑，对这个帝制派的余孽，他们并不觉得可恶。前来听课的哲学系学生冯友兰还冲口问：先生既然拥护帝制，为何反对袁世凯当皇帝？

辜鸿铭朝他努努嘴：我有约法在先，凡向我提问者必须起立，因此我拒绝回答你的问题，但我可以告诉大家"士可杀不可辱"，即使袁世凯拿枪逼着我，也别做梦我会选他当皇帝。哼，这个贱种，哪配坐龙廷！

当当当，上课钟声响起。辜鸿铭走上讲台，龙飞凤舞地在黑板上写了两个英文单词：anarchist、monarchist。接着手指 anarchist 一词道：现在中国无王，所以你们统统是无王党、无政府主义者。又指着 monarchist 一词道：我呢，却是个保皇党。

在众学生的嬉笑声中，辜鸿铭挥挥手，道：闲话休提，言归正传，请诸位打开 Page one……

下课后，辜鸿铭特地在北大孔教会那边转悠了一圈，他已然听说孔教会最近专门组织了一次评选中国伟人活动，已经揭榜，他想顺道去看看结果。在他踟蹰而来时，迎面走来几位教授，大概也是看了榜什么的，正高声谈论着什么。第一个说，要依我来看，袁总统尊孔尚有群众基础，但称帝恐怕难以为继。第二个说，你要知道，大总统尊孔和称帝走的是同一步棋。第三个说，孙中山在这次民意测验中名列第三，仅次于孔孟。而数千年来被奉为万岁爷的皇帝，已失去了神圣光环，除秦始皇外，其他的都名落孙山，可见辛亥革命推翻帝制深得人心，尊孔者未必就拥护皇帝。

他们看见辜鸿铭走来，微微点了点头，算是致意。这是什么礼节，不中不西，不洋不土的，辜鸿铭有些反感，竟视而不见，与他们擦肩而去。评选榜果然张贴出来了，唱票的结果是：计开崇拜孔子者二百零七人，孟子九十六人，孙文七十一人，诸葛亮、范文正四十二人，朱熹三十一人……袁世凯亦榜上有名，与秦始皇并列十一人。

辜鸿铭伫立看榜，耳边又响起了一群学子的议论。他听着他们作践孔子的语句，十分不悦。学生们却不在意他的脸色，似乎不认识他。他一气之下，直往文科教员休息室走去。

休息室里，一帮教授或喝茶，或抽烟，或看报，或谈着什么。辜鸿铭在大家的问候声中择个位置刚坐下，忽听得窗外传出鞭炮声、锣鼓声，急又起身，和众教授把头往窗外伸看。正在这时，一个身影风一般冲进来，嚷道：诸位、诸位，我刚得到消息，袁总统已正式称帝，明年着改洪宪元年的命令也下来了！准备举办大典，爵封内外百官，外面街上热闹得像过年！

大家定睛一看，却是一身兼经学家、小说家和诗人的黄侃，想来因是筹安会理事刘师培的弟子，所以知道消息比较快。马叙伦急切地问：怎么个封法？

黄侃道：据说呀，皇帝要封校长为中大夫、教授为下大夫。

就在不少教授鼓掌之际，马叙伦霍然起身，一张脸因为激动而涨得通红，洋溢着热烈的正气，他掷地有声道：我拒绝接受袁世凯的爵位，如不从，我干脆辞职！说罢离座而去。

"什么中大夫、下大夫的，都是狗屁、大便，老子不稀罕！"黄侃说罢，也飘然而去。

黄侃字季刚，满腹学问却不重著述，尝言八部书外皆狗屁，其怪癖成性，最爱俾睨调笑，最不喜当官，即使听到做官两字，也如同恶病来侵。虽以师事刘师培，但当刘师培招其人筹安会称说帝制时，黄侃瞋目道：如是，请刘先生一身任之！

一时间走了两位名教授，休息室里议论纷起。辜鸿铭轻咳了咳，清了清嗓子，徐徐起身，道：职我是不辞的，要辞就得让袁世凯辞。爵位我是不受的，要受就让那些小人去受！

辜鸿铭打击了一大片，立时就有人反应过来，追问：何为小人？

"接受袁世凯爵位的即是小人！"

"先生为何不受呢？"

"袁世凯作为先朝重臣，倒清建共和，自为元首，是不忠。他先辈在世时，知道这小子蓄有异志，曾劝诫他不可存非分之念，今他径自为帝，是不孝；他对往日同僚誓言，既为总统，夙愿已偿，决无他志，今竟自为帝，是不义；人民憔悴于虐政，膏血已尽，他却多方吸取财帛以筹办大典，是不仁。如此千夫所指之罪人、小人，哪配给我授爵位？！呸、呸、呸！"

辜鸿铭言罢，转身出门，背后飘起一阵奚落声：京城底下第一号傻瓜！

辜鸿铭回头，幽幽地道：傻瓜是谁还说不准呢！俗语说"莫看新娘子上轿，要看老太太收成"。我可改句话说"莫看袁世凯风光，要看他收场结果"。

1915年12月12日，经过假惺惺的二推二让后，袁世凯终于接受了代表"民意"的参政院的推戴，在短短的几天里，颁布了一系列重大决定：定国号为中华帝国，改明年为洪宪元年，改太和殿为承运殿，改中和殿为体元殿，改保和殿为建极殿。又申令旧僚黎元洪、奕劻、载沣、世续、那桐、锡良、周馥，故人徐世昌、赵尔巽、李经羲、张謇，耆硕王闿运、马相伯等十三人不称臣。

申令既下，辜鸿铭大为恼火，仰天长啸：不称臣的，还有一个老辜！

当决定回国的爱米来椿树胡同十八号话别时，辜鸿铭从八大胡同回来不过一刻钟。他气也没来得及喘，便又讨伐起了袁世凯，说：纵使袁世凯做得了一国之君，又岂能流芳千古？

爱米不想多听他的讽时讥世，只希望他能讲讲话别之辞。正在这时，门口又响起了铃声。

满脸戚容的幕僚方走了进来。他是来向辜鸿铭借钱的，因为急迫，也不管有洋人在旁，只顾向辜鸿铭诉苦，云自己如何被骗误入歧途，现在连吃饭回家的钱都没了。

辜鸿铭冷笑道：新娘已入洞房，媒人还有何用！其实，你们何时在袁世凯眼里？你们推戴他，无异于给猫爪戴戒指。

这前后两句话讲得何其精辟，辜鸿铭堪称语言天才，爱米心里这么想着，不经意地向他投去了深沉的眸光，这里头，包含着敬佩，也包含着惜别。

幕僚方哀求道：乞望老兄看在多年同僚面上，借些钱让兄弟回家，自此后兄弟再不涉足政治……

辜鸿铭又好生讽刺了幕僚方一番后，才叫淑姑取些钱来，打发了这个被袁皇帝遗弃的落魄同僚。

爱米在告别前，从坤包里取出了精致的笔记本，请辜鸿铭留下赠语。

辜鸿铭沉吟道：我向来是不爱给人题字的……但对夫人嘛，还是可以例外一次，我就录贵国歌德的箴言相送吧。说罢接过本子，拿笔在上面飞快地写了一段德文：

对一切事物，特别是对爱和友谊不存利害之念，是我的至上追求、指导原则和人生准则。因此后来，我在一首诗中有这样一句调皮唐突的话："如果我爱你，那与你有何相干呢？"这就是我心灵的剖白。

引用歌德语录，那是辜鸿铭的心声吧。爱米品味着这特别的赠语，不觉对辜鸿铭涌起了丝丝情思，竟有点依依不舍起来。辜鸿铭似乎读出了她眼光中的内容，更怕自己触电，被这灼人的眼光所融化，急地避开了视线。爱米却不由自主地靠近身去，用德语急切地道声"亲吻我"。她闭上眼睛，等着这心中敬慕的名士那深深的一吻。如果他能吻，如果他不怕玩火，她将立即撕去这已购的车船票，她将愿意做他没名分的夫人，甚至妾，她也将不怕玩火。

好半晌没有动静，好半晌才传出一声淡淡的声音：天下没有不散的筵席，夫人早日回到你的祖国，爱善良的中国人民吧，一如我爱着友好的德国人民。

六、在袁世凯归天后办堂会戏

当当当……京城各处庙宇此起彼伏地撞响了钟。紧接着，军乐队和华乐队分奏起哀乐，好不惊天动地。一支前不见头后不见尾的浩浩荡荡的送葬队伍长蛇般地起动了。

仅做了83天皇帝的一代枭雄袁世凯，在举国的唾骂声中死去，在市民们的讥议声浪中，在101响的礼炮声中，被送出了京城。

从新华门向南，到中华门，到正阳门，到前门车站，看热闹的男女老少沿途站成了人山、排成了人海。可怜的莫理循，眼看自己改变中国的宏伟目标将因袁世凯的死去而流产，心情还真是有些许的怆然，哪有心思闲情来阅读眼前这些送葬人群的心思，于是他犯了一个错误，还以为这是老百姓自发的礼遇呢！还是芮恩施来得清醒，这位爱好文学的公使，站在送殡的公使队伍里，一双眼睛却更多地投向两旁的人群，心里已打好了回去描写袁世凯大出丧的腹稿。

市民们的幸灾乐祸是莫理循、芮恩施们所没有看见的。李女在今天就显得特别的幸灾乐祸，说：袁世凯死了，罪有应得，谁叫他当了皇帝也不给我们一个封典……一旁的高海山急急地"嘘"了一声，轻声说：当今的黎总统和段总理都是袁皇帝的门生呢！

在人群一角，纫香与几位窑姐也在说笑。这个说：袁世凯这短命的皇帝，还害得我们姐妹给他上街请愿白忙了一阵，让我们少接了几个客。那个就笑话对方，说：你追到地府跟他讨去吧！

当浩大的殡葬乐队经过辜鸿铭一伙人面前时，辜鸿铭"咦"一声后，大声道：怎么搞的，这曲调听来耳熟呢！

凌福彭、乔樾等看着辜鸿铭，不知他又有什么高论。辜鸿铭正儿八经道：这段曲子，我保证在不久前的一次婚宴上听过。

凌福彭不知所以，道：怎么可能呢，那个是喜事，这个是丧事！

"所以纳闷就纳闷在这里。"辜鸿铭吸了口烟,道:近来各处,凡婚丧之事以有西洋鼓吹为体面,也就有投其所好,临时拼凑起此种鼓吹班子等人来雇用者。他们所吹奏的曲调本来不多,又不知如何使用。于是,今日甲家送丧,他们受雇为之前导做鼓吹,却不知甲家为何许人、音调适合不适合用来送丧;明日乙家办喜事,他们又受雇前往鼓吹,根本不知曲目和音调是否适用于欢喜场面。老实说,我至今分辨不出婚礼与葬礼仪仗有何不同,直到我看到一口棺材或一顶花轿。可怜老袁,就这么稀里糊涂地被打发上了西天。

这伙遗老大笑不止,乔樾道:老袁要知你如此作践他,真该在他归天前收了你同去。

凌福彭道:老袁可不要老辜陪,否则他在极乐世界就乐不起来了!

大家笑得眼泪都快出来了。继鼓乐队后,一排纸扎冥品也张牙舞爪地出现在大家的眼前。凌福彭看得刺眼,说:连轮船、轿车都配套带到阴间,你们瞧,那车上还配了个专职司机呢,这老袁,死了也要享受西方物质文明!

辜鸿铭幽幽道:当官的、有钱的,到阴间还想当官有钱,可见官和钱都是好东西,可以买房置地,可以明里暗里娶妻纳妾,可以弄个像样的大墓住,可以摆个有品级、有辈分的牌位炫耀,甚至有女子来陪葬。狗日的死都死了,还张扬个什么!

经这群活宝一闹,周围的人也像是吃了开心果,觉得袁世凯的死让人间少了个风云人物,街上走过一出风俗大戏,远山多了座风光大墓,如此而已。那些胆大些的看客甚至还认为,这些顶级人物的死,何尝不是他们这些活人的节日。

"狮子一走,群狼翻天——从此国家怕又要陷进无边的内乱了。咳,生灵涂炭呀!"

近旁不知谁说了这么一句,教辜鸿铭顿陷沉思中,望着这难得一见的盛大出殡场面,他胸中就又闷闷不乐起来。想那老袁虽不是真狮子,可他死了,狼群更要翻天了。大头目一死,小头目蜂起,这就是王八蛋之道,今后的政体将走向何方?

洪宪皇帝既奔黄泉,北洋政府下半旗志哀,并令全国停止一切娱乐,举哀三天。可椿树胡同十八号却是彩灯高悬、鼓乐喧天,像过盛大节日一般。门口墙上挂着红底白字的水牌子"特请津、沪名角大会串",一行字写得歪歪扭扭,忽上忽下,一看就知出自辜鸿铭之手。院内场地收拾得空阔,高朋满座,如开堂会。你道有哪些高朋,却是梁鼎芬、凌福彭、乔樾等一帮旧友,及卫礼贤、阿诺尔德博士、弗兰西斯一家、法新社记者毛西尔、美联社记者摩尔等济济一堂,议论纷呈。每个人的桌面上都放着瓜子和茶点，辜珍东、娜佳、凌叔华和泰蕾丝等在一旁戏耍。

辜鸿铭的开场白别具一格：让我叫你一声老袁吧，我们总算相识一场。你上马可为帅，下马可为相，只可惜你一生得到你嗣父袁保庆奸雄之道的真传。他教导你要善于做戏，要做得情景毕见，使闻者动心，睹者流涕。他说"官场如无此好角色无此好做工，岂不为伶人所窃笑乎？"老袁，你是成于戏，亦败于戏。这正是，莫笑涂面挂须，煞费了多少心机，才博得人人叫好；请看装模作样，也算有几分气概，须知道件件非真。

语毕，掌声，一阵锣鼓，风骚好戏《拾玉镯》在辜家独家上演。

辜府大门四开，引得周围的市民百姓、贩夫走卒纷纷循声前来看热闹，一下子就把这座宅院围得水泄不通。一帮警察闻得这边热闹，忙气势汹汹找上门来，挤开人群。台上那些演员自是最先看到这帮警员，立时偃旗息鼓。

警察小头目喝道：谁是这里的主人？

手持水烟壶的辜鸿铭挺身而出：我就是！说罢，回头大声对戏班子道：你们怕什么？给我演就是！天塌不下来！

于是，在那临时搭起的简易舞台上，锣又敲了起来，鼓乐又吹奏了起来。

警察小头目鹰隼一般的眼睛盯着辜鸿铭：大胆，竟敢公开闹法！难道不知政府停止娱乐三天的禁令吗？

辜鸿铭先吸了吸烟，而后慢条斯理地道：按照你们中华民国的约法，我只知道总统为公仆，国民为主人，公仆死了，关主人屁事？我告诉你，我请来的戏班子可是要演足三天三夜的。什么大总统、小总统的，不就是死了个小人嘛，值得那么兴师动众！

那些聚在门口看热闹的百姓，心里听得舒服，一时间议论纷起。

警察小头目可就火了：胆大狂徒，我看你是活腻了！说罢，朝手下警察一挥手，喝令他们驱散酒宴和演出。

那些警察以为有事可做了，如狼似虎般地就要扑上去。辜鸿铭伸开双臂，挡住了他们，语声像是从冰窖里传来：且慢，今天是鄙人过节，这酒是一定要喝的，这戏是一定要演的！

警察小头目喝令身旁两警察：先给我把这老家伙抓起来，让他到班房喝酒、听戏去！

"他妈的，瞎了你的狗眼了！"辜鸿铭终于大声骂将起来：混账东西，也不看看爷爷是谁！我连袁世凯都不怕，还怕你们几个毛毛虫！叫吴炳湘过来，看他能奈我何！

两警察见这老头口气倔硬，唤警察局总监吴炳湘如唤儿子，其神情凛然不可侵犯，又看座中洋人不少，料知是不同一般的人物，哪敢轻易造次，只用眼光看着小头目。而这边，卫礼贤等洋人纷纷起立，叽哩哇啦地大声说着话，眼光剑一般地直逼过来，那些洋记者还举起了相机拍照。

一看这架势，警察小头目心就虚了，双腿发着颤，一股冷气嗖嗖地自脊梁骨下，头上汗大如豆。正不知如何是好之时，一警察上前，在他耳边说了些什么，警察小头目擦擦汗，朝辜鸿铭及众洋人一拱手，道声得罪，又朝众警察一挥手，垂头丧气地狼狈出门，而他们的身后响起了震天价响的鞭炮声。那些聚在门口围观的群众，何曾看到这么大快人心的事，纷纷拍响了手。

一出戏演完了，酒却刚开始。辜鸿铭今天显得意气风发，像是自己过生日，他举起酒杯，含笑对众人说：我们好不容易才送走了一个难缠的袁姓过客，诸位没认他做义父的，理应喝酒庆贺。

大家不意辜鸿铭说出这话来，谁希望认已死的袁世凯做义父呢？否定的办法，只有拿起酒杯与辜鸿铭干杯。

卫礼贤问：辜先生，今天你以这种方式送一国之主，会不会过于冷酷？你是不是还将继续骂袁世凯？辜鸿铭摇摇头：不，我不想再骂袁世凯了，他已经在他妻妾儿女的护送下回老家河南项城了，往后我要为他摆摆好。

众人均感意外。辜鸿铭朗声道：老话说"与活人斗，不与死人争"，这是中国的忠恕之道。将来对袁世凯的评价肯定是多种多样的，但有一点可能是共同的，那就是人人都会认为他是一个"重要人物"。很可惜，他本来是有机会成为"中国的华盛顿"的，遗憾却以另外一个形象谢幕。他梦想披上中国的龙袍，但他不是真命天子……

毛西尔看着辜鸿铭问：辜先生，今天上午我在送殡场面看到，沿途百姓只是在沉默中旁观，只有些许人带着些敬意，大都却无动于衷，似乎是过于苛刻了？

"袁世凯所尽到的只是税吏和刽子手的角色，人们在送走他的时候，如你所见，居然还在带着一些敬意的沉默中旁观，这真是应该赞颂的宽厚了！"

"这话说得妙极了。辜先生，我明天就在报上刊出来，等等，你得重述一遍，我好准确地记录。"毛西尔一边道，一边从口袋中拿起了纸笔，迅速抄记下来。

辜鸿铭受此颂扬，更觉开心，看着毛西尔道：袁世凯的洪宪王朝与法国拿破仑三世通过政变建立的王朝何其相似，除了短命，还一样地充满了笑料！

对辜鸿铭这一说法，近距离接触过袁氏父子、耳闻目睹过一些洪宪黑幕的弗兰西斯，于心颇为赞同。他想，袁世凯复辟，为子孙建立万代基业，也许认为自己干的是件严肃的事儿，可他在台上演得越严肃，在旁观者看来就越可笑，这还真是个闹剧。他看着辜鸿铭，道：我真切地感到，辜先生是某种意义上的预言家。当初杨度发起筹安会时，先生就说杨度必为千夫所指，果不其然，现在杨度正无处藏身呢！

辜鸿铭又得一次赞许，喝了些酒的他脸色更是有了些酡红，自鸣得意地说：当初臭安会成立，我就知道不对劲。你倒想想，中国的学术团体向来都是清清冷冷的，除开圈子里几个自命清高、自我陶醉的人外，社会照例是不大理睬，哪来气势可言。可他们这个臭安会，不仅气焰高涨，出手还那般阔绰，动辄给人送银子、请人喝花酒逛窑子。聪明如我，自然会想到这里有黑手支撑，这里在暗箱操作一桩不可告人的事。如此不清不白，还能成为人民拥戴的英雄？！

毛西尔觉得辜鸿铭的身上有很多素材可挖，于是想着法儿从他嘴里多逼出些话题来，说：我听说严复先生是辜先生的福建同乡，现在也成了中华民国通缉的重犯，不知辜先生如何看待他？

美联社记者摩尔见毛西尔频频找话，大出风头，心有不甘，趁辜鸿铭埋头吸烟之时，接口问：听说严复先生遭通缉而不逃呢。前天我去看他，他还说"老夫意在唤醒国人免遭'天择'的结局，可是国事蜩螗，越弄越糟，实在不知采取什么行动才好"。

有关严复的事，辜鸿铭也风闻了一些，他对这位当年名列自己之前的文科进士虽不以为然，在观念上也有重大分歧，但想他这何尝不是一介书生的本色。于是也不想再怎么地向他开刀，只是说：严又陵这个人哪，既有读书人的明白，又不乏读书人的糊涂。

摩尔觉得辜鸿铭这话真是说到点子上了，他唯恐别人接过话题，忙紧接着说：我看严复先生并不是醉心利禄想当新朝佐命元勋的人，他的主张——中国实行君主立宪，也是从他所见的中国国情出发的。

与其说摩尔对中国政治关心，还不如说对中国文化界更感兴趣，他的话自然引起了辜鸿铭的注意：哦，怎么说？

我曾在莫理循博士那里看过一封信，那是武昌革命爆发还不到一个月，清室尚未下诏退位时，严复先生写给他的。信中认为"中国不适宜于有一个像美利坚共和国那样的政府，中国人民的气质和环境将需要至少三十年的变异和同化，才能使他们适合于建立共和国；因此，根据文明进化论的规律，最好的情况是建立一个比目前高一等的政府，即保留帝制，但受适当的宪法约束，应尽量使这种结构比过去更灵活，使之能适应环境，发展进步；可以废黜摄政王，如果有利的话，可以迫使幼帝逊位，而遴选一个成年的皇室成员接任"。可见在袁世凯当权之前，严复先生就已经主张君主立宪了，后来列名筹安会，不过是他的这种观点的一个发展。

辜鸿铭未曾听过严复这封给莫理循的信，但见摩尔说得有理有据，倒也信了。如果真是这样的话，他今后就不再对这位福建同乡多加口诛笔伐了。

由杨度、严复两人辜鸿铭天马行空般地联想到了另外一个话题，说：我国有两次六君子事件，一是戊戌年，谭嗣同等六人因维新而流血，大家都称他们叫六君子，这六君子在今天看来，多少还有称道之处。这一次，杨度他们发起臭安会，鼓吹老袁做皇帝，大家也叫他们六君子，只不过，这六君子是注定要遭人唾骂的。两次六君子，一个如待琢的玉石，一个连臭狗屁不如，一正一反，少不了有"是"和"非"在里面。只是颇使人惊奇的是，这前后两次六君子，都是老袁一手造成的。谭嗣同六君子因老袁出卖而送命，杨度六君子因老袁喜好而发起，老袁也因杨度六君子的劝进而玩完。真可谓天道好还，丝毫不爽。

辜鸿铭如此联想对比，大伙儿都觉新鲜。阿诺尔德见辜鸿铭如此冒险犯难，大为钦佩，一旁忽问：中国除辜先生外，还有谁不怕袁世凯？

"谁不怕袁世凯，还有这位梁星海呀！"辜鸿铭说着，手指梁鼎芬，如数家珍般娓娓道起了梁鼎芬数次弹劾袁世凯的事，最后道：梁星海先生公忠体国，不畏强权，不惜丢官罢爵，誉满天下而不嗜利，落拓有名士风，非今之政客所能及也！

梁鼎芬被老友这么天花乱坠地一吹，又见洋记者在本上记着什么，顿时飘飘欲仙起来，想象着隔明儿报纸一闹，自己就将在洋人世界暴得大名，流芳千古。

来而不往非礼也，待辜鸿铭说完，梁鼎芬也当众抖搂了辜鸿铭作践袁世凯的种种逸事，从老妈子倒马桶到拿议员出席费逛窑子，直说得口沫横飞，而后道：袁大头这个奸贼，这么短命，我看起码有一成因素是被老辜气死的！

大伙虽觉梁鼎芬言过其实，但想袁世凯生前着实少不了要对这个怪杰犯头疼，便也都笑了。

辜鸿铭接着说：今天在寒舍唱大戏，诸位是不是认为袁世凯乃我平生最恨的人，所以我要在他死后出口恶气？不，我在这里搭台唱戏，是要告诉世人，人生就如戏台，你方唱罢我登场。

不时还有人挤进院子里来。不时有人喊叫：别挤！别挤！

辜鸿铭高声道：这就叫"你也挤，我也挤，此中几无立脚地；好且看，歹且看，大家都有下场时"。

在一阵叫好声中，辜鸿铭摆摆手：最后再说几句吧。袁氏之死，非仅袁氏一人死生问题。袁氏以一人之才能登上皇帝宝座吗？是谁第一个跪在袁氏面前高呼万岁的？那十九省将军、都统、护军不是誓死为袁氏称帝保驾护航吗？那1993个"国民代表"不是一人一票选出"民选"皇帝吗？还有那数不尽的"请愿团"不是忠心耿耿地劝进袁氏早日登基吗？一会儿是"万民拥戴"，一会儿又是"万众唾弃"，这潮流漂来卷去的，中国人到底还有没"定海神针"？国人难道不要自省吗？

话到这里，辜鸿铭道：好了，还是请看戏吧！愿听者听，愿看者看，听看自取而便；说好就好，说歹就歹，好歹只演三天！

"砰！"一声枪响，辜鸿铭的瓜皮小帽被穿了一个窟窿。

刘二跳上戏台，怒吼：谁打黑枪！有种朝我这儿打！

一蒙面客倏地跳上围墙，刘二正想追赶，那人已不知去向。

辜鸿铭神色自若，拿下瓜皮帽看了看又戴上，戏谑地说：看来，这多嘴多舌，哪个时候都不受人欢迎！没事，继续看戏！

锣鼓又敲响。

在1916年的夏天，椿树胡同十八号这家小独院，就这么足足闹了三天三夜。等三天禁令一过，它也就清静了下来。平生最看不起袁世凯的人，终于在他死后出了一口恶气。

第十九章

灰色年月

一、林语堂初见辜鸿铭，西方丽人让老怪杰激情盈怀

北京大学还未开学，应东方学会的邀请，辜鸿铭答应再做一次英文演讲。海报用中英文书写，标明票价两元，在京城四处张贴开来。

当清华大学年轻教员林语堂来到六国饭店的礼堂时，但见里面已黑压压地坐满了人。他擦着汗珠，对号就座不久，忽地响起一串鞭炮声，接着，一位长袍马褂的老人便在热烈的掌声中走上了讲台。林语堂见他脑后拖根灰色的小辫，心想，这就是辜鸿铭了。他怎么也没法把眼前这位身材瘦高其貌不扬的老人，与那个语言幽默、文笔尖刻、语气凶恶的"保皇党"联系起来。

不容林语堂多想，辜鸿铭已经开始讲演了。哇，他的英文发音多么纯正而生动呀，从他嘴里蹦出的像是一个个生动的音符，洋人说他的发音具有维多利亚时期的韵味，看来还真是名不虚传。今天自己多幸运呀，能够听到大师的讲演，林语堂不由得激动起来。

辜鸿铭演讲的核心是对文明的界说。他说：一般人认为，先进的技术、发达的经济、健全的法制、富裕的生活就是一个国家高度文明的尺度，在我看来，这是完全错误的。

辜鸿铭出口惊人，直教西学后生林语堂好生犯傻——如此种种，还不是一个国家高度文明的标尺吗？且听辜鸿铭如何自圆其说：科学技术、经济生产、国家政体、社会福利，并不能作为评估一个文明的最重要的标准，更不应是唯一的标准。"文明"主要是一个道德指数、一种精神的涵养、一种人性的类型。在我看来，

要估价一个文明,我们最终必须问的问题,不在于它是否修建了和能够修建巨大的城市、宏伟壮丽的建筑和宽广舒适的马路,也不在于它是否制造了和能够造出漂亮舒适的农具、精致实用的工具、器具和仪器,甚至不在于学院的建立、艺术的创造和科学的发明。要估价一个文明,我们必须问的问题是,它能够造就什么样的人性类型,什么样的男人和女人。事实上,正是一个文明所造就的男男女女,也就是人性类型,正好显示出该文明的本质和个性,即可以说显示了该文明的灵魂和精神。

类似这样的话,辜鸿铭不知说过几遍了,但每次不是换头去尾,就是添枝加叶,每次出口,情绪语气也都不尽相同,都赋予它新的生命力。对自己这一堪称经典的不刊之论,他要广为宣传,让那些陌生的听众耳目一新,让那些老听众温故而知新,真正理解文明的精深含意,而最终的目的,他要让每一个听众——男的、女的、洋的、中的都做他的传声筒,使之风一般传遍五大洲、四大洋。他当然无从知道,台下这位叫林语堂的家乡青年,在听了他的这出演讲后,对他简直要顶礼膜拜起来。

辜鸿铭流畅动听的英语还在礼堂像音符般跳跃:在我看来,西方人所拥有的,仅是凭借科学技术开发出的丰足的物质财富,和凭借法律制造出的强大的控制手段,这些都不是本质意义上的文明,有时甚至反而成为大不文明的基础与前提。这次欧洲大战的爆发,已经不争地表明,唯有东方中国所拥有的那种自成自乐的道德境界、率性自为的生活方式、和谐自然的生存智慧、诗意般宁静与自足的精神状态,才是最最文明的人性类型。因此我要说,文明的真正含义,也就是文明的基础,是一种精神的圣典。

精神的圣典,这名词是多么的生动而新鲜呀,有如春风拂面,有如沐浴在清潭碧水中,林语堂只觉得自己又接受了一次洗礼。

"简而言之,我要唤起欧洲人民注意的是,值此文明濒临破产的关头,在中国这儿,却存有一笔无法估价的、迄今为止毋庸置疑的文明财富。这笔财富不是中国的贸易、铁路,也不是中国的矿藏、金银铜铁或煤之类,在此,我要指出的是,这笔文明的宝藏,正是中国人——那拥有良民宗教且尚未遭到毁灭的真正的中国人。这真正的中国人,有着童子之心和成年人的智慧,过着心灵的生活。我说他是一笔文明的财富,是因为他作为一个人,只花销这个世界极少或几乎不花费什么,就能规规矩矩就身秩序。确实,在此我倒愿意警告那些欧美人,不要去毁掉这笔文明的财富，停止改变和糟蹋那真正的中国人。如果欧美成功地改变了真正的中国人，且成功地把他变成一种欧美人，也就是说，将其变成一种需要教士和兵警才能就身秩序的人，那么，无疑地，他们将为这个世界徒增宗教、抑或军国主义的重累罢了——而这后者在目前已正对文明和人性构成危险和威胁。"

辜鸿铭在唾沫横飞中感觉口干舌燥，也有点累了，他喝了口水，而后伸手向台下一招。听众正闹不明白是何动作，却见一个也拖着辫子的中年人健步如飞，风一般地冲上台来，给辜鸿铭递上烟卷，又殷切地帮他点上了火，才挂一脸的笑容重又下台来。有人认出来了，这是与辜鸿铭形影不离的仆人。主仆这等做派，直让大伙看呆了。

百无一用是书生。也不能说没有一用，对辜鸿铭而言，这一用还不能不落实到文字和嘴巴上，通过文字和嘴巴，把自己的性情和胆识化作道义、化作精神，从而作用于社会中的文化生态。

演讲落幕，辜鸿铭立时被那些洋人给紧紧包围住了，发问的、要求签名的，不一而足。刘二警惕地在一旁守护着主人。林语堂好不容易挤进人群，用汉语恭敬地喊了一声：辜先生，我有个问题……

他的声音似乎被此起彼伏的洋话给淹没了。辜鸿铭似乎也没有看见他，倒是刘二的大嗓门一个劲地响起：借道、借道，我家老爷累了，恕不奉陪！紧接着，东方学会的几位要员合力为辜鸿铭杀出了一条路。

辜鸿铭坐上了刘二的黄包车，他脑后那根细辫子随着车子的飞跑而轻轻摇摆，一群小孩子跟在他后面叫着。他慈祥地向孩子们招招手，像是早有准备，从口袋里摸出几块糖来，含笑扔给他们。

林语堂不无惆怅地眼睁睁看着辜鸿铭渐行渐远地消失在前方。

和他一样失望的，还有一位名叫丽莎的英国少女。

丽莎是黎元洪顾问辛博森的侄女。凭着辛博森邮寄的有关中国的书籍和相册，她早就对东方中国产生了朦胧的憧憬。继前年母亲在一次街头暴力事件中无辜丧生后，今年春天，经商的父亲因受黑道诈骗而破产跳楼。英国社会自私自利、人欲横流、尔虞我诈给她带来的痛苦，几乎要把她当点心吃掉，急欲出逃的她第一个选择了中国，期待东方中国那淳朴的民情民风，给自己的灵魂疗伤。她在当中国总统顾问的叔叔辛博森豪宅里安顿下后，第一件事就问：叔叔，我在国内看过辜鸿铭写的书，你认识辜鸿铭吗？直让辛博森犯傻，侄女怎么一来中国就谈辜鸿铭？

这天晚上和叔叔辛博森在寓所里共进中餐时,丽莎饶有趣味地介绍起了白天的见闻,她咂咂嘴道:没想到辜鸿铭对欧洲很了解,他说欧美的竞争主义要把人类推向毁灭,只有中国的"仁义"哲学才能拯救世界。仁义,多么美好的字眼啊!

辛博森慈爱地打量着失去双亲的侄女,道:你不赞成欧美的竞争哲学吗?

"是的,竞争不好,仁义很好。"丽莎说完,又看着辛博森道:叔叔,辜鸿铭的英文比我说得还要好,特别的爱引经据典,他肯定读过很多书的,却留了根辫子,可真是个怪人。

"这个怪人,谁能跟他比呢!他大概是没出娘胎就读了书的,开口是老庄孔孟,闭口是卡莱尔、歌德、莎士比亚、伏尔泰、阿诺德、罗斯金,没有一件事,他不能引上他们一打的句子来驳你。别瞧他那小脑袋,装的书比我们大英博物馆的图书馆还多几册呢!"辛博森自认为这是自己来中国后讲得最真诚的一席话。在失去双亲的侄女面前,他没有必要掺假。

丽莎被说得咻咻地笑起来,露出一口整齐洁白的细碎牙齿,接着说自己很想去看看这位充满智慧的中国怪人,好当面向他请教东方文化的问题。辛博森拗不过侄女,便抄了辜鸿铭的住址,千叮咛万嘱咐,要她切莫暴露了和自己的亲属关系。

得报有个洋妞找上门来,辜鸿铭懒洋洋地对刘二道:欧风美雨竟屡屡冲刷到老辜家来,好不可恶,你让她进来吧。

就这样接见一个洋妞,似乎也太随便了点。辜鸿铭使了个心眼,让刘二告诉对方自己正忙,请她先坐,过会儿再见面。

待丽莎被允许走进辜鸿铭书房时,已是一小时之后了。辜鸿铭点着一根香烟,躺坐在书桌旁的椅子上,看着天花板吞云吐雾,似乎并不在意丽莎的到来。他的书房里沉滞的空气,由独插在桌子上的一个高脚花瓶里的黄菊花给调和了起来。

丽莎礼貌地做了自我介绍,辜鸿铭原本还想摆摆真正的中国人的架子,冷待她一番,不意很快就被她的几句真心话给打动了:辜先生,我到中国来,是来寻找东方文明的,我发现东方文明很重视人与人之间的和谐与感情,我们西方,人与人之间太冷酷,互相封闭,界限太清,缺少人际的温情。

听着丽莎这番话,辜鸿铭激动得摇起了自己的双膝,这是他得意时的习惯性动作:丽莎小姐,你的发现很了不起,简直可以当社会学家!你的发现,是对我的论点的最好证明,这就是——世界未来的文化,就是中国文化的复兴。很好很好!

辜鸿铭说罢,起身亲自给丽莎添了些茶水,不失风趣地说:我还认为丽莎小姐是上门推销英国文化的。咳,你们老外,到中国来不是推销西洋文明,就是推销刀叉、钢琴之类的产品,这与中国的文化格格不入,所以,你们再怎么声嘶力竭,也卖不出多少。

丽莎感受到了辜鸿铭的可爱和率真,笑道:我倒是想买进些中国产品呢!接着又说,中国文化当然是好,但为什么还有那么多中国人在大街上行走,踩了别人的脚,也不屑用英语说声对不起呢?他们多目中无人呀!

辜鸿铭眨巴着眼睛:那是因为有九成以上的中国人不懂说英语,你能苛求他这么做?

丽莎有点不服气:那他也可以说汉语呀!

"你听得懂吗?他越说你越是听不懂,还认为是骂你呢,这样纠纷就来了,是不是?还是免开尊口的好。"辜鸿铭说罢,又叹了口气,说:你们那么多来华的洋人,连谢谢、对不起这些最起码的汉语都不会说,甚至连一个旅游者都会讲的道德语言也懒得去学,却要来对中国的事情指手画脚,让他们这些人来做人类联系的纽带,是多么可悲的事啊!

辜鸿铭所说的是对的。丽莎心想,她沉默稍许,仰头问:汉语好学吗?听说中文字太多,方言复杂,新旧交替,文法有独特的一格,外国最优秀的语言学家也怕学,是真的吗?还有,有人告诉我,尽管中国的人数占全世界的四分之一,但用中文做世界通用语言的希望在一二个世纪内都很渺茫。汉语还值得学吗?

关于这个问题,已经不止一个外国人发问了,辜鸿铭也不止回答一次了,他很快就搬出了储存在脑海里的答话:学汉语当然不是顺风吹火的事,其实,汉语说难也不难,它是一门心灵的语言,没有西方语言那么多条条框框,儿童易学就是证据,那些抱怨汉语难学的人,乃是浅薄的西方教育留下的后遗症,因为西方教育只注重发展人的大脑,而忽略了心灵的开发。不客气地讲,以这样机械化僵硬的脑壳,要想学会汉语,那才真是癞蛤蟆想吃天鹅肉!

明眸善睐、皓齿红唇的丽莎本身就是"天鹅",她当然不承认自己的脑壳机械化般僵硬,为了证明这点,她暗下决心要在中国学会汉语。

丽莎在告辞出门时,忽被一阵动听的声音给吸引了。一位年纪和自己差不多大小的中国青年正在院中与那个留辫仆人交谈着什么,他的中文抑扬顿挫,听起来好像唱歌,美妙极了,动听极了,令丽莎为之神往。她不觉止步倾听起来,那年轻英俊的中国青年也注意到了丽莎,眼睛朝这边看过来了,他的眼睛大而亮,浑身上下透出青春的气息，四目相对，丽莎不觉脸红起来。

送她出门的辜鸿铭看在眼里，微微一笑，招手叫来了年轻人，介绍说：这是犬子，名守庸，是嘱其恪守老祖宗留下的中庸之道；字志中，是勉励他立志为中国奋斗。

辜守庸于青岛大学毕业后，在上海做了一阵子事，刚回到北京不久。他听父亲介绍完丽莎后，立时彬彬有礼地用英语向她问好。像他的老爹一样，他的英语讲得流利而纯正。

面对这位被父亲赋予许多重任的中国小伙，丽莎还想说什么，却听得辜鸿铭让儿子回房去。她正要问个究竟，辜鸿铭含笑道：丽莎小姐，中国人是很容易坠入爱河的，那些对外国女性世界懵懂无知的男青年，非常容易在第一次见上一个外国少女后就猛烈地坠入爱河，去体验那种对外国女人的爱。我给你讲个故事吧。

一席话，直说得丽莎羞涩成一朵红莲，心想，这真是个怪老头。

辜鸿铭的故事是说：有位中国人在痛苦地经历过不幸婚姻后，带着幼儿隐居深山老林，彻底远离女人。他总是一个人到集市上去，卖柴换取家用。在他年老体弱时，孝顺的儿子说什么也不让他单独去赶墟。他认为儿子这二十年来从未听说过女人，也不知道女人是什么样，应该放心让他同去。进得市镇，儿子突然停下了脚步，指着三个走近的女人问"那些是什么？"父亲急促地叫道"孩子，快转过你的头来，她们是魔鬼！"儿子立即大惊小怪地转过了头，并飞速离开了那些"魔鬼"。回到家后，儿子茶饭不思，意气消沉。父亲为此焦虑迷惑，最后，那可怜的年轻人终于连哭带喊地把痛苦的心事发泄了出来"父亲，我喜欢的就是那些巨大的魔鬼呀！"

真是个一见钟情美妙绝伦的爱情故事。丽莎忍俊不禁地笑将起来。

"你就是这种巨大的'魔鬼'，外国'魔鬼'！"辜鸿铭说罢，脑海里一刹那就把丽莎跟爱米联系了起来，蓦然间把这个刚见上一面的异邦之姝也当成了知音。

丽莎正被辜鸿铭说得一头雾水，辜鸿铭忽又想起什么，请她再回到自己的书房。

"我给你看一首世界上最古老的情诗，你就可以了解到中国理想女性的形象了。"辜鸿铭一边说，一边找出了一张皱巴巴的报纸，给丽莎递过去，却是英文版的《北京每日新闻》，上面发表了《诗经》的第一部分译作，那是辜鸿铭从日本回国后翻译的。

在丽莎看译诗的当儿，辜鸿铭讲解道：在这首情诗中，中国理想的女性形象是这样被描述的——关关雎鸠，在河之洲，窈窕淑女，君子好逑。在这首中国最古老也是最有名的情歌中，你将发现中国理想女性的三个本质特征，即幽静、恬静之爱，羞涩或腼腆以及那无法言状的优雅和妩媚，最后是纯洁或贞洁。简而言之，真正或真实的中国女人是贞洁的，是羞涩腼腆而有廉耻的，是轻松快活而迷人、殷勤有礼而优雅的，只有具备了这三个特性的女人，才配称理想的中国女性，也才配称真正的中国妇女。

这是辜鸿铭给丽莎上的又一堂课——关于女性，关于他心目中理想的中国女性。他期待眼前这位可堪造就的西洋丽女，也汲取了中国理想女性的养分来。

二、蔡元培和陈独秀先后亮相北大

冬日雪后的辜家院宅，多日不扫，台沿已像汉白玉雕刻一般。辜鸿铭起床后打开房门，伸伸懒腰，发现一位年近半百的中年汉子正立于积雪中，不时呵口热气搓手，但见他个头不高，穿一身半新不旧的棉布长袍，留着短短的山羊须，颧骨外突的脸上戴一副金丝眼镜，显得气度儒雅、雍容肃穆。他正要开口问话，对方却向他脱帽作揖了：辜先生好，我是蔡元培、蔡孑民。

这位当年光绪皇帝御笔钦点的名翰林、中华民国临时大总统孙中山委任的南方迎袁（世凯）专使、中华民国第一任教育总长，虽然一生执掌过许多重职，但从骨子里透出来的，却还是一股浓浓醇醇的书生气。他是因无法与大独裁袁世凯合作，而一气挂冠出走，出洋留学考察的。如今，北洋政府任命他执掌北京大学，他毅然踏上了归国的海轮，义无反顾地知难北上，他要让这所沉沦的大学脱胎换骨、枯木逢春。他甚至还有这样一种理念：革命已然惨败，何不从这所已然堕落为衙门的国立大学着手，用教育和启蒙的温和方式，重新掀起一场意义更为深远的革命？

瘦小文弱的蔡元培就这样迈着沉稳脚步，在大风雪中进入中国最高学府，以"囊括大典，网罗众家，思想自由，兼容并包"的十六字箴言，在一潭死水中投下了一块知识革命之石。为讨革命的新校长之欢，而由校方拟定辞聘的反动顽固之辜鸿铭就这样被囊括网罗了进来。

"我知道，学生中也有不满辜鸿铭、刘师培的，我聘他们，不是叫学生也留辫子做复辟派，是叫他们去学辜鸿铭的英文、刘师培的国学。当今中国，舍辜鸿铭外，谁能更漂亮地将四书译成英文？我不成，你能行吗？所以呀，做学问要互相交流，道并行而不相悖嘛。思想自由，大学才能叫大学。你们说辜鸿铭是什么反动的政治活动家，我看也有点抬举他了，他不过是喜欢发表些惊人的议论而已。"蔡元培在疏通校长之下的几位头头时，还大大称说了辜鸿铭一番：他在西方可是红极一时，那么多大学愿意把荣誉博士学位授予他，那么多学者称他为现代中国最重要的作家、对东西关系识见最为卓著的中国学者。蔡元培说的一点不假，他到欧洲后才知，辜鸿铭的思想和著作在西方拥有巨大的市场。作为中国第一流的学者，他蔡元培和康有为、梁启超他们，在德国并没有什么反响，德国人甚至说"你们放弃自己家中的宝不学而到德国，是来学习别人的糟粕。"但辜鸿铭在德国受欢迎的程度简直不能让人想象——辜鸿铭三十多年前的母校，也就是他在德国进修的莱比锡大学，即使最出色的教授也是嘴不离辜鸿铭。继亲自上门聘请参与筹安会而声名狼藉的年轻国学大师刘师培后，蔡元培很快就给了辜鸿铭一个殊荣。

辜鸿铭虽在前几天就从报上得知蔡元培已就任北京大学校长，但做梦也没想到他会在大清早出现在眼前，慌忙惊喜地还礼：哎呀，原来是蔡先生！一边说一边拉蔡元培进屋，并说道：蔡先生是老翰林了，德高望重，怎敢屈你大驾光临？言罢又朝门外叫嚷：刘二你咋弄的，蔡先生来了也不通报一声？

"不要责怪他，是我不让他请老先生起来的，怕扰了你的好梦。"蔡元培说话的语调从容而恳挚。

不及寒暄，蔡元培就直奔主题：我今天是登门谒贤的，北大需要一批名流学者，正等着老先生去续聘呢！

正为北大这饭碗发愁的辜鸿铭，脸上再次露出惊喜的神色，连声道：既是蔡先生高看，敢不从命。

"辜先生续聘后，当然还是主教英文，"蔡元培说到这，忽想起个问题来，道：我倒想向老先生请教，拉丁文在西洋已成古董，大学而外，各校都不太注重，老先生认为，北京大学还有开设的必要吗？

"有、有，"辜鸿铭不假思索地回答：拉丁文为欧洲各国语文之根本，各国语言多源于拉丁，如果不通拉丁语文，那么西洋一切古代文化，就无从了解。

辜鸿铭这一说，正当而不乏真知灼见，愈加坚定了蔡元培开设拉丁课的决心，他笑道：听说辜先生的拉丁文很了得。我看今后除主教英文外，是不是还可请你教授拉丁文？我今后也还要向你学呢！当年我拜马相伯老先生为师，他说中国能识拉丁文的大概不多了，还特地点了先生的名呢。

蔡元培处士般温和地叙述，却激得辜鸿铭浑身热血沸腾，恨不得现在就有一批学生在身边，看他如何教授他们拉丁文。说到拉丁文，他是不愿输给马相伯的。他目光炯炯地看着蔡元培，语气激昂道：英雄正愁没有用武之地呢！

蔡元培莞尔一笑，他知道，自己又为北大学子，又为现代中国做了件好事。

正式来中国最高学府就职不到一个星期，蔡元培瘦小而精神的身子出现在了北大古色古香的礼堂讲台上，他要在这里向全校师生做上任演说。他举止和蔼可亲，没有一点大人物在场面上惯有的装腔作势，他的语调慈祥而平静，没有高官名士聚生的疾言厉色，却无疑是北大校园最为振聋发聩的声音。他从五年前严复主掌北大讲起，列举了办学的艰辛和苦衷，他那低微的嗓音因为饱含着真情，深深地感染着在场的上千名师生。

"诸位来北大求学，必有一定宗旨。要求宗旨正大，必先知大学的性质。我以为大学者，研究高深学问者也。外间讲本校腐败，总是说我们把读书当作升官的阶梯，说北大是一所旧日官场养习所。所以毕业预科的学生，都抢着要进法科，因为法科为做官捷径也。由于做官心热，对于教员也不问学问深浅，只问官阶大小。现在我国精于政治者，多入政界，专任教授者非常少见。所以连我们聘请法科教员，也不得不去请兼职的官员，这实在是一种不得已的举措。弥谤莫如自修，人讥我腐败，怎样才能不腐败呢？唯有抱定宗旨，坚定求学的信念。宗旨一定，就会爱憎分明，就会立志、立德、立言。否则，平日放荡冶游，考试靠熟读讲义过关，不问学问有无，惟争分数高低。文凭一旦到手，就去钻营社会。担任讲席，必贻误学生。置身政界，则贻误国家，这难道不是与求学的初衷大相背驰了吗？想想我们这些辛亥过来的人，为什么会去投身革命？因为清廷的官吏太腐败了。就是在今天，我对当局仍很不满意，也因为这道德沦丧已到了极点。所以我再一次呼吁，要像坚守贞操一样坚守这宗旨啊！"

蔡元培的声音像磁电一般传遍了大礼堂的每一个角落，引发了如雷的掌声，数不清的师生一边热泪沾襟，一边鼓掌呐喊：讲得好，讲得好，向蔡先生致敬！新校长不愧是位革命翰林！

这声音，这场面，真真切切地感染了辜鸿铭，他那闪亮的眸子也不禁潮湿起来。是啊，蔡元培讲得多好啊，大学师生当以研究学术为天则，不当以大学为升官发财之阶梯，故宫脚下的中国最高学府不应是成批生产候补官僚的，它的魅力，应是精神的魅力，是的，北大应改造成为精神的圣地！除了保留对革命的看法，辜鸿铭觉得自己与这位新校长竟有点情投意合了。

蔡元培在演讲中,以拳拳之心忠告北大师生,共是三条——一曰抱定宗旨,二曰砥砺德行,三曰敬爱师友。他的演讲如动地春雷,震醒了意气沉闷的北大,如奔腾的江河,以冲天的气势荡涤着未名湖的尘埃,又如蕙兰的芬芳、灵芝的清新,驱散了校园麇集已久的混浊气息,令人爽心悦目,仰之弥高。

北大各科都有几个外国教员,都是托中国驻外使馆或外国驻华使馆介绍的。以往各学科开教务会议,一般都要求用英语发言。此习乃严复所开,当年他出掌北大,喜以英语与教员谈话,相习成风,教员中华语几绝,以后开会议事,亦竟用英语,倘能做德语与严校长对答者,尤为人所忻慕。严复去职后,此风独流行数年。那天蔡元培去文科开会,见一些不懂英文的教授都往角落里挤,就有了脸色,当场做出决定:从现在起,开教务会议一律改用中文!

文科学长夏锡祺立即站起来反对:蔡校长刚来可能不懂规矩,这是学校多年来的制度。不能改!

几位外籍教员也不依,站起来纷纷抗议,两手一摊道:我们不懂你们的汉语,那样子无法交流,只能不参加教务会了!

蔡元培往上推了推眼镜,他书生气十足的话凛然不可侵犯:假如我在贵国大学里教书,会不会因为我是中国人,听不懂贵国语言,开会时就都说中国话呢?

一句话堵得那些洋教员哑口无言。这条实行多年的旧制,就这样随一纸通告烟消云散了。

辜鸿铭对此十分赞赏,心想,在自己的国家开会议事,哪能迁就几个洋教员,尊严何在呀!他这边还未称说完,蔡元培又做出动作——辞退了一些西装革履却无甚学问的洋教员。所有这些,直教辜鸿铭对蔡元培刮目相看。

辜鸿铭就在愉快的心情下,教起了英文和拉丁文。一天下课后,几位学生拦住了他,一位叫罗家伦的学生套近乎地说:辜先生,我早就认识你。见辜鸿铭有些诧异,罗家伦便说:民国三年我在上海豫园游玩时,看见走廊的壁上刻着拉丁文的诗,说是辜先生做的,当时我虽看不懂,可是心里却有种佩服的情绪,认为中国人会作拉丁文的诗,大概是件了不得的事。

辜鸿铭笑了笑,目光很是慈和地看着这位灵慧的学生。

罗家伦见辜鸿铭这般随和,便胆大起来,说:辜先生是留学生的老前辈,可看先生装束,真不能叫人置信。

辜鸿铭打量罗家伦好一会儿，道：你们以为穿西服、留时髦头，便够摩登了？我告诉你们，孔孟纵然披上猴皮，还是圣贤；猴子纵然穿起蟒服，仍是兽类。内心未变，外表的变更，毫无关系。

仿佛是事先串联好了的，又有位叫李震瀛的学生开口呼和罗家伦：在人人都剪辫的时候，先生这条辫子也实在太起眼了，似乎不太合时吧。

辜鸿铭适才柔和的语气变得严厉起来：我之留辫不剪，纯属个人爱好和审美观的体现。

罗家伦和李震瀛他们面面相觑，欲言又止，最后无可奈何地说：我们讲这些话，只是出于对先生的爱护。

辜鸿铭似乎并不买账，大声道：如果你们真是爱护我，那就请赶快脱掉洋装，留辫子，学官话，做个真正的中国人吧！

看着这些学生落荒而逃，辜鸿铭心里嘿嘿直笑，想蔡校长都没要我剪辫易服呢，你们这些学生娃娃，也太不自量了。

但不自量的学生却屡屡在向他挑战。一天，在课堂上，罗家伦认为老叫学生背书是最落伍的注入式、填鸭式教育。辜鸿铭如是释疑：做学问的功夫首重"困知勉行"的训诫，也就是说，要遇困而求知，尽力去施行。一个人想把他的英语弄得通顺，造句有力，措辞简短动人，而不熟读基督教的《圣经》，正和研究中国文字学的人不去背熟《说文释例》一样，是在缘木求鱼。当然，背书和死认单字，如果不说它是最困难的，也是最没有趣味的。爱丁堡大学的校长、我的导师卡莱尔在他功成名就著作等身的晚年，每天到深夜还在一页一页地记诵着英国的百科全书。如果你要这么傲慢地来批评我的教育方式，那么我相信你的英语底子永远会这么差！

罗家伦突然发怒：辜老师，我们是来上英诗课的，可你次次总是鼓吹君师主义，一吹起来就是天南海北没完没了。你骂起人来，有时可以从上堂铃响一直骂到下堂铃响。请问，你还有多少时间教我们？辜鸿铭厉声道：罗家伦，不准你再说话！如果再说，你就是WPT！

罗家伦一下子被吓住了，只好忍气吞声地坐下。刚一坐下，忽又气恼地站起来，道：老师骂我WPT，这骂得不明不白。WPT是什么意思？是哪句话的缩写？又是出在哪部书上的？辜鸿铭白了罗家伦一眼：连这个你都不知道？自己查去。

陈独秀执掌北大文科学长的消息，犹如一阵强劲的罡风，迅速传遍了北大校园。连日来，各学科的教师休息室里，都在议论此事，尤以文科最为激烈。这天，辜鸿铭下得课，刚来到休息室，已听得里头哼唧哼唧地议论开来了，说好的说坏的都有。好的说：别看陈独秀年轻，却已是资深的老革命党人了，否则怎能在辛亥革命后两度出任安徽都督柏文蔚的秘书长，他可是蔡师打着灯笼请来的大红人，他一来，咱们文科可就要改朝换代了。有人就呼和说：是啊，陈独秀来了可就不寂寞了，听说他还要把《新青年》搬到北京，就在咱北大校园里来办呢！还有人小心翼翼地说：听说陈独秀学识渊博，懂日、英、法三国文字，工宋诗，善隶书，旧学很有功底，新学造诣尤深，都教出了苏曼殊这样的诗人，显然是一个地道的读书种子。有人就嗤笑了声，说：这点儿屁大的学问，咱北大随便可以抓一把人来，陈独秀除了革命、砸锅卖铁、制造些炸药，还能干什么？紧接着，就有人帮腔道：听说他可是个花痴，把小姨子都做了夫人，他一来，咱们这也就艳光四射了！又有人嚷道：陈独秀呀，虽然帮章士钊办《甲寅》时就暴得了大名，但我听说他是属兔的，兔子嘛，尾巴长不了！那些桐城派的教员多是一言不发，他们私下里担心，自己的日子好不了了，北大文科太平不久了。

看见辜鸿铭进来，钱玄同就笑了：老先生，可得当心，别让辫子给新学长剪了！

辜鸿铭对陈独秀的警惕感就这样被钱玄同不经意的一句玩笑给唤起了。

几天后，陈独秀在蔡元培的亲自陪同下，与文科教授们见面，并就此上任了。他身材中等，肤色黝黑，嘴唇宽厚，双目有神，一口浓浓的安庆腔调听起来还算顺耳。

看到那么多教授纷纷起身，等着年轻的文科学长握手致意，辜鸿铭心里不高兴了，但碍着蔡元培在身，也不得不站起来，正想着如何应对，忽然耳边响起一个熟悉的声音：区区一桐城秀才，又何须兴师动众！

大家就都被这声音给牵引了过去，说话的却是黄侃，说毕径自浪笑而去。

辜鸿铭心里暗自叫好，想黄侃还真是一员猛将，给初来乍到的陈独秀来了个下马威，看陈独秀如何表示。

却听得陈独秀爽朗一笑，说：今天仲甫还真是兴师动众了，蔡师年长仲甫一轮，且百事缠身，却还以一校之尊亲为仲甫引路，实在厚爱无边，令仲甫受之有愧，在座诸位也都才高八斗、学富五车，有的还算仲甫的师辈，快快请坐，请接受仲甫一礼，今后北大文科，有劳诸位的齐心协力了！

众人落座后，陈独秀就面向大家深深地鞠了一躬。接着又道：我是得罪了季刚兄啊，改天专门向他赔礼去。

黄侃性格怪异，却年轻有成，尤擅音韵训诂，工古文学，他也是蔡元培力排众议续聘的教授。蔡元培不知陈独秀与黄侃有何过节，忙关切地问起。

　　还未待陈独秀回答，一旁的钱玄同抢先道：当年，我和季刚兄同随太炎师在东京办《民报》。有日仲甫学长来访太炎师，谈及清代汉学的发达，列举出戴段王诸人，多出于安徽、江苏，后来不知怎地一转，仲甫学长说湖北那里好像没有出过什么大学者呀。季刚兄也许不服，大声抢答：湖北固然没有学者，这不就是区区，安徽固然多有学者，然而这未必就是足下。钱玄同绘声绘色说罢，笑问陈独秀：仲甫学长所说的得罪，是不是指的这个？

　　"对对。"陈独秀见钱玄同帮他揭了家丑，点了点头，尔后面向蔡元培，莞尔一笑道：蔡师，没想十多年过去了，季刚兄还如此对我有意见，给我来了个下马威，哈哈！

　　蔡元培笑道：这也算是则文坛佳话吧。

　　满屋子的情绪都随着蔡元培的笑声而活跃和谐起来。

三、红楼逸事，北大顶古怪的一个人物

　　冬日的阳光暖暖地照着红楼，楼下墙根站了一溜儿的教员，长衫西服，土洋杂陈，尽管五花八门，却别有一番气象。课间休息十分钟，不少教员总要跑到楼下去靠墙根晒太阳，找个空隙短平快地发些议论。

　　这当儿，他们就你一句我一语地东拉西扯起来。还是钱玄同消息多，说：你们知道吗？刚才我去见蔡师，发现他正与英国公使朱尔典争执呢。

　　马叙伦接口道：朱尔典无事不登三宝殿，八成是为那两位英国教授的事来找蔡师兴师问罪的。

　　大家都知道蔡元培辞退几位外国教员的事，也都知道那位英国教员乃英国驻华公使朱尔典当年推荐的。蔡元培辞退他们，乃因他们学问一般，而且品行不端，有人常带学生去逛八大胡同。这个辞退决定不仅震动了北大校园，也惊动了总统黎元洪和他的教育总长范源廉、外交总长伍廷芳。他们在朱尔典的高压下，先后要求蔡元培收回成命，但蔡元培坚不松口。朱尔典此时驾临北大，不为此事又为哪般呢？大家七嘴八舌地议论起来。钱玄同因为与陈独秀走得很近，消息来源比较可靠，大家都乐意听他多说。

"我听仲甫学长说，那位被辞退的法国教员提出索讨赔偿近万银币，还扬言如果蔡师不答应，就上法庭控告呢。"

听钱玄同说完，辜鸿铭往地上啐了一口，道：洋鬼子胃口倒不小，一副巴黎街头无赖的嘴脸！

"洋教授当然可以辞退，洋人的面子也可以不买，但朱尔典是能随便得罪的吗？听说他可是位中国通，从大清到民国，不知做过几届政府的座上宾，能量大得很呢，万一惹出些外交纠葛，蔡校长能吃得消吗？"

说话的是周作人，他是新来的讲师，教授欧洲文学史和罗马文学史。他此语一出，立时引起一些人的附和，担心蔡元培顶不住压力。

"你们真是杞人忧天！"辜鸿铭又往地上射出一口浓痰，大声道，书生都有嶙峋骨，蔡校长既然提倡学术自由和精神独立，他就不会怕洋鬼子！

辜鸿铭的尖刻和无礼，很是引来了一些人的白眼，他们正欲与他作些理论，上课钟声响了。

还真被辜鸿铭说对了，虽然朱尔典亲自来谈判，要求恢复那位英国人的教习之职，并以"你蔡元培是不要再做校长的了"相威胁，蔡元培不过是一笑置之。而对于那些确有真才实学的外国专家，蔡元培礼聘之唯恐不及。于是乎，一群蓝睛、高鼻、肤色各异的专家从四面八方走进了北大，走进了红楼。

这天上完课后，辜鸿铭又来到了文科教授休息室里，昂然坐在沙发内，傲睨威严，对其他在旁寒暄的人视若不见。恰在这时，一位新聘的美国教授也进来了，在座的教师纷纷向他点头致意，辜鸿铭却还是不加理睬，掏出沙皇尼古拉二世馈赠的金怀表瞥了一眼，凑近嘴巴猛吹一口，又昂然地正襟危坐着。

美国教授见眼前这个老头土里土气，一袭半旧蓝长袍裹身，外套红缎马褂，头顶瓜皮小帽，脑后还拖着根翘翘的细小辫子，顿觉奇怪，误以为他是校内工役，遂手指辜鸿铭，用生硬的中国话问端茶过来的校役：这个土老头子是谁？这里也是他这种人待的地方吗？

校役附着他的耳朵低声地说了句什么。不知是没有听清还是什么，美国教授笑了一笑，用好奇的眼光重又打量起辜鸿铭来，用英语道一声：真个是出土文物！

像久经修炼的处士一般，辜鸿铭缓缓地斜过头来，漫不经心地乜了对方一眼，低声问一句：请问，你是干什么的？

这土老头竟也讲英语？美国教授微微一惊，极不情愿地答道：我是英文系的专聘教授乔尔斯。

"乔尔斯？教哪一科的？"辜鸿铭那双大而明亮的眼睛肆无忌惮地粘上了美国教授的目光。

如此没礼貌，不就会说两句简单的英语吗？乔尔斯心里掠过一丝不快，但还是作了回答：教文学。

辜鸿铭悠悠地转过身来，温和地用拉丁语讲了一番话，然后客气地请乔尔斯用拉丁文与他交谈，来告诉他什么是文学。

"文学……就是……怎么说呢？……"乔尔斯应对不下，一时间，窘态毕现，尴尬至极。

"还是我来告诉你吧。"辜鸿铭说罢，嘴巴麻利地蹦出一连串的拉丁文。

看着眼前这个"出土文物"，乔尔斯惊愕得瞪直了眼，可怜他根本听不明白对方说的是什么，只能哑然摇头做无语状。

辜鸿铭用拉丁文对文学作了诠释后，斜睨着对方，复以标准流利的英文谓之道：你教西洋文学，如何对拉丁文如此隔膜呢？在肤浅之我看来，不懂拉丁语的人是根本不配来教授英文的。不知教授你意下如何？

乔尔斯白白受了一顿辱，恨不得找个地缝钻进去，他走又不是坐又不是，虽是冬天，鼻尖上却还是沁出了密密的汗珠。待辜鸿铭一通训话完后，他才涨红着脸连呼失敬，颔首急急退出了教员休息室。

这出精彩绝伦的幽默让满屋子的人笑得前仰后合、涕泪纵流，笑声震得玻璃窗不住地颤抖。辜鸿铭却正襟危坐，好像什么事都没发生。

很快地，辜鸿铭在新聘的外籍教员中声名鹊起，充满了神秘感。大家可以没见过辜鸿铭，但他头上那根摇曳的辫子，就像是一个鲜明的标识，使得那些好奇而不甘寂寞的洋教员，不论是在休息室里，还是在校园里，一经照面，少不得便要软软硬硬地碰上一碰。

这天，当法国教授费丹和德国教授詹姆钟联袂来文科教授休息室拜会辜鸿铭时，只见那位美国教授乔尔斯，不知为何又与辜鸿铭纠缠上了。

乔尔斯那天受辱后，心有不服，特地找来一厚叠英美当代诗作，来称称辜鸿铭究竟有几成分量，当然，他要求辜鸿铭用英语对话。辜鸿铭一口气浏览了三五首，掷稿于桌，摇头道：这几首诗，给我们提供了什么形象？可以说，诗中每个形象都是阴暗的、无聊的、丑恶的。你懂吗？未及乔尔斯接话，辜鸿铭又道：对亚来说，你们的文明是物质的、丑陋的、惴惴不安的、缺乏人情味的！

辜鸿铭的语气很凶，还透出一股凛然不可侵犯之气。乔尔斯一时无由争辩，低下头，讷讷道：也许正如辜先生所说。

辜鸿铭看了他好一会儿，忽然明知故问道：你来自美国吧？听口音，还是来自美国东部一带呢。

见乔尔斯点了点头，辜鸿铭就笑了，说：这就是了，怪不得卡莱尔说"美国人是一帮蠢材"呢。

乔尔斯脸涨得像猪肝，霍地站起身来：你，你这不是污蔑我吗？

辜鸿铭微笑着示意他坐下，说：不，不，这是卡莱尔的话，就我个人认为，这话似有偏激之处，但我相信，你们美国人是一帮孩子，一帮智力有待于开发的孩子。

乔尔斯反唇相讥：这话就有点让人不知所云了，整个世界谁不知美国在前进的征程中，深深烙刻着现代化的痕迹，而贵国差不多还是刀耕火种，小到火柴、纽扣，大到电灯、汽油汽车，还不是从我们那引进的，又谈何智力？

"哦，你还与我摆年谱？好，我告诉你，在美洲还没发现时，中国人已经统治着一个伟大的国家。我们作为一个伟大的文明化的民族经历了三千年之久，就像我在一本书中所说的，拥有成人智力和思维能力是我们中国人的辉煌和特征，也使我们成为世界上一个独特的民族。"

看辜鸿铭口沫横飞，乔尔斯咽了咽口水，道：我们的历史尽管没有中国久长，但先生以此断定我们是一帮单纯幼稚的孩子，不拥有中国人所具备的成人智力和思维能力——这高论我就不敢恭维了。

"你是说智力吗？"辜鸿铭仿佛不记得刚才说过的话，顿了顿又道：你们纵使有智力又如何呢？你们有灵魂吗？一位熟知美国情况的西方朋友曾对我说"美国是一个没有灵魂的国家"。我认为这样说也是有失公允的。但我认为，可以公正地说，美国是个灵魂有待昭示教化的民族，否则卡莱尔就不会说"美国人是一帮蠢材"。爱默生就不会将他的国家称之为"伟大的充满智慧的爱享乐的贪得无厌的美国了"。

辜鸿铭言语刁钻，还以子之矛攻子之盾，援引爱默生的话来自圆其说。乔尔斯一时找不着北，他无法与辜鸿铭较劲，他眼光里含着无奈和吃惊，还有一份敬意。

法国教授费丹和德国教授詹姆钟的到来，让乔尔斯找着了个体面的告辞方式。辜鸿铭似乎并不觉得累，又以充沛的精力来应待这两位不速之客。听他们滔滔不绝地发表高论，推销自己的中国学问，他似乎显得不以为然。他一对浑浊的眼光瞄了一眼费丹，用法语道：听了你的高论，才知你等所习中文如同幼儿。又给詹姆钟投去一瞥，说：你们欧美的汉学研究者总是过高地估计了自己的成绩，咳，也难怪你们——站在巨人肩上的侏儒——难免会认为自己要比巨人高大。

一场对话还未完整，费丹和詹姆钟似乎还有话要出口，可辜鸿铭啰唆够了，他掏出沙皇送给他的金怀表看了一下时间，微微喘了口气后，努力地直起身来，毅然向门口走去。两位洋教授面面相觑，却也赶紧起身相送。他们的礼貌和诚恳似乎感动了傲慢而固执的中国老人，他忽地转过头来，目光温和，言语也柔软：中国是大海，它能同化流入其中的一切外来文化，变成具有中国特点的东西，这就是中国被蒙古帝国、被满清帝国先后统治了三百多年，却什么也不曾失去的道理。倒是统治者爱上了这片土地，和这土地上的文化，竟至于把自己同化成真正的中国人。你们这些落进这大海里的人，也都要被盐水浸渍，带上咸味。

辜鸿铭的话犹如空穴来风，一时让人摸不着头脑，看着他趾高气扬地摇曳着战旗一样的辫子，在刘二的搀扶下上了黄包车，直教洋教员眼光发直。

德国教授詹姆钟自结识卫礼贤后，受其影响，对辜鸿铭的敬重日甚一日，时不时还偕卫礼贤前往辜府拜会。这个周末，他们三人又谈起了德国哲学家班卫茨的新著《欧洲文化的危机》。顾名思义，班卫茨此著对西方文明产生了危机意识，并把希望的眼神投向遥远的东方，他甚至推崇孔子为古代中国所提出的社会秩序，认为这才是稳固、可靠和文明的社会秩序。异国他乡又多了个孔子信徒，这在辜鸿铭看来，是无比温馨的事，他连声称说：西方文明的弊病日渐严重和暴露，所幸有识之士对此有了危机意识，不简单、不简单。

话正投机，乔樾带着即将出国留学的儿子来辞别，卫礼贤和詹姆钟欲行告退，辜鸿铭却一把拉住，说：不碍事的，都是老朋友了。

还在乔樾任学部侍郎时，与他友善的辜鸿铭曾是其子的英语老师，给他的英文基础放了几块扎实的石头。接受了乔子的三鞠躬后，辜鸿铭显得有些感慨，对乔子说：时间过得也真快，你居然读完大学了，你倒聪明，国家拿钱把你培养的稍像点人样了，你却要去美国了！早知你当初学英语是为了出国，我才不收你这个学生呢！

乔樾赔着笑脸：汤生兄是留学前辈，请看在老友面上，对犬子多作训示。

辜鸿铭摇了摇手：我可不是什么留学前辈，这顶桂冠只有唐三藏戴得。如果每个中国的留学生都像唐三藏那样努力，带不少东西出去，又能带不少有益的东西回来，那我们一般的人都要向他顶礼膜拜了。

乔子倒也机灵，立即接口说：小辈谨记辜伯训示。

辜鸿铭却白了他一眼：你少跟我来这一套，我得先考考你的英文水平如何，可否出得了国门。

乔子哪敢不听命，在他埋头将《论语》一节汉译英时，辜鸿铭又热络起卫礼贤、詹姆钟来，说：我国这些读书人呀，原都聪明，又具高度专业训练，到异国他乡谋生，日子久了，也就打入他国的各行各业，尤其是高等教育界。我国以前军队里有句话叫"无湘不成军"，在今日欧美一些国家的高等教育界，也似乎是"无华不成校"。

卫礼贤点头道：据说北美洲稍像样点的专科以上学校，差不多都有中国教师。

因为辜鸿铭是用汉语讲的，乔樾听得清楚，一旁问道：汤生兄可知这是为何？

"为何？因为美国教授生活最适合中国书生的脾胃呗！做教授要有专业知识，要有最高学位，这些都是急功近利的美国知识分子所不愿为、不屑为也不易为之事，却是礼仪之邦出来的中国秀才的所长所好。教书生活安定，人事单纯，经济收入也还过得去。教授，教授，真可谓中西通用，老少咸宜。"

一会儿工夫，乔子完成了考试，持卷呈交辜鸿铭。辜鸿铭看不数行，以奇怪的目光重新打量了番乔子，说：笔头尚好，口语功夫虽嫩，也比那帮浑小子强多了，居然把《论语》这节译出来了，不愧是我的学生。你赴美国留学，学什么科呀？

乔子小声答：商科。

辜鸿铭皱了皱眉：咳，你如此英文水准，学商太可惜了！

乔樾一旁急地问：可惜什么？

辜鸿铭朝他一瞪眼：你家乃书香门第，你竟允许儿子出国学做买卖，岂不是奇耻大辱！

"我也是这么认为，可犬子执意要学商……"

"自古父为子纲，到了这一代就不要三纲五常了？！"辜鸿铭声音陡地高了八度，吓了大家一跳。

乔家父子讷讷无言，乔子站在辜鸿铭面前，想分辩又不敢分辩，神情甚为难堪。辜鸿铭给自己点上了一根香烟，吸足之后，方又徐徐开口，看着乔子重现和颜：你有了留学生这清高的头衔，再弄他个硕士、博士什么的可以唬人一下的好招牌，内心一定很自满自得吧?

乔子急忙连声道:不,不……

辜鸿铭却打断他的话:今后你那远在天边的父母家人,乃至丈母娘、未婚妻,提起你来一定也要笑逐颜开了。

乔子刹那间红了脸:辜伯,晚辈还没有丈母娘、未婚妻呢!

辜鸿铭鼻子哼了一声:丈母娘未婚妻总会有的,留学生有几个想要做和尚的?你是打算在国外定居找个洋妞做伴呢,还是回来和中国大家闺秀完婚?

乔子被这话问得有点糊涂了,回答也显得语无伦次:不……当然要回来,像辜伯那样,做个对国有用的人。

这个青年的奉承,使得辜鸿铭脸上微微有了一丝儿笑意:对,不要在异乡定居,故乡无比好湖山,此间乐,焉能不思蜀?他又吸了会儿烟,又道:国家养士,万勿做那些"土阿福"。你辜伯我最讨厌的就是那些数典忘祖的留学生,国家多一个这样的留学生,就多了一个通番卖国的汉奸!

说得这么严重,慌得乔子赶忙表态:晚辈谨记辜伯的教诲!

这个被冠以北大顶古怪人物的老人,在年轻人中竟有这等威慑力,詹姆钟总算当面领教了。

一通训话完后,乔子已是汗流满面,浑身湿透。辜鸿铭一声"这就是辜伯对你的教谕,你回去好生消化吧"。让他如遇大赦,赶紧鞠躬如仪,拉着父亲告辞出来。

看着乔家父子出门,辜鸿铭仿佛是喃喃自语,又仿佛是对两位外国客人感叹:子不听父命,书香门第竟出个出国学做买卖的儿子,咳,这世道真是说不清了!

辜鸿铭还真是对此有所感触,以至于在几天后的文科教授讨论功课会上,公然声言:如今没有皇帝,三纲五常也被瞎嚷嚷说要废,我看伦理学这门功课就可以不讲了。

真是语惊四座,顿时在众教授中引起一阵鼓噪声。陈独秀就差没有晕厥,立即针锋相对道:柏林大学有位教授对中国新去的留学生说"现在恺撒都没有了,你们来德国学什么?"难道没有皇帝便可以没有学术吗?

众教授大笑不已。看到陈独秀与辜鸿铭交上了火,钱玄同马上接口道:辜教授固然天生古怪,他的思想固然天大的可笑,但我们且莫笑,我们若仍旧迷信个人有超越民众的力量,岂不是和他一样可笑。

"可笑的恰是你们!"辜鸿铭瞠目反击道:你们生在孔夫子的故乡,竟不知何谓"名分大义",岂非笑话！我告诉你们,皇帝是一种近乎神圣的权威,在他面前,不要说凡人应跪拜于地,就是自然界也得低头,这就是孔夫子"名分大义"四个字的精义。

就在大家议论之际,德国教授詹姆钟起身道:兄弟说几句,好——不好？

大家便肃静下来,听这位来自恺撒故乡的德国教授有何高见。

兄弟今——朝有两个屁——放（比方）,一个屁——放在德国,另一个屁——放在中国……

一语未完,愣愣间已有人抿嘴窃笑,进而放声哄笑,笑得前仰后合,有人还伏在桌上,抹着眼角笑溢的泪水。

这詹姆钟游学中国已有两三年光景,本来也粗通些汉语,从上海来北大后,又逢上蔡元培凡开教务会必讲汉语的规矩,倒也更喜欢用汉语说话。中国人固然讲洋泾浜英语,外国人也同样讲洋泾浜中文,詹姆钟就常把一个人说成一只人,把一条狗说成一位狗,把鸡蛋说成鸡的儿子,把母牛说成牛的母亲,等等。这次讲话,又因没掌握好中文的四声和抑扬顿挫,故而闹出了天大的笑话。

辜鸿铭正为尴尬莫名的詹姆钟难受,一个身影从门外闪了进来,他一眼看见,遂大声道:大家肃静,下面听校长吩咐！

四、中国的未来,不取决于那个在北京神秘地忙个不停的辛博森

蔡元培任北京大学校长一年后,有感于整饬校风之必要,于1918年1月中旬发起组织"进德会"。他认为,"吾人既为社会之一分子,分子之腐败,不能无影响于全体,如疾疫然。其传染之广,往往出人意表""私德不修,祸及社会"。他提倡"进德",以与社会之浊流做斗争。

蔡元培将"进德会"的等第分为三种:

甲种会员:不嫖,不赌,不纳妾。三戒。

乙种会员:不嫖,不赌,不纳妾,不做官吏,不做议员。五戒。

丙种会员:不嫖,不赌,不纳妾,不做官吏,不做议员,不吸烟,不饮酒,不食肉。八戒。

入会会员注册申报为某种会员,公诸《北京大学日刊》,不咎既往。该会成立后公定罚章。蔡元培指出,入会的效用有三:一,可以绳己；二,可以谢人；三,

可以止谤。该会成立三个月,报名者踊跃,会员(含本校教职员与学生)共计461人。其中,李大钊等甲种会员332人;蔡元培等乙种会员105人;李煜瀛等丙种会员24人。此外还有校外会员若干人。

很长时间以来,八大胡同就成了官方消息最灵通的地方。辜鸿铭虽没加入蔡元培发起成立的进德会,但在一段时间里也很注意师德,久了又有点熬不住,心胸间总觉有股灼热的激情无由释放。八大胡同犹如伊甸园那个鲜艳欲滴的果子,引诱他不顾一切地去品尝。老相好纫香无意间道及中国要对德宣战的事,大大地震惊了辜鸿铭:以前不是说要中立的吗?怎么现在要宣战呢?

纫香的消息来源可靠吗?辜鸿铭直到看罢近期《北京英文日报》的论调,尤其在读完中华民国总统顾问辛博森的文章后,才彻底打消了这份怀疑。辛博森在文章中大造舆论,极力鼓动北京政府对德宣战。

辛博森安的什么好心?辜鸿铭扔下报纸,叫上刘二,就找辛博森去了,不料扑了个空。心想,看来辛博森这小子正在北京神秘地忙个不停呢!他不死心,又于周六下午找上门来了。

这天下午,辛博森欧式风格的豪宅里高朋满座。他和美联社记者摩尔、法新社记者毛西尔、英国公使馆秘书哈德以及美国《密勒氏远东评论》编辑约翰·鲍威尔等正高谈阔论,谈的当然是他们所在协约国的战局和中国时事。丽莎对政治不感兴趣,坐在一角漫不经心地翻看着书刊。

哈德刚从事外交不久,和所有殖民地国家的外交人员一样,就对插手他国事务表现出了浓厚的兴趣。他愤愤不平道:我就搞不懂,围绕一个对德宣战,黎元洪和段祺瑞为何要闹个不休?德国人眼看就要垮了嘛,黎元洪为何还不肯对德绝交和宣战呢?

连日来正为此事忙碌的辛博森呷了口茶,润了润咽喉,回答说:开始黎总统和我们同段祺瑞在对德态度上并没有多大差异,但他发现我们在支持段祺瑞、段祺瑞参战是为扩充实力后,就有所分歧了。

正说着,仆人来报:上次那个留辫的中国老头又来了。辛博森愣了愣,随后一笑,说:我们的论敌来了。一边让丽莎回避。

辜鸿铭在辛博森率先鼓起的掌声中大摇大摆地踏进了华丽的客厅。里面的许多人他都认识,也懒得与他们一一招呼,径自坐了下来。

雪茄,咖啡,微笑。辜鸿铭领受之后,开始了自己既定的进攻方向。他手指辛博森道：辛博森先生近来可够忙的了，在各处大发厥词，鼓动我国对德宣战，用心实在险恶！面对眼前这个极不友善的洋人，辜鸿铭一改过去"他们中华民国、你们中华民国"的称呼，而用上了"我国"，以表达自己的民族感情。

辛博森明知故问：辜先生这话是什么意思？

辜鸿铭冷冷地道：你们欧洲列强倾竭世界各国的民脂民膏，竞利之心相摩荡，才酿成今日这场千古未有的战祸。你们对中国的掠夺一个比一个狠，今天倒劝说我国参加你们狗咬狗毫无正义的战争来，以图欧战未毕而中国不国，用心岂不险恶？

"哦，辜先生是说这事呀。"辛博森弹去了烟蒂，笑一笑道：华盛顿的男子汉义举，北京理当追随呀。

"男子汉义举？这听起来似乎有点动听，可真正的男子汉义举是什么呢？"辜鸿铭说罢，眼睛扫了众人一眼，继而道：我们姑且不论德国及其同盟国的是非曲直，从现情来看，他们实际上正遭受着全世界所有强国的围攻。如今的人们爱奢谈什么国际法，可在我看来，世界上还存在一个比国际法更高的法律，那就是君子之道，英国人称之为游戏规则。我记得当我在苏格兰的一所公学读书时，英国同学根本不认为纠集一伙人去打一个即便在校以斗殴闻名的人的行为是男子汉所为，连你们的中学生都认为违背游戏规则而不屑做的事，辛博森先生竟在此美其名曰男子汉义举！

摩尔虽然敬重辜鸿铭，但狭窄的国家利益使他站在了美国一边，他说：华府对德国采取行动，在美国人看来是必要和正确的。

"然而这种行动本身根本不是什么男子汉义举！再说一遍，那些试图教授中国人国际法的人根本不懂得，在中国存在着源于孔子时代的真正的古老的国际法，它比我们知道的用于目前情况的任何一部国际法都要好得多，这一中国古老的国际法说'师出必有名'。可中国现在根本没有对德宣战的理由，更何况今天欧洲的战争和中国一点关系都没有。"

"怎会没有宣战的理由呢？德国人占领了你们的青岛呀！"《密勒氏远东评论》编辑约翰·鲍威尔趁辜鸿铭吸雪茄的空隙，插话说。

辜鸿铭问询了这位生客的情况后，道：你从事的新闻职业和这番叫嚷，唤起了我对他们英国《泰晤士报》的一段记忆。当德国人在1897年武力占领青岛时，《泰晤士报》发表社论说 "干得好，伟大的德意志！这是对待中国人唯一的办法"。当日本远征青岛，《泰晤士报》又说了些什么呢？它说 "干得好，大日本帝国！如果想进行报复，日本完全有权利把这个国际小偷和强盗赶出中国！"我不知，世界上竟还有如此不道德之人会像《泰晤士报》那样见风使舵！

　　好个了不起的天才辩论家！约翰·鲍威尔虽挨了骂，内心却还是油然地对辜鸿铭升起了一丝敬意。这位初来中国风尘方洗的美国报人，第一眼就忘不了辜鸿铭。辜鸿铭的话在他听来真有点醍醐灌顶：我说你们的新闻界呀，现在除了片面、狭隘和卑鄙的特性外，再一个就是交易。新闻业在起初是一种职业，但现在它成为一种不折不扣的交易，成了不可信赖的、可以贿赂的、放肆的和阴险的代名词，它不是向人民进行宣教，而只是要么供人们消遣解闷，要么对人们进行欺骗。辜鸿铭说罢，意味深长地看了众人一眼，叹口气道：这可是种不祥之兆啊，可惜交易思想已经深深渗透到了一切领域，包括人们自身最神圣、最崇高的精神生活领域，现在一切都在待价而沽，而且所采用的方法和江湖郎中们身挂闪闪发光、耀眼夺目而又俗不可耐的招牌，来推销自己所谓包治百病的万应灵丹没有什么两样！

　　"说得好，太精彩了！辜先生真乃批判现实主义大师！"鲍威尔情不自禁地喊出了自己的内心话。

　　辛博森满心不悦地瞪了这个刚从美国来华的年轻人一眼，心想，你这不是和辜疯子一棵藤了吗！他可不容许鲍威尔再多嘴，急忙抢过话来说：辜先生，我们建议中国对德宣战，有着充分的理由。中国这样做，不但将在战后得到协约国的赞扬和优待以及免于挨打的好处，而且协约国胜利后，可以使加入其一边者免于侵略，凡没有站在胜利者一方的，都将属于战败者之列。

　　辜鸿铭又是冷冷地一笑：总统顾问的这种暗示，我看只有一个意思，好比你的一个朋友正与六七人大打出手，你因为可以得贿或停止殴斗后可以免于被这六七个人合伙殴打，便站在同朋友对立一方而去帮助对手。想来这就是你所称的义举！我坚信，即便华盛顿和他管辖下的美国商人可能把这描述成最高的、正确的商业准则，可哪怕是最卑鄙的小人，也会把这叫作无耻流氓的商业准则！

　　满屋子的人都被这辩驳给震悚了，长时间没人答话。辜鸿铭目光瞥开辛博森而投向众人，他试图从他们的眼中寻求到正义和鼓舞，分化掉辛博森的同盟，他大声地说：如果中国只是为了战后从协约国中得到一点点好处，就照辛博森先生催促的那样，向一个和我们邦交素睦的强国采取敌对的行动，那么中国就将从固有的君子民族堕落成一个厚颜无耻的小人民族！

　　众人听得神态各异，鲍威尔尤为动容，问：辜先生，依您高见，何谓君子之国？

第十九章　灰色年月

辜鸿铭扳着指头答：事事循义而行，不为利诱，不为威怵，以忠信为甲胄，以礼义为干橹，明确中立不倚之道，对于列强无所畏惧，是为君子之国。

沉默是金，静水流深，辜鸿铭喋喋不休非圣人，整个下午，辛博森都在心里诅咒着辜鸿铭。他几经与辜鸿铭交锋，知其脾性和辩论天赋，不想多与置辩。但辜鸿铭却没有因此放过他，再三奚落，道：辛博森先生鼓动我国出师抗德，还口口声声说是关心中国，难道这么些浅显的道理没考虑清楚？

辜鸿铭的话被隔壁房间的丽莎深深地记在了心里。"仁义和君子，多好呀！"她再次念叨着。目送辜鸿铭走出大门之后，她清清楚楚地听到客厅里响起杯盏破碎的声音和叔叔辛博森的怒吼：这是哪门子理论，德国雇佣的疯子！

辛博森对"辜疯子"有一肚子气，而辜鸿铭对这位英国佬的胡乱顾问和背后的险恶用心，简直是仇视了。言为心声，发为宏论，辜鸿铭要为国家利益、民族尊严再次和辛博森、和那些鼓动中国政府对德宣战的洋鬼子们做一次笔墨交锋。"书生报国无他物，唯有手中笔如刀。"谁叫他腹腔里漾漾荡荡的都是爱国因子呢！接连两个晚上，他闭门谢客，灯下磨枪，专此作《义利辩》的檄文。

既然辛博森是在《北京英文日报》上大造议论的，《义利辩》这篇稿子干脆也给《北京英文日报》，与他打打擂台吧。那个印度Babu陈友仁不是托周文生捎话说"一笑泯恩仇，欢迎来稿嘛"。第二天，辜鸿铭便怀揣稿子，来《北京英文日报》找周文生。周文生谨慎地说：先生虽是北京论坛的老将，可现在事因未明，这篇大作恐怕……话还未完，辜鸿铭便来气了：我是看在你多次约稿的面子才给你们《北京英文日报》的，说实在，我还不愿给呢！说罢，气哼哼地掉头就走。

说来也巧，就在辜鸿铭怀着淡淡的失意回家时，《朝日新闻》记者鹫泽吉次与另一客人已在门口恭候多时了。

这鹫泽吉次算是辜鸿铭的知交了。民初他就作为日本《时事新报》特派员常驻中国，称得上是日本首屈一指的中国通，他不止一次地将中国圣人辜鸿铭介绍给日本读者。鹫泽新近在北京创办了《北华正报》，这次是向辜鸿铭约稿而来。

刚在《北京英文日报》碰壁的辜鸿铭听罢来意，微微一笑，说：鹫泽先生如此看得起老朽，敢不从命。你知道，我是反对我国参加欧洲大战的，我刚作一篇《义利辩》，正想请你指正呢。走，屋里请！

"谢谢辜先生，今后请多关照！"鹫泽吉次边说边把随同来的年轻日人推到辜鸿铭面前，道：辜先生，这是萨摩雄次先生，他正在北京留学，对辜先生极为崇敬的，今后请多关照！

萨摩雄次礼貌地向辜鸿铭连鞠三个躬：辜先生，请收下我这个校外弟子，我诚恳地希望通过辜先生了解活生生的中国文化，接触中国问题真正的精髓，请多关照。

不管是谁，只要他友善地关注中国文化，辜鸿铭就喜欢，他看着眼前这个和鹫泽一样偏矮个头却精精神神的日本留学生说：日本，那可是我如夫人贞子的娘家，好说好说。说罢，又乐呵呵道：我和鹫泽先生年龄上可做父子，瞧我们两个，足可做对祖孙了。

大家在笑声中进屋就座。趁着鹫泽看稿的工夫，辜鸿铭笑谓萨摩雄次道：要说我这一生，还真是一言难尽。见萨摩雄次十分愿意倾听，辜鸿铭便海吹开来：说我身处乱世，抱定宗旨一成不变，无书不读，无人不骂，有时不免被人看作二百五，但却从不做二五眼，为什么呢？因为我耳聪目明，为人做事说一不二，从不三心二意，四面讨好；虽也做过数年的小官，却多是五日京兆，谁叫我豪放不羁，刚正不阿，和而不同，五毒不全，又六亲不认呢！纵有七步之才，卓尔不群，因为没有八面玲珑，所以至今不能发达。漂泊大半生，我也算得上是百折不挠，勇者不惧，金刚不坏，精神不死了，人没有十全十美，但今后盖棺论定，我是九泉无愧的。这是我对人生的一得之愚，供你参考。

辜鸿铭信口道来，无意间便将数字巧妙地镶嵌其中，倒也妙趣横生。只是有些俗语，萨摩听不明了，一经发问，辜鸿铭立时装出一副好为人师之态，不厌其烦地解释一番：说二百五，在中国人眼中是指做事莽撞，有些傻气；二五眼，是指能力差云云。

鹫泽哪有心思来看稿，一旁忍不住插话道：谁说辜先生愈老愈顽固呢？我看恰是相反，辜先生是愈老愈年轻。

两位日本年轻人的奉承，让辜鸿铭的脸上笑开了花，令他灵思妙动，浑然天成地进入了哲学家的角色。他张开嘴巴，两眼透着灵气，说：你们看我的牙齿，掉了不少了，而最终它们都将掉光。

两位年轻人正思虑着这可爱的老先生所言何意，辜鸿铭继而又问话了：你们看，我的舌头还好不好？

两位年轻人却见辜鸿铭的舌尖在齿唇间欢快地跃动着，他们异口同声地说：好呀！

第十九章 灰色年月

"这就是了。舌头不如牙齿坚硬吧？但直到我有一天死了，牙齿也许全部掉光了，可舌头还在，可见柔韧的东西要比坚硬的东西更强，更适合于生存。"

这是位中国哲学家的哲语，说得何其精妙。鹫泽和萨摩相望着点了点头，那目光里饱含着尊崇。

"我说这话，是为了让你们了解柔弱胜刚强的道理。"辜鸿铭很快就回到了自己那篇稿件上来，并由此说起了欧洲大战：战争的叫嚣只能惊吓野兽和动物，却吓不倒一个文明的民族，因为它虽柔弱，却有强大的道义支撑，而正义必然战胜强权！

《义利辩》在《北华正报》很快就全文刊载了。辜鸿铭特地把报纸带到课堂上，欣欣然出示给范文澜、许德珩、李震瀛等一帮学生看。在这当儿，孙中山也公开发表了《中国存亡问题》一文，明确反对中国参战，认为对德宣战，只是军阀政客为图私利而一意孤行的做法，战后我国未得其利反受大害。这些进步学生对辜鸿铭站在孙中山一边，自然表示了莫大的赞赏。辜鸿铭乐得与他们其文共欣赏，在让学生们打开 Page one 前，他兴致勃勃地讲授起了世界史课，大发议论谈德国必胜，好像他是战史研究专家。

大家听得十分惊讶，因为从战场局势分析，德国必败无疑，范文澜乃问道：请问，先生有什么理由这么说呢？

辜鸿铭晃动着辫子答：德国即今之秦国也，秦能灭六国，德国亦必能战胜其他欧洲各国。

理由既简单又明了。听他这么振振有词地说来，不独范文澜，学生们也都有点匪夷所思了。

五、紧要关头的外交总长们

北洋政府宣告与德国绝交的消息让辜鸿铭痛心疾首，那神情，不啻自己失去了一位挚友。接下来，国会把是否向德国宣战的问题摆上了桌面。在孙中山和南方各省代表的强烈反对下，这一提案未能在国会中以多数通过。此案的提请者、国务总理段祺瑞没有善罢甘休，继续逼迫总统黎元洪表态，而各方势力也在向黎元洪施压，要求解散国会，改组内阁。不少议员纷纷退往南方。

就在这时，《北京英文日报》的一则新闻再次震惊了国人，震惊了辜鸿铭。

那个被他指责为印度Babu的陈友仁,在紧要关头,拿出当年于咫尺天威下辱骂袁世凯的勇气,在《北京英文日报》上揭露了段祺瑞和日本勾搭的一个重大秘密。原来,段祺瑞的对德宣战是有交易的。连续数月不得平静的北京城,顿时像煮沸的开水一般哗然不止。又听说段祺瑞就对德宣战的问题,逼迫黎元洪表态,一种位卑未敢忘忧国的情愫,又一次油然而强烈地在辜鸿铭的心头焕发了,他决定就对德宣战问题与伍廷芳交换看法,促使其向那个软弱的黎菩萨施以影响。

论名望,论资历,伍廷芳都算得上是当时中国很活跃的、老牌的外交官。两日前,黎元洪已有免去段祺瑞总理之职的打算,并已正式秘请伍廷芳暂时代理总理,让他秘密接洽西方各国公使,希望他们对老段下台届时别来凑热闹。时下,他正在家中与忘年交的王宠惠就此事交换意见。比他年轻四十来岁的王宠惠也是出自广东的外交俊杰,当年曾襄助伍廷芳在上海进行南北议和谈判。王宠惠和伍廷芳一样,也是学法律的,早年毕业于北洋大学法科,后留学日本,又得了耶鲁大学的法学博士,据说还是第一个当选为柏林比较法学会会员的中国人,民初任孙中山南京临时政府的外交总长,临时政府北迁后改任司法总长,因与袁世凯不合作,不久就提出辞职。

伍廷芳与辜鸿铭老相识了,闻听这个大名士来访,大步跨出客厅迎接。王宠惠拉着伍廷芳之子伍朝枢也跟了出来。

伍廷芳一边执手相请辜鸿铭入室,一边道:稀客!贵客!什么风把辜先生吹来了?

"收起你的外交辞令吧。我倒要问你几时被风吹过来看老辜?"望着这个与自己并列西学四大名士的年长者,辜鸿铭的第一句话就有点硬邦邦。

这个实际问题是伍廷芳回避不了的,但他毕竟善于外交,轻轻松松地给自己找了个台阶下,说:我怕挨辜先生的骂呢!

"你莫得意,我可不是来赶时髦、趋炎附势、结纳显贵。老辜最重交情、最厌官,要是你这总长不曾辞职,八抬大轿也请不到我来!"

伍廷芳听得辜鸿铭这话有点动容。中国真正的读书人向来都向往一种学术自由和精神独立的人格,洁身自好,孤芳自赏,拥有个自给自足的内在世界,可谓"天子不得臣,诸侯不得友",辜鸿铭何尝不是这种人。他连道两声"厚爱、厚爱"后,忽问:辜先生也听说我辞职了?

"是啊,我虽不像阁下那样研究人的灵魂学,可耳目多着呢,这凡事哪,都应了那句老话——欲要人不知,除非己莫为。"

研究人的灵魂学是伍廷芳的爱好,他听辜鸿铭如此说来,开心地笑了。

进入客厅就座后,王宠惠貌甚谦恭地给辜鸿铭递上一支雪茄,说:老先生学博中西,于欧美学说,均能撷英掇华发其秘奥著为宏论,又独具只眼,妙笔生花,移译我国古籍多种,搭起中西文化交流之桥,驰誉国际,旷古未有。现在专心讲学,春风化雨,桃李盈门,其功甚伟。

王宠惠的话直听得辜鸿铭身心通泰,他说:记得老弟你也是在西洋得了博士帽的,可别忘了老辜也戴过呢,欧美那些授给我的荣誉博士帽,要收罗进来,恐怕也有十来顶了。

辜鸿铭这话是说给王、伍两人听的,其言是真是假,谁都搞不清楚,只知他在欧美确实是享有大名的。王宠惠像是要补充自己刚才的话,又道一声:对在下来说,老先生不仅是留学前辈,还是外交前辈呢!

辜鸿铭深吸了口雪茄,道:是啊,你们都是外交官,都是当过外交总长的人了。老辜当年也是搞外交的,只是没有像你们这样阔气,啊哈,这雪茄味道还真是不错。外交官嘛,折冲坛坫,那是非吸雪茄不可的。

伍朝枢对辜鸿铭的冷嘲热讽心生反感,脸色紧绷着不发一语。辜鸿铭瞥见了,乃徐徐道:这位年轻人面熟得很哪,想来老辜没有冲撞你?

"你是没有冲撞我,但你冲撞了我父亲!"伍朝枢脱口而出。

伍廷芳生怕儿子冒失,忙喝住了他,一旁说:此乃犬子。年轻人经验不多,请多包涵。王宠惠趁此介绍了伍朝枢的简况。

辜鸿铭哈地一笑,道:真是个年轻英才。依我看来,论资排辈还真是个错误,年老未必智高,谢顶就该奖赏?!言罢看着伍廷芳,又说:如果伍博士的总长位置让了年轻人,甚至干脆禅给令郎,想来也不会坐视段内阁胡来。咳,想不到目前的政治和外交已堕落到如此肮脏的地步!

在绕了个圈子后,辜鸿铭终于切入正题了,而他的圈子绕得够水平。

伍朝枢生怕辜鸿铭又骂起老父来,抢口道:家父可是反对对德宣战的。

辜鸿铭哦了一声,道:这才是儒臣之所为,怎么能对德宣战呢?!我国应以仁义自立待人,不应只受利益的诱惑,干那落井下石的勾当!孔子说春秋无义战,这也可以说是针对这次欧洲大战上而言的。接着目光炯炯地看着伍廷芳,言语显得前所未有的亲热,说:秩庸兄虽辞了职,还未批复前仍是外交总长嘛。在这危机时刻,理应公忠体国,向黎菩萨和段歪鼻讲明事理,弄不好他们就浪子回头了呢。

辜鸿铭说得诚恳,收起了玩世不恭神态,完全是一副书生相。伍廷芳听在耳里,看在眼里,差点没笑出声来,心想,对付这样有性格的读书人,还是有所保留地说些实话吧。

听伍廷芳说罢,辜鸿铭频频点着头,道:如此说来,你和我是英雄所见略同了,好,好!省得我再搬动三寸之舌了!话语一转,又道:我说秩庸兄啊,你这样做,莫不是受了我拙文《义利辩》的影响?

伍廷芳莞尔一笑道:辜先生的大作我确实读过,我承认,先生的大作闳中肆外,而见解亦有高明之处,要说影响,那还真不能说没有。

伍朝枢也在英文报刊上看过辜鸿铭的不少文章,在辜鸿铭得意而天真地笑过之后,伍朝枢问:晚辈听说老先生是拥戴汉语的,为何不用中文写作,也好让更多的中国人看得懂呀?

辜鸿铭顿时敏感起来:年轻人,你不是笑话我不懂祖宗的语言吧?

伍朝枢问话中已含此意,被辜鸿铭一语道破,倒让他慌了,忙说:岂敢、岂敢,晚辈只不过是随便问问。辜鸿铭也不与他计较,整容敛笑道:他们那些人不是天天在叫嚷西化吗?连那么简单的英文都看不懂,还配谈西化,还配跟我说话,看我的文章?

这话听起来真有点迂气,却活生生地构成了辜鸿铭的人与文的风骨。伍朝枢忽然发现辜鸿铭其实也挺可爱——他有脾气,脾气即他的性子,于他而言,性在命前面,那是断断作践不得的。

辞别伍宅,一路想着这三个外交官的谈论,辜鸿铭心里有说不出的滋味。他们的位置要是换上自己来坐,该是个什么样子呢?自己无论如何要施影响于当权者,阻止他们对德开战,重新修好和德国的邦交,可自己现在只是布衣。辜鸿铭嗟叹间,不禁回想起了当年在大清外务部的岁月。

说来也真巧,几天后,辜鸿铭忽接到了一封来自徐州的电报,发电人竟是担任过两个朝代外交部长的梁敦彦。要他务必在接电三五天后拨冗前往徐州会晤,有要事相商。

梁敦彦不是寓居天津了吗,跑到徐州作甚?辜鸿铭无由推知,唯"要事"两字犹如八大胡同一般,强烈地引诱着他。他择了这个周末,又向学校请了数天病假,带着刘二坐了火车便往徐州而来。

和梁敦彦见面后，稍及寒暄，对方便神秘相告：张辫帅想见老兄哩！

"原来是这码子事。"辜鸿铭没好气地说：张勋、张绍轩当他的安徽督军，我当我的北大教授，两杆旗子拉不到一起，他见我作啥？他即使要见我，来北京就是了，却劳我远道而来，真是岂有此理！

梁敦彦听辜鸿铭这么一说，也不作辩解，只是眨了眨眼睛，道：张辫帅可是大清的忠臣，他至今未忘欠大清的情，也不曾丧失对儒家的尊崇呀！一边说，一边给辜鸿铭递过一根雪茄。还在出使欧美时，梁敦彦就带回许多上好的雪茄，到现在都不曾吸尽，时光久了，不免虫蛀和走味。

犹如这雪茄一样，梁敦彦的话也有点走味儿，直让辜鸿铭瞪大了眼睛，情不自禁地啊了一声。

梁敦彦迎着辜鸿铭惊异的眼光，又道一句：张辫帅对君宪制素有好感呢！

辜鸿铭也略知一些。洪宪帝制失败，全国激烈声讨帝制余孽时，张勋以洪宪一等公爵、安徽将军的贵重身份公开发表讲话，说"无论主君宪还是主民宪，无非是一种政治主张罢了，既然是民主共和国，公民都有发表自己政治主张的权利，故筹安会等人无罪，不应追究他们的责任。"他呼吁黎元洪、段祺瑞的北洋政府取消对杨度等人的通缉。不但如此，他还请杨度入幕赞襄军务，因杨度心绪不佳更兼身体不好作罢。

要不是梁敦彦点拨，辜鸿铭焉知做着民国大官的张勋多年来一直心存复辟大清王朝的梦想。他眼睛一亮：能行吗？

"怎么不行呢。民国这几年政局不稳，各方势力各行其是，各省督军独霸一方，人人都是土皇帝，各省常陷入混乱，生灵涂炭，今后弄不好要四分五裂。共和声誉日下，天下人的失望日甚一日。我曾听百姓言'养着一个皇帝比养千万个土皇帝好受些'。天下民心未忘前朝由此可见！张辫帅现为十三省大盟主，既有实力又主君宪，届时拥立皇帝登高一呼，统一天下，恢复旧观，老兄岂不是殿上中兴之臣！"

清亡民兴，自宗社党失败后，辜鸿铭只是广泛地主张要皇帝，不涉及实际运动。如今听梁敦彦这么一说，他一颗心怦怦直跳——要是复清，自己做了中兴之臣，也许就不至于会有与德绝交、对德宣战的傻事了。一时间，他那本趋平静的心潮又开始躁动了。

辜鸿铭见过张勋，只一亮辫子，两人就相见恨晚，引为知己。闲话休提，辜鸿铭从徐州回京后,在不同场合一面抨击民国官场腐败,一面公开宣扬"民国真是害人不浅。我们从前是很安乐的,自革命后,国乱民穷,要有真命天子出世,或者大清复辟才好!"

四万万中国人中,有这等怪论的何止辜鸿铭一个,持此看法的又何止千百个。陈独秀早就看出了端倪,心直口快、勇打猛冲的他专此以《旧思想与国体问题》为题在北京神州学会做了讲演,他说:此时我们中国多数国民口里虽然是不反对共和,脑子里实在装满了帝制时代的旧思想,欧美社会国家的文明制度,连影儿也没有,所以口一张,手一伸,不知不觉都带有君主专制的臭味。不过胆儿小,不敢像筹安会的人,堂堂正正地说将出来,其实心中的见解都是一样。袁世凯要做皇帝,也不是妄想——他实在见得多数民意相信帝制,从根本上不是真心反对帝制。

在讲演中,这位伴随《新青年》一道名闻天下的革命党人不无悲观地说:鄙人对于我国现在情形,总觉得共和国体,有无再经一次变动,却不能无疑。

这话仿佛是个谶语,时隔不久,共和制下的大中国果然发生了张勋拥清废帝复辟的事件。辜鸿铭列名其中,当了复辟王朝的外务部侍郎。可这出闹剧仅仅折腾了十二天便草草收场。北京城走出了噩梦,又恢复了往日面上的平静,新华门上又飘扬起了崭新的五色旗。复辟丑剧带给北京、带给中国唯一的变化,好像只是总统府里换了位新主人,不过老百姓不在乎,辜鸿铭当然也不在乎。黎元洪当总统也好,冯国璋继任总统也好,都是一丘之貉。脑海里闪现"一丘之貉"这词儿,辜鸿铭莫名地又想到了那个在复辟失败后遁迹荷兰使馆的辫帅张勋。

那些"一丘之貉"的同伙,大都匿迹东交民巷,托庇于洋人之宇了。整个东交民巷和所有那些外国租界一样,都是治外法权之地,它们使中国在自己的政治生活中无法独立地做出最后决定。某位官员或议员捞到一大笔钱后,若感处境不妙,则大可带着这些搜刮来的民脂民膏,逃到此地安享太平,中国政府压根儿没法把他召回处理。同样,一旦各派之间发生混乱,战败的一方也大可逃到这个世外桃源躲起来,静候下次时机的到来。就在东交民巷的法国公使馆里,辜鸿铭找到了梁敦彦。梁敦彦很是吃了一惊,说:你现在还敢回来呀,还敢随意露面呀,你不知北京政府的通缉令吗?

梁敦彦这一说,辜鸿铭便感有些后怕。辜鸿铭与法国公使柏卜也是熟悉的,一说是政治避难,柏卜非常乐意地收留了他,并派了车子送他和梁敦彦前往荷使馆。

见面后，不及寒暄，张勋就手指梁敦彦开骂起来：你，还有你们外务部，有负委托，还有何面目来见我？

梁敦彦垂首而答：崧生不才，乞大帅宽恕。

张勋鼻子哼一声后，气咻咻地来回走动，又手指辜鸿铭开骂：你辜负圣上鸿恩，我让你去南下调停，你也跑来避难了。从今以后，我不呼你辜鸿铭了，老实些呼你为辜鸿恩罢了。

辜鸿铭看梁敦彦被张勋训得蔫头耷脑，就有些同情和不满，又见张勋这般对待自己，一时也就有些意气了，出口顶撞道：你倒骂起我们来了，要不是你的辫子军是臭狗屎一堆，局势怎会这么快就一落千丈！

张勋暴跳如雷：你！

辜鸿铭道：听我说完，要骂你骂不过我！你那辫子军，号称十个营，其实也就三千多人。还没开打，一下子就被讨逆军用银子策反了七个营。两军于7月7日开始交火，7月12号即告结束。整个战事，只有6天，其中有4天没对阵，实际只有两天。除了前门一带发生激战外，就连守卫你老窝的辫子军也拱手把张宅交出！

张勋惊诧道：他们真的也反了？！辜鸿铭肯定地说：是你卫队的营长挟制兵士投降的！张勋怒不可遏：张某本来以为，没有辫子的靠不住，没想到有辫子也靠不住，全都把我给卖了！

辜鸿铭提醒张勋：你不是说你有撒手锏吗，到现在也该使出了吧？张勋嘿嘿一笑：那一块黄绫，还有那北洋各军阀赞成复辟的八十三件函电，可是我最后的一招！他段祺瑞好出卖朋友，我将宣示国人，与他同死！

梁敦彦问东西在哪，张勋急忙让人找参谋长万绳拭把手中的东西拿来，还信誓旦旦地说：万参谋长与我是同乡挚友，我信他胜过信我自己。

辜鸿铭冷冷地说：我来时就听说万绳拭投靠段祺瑞了。啊呀，你的儿女亲家倪嗣冲，你的部属、干儿子徐州总兵张文生，再加上这个万绳拭，真是一个比一个亲，又一个比一个卑劣！

"不！不！不！"张勋额头跳起青筋，吼叫着，一口鲜血喷了出来。

遁迹洋使馆不过三五天，辜鸿铭就又感到不是滋味了，决心要离开这个令他备感屈辱的国中之国了。对他的决定，梁敦彦显得很是吃惊，再三劝阻。

辜鸿铭微叹了口气，道：目前在使馆当然安全，万一民国与各公使正式交涉，承认引渡，我们还是一个跑不脱。即使使馆予以相当保护，让我们还如这般做政治避难，我们又哪得自由呢，这与坐牢又有何区别？说白了，我们躲入这使馆里来，是因怕受牢狱之苦，却不料坐的是外国监牢！

梁敦彦觉得在理，讷讷半晌才又问一句：万一北京政府……

话还未说完，辜鸿铭便嗤地一笑，说：当初筹安会那帮人也受了通缉，可有啥屁事，还不是雷声大雨点小。即使真要枪毙我，在自家的国土上好死，也比在洋人榻侧赖活来得光明磊落！

第二十二章

长辫教授

一、辜鸿铭"胡扯"受欢迎，老掌柜饭馆说掌故

要做官去北京，要发财去上海，要读书到南京。

这是辛亥革命后的流行说法。做官在北京，因为北京是北洋政府的所在地，是批发高官的地方；发财去上海，因为上海是十里洋场，什么生意不能做；读书到南京，因为南京有著名的夫子庙，那里除了能读些书，什么也得不到。

在辜鸿铭看来，北洋政府绝不是自己出仕效忠之地，自己哪能与那帮乱臣贼子同流合污，这是纲常大义；自己对经商向来鄙视，又怎能日日相伴算盘和铜臭？何况，大上海的官吏几乎全成了商人，黄浦滩上的一切活动，都不可避免地被打上金元的印记，岂是个理想的去处？至于读书嘛，自己这辈子读的书，中的、洋的还不多吗？复辟闹剧的匆匆谢幕，不啻给他当头浇了盆冷水，他自觉无力回天，难与那帮没有辫子的食肉兽抗衡，乃决定还是回北大教书。

九月边的北京已有两分秋意，梧桐树叶在脚下踏得嘎吱嘎吱响。北京大学开学仪式后，辜鸿铭与蔡元培走在了一起，蔡元培语声温和地问：辜先生真的不想当官了？

"心灰意冷了！"辜鸿铭摇摇头，又点点头道。俄顷接着说：我这次进北大，一门心思除教授英文门和替孔子学说做些发挥外，不再做旁的事。

"迷途能知返就好呀。"蔡元培笑而颔首。两人默默地向前挪动着脚步，一群朝气蓬勃的学子迈着矫健步履从身旁经过，辜鸿铭那双老眼忽地发亮起来，道：搞学问本是个拳不离手、曲不离口的专业，荒疏不得，俗话说"秀才三年成白丁"，

一个成了白丁的秀才，再回头和白鹿洞主谈学问，哪能投契？

蔡元培意味深长地说：辜先生能明白此中道理就好。如今我国，一些学者把书袋丢得干干净净而沦为官僚，其言语无味、面目可憎的程度往往甚于职业官僚。

辜鸿铭听得浑身一凛，心想，蔡元培说得何其在理，职业官僚多少还有其职业上的本色，而半官半学的官僚，妾身未分明，反而两无是处了。面对这个提倡当校长不是做官的学问家，辜鸿铭像是真正找到了同路人。

当长袍马褂的辜鸿铭出现在讲台上时，学生们鼓起了热烈的掌声，这使他很受感动，心中油然地涌起一股热流，那是多年前种下的一个愿望——要为中国教出真正的读书种子。虽然辜鸿铭还是辜鸿铭，学生还是那些学生，但复辟路上迷途知返的辜鸿铭却成了学生们眼中的新闻人物，他们的问题还不少呢。

罗家伦率先发问：辜先生不是反对袁世凯复辟帝制吗，怎么又参与起宣统复辟来了？

辜鸿铭目光显得十分温和：那可是两码子事，袁世凯那厮根本就不配坐龙椅，让他复辟，只是糟蹋帝制。宣统帝还朝，情况当然不同，我真正是欣然参与，乐于其成的。只可叹人心不古，终落得个徒劳无功。

傅斯年见辜鸿铭说得有些伤感，怕大家受了他情绪的影响，忙转了个话题，问：现在政府已通告对德、奥两国宣战，辜先生怎么看这件事？

"是呀，辜先生怎么看待这件事？"范文澜、许德珩他们也跟着嚷了起来。他们清楚地记得辜鸿铭的那篇《义利辩》，记得上个学期辜鸿铭在课堂上为德国说的好话。

辜鸿铭叹了一口气，目光很显黯淡：可怜中国不是虎狼，而是一只羔羊，就这样被强迫着牵向了欧洲战场……随着上课钟声响起，辜鸿铭道：好，不说这些了，言归正传，大家打开 Page one……

像以往那样，辜鸿铭的课上得轻松活泼、妙趣横生。他从不点名，学生要听就来听，听不下去要走就走，他一点儿也不在乎。他摆出这堂堂大学者的风度来，源于对自己的自信。事实上，凡他上的课，学生们几乎没有离席的，公共课听众就更多了，都快要把门墙挤破。

上每堂课，辜鸿铭总要留下一定的时间来和学生闲聊，或听学生自由提问。他觉得，这是跟学生最好的交流方式，也是自己最好的即兴发挥之机。

"辜先生认为，什么是文学？"

"你忘了我的约法三章了？向老师提问要站起来，师徒大义绝不可造次。"

在众生的笑声中，这位名叫李震瀛的学生站了起来。

辜鸿铭在黑板上飞快地写下 Literature is the Law of Life 这个句子，写得龙飞凤舞、潇洒飘逸，比他的中文书体不知要好几倍。写完，他转身微笑地看着大家：这就是我给文学下的定义，翻译成汉语就是"文以载道"。

李震瀛在辜鸿铭示意下落了座，和同学们认真地听讲：在我看来，文学反映的就是人生，讲到人生，数我们中国人最懂得了。你们也许要问，那为什么又还要学英文呢？那就是要你们学好了英文之后，用我们中国的人生道理去晓谕西方那些蛮夷去。

辜鸿铭不知道，在他倾情执教时，对他持敌意的马教授不时在门窗外偷听，给他的打分是——胡扯，并向蔡元培汇报说：辜鸿铭教英国诗的目的，不是为了使学生理解英国文化的优秀，而是要学生接受中国文化，确立中国的价值观念，树立中国民族文化精神。

这位马教授是留洋回来的，自诩满腹学问，所授之课却不怎么受学生欢迎，对辜鸿铭自是吃醋得紧，一心想把他挤走。可蔡元培一句"这有何不可"，让他讨了个没趣。

辜鸿铭的"胡扯"越来越让门墙外的马教授听不下去了。

这天，辜鸿铭好不容易言归正传：又扯远了，还是说说英诗吧，不，还是先说说杜甫吧。杜甫是唐诗世界的另一座高峰，"安得务农息战斗，普天无吏横索钱""安得广厦千万间，大庇天下寒士俱欢颜"。相信各位同学读了不少英诗，有哪一位欧洲诗人有中国诗圣杜甫如此感人的悲愤之作？

罗家伦倏地站起：辜先生，我们是来听你讲英诗的，不是来听你讲唐诗的！你一个学期上到现在，才讲了六首另十几行英诗！

辜鸿铭平静地说：罗家伦，很欣赏你总是拍案而起。只不过你有所不知，好的英诗，也就只有我讲得这么多。本世纪奥地利著名诗人里尔克是这么说的"要是过早地开始写诗，那就写不出什么名堂"。应该耐心等待，终其一生尽可能地搜集意蕴和精华，最后或许还能写出十行好诗。罗家伦，请记住，里尔克说的是终其一生或许还能写成十行好诗。是十行，而不是十首！而且是不是好诗，还得由别人来论定！

罗家伦不甘示弱：老师，你这是武断！西洋诗在近代大放异彩。你知道拜伦吗？

知道济慈吗？

"我还知道叶芝、彭斯和布朗宁，所有英诗诗人没有我不知道的。罗家伦，你是不是看我的脑袋小小的？可以告诉你，我这里——"辜鸿铭指着自己的脑袋，扬起嗓门：我这里装的书比大英图书馆还多几册！你没听人说过吗？我辜鸿铭没出娘胎就读了书的！

罗家伦道：谁不知道你好骂人又好吹牛！

辜鸿铭瞪大眼睛：那就试试！你手头上那本书是不是图书馆借来的英诗选？

罗家伦道声"是"，辜鸿铭就说：那我今天就让你这个革命学生来考考我这个封建遗老！

罗家伦翻开手中的英诗选：雪莱《爱底哲学》，第二段。

辜鸿铭气定神闲地诵读：你看高山在吻着碧空，波浪也相互拥抱；谁曾见花儿彼此不容，姐妹把弟兄轻蔑？阳光紧紧地拥抱大地，月光在吻着海波，但这些接吻又有何益，要是你不肯吻我？

辜鸿铭忽然动了感情，泪水沁出眼眶：罗家伦，我是爱你们的，我打心眼里喜欢你们！

罗家伦心里一凛：老师，我……

辜鸿铭继续说：罗家伦，我应该向你道歉认错，为人师表不可口出秽言。我才是 WPT——王八蛋！

全班同学站起来为辜鸿铭鼓掌。辜鸿铭示意大家肃静：好了，不扯了，言归正传。

辜鸿铭飞快地在黑板上写下威廉·布莱克的 *Reeds of Innocence*（《天真之歌》），然后说：说到这首诗的形态，同学们别以为外国诗歌就是与中国诗歌截然不同的现代诗，其实，外国诗歌的形式，骨子里都暗合了中国诗歌的印记，只不过，他们仅学到了我们的一点皮毛。

学生们认真地听着，认真地做着笔记。

"照我来看，英诗可分为'大雅''小雅''国风'三类，其中'国风'又可分为威尔斯、英格兰等七国'国风'……"辜鸿铭越说越快，也许是认定自己的比较别具一格，他一边说一边得意地摇晃着脑后那根细小而微白的发辫。

这可是个新鲜的比较，学生们听得很是解乏。

"谁来说说，布莱克的这首《天真之歌》可归入哪一类？"

在听学生回答说"可称为外国国风"后，辜鸿铭满意地笑了。

辜鸿铭把英诗分为国风、大小雅不够,对每个外国的作家作品,必找一位对等的中国作家作品,在比较中来阐明中国文化丝毫不逊色于西方文化。在他的兴之所至中,弥尔顿的《失乐园》被称作"洋《离骚》",杜甫被称为"中国的华兹华斯",他还认为李白、杜甫的许多诗是浅陋的英文绝对无法表现出来的。

"一节荒唐课!"马教授又来校长室给辜鸿铭下结论了。蔡元培语气还是那么的温和:一位教授,当然有权来阐述他的学术观点。马教授如此受不了,最好的办法便是不要去听辜先生的课。

发下宏旨要为中国培养真正的读书人的辜鸿铭,在这次复辟失败之后,以一种和蔼可亲的姿态走近了年轻的学子们。对那些潜心学问的学生,如傅斯年、顾颉刚、罗家伦、李震瀛,以及已兼做蔡元培秘书的范文澜之辈,他打心眼里喜欢,觉得他们大有培养前途。自称梅干老头(意为满脸皱纹的老头)的他,在课堂上教学生们翻译四书五经,教他们念英文本"千字文"一书,由"天地玄黄"直到"焉哉乎也",意气风发,声音洪亮,完全不像六旬老者。他还把自己的《春秋大义》等著作送给学子们阅读,请他们批评指教。他不止一次地感慨:中国不患读书人不多,而患无真读书人!

"在辜先生看来,什么样的人才是真读书人呢?"问话的傅斯年是北大学子公认的学生领袖,他的学问也是超一流的好,虽然他不敢苟同辜鸿铭的许多保守观点,但对辜鸿铭还是尊敬的。

"真正的读书人当然不是圣人、超人,也不一定都是伟人、完人。就拿我来说吧,我当然算是个真读书人,但同时又是个浑身毛病的人。因此,真读书人不过是一个拥有独立人格、能够自由思考、有信仰、有操守、能真诚待人的读书人。只可惜,这样的人已经越来越少了。"

辜鸿铭的此番感慨很是引发了学子们的共鸣,因为他说的独立人格和自由精神,与蔡元培所提倡如出一辙。

这年的中秋,罗家伦、李震瀛、林斯陶等几位学生来到了椿树胡同十八号,他们是应辜鸿铭之邀到他家里共度佳节的。辜鸿铭乐呵呵地介绍自己的一家人和他们认识,那情景一点也不见生。

饭后,师生们在院中一边吃月饼赏月,一边海阔天空地"华山论剑"。中秋月无声地穿过天上薄薄的云层,透过庭院内那高大的老槐树,投下斑驳的阴影。

"洋人也像我们自由自在地赏月吗?"不知是谁说了这么一句,大家都笑了。

辜鸿铭却没有笑，而是认真地说：洋人当然有权赏月，只是今晚这轮月，他们要到明天才能见到呢，那时也许月圆了，也许月亏了，但都还是这轮月，至于说外国的月亮比中国圆，那是胡扯淡，完全是自欺欺人。我想告诉大家的是"天上月亮一个样，人间自由却不同"，我们的自由还真要让洋人羡慕呢。

"难道洋人还没有我们自由？"年轻的学子们显得难以置信，他们的问题也随之而来：中国的自由有什么好呢？

"中国的自由有什么不好呢？"辜鸿铭反问一句，尔后扳着手指道：欧洲的宗教战争你们该知道吧，什么耶路撒冷之争，什么新旧教、天主教、基督教、犹太教之争，什么路德的宗教改造，形形色色，林林总总，烦不胜烦，没完没了。而我们中国的儒释道，各有各的自由，互不侵犯，互不干涉，互不抢夺教徒，而且还准许佛教流传，就是其他的邪教也还允许自由宣传。中国也没有什么阶级争斗，士农工商，分工合作，各司其职，无所谓阶级，只有职业不同，白屋出公卿的情况屡见不鲜，一代做官三代为乞的现象也有。因为中国没有什么宗教战争和阶级战争，所以免掉了许多流血惨剧。而外国除了宗教之争，还有贵族阶级和奴隶阶级之争，有产阶级和无产阶级之争，到现在还未消灭，你们倒说说看，究竟哪里自由？

辜鸿铭渊博的知识使学子们对这一话题产生了莫大的兴趣。他们中有人忍不住就又发问了：欧美难道不好吗？

"公正地说，当然也不是什么都不好，但中国却要比它们好得多。你们瞧，中国没有用到警察，世界便可太平，中国人的行动，不像它们那样居留要证，来往又要护照，种种束缚，谈何自由。中国只有土地税，没有人头税，所以无产者容易过活……唉唉，说得这么多了，可惜的是，我们中国人学不得外国人的好处，只学人家的坏处，所以中国只有退化，而无进化，这就是中华民国的现状，它给人民带来的痛苦，比君主制还厉害，所以这民国呀，真是 nightmare（梦魇）！"

一说到中国的好，辜鸿铭的话就充满了激情，而且不容许别人轻易插嘴，哪怕是对中国彻底绝望的人听了，也能从中找出一二条好处，突然发现中国确实还有这么多可爱的东西。可偏偏在这时，房内传出一声略带抽泣的声音：中国的自由有什么好呢？连走路的双脚都被管着！

那是珍东的声音。辜鸿铭吃了一惊，心想，这孩子，怎么乱说话，一点儿也不珍惜中国的宝贝。大家听得房内议论，便竖耳静听。

辜珍东是因为脚痛而忍不住发此议论的。自上女子学堂后，走路多了，她的一双小脚疼痛难当，当晚脱下鞋袜，光着一双脚丫洗濯时，但见那脚趾头全部紧紧蜷着根本打不开，上下左右磨得满是血泡，脚面肿得老高。淑姑看在眼里，无比心疼，道：听说学堂养了一群大狼狗，专咬女人的小脚，你这血怕不是被狗咬了吧？珍东泣告：放脚的时间已经不短了，可一跑，就疼得要命。说着说着……一阵静默后，淑姑微微叹了口气：唉，你这苦，受着吧。

母女俩的对话传到院内，辜鸿铭心里立时明白是怎么回事了，神态自若道：缠足再放，焉能恢复原状，不如及早回头，重新复缠，否则一再放纵，后悔晚矣！咳，我早说过了，缠脚女子切勿放脚，放脚女子要有志复缠。阿珍，你要快拿主意，放脚日子过长，脚肉变硬，是不利复缠的。有志复缠，就得排除邪议，勇气当胸。阿珍，祝你成功！

大家听得好笑，却不敢笑出声来，却听得淑姑在房内气恼地连道数声"去、去"，房门随后砰地关上。

辜鸿铭竟允许女儿放脚了，这可是个重大新闻，总看不惯辜鸿铭脑后那根辫子的罗家伦，趁机又拣起了旧话题：都民国六年了，辜先生为嘛还不剪辫呢，是不是真拿辫子比脑袋当事儿？

课堂上讲究师徒大义的辜鸿铭，在讲台下可是个毫无架子的慈祥老头，他乐意与学生探讨一切问题，并借此施影响于学生。但唯独对剪辫，最是他敏感的禁区。当下白了这个老劝自己剪辫的学生一眼：你还别以为如今辫子绝了、小脚放了，就万事大吉了，跟你说下去，可就扯远了……

在北大有名没名的教授中，学生们发现祖父级的辜鸿铭是最风趣，也最好接近。为着回报辜鸿铭的中秋之请，罗家伦他们试着请他到校门外的小饭铺小啜，没想到他一口答应了。

自清末京师大学堂开办以来，马神庙附近的沙滩一带早成了市井瓦肆。辜鸿铭随学生们来到一家名曰沁春园的饭馆，在一处无人的食案坐下后，罗家伦便轻车熟路地点起菜来，那位年轻的堂倌便在一旁鸣唱起菜肴来。

未几，那姓赵的掌柜向例前来请安招呼。一看到辜鸿铭，赵掌柜双眼便忽地放出了异彩，说：哎呀，原来是辜教授来了！那神情不胜荣幸。

辜鸿铭便觉吃惊：你如何知道是我？

赵掌柜一笑，说：辜教授大名鼎鼎，不要说北大，就是咱北京城，有哪个不知呢，何况辜教授头顶还有独一无二的标志呢！

辜鸿铭快活地笑了，像是受到了一次隆重的礼遇。

不独这位赵掌柜，许多在这边做久了生意的掌柜们，凭着多年的耳濡目染，对学校的逸闻趣事都了如指掌。他们从清末管学大臣许景澄临刑拿四十万存折捐校办学，到严复吸鸦片成瘾，再到蔡元培以怪八股扬名科场，乃至教授们的薪水、寄宿生的伙食费、学长们的风流韵事，诸如此类琐碎的传闻，他们说得总是丁是丁来卯是卯，并以之做他们与北大人交往的资本和生意手段，也为许多爱写花边新闻的小报记者和文人墨客提供了故事佐料。

这些老掌柜最是喜欢结交脾性乖戾的名教授，因为他们多是性情中人，身上有更多的故事可挖，也更为人们所喜闻乐见。这当儿，赵掌柜趁向辜鸿铭敬酒之机，套起了近乎，说：辜教授这次辅佐宣统皇帝复辟，可惜时候没有选好。

辜鸿铭一愣之后，急问其因。

赵掌柜呷一口酒，神秘兮兮道：这大清朝呀，兴于九，亡于九，兴于三，亡于三。

听赵掌柜这般道来，辜鸿铭益发地不解，再次恳请道白。

赵掌柜微微一笑，娓娓道来：辜教授当知，满人入关，乃三月九日，及辛亥武昌起义，乃八月十九日，此次复辟，乃阴历五月十三日，段祺瑞讨逆军攻破京师之日，宣统帝虽未下退位之谕，然帝制却已破灭，是日，乃阳历七月十三日。阴历五月，阳历七月，为数乃七五一十二。而阴历五月十三，距阳历七月十三，计共十二日。宣统帝复辟时期适合此数，即位于阴历逢三，破灭于阳历逢三，二三成六，所以必在民国六年有此举。此乃天机也！

辜鸿铭不意这貌不惊人的老掌柜竟擅谶纬之学，而且推算如此准确，心中甚是膺服。罗家伦他们想那掌柜是语虽不足信，然巧合之处如此之多，也觉耐人寻味。

"辜教授是属兔的吧？"赵掌柜眼里含着十二分的尊敬，又问起了辜鸿铭。

"你怎么知道？"辜鸿铭暗暗称奇。

"我怎不知道呢！辜教授，蔡校长，还有文科的陈学长，都是属兔的，年龄刚好差一轮。赵掌柜说罢微微一笑，接着又道：过不了多久，北大又要来一兔了，今后可就热闹了。"

"谁呀？"不独辜鸿铭，就是罗家伦他们也感兴趣起来。

"大名胡适，听说是位从美国回来的年轻博士。"

二、从美国回来的年轻博士胡适垂下了高傲的头

胡适像只矫健轻灵的燕子，穿越茫茫的太平洋，以一身海的气息扑进了这座弥漫着皇家气派的中国最高学府。这是秋日的一个下午，天空蔚蓝，轻云流动，校园内的玉兰树散发出迷人的芳香。

未及而立的胡适，西装革履，剪一头乌黑油亮的学生发，略微嫌长的脸上犹见粉嫩之气，宽阔的额头连同隆直的鼻梁上架着的那副黑边眼镜是他智慧的标识。他人尚在美国，却好风凭借力，借着陈独秀主编的《新青年》把名声早早打进了北大。两篇《寄陈独秀》和《文学改良刍议》如两道闪电炸响沉闷的天空，让他暴得大名，如今带着洋博士帽回来的他更是身价百倍。

鲜花和掌声中甫到北大的胡适在蔡元培的亲自安排下，做了一场题为《大学与中国高等学问之关系》的讲演。这天的礼堂，黑压压挤满了人，其中有许多是刚考进北大对一切都充满好奇的新生。在蔡元培和陈独秀的宣传下，北大一批学界宿儒和名流，此时也坐在了前排，谈笑风生互致问候，像参观珍稀动物一样，等待着这位北大最年轻教授的出场。

在蔡元培的亲自陪同下，胡适踌躇满志地昂首走上了讲台。这场面还真是盛大，听者如云，人声似潮，胡适的豪迈侠气一下子就被唤起了。身着黑衣的他感觉自己像个睥睨一切的蝙蝠侠，整个大地都是演讲场，而自己是兀立于天穹下发表演说的。就在他微笑着向台下致礼时，他下意识地用英文轻声念了一句荷马的诗：

You shall know the difference now that we are back again！（如今我们已回来了，你们请看分晓吧！）

他引用荷马的诗以增强自己到北大要打出一片天地的信心。他以为别人听不懂，不料却被前排的辜鸿铭听个正着。辜鸿铭朝他惊鸿一瞥，报以一声轻蔑的冷笑。当初胡适的文学改良主张就让辜鸿铭极不舒服，现在，这只叫嚷"改良"、小了自己整整三轮的兔崽要让大家看什么分晓啊？

"胡先生留了七年学，可刚才的英语说得实在不敢恭维，在英国那是下等人的发音！"

胡适循音而望，是来自那个长袍马褂留辫子的"老怪物"。也许是为了顾及自己的面子，这"老怪物"没说众皆能懂的汉语，而是一口纯正的英语。

他是谁呀？这么个梅干老头竟也能说英语？胡适火一般的热情顿时像掉进

了冰窖，十足的自尊心一下子就被摧垮了。一直平视前方的他，这才收回了远望的视线，瞟了一眼前排席位，这才看到，在这位正襟危坐的"老怪物"身旁坐着一群也多是长袍马褂的人物，他们当然是北大的教师了。他是知道北大那些名流的——辜鸿铭、黄侃、刘师培、陈汉章、马叙伦、章士钊……此刻，莫非他们正与"老怪物"坐在一起？胡适心里一凛，忙微红着脸走下台来。

第二天，胡适正式来到北大红楼授课。未及抬脚上台阶，就被在楼下晒太阳的一帮教授拦住了，为首的正是那位"老怪物"，他的眼光散淡，语气十分地不恭：你就是胡适？

这不是明知故问吗？胡适心里掠过一丝不快，但很快就平抑了这份情绪，礼貌地欠身回答：正是。

"老怪物"却不改方才不敬的口气：你出国深造回来，怕是把老祖宗忘得一干二净了，我倒要考考你呢。

胡适觉得这个老头有点风趣，又见在他说话时，那帮教授一旁附和着，心想，不接他这一招，怕是过不了关，乃轻松而笑道：那就请老先生出题吧。

"诗三百，你说哪篇最好？"

胡适在美国时就诗三百做过论文呢，他沉吟道：我看《唐风·蟋蟀》最好。

辜鸿铭既不点头也不摇头，自顾发问下去：在十三经中，你能选出一句最好的话吗？

"每人看法不一，我首推这句'大道之行也，天下为公。'"

"老怪物"笑了笑，俄顷摇起了头：不，当推"天不爱其道，地不爱其宝，人不爱其情"三句话最好。你用英语译出来给我听听。

胡适用英语译出后，"老怪物"微微皱了皱眉：译得还算准确，只是一张口就是欧美中下层的英语。

他不顾胡适的窘迫，又冒冒失失道：你留美多年，对美国肯定服膺崇拜吧，要不然怎就动辄喊"革命"呢！不过，我要告诉你，"革命"两字可是孔子发明的，欧洲的民主思想是从中国传播过去的，再从欧洲传播到美洲。你受的美国教育不过是假民主教育，假民主教育比真专制教育还恶劣。现在美国流感一样泛滥的民主教育，就是假民主教育。你的导师、美国那个实用主义哲学家杜威集假民主教育之大成，扬其波而助其澜，所谓小人之无所忌惮者也！在他心目中，哪里还有"人民"两字。现在美国的假民主教育，我看应改写为"民诅"教育，诅者，诅咒的诅也。

胡适受到这顿劈头盖脸的无端训斥,一时弄不清何以冲撞了这位老先生。出于尊老敬贤的考虑,他只得极力挤出微笑,装着一副洗耳恭听的样子。待这老先生一段长话完了后,才恂恂问道:请问老先生尊号?

得知原来竟是辜鸿铭,胡适又一次欠身道:原来是辜先生,失敬、失敬,我在美国就拜读过先生的文章。

"哦,是真的吗?"辜鸿铭微微地有了一笑。

胡适肯定地点了点头,说:三年前英文报纸《中国评论》上刊发过辜先生的《中国人的精神》呢。

"那是我在北京东方学会宣讲的论文,你倒有心记得。"辜鸿铭这么说罢,口舌依旧不饶人,目光灼灼地看着胡适道:看你这身打扮,真不知你是中国人还是外国人?赶紧脱掉这些洋装,留辫子,学官话,做个像样的中国人吧。

上课钟声响了,胡适终于摆脱了纠缠,踏上了红楼,他忍不住倒吸了口凉气,他清醒地认识到,这里流行着与康奈尔大学、哥伦比亚大学完全不同的学术气氛,隐藏着一批令人生畏、性情古怪的旧派学者以及思想守旧的弟子。他的心不觉惴惴不安起来。

胡适的第一次哲学讲座就让他出尽了洋相。开始时,听课的也不算少,连不是哲学系的傅斯年也慕名来了。这傅斯年,1913年考入北京大学预科,在北大根基甚深,是北大学子公认的无冕之王,在同学中学问首屈一指,连冯友兰、顾颉刚、范文澜、罗家伦他们也比不上。他的到来,更使教室里门户为塞、座无隙地。这么个阵脚很是让那些拭目以待的文科教授们关注,甚至心生羡慕。可几天下来,前去听胡博士上课的学生竟越来越少。胡适也完全没了在美国演讲时神采飞扬的劲头,因为自信心不足,说话竟结结巴巴起来,最后整个教室孤零零地只剩下他和班长两人。

"胡博士真是胡说!"

"胡适之名,名过其实,他不过是脸皮厚点!"

一时间,北大校园哼哼唧唧地流行起了各种阴阳怪气的论调。谁叫嘴上没毛的胡适横空出世,一回来就成为新旧各派最关注的人物呢!

这天潇潇雨下,文科教员在休息室里会面时,又闲聊起了胡适。钱玄同率先道:听说胡适之最先是在美国康奈尔大学学文学的。

就有人嗤地一声笑,说:文学又何必迢迢万里去向外国学呢,咱们中国文学不就很好吗？！说话的是黄侃，他和钱玄同一样，都是北大正得势的章门子弟。

"学国文的人出洋深造，听来是有些滑稽，不过……"辜鸿铭不甘寂寞，也加入了议论行列，在喷吐出一口浓香后，继而又淡淡道：说到外国留学，我看唯有学中国文学的人最该去。

大家听了就觉如坠五里云雾中，不知辜鸿铭这话是什么意思。

辜鸿铭见大家都差不多把目光投过来了，想听他的进一步议论，乃不温不火道：诸位好生想想，一切其他科目，数理化就不要说了，心理呀、政治经济呀、法律呀多是西风东渐，从人家外国灌输进来的，早已洋气扑鼻。在国内找所大学拜个洋师傅，与多花些钱身体力行前去留洋，差不离儿。只有国文是正宗国货土产，而要维持自身地位呢，非得要块外国金字招牌不可。这就像中华民国那些当官的、从商的，他们在本国捞来的钱，非得兑换成外汇，这样才能保持国币的原来价值嘛。

这话说得何等深刻，寓尖锐于风趣，直教满室哄堂。也有为胡适说好话的，言胡适在康奈尔大学学文科并不长，转到哥伦比亚大学后，一门心思学的是哲学。

黄侃又是一声冷笑，道：我看哲学最没有学头了，学与不学全没两样。那些学生听胡适之授课，不打瞌睡才怪呢。

话题不离胡适这边，有人道：蔡校长对胡适也真够偏心的了，就说这评议会吧，每学科只选两名教授做评论员，他就一直压着非等胡适到了才选举。边说边看着辜鸿铭，道：辜先生知不知呀，听说蔡校长和陈学长都想请胡适担任哲学系主任，再教英国诗和英文呢。

仿佛触及到了辜鸿铭痛处，久未开口的他重又发话了：他胡适之有什么狂的，且不说他的口语，他用英文写的文章我读过，还是那句话——不敢恭维。如果哪天我有兴趣，倒可让他看看我用英文写的《尊王篇》和《春秋大义》，也让他见识一下什么叫维多利亚时代的文风。

辜鸿铭如此说罢，立马就有人相问：老先生既读过英文、教过英文，为什么不爱说英文，不喜穿西服？

辜鸿铭喷喷两声，朗声道：我读英文是为得知识，教英文是为混饭吃。中国虽弱，中国话还能表达思想，衣服也还能蔽体。

正说着，胡适进来了。他礼貌地向大家问安后，黄侃调侃道：胡适之啊，你那首《黄蝴蝶》我看一眼就可背出来呢！说罢就摇头晃脑、拿腔拿调地背将起来：两个黄蝴蝶，双双飞上天。不知为什么，一个忽飞还。剩下那一个，孤单怪可怜。

也无心上天,天上太孤单。背罢,又看着胡适道:这诗写得太好了,以后我就尊称阁下为"黄蝴蝶"了,不过按白话文,你不该叫胡适之,该叫往哪里走。

众人一阵哄笑。和辜鸿铭的讽刺不同,黄侃平时攻击异己者的方法,多是谩骂式的,不过今天他对胡适算是嘴下留情了。说罢,他又对辜鸿铭而言:辜老先生虽是留学生老前辈,可不免旧了点,若要吃香,还得拜"黄蝴蝶"学白话文呢!

黄侃这话立时挑起了辜鸿铭的心火,他鼻子哼了一声,白了胡适一眼,语带不屑地说:这种引车卖浆者无师自通的白话,用来骂人倒挺通畅,今后学生厕所里攻讦的壁报,一定会更多、更白、更痛快淋漓了!

陈汉章唯恐胡适不倒似的,更是添油加醋说开了:胡博士居然要用白话文代替文言文,还说要不用典、不避俗话、不作无病呻吟,看来今后我们这些老朽都要扫地出门了。

"谁说的,简直是一派胡言!"

不知是谁突然吼了一句,大家会意地哈哈笑了。

胡适呆呆地看着,听着。这就是国内台面上活跃着的硕学名儒们的风采,这些二三十年前的老古董,除了谩骂嘲讽还会什么,今后要想在国学领域造成一场学术革命谈何容易!这么想罢,悲凉中含着屈辱的泪水在眼眶里打着转,他缓缓地垂下了那颗骄傲的头,无声地出了门,与晶莹的雨世界融为了一体。

三、与胡适较量

如今我们已回来了,你们请看分晓吧!

深冬时节,当胡适留下新婚的小脚妻子江冬秀在老家照顾母亲,自己独身回到北大时,又一次吟诵了荷马的诗。他的眼眶里早就没了屈辱的泪水,他完全是以百分百的自信走进校园的。这里,有他日益增多的崇拜者,他们把他众星拱月般地捧在手中,这让他感到了自身的价值,并且和旧派势力"交战"的结局业已见分晓。

开局失利的胡适没有泄气、没有怨天尤人,并因此丢弃既有的梦——成为全国思想界的领袖。在他归国之前,中国思想界的领袖人物如康有为、梁启超、章太炎等,都已在中西碰撞、传统与现代的交锋中迷途落伍了,甚而被淘汰出局了。他深知,要实现这个梦,首先必须在北大取得为众认可的领先学术地位,这样才能在一个高起点上治学和与中国思想界对话。

憋足气力反弹的胡适终于选准了一个雪耻的突破口，那就是他新编的《中国哲学史大纲》。学生们十分奇怪，留学美国的胡适为何不讲西洋哲学，而讲中国哲学呢？对胡适此举，北大那些旧派教授们也颇有异议，陈汉章就拿着胡适新编的讲义仰面大笑，四地里大放厥词：我说胡适不通，果然不通，只要看他讲义的名字就知道他通与不通了，哈哈，哲学史就是哲学的大纲，现在又有了哲学史大纲，岂不成了大纲的大纲，真是不通之至！胡编胡编也！

胡适顶着巨大的压力，义无反顾地按新讲义授起了课。以前其他老师都是从"伏羲"讲起，一年下来才讲到"洪范"，可胡适竟撇开了唐、虞、夏、商，以《诗经》为材料，作时代说明，改从周宣王以后讲起。这种奇特的讲述方法，起初根本不能被那些旧学根底相当深厚的学生们接受，他们甚至认为胡适不配教这门课，一心想赶走他。关键时刻，胡适的救星来了，拯救他的不是别人，正是旧学水平高出胡适许多的北大学生领袖傅斯年。傅斯年是被好友顾颉刚强行拉来听课的，顾颉刚在北大学子中影响力仅次于傅斯年，他认为胡适的讲义截断众流，对古史来了个思想造反式的处理，他于心许之，唯恐自己的威望不够高，特意把"傅大炮"请了来。傅斯年连听几次课，终于表示满意，操着山东口音对同学们说，胡博士走了条与众不同的治学路子，这条路是可取的，你们不能闹。同学们见这位平时最敢放言高论的青年学问家都如此称许，还有谁再行反对呢。

胡适靠着自己的革命学问和哥伦比亚大学给他的洋博士帽，艰难地把北大国学水平最高且具领导力量的几个旧学生从旧派教授的阵营中降服了过来，这才有资格开始了自己的反击：

——这帮老学究其实连中国哲学史的性质都没搞懂啊，还自以为是能和古人对话的硕儒呢！

——作为教师而不善教述，起码不算是好先生，这些老学究都名重一时，却讲不出东西来！

他也就可以以胜利者的姿态窃笑着念荷马的诗了——如今我们已经回来了，你们请看分晓吧！

当上了文科评议员的胡适，终于可以神态自如地在老古董们眼前来回穿梭了，他的哲学课生徒云集、溢户阗门。

——孔教思想是一堆惹人生厌的、已经过时作废的人生规律，进步的哲学教导我们追求民主与科学；

——我完全赞同陈独秀学长毁孔庙罢其祀的主张；

——我的新思潮，可以用尼采的八个字来概括，即"重新估定一切价值"……

胡适的话越来越激进、越来越出格。他说：一个归国的留学生，作用就像一个洋教士，洋教士带给祖国的是一种西方的基督教文明，而留学生也是将其国外所学的知识倾尽出来，以飨国人。

辜鸿铭和那些旧派教授们总算理解了留美回来的胡适为何不讲西洋哲学而讲中国哲学的缘由——胡适正是以一种传教士的姿态出现在舆论界的。北大还真是洋教士们青睐的讲坛，自京师大学堂开张以来，丁韪良、李提摩太、李佳白、林乐知等洋教士不是就曾在这里执过教鞭，胡适要步他们的后尘呢！辜鸿铭一夜醒来，吃惊地发现，学生们对胡适的推崇已到了不容漠视的地步。

舆论阵地岂能让胡适给独占了！胡适要把年轻学子带到哪里去呢？他的毁孔说、洋教士说何等邪恶！辜鸿铭不能坐视了。这天在红楼墙根晒太阳时，他愤然有声：胡适之也配谈哲学吗？康有为、梁启超多少还有些儿根，胡适之却连根都没有！

陈汉章也是恼着胡适的，就凑热闹地问：何谓无根？

辜鸿铭以骂代答：古代哲学以希腊为主，近代哲学以德国为主，何物小子胡适子既不懂德文又不会拉丁文，竟有脸在大学讲坛上擅侃西方哲学，岂不是骗小孩子？胡博士也太不自量了！

言谈间，数位学生欢快地、说笑着往红楼走来。大概是没有见过他们，黄侃便叫道：你们干吗去？

得知他们是本学期入校的预科学生，专门来红楼听胡适的课，辜鸿铭心里就更不平静了，由吃醋到忌恨，由忌恨而谩骂：这个胡适，一回国就拼命贩卖洋主义、洋学说，我看他未必就诚心诚意喜爱洋主义，如贩卖马桶或便壶的人未必是喜爱马桶便壶，不过是借以谋利而已。

这几位预科新生大概是没有见过辜鸿铭的，他们吃惊地看着这位长袍马褂留辫的"老怪物"，问：连胡大博士你也敢骂，您老懂得西方学术吗？

在这民国初年，不独中国的士大夫被洋人吓昏了头，就连这些年轻学生好像也对自己的文明失去了信心，动辄搬出西方学术。辜鸿铭颇觉痛心，大声道：我如不知西人之学，哪里敢骂胡适！

他的话却遭了这群学生的白眼，为首学生道：黑猫、白猫，能捕鼠的是好猫，中国学问、外国学问，能换饭的就是好学问。说罢拉着同学直奔教室而去。

接连几天，辜鸿铭颇觉心烦，这晚难得平静下来，也有心取些书来读，可稍一接触英国汉学家翟理斯关于中国文化的学术札记《曜山笔记》，却如鲠在喉，却又找不到合适的人来倾吐。正思考着如何打发今宵，门外忽响起了汽车喇叭声，紧接着刘二来报，说是有几位洋人来访。辜鸿铭一听就乐了，呦，他们倒理解我老辜正愁没人聊天呢！

看到北大校园内由于陈仲甫、胡适之的再三鼓动，那么多人对孔子发出不恭的喊叫，辜鸿铭终于要通过自己的讲台，发出与胡适他们的异声了。在他看来，胡适他们对孔子并无研究，却妄吠几声，不过是等于瞎子谈五色；而他们毁孔庙罢其祀的主张，目的是为了推行西化论。西方文明对古老中国传统文化的腐蚀正日甚一日，年轻人如饥似渴地学习来自西方的一切，从服装到哲学。他们认为西方的才是可取的，中国的精神和传统就像抛弃辫子和本国土布一样被他们抛弃了，他们甚至以作为中国人而感到耻辱。长期下去，国将不国了！位卑未敢忘忧国，辜鸿铭决心披挂上阵，要做中国的卫道士，做中国文明的卫道士，与西方文明的"传教士"胡适之决斗。

"听说胡适之有很大的市场呢！"黄侃看似好心提醒，其实却是在煽风点火，希望能更进一步激怒"老怪杰"挑战胡适。要不是自己的得意弟子、人称"黄门侍郎"的傅斯年被胡适收降了去，黄侃对胡适也许还不至于势不两立。

见辜鸿铭只是鼻子哼了哼，黄侃犹嫌"火力"不够，又接着一句：听说胡适之那个博士头衔唬住了很多人呢！他说辜先生戴的可是硕士帽！

这下，辜鸿铭真是吹胡子瞪眼了：博士有什么了不起，要是我也想戴博士帽的话，要把整个头都罩住了。他知道吗？我老辜可是扔掉了十几顶名誉博士帽呢！我倒要让他见识见识我老辜的撒手锏！

毕竟是老将出马，辜鸿铭摆下的第一场擂台就轻获成功。那天，他正视现实，先是讲了一大通西方文明对中国的具体影响，而后以高八度的音调说：危险，巨大的危险，也就在这个时候出现了！他说的语气果决，危言耸听，直教那些刚从胡适那里接受西化主张回来的学生吓了一跳，哪个不认真听讲下去：如果中国不再坚持自己原有的文化，而接受西化，其结果便是有变成次等欧洲公民的危险。一方面，通过高速印刷机的捷径，西方文化广为散播，但这仅是表面现象；另一方面，诸位可能忽略了这样一个事实——尽管西方文化在中国发展了相当数量且相当活跃的代理人，他们成年累月地鼓吹颂扬，但古老的欧洲无论如何也不准备把中国作为平等的一成员接受进西方的文化实体中，尽管许多欧洲人和许多国家出于礼貌，不能如此直言不讳地说，但事实却是如此。在此我可以告诉诸位同学，不择手段地激起其他国家对欧洲文明产生渴求，是欧洲人的根本心态，其目的仅是为了获得更大的市场，因此它希望中国人都穿西服、都戴运动帽，因为这样可以增加这些产品的销量，然而穿西服、戴运动帽的中国人却不能被视为平等的人。

许多学生在台下忙碌地记着笔记，有人在低声议论着，他们的表情于迷茫中透出一股纯真的求知欲，这给了辜鸿铭不灭的激情。他又习惯性地挥起了手势，声音也随之高昂起来：当中国似乎要把自己的肉体和灵魂出卖给西方文明的危急关头，西方文明发生了可怕的崩溃。大家都知道，这就是目前已持续五年的欧洲大战。历史上从来也没有过如此构思精妙的毁灭机，在战争中欧洲人前赴后继地使用它，把自己无数同伙的肌体撕成碎片。支撑欧洲社会的道德基础被无端地摧垮了，在欧洲，人类已失去对机器的控制权，沦为机器的俘虏。

比之于汉语，辜鸿铭更擅长用英语演说，站在台上，居高临下，看这么多学生来听他表演口才，更有一种强烈的荣誉感侵身。他响亮流利的英语像天心里转滚的雷，擦了油，打上蜡，一滑就是半个上空。他的演讲时不时便相伴阵阵掌声。

"我要告诉诸位同学的是，中国文明与现代欧洲文明有着根本的不同，美国最有影响的艺术评论家贝伦森教授在比较欧洲与东方艺术时说'我们欧洲人的艺术有着一个致命的、向着科学发展的趋向，而且每幅杰作几乎都有着让人无法忍受的、为瓜分利益而斗争的战场的印记'。正如贝伦森教授对欧洲的艺术评价一样，我认为欧洲的文明也是为瓜分利益而斗争的战场。"

连忠心追随胡适的傅斯年都于心承认辜鸿铭讲得精彩，旁征博引，气势恢宏，尤其是英语，一点儿也不逊于他们崇拜的胡适博士。不待他多想，辜鸿铭的话又像擦了油、上了蜡的雷，滑响在教室：我教你们学习英文，是希望培养些融汇中西知识的人才，不是造就一些美国化或英国化的中国人，而是要造就一些于中国有用的中国人。

这话说得何其周正，傅斯年情不自禁地拍响了手。但接下来的话却引起他的深思了：旧中国的落后，并不是罪过，西方国家只是伪进步，它们以炮舰和霸权外交胁迫其他国家全部走上工业社会的死路，这才是无与伦比的人间悲剧。中国断不能走全盘西化的单行道，而要继承发扬我们固有的国粹，以文化大国、精神王国的地位立于国际。到那时，他们欧洲非转过来学我们不可，否则欧洲文化——那个深深烙刻着物质主义、恐惧与贪欲特性的欧洲文化必将土崩瓦解。因此，我要断言，至醇至圣的孔夫子必将支配全世界，欧洲人放弃错误的世界观，而采用儒学治下的中国世界观，这是他们唯一可以拯救自己的方略。

用以儒学为代表的中国文明作为现代欧洲的拯救者，这话前所未闻。在座的莘莘学子有的微微摇头，有的轻声议论：辜鸿铭对现代文明的负面因素固然有一定的认识，不过他的药方却开错了，他希望向后看，回到三皇五帝和孔子的时代去，那个时代真有他想象的那么美好吗？更多的人沉思不语。

说到儒学救世，辜鸿铭更是手舞足蹈、高论喋喋，在把那句"天不生仲尼，则万古如长夜"改作"世若失仲尼，则长夜永难央"后，道：现在欧美列强都对中国虎视眈眈，而他们的学者却多想学习中国，争做洋儒，我希望你们学通中西，将来担负强化中国、教化欧美的重任……

在歇嘴喝茶之时，辜鸿铭竖起耳朵倾听台下的议论声，有个声音好像是罗家伦发出的，这给他传递了一种鼓舞：辜先生要教化欧美，真不愧是精神的帝王！罗家伦的声音很快就被淹没了，淹没他的多是那些不以为然甚至讥笑的论调。

辜鸿铭神色自若地放下茶杯，终于想着要抛撒手锏了。他抖抖索索地从怀里取出一个牛皮纸信封，取出信笺展开，瞟了学生们一眼：我想请你们看看托尔斯泰先生给我的信。

"享有世界声誉的托尔斯泰，谁人不懂。"学生们很是惊喜地喊叫了一声。

这声喊叫更使辜鸿铭相信了此信的价值，他的目光也因此愈发明亮。为要打鬼，借助钟馗，他唾沫横飞地大讲了一通托尔斯泰与自己的神交，说完这封长信的由来后，他目光炯炯地看着台下，道：诸位大概不懂俄文吧，我给你们翻译一段听听，这可是中国文化必将征服世界的明证。

辜鸿铭虽形容枯槁，却精力充沛，声音尤其洪亮结实，发自丹田：……中国人的生活常引起我的兴趣到最高点。我曾竭力要知道我所懂得的一切，尤其是中国人的宗教的、智慧的宝箴——孔子、老子、孟子的著作，以及关于他们的评注，我也曾调查中国的佛教状况，并且我读过欧洲人关于中国的著作……我相信在我们这个时代，人类的生活要起一种重大的变化，我并且相信在这个变化中，中国将领导着东方民族扮演重要的角色……

辜鸿铭兴致勃勃地择要念完了长信，全场一片鸦寂。有谁相信，在欧洲文化界乃至整个西方社会里，这位穿长袍的中国人竟是个十分惹眼的了不起的人物，连伟大的托尔斯泰都把他当作同路人，向他请教。

"我如不知西人学术，能比较得出孔孟之道的博大精深吗？！"这是辜鸿铭留给学生耐人寻味的最后一句话。他深信，胡适很快就会知道今天所摆擂台的情况。

还未得到有关胡适的反应情况，鹫泽吉次倒来相报喜讯，说：辜先生在日本可是名动公卿呢！边说边送上数张介绍辜鸿铭的日本报纸。辜鸿铭翻看了看，漫不经心地说：我在日本出名算是迟了，在欧洲可就不能同日而语了。

鹫泽笑了笑，辜鸿铭蹿红欧洲，他是早知道的，所不明白的是，那么多西方学者特别是哲学界人士对辜鸿铭的思想感兴趣，乃至深表佩服，并把"哲学家"这顶他们连本国学者也吝啬给的头衔，那么心甘情愿地送给了他这么位中国人。得知辜鸿铭要去北大，鹫泽便陪同前往。

鹫泽不愧是个中国通，眼观六路、耳听八方，大到非常国会在南方选举孙中山就任中华民国军政府大元帅、下野总理段祺瑞在北京依旧操纵政局，小到北京大学陈独秀、胡适他们的革命主张，林林总总，大都耳熟能详。

听到鹫泽再三提起陈、胡两人，辜鸿铭心里就不舒服起来，寻思这北大哥俩儿也还真是能演戏，竟在外界暴得了大名，他们爱侈谈什么革命，好像中国几千年来就没一件好东西。我就偏偏要做大老中华末了的代表，叫他们不舒服，让他们白眼。总有一天，他们要对我行注目礼，世界要对我刮目相看。

四、真是个吃不透的怪人

学者聚在一起，当然是谈学问；政治家聚在一起，当然是谈乌烟瘴气的政治。可自陈独秀出掌北大文科学长后，那些一心治学的教授们也热衷于对政治展开评头论足了。这天下课后，辜鸿铭来到文科教员休息室，满耳传来的都是有关下野总理段祺瑞及其亲信徐树铮等组建安福俱乐部的谈论。

时隔不久，当权的安福俱乐部开始选举议员了。辜鸿铭刚刚宣言厌恶选举政治，偏偏有人找上门来请他投票。根据安福部颁布的新国会选举法，凡是富甲一方的士绅或者国立大学教授和在国外取得学位的，都有选举权。于是，名声遐迩的辜鸿铭自然没被那些热衷于当议员的各色人等疏漏。前面三个来运动他投票的政客，先后被他以"本人厌恶选举政治、本人不喜欢你这候选人、本人不投票"三句话轰走后,又来了个不识好歹的家伙,此人正是那位在复辟失败后日夜期待东山再起的余瘦。他貌甚谦恭地请辜鸿铭投他一票,还说:老先生您本人不必到场,只要把文凭交兄弟拿去登记投票即可,兄弟按文凭的市价付给二百元。

"市价,文凭有标价的吗?"辜鸿铭暗自一惊。

在得到肯定的回答后,辜鸿铭摇着二郎腿,像是自言自语,又像是对余瘦道:我说的没错吧,国会越来越像个有限责任公司,它通过卖选票大发其财哩!

"是、是、是,这是国情,国情。"余瘦一旁小鸡啄米似的点头回应。

辜鸿铭厌恶地盯了他一眼,旋又闭上眼睛,道:于是,那些教授,那些留学生,有学士、硕士、博士文凭的,都有人来兜买。他们依权附势,一个个都变成了政客,玩权术,结帮派……好啊,有出息。只可惜我的文凭早丢啰。

余瘦急急地道:谁不认得您老人家?只要您亲自来投票,用不着文凭。

辜鸿铭微微睁开眼睛:这岂不教我成人之恶嘛,罢罢罢,恭敬不如从命。不过,人家卖二百元一票,我老辜至少要卖六百元。

余瘦嫌要价太高,但又念辜鸿铭的名气,想了想,满脸赔笑地还价:别人都是二百,给您老人家三百,如何呀?

辜鸿铭伸出一个手掌,在空中晃了一晃,边晃边道:四百元,少一分不干,还得付现款,不要支票。

这四百块比北大一般教员的月薪还多着呢,余瘦心有不甘,支支吾吾,还想还价,不防辜鸿铭大眼一瞪,下了逐客令:既不愿,那就滚出去!

余瘦一咬牙,点点头:四百元,就依您老!边说边点出钱来捧上。辜鸿铭接也不接,用手示意他压在茶杯底下。余瘦照办后,又恭敬地捧上选举入场证,叮嘱道:这是选举入场证,后天即开始投票,届时务必请您老到场。

如此高价,余瘦心里却一点也不觉吃亏。不愧是放了几天洋的,他已经掌握了一个省钱办事的窍门,从那些取得洋学位的教授手中买来的一大沓文凭,在一次性登记投票完后,他是决计不及时退回的,还要拿来重投。譬如 Liu_Ting 教授的文凭,根据其英文姓名谐音,他第一次报刘亭,第二次可报柳廷,如果心狠点、手段辣点的话,还可抢时间再报一次丁流,这等于两百元买了三张文凭,足足省下了数百元。

辜鸿铭可不管余瘦的花花肠子,四百元钱到手后,就让刘二拉了自己上街去,一路上轻声地哼着英语小曲,好一副嬉皮相。刘二跟着主子乐呵呵,精神特来劲,脚下生风,拉了一段路后,才回头问:老爷,您今儿上哪?

辜鸿铭微闭着眼睛道:拉我到前门车站,赶下午的火车到天津,趁着这几天没课,去外面避避瘟疫。听刘二嘻嘻直笑,辜鸿铭遂又自嘲似的添上一句:咳,没有任何人在他的仆人眼里是伟大的。

刘二听出了话意,笑道:老爷,哪能呢!

辜鸿铭去天津能有啥事?不过是像当初拿着袁世凯的议员出席费一样,寻个窑子花销掉余瘦贿赂的黑钱。八大胡同他已经很少光顾了,一是他要讲师德给蔡元培面子,二来他也着实担心被那探艳团撞见,于是便想着往天津来。这种钱只能在窑子里花。

在津门和"望春风"小曲班名妓一枝花忘情地流连三天,辜鸿铭这才带着美人相赠的镂花拐杖起程回京。到得家门口,却见辜守庸正与余瘦在争执,也不躲避,大摇大摆地走过去。余瘦见总算等着辜鸿铭回来,马上奔过来,语带气愤地高叫道:你可回来了!还我四百元钱来!

辜鸿铭不急不慢地说:要是钱没花光,我哪能这么快回来?

余瘦瞪大了眼睛:什么,我的钱被你花光了?

"是啊,花光了,全报销在天津一位姑娘身上了。她叫一枝花,你去向一枝花姑娘要,看她给你不?"

余瘦脸色愈发地难看,好半天才咬牙切齿地蹦出几个字来:你撒谎!

辜鸿铭耸耸肩,做了个大幅度的鬼脸,说:有时撒谎并非不道德,柏拉图《理想国》里就说兵士对敌人、医生对病人、官吏对民众都应该哄骗;圣如孔子还假装生病,哄走了儒悲;孟子甚至对齐宣王也撒谎装病。你呢,哪配我来给你投票当议员,能哄哄你就不错了。

辜鸿铭这满不在乎的神态,更是气坏了余瘦,他恼羞成怒地跺脚骂道:拿了我的钱去天津逛窑子,却不给我来投票,你还讲不讲信义?

这一骂可不得了,惹得辜鸿铭高举起手中的拐杖,指着余瘦骂道:瞎了眼的混账政客,敢拿钱来买我!你也配讲信义!给我滚出去,再不滚就吃我一棒!

余瘦眼见辜鸿铭的拐杖呼呼生风行将落下,吓得脸色煞白,哪还敢要钱,抱着头逃也似的跑走了。

新国会还未正式开张,在安福系的压力下,与段祺瑞、冯国璋并列为"北洋三杰"的王士珍已当不下去国务总理了,冯国璋不得已又复任命势力膨胀的段祺瑞为总理。段祺瑞甫一上台,立即拿出"武力统一"的主张,南北局势顿时紧张起来,北京城弥漫着一股浓浓的硝烟味。冯国璋再怎么不济,也不想当狗熊,为了对抗不可一世的段祺瑞,他四下里广罗人才,辜鸿铭竟也接到了出来做事的邀请。这事就在辜府上下闹开了。

这天晚饭后,淑姑叫上儿女们,齐齐来到书房,专门策动辜鸿铭。忠心耿耿的仆人刘二也跟来了。

"冯国璋是什么东西,也敢请我做事,我是不会给他们民国卖命的,这是纲常大义!"辜鸿铭还是那句老话,他安坐在那张略显破旧的椅子上,跷起二郎腿目不转睛地看线装书。

父亲在外界的大名,辜守庸是知道的。后清以来,中国素有西洋一品、东洋二品、国内三品的惯例,如果父亲能抛弃陈旧的中学,剪辫子、穿西装,以雄厚的西学根基持身致仕,飞黄腾达是转眼间的事。可这几十年来,他假什么清高呀,一家人都跟着他受穷!但这些牢骚,他是绝不能当面向父亲责难的,他咽了咽口水,轻声细语道:父亲,孩儿大学毕业后一直没有固定的事做,总不能老待家里吃干饭。这次机会这么好,您就不能……

辜鸿铭头也不抬:叫我低眉折腰事权贵,还要为自己的儿子求情,不成、不成!你自个儿找去吧。

见守庸被老子一句话堵得出不来气,淑姑嗔怪道:连儿子的大事也不管,成天想着要跟北大那批年轻人作对,哼!一家人吃你那点收入,等死啊!还有刘二他们,多久没拿我们的工钱了?

刘二忙躬身道:夫人,我不要工钱的,能服侍老爷这样大名鼎鼎的文豪,是我的福分呢!

辜鸿铭把手中的线装书放在身旁的桌上,继而用瘦小而枯槁的手怜爱地、轻轻地抚摸着书脊,抬头看着刘二,悠悠地道一声:话虽这么说,可不给也不行呀,等打好了这一仗,再说吧……

辜鸿铭说的这一仗是一场愈演愈烈的"文学革命"。

1918年4月,胡适在《新青年》上发表《建设的文学革命》一文,指出"两千年的文人所做的文学都是死的,都是用已经死了的语言文字做的,死文字决不能产出活文学;中国若想有活文学,必须用白话,白话文应取代古文而成正宗,在中国，几乎每一个人对白话文都可以做到无师自通。"一个月后，鲁迅的白话文短篇小说《狂人日记》在《新青年》刊出，更是在文坛和思想界掀起冲天巨浪。这段时间，《新青年》在北大极为走俏，师生们动辄诵读陈独秀、胡适、鲁迅、钱玄同、周作人等人刊发其上的白话文学。

这天随着下课的钟声，辜鸿铭拄着名妓一枝花赠送的镂花拐杖，缓缓向文科教员休息室走来。未及进门，已听得里面那些大声的议论了。

"胡博士正式把白话文当成一种新的文体来提倡，理应是中国白话文学的开山鼻祖，可谓'文起八代之衰'！"

辜鸿铭听得心里发酸，寻思自从天足受欢迎，美人钻出来不知多少，同出一辙地，自所谓的白话诗、新文学兴起，诗人、作家、文坛健将也成群结队地蜂拥亮相，真可谓"古人成名难，今人得名易"。既到门口，他忍不住要发表自己的意见：胡适凭几篇并不高明的烂文章，就能扇起一代文风，两朝开济，成佛做祖起来？

辜鸿铭这么一道白，刚才默不作声的陈汉章也活跃了起来，说：据我所知，如果说到白话文，陈独秀、吴稚晖他们还是胡适的前辈呢，胡适如何就做得了祖师爷？

众人捧腹大笑。德国教授詹姆钟不邀自到，用结结巴巴的汉语说：兄弟告诉——大家一个消息，辜鸿铭教授成了我们——德国崇拜的中国圣人……一边说一边展开带来的那几张德语报纸，上气不接下气地介绍开来。

什么，《中国人的精神》一年中仅德文译本就有两个，居然出现在德国大小书店，"照耀着德国人的天空"，唤起彼帮人对中国的思想广泛关注！一向自负的辜鸿铭还真难以想象这种盛况。"是呀，你看，这不是德国学者台里乌斯的文章吗，他宣扬的正是我儒教救世的理论。呦，丹麦哥本哈根大学教授、以《十九世纪文学主流》而蜚声世界文坛的评论界巨子勃兰兑斯还发表了《辜鸿铭论》，称自己是'卓著的中国学者'、'一位自立脚跟，坚确求道，及文字极有清新力量的人'、'比之通常欧洲人士所仅识得之多半的作家，辜氏值得更大的注意而不可同日而语了'……"他语声喃喃略带颤音地告诉詹姆钟，告诉在座的同行：这是继英语世界、法语世界、日语世界之后的又一轰动效应。

自己在国外的声名远远大于国内，正所谓"红杏出墙，花香域外"呀。辜鸿铭激动之余，又为国内媒体的冷淡无知而感索然寡趣：你们就懂得吹捧胡适之，就知道叫喊西化，骂自己国家这不好那不好。你们既然崇洋媚外，为何不来听听洋人的声音？！

到了六月边，辜鸿铭的著作在西方世界的影响终于反馈到了国内。最早披露此事的是商务印书馆出版的大型综合性杂志《东方杂志》。这篇从日本《东亚之光》译载过来题为《中西文明之评判》的文章，还是学生李震瀛看到后送过来的。

"先生，这篇文章是说您吗？"

听李震瀛这般问话，辜鸿铭就觉奇怪了，接过杂志，刚看前面一段，脸色便微变了，只见上面写道：

……此次战争，使欧洲文明之权威大生疑念。欧人自己亦对于其文明之真价，不得不加以反省。因而对于他人之批评，虚心坦怀以倾听之者亦较多。胡某之著作在平时未必有人过问，而此时却引起相当之反响……

说实在话，对这个《东方杂志》，辜鸿铭还是较有好感的，与其主编、那个被称为"东方文化派主将"的杜亚泉也略有接触，怎会开这个国际玩笑呢？什么"胡某"，什么"平时未必有人过问"，是在说谁呀，简直是明眼人说瞎话！那个署名平佚的译者从日本杂志胡译过来也就罢了，你杜亚泉就不作更正？这不是埋没玷污老辜的英名吗！

辜鸿铭出于生气，对《东方杂志》并未加以理睬，却不料，《言治》杂志刊出了北大经济系教授、图书馆主任李大钊的《东西文明根本之异点》一文。辜鸿铭得悉，立即让学生李震瀛取来捧读。他的目光跳跃着，落在了这段文字上：

愚文既已付印，偶于《东方》第十五卷第六号见有《中西文明之评判》一文，译自日本《东亚之光》……是篇所举胡氏之说，与辜氏之说若合符节。胡氏疑即辜氏之误。辜字译音颇与胡近，其书既以英文出版于北京，复以德文出生于柏林。日人展转移译致讹为胡，国人不察亦以胡某受之。愚以为中国二千五百余年文化所钟出一辜鸿铭先生，已足以扬眉吐气于二十世纪之世界。一之为奇，宁复有偶，必为辜氏之讹无疑……

辜鸿铭阅至此，不觉拍案叫道：没想到李大钊破译了"胡某"！见李震瀛有些茫然，遂笑着解释说：我与李大钊政见不同，素无来往，他却能推断胡某即俺老辜，说明他对俺老辜是了解的。

新学期一开学，李震瀛和林斯陶又送来新出版的《新青年》，说：陈学长在上面骂先生呢！

"骂我？陈仲甫骂我作甚？"

在学生指引下，辜鸿铭翻读起陈独秀那篇题为《质问〈东方杂志〉记者》一文来。和李大钊一样，陈独秀也破译了那篇文章所言"胡某"即辜鸿铭，只不过他不像李大钊那样站在学者的立场上来说话，而是带着浓浓的火药味。陈独秀骂自己复辟也就罢了，竟将自己与康有为、张勋等相提并论，也太可恶了，且不去理会他！

辜鸿铭扔了杂志，便觉有点后悔，心想，不该在学生面前做如此小肚鸡肠举动。为了掩饰这个小小的过失，他爽朗一笑道：今天你们学业上有什么问题，尽管说来。

林斯陶道：先生深于英国文学素养，学生不才，叩以养成之道。

"我的治学精神以背诵为主，先背熟一部名家作品做根基……"辜鸿铭说罢，抽出一根土耳其香烟点上，颇有感触道：现在的人读英文十年，开目仅能阅报，伸纸仅能修函，皆由幼年一猫一狗式之教科书，是以终其身只有小成。我极赞成中国私塾教授法，以开蒙未久，即读四书五经，尤须背诵如流水。

林斯陶和李震瀛若有所思地点头，认真地听辜鸿铭说下去：从某种程度上来讲，我们中国人的记忆力的确惊人，远古以来，中国人的记忆力发展在其他能力之上，这是能记下五千年灿烂文化的一个秘诀。在记忆具体事情方面，没有哪个民族能赶得上中国人。

"记忆之法，有窍门吗？"趁辜鸿铭埋头吸烟之机，李震瀛一旁问道。

"有，怎么没有呢！"辜鸿铭微笑着回答，对学生他一点也不想保留什么，以蔼然之态、温和之语娓娓道来：依我的经验，记忆之法，初步为感动，次步为保留，终为回忆。我们中国人具有惊人的记忆力，其秘诀何在？就在于中国人是用心而非脑去记忆。用具有同情力量的心灵记事，能够起到如胶似漆的作用，用它记事比用头脑或智力要好得多，后者是枯燥乏味的。举例来说吧，我们童年时的记忆要强过成年后的记忆，因为儿童就是用心而非用脑记忆的。

送走学生后，记忆力超群的辜鸿铭哪能轻易忘怀这两件叫他不愉快的事，对《东方杂志》的"明眼人说瞎话"生气，对陈独秀这个"说瞎话的明眼人"更生气。他万万没想到，《东方杂志》这篇关于自己的译载文章，竟然在中国思想界扔了一枚炸弹。

陈独秀那篇"质问"文章，洋洋五千言，一口气向杜亚泉提了16个问题。针对陈独秀疾言厉色的咄咄逼问，杜亚泉在《东方杂志》公开作答。他一方面辩称，自己并非复辟派辜鸿铭的同志，辜鸿铭所称道的中国文明并非不正确之论，一方面集中火力向对方阵营予以回击——说陈独秀的做法简直就是在"压迫言论自由"。一时间，京城两大名刊弥漫着浓浓的文化硝烟，辜鸿铭被翻来覆去地当作双方论战的靶子。

"哈，为了一个辜鸿铭，大名鼎鼎的《新青年》与《东方杂志》打起架来，也真是趣事！"

北大校园里，师生们议论鹊起，莫衷一是。

辜鸿铭被《新青年》和《东方杂志》当作论战双方交火的靶心已有半年多了。那些看热闹的人们早就希望看到辜鸿铭公开反唇相讥，可面对多如夜空繁星的论战文章，辜鸿铭淡然处之，一言不发。黄侃、陈汉章他们可就奇怪了。他们一直盼望能和辜鸿铭联手出击。

这天，刘二的黄包车把主子刚拉到北大，早已等候在校门口的黄侃和陈汉章手拿报刊拥上来。黄侃拍打着手中的《新青年》，开口便问：老先生没有看到这些东西吗？

不止一个人这样问过自己，辜鸿铭淡然而答：见到了。

原来辜鸿铭是知道陈独秀"再质问"的，不过存心要作壁上观而已，陈汉章一旁便道：这过分的冷静，可不符合辜兄的性格哟。

不止一个人这样说，可辜鸿铭的语气还是淡得如白开水，道：我和陈独秀除了鸡毛蒜皮的政治之外，连聊天的题材都没有。说罢，径自拄着拐杖往红楼去了。

"没戏看！"陈汉章目送辜鸿铭远去，朝黄侃扮了个鬼脸说道。

"辜鸿铭真是个吃不透的怪人！"黄侃喃喃地说，良久又续上一句：他真能忍下去？

五、披挂上阵反西化

1919年的北大，注定要在中国历史上演绎一场激荡风雷的正剧。

蔡元培有效整治北大业已两年挂零，因了他"兼容并包"的原则，北大的胸襟前所未有地宽广起来，不仅接纳了陈独秀、李大钊、胡适、鲁迅，还容忍了辜鸿铭、黄侃、刘师培；因了他提倡的"思想自由"，北大已不再为锈蚀的官僚机器提供新的零部件，而把"研究高深学问"摆在了第一位，校园变成了一座潜能巨大的思想发动机，从古老的孔孟之道，到最时髦的尼采学说、最神秘的共产主义宣言，从最顽固的文化保守主义，到最激进的全盘西化论，各种思潮在这里碰撞、激荡，迸发出炫目的火花。

元旦过后不久，陈独秀回应包括《东方杂志》在内的外界对《新青年》的批评围剿时，更是高擎自己的大旗，在《新青年》第一卷、第一号发表《本志罪案之答辩书》，一夜之间，"德先生""赛先生"的说法不胫而走，成了北大，成了北京，成了中国最流行的词汇。

两位代表"民主"和"科学"的新新"先生"，连同文学革命激起的强劲风暴，终于空前激怒了早就虎视眈眈的另类阵营。率先冲出寨门披挂上阵的是古文阵营的老将林纾。

白话文中那些不文雅的流行因素，早就让以"古文殿军"而独步文坛的林纾闷闷不乐，过去古文语言中精美的线条、含蓄的韵律，以及包蕴的光彩都到哪去了？一切都是那么直露和粗俗。《新青年》那帮小子竟信口雌黄把自己的古文说得一钱不值，弄得他大动肝火，发表《论古文之不当废》与他们对阵。而后，他听从了老友严复的劝告，不屑再与这帮青年纠缠计较，而忙于举办古文讲习会和选评、出版《古文辞类纂》选本的活动。不料这帮青年得寸进尺，狂悖十足，拿起白话大刀猛砍古文，欲灭之而后快，他哪能再坐视旁观，听凭自己的阵地失去呢！也就在这时，众议院议长、桐城派的马其昶前来怂恿他反击了。马其昶知道新任总统徐世昌和代总理钱能训均对蔡元培整治北大，听任一帮革命青年越轨胡来十分不满，正希望有大学者来反击呢。

"那帮小青年也真是有眼无珠，竟然不懂琴南兄乃开一代西学风气的巨人。"马其昶说话像做文章那样绵里藏针，他明知林纾和严复一样，对西学的态度已然转弯，却还以西学来恭维林纾。听完他的话，林纾的眼光显得有些黯淡，说：今非昔比，我们似乎被历史老人捉弄了。叹了口气，又道：说实在的，我现在十分赞同辜鸿铭否定西学的看法，辜鸿铭所作议论稍为惊俗，然亦不无思想，不可抹杀。他生平极恨西学，以为西学专言功利，导致人类涂炭，现在看来，鄙意深以为然。

这个新年，林纾没能平静，凭着精深的古文功底，一口气炮制了两篇文言小说，经就读北大的得意门生张厚载之手，接连在上海《新申报》上发表。他的《荆生》以皖人田其美、浙人金心异、归自美洲的狄莫三人影射陈独秀、钱玄同及胡适，说：这三人指责孔子，提倡白话，"以禽兽之言"乱人视听，结果被一个名叫荆生的"伟丈夫"怒斥并加痛殴。这荆生当然是林纾夫子自道了。《妖梦》一文杜撰种种诡诞情节，以阴曹中的白话学堂影射北京大学，以校长元绪、教务长田恒、副教务长秦二世,分别影射蔡元培、陈独秀、胡适。

相比于林纾,新文化阵营的同仁们更希望辜鸿铭先行放马来战,因为他们中绝大部分人还曾是林纾的崇拜者,他们是通过林译小说最先接触西方文学的,让他们获益匪浅的林大师,即使不拥护文学革命,也犯不着当出头鸟呀,何况辜鸿铭在中西文明交战中,还未出剑呢。于是,对林纾的出马,他们在愕然之余,只有视林纾为怪人了。

号称布衣骄人、以"老廉颇"自居的林纾,一出马便成了新化学阵营的众矢之的,而旧派的另一位代表人物辜鸿铭却熟视无睹、按兵不动,他手下那帮学生就感奇怪了。这天下课后,李震瀛紧随两步,转弯抹角道:林纾和严复两人转弯反对西化了,老先生欢迎这样的同盟军吗?

辜鸿铭摇了摇头,断然道:我和他们是完全不同的,既谈不上同日,也谈不上同年,完全是两类人,我是最具坚定信念的人,而他们却是见风使舵的人。

李震瀛听出了辜鸿铭的话中话,意谓"我是一向反对西学的,而他们两人不过是迷途知返",他忍不住道:在这时候,先生还把他们当成论敌呀!

辜鸿铭看了学生一眼,倚老卖老地说起处世哲学来:现在,社会上有种不良的现象,就是人与我的界限太分不清了。人与人相处,就在人与我之间能分别清楚,人云亦云,那就不成其为人了。

这话听起来没有道理,细一寻思,又似乎蕴含着高深的哲理。李震瀛虽一时不能完全接受这话,但对辜鸿铭"人在江湖不迷失自我"的主张却十分心许。

辜鸿铭虽勒马收鞭看热闹,却还是希望林纾有更大的动作,待他们两败俱伤后,自己再出战不迟。但使他遗憾的是,扛着复古的大旗才战一两回合,以"老廉颇"自诩的林纾就有点怯阵了,似乎是为了减轻门生张厚载的压力,他主动致函各报馆,承认自己骂人不当。

这场交战也许就此打上休止符了吧,却不料,几天后,安福系政客操纵的《公言报》赫然刊出了林纾给蔡元培的公开信,在这封名为《致蔡鹤卿太史书》的信中,林纾以老友身份向蔡元培直陈自己反对新文化运动的意见,攻击北京大学宣传新文化是"覆孔孟,铲伦常"。

对于此信,喝彩的有之,痛击的有之,新旧思想、新旧文化之战顿时呈白热化状态。情势煎逼得辜鸿铭既兴奋又不安,正思虑如何表态时,做他的顺风耳的学生李震瀛、林斯陶,连夜送来了消息:蔡校长发表了答林琴南的公开信呢,信中还提到老先生您哪。

"提到我,说什么呢?"辜鸿铭心里一阵哆嗦,急急接过学生呈上的报纸来看。蔡元培在这封《答林君琴南函》中,对林纾所提意见逐条驳斥,声明北大并无林信中说的"覆孔孟、铲伦常"及"尽废古书"之事,重申了兼容并包、思想自由的办学方针。辜鸿铭对蔡元培的信看得煞是认真,几乎一字不漏,看完,又把目光重新落定在这段文字上:

对于教员,以学诣为归……例如复辟主义,民国所排斥也,本校教员中,有拖长辫持复辟论者,以其所授为英国文学,与政治无涉,则听之……

"是的,这不是在说我老辜嘛,但这有什么,蔡元培还在替我说好话哩!"

蔡元培的信很使辜鸿铭感动,想到那天他冒着寒风亲来送大红聘书,辜鸿铭就没齿难忘。"蔡校长还真是看得起俺老辜呀!"他把报纸轻轻地放在桌上,目示两学生,道:林琴南这个乱伦者,有何资格教训蔡校长!

林纾乱伦,这可是闻所未闻的,倒听说他重感情,夫人死后一直单身,有倾慕他才学的红粉来投,他也不为所动,辜鸿铭何出此言呢?李震瀛煞是不解。

"我说他乱伦是有证据的,一是翻译《茶花女》《迦茵小传》《红礁画桨录》,公开宣扬狎妓通奸、争有夫之妇,二是一区区举人竟敢教训堂堂进士,这世道还有王法吗?"

李震瀛和林斯陶总算明白过来了,还未收住笑,辜鸿铭又嚷开了:我本想上门帮蔡校长治治林琴南这个小举人,又恐失了身份,我也是大清朝最后册封的文科进士呀!但我还是要帮蔡校长的,尽管我极鄙视刘师培当年为人,但这次一定正告他和黄季刚,在北大,只要我不动,谁敢呼应林琴南!

虽然严复等人也对白话文运动表示了非议,但这些来自老家伙的、反应迟缓的攻击软弱无力。面对李大钊、陈独秀、鲁迅等的凌厉攻势,林纾的防线不堪一击,很快就垮了,于是在《新申报》上刊出《林琴南再答蔡孑民书》,知错而道歉。但他觉得自己的错在态度、在谩骂,而不在于反白话、延古文。他不再以老廉颇自居,与新文化阵营打的"笔仗",以一篇《论古文白话之相消长》作终结,文中他无可奈何地哀叹道:吾辈已老,不能为正其非,悠悠百年,自有能辞者,请诸君拭目俟之。

辜鸿铭口头虽说要帮蔡元培教训林纾,但见林纾如此快地偃旗息鼓,心里却有点戚戚然。尤其看到此时的北大校园里春潮滚滚,人人争赶潮流,人人争当新青年,"德先生"和"赛先生"漫天飞,他心里更是难以平衡了。这天还未进教室,就听见里头在大侃民主和科学,那似乎是罗家伦的声音:西方的富强依赖于立竿见影的科学,中国要求得富强,就必须崇尚科学。见辜鸿铭进来,他们就打住了话,纷纷请辜鸿铭就"赛先生"发表些高见。

可叹这些学生,受了陈独秀、胡适他们的教唆,盲目地向往起西方的民主和科学来,却忽视了西方潜在的道德基础。我是爱你们的,你们可不能走火入魔呀!辜鸿铭心里微叹着,怜爱地看着这些似乎有些混沌的学生。上课钟声还没敲响,那就讲几句吧。

"你们年轻人崇尚科学,科学有什么稀奇呢?我国的《三字经》早就有许多科学。"

辜鸿铭初一开口,便抓住了学生们的好奇心。他们面面相觑,且听老先生说下去:你们看,它开宗明义便说"性本善",此可谓有关人生哲学问题,与法国哲学家卢梭的论调相同。书中什么"一而十,十而百,百而千,千而万",这是关于数学;什么"曰水火,金木土……"说的是物理化学;什么"三纲五常",讲的是伦理学;什么"天地人,日月星",又是说宇宙论、天文学……

这是辜鸿铭给"民主"下定义为"魔鬼和疯狂"之后,给科学的诠释。大家觉得有趣,没人敢和他抬杠。

上课钟声敲响了,辜鸿铭让学生们打开page-one后,继续着刚才没有讲完的话,并由此阐发开来:在你们还没有接触科学以前,我就已经在西方和科学打交道了。科学给他们西方世界带来了什么呢?在战争时期,它给了人们相互毒害和相互残杀的手段,在和平时期,它使人们生活匆忙和不安定,沦为机器的奴隶。你们也许会认为在你们面前的这个老头言过其实、耸人听闻,存心要和你们唱不和谐的反调,可我这样做,目的无非是向你们提一点忠告——在西方,科学正无以复加地被当作杀人的利器,成为人类和平的首祸……

辜鸿铭说起来一发而不可收,不知不觉中,一堂课就由此被打发走了。在走下红楼时,他觉得自己还有满脑子的东西没有讲,这些真知灼见不讲出来,非要活活闷死他不可。用什么方式表达呢?他想到了演讲。对,比之写文章,演讲更有激情,更见效果。他不想把讲坛设在北大,蔡元培刚给自己说好话,暂时不要与他作对为好,那就讲给英语世界的人听吧——他们不是说,辜鸿铭的文章写得好,讲得比写得更好嘛。

东方文化学会的卫礼贤等外国友人对辜鸿铭的演讲很是支持,张罗着在六国饭店举办。一如既往地收门票,听众一如既往的多。

"什么西方的民主,那是魔鬼加疯狂!可惜近来我们有些中国人,人心不古,刻意求新,对欧风美雨吸之不遗余力,把中国文明说得一无是处、千疮百孔、一钱不值,好像中华民族几千年来就像土蛮部落,没有一件好东西。他们笑我是冬烘先生,我倒要把这称号给他们呢,他们不知道,欧洲思想界许多先觉之士早就想到把中国和印度的文明输入,图个东西调和。在我看来,中国不需要引进的德先生,而应就固有文明发扬光大,孔子那求'仁'的学问要继续深入研究。你们西方人不也希望我们不要失掉这份祖宗的家当嘛,不也相信中国文明的正义精神能拯救世界嘛。我听说,大洋对岸那边几万万人正愁着物质文明破产,哀哀欲绝地喊救命,等着我们来超拔他们哩!是的,我如实地承认,你们是有赛先生,西方现在是十分的发达,但我今天要对诸位说,这所有的一切,都像我这老朽之身,已趋于末路,积重难返,不能挽救⋯⋯"

辜鸿铭聚天下英才而讲演,五湖四海,古今中外,闭着眼睛吹起来,吹得讲台之上天花乱坠,讲台之下欢笑四起、掌声如雷。辜鸿铭摇晃着辫子,神采飞扬,好不乐煞。

像往昔一样,辜鸿铭结束演讲后,立时被众多的听众给包围住了,他们希望能跟这位学识渊博、扶覆见微的"中国圣人"说上一两句话。

"辜先生,贵国的施耐庵常说'快意之事莫若友,快友之快莫若谈!'在我认识的中国朋友中,辜先生是个最能'快友'的谈友。"

说话的是英国学者、天主教北京主教鄂方智。他听辜鸿铭英语演讲已多次,对辜鸿铭心仪甚久,每次总要找机会和他说上一两句,两人也就慢慢地熟识了。鄂方智今天是与中国朋友林语堂、姜文锦一起来捧场的。

辜鸿铭看到了他们三人,笑道:讲演、讲演,一定要言成法立,文言白话,出口成章才过瘾!每句话都在三规五律之内,讲个别别扭扭的白话,岂不难过?

言罢,他看着林语堂,用汉语道:听说你和胡适之走得近啊。你知不知,胡适之讲起课或与朋友吹起牛来,白话不白话,哪还管得了许多?张君瑞说得好"红娘姐,这是我顾不得你了!"胡博士这时也顾不得白话了。

林语堂觉得辜鸿铭真是搞笑高手,笑了笑,问:老先生为何不在北大讲演呢?

"我再在北大讲演,我的朋友胡适之先生可就没地方吃饭了。"

辜鸿铭一本正经说罢，林语堂和姜文锦就又笑了。谁个不知，北京文化界眼下最流行的一句话，就是"我的朋友胡适之"。言也有因，因为胡适喜欢平交学生，课外但凡有学生来找，他一律满脸堆笑口称某先生，如学生到其私宅高谈阔论，过时不去，他也不会下逐客令，对校外不相识之人，据说也是这样的一视同仁，凡登门者必接待，凡写信者必答复。因为胡适有名又好客，所以同他有交往就成为文士必备的资历之一，想成名者以此作金字招牌标榜自己，吃不着葡萄说葡萄酸者又以此讽刺。"我的朋友胡适之"这话从胡适的不同道者辜鸿铭口中说出，就带有讽刺意味了。

这天，林语堂总算得以和辜鸿铭多说了几句话。得知林语堂即将赴美国哈佛大学留学，辜鸿铭出口就是"出去千万不要做买办"。

"辜先生，我并不会做生意的。"林语堂解释道。

辜鸿铭眯起了眼，语气十分忱然：中国青年中固然多有好的，有些人梦想到美国去，我并不反对留学，但恐怕到美国去学不到什么，反而愈加容易走到买办的途上去。就说你的朋友胡适之吧，他是第二批庚款留美的学生，要知道，美国搞"庚款办学"，可不是白给你中国利益的，他是企图通过吸引留学生来影响和控制中国的知识分子，进而达到控制中国的目的。这不，胡适之留美回来，好端端的"中国心"换成了"鬼子心"，堕落成了西方的文化买办。

说教的结果使林语堂略觉难堪，这是他出国前最后一次聆听自己推崇者的训谕。

这次演讲后，辜鸿铭的著作又一次在洋人圈里热了起来。六国饭店附近的一家书店不知从哪搜集到一批辜鸿铭的洋文著作，皆以重要书籍的身份置于玻璃橱中，上面赫然醒目地用中英文写着：不懂洋文勿动。

身套西服的店员因被臭虫咬，拼命搔痒，心想，哪来这么多臭虫，专门咬中国人。他忽然想起什么似的，抬头问身旁顾客：先生你倒说说，西方有臭虫吗？顾客认真考虑了半天，道：这臭虫嘛，应该是中国的特产品吧，西方不会有的。顾客中有人笑，有人也纳闷起来：是啊，西方有没有臭虫呀？

一位秃顶白人来到书店，一进门就用中国话问店员：请问，贵店有没有辜鸿铭先生的著作卖？

店员急忙回答有，一边捧出几本辜鸿铭的外文版书，介绍道：这是大清光绪辛丑年（1901年）出版的《尊王篇》，这是宣统元年（1910年）出版的《清流传》，这是民国四年（1915年）出版的《春秋大义》……

秃顶洋人听得喜笑颜开，说自己全要了。

店员满脸堆笑道：忘了告诉先生，凡是辜鸿铭的著作，书价都得上浮一倍。

秃顶洋人略微怔了怔，而后爽快道：值、值，辜鸿铭先生的著作嘛。

店员收着款子，也不管洋人为什么喜欢辜鸿铭的书，却问起那个缠绕他甚久的问题来：先生，我想请教您一个问题，你们西方有臭虫吗？

秃顶洋人又是一怔，继而放声大笑，说：真是个有趣的问题，一个月前，我住伦敦，即遭臭虫咬呢。不仅伦敦有臭虫，巴黎、纽约也有，整个欧洲也时时发现讨厌的臭虫。

望着秃顶洋人取了书出门远去，店员自言自语道：我还以为中国人不讲卫生，居室卑污，衣服垢秽，导致臭虫滋生，没想到号为净土的欧洲也有臭虫。看来我国人民崇拜洋人确实过甚。可他们洋人，为什么这般崇拜辜鸿铭呢？

在新旧思想、新旧文化之战呈白热化状态时，辜鸿铭的这场反西化的英语演讲，不仅博得了洋人的赞誉，而且居然没有引起那帮新文化青年的声讨。辜鸿铭就扬扬得意起来，心想，他们也许怕用蹩脚的英语跟我这具有维多利亚时代风韵的英语对话呢。

六、探友天津卫，挽留蔡元培

新旧思想、新旧文化交战伊始，作为北大校长的蔡元培并不因为支持新学派而反对旧派，而是也给旧派一席之地以抒发己见，让新旧学派在争论中决胜负、在比较中分优劣。其结果正如他预料的那样，新学说、新思想借此从校内扩展到校外、波及全中国。

像辜鸿铭这样吃洋面包长大的人，像严复、林纾那样的维新派，如今都竭力维护传统的纲常礼教，而像陈独秀、钱玄同这些国学深厚的人，却反而要向欧美寻找救国之策，竭力反对传统文化。这竟是为何？不独中国人想搞清楚，在华那些外国人也想着究原竟委。他们中就有日本学者诸桥辙次博士。

诸桥辙次通过鹫泽吉次的介绍知道了辜鸿铭，虽有过短暂的几次见面，但对他除了留下一个博学灵敏、内蕴傲骨的印象之外，没有更多的了解。作为一名文学博士，他对这位晃动着发辫的老儒有着强烈的研究兴趣，这次，他就带着这个疑问来做访谈。在北大没找着辜鸿铭，有人说是休假去了，到辜府也不见人影，说是外出应酬了，去哪应酬却语焉不详。诸桥辙次便来寻问鹫泽。

"会去哪里呢？"鹫泽诡秘地一笑之后，竟带着诸桥辙次到了八大胡同，说在学校和家里找不着辜鸿铭，十有八九人在八大胡同。但这次他也跟着诸桥辙次失望了，几乎寻遍了八大胡同，渺无辜氏影迹。

辜鸿铭正在天津探友呢。他此次天津之行，主要是来看望从日本回国的老友罗振玉的。天津租界可谓失意政客们的藏身之地，多少满清贵胄、政界要人候鸟般地在这里进进出出。罗振玉在时隔八年之后，也从东瀛飞回寻栖于此，仍旧致于学术文化。他见国变以来，宫廷所藏列朝翰墨多为皇亲国戚、宫女太监盗出，以致流落坊肆，痛心不已，乃尽力搜求。上自顺治下至溥仪，旁及慈禧，十朝毕备，遂托梁鼎芬书"宸翰楼"以藏。他和辜鸿铭见面后，就是在天津租界的宸翰楼里叙谈的。老友久别重逢，煞是亲热。

一番寒暄后，辜鸿铭道：听说蔡元培先生有意聘叔翁为北大教授，专教考古学，叔翁之意如何？

罗振玉摆了摆手，语气十分的淡然，说：既已出亡，回国誓不参加新政局，当然不能再向当道摇尾乞怜。辜鸿铭知道老友的秉性，当初赵尔巽以清史馆总裁身份，修书聘请流寓日本的罗振玉为清史馆纂修。罗振玉说：赵尔巽以大清东三省总督而事袁世凯，可谓不忠不义，我羞与此等人渣为伍，况他又无学识，有何脸面做这总裁？不仅不肯就聘，还把那聘书烧成灰扔到家门前的池里，以示坚决拒绝，并因而题池为"洗耳池"。辜鸿铭见他对蔡元培的好意好生作践了一番，知道他把蔡元培也当作了赵尔巽一般的人物，乃大说了一通蔡元培热心教育的好话。罗振玉虽不就聘，但经辜鸿铭这一说，对蔡元培的热心教育倒也深感同情，表示要致函答复，提出一些建议。

对辜鸿铭，罗振玉有说不出的敬佩，在日本时就常在孩孙辈前推崇辜鸿铭，说辜鸿铭早受西洋教育，却认为西学骛外，不如中学修内，后又劝阻张之洞设报馆，说民气一动，不可复静，驯至辩言乱政，不可收拾。如今邂逅，他少不得又要重提此事，仍是感慨系之，说所有这些，国变前后一一得到应验，老兄真如蓍龟。

这个赞誉，很是让辜鸿铭欣慰而振奋。穷读《易经》的他怎不知蓍龟所指，蓍龟乃蓍草和龟甲之谓，古时用以占卜。《易·系辞上》有云"探赜索隐，钩深致远，以定天下之吉凶，成天下之亹亹者，莫大乎蓍龟"。

谈话中，罗振玉奉上一小袋银元，辜鸿铭惊问这是为何。罗振玉诚恳地说：

老兄就不要过谦了,养家糊口要紧呀。见辜鸿铭愈发地糊涂起来,罗振玉乃取出王国维给其信函,却是1917年12月21日所书,上云"辜氏贫不能自存,拟往台湾依其族人,大树(冯国璋)遣人留之。"

辜鸿铭这才知道罗振玉赠钱的真意,心里好生感激,却哪里肯要,笑说:叔翁回国,也要用钱,待今后我家过不下去了,再来向叔翁求助吧。言罢也不再谈度支,转而和罗振玉交流起对时局的看法。罗振玉叹息道:汤生兄贫不能自存,而救世之志不稍挫!

离开宸翰楼后,辜鸿铭没有即行回京,径自来"望春风"与一枝花重续旧好,不觉又在她那里泡了好些时日。

辜鸿铭带着罗振玉那句"贫不能自存,而救世之志不稍挫"的赠语,依依不舍地辞别津门北返京城了。一踏入北大校园,迎面就传来一个震惊的消息——陈独秀辞职了!

辜鸿铭这个惊可是非同小可,谁不知陈独秀是蔡元培高看厚爱请来的,"要驱逐陈仲甫,除非'上谕'将我革职",蔡元培这句话谁个不知。"可如今陈独秀却辞职了,这是什么原因呢?"辜鸿铭急忙来问黄侃。

黄侃冷冷一笑,道:他哪是什么辞职,辞职不过是蔡校长给他一个台阶下,好听而已。

黄侃的话更使辜鸿铭摸不着头脑:照这样说,他是被迫辞职的,为何呢?

"为何?德不修呗!报上公布出来了,说陈独秀在八大胡同争风吃醋,抓坏了窑姐的私处,倘若再让他任文科学长,堂堂的北大不是斯文扫地了吗?"

辜鸿铭见黄侃说得言之凿凿,惊了好半晌说:陈独秀不是加入了进德会吗,怎么还往八大胡同跑,咳,真不知明天的道德从哪来?

有关陈独秀私德不修的话题,最早是徐树铮那位外甥搞的探艳团放出风来的,说在八大胡同看见了陈仲甫的包车,一时搞得舆论沸沸扬扬,连蔡元培都糊涂了,好不容易才平息风波。止谤莫如自修,这是蔡元培力邀陈独秀参加进德会的缘由,谁知事隔不久,竟又爆出了这事件。

自1917年初出任北大文科学长以来,陈独秀以其思想革命和文学革命的主张,招致了保守势力的白眼。随着他的愈发左倾和革命,校内的保守势力连着校外的反动势力,愈发的不满。他们在私德事件上大做文章,大肆诽谤,终于迫使陈独秀于1919年3月离开了北大。陈独秀的去职,隐约传出新旧思想、新旧文化大战前夕紧张而充满硝烟味的气息。

陈独秀的去职让整个新文化运动丢尽了面子。那些天，马神庙的酒楼饭馆议论鹊起，有人说，陈独秀这一走，蔡元培和胡适也就差不多了。人问何因，说话人一脸的诡谲，说这蔡元培、陈独秀和胡适，各相差一属生肖，都是兔子命，尾巴都长不了！

仿佛为了应验这句话，一个多月后，蔡元培怀着忧愤的心情果然离开了北大。

蔡元培的出走，与后来被称为"五四运动"的爱国学生运动有关。

蔡元培出掌北大后，容纳新潮，倡导改革，使北大成为新思想的大本营、新文化运动的策源地。北洋政府早就力图拔去这个眼中钉，改派那个顽固反对新文化运动的马其昶接任北大校长。就在这时，从巴黎传来噩梦般的消息——作为战胜国而参加协约国巴黎和会的中国代表团不仅未能夺回山东和取消列强在华特权，反而德国在山东的特权被列强转让给了日本。蔡元培闻讯，激愤难平，迅速将外交失败的消息通报北大学生。随着傅斯年、罗家伦、许德珩等学生领袖的振臂一呼，义愤填膺的爱国学生立即在北河沿法科礼堂集会，联合北京十三所中等以上学校代表参加。第二天，也就是5月4日，学生们打着上书"反对巴黎和约，严惩卖国贼！" "取消二十一条款" "头可断，青岛不可失"等标语的白旗，一路散发传单，高呼爱国口号，浩浩荡荡前往天安门示威游行，痛打驻日公使章宗祥，火烧卖国贼曹汝霖的豪宅赵家楼。学生运动既发，北洋政府对蔡元培大施压力与恫吓，并以严办游行被捕学生进行威胁。蔡元培为表示强烈抗议，也为促使无辜学生安全返校，毅然提出辞呈，随即离京南下。

5月4日刚好是星期天，辜鸿铭与卫礼贤、詹姆钟等德国友人相约来六国饭店喝咖啡。大家业已知道巴黎和会上中国外交失败的事，免不了要为中德两国断交而中国作为战胜国竟没得到好处而惋惜。辜鸿铭的心情更是怅然若失，想当初自己竭力反对对德宣战，否则一旦情况发生变化，中国将无以自处。辜鸿铭说：我是会占卜的蓍龟，没错吧？我还真说对了。你们还记得我在《义利辩》的那段话吗——一旦一个或几个协约国，比如说日本，当欲来剥削和压迫甚至肢解、吞并中国时，中国能大声呼吁友谊、法律和正义吗？那时日本就会说"你在和德国的关系中考虑到友谊、法律和正义了吗？那好，我们对待你就像你对待德国那样——我们只考虑自己的利益，就像你在对德关系中所做的"。现在中国走到这份上，何尝不是一种报应，还指望别人仗义执言，咳！就这么索然寡味地打发着时光,这时,窗外传来此起彼伏、一浪高过一浪的呐喊声,大家正纳闷着,接着又见前方出现熊熊火光,映红了半个天空。大家不知发生了什么事,怀着一颗好奇心下楼前往观看。得知事因,辜鸿铭愣了半晌。

第二天,辜鸿铭来到学校,却发现无课可教,北京各大专学校正举行声势浩大的总罢课呢。连续折腾了几天,他心里就不平静了。九日这天,当辜鸿铭再来授课时,却又见学生们浩浩荡荡冲出了校园,为首的正是傅斯年、罗家伦几位激进学生。辜鸿铭急急叫刘二停了车,大声喊住了罗家伦。面对血气方刚的青年学生,他晃动着发辫,说:荒废光阴,抛弃学业,来干涉政治、纠正荒唐的政客和老年外交官闹下的乱子,这是天下最不经济的事,诸位同学尤其不应反日,我们理应固守君子之国的风范,相信公理和正义终能战胜强权……

辜鸿铭的话很快就被身材胖胖的傅斯年给打断了,这位山东汉子因激动而涨红着脸颊,走出队列慨然演讲:什么公理,什么永久和平,什么威尔逊总统十四条宣言,都是一文不值的空话!巴黎和会,中国作为一个战胜国,不仅不能夺回山东,取消列强在华特权,德国在山东的特权反而被列强转让给了日本!公道何在?正义何在?这样的分赃会议,与世界永久和平、国家真正自主隔得何止十万八千里!非全世界人民都站起来直接解决不可!同学们,我们切勿作五分钟爱国心,争回青岛方罢休!

受着这位学生领袖的有力鼓动,学生们情形激昂,异口同声地高呼口号:反对巴黎和约,惩办卖国贼曹汝霖、陆宗舆、章宗祥!随着傅斯年大手一挥,学生们又迈开了前进的步伐。辜鸿铭哎了两声还想说什么,却被后来的学生推了一把,险些摔倒,有人还趁乱狠扯了他的辫子一下。

这次,北京大学联合京师二万多名学生再次举行总罢课,开展演讲、抵制日货、发行爱国日刊等活动,并组织护鲁义勇队。看来,学生们真个要毁灭君子之道,抛弃"以忠信为甲胄,以礼义为干橹"的良民宗教,而要以暴易暴、崇拜武力了,这是多么令人伤心的事情啊!你们口口声声说爱国,难道我不爱国吗,我不惜抛下国外的优裕生活,迢迢万里回国报效,我比你们任何一个人都爱国。我热爱中国文化,也热爱你们这些青年学生,我希望为国家培养一些优秀读书种子,可你们竟被陈独秀、胡适他们教坏了,如果再听任你们如此西化,那么儒家几千年的传统就有可能在你们手里毁于一旦了!是啊,辛亥革命差不多要让国学玉石俱焚了,再来个这运动那运动的,纵然血液里还流着炎黄子孙的遗传基因,五千年的文明史怕就要化为零了！辜鸿铭情激于怀，找不到学生来倾谈，便将一股浓浓淡淡的情凝于笔端，发为心声。

看罢辜鸿铭送上的这篇劝阻学生干政及反日的文章，《北华正报》主编鹫泽沉思半响，道：辜先生，敝报当然竭诚欢迎大作，可在这枪头上，你发表这类反对学生运动的文章，似乎有点冒天下之大不韪了。我担心会给你带来不良影响。作为多年的朋友，我劝你还是撤稿吧。辜鸿铭固执地摇了摇头，说：我有话直说，决不烂在肚子里变蛔虫。

这篇文章在日本人办的《北华正报》刊发后，北大那些进步学生可就不依了。这日辜鸿铭来给毕业班上课，学生们就此事说开了。起初他们还算礼貌，问：辜先生为什么反对学生运动？辜鸿铭耐心地说：你们荒废光阴、抛弃学业来干涉政治，这是天下最不合算的事。

有人不客气地嚷道：国家兴亡，匹夫有责，辜先生连这个道理还不懂，就请闭嘴吧！

辜鸿铭被激怒的一双大眼睛险要突出来，大声道：为什么不让我讲话呢，你们不是天天嚷嚷自由民主吗，自由民主哪去了？！

辜鸿铭这么气势汹汹地反攻，让一班学生面面相觑。罗家伦微微皱了皱眉，手举《北华正报》，语带诘责道：辜先生，你所著的《春秋大义》，我们读了都很佩服，你既然讲春秋大义，就应该知道孔子的主张是"内中国而外夷狄"，现在你在夷狄的报纸上发表文章，骂我们中国学生，是何道理？

这一问好生厉害，触及了辜鸿铭内心的最大矛盾和最深隐痛。是的，在外人报刊上发表攻击中国学生运动的文章，严格来说，是违背了孔子"内中国而外夷狄"的大义；但反过来，如果听任青年学生运动下去，任其西化，眼睁睁地看着儒家几千年的文明毁于一旦，那就更不忠于春秋大义了。于是，身处两难之境的孔子信徒辜鸿铭宁可不忠于"内中国而外夷狄"的训导，也不能不维护儒家传统。他在理智上这样做，感情上却是痛苦的。

学生们可读不懂他内心极为复杂难言的矛盾心理，也不想读懂，紧随罗家伦之后，他们纷纷诘责：国难当头，辜先生对列强侵略者、对那些民族败类不置一词，反而助纣为虐、为虎作伥，岂不是自甘堕落，要做奴才了吗？！

学生们的问话，把个辜鸿铭气得脸色发青，有一分钟说不出话，表情异常得可怕。好半天，他才恢复常态，他吃力地积攒气力以便站稳，喘着一口粗气道：

我当年连袁世凯都不怕，还会怕你们？说罢拂袖出门。

哈哈哈，哈哈哈……学生们的嘲笑声浪如针刺麦芒，刺在辜鸿铭的背后。他一袭长袍马褂孤独地"飘"下红楼后，忍不住又回头望了一望红楼，心里喃喃地说：大学生们，你们尽管嘲笑吧，但是到将来你们就会知道，在你们还没有出生之前，我就口诛笔伐，反对不平等条约和治外法权的卑劣做法，那时你们会感到脸红的……

辜鸿铭破天荒没有上完课就离开了教室，乐得学生们自由议论，把他当作靶子猛打。对这不合时宜的"老古董"，大家谈的最多的还是辫子：民国都成立七年了，他怎么还带着辫子？

"这辫子呀，可是他向新社会挑战的旗帜、对新秩序公开的敌意，它以独特的语言口口声声向世人说着反抗反抗。"罗家伦手舞足蹈地说来，同学们大都笑了。罗家伦几劝辜鸿铭剪辫不成，对他的辫子自然反感，这下又逢着辜鸿铭反对学生运动，更来了情绪，说着说着便道：同学们，你们有没有人想要立刻出名？若要出名，只待在辜先生上楼梯时，把他那条辫子剪了，明天的中外报纸准保竞相报道。

李震瀛见大家如此作践业师，不觉就难受起来，轻咳两声，说：我们实在没有必要处处抓住辜先生的辫子说三道四、道一些轻薄无聊的话，对辜先生，我觉得还是要看到他的大节，正如他有句话所讲的——在德不在辫！

在辜鸿铭遭到大伙众口一词讨伐时，李震瀛的话无异于空谷足音，让大家惊讶不已。有人便冷笑道：哟，你倒能辩护呀，他有什么大节呢？

面对睽睽众目，李震瀛有点心虚，但心一横，还是照实说来：我为什么不能为老师辩护呢？"不以一眚掩大德"是我们中华民族的优良传统，从民族大节来看，我认为辜先生不失为一位爱国者。

李震瀛的话倒使罗家伦冷醒了下来，并沉吟道：辜先生从小在外洋长大，却愿回国寻根、做事，而且一回来就扎根不走，不能不说他不爱国。只是他爱国爱的过了头，从典章制度、哲学艺术，到八股文、科举、纳妾，直至女人的裹脚布，凡是中国的东西，他都无条件地爱，咳，这样的爱国还真无从说起！

林斯陶见气氛有所缓和，赶紧附和李震瀛：我听老北京讲，庚子年八国联军犯华时，如果中国没有一个辜鸿铭独撑门面，洋鬼子们八成要把中国人看得连鼻子都没有。在中外皆骂义和团时，辜先生却专门做过辩护呢！连李大钊先生也认为辜先生是为中国人争了气的！

有人立时嚷道：辜先生对祸国殃民的西太后大力吹捧，这难道也是爱国吗？

见林斯陶一下子就被驳倒了，尴尬万状，李震瀛忙出来解围说：是的，辜先生在为义和团辩护的同时，也发表了美化西太后的偏激言论，但这是在亡国灭种之祸迫在眉睫、有识之士同仇敌忾的特殊形势下做出的。难道我们能苛求一位清廷的臣子必须去背叛皇权，没有理由呀！这正如我们不能因义和团有愚昧迷信行为，就抹杀其反侵略、求富强的爱国精神。

"说得好！"罗家伦赞道，尔后又说：要不是辜先生反对民国、反对革命，这次又骂我们，我们还是很尊敬他的嘛。

李震瀛见自己冒险为老师辩护，竟稍稍平息了同学们的激愤，心头暗喜，想了想，又顺着罗家伦的话说：辜先生本来也不是真要反对民国的，不过是喜欢发牢骚，爱做时代的反抗者，顺口说来，说了笑话罢了，所以我不认为他是个反革命者，倒更像个幽默大师。

正如罗家伦所说，如果辜鸿铭这次不跳出来阻挠革命、辱骂学生，学生们还是喜欢这老怪物的。撇开抱残守缺的一面，辜鸿铭还真不是个面目可憎、语言无味的冬烘先生，精通西学的他如果也能像胡适那样倡导西化，怕不被学生爱煞！

6月3日后，以北大为首的北京学生再次举行大规模的游行示威，因被捕学生太多，学校亦征作监狱。陈独秀在《每周评论》上撰文高呼"我们青年要立志出了研究室就入监狱，出了监狱就入研究室，这才是人生最高尚优美的生活！"面对全国各大城市声援的强大压力，北洋政府不得不释放被捕学生，罢免千夫所指的卖国贼曹汝霖、章宗祥、陆宗舆三人官职，正式拒绝在《凡尔赛和约》上签字。

自上次受到学生嘲弄后，辜鸿铭一直耿耿于怀。这天，因学生上街游行无书可教的辜鸿铭坐在文科教员休息室里愤愤不平，对着黄侃、陈汉章等人大发议论：这帮学生被陈仲甫、胡适之他们教坏了。黄侃对年少翩翩的胡适也多有不屑，便顺着辜鸿铭的话来说：这场学生运动与胡适之他们鼓吹西化有密切关系，我真不明白，胡适之他们为何要主张西化，博大精深的中国文化难道走向消沉了吗？

"国有文化，如同人的灵魂。一个人的灵魂只要不离躯壳，身体纵然被病魔所缠，也不至于死亡。一样的道理，一个国的文化只要不被毁灭，国家终有复兴之望。"辜鸿铭说罢，摸出根烟来，点上，连吸数口，而后语气激愤道：谁能想到呢，数典忘祖轻视自家文化的胡适之流，一夜间竟成了新圣人，大出风头。我以为，我中国人若稍具国民性，真有爱国心，不仅要打倒那几位在巴黎和会上丧权辱国、藏头缩尾的政府要员，对胡适之这种言必称希腊的新圣人也应予以同样的打击。

使许多人想不到的是，胡适也是个公开的"复课派"。他在四月底赴上海迎接美国导师杜威访华，一个月后才回来，其言行自然为众所瞩目。谁料他一回来就劝学生复课：单用罢课做武器是下下策，屡用不已，是学生运动破产的表现，罢课于敌人无损，于自己却有大损失。在他的影响下，傅斯年、罗家伦等学生领袖纷纷退出运动中心，并开始反省，认为"五四运动"是次失败的运动，罢课、三番五次的请愿、一回两回的游街，多是无聊的举动，是在毁坏学者，学生的优点固然是一律表现出来，但弱点也一律暴露出来了。

顽固反对新文化运动的马其昶在北大师生的强烈反对下，终于不敢踏入北大接任校长之职，徐世昌乃改令胡仁源再署北大校长。接此大总统令后，北大二百多名教员聚集红楼一间临街的大教室里，商议对策。

"我们必须向政府公开声明并正告胡仁源，现在学界公意认为，欲恢复5月4日以前教育界原状，非各校校长一律复职不可。欲使各校校长一律复职，尤非北大蔡校长真能复职不可。所以目前蔡校长复职与否，既非北大一校问题，也非蔡校长个人问题，而是影响北京学界全体的原则问题。"

说话的是主持会议的教务长马寅初。马寅初可是位深孚众望的学者，当年留学哥伦比亚大学时，曾以一篇《纽约市的财政》轰动全美，而获博士学位。回国后他谢绝为当初送他留美的袁世凯所用，先在北大担任法科经济系教授，很快又兼了系主任。北大学制改革，废学长并将文理两科合并后，既有才气又具正义感的他从11位教授会主任中脱颖而出，当选为北大第一任教务长，襄助校长领导全校教学。

安福系迫使蔡元培辞职的行径，不仅使北大师生及北京学界群情激愤，而且引起全国各地师生的极大关注，一致要求挽留蔡元培。所以马寅初的话音刚落，会场便响起了热烈的掌声，大伙都觉得教务长道出了自己的心愿。胡适率先声援，说：蔡先生道德文章，中外推崇，执掌北大后，全国学界始有发皇振厉之气。可叹一二顽冥奸佞之徒，竟不容思想界有一线生机，竟不容世界潮流有一分输入。蔡先生离开北大，则北大虽存犹死；北大死，此后中国学界前途必将堕于万劫不复之境。

胡适充满激情的话很使人振奋。钱玄同接着说：挽留蔡校长，岂止关乎北大一校，也关系到中华将来的文明。

继李大钊、周作人、刘半农、马叙伦等照例说了些好话后，会场上几乎同时站起了两个意想不到的人物，竟是辜鸿铭和黄侃。辜鸿铭笑容可掬地向黄侃作了个揖，道声"老吾老以及人之老"后，倚老卖老地先行开了口：我同意挽留蔡先生，蔡先生是校长，校长就是我们这儿的皇帝，所以非得挽留不可！

一生致力于反帝反封建誓把皇帝拉下马的蔡元培，竟被辜鸿铭视作皇帝"供奉"了起来，大家听了既新鲜又吃惊。而辜鸿铭支持挽蔡，不是支持"五四运动"，而是因为蔡元培是代表北大的"皇帝"，这是哪门子事呢？直教在座的李大钊、胡适、钱玄同、刘半农等《新青年》斗士哭笑不得，但因辜鸿铭是赞成挽蔡的，虽然其理由让他们感觉尴尬、匪夷所思，却也没人出来和他抬杠。

辜鸿铭摇晃着辫子，语声越发地亮堂起来：北京城中，只是些北洋军阀、袁氏遗孽、安福贼徒，具人形之识字者，寥寥可数。蔡先生一人办北大，为国家种下读书爱国的种子，是何等大无畏的行事！

辜鸿铭说出了肺腑之言，听来还真有点令人感动，于是在他简短说完后，会场响起了掌声。

黄侃的发言就更简洁了，说：我反对白话文，但不反对蔡校长，环顾中国学界，再也不会有第二人来聘请我这样性格的人做教授了。

连辜鸿铭、黄侃这样的旧派代表人物都口口声声说要挽留蔡元培，还有谁会对挽蔡运动提出异议呢。会议乃决定联合北京各校向北洋政府请愿抗议，并要大总统真心诚意地派员南下接回蔡元培，同时派出代表拜访胡仁源，警告他万勿赴任，否则恕不接待。

散会后，刚才语惊四座的辜鸿铭成了教授们笑谈的焦点。辜鸿铭也大言不惭，当着众人面说：蔡先生和我是现在中国仅存的两个好人，我不跟他同进退，中国的好人不就要各自陷入孤掌难鸣的绝境了吗？

有人便问：什么样的人才算好人呢？

辜鸿铭一脸的严肃，道：好人的标准就是有原则、讲气节！蔡先生中了进士、点了翰林后，飞黄腾达、升官发财即在眼前，可他却弃官不做而跑去革命，到现在还是革命，可谓真革命。我呢，自跟了张香帅做了清朝的官，到现在还是保皇，此可谓真保皇。这样的人，当今世界哪里还有第三个？你告诉我！

辜鸿铭愈是严肃，大家愈是觉得可笑。他这番奇谈怪论让人笑过之后，感觉竟像青橄榄一般，越嚼越有味。

七、"老廉颇"让胡适之"缴械"了

　　1919年的夏天因了那场波涛汹涌的"五四运动"而变得与往年不太雷同。春意尚未完全消退，夏的气息便热烈地扑面而来，给古老的京城带来新鲜活力。这当儿，几位摩登女子骑着自行车，流畅地穿行于王府井大街，她们头上那形状色彩各异的遮阳帽煞是抢眼，惹得街头一群青年男女啧啧称羡，七嘴八舌地议论起了今后服饰的流行色。

　　"父亲，流行的东西都是好的吗？"匆匆的人流中，浮起少女银铃般的问话。

　　回答的声音很是沉稳世故：世上最不可捉摸的呀，我看就要算"流行"这东西了。今年买了顶流行的帽子，第二年便不流行了，后年再戴它上街，别人准保要说你不合时宜。过了三五年，这顶帽子便差不多要成古董了，可经过十年、二十年，这个古董弄不好又成了最新的流行。

　　对话的是凌福彭父女俩。年届十五的凌叔华扑闪着一双聪颖漂亮的黑眸子，对世界充满了好奇，好像总也看不够眼前的一切。少女婀娜的曲线，让她恰似亭亭玉立的白桦。而身旁的凌福彭却眼浊背驼、鬓须花白，恰如一株不胜风力的老树。

　　凌叔华正琢磨着父亲的话意，凌福彭又联想到了现实，说：严复、林纾，还有康有为、梁启超，还真有点像流行的帽子。当初他们对西洋文化何等推崇，可到了今天，整个儿思想和你辜伯倒越来越接近了。我看，流行就像一个圆圈，周而复始，循环不已。

　　"父亲，现在不是新时代了吗，难道有一天，还要回到盘古开天的时代？"凌叔华对父亲的话似乎不以为然，清风徐来，她的裙裾款摆。

　　凌福彭却不假思索道：你辜伯常说"穷人富翁轮流转"，只要耐心等待，沉住气，不着急，不见得你辜伯的时代就不会再来。

　　凌叔华正想着与父亲争论些什么，不觉已到了椿树胡同十八号，里头传来热闹的欢笑声，却是辜珍东脚蹬西洋皮鞋稳稳当当地走路，淑姑和娜佳还有刘二在一旁鼓着掌。凌叔华欢叫一声进得院来，辜珍东忙抬脚指鞋，笑问：好不好看。

　　凌叔华仔细端详一番，见这皮鞋大小四五寸，前头尖，后跟高，套在辜珍东脚上，竟看不出她曾裹过脚，乃笑道：好时髦、好时髦！

见女友夸奖，辜珍东更高兴了，绘声绘色地说起这个发明来：我们那个学堂，多是天足的女孩子。她们那光溜溜的脚丫子好不可爱——又润又嫩，打脚面到脚心，打脚跟到脚尖，就像花儿、叶儿、鱼儿、鸟儿什么的，该嘛样就嘛样，原本嘛样就嘛样。还有位外国小姐，也是天天在班上亮出脚来，你瞧她那脚怎个样——皮肤赛绸缎，脚趾像小鸟头。她们敢把自家的脚拿出来看，我的脚怎么能亮？就怕她们说像烤山芋。于是呀，我就找鞋铺特制了这种西洋高跟皮鞋。你瞧，它前头尖，后跟高，皮子又硬，套在脚上有紧绷劲儿，跟裹脚差不多，走路也不摇晃，从今后我也不怕人家说我是小脚女人了！

凌福彭见辜鸿铭不在院中，便低声问淑姑：他父亲就不反对了？

淑姑脸上的笑容化作一朵花，不无开心道：开始咋不反对，可反对又有什么用，青年人天足算是潮流吧。他那些洋朋友和学生也一个劲地劝他，他也只好睁一眼闭一眼了。

自上次弗兰西斯夫妇反对珍东再行缠足后，辜鸿铭就稍有动摇了。到北大执教后，他常常邀请学生到家里谈天，那些学生有时也邀请珍东跳舞和打台球。辜鸿铭对此倒不反对，说：跳舞是西洋一种很要紧的礼仪，很像我们中国古代进退左右的礼仪一般。珍东与进步学生接触多了，又上了教会学堂，思想就慢慢地向着新潮来了。

凌福彭在院中和淑姑母女寒暄一番，便带着叔华径自来书房见辜鸿铭，呈上叔华的小说习作，请这位"世界文豪"指教。

叔华小小年纪就表现出了非凡的文学才能，这使辜鸿铭很是吃惊，更吃惊的是，她竟是用白话文写小说的。珍东天足已经是格外开恩了，难道还要容忍粗鄙的白话文在子侄一辈中泛滥？！辜鸿铭坐不住了，委婉地做了批评。叔华好一个聪明人，哪能听不出话来，噘着小嘴道：不是说文言是死文字，无法创造新文学吗？

这一反问，让辜鸿铭愣了半响，心想，也不好责备年少的叔华，要怪就怪胡适之他们，一切都因为他们的馊主张！

蔡元培尚未返校，胡适参与襄助校务，更是大倡白话文运动。辜鸿铭总觉胡适轻浮、爱出风头，心想，他八成还想振臂一呼，来做中国思想界的领袖呢。连续几天，他在北大见着胡适，看也不看他一眼，鼻子哼一声扬长而去。他想着当众辩驳胡适，或者写个东西反击他的谬论，好生羞辱他一顿，但这不是有失他的大家风度吗，更使竖子扬名吗？这晚正在家胡思乱想，美国《密勒氏远东评论》

编辑约翰·鲍威尔上门约稿来了。该报因要向西方读者介绍中国目前的文学革命运动,遂同时邀请胡适和辜鸿铭作为正反双方来发言,因为他俩同样谙于英文,在文学主张上又是对立两垒中旗鼓相当的主将。

辜鸿铭一听"文学革命"这词就烦,一口回绝,说:不写、不写,就让"我的朋友胡适之"他们"汪汪"叫去吧。边说边以手掩口,学了两声狗叫。

鲍威尔忍不住开怀大笑:老先生真是天真烂漫、童心未泯!

辜鸿铭不觉也笑了:拿破仑不是说过吗,"凡属英雄,每日必做小儿之举动两次以上。"

鲍威尔趁着辜鸿铭心境好转,递上一张新出的自家报纸,指着上面所刊胡适文章,语声婉约地说:辜先生,你先看看胡适先生的文章再作定论,好吗?

胡适鼓吹白话文,已不是什么新鲜事,他所言"我主张以白话文体作诗、作文、作戏曲、作小说,倘有人愿意从我,无不欢迎"这话,在北大尽人皆知。但用英文来向外国读者介绍中国的文学革命运动,却还是头一次。辜鸿铭不看犹可,一看怒气就再也难以消泯了。第二天来到文科教员休息室,见着黄侃和陈汉章,手指美报上所刊胡适文章,怒不可遏地说:你们瞧瞧,那个胡适之贩卖什么"洋货"!

陈汉章接过报纸,左瞧右看,不好意思地说:胡适之的洋文我哪看得懂?边说边拉辜鸿铭坐下,把报纸摊在他面前,央求他翻译出来。

辜鸿铭看也不看报纸,从怀里摸出一支香烟,语含讥笑地说:胡适之以他粗庸鄙陋的留学生英语谈论所谓"活文学"和"重估一切价值",认为中国文言是"死文字",无法创造"新文学",这观点纯粹是胡扯嘛,根本缺乏常识!

黄侃和陈汉章相视点头,附和道:姓胡的就懂胡扯,根本缺乏常识!

辜鸿铭找到了盟友,谈话兴趣一时高涨起来,说:所谓死文字、死语言,是指像希腊和拉丁语那样已不流通的语言文字,是那种笨拙臃赘、不活泼、无生气的语文,而我国的古文则决不符合这一定义,正如莎士比亚高贵的英文与时下流行的庸俗的英文的区别一样,我国古文也要比市井白话来得高贵而典雅。中国经典决非死文字,因其能传道,而文学革命论者倡导的文学只有使人的道德萎缩,才是真正的死文学。像胡适之这种认为中国古文是"死语言"的人,我看九成是道德萎缩的人。就连英国汉学家翟理斯这样懂点汉语的人,也会认为他们提出如此愚蠢的主张,一定是糊涂虫。

辜鸿铭似要对胡适反击了,这可是黄侃所期待的,他心里一喜,忙接口道:

胡适之所做种种，无不是在诋毁我国的固有文明！

两位盟友的添油加醋更激发了辜鸿铭久蕴于胸的怒意和斗志，说：咱们中国总是个老大，汉字自有章法，根本就不屑学人家！

比之黄侃，辜鸿铭更是希望一直能够保持中国本位，恪守华夏宗风。可那帮不争气的假洋鬼子却不这样想，他们一心要学洋人，暗中酝酿，明白鼓吹，首先就把青年学生教唆坏了，让他们不做君子而做暴徒，接着又说动中国妇女去模仿洋婆子的玩意儿，于是乎，新式烫发、高跟鞋、胸罩连着令人产生肉欲的巴黎香水，让她们失去了羞涩的天然之美。"如何汉臣女，亦欲做胡姬？"他曾那样大声地再三劝阻，可有什么用呢，他不是皇帝，不能强迫每个中国女人都穿金莲挽堕马髻用土产桂花油，连自己的妻女都不爱听，遑论她人。咳，群雌所好，又有什么法子呢，真是"千古伤明妃，都因夏变夷"！他感慨，他诅咒，他悲叹大势所趋，他有意睁一眼闭一眼。可这帮存心欲灭国粹的假洋鬼子却又把革命大刀一而再再而三地砍向了记载了中华数千年璀璨文明的文言，这还了得！他为此摧心剖肝。一个人的忍耐是有限度的，他容忍够了，结合着上次的挨靶之辱，他决心要挥刀上阵、持枪反击了，像当年的孔子那样，起而拯救濒危的中国文明了。他要让世人看看，只有他，才是货真价实的"老廉颇"。得，就答应《密勒氏远东评论》的约稿吧！

晚饭后，一副神圣使命在肩的辜鸿铭早早来到了书房，一番吞云吐雾后，笔走龙蛇般在稿笺上落上了大大的几个字：《反对中国文学革命》。这个标题，旗帜鲜明，义正词严。这就是他的文风，他实在没有必要把自己扮成一副绅士的模样，矫情而扭捏，旁顾四周，言不及义。只要发起攻击，就痛快淋漓地直奔目标。在否认胡适所提中国语言是死语言之论后，他落笔道：

……假如一般外国人真的想知道中国文言是否是一门无活力的死语言，那么请他既不要听我的，也不要听胡适博士的，请他去读一读法国人雷慕沙关于中国语言所说的话。如若他读不懂法文，那么就请他去问翟理斯博士或者梅尔思先生。只恐怕这些先生，当你把这种问题提到他们面前时，他们会说你是一头蠢驴，竟然会问这种愚蠢的问题。

确确实实，一个身为中国学者的人，能够说出中国的文言不适合创造活文学的话，他一定是一个——借用一位美国太太最近出版的题为《北京灰尘》书中的一句妙语——"外表标致的道德上的矮子"。本朝一位学者谈起文学风格时说："语言要高雅,表达要自由,用字要简练,意义要完满。"好的中国文言的特征之一,就在于它语言是高雅的……

他相信明眼人一看就知道,"本朝一位学者"乃他的夫子自道,一语"本朝"也正体现了他秉承春秋大义的精神。他希望读过之后或闻听之下的读者,所有的外国人和中国人,都不由自主地跟着他呐喊,像大海涛涌,如山崩地裂,与胡适的馊主张叫阵。

正如辜鸿铭所自信的那样,他的文章既发,没有被那些洋洋洒洒、空洞无物、无病呻吟的文字淹没,它鹤立鸡群般,很快就引起了读者的注意,并发出了强烈反响。

在看到报纸的当天,丽莎就来到了椿树胡同讨教。她说:辜先生所说诚然有理,但胡适博士说"现代世界广泛传授着比莎士比亚英文更通俗的英文"却也是事实。不少中国人告诉我,白话要比古文来得普及。

丽莎眼下在一所教会办的女子学校执教英语口语,因为对中国文化兴趣日浓,她往辜家跑的次数也就愈多。东方文化的代言人辜鸿铭还有那个举止优雅、青春洋溢的辜守庸,就像是两块磁铁强烈地吸引着她。

第一眼看见丽莎,辜鸿铭就有似曾相识的感觉,从这位气质高雅的英国之姝身上,他隐隐可以寻见当初留学英伦时的女友影子。为了这女友,当年他还曾剪下心爱的辫子相赠,只因为铁定要回国,才使得他们的恋情落花流水春去。几十年未有音讯,不知她可好?正这么心猿意马,丽莎又道一声辜先生,才让他回过神来。

这位可人的洋妞在拜自己为师呢,辜鸿铭再高兴不过,得好好教谕疏导她,让她成为自己战壕里的人。他微笑地看着丽莎,道:丽莎小姐说得不错,我得承认,像所有的经典文学一样,中国古文已不能口耳相传。但我也要指出,评价一种语言的价值,不能以它是否更普及为标准,白话也许比古文来得普及,但最普及、最通俗的语言并不一定要是最好的。同样,在这世界上,面包和果酱的消耗量要比烤鸡大得多,这是事实吧,然而,我们能够因此认为,烤鸡不如面包和果酱味道鲜美或富于营养,而都应该只去吃面包和果酱吗?!

丽莎嘻嘻地笑开了。辜鸿铭的妙论着实令她折服,虽然她总想着反对他的那些古怪得有些不合时宜的观念,但最终,她却被他的观点给招降了,连她都不知怎么回事。

"胡适博士抱怨在中国百分之九十的人都是文盲,因为中国的文言太难学了。

辜先生怎么理解？"丽莎又找到了一个问题。

"我看胡适正被这么个错误的观点困扰着呢！他认为识字同受过教育是一回事，其实他根本不懂得，真正的教育不在于识字多少，而在于道德人格的培养。人生识字忧患始——识字越多，人品有时反而更坏。"

辜守庸觉得父亲语多荒谬，忍不住插话道：识字后最起码可以参政议政呀！

辜鸿铭略带不满地瞪了儿子一眼，说：庶民参政议政，则更属荒唐无聊。徐徐吐出一口烟后，一双大眼还没从儿子脸上移开，道：当然，你说的也并非没有道理。想我们中国，做什么事情不含有做官的盼望呢！青年入学，贵在能作文，贵在能应试，应试即可做官，做官即可得钱养生，革命党尤甚。自辛亥那些都督伟人暴富后，百姓哪个不视革命为谋财的捷径？虽然未必尽是，但革命党终必掌权为官，退而求其次则为在野政客，随时向着官场宝座靠拢。所以我要说，百分之九十的中国人不识字才是合理正当的。

在辜鸿铭说话的当儿，丽莎偷偷拿眼瞄了辜守庸一眼，见他有点面红耳赤，深感好笑。中国的现实时弊也许正如辜鸿铭所说的那样。"但如何能说绝大多数的中国人不识字才是合理正当呢？"丽莎就又问起来。

"我认为，我们所有的人包括你们外国人和我们那些政客、那些归国的留学生，不该抱怨而恰恰应该为四亿中国人中有百分之九十的人不识字这个事实而感谢神灵上苍。"辜鸿铭说着，又给自己点燃了一根烟，继而道：你想想看，如果中国四亿人口中有百分之九十的人识字，让北京的苦力、马夫、司机、理发匠、店员、小贩、游民、流氓等全部都变成知识分子，并与大学生们一道参政，那将会是一出多少美妙的景象。据说前些日子有五千件关于山东问题的电报拍往巴黎的中国代表那里。让我们计算一下，如果中国四亿人中的百分之九十识字且有志成为我们留学生一样的爱国者，那所拍的电报数量和拍电报的花费该有多少！而且，如果百分之九十的中国人不仅识字并且懂得通俗英语，那我们可怜的教授和留学生将不得不退居到非常不起眼的位置上，哪里还能有这么好过的日子！

丽莎津津有味地听着。这是个很有意思的哲学家，跟他待上几天甚至几个礼拜，也不知道什么叫厌烦，他那种无与伦比的语言魅力和敏锐才气，足以令她兴奋、激动，至于长学问倒在其次了。趁着辜鸿铭埋头吸烟工夫，她又迅速地给辜守庸投去一瞥，只见他还噘嘴以示不服呢。

看了辜鸿铭发在《密勒氏远东评论》上的文章，胡适断定辜鸿铭开始正经八百地向自己发起进攻了。他想想辜鸿铭也真是有趣：一个天生的叛徒，却宣传君主主义；一个师从过卡莱尔等浪漫主义大师的浪漫者，却要接受儒教作为人生哲学；一个精神世界里专制的君主，却以佩奴隶的记号———辫子为得意。

"胡博士，你再写文章批驳那死脑筋呀！"

不需钱玄同、刘半农他们的怂恿，胡适已下了决心，要对辜鸿铭的陈腐言论来个摧陷廓清。手把大旗站在文学革命潮头的他感觉经此激浪荡涤，整个中国的精神生活正开始焕发生机，原来抵制西方的樊篱正大面积消除，东西方之间的交流由日益公开向全方位推进——杜威从美国来了，英国的罗素正准备访华，其他的人也会接踵而来，他们会给中国带来振聋发聩的声音。辜鸿铭你知道吗？我们这场文学革命是要以上个世纪欧洲的文学革命做样板的，不仅是文学上的革命，而且要给现实的中国注入新鲜的血液和革命的精神，历史前进的车轮终将无情地碾碎你的螳臂，你就等着做杂耍场上抹了白鼻子的小丑吧。

"陈独秀坐了监狱，胡适也真是初生牛犊不怕虎，刚接办《每周评论》，竟又发起一场'问题与主义'之争。"《北京英文日报》记者周文生由此引发感慨，认为现在还真是个思想活跃的时代，可拿历史上的春秋战国相比。

话刚说完，立即换来辜鸿铭的一顿抢白：所不同的是，春秋时的思想生长于本土，现在则是拿着外国的"洋货"奔走相告。这可是些什么宝贝？不过是些在西方老掉牙的玩意儿。什么科学技术，什么民主共和，什么宪法议会，到中国后却一下子成了新生事物。还有从国外狂潮般输进来的"主义"，也被他们那帮人当作借鉴的法宝、视为救国的捷径。什么无政府主义、新村主义、柏格森思想、叔本华和尼采哲学、布尔什维克主义，这些东西能解决中国什么"问题"呢？

不容周文生作答，凌福彭附和辜鸿铭大发了一通慨叹，并说：中国已经"民国"一些时候了，与其说这是个思想活跃的时代，不如说是个"讲文明"的年头，"文明戏""文明棒"就不消说了，穿西服、架眼镜、插钢笔竟也成了"文明人"的标志。最奇的就是那些学堂出身的女学生，愈发得吃香，明媒正娶或者金屋藏娇一概是男人追逐的对象，好像不这样不足以显示"文明人"的身价。

乔樾的忧心似乎一下子也被唤起了，道：我总担心，在这些外国"洋货"的冲击下，中国不可避免地就要丧失自己的文化独立性……

周文生没想到自己一句话竟换来三位"老冬烘"的训示，直觉头昏脑涨，哪还敢争辩，只是诺诺连声，盼望这条长街快点走完，西餐馆转眼就到。今天他本是来找辜鸿铭访谈写作《反对中国文学革命》缘起的，不料却被这些在场的老先生拉去打了半天麻将，输钱不说，还装了一肚子顽固而可笑的"过时货"。

这番雀战，辜鸿铭难得手气好，以一赢三，乃主动提出做东请大家去六国饭店吃西餐。上菜后，大家边吃边谈，凌福彭讲起了一个故事，说：有位醉心欧风美雨者，做什么事都要学洋人，唯恐不像。一次出洋考察，可能是吃得太饱的缘故，感到身下将有废气排出，却极力忍耐着，并对翻译说"你快去问问外国人是怎么放屁的，我好学样"。

周文生笑得喷饭。乔槭啐了凌福彭一口：缺德，瞎编的笑话！

凌福彭急忙分辩道：这可不是我瞎编的，是老辜亲口告诉我的。看着辜鸿铭，一本正经地问：老辜，你这笑话可是瞎编的？

辜鸿铭嘿嘿一笑，说：这就是你们中华民国的现实啊，在胡适之这些深受洋毒的中国人看来，中国处处全是劣点，没一样好的。

乔槭微微叹了一口气，也不说话，只是埋头喝酒，一同落肚的还有辜鸿铭相告周文生的双关语：他们那些人有什么好值得贵报吹捧的，他们被西方文化冲昏了头脑，见洋人称我为支那，也就自称为支那；洋人说我三代前为酋长时代，竟也敢随声附和；洋人称我中华民族自小亚细亚来，他们亦自称为小亚细亚来。洋人于他们，是呼牛牛应，呼马马应。

周文生不知怎么回答才好，喝了些酒的乔槭帮他解围了，也跟着辜鸿铭乱说起来：咳，待我们国家富强了，不特要灭了日本东洋小鬼，就是那些西洋鬼子，也都要把他们赶到太平洋喂鳖！

凌福彭冷眼相看乔槭，越听越不耐烦，打断他的话说：除非老兄挂帅做征西大将。

乔槭大窘。辜鸿铭却口角春风地化解气氛：我看你也造反不了，你可以立德，更可以立言，就是不能立功。

说说笑笑间，周文生好不容易才把话题放到辜鸿铭写作《反对中国文学革命》的缘起来。真是说曹操曹操到，辜鸿铭"胡适之"三字刚出口，其余的话却旋即在舌尖上打住了，大声道：胡适之，我的朋友胡适之来了！

大家还认为辜鸿铭是在说笑，却见他抬手而指，正经八百地说：这就是我的朋友胡适之！

大家回头看，果见一位西装革履、风流倜傥学者模样的年轻人正和两位洋人跨步而入，想必这便是大名鼎鼎的胡适了。听得有人叫唤，胡适怔了一怔，往鼻梁上推了推眼镜，随即也热情地打起招呼来：原来辜先生也在这呀！

辜鸿铭不温不火，似在对同伙说，又似在与胡适言：我的朋友胡适之博士要上课、要待客、要复信、要参加多种社会活动，还要治学、写文章，忙碌可想而知了，今天也不知怎么有空带人吃饭？

辜鸿铭那帮人虽多未见过胡适，却知道辜鸿铭向来与他道不同，相互攻讦，现在却以朋友相称，一个个都颇感意趣，于是轻声地嬉笑起来。

胡适尴尬的脸上勉强挤出一丝笑容，道：民以食为天嘛。

辜鸿铭显然不想在这个问题上纠缠，很快就又进入另一个话题：密斯特胡，我那篇文章你看到了吧，你有没有写文章骂我呀？

胡适想起什么似的，忙从西装口袋里取出一张报纸，走过去递给辜鸿铭，说：要不是辜先生提醒，我倒忘了，这是今天刚出版的《每周评论》，我斗胆给辜先生画了张像，请辜先生指教。

针对辜鸿铭以英文发表《反对中国文学革命》，胡适决定在自己接手陈独秀主编的《每周评论》上，对辜鸿铭顽固而可笑的保守思想予以攻讦。在这篇题为《记辜鸿铭》的随感短文里，胡适根本不提辜鸿铭的那篇文章，完全一副顾左右而言他的样子，只是给辜鸿铭来了个写照，以使读者分清他的良莠面目。其中云：

现在的人看见辜鸿铭拖着辫子，谈着"尊王大义"，一定以为他是向来顽固的，却不知辜鸿铭当初是最先剪辫子的人。当他壮年时，衙门里拜万寿，他坐着不动。后来人家谈革命了，他才把辫子留起来。辛亥革命时，他的辫子还没有养长，他带着假发接的辫子，坐着马车乱跑，很出风头。这种心理很可研究。当初他是"立异以为高"，如今竟是"久假而不归"了。

辜鸿铭眯着眼睛浏览一遍后，心平气和地说：密斯特胡，这段记事不确实。我告诉你我剪辫子的故事吧。当初父亲送我出洋时，把我托给一位苏格兰教士，主他照管我。但父亲却私下里叮嘱我两件事——第一不可进耶稣教，第二不可剪辫子。到了苏格兰，我跟着保护人住了多年。每天出门，街上小孩子总跟着我叫喊"瞧，支那人的猪尾巴！"我铭记着父亲的训导，忍着侮辱，终不敢剪辫。后来即使在伦敦街头到处遭受嘲笑污辱时，我也不曾剪辫。像密斯特胡一样，我在西洋也交了个心爱的女友，她甚是顽皮，有天拿起我的辫子来赏玩，说"中国人的头发黑得真是可爱"。我见她如此喜爱，又肯赏收，这才忍痛割爱，把辫子剪了送给她。

辜鸿铭一桌的人听了哈哈大笑,胡适却不无尴尬,既为自己的记述有误而感不安,又担心辜鸿铭这疯老头当众抖搂自己与西洋女友韦莲司的事——也不知他是从何处探知此事的。

"这是我最初剪辫的故事,可是拜万寿,我从来没有不拜的!"辜鸿铭继续指谬,仿佛担心胡适不相信,指着同桌的人对胡适道:在座的有我昔日的同事,可以为我证明。你问他们,我可曾不拜万寿牌位?

胡适本想自己这篇文章对辜鸿铭喜好标新立异、乐与他人作对的心理特点作了敏锐的揭示,对方看后准会暴跳如雷,没想到如此平静,倒觉有点奇了。他轻轻哦了一声,讪讪道:这些是一位朋友告诉我的,我太轻信他了。

辜鸿铭却还是一副不温不火的口气:密斯特胡,今后为人作文可不要捕风捉影、无中生有,多些考据为好。另外,文章不怕千回改,你今后有机会改正时,还可补充加上一点,那就是——我的辫子不是人们开始谈革命时才蓄的,而是一回国就蓄下了的。

对辜鸿铭好为人师当众教谕自己,胡适心里老大不舒服,但想到自己文中确实出错,站了这么久,脚也累了,也不必和他抬杠,说道:拙文中不准确之处,我谨向辜先生表示道歉。

辜鸿铭也不计较,笑顾众友道:我的朋友胡适之缴械了!

胡适落座用餐时,远远看见辜鸿铭把那张报纸给同桌人传阅,他们那几人低声地和辜鸿铭说着些什么。

胡适吃完了饭,见辜鸿铭他们还在谈论个没完,乃走过去想讨回那份报纸,说:辜先生,我身边只带了这一份报,只好向你讨回。

大概是适才同桌人说了些挑拨的话,辜鸿铭站起来,把那报纸折成几叠,往长袖里一插,语气变得不客气起来:密斯特胡,你公然诽谤我,必须在报上向我正式道歉,否则,我就到法院控告你!

见辜鸿铭这般严肃,胡适却忍不住笑了,说:辜先生,你所说的话是开我玩笑呢,还是恐吓我?你要是恐吓我,请你先去告状,我要等到法院判决了,才向你正式道歉。说完,朝辜鸿铭点点头,转头就走了。

周文生觉得自己捕捉到了一大新闻,忙问辜鸿铭:老先生真打算给法院递状子?

辜鸿铭摆摆手,说:胡适之这篇文章写得实在是狗屁不通,谁愿意来跟他计较?

何况我也讽刺并骂过他呢!

周文生心想,辜老头还是挺聪明的,已然意识到不是胡适个人,而是整个时代与他过不去,正如他与时代格格不入一样,在这种情况下,他即使到法院告状,又能有什么结果呢?只能是再为世人增添一段笑料罢了。他轻轻一笑,而后道:诸位前辈可知?胡博士年少时,如果没有蔡元培先生的着意提掣,他至今怕还是个二三流的报刊编辑。

辜鸿铭淡然如水道:即使现在他又有什么地方值得你推崇的呢?

"胡博士算是青年英才吧……"

周文生话还没说完,却被凌福彭打断了:这种偶然的际遇,荀子说透了——"登高而招,臂非加长也,而见者远;顺风而呼,声非加疾也,而闻者彰。君子生非异也,善假于物也!"就拿胡适来说吧,如果没有蔡元培、没有《新青年》和北大,那他这种"善假于物"的"君子",恐怕也找不到适当的地方登高而招、顺风而呼吧!

见这些精通哲学、动辄引经据典的老家伙都与胡适过不去,周文生也就不好多说了。有辜鸿铭在,是不会出现冷场情况的,他偏激的痼疾又发作了:严复(严几道)说得还是有些道理的——世上的事,全属天演,陈独秀也好,胡适之也好,不过是春鸟秋虫。我辜某笑听其自鸣自止。

辜鸿铭话虽这般说,却哪能心平气和?想胡适、刘半农这一代的中国留学生,竟西化到连自家民族语言中的那种高雅也无从感受,更不要说鉴赏了,更有甚者,竟謷言惑众,欲将世界古老文化在一夜间摧毁破坏,这真是国之不幸呀!辜鸿铭强烈忧虑,事关中国文化的兴衰存亡,可不能任胡适他们自鸣自止,自己还得再做卫道干城的老廉颇,讨伐这些"盲群"观念,向眼下中国发出最强音。

《密勒氏远东评论》在约请胡适撰写向美国读者介绍中国方兴未艾的文学革命运动时,又请辜鸿铭发表异论。这是他们经营报纸的高招,报纸上常有打架的声音,既可扩大影响,又可增加销量。于是,他们对辜鸿铭的第二篇文章《归国留学生与文学革命——读写能力与教育》自是欢迎不过,很快就在显要位置上予以刊发。

英国丽人丽莎少不得又来捧场,使她若有所失的是,今天辜守庸不在家。她有耐心等辜守庸回来,趁这机会正可多从辜鸿铭那里汲取中国文化养分呢。可辜鸿铭却不多说,掏出末代沙皇送的金怀表瞥一眼,凑近嘴巴猛吹一口,道声:我要去欢迎蔡先生复辟了,蔡先生不复辟,我这北大教授当得也没个滋味!

第二十一章

孤独挑战

一、教书和书法如此自成一家

　　已是民国九年了，辜鸿铭还是那个为中外所熟知的辜鸿铭。出生于南洋华侨世家、有一半西洋血统的他，如若稍加修饰装扮成一个洋人，要比别人容易得多，再加上开口便洋文，无论大清或是民国都必然会高看他一眼。然而他偏不，在大清灭亡十年之后，他仍然要把几绺略见花白稀疏的头发努力扎成一根辫子，在北大校园里傲然摇摆，炫耀他对大清的孤忠，显示对新政的蔑视。

　　是的，辫子和长袍马褂是辜鸿铭向时代挑战的武器。这点丽莎当然知道，她也知道，辜鸿铭对华夏服装是由衷的喜爱，有时文章还署名"穿长袍的中国人"，只是她很想弄清楚穿袍子的感觉。对她这个问题，辜鸿铭一时很难形容，因为用语言表现感觉是很困难的，如人饮水，冷暖自知，你的感觉用语言说出来，并不等于他人的感受。但回答不了问题，在辜鸿铭看来是莫大的耻辱，他想了想，仰头道：穿袍子的感受嘛，就如脱了衣服，钻进被窝里那样舒服！

　　丽莎听了哈哈大笑，却也微红了脸。这个风趣的老头，语言不时会带荤挟电的。

　　但这确是辜鸿铭的真实感受。穿长袍有何不好呢，埃及人、印度人不也这么穿！单说在书房读书或摇笔杆时，双膝藏在袍子大襟下，暖暖和和的，非高级呢料大衣所能替代和媲美。平常生活中，一袭袍子在身，就如整天身在丝棉被窝中那般温暖舒适。又因它有襟袖、领、扣襻等，所以行动舒展自如，拢撩稔熟，极为方便，一点不显笨拙之态，比西服还要来得潇洒呢！

　　一提到西服，辜鸿铭心里就来气儿。西服已成为高等华人的象征了，在学生中也渐趋流行起来。燕京大学是洋学校，中国学生几乎都改穿西服了。北大学生对西服的迷恋也日甚一日，即使有些穷学生，也想方设法地弄身西服来穿。那天他看到一位穿西服的学生，弯腰往邮筒送信，待伸腰时，里面穿着本已卷起的旧棉袍半截后身掉了下来，于是从前面看所穿乃西服，从后看则是套有马褂的中服。这位学生浑然不觉，还在挺胸昂首地踏步前行，旁观的人则不禁掩口指笑。辜鸿铭当时就作了首打油诗"相君之面，类似洋人，相君之背，妙不可言"。辜鸿铭实在闹不清，这个被北京市民称为对襟小夹袄的洋服装为什么就有这么大的魔力。使他稍觉慰藉的是，留过洋、讲革命的蔡元培也还是长袍一袭，夏天白纺绸大褂，冬天蓝布大褂罩着棉袍或皮袍。他也曾听蔡元培公开说长袍的好处"穿袍子既方便又舒适，无论革命与不革命，谁也不能抵抗既方便又舒服和诱惑，这是人情之常吧"。辜鸿铭当然同意他的见解，可总感觉他穿长袍而没有辫子，看起来似乎有点滑稽。

蔡元培是在去年九月新学期到来之际，重新主持北大校政的。在北大教授欢迎蔡元培复任校长仪式上，辜鸿铭抢着发言，语惊四座：我欢迎蔡先生复辟，蔡先生再不复辟，我迟早要辞掉北大教授一职。惹得大家便都笑将起来。

新学期新气象。蔡元培回校复职后，迅即全面实施"教授治校制"，让懂得学术的教授来管理大学，彻底改变昔日京师大学堂遗留下来的封建专制与官僚衙门作风。同时"废科立系"，打破文、理、法的学科界限，设立各学系，各学系教授会各设主任一人。这两项重大举措仿佛都与辜鸿铭不沾边，最使他惆怅的是，英国文学系主任的桂冠竟落在了嘴上没毛的胡适头上。

那天散会后，辜鸿铭心里老大的不痛快，又和胡适扯到了那篇文章上来，说：密斯特胡，你虽然当了英国文学系主任，可是你那篇东西写得实在不好！

胡适知道他的脾性的，并不就此事与他计较，面带微笑道：辜先生不是说要控告我吗，有没有把状子递进去呀？

辜鸿铭像是受到了伤害，道：你那些法院的同党会公正受理吗？法律和制度只有在存在君子的地方才有用，那些发狂而愚蠢的共和佬现在讲什么法律，没有君子法，没有了廉耻感，谁能相信你的同类将忠实于哪个宪法呢？

不独胡适，就是那些教员也都觉得辜鸿铭不可理喻——君子难得喜欢他，小人更不会亲近他，只有跟他一个调调儿的，才会靠近他。可此时的北大，刘师培已病殁，黄侃因不满北大激进现状而挂冠南下，至于得意弟子李震瀛、林斯陶他们，业已毕业离校，有的还考上了赴美留学的公派生，辜鸿铭空前地孤独了。所幸还有丽莎这样的洋人崇拜者，时不时会来校看他，给他枯寂的心灵添些慰藉，他的许多高论也只有面对他们才有处倾泻。对北大实行男女同校的做法，他就有满肚子的看法，要向丽莎一吐为快。

那天辜鸿铭进得教室，猛然瞥见座中有两位女生，神情大异，遂侧首而问：讲堂何来女客？

哄堂大笑之后，班长起身作介绍，说：这是新来的女生。辜鸿铭审看两位女生良久，才慢吞吞地道出简洁的一句话：两位大小姐，我讲英文，你们能懂？

一女生朗朗述其曾读之英文书籍：回先生的话，我读过莎士比亚、爱伦·坡、弥尔顿等人的作品。

"哦……"辜鸿铭想了想，挥手道：那就背一段给我听听……

下课后，辜鸿铭直奔校长办公室来找蔡元培，劈头就说：蔡校长，教室中忽然发现女客，男女授受不亲，请辞去教职。

蔡元培放下手中活计，眼光柔和地看着辜鸿铭，说：男女同学，有何障碍，辜先生，令爱不也在上学堂吗？

辜鸿铭认真地说：小女上的可是女子学堂。

蔡元培拉辜鸿铭入座，语气十分温和，说：辜先生留学欧美，当知彼各国无不男女并校收，况中华民国教育部所定章程，对于大学学生，本无限于男子之规定。接着又说：辜先生爱国之心有目共睹，我们今后要建设一个富强的中国，诚然要开发矿业、铁路等资源，但所有这些都不足与中国女性这一"未开发的资源"给国家带来的希望相比。只要一代人的母亲仍然无知，不为人所关注，那么中国便永远不会强大。见辜鸿铭尚未被说服，遂又道：我听说辜先生班上这位女同学也是裹过脚的。辜先生何不视女儿相待？

在蔡元培的好言劝说下，辜鸿铭虽然照常上了课，但心里总感到有个疙瘩。男女同校的事已够使辜鸿铭心烦了，更为可气的是，这届于"五四"运动后进校的学生，不时冒犯师尊，似乎要毁灭师生大义。这天，他还未进教室，就在楼梯口听到弟子们议论纷起：辜先生聪明是聪明，可还是不识时务，都什么时候了，还这样一身打扮，只消看一眼他那行头，立马就可断定这是位特号的老顽固。

"我看辜先生那长着高鼻梁、凹眼睛的脑袋，其实并不适宜留辫子。大辫垂垂，小脚尖尖，一样的刺眼，有碍观瞻。裹好的小脚放了也是无法望其恢复原状的，照事实说，就是不放是小脚，放了照样也是小脚，好在现在禁缠，只要没有新的小脚增加，老的总可以死一个少一个吧。但剪辫却简便的很，一剪便了，毫无挂碍。"

"辜先生不愿剪辫，也许以为这是国粹、是文化遗产、是中国特色吧。却不想一想，它从山海关传遍全国，不过两百多年，用时下的话说，可以说是引进的，把引进的东西看作中国特色，未免笑话。我倒希望当局对辜先生来个当街逼剪……"

"放肆！"辜鸿铭闻听，再也忍耐不住了，一个箭步便从门外冲进来，恼怒万分地呵斥众生：你们想大闹天宫？！

辜鸿铭因身体欠佳，原已通知这堂课不上，没料他还是以敬业精神抱病而来。那些议论的学生可吓坏了，全部起立低首。没人能躲过辜鸿铭的目光，他在自己的教室里就是皇帝，他不能容忍任何人干涉，指责他的所作所为。

辜鸿铭哼哼数声走上讲台，道：你们对师不尊，今天就罚你们把我新作的一首英文诗翻成中文。

一学生做出痛苦样：既要背书，又要翻译千字文，还要译诗，这个真比孙悟空被念紧箍咒还要痛苦！

辜鸿铭大眼一瞪：你们还想大闹天宫？

众生唯唯落座，按辜鸿铭的布置低首翻起诗来。

粗粗阅过学生们的译作，辜鸿铭摇了摇头，乃在黑板上写下自己的译文。他写出的汉字不是这个缺一笔就是那个多一画，而他自己毫不觉得。在他书写的当儿，学生们在台下挤眉弄眼，抿嘴而笑。

班上有几种译文，我的译文是——辜鸿铭写毕，指着黑板上的译文念道：上马复上马，同我伙伴儿，男儿重意气，从此赴戎机，剑柄执在手，别泪不沾衣，寄语越溪女，喁喁复何为！

辜鸿铭由译而念而唱，讲解到得意处，不是忽然韵味十足地唱起马来歌，就是从长袍里掏出几颗花生或糖果大嚼起来。看着他的滑稽样，再看看"缺胳膊少腿"的汉字，有的学生忍俊不禁地笑将起来。

辜鸿铭皱眉问：笑什么？

学生们噤若寒蝉。辜鸿铭狐疑地看了看一位来不及收敛笑容的学生，道：你是笑这诗写得不好？

该生起身作答：先生这首诗的英文可能很好，但译文并非天衣无缝。听说先生生于异国，学于苏格兰，国学是回国后再用功研究的，虽然也有相当的造诣，却不自然，这也同先生的中国字一样……

如此对师尊评头论足，何其不敬。辜鸿铭不满地打断该生的话：我的书法怎么了？

该生见辜鸿铭居然以"书法"自称，眼珠一转，笑道：先生之书法，极为天真烂漫，别字虽不甚多，亦非极少。

辜鸿铭转身端详起自己的书法来，仿佛要从中挑出几个错字，但揣摩了好半天，也没能找出，乃自嘲道：汉字真是有点调皮捣蛋。我每次看《晏子春秋》，总少不了要想到赴宴，为什么呢？

辜鸿铭一边说，一边板书，而后指着"晏"和"宴"两字，笑容可掬道：你们瞧，这两个字，只不过把"日"的上下位置变换了一下，意思就大不相同，英语中可就没有这样调皮的讨厌鬼。

话音甫落，即有学生起身纠错：辜先生有所不知，英语中其实也不乏其例，God（上帝）倒过来不就成了Dog（狗）？Door（门）倒过来不就成了Rood（十字架）了吗？

说的还真是，辜鸿铭一时就有点瞠目，但聪明的他，哪能轻易暴露出狼狈相呢，急急地加以掩饰，示意该生落座，笑嘻嘻道：你们还真是有长进了呀，也能挑出英文的毛病来了。我就是要让你们明白，英文比之于汉字，又有什么值得骄傲的呢，连它们的调皮也都是跟我们汉字学的。咳，纯属小儿科？

轮到学生们大眼瞪小眼了。辜鸿铭却又认真地看着自己那一黑板歪歪扭扭的汉字来，忽地一脸的肃然：你们这些娃娃也许不知，不但为人处世要有个性，作文写字也当有个性——没有个性的文章，纵然作得好，也不能成名；没有个性的字，纵然写得精，也不能传世。

众学生起哄道：是啊，辜先生作文写字，自成一家。

学生们不怀好意的奉承却使辜鸿铭一时高兴起来，觉得这些学生还是可爱且能造就的有用之才。他得为中国培养些真正的读书种子，可不能让胡适把他们又给教唆坏了。

二、历史似乎在开着玩笑

仿佛有意作对，一切都朝着辜鸿铭所不希望的方向走去。

历史似乎在开着玩笑，当白话文革命尚在激烈辩驳之中时，封建反动的军阀政府倒成了文学革命的马前卒，明令推行白话文，教育部要求小学一律废除文言教科书。白话文彻底战胜了文言文而被尊为"国语"，仅1920年一年，全国就出现了400多种白话报刊。

虽然各种思潮像阳台上的婴儿尿布一样，奇形怪状，不一而足，但辜鸿铭还是几十年一贯制的"道固在是，无待旁求"，像那个无所畏惧的堂吉诃德，孤独而坚定不移地捍卫着儒家信念。

蔡元培还在积极营造教育救国、文化启蒙的氛围。在他的礼聘下，一批又一批真才实学的洋学者从太平洋彼岸相继到了北大，使北大得时代风气之先，随着洋学者们在全国各地巡回讲学，大大浓厚了学术空气。

像各种思潮、各种主义一样，军阀间的混战也是"城头变幻大王旗"。随着直皖大战的爆发，在曹锟的直系和张作霖的奉系联手下，段祺瑞的皖系逐步归于消亡，把持国脉的安福势力由此从政治舞台上倒了下来。饶是两耳不闻窗外事的老学究，也免不了谈论些时政。这日，在北大文科教授休息室里，一群教授你一言我一语地用冷嘲热讽为段祺瑞的安福系送终。某教授道：我倒想送安福系一副挽联呢！大家便催他快说。某教授遂吟哦道：安者危之基，福兮祸所伏。一些人听罢，便"好联、好联"地鼓噪起来，也有不以为然的。

"蔡校长有危矣！"门外忽然传来一句熟悉的声音。大家吃了一惊，齐齐扭头去看，却是辜鸿铭手拿报纸进来，便异口同声地问：出什么事了？辜鸿铭抖抖《时事新报》，说：报上写得清清楚楚呢。大家便欲来抢报先睹为快，辜鸿铭大喊一声：你们抢什么，听我来读吧！言毕，便亮开喉咙读起上面所刊题为《曹、张宴客时之趣语——忽谈"姓蔡的"》一文来：

曹锟、张作霖两使来京之日，特于中央公园宴请各部总次长及军警长官。席间，张作霖猝然问曰："诸公可曾听说北京有个姓蔡的闹得很凶吗？"曹锟猝然应曰："是不是那个男女同校的蔡元培？"张作霖曰："可不是。"曹锟即环顾王怀庆曰："老弟何不看管他起来？"王未答，幸有阁员以他语岔开。当时曹、张两使一唱一和，所言多在可解可不解之间，席间竟有相顾失色者也。

辜鸿铭话音一落，刚才鸦雀无声的房间忽地像一鼎煮沸的开水，哗然不止。有说是报纸记者故弄玄虚的，有说蔡校长可真有点危急了，这两个军阀可不比段祺瑞，一个出身布贩子，一个是马贼，什么蠢事干不出来？

"蔡校长就是我们北大的皇帝,有什么法子救蔡校长?"辜鸿铭这么又一声喝叫,感觉自己的精神也就充分体现在里边了。

"'秀才遇见兵,有理说不清。'在这风头上,蔡校长还是先避一避再说吧……"

经过北大教授们的纷纷劝说,蔡元培乃决定赴法考察大学教育。临行前,他特地召开授予名誉学位典礼,次授予法国数学家班乐卫、理学博士儒班、美国前驻华公使芮恩施和美国哲学家杜威等北京大学名誉博士学位,随之又与梁启超等人共同向英国哲学家罗素发出来华讲学的邀请。

蔡元培这一走,辜鸿铭直感北大空荡荡的少了一份精神。随着洋教授的增多,那些"土产"的大学教授也纷纷丢掉原有的长袍,改着起西服来,仿佛不这样不足与国际接轨。虽然胡适有时也还穿穿袍子,但在辜鸿铭看来,这同他抄着手说英语,讲尼采、康德、杜威、达尔文一样,不过是好出风头、附庸风雅罢了。

辜鸿铭口无遮拦,兴之所至,要把那些他看不惯的"土产教授"一网打尽。不知不觉中,他更是成了北大校园的公众人物,他所有的毛病、生活的细节都成了公众的谈资。

这天,看着辜鸿铭下了黄包车,拄着拐杖、摇曳着辫子向红楼走去,三位年轻的教员就在背后议论开了。

"头发还真是我们中国人的宝贝和冤家——辜鸿铭的辫子活生生地告诉了我们呢。"

听戴眼镜的刘教授这么一说,身材微胖的吴教授便感到有点匪夷所思,说:头发不就是头发嘛,脑袋上长出些纤维状的物质,或直或曲,或细或粗,或黄或白或黑,算得了什么异事呢?

刘教授毕竟是学哲学的,说的话总与人不一样,他把眼镜往鼻梁上推了推,说:要由器悟道——在这头发后面,还有哲学、历史学、心理学呢——有人遂了理想,有人遭了痛苦,尽管实在有点儿犯不上。

吴教授觉得这话还挺有意思,想了想,道:人从猴子进化来,无用的尾巴已渐渐退化了,头发也几无用场,其功能却不萎缩。反于人有许多的名堂,想是因为头发乃于头顶上盘踞的缘故,上者尊、下者卑,人体也不外如此势利。

刘教授接过话来说:正因为头发没什么要紧的用,便不妨生出些花样来。如果辜鸿铭没有头发,该会如丧考妣,真正落伍。当年孔夫子尝云"微管夷吾,吾其披发左衽矣",辜鸿铭则说"微曾文正,吾其剪发短衣矣",我看,辜鸿铭很有些把头发的安排看得如安身立命一般要紧。

另一位郑姓教员虽觉辜鸿铭有点怪，但认为他高不可攀，神秘莫测，对他还是有所敬重的，所以并不敢放肆地谈论有关他的话题，只是说：一个人是披发还是剪发，各由其便好了，未见因此而亡国亡种、道德沦丧。言至此，仿佛感慨不尽，又说：关于头发的剃留，从最初的剃发令到张勋复辟，中国人前后折腾了三百多年，怎么就没画上个句号？也怪不得佛门把头发当作烦恼根源，要把它剃光，才算清净自由。

辜鸿铭不知道，自己每天所做的、所说的，几乎都要被自己的同胞教授称为"疯子""二百五"。但他确切地知道，洋教授们对他多是尊敬的。詹姆钟就不要说了，他有事没事总爱来找辜鸿铭闲磕牙，说：德国知识分子重视辛亥革命前的中国，而对"五四"运动以后的中国不甚感兴趣，直让辜鸿铭引为知己。来自英国苏格兰的理科教授兰博生，对技术化和工业化的欧洲已是十分厌倦，认为整个欧洲处于精神危机中，需要到东方疗伤，他自己就是把中国作为"情人"而来华的。他还坦率地说：西方人一直在寻找真理和上帝，从尼采开始，便不断怀疑上帝的存在，但无法从对上帝的寻找中抽身出来，一代又一代西方人还必须继续寻找下去，只是在这次欧战后，一部分欧洲人开始追求上帝的世俗化样式，于是用对"异"的寻找来代替对上帝的寻找，而唯有神秘的东方，是他们探求"异"的最佳去处。

兰博生一股脑儿地倾诉完所思所想。辜鸿铭微笑着颔首，说：宗教意义上的上帝已经死亡，最后的天堂只有在人世中寻找，当然不会在梦魇般的欧洲，正如你所知的那样，中国在人类的童年时代便散发着宗教的气息，保存着人类最完美的文明。连黑格尔都认为，世界精神是由东方发展到西方的。我所需要补充的是，古老的东方中国至今还保存着年幼的欧洲所失去的一切。所以，你们把寻找上帝的视线移向东方，是足以自我挽救的明智之举。东方这个"异"，有助于你们克服自身的异化，从而回到本真的状态，或者像黑塞曾经说过的那样，回到一种美好的原始状态——一种原始的天堂。

辜鸿铭的条分缕析，对黑格尔、黑塞等哲学大师的稔知，折服了兰博生。他恭敬地问：我今已在中国，按辜先生高见，到哪里才可以找到上帝呢？

辜鸿铭捋着胡子，神态恬淡，宛如一个指点迷津的东方哲人，道：你所喜爱的就是上帝，心即是佛，佛即是心，上帝并不提供避难所，一个人最后的避难所就是认识自我。

兰博生咀嚼着辜鸿铭的话，似有所悟。从第一次接触，他就迷上了这个充满智慧的中国圣人，只是有点受不了这个圣人随地吐痰的习惯。有一回他正和辜鸿铭投机地说着事儿，忽见辜鸿铭把头一低，张嘴"啾"地射出一口浓痰，直看得他大惊失色，仿佛见了外星人一般，两颗蓝眼珠子快掉出来了，而辜鸿铭却面不改色、若无其事。两三次交往下来，他对辜鸿铭这个癖好也就见怪不怪了。使他难为情的是，每每辜鸿铭吐了痰，他总条件反射似的也想跟着吐，而辜鸿铭书房里却总没有痰盂，有时也只好随地吐痰了。

和辜鸿铭在一起，兰博生仿佛和上帝相处，再开心不过。按说大凡哲学家都与自己所教的理科教程那般枯燥乏味，可辜鸿铭却不同。他并非没完没了地宣扬中国文明、谩骂英国的不好，说完骂完，他还会请兰博生喝上两杯，善解人意地说：你们英人嗜酒，只要看狄更斯或艾略特的作品，每翻开一页，你几乎都能读到某个角色伸手去取他的杜松子酒、葡萄酒、啤酒或朗姆酒，这是生活的真实写照。在苏格兰那段时间，我受了影响，也钟爱起酒来了呢。

这位在苏格兰留过学的中国圣人，有浓浓的人情味，这使兰博生感到比上帝还可爱。因为同在苏格兰的缘故，他们几乎无话不同，而对西方的失望使他们相见恨晚。

兰博生执教的班上有几个邋遢鬼，衣着不整倒也罢了，却经常在课堂上随意吐痰。虽然他无法纠正辜鸿铭随口吐痰的陋习，但对手下这些学生却采取了改造的高压政策——规定谁胆敢在课堂吐一口痰，就罚背一段辜鸿铭的英译《论语》，多吐多背。这个特有意思的规定在北大校园传开后，让那些讥讽过辜鸿铭的"土产教授"们更是目瞪口呆、匪夷所思。

经蔡元培之手请来的那些洋教授，几乎都是世界第一流的学者。令人不可思议的是，这些在中国人面前动辄以高等民族自居的白人教授，在辜鸿铭面前却不张狂，且口口声声表示推崇。是因为辜鸿铭也身受过严格系统的西方教育吗？是因为辜鸿铭精通十来国西方语言吗？是因为辜鸿铭骨子里还有半个西方人血统吗？好像是，又好像不是，起码不全都是。奇怪的是，辜鸿铭却把西方文明视为罪恶的渊薮。看到英国人、美国人，就用英文骂英国、美国不行；看到德国人，就用德文骂德国不好；看到法国人，则用法文骂法国不好，而那些洋教授居然个个被骂得心服口服。怪哉、怪哉，这是为何呢？

那些"土产教授"们真是百思不得其解。保守落后、土得掉渣儿的辜鸿铭在西方世界竟如此闻名遐迩和大名鼎鼎，以致一提起其 Hong-beng kaw，Amoy ku，或他自署的那个"一个穿长袍的中国人"，很多洋人都不免肃然起敬。西方思想界、学术界和文化界竟把"中国最负盛名的学者""一位绝对具有理性思辨穿透力的思想者""十九世纪末、二十世纪初中国最著名的哲学家""世界一流的翻译家"等一系列桂冠，慷慨无私地送与辜鸿铭一人。是洋人不识货高视了辜鸿铭，还是国人不识货低看了辜鸿铭？这还真成了天问。

历史似乎在与二十世纪初的中国开着玩笑，一如反动的北洋军阀政府成了文学革命的马前卒。只不过，戴着洋人敬赠的耀眼桂冠的辜鸿铭，没有白话文"不祧之祖"胡适的那份乐儿，中国的现状让他一点儿也乐不起来。

三、不看紫禁城要看辜鸿铭

椿树胡同离紫禁城不远，进胡同走不到百米，路北大红门就是辜鸿铭的住所。丽莎对此已是轻车熟路了。

她喜欢北京的胡同，特别喜欢在雨中撑着雨伞从这个胡同串向那个胡同。如果有辜守庸陪同，那就更有情趣了，再大的雨、再冷的天也不能阻挡她流连忘返。她也喜欢四合院。北京的大小四合院浓聚着中国人的亲情，光全家出动打枣一景便令她温馨无比。有次，她曾和辜府一家人打枣，那嘻嘻哈哈的喧闹声很使她回味，使她油然想起父母还活在人间时的天伦之乐。

像大多时候一样，丽莎这次又是为辜鸿铭的文章而来。她在翻阅《纽约时报》星期杂志时，无意中看到了辜鸿铭的一篇文章，名曰《没有文化的美国》，上面还配有他的漫画像。此文把美国批评得体无完肤，比如说美国除了爱伦·坡，没有一首好诗。

"辜先生，我叔叔说你骂人的水平够世界级的。"丽莎的声音很悦耳，一如她俏丽的脸上那浅浅的酒窝那般令人神怡。因为辜鸿铭已经知道她和辛博森的叔侄关系，所以她也就没有必要隐瞒了。

辜鸿铭写这篇文章，是有由来的。这年初，北京剧院放映了一部题为《红色灯笼》的美国影片，说的是庚子年义和团暴乱的场景，内容荒诞不经，极尽污蔑之能事。辜鸿铭没看完就抗议离座，愤愤说：同所有美国人的大作一样，这部影片实在愚蠢无聊之至！回来后他就提笔写文章骂美国，径直寄给了美国权威媒体

《纽约时报》。他似乎知道美国人有雅量,欢喜人家骂他,只要你骂的技术够巧妙,愈骂得痛快,对方便愈觉得舒服,像英国的王尔德、萧伯纳都是用这套方法得到美国人崇拜的。果然,对方很快就全文登出了这篇《没有文化的美国》,还在文中插入了他的漫画像,穿着前清的顶戴朝服,后面还拖了根大辫子。听了丽莎的称说,辜鸿铭漫不经心道:他们美国人哪,就是喜欢人家骂,我也就骂他个痛快。

是的,正如叔叔辛博森所说,辜鸿铭好骂人,有时虽令人发噱,但整个儿骂得近乎疯狂。但在丽莎看来,这样高水平的骂除了在辜鸿铭这边,她还真不容易听到呢,诸如他那句"银行家是在天晴时好心把雨伞借给你,而在下雨时强迫收回的人",骂银行家骂得多准确呀,整个儿包容了哲学家的思想,怪不得英文名言汇编一类的书籍,都少不了要收进这条名骂。丽莎面带微笑地看着辜鸿铭,说:辜先生骂得好,值得美国人洗耳恭听。

丽莎的奉承,使得辜鸿铭更是自鸣得意起来,但他话锋一转,说:你们英国人就不一样了,我编了几条关于盎格鲁-撒克逊观念的语录,可你的叔叔看了却不高兴。言罢,他那双发亮的眼睛倏然暗淡下来,语声缓缓道:请原谅我的直率,你的叔父现在帮助张作霖,实在是个大错误!

辛博森自黎元洪倒台后,一直寻找中国强人,最终又依附上了权倾一时的奉系头领张作霖,当了他的顾问。丽莎知道叔叔与辜鸿铭间的矛盾,她不想涉足进来,只是不解地看着辜鸿铭:为什么是个大错误呢?辜先生不是热爱中国旧有的秩序吗?听我叔叔说,张作霖是你们民国出的又一个大伟人,可以把这血雨腥风、日薄西山的国家给调理得安安稳稳。

辜鸿铭一言不发,只是朝地上连吐两次口水。

丽莎呆呆地看着,好半晌才冒出一句:辜先生,我叔叔说得不对吗?

辜鸿铭吸了一口烟,言语颇含激愤:要是马贼出身的张作霖也是个伟人,那天底下的人都可以做尧舜了!

见丽莎还欲说些什么,辜鸿铭从怀中掏出那块金怀表,瞄一眼后道:你真有福气,沾沾我的光,请你看梅兰芳的戏去!

到得东华门真光剧院,却见门口已等着一位年轻人,介绍说是周文生,丽莎始才明白辜鸿铭所说沾光之意了。

辜鸿铭对戏剧向不看重,对优伶之辈更是不屑一顾,却对梅兰芳情有独钟。这次梅兰芳在真光剧院演出的是名作《游园惊梦》。辜鸿铭一会儿相告丽莎,说梅兰芳声韵婉转，欧美各国戏剧万不能做到如此地步，一会儿又告周文生，说梅兰芳身段动作之佳，实在妙不可言。

这周文生是票友，以前也曾请辜鸿铭看孙菊仙、谭鑫培等人演西太后和宫廷的戏，可辜鸿铭硬是不领情，还大大损了这几位名伶一番，说怎么能演西太后，太后和皇帝是神圣不可侵犯的，怎能把他们的故事编成戏！还说当初孙菊仙、谭鑫培等梨园子弟，都是内廷供奉的，只准做给太后皇帝看，老百姓是看不到的，现在他们组班在各地随便演出，有的还溜到租界专给洋人唱戏，真是岂有此理！是的，老辜性格怪僻，对世间一切，罕所轻许，可这番欣赏梅剧，却为何如此倾倒呢？

周文生欲问个究竟，辜鸿铭却不说话了，他看到前面有位秃顶白人看得正是津津有味，OK不止，心里就不高兴起来，想你们也配看。刚才门口所受的不平等待遇，更使他内心不平衡。你们白人有什么资格在中国遍受尊崇呢？他越想越窝火，想点支烟来消消气，但一摸口袋，发现火柴已经用完了。不由分说，他拿手中那烟斗朝前座那颗耀眼的光头就是一敲。

这般出其不意，直让周文生和丽莎看呆了，那位秃顶白人吓了一跳，不知所以，回头张望，气恼交加。

看着这一张阴沉的脸和一双喷火的眼睛，周文生直担心辜鸿铭收场不了，却见他平静如水，用英语不愠不火地道一声：请点着它！

只这一声，奇迹出现了，只见这位秃顶白人嘴里喃喃地不知说了些什么，竟乖乖听令，摸出自家身上的打火机给辜鸿铭点着了。

白人在中国到处都受到尊敬，辜鸿铭却以羞辱白人来表示中国人是优越的，周文生如何看不出来，他在心里暗暗佩服辜鸿铭的勇气，心想，今后得把这题材好好做一篇文章。辜鸿铭这出格的做法却让丽莎万分的不高兴，散场出门后第一句话就问：辜先生那样做，够礼貌吗？

辜鸿铭绅士风度地向丽莎欠欠身，丝毫看不出对自己的行为有什么追悔，说：我也知道这样做有点过分，但我相信，即使中国有难得一见的不懂礼貌的人，他们也要比最有教养的外国人强得多。就在前两天，这家伙骑自行车撞倒了人家老太婆，硬是扬长而去，我说等着我来教训你小子吧，天公有眼，让我碰到了这家伙，这粗鲁的家伙，还好意思欣赏最高雅的艺术！

不独丽莎，就是周文生也不知辜鸿铭所说是真是假。

辜鸿铭嘿嘿一笑，又接下去说：中国是文明古国、礼仪之邦，连三岁小孩都知道礼貌是社会秩序的重要保障，是调解人际关系的润滑剂，在我看来，礼貌可以比作一个气垫，里面什么东西都没有，但它却能够很好地减缓颠簸。

丽莎无从置喙，只是想，像辜鸿铭那样的礼貌，在西方人看来，即便不令人发疯，也会令人不知所措的。

相比于丽莎的登门拜访，萨摩、鹫泽还有诸桥辙次更喜欢到学校来找辜鸿铭，置身于生气勃勃的学生群中，他们觉得是"阅读"辜鸿铭的最佳方式。这天还未上课，辜鸿铭与鹫泽、萨摩缓缓地穿行在松公府的夹道，前往汉花园徜徉。北河沿活水晶莹，两岸杨柳依依，值此夏秋之交，远远望去，仿佛一幅很好的图画。辜鸿铭以拐杖点击着地面，正愤愤不平地说着有关西化的事儿，耳边不时响过匆匆行走着的青年学子们的窃笑，萨摩甚为不解。

"他们在笑我这辫子呢！"辜鸿铭语气平缓地说，接着目示两人，语气幽幽地问：你可知道，这些好端端的学生，都被胡适之他们给教坏了，不知名分大义为何物，刚识得几个 ABC，就一个劲地叫嚣西化！

萨摩顺着刚才的话问：要是西化没有道理，中国为什么会有那么多人持这个主张呢？

辜鸿铭沉吟道：我的留辫朋友王国维告诉我，他坚信，欧洲文明已彻底崩溃，未来世界非采用东方道德与政治不可。在我国，坚持"以华变夷"、反对"以夷变华"的同志可多着呢！

鹫泽接过话来说：可康有为、梁启超还有孙中山他们却主张效法我们日本，认为我们日本之所以强盛，是学习西方、改革传统的结果。

"这话也不能说不对。"辜鸿铭喘了口气，接下去说：日本是采用了西方的物质文明，但是，像铁路、飞机、军舰等西洋诸物充其量不过是没有生命的机器而已，如果日本人没有一个伟大的灵魂，又怎么能够极其有效地操纵这些无生命的东西呢？换言之，日本所以能有今天的强大，其原因不在于采用了铁路、飞机、军舰等西洋物质文明，而在于日本民族固有的伟大精神的复苏和发扬。这伟大精神就来源于古老的中国文明。说实话，如果日本人丢弃了东方文明的宝贵精髓，那么日本就成不了强国。

鹫泽听罢频频点头，说：是啊，由于没有搞清西方和我们日本国富强的原因，中国那些到过西方和日本的知识分子，经常天真而主观地认为，只要全盘西化，中国就能富强。依我看，如果中国丢弃了固有的文明，即使所有的中国人都奇迹般地变成了积极的革新人物，都愿意引进国外所有先进的事物，中国社会也不可能出现西方般的繁荣。

从这位祖父辈的"中国圣人"的言传身教中，鹭泽和萨摩学到了活生生的中国文化，接触了中国问题真正的精髓。他们情暖于怀地用自己的笔连篇累牍地把辜鸿铭介绍到了日本。在日本青年的捧场下，像在欧洲一样，辜鸿铭在与中国一衣带水的日本日益走红。

夏去秋来，这天上午，椿树胡同十八号又来了位生客。他年纪约莫三十，身材肤色与中国人并无两异，唯其一口日语标明了他的国籍。日本客人无法与出门招呼的刘二交流，无奈地苦笑了笑，又在门口溜达了一会儿，见日已偏西，乃怅怅离去，临走还留下一张名片。

刘二望了一眼名片，也认识其中的几个汉字，但整个儿却看不懂，他斜倚门边，看着日本客人远去，心想，我是看不懂这玩意儿，可我家老爷懂，他懂得比谁都多。这样想罢，脸上竟露出一丝儿微笑，以胜利者的目光欢送他远去了。

刘二不知道，这个日本客人乃是日本文学界颇有名望的作家芥川龙之介。他是以大阪每日新闻社特派员身份来华，做为期四个月的游历采访，途经上海时，一位西方友人特别提醒他：不到北京等于没到过中国，到北京不去看紫禁城也不要紧，但不可不去见一见辜鸿铭。

第二天，芥川龙之介早早来到了辜宅。刘二给了他一个灿烂的笑脸，引他入院，进门便是个不大也不见整齐的花园，稀稀拉拉地长着些再平常不过的花木，引人注目的是那株高大的椿树，孤零零地傲立着，那些浓密的叶片，历经夏风的吹拂，已由青转黄了，散发出一树的奇香。到得客厅，芥川龙之介正要作认真的观察，以备写作时所用，但很快，从后门进来了一位目光炯炯的老人，用英语说：有朋自远方来，不亦乐乎！

看其灰白色的发辫和蓝色的长褂，不消说，这就是辜鸿铭了。芥川龙之介正要起身，辜鸿铭却已在靠近他的椅子上落了座，并伸出瘦如鸡爪的手指按住了他的肩膀。

在得知芥川龙之介毕业于东京大学英文系之后，他们的对话便用英语进行。辜鸿铭见芥川龙之介所穿乃中国服，竟大加赞扬：你不着西服，难得！而后又不无惋惜地补上一句：只可惜没有发辫。

这位学贯中西、饱受西洋文化熏陶的留学老前辈果然与新少年不同,不仅毫不标榜西方文明,反而服膺与推崇中国固有文化,不遗余力地向世界宣传中国文化。宣传员的角色使辜鸿铭没有漏过说教这位来自如夫人故乡的年轻人,说:什么西洋人欲输入我国的什么新学呀、自由呀、进步呀,都是战争之源,我国文明与欧洲不同,欧洲文明及其学说,在使人先利而后义,而我国文明及其学说,在使人先义而后利。

芥川龙之介已然听说,对欧洲大战的一系列阐述和呼吁是辜鸿铭走红欧洲的一个原因。就战争这个问题入手,开始自己的采访吧。于是,他发问道:我们如果要消灭战争,一定要寻找战争的源起,依先生高见,哪一个应该对战争负责?

辜鸿铭目不转睛地看着对方:我倒想先听听你的看法?

芥川龙之介不假思索道:在我看来,那些统治者、军人和外交家,最要对战争负责,因为他们领导人民到战争的地狱里面。

辜鸿铭轻轻地笑了笑,而后摇了摇头,给了芥川龙之介一个新颖独特的看法:这些统治者、军人和外交家其实是在平民的逼迫下走到战争的地狱里去的。见芥川龙之介大感不解,他便全面地阐述开来:你知道的,欧洲的国家几乎都是立宪政体,不论是君主的或民主的,各国都有国会,国会会员都是平民选举出的,他们应该就是人民的代表,如果他们本身不喜欢战争,国会就无法通过战争议案。那些兵士也都来自平民,如果平民不喜欢打仗,单是统治者和外交家也无济于事。至于欧洲的君主或总统,我看充其量不过是种装饰品——没有自由的意志,只是执行人民的决议,所以,他们不应该负担战争的责任;军人是一国的壮丁、是民族之花,因为国会经常强奸民意,报纸又宣传那些盲目的爱国主义、军国主义,弄到他们人人都以为战死是光荣的,所以,他们的死只能是被迫而不情愿的,自然也不该由他们负责;像其他官吏一样,外交家也是代表人民的意志的,他们很像留声机或播音机一般,或者像剧场中的傀儡,只是一种"机械",他们对于战争也不该负责。

辜鸿铭在表达什么意思呢,是在讨伐选举政治吗,是在说反话吗?芥川龙之介一时摸不着头脑,只感受到他是位极富胆识的学者,挖苦、讽刺的艺术炉火纯青。听说他是专力用英文向世界舆论寻求正义的且能博得欧美人士传诵的唯一一位中国学者,发起脾气来目空一切,什么傲慢的欧美人,什么优越感极强的白人,什么俄国皇储、日本首相、德国元帅,遇到他可以说是一文不值,自己还是多听少说为好。于是,他恭敬地给辜鸿铭递上一根香烟。

"哦,是Westminster(威斯敏斯特)牌的。你倒知道我的嗜好。"辜鸿铭微微一笑。

"听说先生虽曾游学英伦,然绝口不吸英国香烟,独钟土耳其所产此烟。"芥川龙之介边说边俯身给辜鸿铭点火。

辜鸿铭深吸一口香烟,一时间,屋里便四溢着浓浓的香烟味,他的话也变得更辛辣了:那些所谓的平民、群众中,我看有不少暴徒,他们利用和假借自由、平等的口号,怂恿那些统治者、军人和外交家到打仗的地狱里面。这种崇拜暴徒的宗教,应该拿中国的良民宗教做替代,欧洲的自由要拿中国的服从来做替代。统治者应该遏止战争,战争委实是一种地狱的疯狂……

在华游历数月,芥川龙之介接触了章太炎等中国名士,发现只有辜鸿铭能使自己理解中国人的情趣,并让自己只带耳朵不带嘴巴,他略有恭维地说:先生给西方人指出了一条出路。

时间过得很快,半个小时后,十多岁的小娜佳推门而入,羞答答地走到厅堂来,小鸟依人般靠在辜鸿铭身边,一面拿纯真的眼睛来瞄一瞄生客。辜鸿铭把手搭在她肩上,用汉语低声说:这位客人,远从你二娘的故乡日本而来,你可以唱一首日本歌给他听,他不懂汉语,我看就唱《伊吕波哥》好了。

娜佳点点头,就开了小口,唱起了日本四十七字母集成的歌《伊吕波歌》。

辜鸿铭轻轻打着拍子,脸上漾起满意的微笑。芥川龙之介却有几分感伤,他本就是位敏锐而容易感伤的青年。在娜佳歌唱时,芥川龙之介趁机又多看了一眼辜鸿铭那副难见西洋痕迹的脸孔。觉得那位劝他"不去紫禁城也不要紧,但不可以不去一见辜鸿铭"的西方友人,还真是没有哄骗自己。

娜佳进得里屋后,辜鸿铭又滔滔说起了托尔斯泰,谈起了所谓机械万能,而后又论起了共和政体。一会儿段祺瑞,一会儿吴佩孚,骂得体无完肤,逢到芥川龙之介听不懂的,他便拿过案上摆着的纸笺,一手执了铅笔在上面书写,一边口若悬河地照说不误。论来论去,终不见累,意气愈昂,眼愈如炬,脸孔愈发地生动。

芥川龙之介于心承认,辜鸿铭有着一腔火热的爱国情,有感于辜鸿铭所论,禁不住问:先生既有慨于时事,为什么不愿过问政事呢?也许这对时局会有所帮助吧!

"现今的民国,政治不幸已堕落成倚门之娼,廉耻全无。我老矣,时不可为,事不可为，归去来兮！"

这番话，辜鸿铭是语带激愤回答的，因为说得过快，芥川龙之介虽认真倾听，终没有领会意思，只好重复说：再出去试试如何？

辜鸿铭也不再说话，只是鼻子喷着粗气，在纸上连写数个字——老，老，老，老……

四、"小朝廷"的回报

蔡元培出国考察教育还没回来，身处涌动着新潮流、新思想的北大校园，辜鸿铭真有如坐针毡之感。他屡受时论的攻击，成了北大贴了标签的落伍人物，而这些，更使他我行我素、睥睨一切。他自觉自己那份崇高的孤独，是没有人敢攀上来的。唯有置身教室、处于年轻的学子中，他那枯黄的脸难得地展示出一份活力的气息。

北大的学生是愈来愈多地跟胡适他们跑了，不仅思想就是穿着也要来所谓的改革维新。辜鸿铭执教的班上有位学生，家境并不殷实，却拿着家里新寄来的钱，跑到东安市场弄了套西服来穿。第二天很是神气地到教室炫耀，引得哄堂大笑，原来他既无西式衬衫，更无领带，内穿中式小褂，外套西服，下着千层底布鞋，如此东拼西凑，真可谓"中西合璧"，完全是个滑稽人物。几个嘴皮薄的同学免不了冷嘲热讽，可他却满不在乎、怡然自得，照样穿着这"中西合璧"的服装来上课。如此种种，让辜鸿铭哭笑不得，心底里便涌起一阵莫大的悲哀，觉得要为国家培养真正的读书种子，自己还真是孤掌难鸣。

这日手拄拐杖进得教室，辜鸿铭一眼就被告示栏上的几个大字给搞蒙了，上书"讨伐调戏女生者流，人人有责，正义者请著文批判"，栏内贴满了花花绿绿的檄文。辜鸿铭看了好一会儿，才算弄明白了事情由来。

原来班上有个长一副小官僚面孔、平素言行举止也活像小官僚的男生，不知咋的摸了前排女生的脸，被同学们揍了一顿不够，还被千夫所指，人人在告示栏贴上自己的讨伐檄文，凡被"奇文共欣赏"的篇什，上面无不被浓圈密点，把个"小官僚"骂得狗血喷头。

辜鸿铭稍作浏览后，皱起了眉头，心想，男女同校就是问题多，这青春期，咳……他满心不悦地瞅了眼垂头丧气的"小官僚"，见他长得确实是小官僚那副面孔，已够讨人厌的了，却还做出这等缺德事来，也活该被千夫所指。他进一步生发幽思，想现在社会上时髦的都通行骂官僚，而学生骂得尤甚，然而官僚并不是天生的特别种族，都是平民变就的。现在学生出身的官僚就不少，和老官僚有什么两样呢？将来他们要是掌权秉政了，天下不大乱才怪呢！

按辜鸿铭疾恶如仇的脾性，大家都预料他会加入讨伐行列的。辜鸿铭从学生的眼神中看出了他们的期待，他走上讲台，悠然自在地坐在靠椅上，环顾众人，良久才开口：正心，诚意，不欺暗室，是哪本书上的？

这没头没脑的话让全班同学颇为吃惊。半晌，才有一同学起身作答：《大学》上来的。

辜鸿铭示意该同学坐下，道：诸位同学虽然把《大学》念得滚瓜烂熟，然在为师的看来，却与和尚念经一样，毫无知觉。

众生不明所以地看着辜鸿铭。

"我告诉诸位呀……"辜鸿铭拉长声音说到这里，轻咳一声，向门口招了招手。候在教室外的刘二见状，连忙飞奔入室，殷勤地为他装烟倒茶。

自蔡元培出国后，刘二多了份在课堂上服侍主人的事务。每天来学校停好黄包车后，便为主人搬靠椅到教室，并准备足够的茶烟。所有这些，是辜鸿铭向北大人自摆身架而做的花招。正如一个花花公子时时注意自己的服装"人无我有、人有我新"一样，辜鸿铭对自己的思想和生活方式也是煞费苦心，以求与别人判若鸿沟。坐在靠椅上，慢吞吞地讲课，一会儿吸烟，一会儿喝茶——这才是名士的做派。第一天下来，辜鸿铭对此已是如神仙般消受了。

像往常一样，在辜鸿铭吸烟喝茶时，学生们也只好干着急。辜鸿铭在吊足了学生胃口后，重又开腔了：诸位同学在墙壁上攻击某某君的事，是不合做人的道理的。人非圣贤，孰能无过。诸君对某君有不满，可以规劝，这是同学的友谊。若以为规劝不了，尽可对学校当局说，这才是正当的办法。至于匿名揭帖，绝非君子所为，受之者纵有过，也决不易改悔，而施之者则为丧失品性之开端。凡做此事者，以后都要痛改前非，否则这种行为，必是品性沉沦之渐。

辜鸿铭平素所行虽有不羁，但教书真诚，每以进德修业相勉。他如此说来，直教大家面面相觑，那位"小官僚"脸上浮现出感激的神情。

辜鸿铭目光炯炯地环视众人：有没有大彻大悟？

班长起身道：受了先生之教，方才大彻大悟——从此做事，决不匿名，决不推卸自己的责任。

辜鸿铭笑笑，说声"好"，嘱班长坐下，而后道：现在打开 Page one。

辜鸿铭以标准的语音朗诵了一遍"天地玄黄"到"焉哉乎也"，他的音色奇一，口念足蹈，诙谐滑稽，弄得大家乐而忘倦。接着，学生们哗啦啦翻动着书页，每个人都以自己所能发出的声音，以一种深沉而富有乐感的语调齐声快速地诵读起来，这情景就像蜜蜂从百十个蜂巢飞出时发出的嗡嗡声一样。听着学生们发出的和谐而有节奏的声音，坐在靠椅上的辜鸿铭显得好不惬意。这庄重的读书声是最吸引他的人类的声音，从这些声音里，年老的他好像找到了年轻的知音，他的寂寞也就慢慢排解了。

英国教授兰博生曾数次听过辜鸿铭的课，对辜鸿铭一丝不苟却别开生面的教学法甚为推崇，觉得他的语气和神态里都浇注着中国精神。这位英国青年受聘来华后，凭着一套"入乡随俗"的本领，一头扎进中国文化圈，还经常招摇过市，乍一看还以为是个染了头发的"假毛子"。

像所有自以为高人一等的白人一样，兰博生无法忍受中国人随地吐痰的陋习，对辜鸿铭当然是无可奈何的。但对所教的学生，他也像辜鸿铭那般约法三章，明告谁在课堂吐痰，就罚背辜鸿铭英译《论语》一段。虽有"高压政策"在先，有"大刑"随时侍候，但习惯了以大地为痰盂的中国学生仍屡犯"天条"，他也总是不客气地施以"暴政"。这样一来，他的课堂气氛总也活跃不起来，学生们在别的课上可以无拘无束，猛一到他的课上就如临深渊，小心翼翼得像是一个个未过门的小媳妇。

一段时间下来，在学生们差不多都不幸地轮了一遍后，班上只剩下几个邋遢鬼了，眼看大功差几可成。可这一天兰博生讲课时，不知是痰堵了喉咙，还是为了清清嗓子，不由自主地咳了一下，随即噗地吐了一口唾沫。

这个情景让学生们惊呆了，谁都不敢相信自己的眼睛。教室里鸦雀无声，咳痰不闻，一双双锐利而不解的眼睛盯住了兰博生。兰博生明白自己不慎"犯戒"后，霎时红了脸，师生面面相觑，气氛难堪而紧张。好一会儿，兰博生才耸耸肩，打破了僵局，先说声"对不起"，而后无可奈何地宣布实行了两个来月的"高压政策"至此作废。全班热烈鼓掌，并大说了一通他如何了解中国国情、识时务的赞语，那些背过好多段辜鸿铭英译《论语》的学生更是激动，连巴掌都拍红了。但很快，全班又陷入了沉寂中：唉，想不到我们都成了洋教授的"老师"，硬是把他给教化了。他那"高压政策"虽让我们勉为其难，但总算使我们的坏毛病改了一大半。现在却前功尽弃，又回到了从前状态，还拉来了一个新成员。看来正如辜鸿铭所说，中国文明能消融一切外来文化，而演变成自己的东西。

兰博生适应能力极强，不仅从无处不在的中国"老师"那里学会了随地吐痰，而且在吃了几顿中国菜后，竟可以运筷如飞。他这微略端倪的中国化，使得辜鸿铭兴味盎然，决心悉加培养。所以在接到张勋的寿庆请柬时，特地把这想见世面、寻找上帝的洋教授带去捧场了。

自丁巳复辟失败后，骄悍跋扈的辫帅张勋从此一蹶不振，缩到天津租界内守着老婆们过日子，偶尔也潜回北京住上些时日。当辜鸿铭和兰博生到达张勋寓所时，却见梁敦彦、乔樾等一帮遗老已然在场。

在介绍了兰博生后，辜鸿铭向依然留着辫子的张勋微微欠身道：绍帅万寿，老辜敬献对子一副。

辜鸿铭能带上一位洋教授来贺寿，这使得张勋脸上有光，听说又有寿联相赠，那张大嘴更是笑开了。伸手接过后，两位仆人随即将其展开，只见对联上书歪歪扭扭的"辜体"书法 "荷尽已无擎雨盖，菊残犹有傲霜枝"。

这本是宋代文豪苏东坡送给好友刘景文的诗句，期望他不要懈怠失望，要珍惜剩下的好时光。可到了辜鸿铭这里，却赋予了自我安慰、扬扬自得的无穷妙趣。张勋对此寿联当然是一看便晓，会心而笑，而有的宾客却未能尽解其意，于是纷纷过来看热闹，说着些议论。

辜鸿铭故意大声地问身旁的乔樾：你懂得这副对子的意思吗？

乔樾不假思索地说："傲霜枝"当然是张辫帅和您老兄共有的可作互勉之宝物——辫子了。

辜鸿铭笑笑，又问：想不到你倒聪明。那"擎雨盖"又是什么呢？

乔樾搔搔头：这个……一时可想不起来。

一少客颇感兴趣地问辜鸿铭：辜老先生，你说这"擎雨盖"是什么呢？

辜鸿铭看着大家，边比画边高声回答：就是大清官员头上戴的红顶子。

众人皆大笑不止。正在这时，电话铃响，张勋仆人接过后，对张勋耳语了一番，张勋满腹狐疑地看了看辜鸿铭，道：辜先生，你的电话。

"我的电话？"辜鸿铭不无吃惊地接过听筒，那头传来英语问话：hello，你是辜博士呀？

"是的，我是，你是哪位？"

"真是辜博士呀，好极了，你猜我是谁？"

辜鸿铭对这"捉迷藏"略觉不快，大声道：你是谁，我哪能听出来呀，我说你就别为难老辜了！

听筒里传来一阵爽朗的笑声，而后换成汉语说：辜博士甭猜啦，我告诉你吧，我是宣统啊！

像遭电击一般，辜鸿铭全身一凛，语声随着身子而颤抖：宣统？您……您是皇上？

听他这么一说，张勋等惊讶极了，像观赏珍稀动物般看着他，全场一片静谧。

话筒那端，废帝溥仪的声音愈发地清晰了：对啦，我是皇上。辜博士的名字我很早知道了，可我还不知你是什么样儿呢。你有空到宫中来，让我瞅瞅吧。

原来就在这天，废帝溥仪跟他的英国老师庄士敦学英语时，不经意地提到了语言天才辜鸿铭。一旁侍候的"臣子"就说，听说辜鸿铭对大清王朝赤胆忠心，是个可靠而坚定的老忠臣，丁巳年还参加过复辟呢！溥仪"哦"了一声，摸了摸小平头，想了想，说：我倒想看看他到底怎么样，只是，往哪找他呢？"臣子"回答说：今天不是张辫帅的生日吗，辜鸿铭八成在张辫帅那儿。于是溥仪抱着一试的态度，拨通了张勋的电话。

兰博生得知中国逊帝召见辜鸿铭，也想随同前往紫禁城，见见这位神秘的"上帝之子"。也实在难为他拼说那古怪的名字，竟把"爱新觉罗"说成是"亲爱觉罗"。"如此不敬篡改皇姓，那是要杀头的！"辜鸿铭狠狠地盯了他一眼，断然拒绝了。

觐见这天，辜鸿铭精心对自己修理了边幅，将辫子夹杂以红丝线细细编了，戴上缀有祖母绿的红结平顶黑缎瓜皮小帽，穿上蓝色簇新长袍和枣红大袖方马褂，一双布袜紧实地在脚上裹定，套上双双梁平底布鞋，由内务府大臣绍英引领着进了宫。他仿佛走进了古老的时空，整座皇宫冷冷清清，蛛网绕栋，华丽的廊柱上奔腾的雕龙已脱了粉饰，活像一个凝固的博物馆，早已唤不回千年前的灵气了。百官叩拜的广场和丹墀上已长出细细的青草，黍离之悲涌上心头。这就是天家的风范吗？他心潮翻滚、思绪飘风中，不觉到了养心殿。三人已在殿中等候了，辜鸿铭认出了皇帝老师陈宝琛，另两位身着西服，一中一洋，不消说，那中的就是逊帝溥仪了。

绍英做了介绍后，溥仪满脸挂笑欲和辜鸿铭握手，慌得辜鸿铭赶紧跪拜下去，道：卑臣辜鸿铭躬请圣安！

"起来吧！"溥仪笑道，搀扶起辜鸿铭，端详着他这一身长袍马褂和辫子，不禁情动于衷地说：辜博士真是大清难得的老忠臣啊！

毫无疑问，这是辜鸿铭从未听到过的音乐般美妙的话。当年有人假扮光绪皇帝于武昌行骗，辜鸿铭为了谒见天颜，对如何行礼、怎样奏对，早已演练娴熟，不料今天面对大清的最后一位皇上，只觉天子的威严和光辉熏晕了他，脑子里一片空白，竟不知说什么的好，一颗心怦怦狂跳，平日的辩才、自负和倔强烟消云散。

三人落座后，溥仪语气温和地问：辜博士，你真的获过那么多博士头衔吗，真有那么多洋人知道你吗？指着一旁的庄士敦道：连我的英文老师都知道你呢！

这庄士敦是苏格兰人，曾获英国牛津大学文学硕士学位，做过香港总督的私人秘书、辅政司和英租界威海卫行政长官等职，算是位有名的中国通。在故宫关着门做皇上的溥仪，想找一位外国老师，以便开眼看世界。经李鸿章之子李经羲引荐，拜了庄士敦为师，赏其头品顶戴、毓庆宫行走，紫禁城内赏乘二人肩舆，月俸银元一千元。溥仪说完，庄士敦向辜鸿铭微笑着，连说两声"是"。辜鸿铭乃应道：也许，也许吧。

溥仪轻轻地笑了笑，他一只手按着电话旁边那堆英文读物，旋即又问：辜博士，你怎么会懂得那么多洋文呢？早知这样，我就请你当我的老师好了。

溥仪那年轻人的朝气和自由随便的谈吐似乎未能拨动辜鸿铭的心弦，他一门心思只想，皇上为何要剪辫、为何要穿西服、为何不称朕呢？这也太随便了吧！梁鼎芬当了几年帝师，为何就不劝阻呢？梁鼎芬虽死，还有你陈宝琛呀，怎么就不进谏呢？

见辜鸿铭半天不回话，陈宝琛忙在一旁提醒道：辜先生，陛下叫你呢！

辜鸿铭回过神来，从未和皇帝说过话的紧张感又一次袭上来，使那张无坚不摧的嘴巴破天荒变得结巴起来：老……老臣，老臣在英国读书时，就已知道何为祖国……虽然，虽然现在世风日下，可我心里还是只有大清，并且，并且愿意更好地为大清效力，我不看重荣誉和金钱，我的两手洁净，我的心灵清白……

溥仪哈哈地大笑道：难得、难得，走，我们一起吃饭。

国变后，辜鸿铭保皇除了丁巳复辟那次，他似乎只是广泛的主张要皇帝，与实际运动无关。不料，"小朝廷"竟有如此的回报，皇帝还请自己一起用膳，这种恩典所带来的过度兴奋和紧张，几乎使他感动得要昏厥过去。他略带结巴的声音显得特别吃惊：皇上，皇上要请老臣……吃饭？

"是啊，吃饭，一起吃饭，走！"溥仪一边说，一边戴起了眼镜。

辜鸿铭眼睛直直地看着溥仪：皇上怎么戴眼镜呢？

溥仪笑道：我怎么就不能戴呢？辜博士怎么也和绍英他们一般看法？

听溥仪这么一说，辜鸿铭欲说还休，但终归缄默。

"走吧，吃饭去。"溥仪又说了句，并牵着辜鸿铭的手，缓步前往膳厅。庄士敦和陈宝琛、绍英紧随身后。辜鸿铭和皇上并列走在一起，大气不敢喘。偏偏溥仪又提问了：辜先生博学，可知眼镜是哪国发明的？

辜鸿铭想了想，道：前两年，我看《泰晤士报》登了篇文章，说"中国早在孔夫子时代就已经有了眼镜"，只可惜《泰晤士报》的论据并不可靠，相反，眼镜是明代由西方传入的记载，在我国文献中却屡见不鲜。

说话间，已进得膳厅。但见午餐早已摆好，既有宫廷菜，如鱼翅、天麻金龟、鹿筋鹿肉脯、燕窝八仙汤，也有家常菜，如樱桃肉山药、烹㸆菜、炖肚肺。落座后，溥仪亲自给辜鸿铭夹了几道菜，和蔼可亲地问：辜博士学贯中西，足迹遍天下，为大清国争了光。今后若有机会，我倒愿意和你一起去欧洲走走呢！

"欧洲可去不得，那里是危机、混乱和无政府的发源地！"

听辜鸿铭这么说罢，溥仪吃惊地瞪大了眼睛：不是说，欧洲的文明值得我们学习吗？

"不，欧洲的文明多是虚假的。它首先以物质力维系秩序，根本不足与我中华文明相提并论，何况他们向来傲慢无礼、轻视中国人。皇上出去，万一遭了他们的白眼，怎么行！"一回到论说话题，辜鸿铭又恢复了善辩状态，继而道：老臣就有过这样的经历。我到英国留学时，英国人见我的英语说得好、学问也好，便以为我是欧洲人，相待挺好，即使有些人以为我是安南人，礼貌也还是过得去，又有人以为我是日本人，那更是刮目相待，后来他们渐渐晓得我是中国人，便露出他们的鬼脸，有时见了面，避之唯恐不及。这种滋味，实在不好受！

溥仪以诧异的眼光看一眼庄士敦，道：庄师傅是这样的吗？

庄士敦咽了咽口水，道：辜先生的高论，我不敢完全的苟同。

辜鸿铭面对庄士敦道：是啊，你们怎敢苟同呢。你们天真地认为，自己所拥有的舰队、电灯及机器等每一点先进之处，都是拯救中国的法宝，尤其是看到中国人不仅非常满足于贫穷的现状而且心安理得时，或者看到孩子们在烈日下赤身裸体东奔西窜时,似乎总充满了一份使命感,想着要把中国改造成另一个欧洲……

辜鸿铭的话在绍英的轻咳声中停止了。溥仪以一种礼貌的方式结束了这次召见,并亲自送辜鸿铭出了养心殿,向他挥了挥手。

辜鸿铭由陈宝琛送出宫,路上,他问一直缄默不语的陈宝琛:陈师傅,皇上怎么剪了辫子呢?

陈宝琛重重地叹了口气,说:皇上的辫子还不是在庄士敦的讥笑下剪掉的。皇上可顺这个英国佬了,就说这电话吧,也是这英国佬大说了一通,让皇上起了好奇的心,叫安上的。

"外界随意打来电话,冒犯了天颜,岂不有失皇上尊严。你们怎么就不劝阻呢?"辜鸿铭语含责备道。

"怎么没劝阻呢!我和绍英等一起劝导,说'这是祖制向来没有的事。安上电话,什么人都可以跟皇上说话了。祖宗也没有这样干过,这些西洋的奇技淫巧,祖宗是不用的'。可皇上就是不听!"

陈宝琛絮絮叨叨地说完,又道:辜先生,你知道吗?皇上还骑自行车呢!

辜鸿铭更是瞪大了眼睛,想自古高贵者的车子都是靠他人之力或者畜力牵动的,如今连皇上也用自己的双脚把自己载了,这,这从何谈起呢!他痛心疾首道:皇上是万乘之尊,如果摔了,那还了得,今后可得劝皇上不要玩这些危险之物。

"除非叫那个英国佬劝他!"陈宝琛对庄士敦似乎有刻骨之仇。出皇宫的路长,他微喘着气很是谩骂了一番庄士敦。

"这个英国佬,太会迷惑人心了,皇上受西化毒害太厉害了,今后非清君侧不可!"辜鸿铭怅恨不已,站在玉栏雕砌的皇宫门口,与陈宝琛说了最后一句话。

黄包车起程了,辜鸿铭忍不住又回望了望昔日热闹、今朝肃穆冷清的紫禁城。他觉得如沐天恩的这天是自己一生中最有面子的一天,这一天,他将至死不忘。

五、谁都不在乎那个"脸面"

逊帝溥仪的召见,让辜鸿铭的心情格外的愉快,以至于胡适的同学王彦祖请他陪法国汉学家戴弥微吃饭,他也一口答应了。到得王家,却见除了主客戴弥微、弗兰西斯、毛西尔等几位法人也已在座。寒暄间,胡适也到了,辜鸿铭笑谓众人:我的朋友胡适之来了!大家便都笑了。

胡适和大家见过礼后,在长沙发椅上坐下,屁股还没热火,辜鸿铭就嚷道:密斯特胡,睁开眼睛看看吧。

胡适听得有点莫明其妙:看什么?

"我们正被人家包围住了!"

原来,他们几个中国人坐在长椅中间,而两边坐的都是洋人,大家会意地笑了笑。谁知道辜鸿铭的话还没完呢,他加重了语气接下说:我想请密斯特胡睁开眼睛,看看现今几个列强是什么情形!他们正如一伙强盗,相互砍杀之后,元气还未恢复,却又从事下次交锋的预备了。稍有头脑的人,也能预断他们决无良好的结局。不知你还是不是主张西化?我告诉你,曾有人认为,中国可能会被西方的各种发明所占据,中国将会被欧洲化,如果说有一天中国会被这种方式所占据,那么这只能是很久以前的某一天,而绝不可能有过这样的一天,中国不是一个可以任人宰割的国家!

胡适心里有点怏怏,脸上却是堆满笑容,说:吃饭场合,辜先生也把我当论敌吗?

辜鸿铭点点头,而后道:虽是论敌,密斯特胡身上却有难能可贵之处,我们还是有共同语言的。也不及胡适答话,径自四顾众人,说:密斯特胡和我一样,也是爱小脚的,他家中就有位小脚太太。

"什么,胡博士也娶了个小脚太太?"弗兰西斯等几位洋人颇为吃惊。要知道,当今中国最惹革新人士愤恨的,也是最能象征"东方落后"的具体东西,也许莫过于小脚和辫子了。胡适给外国人的直觉形象,不外乎西装革履、金边眼镜、满口洋文,风度翩翩,摩登至极。把他和代表落后、腐朽、肮脏的小脚放在一起,真是太不调和,也太够讽刺了。

胡适没想到辜鸿铭会在洋人面前揭自己的老底,当然不好解释此乃父母之命、媒妁之言,不觉颇为尴尬。王彦祖忙帮助解围,说:古人爱金莲,今人爱天足,并无落伍与进化之区别,古女皆缠足,今女多天足,也非野蛮与文明之不同,不过俗随地异、因时而变而已。胡博士并未反小足的,难道天底下就容得辜先生娶小脚太?

这话在胡适听来好生别扭,想我怎喜欢小脚呢,当初留美,韦莲司那浑金璞玉般的天足,连着鲜艳欲滴的樱桃小嘴,调皮生动的眼睛和因不束脚而具有的聪明才智,是怎样地深深吸引了我。可我怎就顾虑世俗,为"成体统",违心地答应父母做主,走入中国的传统婚姻之门?!一想及不如意的婚姻,他内心里就不免苦涩，但他可不敢把肚里的苦水倒出。他是要成圣人的，怎能有什么见不得人的隐私？于是他故作轻松地一笑，却是默不作声。

"老辜你也莫狂，中国之广，宇宙之大，几乎快没有三寸金莲的立锥之地了！"

此话一出，满屋震惊，却是外号"徐癫子"的徐墀提着裤子从卫生间转出。他腰带还未系好，却腾出一手来拍辜鸿铭的肩，说：老辜，我说得对吗？

辜鸿铭仿佛被这话给击中了，心想，莲船盈尺本是昔日美人的缺陷，见不得人的，现在却不然了，大翻个儿。大脚称作天足，不但可以摆在稠人广众中毫无愧色，夏天还可光着脚丫子，踱来踱去的，还说要去海滨印鸿爪，而遮遮掩掩见不得人的，倒是小小金莲了。他微叹了口气，道：现在的事怎么说呢，焚琴煮鹤，可谓是极尽侮辱之能事！言罢看了看大家，说：你们中多是鼓吹自由呀、解放呀什么的，可为什么就不给金莲自由呢？从学理上说，像小脚这般修饰个人躯体的特定部位，持怎样的审美观念，合不合人家口味，随不随其他的观念习俗，其选择权和决定权应属妇女本身，如果她们偏偏认定缠足才是男女平等的标志而摒弃天足，也应该算是真正的妇女解放吧。

辜鸿铭用理虽不得其正，但毕竟退了一步，在社会主流面前，承认天足与小足并存。他是聪明的，知道堂吉诃德不好当，潮流难挡，只好以退为进，以此为小脚争一席生存的空间。

"你们中国文明闹来闹去，就是辫子和小脚。辫子问题不大，一剪剪去，烦恼尽除；小脚可就麻烦了，因为它既小之后，就欲大不能了！"毛西尔说罢，环顾众人道：我倒有了一句白话诗"胡适大名垂宇宙，夫人小脚亦随之"。

戴弥微怎么也笑不起来，认为束脚是文明国家中从未有过的酷刑，只为迎合畸形社会那非自然的胃口而加在无辜女子身上。何等丑陋，却还要在大雅之堂作为谈资，真是不堪卒听。他见毛西尔吟了白话诗，趁机接口谈起了白话诗如何的好。

戴弥微的高帽还未给胡适戴完，却被徐墀给打断了：胡先生，别人把你捧作第一个作白话诗的人，我却不敢苟同，那位作"老女不嫁，踢地唤天"的女诗人，我看就比你早一千多年。

对胡适以白话文做思想武器、做钟馗，来抓封建思想余孽这只"恶鬼"，王彦祖是深以为然的。面对徐墀的发难，他反击道：别人叫你癫子，我看一点也没委屈你，你倒说说看，有这个女诗人吗？叫甚名字，哪个朝代？

徐墀一时语塞，辜鸿铭赶忙接过话：不说那个女诗人又怎样，《水浒》里青面兽杨志失掉生辰纲时，听到白日鼠白胜所朗诵的白话诗，以及《红楼》贾府那位老祖宗所作"头上有青天"那句白话诗，也比密斯特胡那"辟克匿克来江边"要早数百年。

徐墀见辜鸿铭给自己解了围，赶紧道：是啊，是啊。

王彦祖不甘示弱，说：辜先生这话可就言重了。在胡先生之前，有哪个诗人要真的把白话诗当"诗"来作？有哪个诗人要用白话来"尝试"并出诗集？把白话诗当作一回事来做，并推之于文坛，胡先生外，还有谁呢？

辜鸿铭也不与他争论了，说：胡适要这桂冠，戴好就是了。

辜鸿铭对胡适年纪轻轻就爱出风头，虽深致不满，然则仍以轻松的心情与戏谑的语调委婉道出，可谓不愤不悱，恰到好处。胡适听了，也觉不过分，乃一脸和气地笑道：辜先生对我有意见，因为我提倡白话文，辜先生却是反对的，理由之一是打电报费字也费钱。

大家的笑声未止，辜鸿铭便又接过话来，说：密斯特胡，上回我听说陈混账（陈焕章）的孔教会要去祭孔子，我就编了首白话诗"监生拜孔子，孔子吓一跳，孔会拜孔子，孔子要上吊"。你说，我的白话诗好不好？

谈笑有鸿儒，趣事一件接一件，打发着光阴如水般流去，不觉便到了入座用餐的时间。

主人早就考虑了中外客人的口味，摆在桌面上的菜肴竟是中西合璧。弗兰西斯浅尝一道西菜后，口角生津，大谈起西餐来：西餐中最好的是法国菜。辜鸿铭尝过东西口味，对法国菜印象倒也不赖，说：你们法国菜无炒无熘的，所以"炒"在法文中找不到对应准确的词，我把它译成"跳"字，中国的炒菜直译法文，就叫"跳菜"，你们看好不好？

"辜鸿铭先生真不愧是翻译家，竟想出这么个绝妙的词儿来，把中餐讲究火候、炒勺中油花四溅、大师傅颠勺颠得菜上下翻跳的情景给形象化了。"戴弥微说完，法兰西斯和毛西尔也是双双颔首，大赞了辜鸿铭一番。

这本是够辜鸿铭高兴的事了，岂料他见这几位法国人讲起法国菜来津津乐道、唯我独尊，心里就不舒坦起来，话锋一转，又道：你们法国人呀，要做好"跳菜"，还真像中国人考进士。有位法国朋友曾在家中请客，特别为我准备了中国炒菜，上桌一看根本不是那回事，青菜蔫蔫地趴在盘子里，颜色昏暗不清，就知道它们在锅里根本没"跳"过。

此话大煞风景，让兴头上的法国客人还真有点蔫了，戴弥微赶紧声明这是个别现象。不料又被辜鸿铭截过话来，道：你不要见怪，我要说你们法国人真有点不知害羞，你们怎地把文学博士的名誉学位送给徐世昌了，就因为他是总统吗？

原来，辜鸿铭天马行空地穿插了另一件事。大家还未完全跟过来，他手指毛西尔大发起议论来，说：亏你们的《政闻报》上还登出了徐世昌的照片，坐在一张书桌边，桌上堆着一大堆书，题作"徐大总统著书之图"。呃，呃，真羞煞人！我老辜向来佩服贵国——La belle France，现在真丢尽了你们La belle France的脸了！你们要是送我老辜一个文学博士，也还不怎样丢人。可怜的法兰西，可怜的班乐卫先生，竟把博士学位送给了徐世昌。呃，要是明珠投暗、要是他下台了，你们要不要给继任总统也送个什么博士学位？

毛西尔打抱不平了，说：徐总统也是个学者嘛。这话换来辜鸿铭的一声冷笑，道：我看你还是别说话的好。有一个时候，我老辜得意了，你每天来看我，我开口说一句话，你就说"辜先生您等一等"，并连忙摸出纸笔来，我说一句，你就记一句，一个字也不肯放过。现在我老辜倒霉了，你的影子也不上我门来了，你说羞不羞！

毛西尔遭这顿抢白，立时讷讷无言。

辜鸿铭却没有放过他，说：刚才我考虑既往的友情，给你留了个面子，没有揭你对本国知识所知肤浅的短，可你却不给我面子呢！你有什么资格来批评中国的小脚呀？我告诉你，你们法国的作家勃勒当就是恋足者；大名鼎鼎的福楼拜更是恋鞋成癖，恋鞋的实质即是恋足。你知不知呀？

竟有这等事。毛西尔和戴弥微相顾无言，但见辜鸿铭言之凿凿，倒也不敢反驳。

这事你们不知也情有可原，但你们再怎么的孤陋寡闻，也该知道贵国贝里地区的习俗——新婚之夜，灭灯入睡前，所有在场的妇女都要平躺地上，让别人脱掉各自的鞋袜，并用被单把她们全身遮盖起来，只露出脚，新郎必须正确无误地指出新娘，如果指对了，就可以把新娘领入新房，享受春宵，如果错了，对不起，明天再来。这不也就是足恋吧！

辜鸿铭说完，戴弥微沉吟道：不经辜先生提醒，我倒忘了，惭愧、惭愧！

"知耻近乎勇，你无须惭愧！"辜鸿铭边说边举起了酒杯，和弗兰西斯、戴弥微对碰了起来，先仰头将杯中酒倒入嘴里，哈了一口气，抹抹嘴，又说开了：说来也难怪你们法兰西，因为你们法兰西缺乏领袖，没有原则，法兰西民族最后一个真正的、尽管不是完美无缺的领袖,已经死在圣赫勒拿岛上了,现在已没有公认的贵族。在当今法国,名义上的贵族是巴黎人,但巴黎人并不是绅士,他们是些资产阶级分子,福楼拜就曾说"我把资产阶级分子称之为思想卑鄙的人"。既无德行,又不讲原则,何来贵族?你们可不比我们中国,中国是出儒将的国家,不比法国有一两个提得起笔的将军就要请进国家学院去高供着……

在辜鸿铭连珠炮般的叫骂声里,周围的空气都在打战,他一会儿拿破仑、一会儿福楼拜,都是重量级的人物,所选择的词汇是那么的形象生动、那么的出神入化,好像世界就是他那面老脸、那张阔嘴,直让人感觉风云为之变化、天地似要塌陷。

王彦祖不希望辜鸿铭一人唱主角,乃道:辜先生,你看这样空气不是太紧张了吗?我提议,大家多喝酒、多吃菜。辜鸿铭立马意识到主人嫌他话多,乃闭口不言,专心致志地享用起桌上的美餐来,别人说话也不当回事,只是频频往嘴里塞满食物。

胡适望着这个与自己同校执教的人,心里涌起一缕说不清的情愫。他对蔡元培的品德和学问向来是推崇的,只是对他主张的互助论和中庸调和不甚为然。翰林公和革命元勋,法兰西和孔老二,空想社会主义和三民主义,怎么都被兼容并包进了代表新思潮的北大呢?不满是不满,但胡适却也坚信像辜鸿铭这样的人只是在北大有一份领薪水的地方,说不上什么大的影响。他实在闹不清,西方世界怎么不辨菽麦地把哲学家思想家这样的桂冠戴在了辜鸿铭头上。在他看来,辜鸿铭绝不是什么哲学家,更不是思想家,如同他喜好的是佳肴美味,他致力于思想,不过是因为思想能给他的生活添些光彩、增些体面,他的孔子学说、他的君主主义和他的辫子一样,无非是用来装饰一下消耗在纯粹享乐上的生活。一句话,没有了辫子,整个打扮和大众一样了,辜鸿铭就不成其为怪,他也就一文不值了,辫子是他的招牌,他是个百年未遇的怪人。

胡适心里轻视着辜鸿铭,却也不得不承认,怪人身上总会凝聚更多社会的、文化的和人生的奥秘。他可以满足别人无法遏制的求知欲,就说今晚这场宴会吧,没有这个思想在先、生活在后的俗人参与,怕还真要冷场,人家戴微弥就是要辜鸿铭作陪呢!这不,戴弥微主动找辜鸿铭说话了,说他在欧洲如何如何地出名,罗曼·罗兰如何如何的赞赏他。

这是辜鸿铭所需要的恭维,但这恭维没有完全满足他,这心理仿佛鸦片瘾发作时只找到了一包香烟。虽然他内心快乐得像沸水似的洋溢,但表面上似乎并不当一回事，只是笑，一边照旧往嘴里塞东西，见戴弥微说得差不多了，才仰头问王彦祖：请问主人，我可以说话了吗？

王彦祖立时意识到自己不经意地开罪了这个怪杰，乃赔着笑道：哎呀呀，谁敢限制辜先生言论呢？

众人都笑了。辜鸿铭自我解嘲道：是这样的吗？咳，树老根多，人老话多，莫笑我老辜说话啰唆。撇撇嘴，稍一沉吟，像豁出去一般，把溥仪召幸的事儿卖开了。看他说得唾沫横飞、眉开眼笑、神采飞扬，戴弥微就似笑非笑道：辜先生好大的面子！辜鸿铭大言不惭道：是啊，皇上召见，面子能不大吗！

"辜先生怎么理解脸面呢？"戴弥微不失时机地把话定格在这里，他觉得中国人特别注重脸面，这脸面是心理上的，而不是生理上的，还真是值得研究中国人这个心理上的面孔。

辜鸿铭沉吟道：它像荣誉，但又不完全是，它不服从道理，却遵循习惯。前面我说了，它是无形的，却又靠显示给大众才能存在。它给男人女人们最实质的自豪感，让男人们为之奋斗，女人们为之而死，它给了中国人生活的勇气和信心。将中国人的面子与你们西方人的荣誉相混淆，无疑不匹配。中国古代的烈女常为面子而死，那是因为她裸露的身体被不相干的男人瞧见，然而在西方，一个男子被扇了耳光而不提出决斗，是失掉了荣誉，而不是面子。在中国，一位官老爷去逛妓院而被拒绝，他觉得受了辱，回府后便带着一干人马去报复，捉了窑姐不够还关了妓院，他于是又争回了自己的面子，但我们一般不能说他在捍卫自己的荣誉。

这种虚荣的东西竟被辜鸿铭演绎得天花乱坠，倒也蛮有意趣。不知是说累了，还是自觉过于喧宾夺主了，几位法国客人正听得津津有味，辜鸿铭忽然半途打住了，慵懒地挥挥手道：你们多说说吧。言罢起身，往卫生间跑了。回来后也不多说，只是听大家谈论。

戴弥微正待举杯往嘴里送酒时，冷不防有人在背后用力一拍，接着便听见辜鸿铭一本正经地说：先生，你可得小心！

戴弥微吓了一大跳，看着辜鸿铭，张皇地问：为什么？有什么地方不对了？

辜鸿铭顽谑地笑道：正是地方不对了，因为你坐在辜疯子和徐癫子中间。

大家听了哄堂大笑。原来，戴弥微的左边坐的是辜鸿铭，右边是徐墀，谁不知道 Crazy Ku 和 Cranky Xu 这两个绰号呢。

辜鸿铭似乎不太满意众人的笑声，冷笑道：有人骂我是疯子，我也认了，可我这疯是假疯，骂我的人才是真疯，他们八成都是得了癔病的，他们总爱侈谈什么民主、科学、自由、平等，啊哈！

这莫不是在骂我吧？胡适立时警惕起来，还未来得及做全面的反应，就见辜鸿铭那剑一般的眼光逼射过来：胡博士该醒醒了，你在美国接受的是假民主教育，是真"民诅"教育，说的不是给人民自主，而是诅咒人民呢！你的导师、美国那个实用主义哲学家杜威是假民主教育的权威。你们公饯了杜威夫妇，把他送回美国去了也就算了，今后切莫再为他扬波助澜了。

胡适是不会当众发火的，他没有脾气，他要成圣人，他只是以微笑当武器，笑话辜鸿铭"胡说"。

辜鸿铭响亮地打了个酒嗝，肚里灌下的酒精开始起作用了——脑子有点像糨糊，眼光有点发直，可嘴巴却还是滔滔不止：罗素不也是你们崇拜的吗？他可比杜威好多了。到中国后，他的口液几乎为颂美中国消尽了。就是这个大名鼎鼎的社会改造家，来华的第一场演讲，就是劝中国人保存国粹。你们有没有听啊？

夜已经深了，家中已传出小孩均匀的微鼾，大家都自觉地压低声音说话，而辜鸿铭却任着性子放言：中国最大的国粹便是保持皇帝，在中国，除了皇帝统治之外，任何统治都不可能。皇帝是神圣的权威，在他面前，自然和人都应低头，这就是名分大义。

辜鸿铭本是才智方面和精神方面的"花花公子"，多喝了两杯酒，就更是撒酒疯了，毫不掩饰地大夸起君主主义来。这情景，就跟一个花花公子当众夸耀自己的领带一样，也许不是真爱，也许是真爱惜，也许是故意和共和派闹点别扭。在他的老顽童性格面前，胡适这个鼓吹自由主义的思想大师反倒显得有些矫情和局促了，他和王彦祖交换了一下眼色。王彦祖会意，看着辜鸿铭道：辜先生……

辜鸿铭却充耳不闻，只顾和几位法国客人说话：我喜欢你们十八世纪的精神，但是我也憎恨它，因为它提出了颠覆性的思想，这种思想正传遍全球……

"等一等，辜大人！"弗兰西斯虽知辜鸿铭只是泛泛地主张皇帝，这些年与实际运动似无关联，却还是与他争论起来。作为辜鸿铭的好友，他们曾就一个问题做过无休止的争论，喜欢争论正是辜鸿铭带给他的性格影响。他说：君权神授的权威已经过去了、结束了，古老的格言也说"宁要危险的自由"，自由并非没有麻烦，但胜过温良有德的君权专制。亚里士多德不是也说"一个人成为全体公民的主人，这是违反自然的"。

辜鸿铭眯着眼睛，轻轻摇头，显出冥顽不化的固执来，再次说：我喜欢你们十八世纪的精神，但是我也憎恨它，因为它提出了颠覆性的思想，这种思想正传遍全球……

大家面面相觑，屋里的空气也太紧张了，王彦祖只好以征询的语气询问：诸位吃好了吗，是否可以散坐了？

大伙"好"字还未出口，屋里高八度地响起辜鸿铭凶巴巴的责问声：你不让我说话了？！那好，我就不说话了，今后也不要见我了！哼，毛姆还想见我，听我说话呢！辜鸿铭边说边从兜里摸出一张揉得皱巴巴的信笺来，递给胡适赏看。

胡适接看，落款署名果然是毛姆，里面以最客气的语气，恳求他容许自己前去拜见。受过英文教育的人，谁不知英国文豪毛姆呢，且不说他后来被英国女王授予"荣誉侍从"称号，也不说他那"莎士比亚后第一人"的桂冠，单就其两年前出版的著名小说《月亮和六便士》，就足以名扬世界文坛。

"哼！"辜鸿铭也不待主人改变主意做出挽留举动，要过毛姆纸条，径自扬长而去，把大伙晾在了屋里。

刚才还说要给人脸面的辜鸿铭，粗暴地破坏了本来已很理想的家宴效果，使得主人"大丢面子"。只不过大家都晓得老怪杰那脾性的，也就不在乎什么脸面不脸面了。估计他已走出大门了，鸦雀无声的屋子里忽地爆发出哄笑，接着大家互相拍了拍肩，握了握手，说着友好的话，步出王家，分道扬镳了。

六、英国文豪毛姆亲历冗长有趣的会谈

毛姆是在整个世界充斥着各种主义的声音时，来东方旅游的，他想听听纯粹学者的见解。确切地说，拜访声高望重的中国哲学家、孔子学说的最大权威辜鸿铭，是他这次长途跋涉的一个诱因。

听说这位英国文豪要去拜访辜鸿铭，他熟识的一位在华英商就好心地给了他一个忠告：别去找骂，那位老先生有时就像疯狗一样，出口伤人，他骂尽了中国的文武百官，比当年中国女皇慈禧太后骂奴才太监还要凶，他更爱拿我们外人磨牙齿、练口才，动辄就是 Cad（下流人，鄙汉）、Sneak（鬼祟，卑劣）。这么听罢，毛姆欲行拜访的兴趣就越发的浓了，他委托这位中国通去帮助联系。等了数天，全无动静，听这位中国通说已写条子叫辜鸿铭来见他。毛姆拍一下脑袋，说：这

位大思想家，由你们对买办呼之则来、挥之则去的态度，写条子叫他，怎么可以请到？于是，他亲自致函相请，恭述久仰之意，求赐一见。这才得到了见面的许可。

这日上午九时许，一顶轿子把毛姆送到了椿树胡同十八号。叩门声后，大门的窥视孔便"嗒"的一声开启，闪现出一双黑黑的眼珠，而后便"吱呀"一声开了大门。瞧着对方脑后的辫子，毛姆急忙欠身致礼，用生硬的中国话道：辜鸿铭先生……刘二也不多说，就引他到了书房。

一位老头正慵懒地靠在书房的乌木椅子上，他颧骨微突，面孔却很有神采，宽宽的额头下闪烁着两只似笑非笑的大眼睛，颏下的几绺长须已有些花白，小鸭舌帽后那根辫子灰里泛黄，又短又细，也许中国最小的猪的尾巴也比它来得长和粗，但它却得到了主人的呵护，不仅编得整齐而细致，辫梢还用红丝线做了装饰，招人惹眼得很。看那领路人进屋后，便在一旁沏茶，毛姆知道了，椅子上这位才是那个笼罩着神秘色彩的中国哲学家。他赶忙欠了欠身，恭敬地用英语说：能容许我来拜访辜先生，我备感荣幸。

辜鸿铭"哦"了一声，却不挪身子，只是直起了脖子，以嘲弄的表情眄视毛姆，说：你从大老远的英国来看我，我当然也高兴呀。孔子说过"有朋自远方来，不亦乐乎"嘛。不过，据我的了解，你们英国人认为所有的中国人不是苦力就是买办，以为只消招招手，我们就得来。

这可是个讽刺的话，毛姆知道上次失礼的凤冤还未在这位中国哲学家的心间消失，他正考虑该怎样回答才好，忽又听得一声棒喝：你们凭什么理由说你们比我们好？！紧接着，一系列尖锐的拷问随着辜鸿铭的情绪波动，排山倒海般向毛姆淹来。

辜鸿铭完全有理由把一腔怒火喷吐到这位西方名作家身上，他的民族自尊心向来是不容践踏的。在当今世界，傲慢的西方人全都把中国人视为劣等民族而无所顾忌地踩躏，那些数典忘祖的中国人竟也自惭形秽地对着外国入侵者曲意奉承，他再不挺身而出，那整个中国都要被洋人看扁了！

挨了一通痛骂而赧颜汗下的毛姆，深切地感受到了这个中国老人的骨气。为了消弭误会，他只好大讲起客套话来，恭维《春秋大义》如何如何的好，还说：智慧使人的房屋生辉，德行使人的品性高尚、心宽体健，这是儒家文化教育下的人，先生正是这样一位宿儒。

"哦，你读过我的《春秋大义》，我在书中骂过你们英国人呢……"

毛姆见辜鸿铭一味只顾自己说话，也不招呼自己，只好在他近旁的椅子上落座了，这得以使他近距离打量对方。他身材瘦削，形容枯槁，那对亮而大的眼睛下面有重叠下垂的皱纹，他的牙齿有的已经折断且变色，一双细而小的手枯萎得像爪子。最叫绝的是他那身油光闪亮的黑色大袖马褂，衣襟和袖子上斑斑点点，也许是鼻涕、唾液的痕迹，简直可以照见人影。毛姆还不能多看，因为得回应辜鸿铭的话，享有文豪声誉的他，当然会说话：先生对西方的批评多是金玉良言，让许多欧洲人对先生、对整个中国都充满了好奇心，一切来自中国的东西都格外吸引人。毛姆边说边捧起桌上的杯子，以一种珍爱的神情说：即使像这样一个最平常不过的小瓷杯甚至一把扇子，在西方都会被视作稀世珍品——它们可是中国货呀！

"唔，你把中华民族比喻成一件引人瞩目的工艺品，倒还不错。我告诉你，这工艺品上面巧夺天工的手艺揭示了中国的精神实质。正如你所知道的那样，中国是当今世界上同天地一样历史悠久，并有着持续文化传统的最古老国家，她拥有自己独特的文学、哲学和生活的智慧。"

"是的，我承认，当中国在思想艺术领域中展翅飞翔时，其他国家还刚在学着拍打自己的翅膀呢！"

毛姆这文学性的语言，换来了辜鸿铭纯真的微笑：先生没把我们中国人想象成一种被驯化的类人动物，就算是很有智慧的了。你们西方人呢，总喜欢将我们置于幻灯之中，以为我们会在动物园里表演各种滑稽动作。早年我在欧洲留学时，不仅常被问及一些极为荒谬可笑、愚不可及的问题，而且发现，甚至那些自称关于中国的权威书籍里，也夹杂着大量荒诞不经的事。咳，谁来理解中国呢？

"中国是伟大的。卡莱尔不是说过吗——一个人在读一部真正伟大的作品时，开始总是感到烦躁，甚至会达到痛苦的程度。伟大的东西命里注定会被误解，这也是中国的情形，所以也就不奇怪中国会被人无知地误解过了。"

毛姆发现，由于他的吹捧，辜鸿铭的神态很快就表现出相当的舒畅了。于是，他看着辜鸿铭好转的脸色大胆出题：辜先生认为罗素理解中国吗？

英国哲学家罗素在应邀来华讲学的近一年时间，曾在上海、北京等地演讲。辜鸿铭虽没听过罗素讲学，但从报刊上看到不少关于他的言论和报道。他看着毛姆，说：罗素并不完全理解中国，但还算是爱惜中国文化的一个人。辜鸿铭对罗素的不完全理解中国似乎很表同情，说：要想理解一个不同文化的异邦，尤其是中国这个与其他国家差别巨大的心灵之邦,绝不是凡人所能胜任的。在我看来,首先不该受那些以大写字母开头的名词的影响,什么民主呀、科学呀、资本呀、股息呀,即使不能彻底也要暂时抛开这些东西,让头脑尽量简单,像你们英国的诗人彭斯那样,才能真正理解一个异邦的国家。

这个解释是不失理论意趣的。毛姆感觉很管用,点点头,旋又问:罗素担心中国一旦有力量成为一个武力强国,即以其人之道还治其人之身,来对付东西洋人。那时全世界又成何面目呢?

"是的,罗素是聪明的。他知道老大帝国、黄脸病夫潜伏的能力。但我们可以告慰爱我们的罗素先生——中国是君子之国,爱好和平,讲求正义,不到迫不得已的时候,决不会去效法野蛮人的行为,走同类相残的下策。"辜鸿铭说毕,轻轻地发出一声笑,这笑直透进毛姆的心田,使他觉得自己的问话很有水准。

毛姆恭敬地给辜鸿铭递上一根雪茄,为他点上火后又问:辜先生可曾研究过美国现代哲学的发展?

辜鸿铭吸了两口,优雅地向空中吐出一个烟圈,而后瞄了毛姆一眼:你可是说杜威那一类的实用主义?见毛姆点了点头,便道:这是那些似是而非的东西的最后逃避所。我倒认为美国汽油比美国哲学对我更为有用,用得还要多。辜鸿铭起初的声音轻小而略显疲乏,在对讨论的问题产生兴趣后,声音便渐变宏大了。

他的批判是尖酸的,毛姆一时无言,便低头呷了一口茶,耳边响过辜鸿铭的声音:真正伟大的哲学只能在孔子圣典范围之内找到,孔子哲学完全能应和一个人精神上的需要——那是大智慧,是精神的圣典!

毛姆想要说什么,可又怕抓不到辜鸿铭的中心意旨,只好继续喝茶。

"可是你们,可晓得在做什么?"辜鸿铭的情绪如此激动,声音如此高调,把个毛姆吓了一跳,双手一抖,杯中的酽茶险些溅将出来。他以吃惊的眼神看着突然变化的这个孔学权威。

辜鸿铭话语咄咄逼人:你们煽动我们的留学生,唆使他们用那亵渎的字把世界上最古老、最精致的文化破坏了!

对辜鸿铭的责难,毛姆虽感唐突,却无从替自己的同胞辩解。友人说他拜访辜鸿铭是来找骂,还真不错。是的,自己成了众多的主动上门、被动领教辜鸿铭这般激愤发泄的西人之一,但这很值得呀。他这么想着,辜鸿铭的声音又向耳膜撞来:只要是地球上能吃的东西,中国都试着烹饪过了,这种文明何需改革?

毛姆不敢苟同辜鸿铭这自傲的话，他换了一种委婉的说法：你们中国人的思维方式确实同我们不一样，正如中国谚语所说"如果爱你的儿子，就要狠狠地揍他，如果讨厌他，就用精美的食物塞满他的嘴……"

谈话被打断了，一位身着黑色衣裳、背披长辫的女孩轻巧地走了进来，挨在辜鸿铭的身旁，用好奇的眼光凝视着毛姆，却一点也不含害怕的成分。辜鸿铭用手臂围住这个生于"革命成功""皇帝弃位"那当儿的小女，告诉毛姆：这是我最小的孩子娜佳，她是新时代起源的使者，她是这老大帝国覆亡的末了的一朵花，至于我呢……辜鸿铭边说边把那根比猪尾巴还短、还小的辫子拿在手中，神气十足地说：这是一个标记，我是老大中华的末了的一个代表。

这两条辫子——一男一女，一长一短，一粗一细，一黑一灰，相映成趣。毛姆忍俊不禁地笑了笑。

"对你们英国人来说，缺少了隐私就意味着家庭生活失去了某种特别的吸引力，所以你们英国人对自己的家庭总是小心翼翼地加以保护，使其免受外界的干扰。而我们中国人却根本没有这个担心，我们家庭生活的吸引力在于成员间的和睦友爱。我告诉你，哲学家从来难得娶什么好太太——苏格拉底的太太就是泼妇；罗素也离了好几次婚；至于我国那位以哲学家自命的胡适之，同枕人竟不是自己所爱。咳咳，说来还是我艳福不浅！"

听辜鸿铭这般说罢，毛姆想笑而不敢笑之间，却见辜鸿铭眼光一跳，撇开自己，埋首低声地和娜佳说了些什么，并很亲热地吻了吻她。娜佳也回报了父亲一个热吻，转身袅袅地往后门去了。

在重新进入叙谈时，毛姆为使辜鸿铭对交流产生兴趣，说起了这位中国圣哲出生地——马来亚槟榔屿的见闻。本世纪初，英国人试图在这小岛重建一个英格兰的举止吸引了喜爱旅游的毛姆来此观光，但他很快就失望了。在这片热气逼人、狂躁不安而又寂寞无趣的地方，那些英国绅士们实在百无聊赖，成天不是在俱乐部里喝威士忌，就是到处拈花惹草。正经八百的英国夫妇一到这里，就不正经起来，通奸、私奔比比皆是，立法委员以高价转让情妇，一对法国兄妹也在这里闹出乱伦的案件来。

辜鸿铭很是愕然，瞪大眼睛看着毛姆说完，语带激愤地说：你们英国人哪，要把这美丽的地方弄成一个古怪的殖民地，你们把英国佬的生活方式也强行带进来了，真是造孽啊！

接下来的谈话，辜鸿铭的语气显得比较温和。他谈到过去很久以前，自己怎样从南洋到欧洲，从一国游行到另一国。他对西方真是了解，那动人的语句把西方文明叙述得有声有色，间或还插进中国式的谴责。他的言行不免受一种逆反心理的支配，在急切随机的评判中，他往往使自己的观点和意见陷入简单偏颇的泥潭。虽然如此，毛姆还是不能自已地把他看作一个圣徒。这可不是个干巴巴、令人生厌的沉闷人物，他广博的学识，无可置疑的语言天才，连同身上具有的那种特殊魅力，焕发出的那种敏锐而过人的才气，令人兴奋、激动直至倾倒。

老人有点累了，神情不免黯淡。毛姆却来了精神，又请教起一个问题来：依辜先生之见，中国如何结束这混乱、分裂的局面？

辜鸿铭一脸肃然地说：这很简单，一句话，只要把中国的军阀、政客、买办和所有叫嚷治外法权的外国人统统枪毙就行了。中国现在所需要的既不是仁慈，也不是正直或荣誉，而是简单的法律处决，或者是将那些既不仁慈、也不正直、也不荣誉的官员拉出去枪毙的勇气。唯一能使官员保持公心的办法，就是威胁说"一旦劣迹昭彰，尔等所接受的就是死刑！"

他说这话时，变了一种腔调，那是法官和律师的腔调，言生意随，他竟就此显现出一种青年人所特有的凛然正气。这使毛姆有了一种上好的感觉，心想，有人把他譬做保守学者中最顽固不化的一个，恐怕是那些人还不了解他的缘故吧。望着他那瘦削的身形、枯槁的面容，毛姆进而寻思，他怎地就不像那些人脑满肠肥呢，莫不是思想的牵累所致？

"我觉得自己有总理国政的才能，可是没有皇帝可以把重权信托我！"辜鸿铭耍起了贫嘴。言毕，望着毛姆浅浅地笑了。

这位原以为高不可攀的中国圣哲，在毛姆眼中愈来愈蔼然可亲。刘二进来，为他们新添了茶水。辜鸿铭呷一口茶后，适才还病恹恹的神情振作了许多，他掐头去尾地谈着，没有圣人那种闲适的态度，表现出的多是一个辩论者、一个斗争者的形态。他嫌恶现代各种主义的呼声，而拥护老大中华和旧式学校、帝国和孔子严正的圣典。

真是个健谈的圣哲，和他谈三天三夜怕还不够呢。但毛姆瞅了空当看了看手表，时间告诉他得告辞了。他起身说了通婉转的外交辞令，却也是他的真实情感：来中国不看辜先生，那就等于游北京未见长城、故宫一样，算是白游了，而且回到家去，真要妻不下织、嫂不为炊，无脸见江东父老了。辜先生也就是故宫呢。

辜鸿铭含笑接受了对方的奉承，却不情愿让一个上好的听众这么快地从身边溜走。他挽留了毛姆，叫刘二新沏好茶后，即兴念了首打油诗：欲将友留下，穷人端上茶；茶美雪水沏，味醇天上来。

毛姆品味着这新茶、这新诗，灵机一问：先生童颜健体、灵思如涌，可是茶的功效？

辜鸿铭点点头，说：我虽没钱多喝咖啡，但在我看来，茶远胜一切饮料，使人的思想更加清明。我真为你们欧洲人尤其英国人感到遗憾，你们一点也不懂沏茶之道——你们煮茶，而后在茶叶里放酒，让好好的茶味给串了，最后还要掺糖。咳，茶味全跑没了！

接下来的谈话，辜鸿铭要让毛姆明白，他所不屑的美国实用主义及其他西方哲学就是西方近现代文明产生的温床。一贯以简慢自大、尖刻挑剔著称的毛姆，一边挨着辜鸿铭的奚落教谕，一边毕恭毕敬地记录着他的言谈，心悦诚服地称他为见解独特、思想深奥的哲学家。但抓也抓不住的时光，迫使他真的要走了。

辜鸿铭这下没有再行挽留，只是情真意切地说：民族间思想的交流是极为必要和有价值的，一切能使东西方更紧密地联结在一起的思想交流，都应得到所有好人的支持，所有有教养的人都应为此而努力、为此做出贡献。

这话让毛姆很受感动，心想，辜鸿铭其实并不是全盘反对西方文明，而是有所取舍的。在又一次竭尽奉承之后，毛姆起了身，但辜鸿铭喊住了他，上前执着他的手，说：我想送你一点东西，做你访问中国末了一个哲学家的追忆，可我是个穷人，而且我不晓得要送什么东西才值得叫你接受。

毛姆有点受宠若惊，忙说：这次谒见本身已是个无价礼物了。这话说得很中听，辜鸿铭报以一笑，而后道：虽这样说，但在这物欲横流的衰败的时代中，多数人只有短暂的记忆力。我还是送你一些比较具体的东西吧。可是送什么呢？

见辜鸿铭以一种亲睦的窘态看着自己，毛姆忽地有了灵悟：能荣幸获得你的手迹吗？

辜鸿铭笑了，笑得很纯真：你喜欢吗？在年轻的时候，我的执笔挥毫不是完全可以轻视的，件件足珍，没有一件是苟且落笔的。何以故呢？因为我成名太早。我知道我的片纸只字都会有人收藏，所以我连个小纸条也不乱写。但对你，当然可以破例。

辜鸿铭言罢，转身坐到书桌旁，选出一张宣纸摆在面前，然后倒几点水在砚上，开始用墨磨起来。就在他举起毛笔时，忽地想起了什么，转头看着毛姆大说了一通书法艺术。

毛姆暗暗叫苦，他一百个愿意倾听这位中国圣哲的训导，可时间观念也不可随意更改呀。就在他如坐针毡时，他惊喜地发现辜鸿铭把头转回去了，拿起了那根差不多晾干了的毛笔，蘸了墨水，以臂部的自由转动开始书写起来。那是一排不见整齐的汉字。写完掷笔，为要晾干那墨迹，辜鸿铭在纸上撒了一些灰，随即站了起来，像授旗般庄严地把纸张授给了毛姆。

毛姆接过纸张，看着那些他不懂的中国字，询问他写的是什么。辜鸿铭的眼中稍稍闪过一丝得意的光辉，说：这是我送你的两首小诗哩。

毛姆最后做了一次阿谀：我不晓得你还是个诗人哩！

辜鸿铭坦然受之，说：当你们还在文明的边缘摸索时，中国人就会写风雅的诗句了。

"辜先生能同时给我一个译文吗？"毛姆说罢，以一种期待的眼光望着这位中国诗人。却见辜鸿铭不假思索地摇了摇头，眼里又倏地闪过一丝狡诈之光，说：给它翻译就是使它伤残，你不能希望我来暴露自己，去问问你那些懂得中文、有资格做翻译的英国朋友吧。

这天晚上，毛姆好不容易在北京城找到了一位号称中国通的英国朋友，出示了辜鸿铭那春蚓秋蛇般的手笔。他那朋友先照中文兴致勃勃地吟诵起来：

你不爱我时：声音甜甜，

眼波含笑，素手纤纤；

你爱上我后：音色却变得凄楚，

明眸蓄泪，睹手痛惜。

伤心啊，伤心之爱使你不可爱……

"哈哈哈！"中国通读完，狂笑不已，涕泪纵流。毛姆疑是辜鸿铭讽骂自己，得知这竟是写给窑姐的诗，却嘻嘻笑了，并不责怪辜鸿铭的无礼，觉得这样无伤大雅的戏弄，对像他这么个讲究人类天性的学者来说，是平淡无奇的事。他从心底里宽恕了这位老绅士在秘密处所的狎戏。

七、一怀愁绪离北大

在各种主义、各种思潮的冲击下,中国看来不可避免地就要丧失自己的文化独立性了!这是辜鸿铭的担忧,不仅为北大,也为整个中国。

真是滑天下之大稽,一个诞生于西方国家尚不存在之时的人类文明,一个与古埃及的著名王朝、古巴比伦的父权制社会同时期建立的人类最早的独特文明,竟要向西方文明妥协!

他想以笔为枪,披挂上阵再做"老廉颇",以他当世无双的辩驳艺术,与人多势众的新文化阵营及由此分化出的"西化派"等做殊死决战,但中国那些白话文报刊已对他的大作表示了极大的不恭。他想在北大校园振臂呐喊,但他教的是英文、拉丁文等功课,不能发挥他的正统思想,虽然他总要随时找机会发泄,可这时机毕竟不很多,不仅鲜有学生听,而且还要被哄笑为不合时宜的老古董。可怜他一肚子广博的学识,竟无法将薪火传授给他的灵魂所眷恋着的学生。他们被教唆坏了。

纵观北大校园,严复手下的旧人也好、桐城派也好,几乎都被迫让位了,大学堂的讲台差不多都给以胡适为首的新派和章门弟子给占领了。辜鸿铭无帮无派的,遗世独立,孤苦伶仃。沙滩那边逼仄而热闹的酒馆里,还常看到一些衣着不鲜的人独坐喝酒,酒洒在桌上有时还俯头吸吮。掌柜的也还像往常那样殷勤不怠慢,真人高士大隐于市,说不准这些人中正有惊世骇俗的角色,他们要么识天文熟周易,要么身怀经纬天地之才,最不济的恐怕也莫不是要以天下为己任者。但这里已经鲜见长袍马褂加辫子的"北大一景"出没了。自黄侃离校后,辜鸿铭就已难得再去,那里似乎也成了新思潮的滥觞之地,他又无法对那些论调充耳不闻,那里已没了他的精神天地,只能让他品味无尽的孤寂。

今夜的孤独难以打发,他嘴里叼了根萨摩雄次"孝敬"的威斯敏斯特香烟,茫然无绪地翻阅起不久前由德国莱比锡思想出版社出版的《呐喊》一书来,这是他对欧洲大战及其他问题的观察和思考的结集本,扉页上以拉丁文和德文两种文字引录了这样一句名言 "为什么英雄在怒吼,为什么人民的言论如此徒劳?"这是自己的心里话,可知音少,弦断有谁听?!

他一怀愁绪地翻开了译者前言,德国哥廷根大学哲学教授奈尔逊优美流畅的德文跳入他的眼帘:

……我们已经从这位中国人那里，从北京的这位贫穷的大学教师和作家身上学习到不少有价值的东西。他鄙弃一切高官厚禄，只为科学研究、信仰自由而生，在受压制的大多数愚昧无知的芸芸众生中以"极少数"自处，特立独行，但毫不畏惧，现在他仍然一如既往地在为真理、正义和人道而斗争。

……如果我们耐心倾听这位欧洲尤其是德国人民的真正的和正直的朋友，这位"欧洲人"辜鸿铭从遥远的东方奉送给我们的建议，我们也许会做得更好。让我们来认真地检验一下辜鸿铭先生给我们指出的这条道路，是否是拯救我们目前困境的道路？是否是引导我们通向幸福平安的唯一道路？

这缘悭一面的奈尔逊还算准确地解读了自己，欧洲人愿意倾听自己的声音呢！自己在欧洲及西方世界的声名已如日中天，《中国人的精神》身价日增，以至一版再版。可在自己的国土上，却找不到忠实的听众，这是何等悲哀的事呀！四万万同胞呀，你们难道不知我老辜国家观念深、爱国之心炽吗？！

辜鸿铭无论如何是难以释怀的，在中国知识界，除了在少数崇尚"东方文化"的人们那里，他还能得到可怜的一点尊重外，那些代表时代主流的人们给他的不是冷嘲就是热讽。他的文章除了以前《东方杂志》和新近创刊的《亚洲学术杂志》刊载外，几乎再没有他处敢发。

是的，自己在芸芸众生中是"极少数"，但也不能妥协，莫辜负了洋知音那"特立独行，毫不畏惧"的评价，为真理、正义和人道而战，是自己的天职。在今日世界，在这个毫无理智的人在叫嚣、冷酷无情的人掌握着统治权的世界上，只有通过文字来感化人。能期望得到什么呢？至少可以借此多争取一些同盟，也许还能唤回那些业已流散到四面八方的战友和他的后人，向着中国文明复苏的事业前进。

用了几个晚上，辜鸿铭从自己在不同时期发表过的汉语文章里，遴选出了十四篇，想着把它们汇集成册，以《读易草堂文集》为书名公开出版。他征序于老友罗振玉。不愧是光宣两朝的文章大家，罗振玉很快就作了篇含英咀华的《醇儒辜鸿铭》以为序，其中两句，直看得辜鸿铭泪眼泫然：

天之生君，将以为卫道之干城，警世之木铎，其否泰通塞固不仅系于一人一国已也……君为当世之醇儒，君之文乃天下之至文，沉疴之药石，非寻常学者可等类齐观。

辜鸿铭坦然接受了老友的奖誉。他自信自己的英语是最优雅的英语，中文也是极为漂亮的中文。他这自信的话是对美国《密勒氏远东评论》新任主编约翰·鲍威尔说的。

在鲍威尔娓娓叙谈时,辜鸿铭发现他对中国的人文地理、人情世态介绍得生动而详尽,乃道:中国在你眼里,已不再是个陌生的国家了。

鲍威尔笑了笑,说:不独这样,我还要让所有的美国人民都熟悉中国呢,我国人民对中国太过陌生了。鲍威尔说罢,对辜鸿铭讲起了一段往事:两年前我回国前往白宫拜见新当选的哈定总统,得知我刚从中国回来,哈定总统便说自己一直对中国感到好奇,而且自己有一个姨妈曾在那里传教。后来我才搞清,总统的姨妈不是在中国,而是在印度传教。说罢,鲍威尔以自嘲的神态说:美国人分不清中国和印度,其实也算不上什么稀奇事,甚至还有人把印度和非洲混为一谈呢!

有感于同胞在有关中国的知识方面十分浅薄,鲍威尔立志在运用新闻媒介向美国介绍中国的社会、政治和文化等方面做出一番成绩。这个美国青年身上表现的一股热情,一种对中国人民同情的友好之情,很使辜鸿铭欣赏,他真诚而赞:先生是正义的素有训练的职业报人。那些以冒险家身份来华后,就趋之若鹜的陷身中国政治斗争旋涡的西方记者,真该以先生为良师了。

辜鸿铭说这话时,鲍威尔不停地在笔记本上记着,对这位世界名人的赞赏显然很看重。辜鸿铭看在眼里,粲然一笑,心想,可爱的美国小子,好好干吧,拿着良心和正义好好爱中华民族吧,我的称赞可不是什么人都给的。

在随后谈话中,鲍威尔告诉辜鸿铭,《密勒氏远东评论》专门开设了一个名曰"中国名人录"的专栏,用以刊载政治、经济、商业各界人士的传略,介绍给外国读者。这些年,他已采访了孙中山、吴佩孚、冯玉祥、张作霖、孙传芳等人。这次来京,正要采访辜鸿铭呢。

"我是名人吗?"辜鸿铭莫测高深地笑了笑。

"要说名人,辜先生才是世界级的!"鲍威尔揣摩着辜鸿铭的心思,适时给他戴上了顶高帽。他对辜鸿铭确也是表示由衷尊敬的,认为这是个极不平常的人,一个还远没有引起世界足够重视的人。他甚至已在头脑中打好了腹稿——这个人对西方文化有广泛的涉猎和深入的了解;这个人熟悉莎士比亚就像一名英国人,熟悉卡莱尔、爱默生和别的盎格鲁·撒克逊作家就像一名盎格鲁-撒克逊人;这个人通晓《圣经》就像一位最好的基督徒,然而,他的特立独行的精神却拥有一种强大的力量。

辜鸿铭乐于接受鲍威尔的采访,他眯着眼睛稍作沉吟,说:我这一生呀,还真够传奇的，要我来说，可用十六个中国字来概括，你听好了——生在南洋，学在西洋，婚在东洋，仕在北洋。哦，对了，现在还可加上"教在北大"这四个字。

鲍威尔来华这些年，虽掌握了些粗浅的汉语，但如此这般要叫他理解这浓缩了意思的二十个汉字，还真摸不着头脑。辜鸿铭看出了他的窘态，莞尔一笑，随即用英语做了清晰的解释。这个经过辜鸿铭刻意微缩加工的夫子自道，还真有点意思——鲍威尔一边飞速地做着笔记，一边这么想。

"不但在中国，即使在世界上，本夫子也算得上独特的一个，我是个标准的东西南北人……"辜鸿铭的话不无谐谑，却振振有词。

一场盎然有趣的谈话余韵绕梁般结束了。送鲍威尔出门后，辜鸿铭眼尖，忽被胡同不远处的一个情景给惊呆了——一位西装革履的男青年正和女儿珍东和凌叔华谈着什么，一边还交给珍东一个什么东西。他看出来了，那是自己班上的学生，他们在干什么？"大庭广众，男女私相授受，岂不有伤风化？"他不假思索地高叫一声。那学生未料辜教授从里头冒出，吓得转身就跑，一溜烟没了踪影。

辜珍东和凌叔华手拉手来到跟前，未及父亲发话，就笑嘻嘻地交代了：父亲你这门生极力想追求本小姐，本小姐就请他用中、英、法、德、意、日六种文字各写一求爱信为前提条件。一边说一边把手中那封包装精美的信交到父亲手中，说：奇文共欣赏，请父亲先睹为快。

辜鸿铭看后直摇头，把信还给女儿，道：这帮摩登少年，诸事力求洋化，唯写情书，还是泥古不化——连篇累牍都还是哥哥妹妹什么的。我读外国情书，还没有遇见这样乱伦的称呼。

听父亲这么说罢，辜珍东看也没看这信，便揉碎了丢弃于地。她从父亲那里学得了好几国的言语，也学会了父亲的骄傲。

因为主义和新潮的浸没，北大校园已愈发地消退了昔日可爱的一面。身处红楼，更使辜鸿铭有了度日如年的恐慌感。正在这时，传出来一个惊人的新闻——蔡元培辞职了！

蔡元培赴欧美各国考察高等教育回来重执校政不过一年，因愤于北洋政府非法逮捕北大同事、赴欧考察教育时最密切的同伴，声明辞职，而后旅居欧洲，专门从事学术研究。

蔡元培的最终去职，改变了辜鸿铭的生存状态。他是蔡元培所聘名教授中第一个有特色的，此乃中外一致的看法。虽然道不同，但这位比自己小两轮的"兔校长"

有操守、有原则，这使得心生敬意，把他与自己并列为天下最好的两个人。如今他这只"兔子"走了，辜鸿铭也自知难容当局，何况北大对他的吸引力已是日薄西山。于是蔡元培前脚一走，他后脚就向接掌北大的蒋梦麟提出辞职。咳，真是人心不古，新校长不仅不识货，竟连个客气的挽留都没有，罢罢罢！

今天，是他的最后一堂课，教完这堂课，差不多就放暑假了。

这堂课，他有很多话要说，他想对各种新潮的各种主义说声不，甚至想教那位追自己女儿的学生有关情书的写法，但时间不许他这样做。他以一种热烈怜惜的目光扫视众生一遍，语含真挚而忧伤：我教诸位学习英文，是希望培养些融汇中西知识、于中国有用的人才，而不是造就一些美国化或英国化的洋奴，望诸位同学知我苦心，有则改之，无则加勉。

教室里响起热烈的掌声。辜鸿铭虽然思想保守，论事偏颇，但为人诙谐，尤其是辜氏教学法能弄得学生们乐而忘倦。他们对这位老先生的离去，自然有点不舍。尽管莎士比亚的十四行诗、弥尔顿的"失乐园"，还有那些长短不一、产地不同的"洋离骚""洋国风"不太好背，但他的"约法三章"却使班上同学差不多再有半桶水就快成诗人了。他们忽地发现，这个博通中外的老头其实有很多可爱之处，尤其是那一颗吾国吾民的炽热的爱国心不容置疑，值得敬仰，但他现在却要离开了。

班长起身，言辞恳切道：上完这堂课，先生便要走了，我们万分地请求先生能与我们合影，刊于同学录中。

辜鸿铭心中艴然，刚才还温和的语气忽然变得有些激愤起来，说：我非娼妓者流，哪里用得着相片？如诸位不惜花费，干脆为我铸个铜像作为纪念，岂不更好！

众生面面相觑，俄顷始有一女生起身道：古云"处世若大梦"，又曰"世无百岁人"，所以人在世上，无论为父为母、为夫为妇、为师为弟、为友为朋，都应随时照一二小像，以慰亲朋戚友间的生离之苦。照相之事，所费无几，所益甚大，先生为何不肯赏光呢？

辜鸿铭沉默了半晌，答非所问道：我的两手洁净，我的心灵清白。我有时也会弄错，人非圣贤，孰能无过——我在爱丁堡大学时就曾这样说过。我平素最厌恶照相，所谓"恶魔本性难移"，只是我从来就不是恶魔。

众生默然，眼望这位相处多时却终未能读懂的名人，不知说什么好。他们心里只涌现一股说不清道不明的悲哀。是啊，多么不识时务的老先生呀，当整个中国差不多都要把西方文明当作借鉴的法宝、仿效的榜样时，你却反其道而行，不合时宜地展开种种批判,你成了近乎悲哀的人物,又能怪谁呢?!辜鸿铭觉察了学生的眼神,语气便又出奇的温驯起来:诸位同学在心底里为我造个相册,不是更好吗?想念我时,就念好英文,不倦地向西方宣扬祖国文化,拯救多灾多难的国度……

在掌声中,在学生们交织的目光里,一袭长袍的辜鸿铭拄着手杖走出教室,走出北大长长的林荫道,留给人们的背影是他脑后的那一条辫子。

刘二像懂得主人的心思,今儿个拉得特慢。缓缓地,缓缓地,载着辜鸿铭的黄包车离开了红楼,驶出了校园,而身后,像渺茫的歌声似的,响起了朗朗爽口的英语诵读声,那好像是"天地玄黄", 好像是弥尔顿的"失乐园",又好像是那位非常中国化的英国诗人华兹华斯的"一种宁静如沐天恩的心境",而不是胡适的什么"匹克匿克在江边"。他忍不住又回望一眼北大,心里喃喃道——我在英国读书时就已知道何为祖国,而当时许多中国人对此还不甚了解,为了更好地为祖国效力,我不看重荣誉和金钱。我的两手洁净,我的心灵清白……

第二十二章

悲喜人生

一、新潮儿子劝诫浪荡老子

多么悲哀的新旧世纪之交呀！中国人似乎完全没了主心骨，一切都跟着洋人的指挥棒转。多么令人窒息的时代呀！中国已经"民国"一些时候了，可新的人和旧的人都对它大摇其头。成了共产党领袖之一的李大钊就公开宣称这是个过渡时代，说光看北京大街上的车就是古今中外的一个大杂烩，中国充满了矛盾和病态。

这又是个多么卑鄙而混乱的世界呀！每个聪明人不是沉默无言、明哲保身就是争先恐后地投机政治，每个流氓也都在觊觎权力，每个傻瓜都在觊觎荣誉，每个骗子都在觊觎钱财。发誓二十年不谈政治的胡适之只可惜到底不能成圣，鼓吹"好人政府"，为段祺瑞捧起了场，只可惜，"好人政府"到底不比当年那个"名流内阁"高明多少，维持不久便垮台作鸟兽散。最可哂可鄙的，那个布贩子出身的曹锟靠着不正当手段得了总统之职，古云逆取顺守，可他干起来却还像是那么回事。

炎炎夏日，辜鸿铭心中的块垒一股脑儿地吐给了美国记者甘露德。说到曹锟贿选一事，他话尤多，从当年安福国会选举时找他拉票那事谈来：我最觉可惜的是，当初要四百元太傻瓜了，想想曹锟，这个卖大布出身的袁世凯匪徒，为了过一次大总统的瘾，竟以五千元一票来拉国会议员。他愈说愈气愤，有着一口焦黄略有断缺的牙齿，厉声痛斥道：那班国会议员，我看可以叫作"猪仔议员"。拿了钱之后，一切的人格便丧失了，卖官鬻爵，无恶不作，这种议员实是民主国家的一种耻辱！

长着副鹰钩鼻子的美国记者甘露德，肥肥的脸上油光可鉴，叫最粗心的屠户，都能从上面刮得下斤把油来。他来华十年，有"中国政治通"之誉，担任上海《字林西报》驻北京记者已有五年，与直系军阀吴佩孚很接近，经常在报上替他鼓吹，而这吴佩孚恰是曹锟的老部下。辜鸿铭骂曹锟，不就是间接骂吴佩孚吗？他觉得有必要做辩解，于是说：我尝听贵国外交总长顾维钧先生对曹总统给予很高的评价，他说曹总统所受教育虽不多，却具有领袖的品格。

"哟哟，哪来的马屁精！"辜鸿铭见有人抬杠，立时来了精神。好与人抬杠，喜与人争辩，这本是他的脾性，而他的学问和本事恰恰助长了这份爱好，他一生只求在抬杠中取胜，无所谓道理不道理。他一边像拨浪鼓般地大摇其头，一边揶揄有加：这个布贩子出身的曹锟，不行，不行！说得不好听，还不如袁世凯呢！也难怪，现在的总统是每况愈下，可谓"一蟹不如一蟹"。想老袁，虽有一千条理由将其鞭尸挫骨，但公正地说，他对信仰和政见不同的人物，尤其是一帮文化人，要比后来的总统好。章太炎也好，康有为、梁启超也好，王壬秋、刘师培、严复也好，马相伯也好，他居然都还能容忍乃至量才适用。可现在的总统，只怕恨不能把小姨子、私生子、老妈子全弄来当了内阁成员！哎呀呀，你们这些外国人呀，真是不识好歹，为虎作伥！

学贯中西的渊博知识使得辜鸿铭在抬杠式的辩论中左右逢源，他可以在外国人中吹中国，在中国人中骂外国，也可以在外国人中骂外国，在中国人中骂中国，甚至也可以在外国人中骂此时此景的中国，几乎是"战无不胜"。几个裹针挟刺的长章短句下来，直让吴佩孚的红人甘露德落荒而逃、铩羽而归。

"现在他们中华民国的官——总统呀、总理呀、总长呀，哪个不是强盗，只怕还是各类强盗的集大成者。可他虽是强盗，等到了你们外国，见了你们外国人，怕一个个也就骨软身酥、不敢动弹了！"

辜鸿铭说罢，见甘露德还不接招，只顾埋头喝茶，心想，你是不屑于答，抑或不敢答，三个板子也该打出个屁来。他鼻子伤风般地哼了哼，主动换了个话题扔过去：俗话说"没有金刚钻，别揽瓷器活"，你给这些走红的政客当谋士，对中国历史都了解些什么？

甘露德一抬头，碰着辜鸿铭那不客气的眼光，乃硬邦邦地回答：你们中国人的历史除了皇帝和嫔妃、辫子和小脚之外，没有告诉我们任何有价值的东西。

这不是在讽刺我吗？辜鸿铭听出来了，鼻子里又哼了哼，说：当然，对甘露德先生一类的西方人来说，皇帝和嫔妃、辫子和小脚不被视作卑鄙龌龊的东西，倒是不可想象的事情。你们病态的想象除了卑鄙、龃龉、作呕，还能指望什么别的东西呢？不过，你们也确实无须劳筋伤神地了解中国的历史，因为你们在中国唯一的目的，不过就是参与所有通商口岸仍在继续进行的一切声名狼藉的商务活动，这根本无须历史知识。

甘露德申辩道：辜先生别忘了，我们还呼吁欧洲各强国在一切政治、商务和文化活动中，以平等之态对中国呢！

辜鸿铭笑了，笑得很开心，这笑透进甘露德的心田，竟使他怀疑起自己那话的真实性。辜鸿铭点了根威斯敏斯特牌香烟，望着对方那张油油的脸，拉长腔调道：甘露德先生倒提醒我记起了现代美国是要抹杀智愚之别的。在一个国家，智者和傻瓜差不多相等，你们现代美国的"平等"概念，竟要求将智者的头脑与傻瓜抹平，以免傻瓜们的权利——他们的"平等"权利——那种与总统在白宫握手的权利被人剥夺！

很幸运，他这话是对我这美国人而非对欧洲人说的，也非对美国总统说的。这尖酸刻薄的话，根本不能流布，那将大大损害伟大的美利坚合众国的国际尊严。免再受辱的办法只有缄默其口，而上策便是一走了之。

甘露德走得匆忙，以致忘了自己的朋友、以《星报》记者身份驻欧的美国作家海明威的重托。这海明威参加过欧洲大战并受过伤，对辜鸿铭有关欧战的论述十分感兴趣，以致希望能得到他的签名书或照片。甘露德事情没办成，还白白给老先生练了口才，好不气恼。

入夏以来，北京的气候异常闷热，连续几天鲜有人来串门，辜鸿铭心想，自己正好享受杜门息影的恬淡呢。他开始以一种前所未有的眼光关注起自己晚岁的家园来。

这古老而宁静的四合院，在春夏秋冬，在朝暮四时，在阴晴雨雪，风景各有不同，不同的色彩、光线和声音，变幻着人的视觉、听觉、感觉。一宿春雨，把宅院的清晨涂抹成一幅浓淡有致的水墨画，屋角的檐滴声，云中的鸽哨声，同是悦耳的音乐。秋天，枣树杈上挂满了压枝的花红枣，一树的海棠也结满了红黄相间的球形果实。冬天，雪上加霜，台阶如大理石雕一般白璧无瑕，而于残雪半融之际，雪泥鸿爪，天冷石裂，从灰蒙蒙的屋角仰望天空，可以寻见白塔、钟鼓楼的影子，连同隐约其间的龙楼凤阙，给人一种暖暖的气息。现在正是流火七月，在斑驳的树荫下，石榴花盛开了一个彩色的世界。这树荫源于那株高大的椿树，它如主人般寂寞傲立，那些浓密的淡黄的嫩叶，已随仲夏的风转青、转绿了，散发出特殊的芬芳。这历史文化悠久的京朝风味，连同四合院和胡同那一砖一瓦、一木一石、一雕一刻的建筑艺术，给人观赏和品味，而一切的一切，只能感受而不可言传。

又是几天过去了，还是没什么人来串门，无心成圣的俗人辜鸿铭便无法息心篱下了。这个上午又被一树的知了叫得心烦，拿了拐杖，唤了刘二，径往八大胡同而来，迟暮时分才呼哧呼哧赶回。

在财政部做事的辜守庸对父亲这种放纵的生活感觉难堪，晚饭后便来书房婉转相劝。可辜鸿铭自顾自地吸着烟，半晌才不急不慢地应了"食色，性也"四个字。

"那些不可救药的烂货……"

"住口！"辜守庸话还未说完，便被父亲给粗暴地打断了：女子不幸而为婢妾，而为青楼娼妓，然婢妾、娼妓中亦有伟丈夫，如绿珠、红拂、柳如是、赛金花，岂可贱视为烂货？

守庸怕说不过父亲，只好姑且妄听，却另做起文章，说：女旁加昌，是人类不应有的字眼，娼妓的存在是人类社会的污点，现在废娼的呼声很高，就是要洗刷这一污点，保全女子的人格。

对儿子，辜鸿铭当然不好讲"解决下水道问题"一类的比喻，但儿子管起老子的事来，却使他感到恼火，他瞪了守庸一眼，说：志中，要你多事干吗？存在就是合理，国家法度都认可呢！

守庸不依不饶地说：那个李大钊，听说还是父亲的北大同事，我看过他那篇《废娼问题》。他说"时至今日，国家法律仍然允许公娼存在，这是可痛可耻的事，娼妓的存在，不仅大失妇女在社会上人格的尊严，而且轻启男子侮辱玩弄妇女之心，这是人类最大的耻辱"。

辜鸿铭吸着烟，阴沉着脸，不发一语，耳边继续响起守庸的劝说：从家庭利害来看，别人的女子可以为娼，自家的女子也可能为娼，所以搞废娼一半是替别人的女子作想，一半也是预防自家的女子……

"够了！"辜鸿铭又是一声喝止，道：那些主张废娼的人不是有酸素心理就是想出风头，把一件普遍存在的事当作笑料谈资。我告诉你，上海总商会已经上书租界工部局，要求保留娼妓。你知道不？

辜守庸垂头丧气地走出父亲的房门，一夜未宿。第二天，他又来找父亲的老友凌福彭。投诉完父亲的丑行后，他低头道：说真的，对父亲这种丑行，我深感烦恼且羞辱。

凌福彭沉吟道：志中，你就不能用婉转的方式去劝说吗？

辜守庸摇了摇头，说：要不是强烈的孝心阻止我，我真想以严厉的话去斥责他这个浪荡子。

辜守庸希望凌福彭能帮助劝诫父亲，可凌福彭却说：宽恕你父亲在秘密处的狎戏吧，他是位哲学家，也许他是想要明了人类某种最不可思议的幻觉……

无计可施的辜守庸想到了借助洋人之力。他找到了与父亲相处甚密的萨摩雄次和鹫泽吉次，如此这般做了恳求。

这两个日本青年谁都知道，辜鸿铭每当搜集到一些钱的时候，总爱到窑子里乱花。这也罢了，他还劝他们也去逛八大胡同。

在前往椿树胡同的路上，谈起辜鸿铭的一桩桩艳事，萨摩忍不住责怪道：辜鸿铭先生怎么会成一个老浪子呢？

"不不，这可不是一个老浪子的姿态，而是一种对某些重要哲学主张的信念。"

萨摩雄次听得云山雾水，拿吃惊的眼神来瞅鹫泽吉次。鹫泽吉次笑一笑，为自己的独到见识作起注解来：辜鸿铭先生为何要劝我们、要劝西方人去逛八大胡同呢？我看缘于他的一种认识。他认为，无知的洋人如果想研究真正的中国文化，全面认识中国女性，起码可以从八大胡同的那些妓女身上，证实中国女性本质的端庄、羞怯及优美。你说这难道有什么大错吗？要知道那些妓女，像我们日本的艺伎一样，还会脸红，而近代的大学女生已经不会了。

谈笑间从这一胡同穿过那一胡同，不时可见卖零食杂货的挑子和小贩，絮絮叨叨地夸耀着自己挑担上各类货品的好。大清已亡多年，可他们还不失其"盛清遗民"的形态，有的依然不舍头上那条伴随过风雨的小辫儿，盘在头顶上，给人一副滑稽相。

辜鸿铭光着瘦骨嶙峋的脊背，在书房里迎接他们的到来。不知何时，那个活动桌面上多了份月份牌。月份牌上画的美女，表情端庄，身材丰腴，神态雍容，着一款旗袍，煞是妩媚。她那肌肤，白皙细腻，活灵活现的，似乎吹弹得破，十分招人喜欢。只是那眼，似乎不是中国传统美女那狭长的丹凤眼，而是有一点西洋情调的深目大眼，睫毛翻翘上卷，涂着与两颊同色的眼影，无疑地，这是西化的一个特征。

萨摩雄次细看一眼后，与辜鸿铭开起了玩笑：红袖添香夜读书，这些美女给辜先生的书房增添了无边的亮色呢！

辜鸿铭轻松地一笑，指着那月份牌上的美女，道：这些美人，画的也好，照相的也好，在画家眼前，在镜头面前，摆的那姿势表情是十分不可靠的。说罢，耸耸赤溜溜的肩膀，说：像我这样，才是真实的一面。

这俏皮话，逗得萨摩雄次和鹭泽吉次相视一笑。他们当然相信，这个中国圣哲在大热天光着脊梁，接待政界显要也好，会见世家名媛也罢，绝无局促忸怩之态。因为他有着自己的信仰，遵循的是儒家"不患无位，患所以立。不患莫已知，求为可知"和"志于道，而耻恶衣恶食者，未足与议"的古训。

谈起月份牌，辜鸿铭竟也有一番感慨：欧风东渐，月份牌上的题材多如牛毛，大多是改良为娼的教唆。咳，西风恶！微叹一口气后，一只手哆哆嗦嗦地从一堆书刊中抽出一张画来，却是哈德门香烟的一个广告。画面上两个时髦少妇肩并肩依偎在一起，两女均手夹香烟，袅袅烟雾上方印着一句话"她俩说，吸来吸去还是他好"。

两位看明白了，她俩说的"他"，可不是香烟的"它"，而是男人的"他"。瞧这德行，烟的品评在其次，这两个女子擅长品评的却是男人。这也真叫俺老辜成老外了，自古以来都是男人品花、品妓，现在却轮到女子抽着香烟，优哉游哉地品味男人了，而且……辜鸿铭说到这里，左手持画，右手点着画面，继而道：两位看好了，这画面上的她们可是良家妇女的形象哦。她们有年龄做底子，有时髦的服饰做背景，这么铺天盖地一广告，岂不吸引大江南北、长城内外的女子竞相仿效？我真怕还未出阁的良家女子，却已在情场上身经百战了。

辜鸿铭有点言过其实，但这不是一个"老浪子"无中生有的妄说，而是一个哲学家对人生、对社会的深层思考。鹭泽吉次似乎更坚信自己对辜鸿铭的认识了，他接过话来，说："他"与"它"一字之转，似可表明女权意识正在中国张扬。

辜鸿铭未置可否，随手将手中这张月份牌往桌上一丢，揉搓着眼角，道：起初是女人给男人敬烟，慢慢地，女人陪着男人吸烟。美人可爱，香烟也可爱，接着便是女人独自品烟。后来，三五个女人相聚，一烟在手，风月自来，良烟如益友，益友也可以是男人嘛。

随着两位日本青年的导引，话题很快就纳入到娼妓上来。辜鸿铭坦然相告：中国的脂粉庭院，不过是公众的情人罢了，这也是中国人不讲竞争、讲仁义的明证。

鹫泽吉次与辜鸿铭接触多了，感到他所行虽不羁，但交友真诚，对年轻人更是频以进德修业相劝勉，他的嫖赌，不过是作文用心、借以解闷而已。这次谈话，辜鸿铭又一次间接地表示了对娼妓的态度。鹫泽审时度势，本不想再做无用功的劝诫，但辜守庸的恳求，却也使他颇费斟酌。他与萨摩雄次迅速交换了一下眼光后，脑子一个激灵，想到了一个委婉的方式。面向辜鸿铭，说：近来我报求征一下联，不知辜先生有否兴趣参加应征，这上联是：三鸟害人鸦雀鸨。

辜鸿铭口头复吟一遍，自言自语道：鸦为鸦片烟，雀指麻雀牌，鸨则指妓也。忽地警觉起来，目示鹫泽吉次，说：鹫泽君，你们不是在规劝我从良吧？

"不，不，辜先生请别误会，确实有读者将这个上联投寄报馆征求下联。"鹫泽吉次想想又加上一句：我们找遍了京城的大小文人，无可属对。

辜鸿铭起身踱了一圈步，揉搓着上半身裸露着的松垮的肌肉，约莫过了三两分钟，忽地一个转身，指着鹫泽吉次笑对道：四灵除尔凤龙麟。

"这还真是个绝对！"为求下联，鹫泽吉次与萨摩雄次好一番冥思苦想，都未有妙笔，岂料辜鸿铭出口便有妙着，不禁齐声叫好。

鹫泽吉次与萨摩雄次未能对辜鸿铭做有效的劝诫。在父亲又一次溜往八大胡同寻芳后，辜守庸看不过这浪子之举，又一次婉劝起来。

谁料，刚点到这个话题，辜鸿铭就起跳起来，说：人家叫我辜老太，我看你才是辜老太呢。年轻人喋喋不休的，成何体系！他背着双手气哼哼地转了一圈后，眼光直逼儿子：你也是读过孔子的，当知孝顺要旨，在于依从父母的愿望，满足父母的需求，不使父母生气。

辜守庸避开父亲愠怒的眼神，却还是做了辩解：父母明显有了错误，做子女的也应该努力促使他们纠正呀。《礼记》不是说"父母有过，下气怡然。柔声以谏，谏若不入，起敬起孝，说则复谏。不说，与其得罪于乡党州闾，宁孰谏。父母怒，不说，而挞之流血，不敢疾怨，起敬起孝"。

辜鸿铭听得脸色发青，道：志中，你还是听孔老前辈怎么说吧，子曰"今之孝者，是谓能养。"

见父亲一味地为自己不检点的行为辩护，辜守庸也真是气极了，大着胆儿顶撞起来：孔子还说过这句话呢"吾未见好德如好色者也！"

儿子竟拿着孔圣人的话来讽刺教训老子，而这老子恰是孔圣人最忠诚的信徒。辜鸿铭既羞愧又愤怒，一时，睚眦欲裂，嘴唇哆嗦，脸色毫无血色，可怕得要命。

辜守庸看得心下骇然。长这么大，他还是第一次正面和父亲交锋呢！屋里陷于死寂，他垂首肃立着，心怦怦狂跳，似要出膛，他等待着一场狂飙暴雷。但没有，在挨了两分钟的沉寂后，辜鸿铭重又开口了，语气出奇的平静：志中，你也想做新潮的一代，看我这老头子不舒服了吧。那好，你去日本吧，你还没去过你生母的故土呢，把你生母的魂带回去吧……

二、中央公园有彩头，八大胡同出意料

打发走了儿子，辜鸿铭的心中并不见晴朗。家门口除了那些形容邋遢的乞丐还时来光临，已是门前冷落鞍马稀了。他虽然还一如既往地为北京街头衣食无着的穷人而痛心，但已不像过去那样捏一把钱，发衣服那般地给他们人手一份了。一来他本身财源无着，二来这个不可救药的民国社会，上自总统阁员、下到贩夫走卒乃至沿街乞讨的乞丐，人人都有一套得心应手捞钱的伎俩，他怕纯洁的同情心受到瞒骗。

他的辫子、他的涕迹斑斑的长袍马褂如同拒绝交往的标志，让人裹足不前，虽然那为数不多的人群对他仍存"阅读"兴趣，心底里不时还涌起跟他学说几句纯正英文的愿望。唉，我这崇高的孤独，怕没人敢来攀呢！辜鸿铭常常这么惋叹，难挨孤独时，他便往中央公园去亮相出彩。

辜鸿铭的脚步停在了"来今雨轩"门口。这是北京最好的听蝉胜地，也是洋派人物、摩登情侣的流连之地，红男绿女，士气粉香，袭人眼鼻。正像年轻人不到春明馆那样，老先生们也是不到这个主要经营西式茶点和西餐的场所里来的。

但现在，一位身着枣红色长袍、一袭肥大马褂、脚踩夫子履、发辫垂肩的"老怪物"，迈着蹒跚步履粉墨登场了。只见他大大方方地在边上找个空位，往大藤椅上一靠，一抬手，叫来一沏上好的铁观音，一副旁若无人的神态。他虽是微眯双眼，耳朵却是张开的，有意识地收集着一些议论。在他身旁，两位穿西装的青年谈论得不亦乐乎，从蒸汽时代、钢铁时代、电气时代的西方说到尚处孔子时代的东方中国，很是以天下为己任，偶尔还蹦出几个英语单词。显然，他们是留学回来的。辜鸿铭听得难受，心想，这些从欧美回国的中国青年不仅思想新、言行举止新，就是吹牛放炮也新。一个个非我莫属地醉心于革新，却又单纯无邪得很。办了个生产牙膏、打火机什么的工厂，以为是在走实业救国道路；翻译了几首

二三流的美国自由诗,称作是在做西学东渐的大事。怎么说他们呢,咳,不是富有灵感的白痴,就是稀里糊涂的天才。

在他们的桌面上摆着一本书。辜鸿铭伸出干瘦如爪的手抓来一看,却是美国传教士、已故驻华参赞何天爵的《真正的中国佬》。轻轻一叹,随即物放原位,道声"可笑可惜哉"。

两位西服青年本来就觉得眼前这个"老古董"太过扎眼——都什么时候了,还这副打扮,只道是走错了地方的背运太监——丝毫没有准备理睬的念头。没料他倒找碴儿来了,一开口便说出这等令人摸不着头脑的话。他们便齐齐地朝他瞪了眼,一人面露鄙夷的神色,道:怎么可笑、可惜了?

"中国佬"这个含贬义的词广为流布于欧美人的语言中,而"中国人"这一恰当的称谓却被排除在外——这是桩令辜鸿铭不满而恼怒的事。他当然要对爱国青年们提出质疑了。他从口袋里摸出支香烟来点上,徐徐吐出一口烟圈后,说:这本光书名就带有轻视中国人的洋玩意儿,不知里头还有多少污蔑中国的不实之词,却被你们不分良莠地奉为圣典。我为这世界感到可笑,为你们感到可惜哉。

辜鸿铭这个说法,并没有给对方一些启发,却招来他们更大的鄙夷:写这本书的何天爵先生可是个有名的"老中国通"呢。怎会有不实之词呢?你才不分良莠呢!

"'老中国通'?啊哈,我听说许多'老中国通'都读不了一字中文。当然喽,我们不能仅因为'老中国通'们看不了中文报纸,就下结论说他们没有权利写有关中国的书,然而,这些书籍最多只能维持在酒吧茶馆里的那些闲言碎语的水平上。"辜鸿铭说话时,那细长的眼缝里迸射出一种轻蔑的寒光。

这寒光让两青年心头一凛,相互递了个怪异的眼神,也不答话,双双起身离开这个"老怪物",择他处坐了。辜鸿铭也无所谓,又眯起了双眼安然入定。

夏日里阴晴不定,好好的天气,忽然响了个霹雳,接着大雨瓢泼而下,那成百上千的不知疲倦地欢快应和的知了似乎一下子全没了。茶馆外的游客,抱着脑瓜儿急急地冲过来避雨。地窄人多,大家磕头碰脑的,闲言杂语也就沸扬起来。有人说起了两年前北京大学等五团体在来今雨轩公饯美国哲学家杜威博士夫妇之行的事来,称此为来今雨轩最难得的国际文化盛会。辜鸿铭听得如鲠在喉,心想,什么国际文化盛会,最多算是假民主教育盛会。他正想着参加到这个话题中来,忽又听有人道"听说那次宴会,杜威并不领情呢。说花钱费时,还不如把这顿不薄的饭钱、把这靡费的时间投之于教育呢"。这么听罢，议论便更多了——这个说"真是热脸贴在冷屁股上。洋人这么难伺候，我真为中国人叫屈！"那个道"我看杜威是免俗呢，不像我们中国人，老是吃呀、喝呀的，弄得昏天黑地，没个定数！"紧接着，一个高八度的声音响起来：我看也没有什么屈不屈，免不免俗什么的，主要是洋鬼子不懂中国国情！

大家循声望来。这声音，这极为洪亮的声音，是从那个留辫老头干瘪的嘴巴里发出的。

辜鸿铭最大的幸福就是有人虔诚地听他发议论，他表面上傲慢冷淡，内心却是喜花纷缤。他信口道来，就是一篇不赖的议论文，说：这些洋鬼子不知道，中国人甚至在与上帝和神灵打交道时，也是要请吃饭的。这请神吃饭的仪式就叫作"祭"，"祭"这个字下面是一个示，上面是一只手拿着一块肉，所以，"祭"就是用手拿着肉给神看——我们请您老人家吃肉了，您老人家也得表示表示吧？既然连神都吃这一套，我们这些凡夫俗子，又如何能免俗？至于人家洋鬼子不识抬举，那是他们吃错了药！

真是精辟之论，大家纷纷地笑将起来。但人多嘴杂，也很有些不以为然的，以更高的声浪压过了辜鸿铭的宏论。陷身人海，他无由发作自己的怪脾气。

雨落甚久，时近晌午，辜鸿铭肚子"唱空城计"了，又恐头顶那"宝贝"被顽劣小孩拔掉，急急地移步，拾阶上了西餐厅。

辜鸿铭头上摇曳的辫子就像是一面挑战的旗帜，身处这洋派人物、摩登男女盘桓宴游之地，更是树立了众多"敌人"。那些"高等华人"很快就把眼光聚集过来。从侧后望去，他发辫曳背，衣冠不整，一副潦倒、龙钟、顽腐之态，莫不疑为运交华盖的"老冬烘"；而从正面看，他吃西餐使刀叉的娴熟劲儿，喝汤时悄不出声的方式，则又是位十足的绅士。大家直觉奇怪。谁能辨其为名炫中外的风流名士呢？几位喝过"洋墨水"的青年，不免在旁用英语讪笑讥讽。没想到这个老头子陡露峥嵘，立马用极道地的英语骂了过去，遣词造句与他们也有云泥之别，锐不可当，骂得他们无地自容，赶紧抱头鼠窜而去。

从西餐厅下来，已是雨过天晴，一弯霓虹嵌于蓝天，槐叶上挂满了闪光的水珠，歇息过了的蝉声也此起彼伏地唱响开来。数不清的红蜻蜓忽东忽西地在低空曼舞，孩子们捕捉蜻蜓的烂漫情景，直看得辜鸿铭兴致盎然。正傻呆呆地看着，耳边忽地响过一阵久违了的声音：这不是汤生兄吗？

第二十二章 悲喜人生

辜鸿铭转身看了看身后这群人，突地伸出手来，用力来拍其中一华服老者，兴奋有加：哦，太夷兄！

那位被称作太夷的华服老者，原来是郑孝胥。他见人多眼杂，而辜鸿铭那身扮相太过显眼，乃神秘兮兮地拉着辜鸿铭的手，说：走走走，咱哥俩找个地方好好叙叙。

辜鸿铭随郑孝胥上了马车，却见里头所饰全是黄灿灿的宫用绸缎，不禁大吃一惊。

原来，郑孝胥是新获废帝溥仪青睐的"宠臣"。溥仪大婚后，郑孝胥趁"入贺"之机，投奔过去。算是成人的溥仪也希望多和有学问的人接近，才显得皇帝有为，乃降旨起用郑孝胥，在懋勤殿行走。郑孝胥为极善投机的人，一来就提出整顿内务府一系列计划，深得溥仪赏识，旋复任命他为总理内务府首席大臣，把总务处和外务事宜一并交给他。

到得郑孝胥府邸，刚下得马车，却见门口候着一人，辜鸿铭定睛相看，又是一惊，那人竟是金梁。原来，这金梁受着郑孝胥的推荐，又兼旗人身份，也当上了内务府大臣，做郑孝胥的助手。

三位老熟人不期一并相会，哈哈大笑，携手进客厅分主宾就座。辜鸿铭对郑孝胥急速见宠的纳闷未消，言谈间自然要问起"丁巳复辟焉何不列名参加"一事来。

郑孝胥嘿嘿一笑，也不解释，起身往书斋里取出一份诗稿，交与辜鸿铭相看，却是在张勋新死后作的《挽张忠武》。辜鸿铭看罢默然。郑诗中"使我早识公，救败岂无术"之句，不仅解释了他未参与"丁巳复辟"的原因，还大言不惭地为自己的才识鼓吹，昌言复辟失败正因为没有拉我参加；"犹当歌正气，坐待桑榆日"之句，分明表示自己也要来一回复辟。

辜鸿铭还未有话，那金梁就径自在一旁为郑孝胥吹捧起来，说：诗言志，太夷兄如今高踞显位，正是要竭力扶助宣统帝复辟的。

郑孝胥纵声一笑，看着两人大声道：今年是旧历甲子，甲子为更始之象，照我看呀，咱大清中兴的时机就要来了！言罢，上前拍拍辜鸿铭的肩膀，道：辜兄，前几日我在宫内夜值，有感而作了首诗，抄来送你！

也不待辜鸿铭言谢，郑孝胥径又往书斋去了，泼墨挥毫，俄顷便成一条幅，其诗曰"天命将安归，要观人所与。苟能得一士，岂不胜多许？狸首虽写形，聊以辟群鼠。持危谁同心，相倚譬蛮驱"。

辜鸿铭自知郑孝胥多大言、少成事，浪窃虚誉，而金梁也浮躁喜事。但见他俩情激于怀，口口声声说中兴，也大受感染，连道"诗是好诗，书是好书，大清中兴，好上加好！"

辜鸿铭对废清沉积的感情，就这样在郑孝胥的鼓吹下又一次勃发了。看到郑孝胥位极人臣，他心里颇不宁静，想自己满腹经纶，宣统帝也是召见过的，为何就不见受重用呢？朝中有人好说话，他希望这位受宠的老友能帮助在皇帝面前详加荐举，共同为大清的中兴尽力。为了这份心愿，他少有地干起了投其所好的事来——在几天后，专门请郑孝胥同逛八大胡同。

快到花街柳巷时，辜鸿铭的话就多起来了，大侃花界趣事。迎面有人与郑孝胥擦肩而过，还有意无意地瞟了他一眼，慌得他赶紧拉下帽子。

"太夷兄，你说这八大胡同中，有没有需要我们拯救的霍小玉和杜十娘？"

郑孝胥没有答话，却嘘了声，一双圆溜溜的眼睛警觉四顾，说：免开尊口，被人认出来就不好意思了。言毕，竟有踟蹰不前之意。

辜鸿铭费了好一番口舌，才将郑孝胥请上青楼。刚相中位清纯得像女学生的意中人，郑孝胥却又前顾后瞻起来，说：不妥、不妥。万一有记者探艳，拍了照片上报，岂不坏事？

辜鸿铭忍不住责怪郑孝胥虚伪、不够真诚、失去了狎妓本意。见郑孝胥还是那一句"唯恐"。辜鸿铭可就来火了，说：今日人心之失真，即于冶游、赌博、嗜欲等事，亦可见一斑。昔日孔子云"古之学者为己，今之学者为人"，我看可改为"古之嫖者为己，今之嫖者为人"，刚好送与太夷兄。

辜鸿铭是个好古分子，笃信古代的盛世，认为古人的品质要比今人来得崇高，这点郑孝胥是知道的。孔子原话经他这一改，古今的嫖客也有了天壤之别的高下之分，"为人"与"为己"的差别太大了。换了平日或换了讥讽对象，郑孝胥也许还会称道他改得好，刻薄是刻薄了点，却给人一种全新的感觉。只不过今日郑孝胥怀有鬼胎，见辜鸿铭不仅暴露了自己的大名，竟还如此嘲弄自己，脸上不觉难看起来，冷冷道：你如要了心愿就听我的跟我走，否则就留下自便。

这可是个官僚、政客的用语。辜鸿铭年轻时就恃才傲物惯了，益老益傲，如何能听得下郑孝胥这高人一等的说法，当下硬邦邦地回应一句：我看要自便的是你！言罢，竟不再加搭理，温香在抱以娱老怀去了。

但这天，辜鸿铭平生难得地少了冶游的兴趣。老相好纫香已从良去了，眼下这窑姐按说相貌、身段、才情都算上上，就是脚大如船，不堪乐乐，又因了郑孝胥临阵逃脱，辜鸿铭好半天都感觉蔫蔫不堪。正欲速去，间壁忽传来嘤嘤泣声，忙问详情。听说是位新买来的叫云霞的姑娘因不愿接客，而遭鸨母怒打，怜香惜玉的辜鸿铭便坐不住了，赶忙叫过来相询。

云霞是为给母亲治病而跳火坑卖身青楼的，一对明眸虽含着对身世的悲切之情，却也流光溢彩，那万千仪态，那淑女神韵，是任何风尘女子所望尘莫及的。辜鸿铭心想，天底下竟有如此温柔的可人儿！她悲切的身世、刚烈的性情，不禁使辜鸿铭想起了死去的如夫人贞子，心想，如果也把她买下来，今后配给守庸岂不是两全其美？

云霞当然一万个愿意从良的，那鸨母也正恼着她不听使唤，何况辜鸿铭又是熟客了，便开出了五百大洋的赎身费。辜鸿铭唯恐夜长梦多，担心云霞和鸨母双双改变主意，乃屁颠屁颠地往家中赶，凑齐了这许多大洋又屁颠屁颠地折回八大胡同，一个下午就把这事成交了。

云霞心灵手巧，勤劳能干，到辜家后不独淑姑喜爱，就连珍东、娜佳也与她相处甚为和睦。只是珍东担心哥哥守庸不会接受，因为她早已察觉到哥哥和丽莎似乎有点心照不宣。

说来也真巧，几天后，流星般消失了些时日的丽莎，忽然亭亭玉立地出现在辜府门口。因为叔叔辛博森去奉天给张作霖做顾问，她也就跟着去了东北，此次回来，是专门来看辜守庸的，她希望辜守庸能去奉天谋事。

得知辜鸿铭竟把辜守庸打发到了日本，丽莎不觉花容失色：辜先生为何要叫志中去日本呢？

"这是我的家事。"辜鸿铭淡淡道。从丽莎亲亲热热地叫儿子"志中"，他似乎看出了苗头，不觉有点怃然，原来，她以往的串门，竟是为了志中而不是为他。

丽莎似乎对辜鸿铭有一丝儿的怨恨：你可以随便叫志中去日本吗，志中怎么什么都听你的？

有关家庭伦理，中国人理解的含义是欧美人绝对理解不了的，为了让这位英国女孩理解这一点，就必须解释清楚。于是，辜鸿铭面带微笑地看着她，说：我们中国家庭成员间的关系，可不是你们所能想象的。在你们欧美家庭中，子女成年前受父母约束，成年后脱离家庭并建起自己的家。而在中国，除了出嫁的女儿不再受父母管束外，儿子则永远不得脱离父母的约束。即使他们娶了妻、生了子，也都得生活在本家。即使他们也做了爷爷，只要父母还在，对他们的绝对权威与孩提时并无二致。这就是我们中国的伦理。

丽莎沉默了半晌，而后又问：不是说中国已经废除五伦了吗？

丽莎说的没错，中国一些年轻的激进者已公开提出废五伦（君臣、父子、夫妇、兄弟、朋友）的口号，一阵叫好之后，有人觉得"朋友"这一伦不能废，于是改为废四伦。辜鸿铭对废五伦的口号深恶痛绝，认为五伦乃中国传统社会的道德伦理基础，怎能轻言废止！如今见丽莎这位外国女子也提及，他更觉心里有气，鼻子里哼了哼，道：五伦是我们中国永恒的契约，它永远不会被时光割断！

辜鸿铭说罢，撇下丽莎转身回书房了。他觉得从此世上少了一位英国弟子，这个与自己当年在苏格兰求学时的女友极为相像的英国弟子，不仅想和守庸自由恋爱，还想着要废五伦。这哪能行？

三、穷且益坚的救国者

这年春节，因为辜鸿铭辞了教职，没了固定收入，而买云霞又花费不薄，一家人过了个不温不火的贱年。

春节过后，辜鸿铭让刘二拉了重印《中国人的精神》时赠送的数十册样书，到洋人云集的六国饭店签名售书，书价上翻了十倍。这是他难得的一次以书为媒，从事冒险的商务活动。他不怕冷场，相信凭着自己在欧洲及西方世界如日中天的声名，他的书，尤其是这签名书，当是身价百倍。与书摆在一起的，还有一叠书法作品，统统写着"春秋大义"四个字，落款统是梁鼎芬。说来也有意思，当初英文版《中国人的精神》热销中外时，辜鸿铭请好友梁鼎芬和梁敦彦分别题写"春秋大义"和"原华"的中文书名不够，特地买来一刀上好的宣纸，专请梁鼎芬另写了一大摞的"春秋大义"这四字横幅。如今，这些出自梁氏之手的遗作，赫然地与辜鸿铭的书摆在了一起，以五块大洋一个字的明码标价来出售。

正如辜鸿铭自负的那般，他这个古怪做法很是吸引了一班洋人。一些时常出入这高级饭店的"高等华人"，也过来凑热闹。可他们的"捧场"，却是厚彼薄此，买的是梁氏书作而非辜氏大著。一些洋报记者以之为趣事，纷作报道。有的甚而添油加醋、捕风捉影，说"辜鸿铭请人吃饭，自己却装作因胃病而食欲不振，不吃饭，因为他小心翼翼地把窘境给掩盖了起来，这些年来竟无人觉出他一贫如洗"。

得知辜鸿铭在北京生活困顿、贫不能自持，德国哥廷根大学哲学教授奈尔逊心急如焚。找到与辜鸿铭有过交往的哲学家盖沙令和爱米，商讨筹一笔款子，给辜鸿铭汇去。

作为新康德主义者的奈尔逊，是个标准而狂热的"辜迷"。作为辜鸿铭未曾谋面的朋友，他曾亲自捉刀，将辜鸿铭在大战期间发表在各报刊的五篇文章译成德文，以《呐喊》之名在德国出版。至于辜鸿铭的《清流传》《中国人的精神》等书，他更是捧读过十几遍，多读一次，便觉有所得一次。他初读孔子，感觉并没有什么深意，待读了辜鸿铭所著《春秋大义》后，再复读《论语》，才深明孔子之道。他经常向中国留学生介绍辜鸿铭的作品如何的好，说"并世同辈中，我所佩服者当以辜鸿铭先生为第一。孔子当然是人类最伟大、最深刻的创教人，辜先生则是孔教最杰出的当代圣徒，他的著作让我们更清晰、更深刻地理解了孔教精义"。这些中国留学生大多也是听过辜鸿铭的，但一般都认为他是个老顽固，所以多不喜欢理会他。奈尔逊乃想出个绝招——谁不懂辜鸿铭，就不要来上我的课。这还不够，出于对东方文化的热爱，他与一批德国"辜迷"创办了"国际青年团"，规定团员人人皆知孔子、个个知晓辜鸿铭，团员见面，每有讲演，必引孔子或辜鸿铭的格言。

随着奈尔逊等名教授的捧场，在国内颇受诟病的辜鸿铭，在哲学的故乡、近代欧洲种种哲学思潮的发源地德国竟备受推崇。他的著作被大量翻译出版，大小报刊一片赞扬声，许多大学和学术机构竞相成立"辜鸿铭研究会""辜鸿铭俱乐部"。

异邦的辜鸿铭，使得奈尔逊和盖沙令、爱米成了知心朋友。但他们也知道，以辜鸿铭的性子，是断不会接受外来赠款的。于是乎，他们想了个聪明的办法——以辜鸿铭在德国出书的版费名义，将款子兑汇到了北京。

这笔来自德国数额不菲的"版费"，在冷冷的雨雪中送达辜鸿铭手中时，不苟钱财的他心安理得地接受时，竟也下意识地用上了"雪中送炭"这个词来做感叹。淑姑对他也是愈发地好了，感觉他像是会变钱的魔术师，这晚岁的时光是再没有后顾之忧了。

也在这时，卫礼贤主持的北京东方学会组织了一次题为"世纪初中西文明的灵魂探索"的演讲会，又给辜鸿铭提供了一次发小财的机会。一同受邀登台演说的还有民国外交总长顾维钧等人。

仗着年龄和知名度，辜鸿铭当然被安排在第一个演说。

在又一次阐述了自己向来主张的"要估价一种文明，我们必须问的问题是，它能够产生什么样的人，什么样的男人和女人……"之后，辜鸿铭得出了自己的文明标准观：真正的文明或评判文明的真正标准，就是像真正的中国人那种"人性类型"所拥有的道德教养，中国无论最高层还是最低层都有一种宁静淡泊的尊严，这种尊严往往不会为欧化教育所动摇，所以英国哲学家罗素先生相信中国是世界上最伟大的国家，并且具有最优秀的文明。

针对流行的以物质经济发展水平来衡量一个民族文明程度的观点，辜鸿铭感觉自己有责任点化这芸芸众生。他说：那些把对文明的渴望局限于对物质生活的可怜追求上的现代人，不懂得或不愿承认这样一个简单的道理——一个社会和民族具有发达的物质文明，却并不等于该民族就一定道德高尚、风气纯正、精神富有和文化繁荣。同理，一个在物质和经济方面暂时落后的民族，也并非在文明的其他领域都没有优长。照我看来，在追求文明的道路上，哪个民族忽视去提高全民族的道德教养和文化水平，它就算不得一个真正文明的民族。

一站在讲台上，面对台下的中外人士，辜鸿铭就感到肩负着一个为中华民族呐喊、维护民族尊严的使命，这使命使他热血滚烫、不知疲倦。他的一字一句都不是可有可无的废话，都是有感而发的。不是嘛，现在西方人尤其是那些在华西人的心底深处，普遍蔓延着一种以物质发展程度和生活水平来评价一切文明的倾向，他们因此鄙视中国人及中国文明，他们由此建立起的文化和民族的优越感，还不断成为其欺侮中国人民、对中国施行各种野蛮举措的心理基础和托词。辜鸿铭当然要与这可恶而不公的现实决战，以他的身体力行来反抗西方的文化歧视。他要做中国的解说员，他篡用罗素的言论为自己助阵，说：有些白人常常误以为中国是一个不文明的国度，这些人早忘了什么是组成文明的因素，他们只认为北京没电车，而忘了欧洲人恨不得挖尽中国丰富的矿产资源，在我看来，电车和矿产资源都不应被视为文明的精神……

随着辜鸿铭论理的深入，台下响起了不恭的声音：太好笑了，怎么会让这样的老古董谈什么文明呢！

这大不敬的议论，给了前排等候上台的顾维钧一种自信，他已经摸着了中国听众的口味，相信自己的演讲当会获取十倍于辜鸿铭的掌声。风度翩翩的顾维钧在数年留欧生涯中学会了一口流利纯正的英语，广为领略了西方日新月异的物质文明的可爱。这位名声显赫的外交才子却不张狂，对祖国文化倒还有一定的感情和理解力。他吸着雪茄，好生"咀嚼"着辜鸿铭的演说，他觉得辜鸿铭的英语比演说的内容好听。他感觉到辜鸿铭的偏颇显而易见，他甚至有点同情，不，是可怜起这位留学生前辈。辜先生你知道吗？你的抨击从一个极端走向了另一极端。你怎么能完全漠视物质和经济在文明发展中的地位呢？殊不知经济的发展、物质的进步不仅是文明的重要因素，还是整个文明的基础，它从根本上制约着道德教养的水平。这种制约，并非像你所说的那样只是文明存在的条件而已，无关宏旨，而是直接地影响着精神文明的升华。另外，你口口声声提倡的道德教养，究其实不过是精神文明领域的内容之一，单纯作为衡量精神文明水准的准绳已然不足，用它来作涵盖和评估整个文明的尺度，就更难以服人了！这，怎么能不让人喝倒彩！

辜鸿铭才不信真正的中国人会喝倒彩呢！他洪亮的声音，来自十足的底气，这份底气按理不是望七之龄的老人所常有的，但胸中的一股正气支撑着他，"发酵"着他的底气。他以大而明亮的眼睛扫视台下的中外听众，说：正如大家所知道的那样，我承认，中国文明在近代确实遇到了前所未有的困境。但这种困境不是中国文明自身造成的，而是中国衰弱不振，无力抗拒西方列强入侵，以及随之而来的欧洲物质实利主义文明破坏冲击所致。而中国所以衰弱不振、无力抵御西方文明的入侵，其根本不在于传统文明无能无用，恰恰在于中国人尤其是知识阶层，完全丧失了东方文明的真精神……

在这个畏洋如虎、事敌若父的时代，有多少人在强权的洋人面前连大气也不敢多喘一下呀，可这个手无缚鸡之力的辜鸿铭骂起洋人来，像是骂自己的孩子。但一些畏洋如虎的中国人对他的骂洋除了好玩，便是纳闷，总以为他哪根神经出了问题。洋人就是比中国人厉害，我们也不是随便事洋若父的嘛，连皇帝、总统都不敢得罪洋人呢，你倒想出风头，来博得我们的尊敬，休想！

顾维钧对辜鸿铭的固有印象，因了今天这场演说，而更清晰——满口春秋大义而又自大、保守，把任何外国的东西都视为宿敌，这就是辜鸿铭。但顾维钧还是觉得没有读懂这个民国怪杰——懂得十来国语言已是很了不起了，他的著作有许多译本，听说有的译本寄到他手中时，连他自己也不知是哪一国的文字呢！这真是前无古人的盛事。辜鸿铭先生，我为你骄傲，也为你悲哀：你西装革履回来也好，显出是高等华人，却是这副怪相怪论！

如同顾维钧那般，台下听众对辜鸿铭的反应不一。在新从欧洲留学回来的林语堂看来，辜鸿铭关于文明观的论调虽有偏颇，却不失鲜明的时代特色——这是在吾国吾民遭受西方压制下爆发出的反抗声音。

戴着语言学博士帽回国不久的林语堂，在胡适的推荐下，担任北京大学教授兼北京师范大学讲师，教学之余，致力于中西学术研究。虽然他也受着胡适的影响，但辜鸿铭这位福建同乡，更像影子和幽灵般紧随着他，在中西文化比较研究方面给了他莫大的启示。他总感慨辜鸿铭志不在译介西方文化，是中西文化的一大损失。

先后就读于美国哈佛大学和德国莱比锡大学，林语堂真实地感受到了辜鸿铭在西方的影响。中国知识界何人能及？对辜鸿铭敬仰是敬仰，但他那愈来愈坚固的"民族自大狂"，却也使林语堂难以容忍。此时此刻听着辜鸿铭的演说，他也真想以他的爱心把这位有点语无伦次的老前辈从思维陷阱里拉出来，请他下来，到后堂好生休息，然后自己再温和地告诉他：一个民族文明与否，文明的程度如何，绝不仅仅是一个道德评判的问题，它涉及物质进步和精神境界的全面衡量，它与评价单个人的行为、某个政府的行为是否文明的道德评判，虽有同理之处，却也有着区别。

林语堂终没有说话，但台下的议论却此起彼伏地响起了。这可是以往演说时难以见到的场景，以致辜鸿铭几次合拢嘴巴，颇为愠怒地看着台下，想这些人太不识货也太没教养了。他的即兴演讲是可长可短的，有人倾听，他可以从早晨说到晚上，可今天这掌声稀少、吵嚷频增的场面，使得他情绪受挫、心痛如绞。他们听不懂，又何苦徒费口舌呢？其实，台下也还是有他的忠实听众的，台下也曾响起过赞叹声：辜鸿铭先生一向就是如此的，我宁要他的抱残守缺，而不要别人的善变、投机，所有的投机主义都是不会成功的，只是挂羊头卖狗肉罢了！但辜鸿铭没有听到这声音。他一个想法便是——酒逢知己千杯少，话不投机半句多。得，就此打住吧！

"让时间来评判我的观点吧！"这么攒集着气力说完，辜鸿铭愤愤地、怏怏地下了台。

自回国后，面对祖国风雨如磐的岁月，辜鸿铭不自觉地担负起了中国在英语世界发言人的职任。他的血是为国而热的，正如罗振玉所说"贫不能自持，而救国之志不稍挫"，这就是一个活生生的充满血性的辜鸿铭。但那些穿西装的中国人，却硬要把他这位不领薪水的"民间外交部长"赶下台而后快，他们似乎更喜欢官方的外交部长。

风度翩翩的顾维钧就这样在他们期待的眼光里继之上台。他举止优雅地脱下礼帽，极为潇洒地朝台下扬了扬。就这么个简单的西式礼仪，竟博得了台下一片掌声，似乎比给辜鸿铭整个演说的掌声还多呢。顾维钧心里底气十足，辜鸿铭不是一向轻视自己吗，那就让他见识见识吧。他以外交场合特有的微笑开始了演说：辜老先生讲中国人，用英文，我不讲中国人，用中文……

掌声还不少。待顾维钧以志得意满的神情抬头来看辜鸿铭时，却蓦然发现，那身长袍马褂已从原来的座位上飘起，蹒跚着往后门走去，与其一同走着的竟也是位长袍马褂的留辫者。

四、愚忠之伤

辜鸿铭被人叫走了，叫走他的是王国维。

王国维受废帝溥仪之召，自上海来京后，与辜鸿铭偶有来往，这次与闻这场演说，对顾维钧的新新观念自是难有共鸣，想来辜鸿铭心有同感，乃唤他一起中途退出，以示无声的抗议。

王国维以治学为本色，年轻时以治文哲之学为主，受罗振玉的影响，尤其随他东渡日本后，转而从事古器物、古史的考据校雠。从日本回上海后，在英籍犹太人哈同所办仓圣明智大学任教，教学相长，其间世事翻覆，鹿鼎频争，并无多涉其书室寒窗。去年不知怎的，经由皇室死党升允引荐，一生未曾入仕的他竟被逊帝溥仪给看上了，降旨让他在南书房行走，不久又"加恩赏给五品衔""着在紫禁城骑马"。

王国维和辜鸿铭择一家僻静的茶座坐了，便大抒起个人的忧虑来，生怕这帮无根无底的西学青年，毁了他视之于比生命价值更高的传统文化。

"静安老弟，可还记得我在《中庸》译序中的一句话？"辜鸿铭目光忧伤却不乏坚定地看着王国维，一字一句，轻声而有力地吟诵道：绝大多数人都认为在中国旧式的秩序正消亡，他们欢呼新知和进步文明进入中国。但我个人却不相信在中国古老的秩序会过时，因为我知道旧式秩序，中国文明和社会秩序是一个道德的文明和真正的社会秩序，它符合事物的本性，因此不会消亡。

辜鸿铭对信仰一如既往地执着，深深感染了王国维，他喃喃地说：但愿如此、但愿如此！言罢，忽想起什么，说：辜兄不是曾说要翻译《易经》吗，现在情况如何？

辜鸿铭微微一笑，道：我所做的可是失败的翻译，我可不想再挨静安老弟的骂哟！

骂？王国维一时摸不着头脑，俄顷想起来了，本世纪初辜鸿铭英译《中庸》出版后，自己在中国学者中最先予以置评，发表《书辜汤生英译〈中庸〉后》一文，指出其中大弊两条、小弊若干，是一种完全失败的翻译。他看看辜鸿铭，说：你是指《中庸》那译本的事吗？咳，事隔多年，你还真没齿难忘呀！

"怎能相忘呢，你不是说我那本书是失败的翻译吗？连胡适之也引用你的观点来驳我呢！"

辜鸿铭这么说罢，王国维肃然道：学术争论，当排除门户之见和个人恩怨，当初我仅以小疵而完全否定辜兄的翻译，不仅片面、偏激、苛刻，而且有失公正。不过，我已公开修正了以往的看法。辜兄难道不知？

王国维所说修正之事，辜鸿铭也是知道的。前些时候，王国维在再次发表《书辜汤生英译〈中庸〉后》一文时，专在文后附哂，写道：此文对辜君批评颇酷，少年习气，殊堪自哂。案，辜君雄文卓识，世间久有定论。此文所指摘者不过其一二小疵，读者若以此抹杀辜君，则不独非鄙人今日之意，亦非二十年前作此文之旨也。

听着王国维的辩解，辜鸿铭心想，人说王静安太老实，果不其然。见王国维如此交心，他想自己也应坦诚相见，不该回避他刚才的问询，于是告以实情：《易经》思想光芒万丈，我担心译不好而糟蹋了它，还是留给有识有为的后人吧！言罢，也不再纠缠这个话题，便关注起宫禁内的事来。

王国维向不爱饶舌，宫内与己无关的事，一概不提，只说自己伴皇帝读书之余，便广为接触内府丰富的藏书藏器，借此从事学术研究，近来所获颇多云云。

"南书房行走"也算是个官名，王国维以布衣之身骤然做了皇帝的近臣，是份多难得的殊荣啊！辜鸿铭艳羡之余，不觉便又想到了自己，心想，自己学贯中西、世界闻名，为什么就难达宸听呢？

王国维当然不识辜鸿铭的伤感，多年后邂逅辜鸿铭，见他思想如旧，堪为同道，深为高兴，一时就颇生了些"衣不如新，人不如故，君子之交谈以亲"之慨。言谈间，他忽说：辜兄可知，叔翁不久也要来京听召呢！

"听召？"辜鸿铭听得惊喜交加，惊的是，罗振玉果然也受到皇室恩宠，喜的是，今后寂寞的北京城便又多了位志同道合的挚友。有他们的美言，弄不好皇帝也就召了自己呢！

须发皆白的罗振玉入宫后，辜鸿铭几乎每周要来找他晤谈一次。一来京城能

第二十二章 悲喜人生

说上话的友朋已渐趋减少，二来借机打听宫禁内情，并敦促他在皇帝面前举贤相荐。

可以说，自进宫第一天起，罗振玉就把自己的后半生岁月，完全寄托在年轻的溥仪身上了。他不遗余力地参加一切复辟活动，以做爱新觉罗一朝的忠臣自励。溥仪对他的愚忠赏识有加，得知他珍视清帝书画——在天津时每见流落地摊的清帝书画，无论新旧必买回珍藏——心存感动，特赏手书"福"字，并赐"贞心古松"匾额。罗振玉为示恩遇，以"贞松"两字自号不够，还把溥仪的大幅照片悬挂于客厅，见到辜鸿铭这样相知的人，便大夸溥仪如何圣明天纵，将来一定是中兴令主云云。

郑孝胥、金梁也是这么个论调的，现在皇帝身边拢集了这么一批忠臣，看来复辟中兴并非痴人说梦。报上前些时候不是登了孙中山在广州对国民党员的演说吗，辜鸿铭特别记得其中几句：我们革命党推翻满清，把人民由奴隶的地位超度到了主人的地位，现在做了主人，不但不来感激，因为暂受目前的痛苦，反要来谩骂，常有人说"我们从前是很安乐的，自革命之后，国乱民穷，要有真命天子出世，或者清朝复辟才好，民国真是没有用呵！"看来孙中山也是知道些国情的。从大清走到民国已经十多年了，中国黎民百姓并没有与皇帝一刀两断呀，他们就是习惯了皇帝，喜欢上了皇帝，现在莫不准正期待着真命天子呢！这应是复辟中兴的社会基础。辜鸿铭甚而想到了袁世凯——袁世凯当初称帝，莫不准也是摸透了老百姓喜欢皇帝这个心理的，他才敢"俯顺舆情"登龙廷呢。民国有什么好的呢，不信共和的民声背后，难道不足见相信帝制的民意？就是那些当初反对洪宪帝制的人，有的也许只是反对袁世凯做皇帝，而不是从根本上真心反对帝制。如果真是这样的话，复辟中兴就不会没有希望！

自相托于罗振玉见机举贤以来，辜鸿铭天天都在等着溥仪的召见。这等待使人焦虑，却也给人精神寄托。连日来，他心潮起伏，仿佛又看到了帝王的龙袍和天朝的威严。

在等待中，罗振玉送来了宣统亲笔题写的"寿"和"福"字。辜鸿铭如获至宝，特请人做了两块红色额匾，高挂在客厅中间。为感皇恩，他还泼墨挥毫，写了"王风满中夏"五个大字，嘱刘二贴在院门口。

"荷尽已无擎雨盖，菊残犹有傲霜枝。"重温数年前送张勋的寿联，辜鸿铭不觉情动于怀，竟开始做"致君尧舜上，再使风俗淳"的准备了。他整日里坐拥书城，在古老的东方文明长卷里，探寻自己理想的世界，他要把圣哲的荣光带给年轻的皇帝。

坐拥书城的日子其实是挺清苦的，尤其是对他这样历经宠辱的老人来说，腰酸眼痛倒是其次，最难耐的是，一颗曾经沧海的心实在不容过分的寂寞、无边的等待。幸好，学生兆文钧不时前来请安，陪老师聊天，恭听圣谕，听他谈论跌宕起伏的传奇人生。

辜鸿铭少不得又要海吹起庚子年如何为国争光的事，给兆文钧展现一幅自己笑傲群魔和西方人群丑毕现的生动画卷，直听得兆文钧手舞足蹈，大加赞叹。他没有理由不崇拜辜鸿铭，能用流利的洋话痛骂洋人，而且洋人竟被骂得心悦诚服，这是何等的痛快，舍辜鸿铭外何人能与？且不说辜鸿铭如何单骑破敌，光他那洞识"夷"情，又能用"夷"文弘扬咱们国粹的双料功夫，就足够让那些国学老冬烘们汗颜！

可两天后见面，他说：我把先生的故事说与一些老人听了。他们都说闻所未闻，直似编造。

辜鸿铭脸色陡变，像受了污辱似的，起跳叫嚷起来：什么，他们竟说我是编来自捧自的，真是狗眼看人，叫他们去问问瓦德西大帅吧，问问李二先生李鸿章吧，要不，就去问问赛金花吧！

兆文钧见老师如此这般，倒也深信无疑了，乃恂恂道：先生这人生，实在斑斓传奇，我倒想借来当题材，练练笔头呢！

辜鸿铭笑道：好啊，你好好写给那些人看吧！

为写作计，兆文钧更是频频出入辜鸿铭这清静的独家小院，不时给老师带些外边的消息来。今天，他递给辜鸿铭一张不新不旧的报纸，轻声道：先生，陈独秀在报上骂你呢！

辜鸿铭接看报纸，果是陈独秀的署名文章，其云：

……社会上主张和平缓进的人，往往总说主张革命急进的人太新了，其实在辜鸿铭的眼中看来，连主张缓进的人都未免太新了，因为辜鸿铭复古向后退，连缓进都要不得。但是复辟之役，辜鸿铭在外交方面很尽力，梁敦彦保荐他做外部侍郎，张勋说："辜鸿铭太新了，不能做侍郎。"

"陈独秀胡说！"辜鸿铭不待看完，就气急败坏地将报纸掷于地，咒骂道。

在这等着圣恩召见的紧要关头，陈独秀此番尖锐的言论，像匕首般直插辜鸿铭心窝。一种因不祥之兆带来的余悸，突然攫住了他整个肉身。第二天晚上，他算准罗振玉退值时间，匆匆赶到了罗宅，又一次相询起入宫事来。

罗振玉微叹了口气，轻捋颏下飘洒自如的白须，缓缓道：那年皇帝召你进宫，便有意宣你当差的，只是你说话太无顾忌，皇帝怕受不了你。这次我和王静安面奏皇帝不够，又请升吉帅上了奏，皇帝还给你赐了字呢，本来也有望入宫的，可你那个福建老乡……咳，他在皇帝面前可是个红人，又管着内务府。

原来竟是郑孝胥在暗中捣鬼！辜鸿铭想到那次逛八大胡同的不快事，血脉贲张，忙问：郑太夷他说什么？

"汤生兄，我要告诉你，古人并非你想象的那样好，但今人，哈，有的确实如同你说的那样坏！只是这宫内的事，不好说，不好说，你不知道也好……"

罗振玉不肯说，辜鸿铭却耐不住性子，对自己难达宸听很是发了一通牢骚。罗振玉也不打断他的话，不无同情地听他倾泻完，而后忽压低声音，终是说出了宫禁内情：皇帝已心同野马，打电话、骑自行车，紫禁城早就关不住他了。

罗振玉的话暴露了遗老们与皇帝间渐生的矛盾。遗老们仍旧希望溥仪和过去的皇帝一样，高拱九重，不预外事，而溥仪却更听英国老师庄士敦的话，追寻着紫禁城以外的天空。不仅遗老们与皇帝产生了矛盾，各遗老之间相处也不和睦。说完郑孝胥如何做大、背后伤人，又说陈宝琛够昏庸的了，亲戚故旧做民国官的很多，门庭复杂，却偏得皇帝信任。说到痛心处，罗振玉气喘微微，与前些时候那种意气风发的神态恍若两人。

话语投机话更长，罗振玉仿佛也要一吐块垒，吟一遍"半壁山房待明月，一盏浊酒酬知音"，竟叫家人摆上酒菜来。

两人碰下第一杯酒后，罗振玉不无伤感地说：现在宫中大臣，要是有一二个能具有张文襄公那样的能力、识见和道德勇气，也许复辟中兴不至于遥遥无期。可我们又从哪里去找第二个张文襄公呢？

辜鸿铭点点头，旋又摇摇头，说：当初甲午之后，国中一班人事事欲效法欧美，香帅也提倡设报馆开言路，我就预感事情不妙，乃上书备陈西政之失，奈何孤掌难鸣，直叫我悲叹天祸中国，非人力所能挽！随之果有戊戌之变法、庚子之拳祸、辛亥之革命，倘早从我言，岂有此等之乱！而后我上疏痛陈立宪之害，可竟被无知的执政视为迂阔！

一提到那不堪回首的一幕，辜鸿铭的话里对张之洞便透出一股怨气，想起郑孝胥那首挽张勋诗中"使我早识公，救败岂无术"句，他真想改为"使公早从我，国变岂有根？"以表心声。

罗振玉心下默然，又喝了一杯酒后，微微叹道：辜兄论事于二十年以前，而一一验证于二十年后，真有如蓍龟，此孔子所谓"百世可知"，非学识洞明不能致也，我称辜兄为当世醇儒，断非言过其实。

罗振玉的激赏，使得长时间寂寞无人识的辜鸿铭情暖于怀，黄汤径是频频落肚。

酒是什么？酒是赴瑶池的通天梯，酒是失意文士的解闷剂。曹孟德对酒当歌叹人生几何，李太白举杯邀月顾影自怜，苏东坡把酒问青天无奈大江东去。这水一样清亮的东西，原来也会像火一样燃烧，会像炸弹一样炸响，让胆大的心更雄，让胆小的无所顾忌，青梅煮酒才论得天下英雄，可英雄，是你，还是我？醉里挑灯看剑的豪气，除了辛弃疾，还有谁人与！

喝多了酒，走出温室，早春的夜风扑面吹来，辜鸿铭只觉双脚像在乱走舞步，又像是踩在棉花堆上轻重不晓，还不知怎么的快活——那一百多斤人肉组成的躯体，已经重重地与冰冷的大地拥抱了。

这场酒后摔跤，让辜鸿铭在家仰躺了几天。身体恢复得差不多时，他自觉入宫无望，乃接受了日本人在北京所办英文日报主编之聘，月薪五百元。心里直是悲鸣不已，对前来道贺的学生兆文钧说：中国人不识得古董，所以要卖给外人了。本来这也是孔夫子"求善价而待沽之"之意，在他那里听起来，却是伤心人语。是啊，多么可怜啊，楚材晋用，直让他为中国的人才惜！虽然此前内阁要员王宠惠曾相邀出来做事，但辜鸿铭奉着春秋大义的圭臬，是断不能投降民国的。

有了传媒阵地，辜鸿铭的声音又嘹亮了起来，以他的喋喋不休，谆谆告诫世界：西方人，白种人，似乎舍精神而求物质，你们忘记了，有一天精神将战胜没有生命、没有灵魂的物质，哪怕物质是由最高级成分组成的，那将是中国人、黄种人的胜利！

知音少，弦断有谁听？他是无从想见的，使他伤感的是，在这知音少的年岁里，德国朋友卫礼贤却要离华返国了。

卫礼贤以二十五岁之龄来华，一面传道，一面勤修中文，潜心研究中国文化。经多年努力，终成为一位汉学名家，曾将中国经典《易经》《孟子》《论语》《道德经》等译为德文，并著有《中国文明简史》《孔子与儒教》《中国的精神》等著作。可以说，十九世纪末洎乎近世，德国人对中国的了解基本是以卫礼贤等人的翻译为中介的。他是难得对中国真正友好的传教士，辜鸿铭尝称他为中国的卫礼贤。

长亭更短亭，在送密友上路时，辜鸿铭和他长时间地紧握着手，道：我想与你谈的最后一句话是，一个坚强的人、名副其实的人，心中有他自己的宗教信仰，能够遵守自然道德，为人处世不需要宗教忏悔。

早已是满头华发的卫礼贤听出了辜鸿铭的弦外之音，说：我二十五岁到中国，一晃眼三十多个年头过去了，中国是我的第二个故乡，灿烂的中国文化是我生命中的一部分了。你放心，我会尽我的最大力量来向我国人民宣传中国文化的。

辜鸿铭点点头，眼眸里蕴含着欣慰的光芒：我有足够的信心，我们会在科学上赶上你们的，到那时，由于我们精心保持了精神的优先性，我们将是最强大的，那将是"黄祸"，真正的"黄祸"！那时，我们会给你们派去儒教传教士的。辜鸿铭说这番话时，脸上露出狡黠而自信的微笑。

教堂前面的大道上，一前一后走来了两个披头散发，像道士更像乞丐的人，老的以唱带念，絮絮叨叨地说着法国预言家诺查丹斯的《诸世纪》——说什么1999年，天上会出现大十字，阴阳人骤增将使天为之哀叹，天堂的近旁人血横流，许多人会遇上迟来的死期，而久盼的救星来得太晚；说什么2050年恐怖大王将从天而降，蒙古大王会重新醒来，在这前后，战神以幸福的名义将一切主宰……那跟在后面的少者"当当当"地敲着破铜锣，跟着吆喝：法国大预言家的成功预测，三百五十年来有言即中。

"我才有言即中呢。罗振玉不是说我有如蓍龟，如孔子所谓的'百世可知'吗，我为中国的美好未来预测，为世界永久的和平预测！"辜鸿铭说这话时挺自信，也挺伤感。卫礼贤一时不知如何应答，乃真诚地笑了笑。

他们在十多年的相处岁月中，有着许多相同的观点。如今分别在即，那些观点像一首首新鲜而又激动人心的乐曲从记忆之舟传了过来，两人情不自禁地吟起了那个自称为人类精神解放而战的德国骑士海涅的诗：

  一首歌，一首美好的歌，
  啊，朋友，让我和你靠得更紧；
  让我们在这人间，
  建立起上帝的天国……

五、劝泰戈尔早点离开中国

春意阑珊，一场豪雨，把椿树胡同十八号冲刷得满眼狼藉。主人囊橐萧然立于檐下台沿，端凝地上那流水落花，莫名地就有了陈与义那"孤臣霜发三千丈，每岁烟花一万重"的惆怅、辛弃疾那"旧恨春江流不断，新恨云山千叠"的怅恨、黄庭坚那"人到愁来无处会，不关情处总伤心"的惘然。这三句宋人诗词在脑海中交织纠缠，引得他无由不伤春。

他可不是那种为赋新词强说愁的少年，他实实在在地陷身于无边的孤寂而不能自拔。梁鼎芬、梁敦彦他们已然谢世，卫礼贤、萨摩雄次他们回归各自的祖籍国去了，丽莎自得知守庸赴日后再没露过脸，皇宫的朱漆重门依旧向自己紧闭着，国内的报刊早已封杀了自己的言论。日子就这么一天天没盐没味、了无春痕地溜过，他的心境一天比一天沉闷。他犹记挪威戏剧家易卜生的一句话"剧场里失火了，小丑向观众大呼救火，观众回答他的却只是哄笑"。使他伤心的是，他在眼下国人心目中，怕正是这么位抹了白鼻子小丑呢！

这是何等悲愤的事啊。自己背负效国救道之志回来，在风雨如磐的岁月自觉地担负起了中国在西方世界发言人的职任，连洋人都敬重三分。本是时势造英雄，可国人非但没有给自己戴上英雄的桂冠，还硬是给自己抹了"白鼻子"，把自己所活跃的舞台看成了一个杂耍场。这是自己的尴尬吗？不，是中国的尴尬，是那些不识货的国人的尴尬！

难道今后自己真要老死荒野？就在辜鸿铭被这个问题袭扰得精气神儿全无时，忽地接到了欢迎会见泰戈尔的邀请。

四月下旬，素有"东方诗神"之称的泰戈尔乘坐列车到达北京前门火车站，梁启超、胡适、蒋梦麟、梁漱溟、熊希龄、范源廉、林长民等一大批中国学界名流已在此恭候。辜鸿铭今天特意换上了一身干净服饰，连瓜皮小帽也换成了红结黑缎平顶帽，上缀一颗祖母绿，可那根细细的杂着红丝线的辫子却还是使得他鹤立鸡群、滑稽可哂。大清入鬼籍已有13年了，民国的天下居然还有人敢着大清服装、拖着辫子如此浪漫风光地满街跑，着实让这些正统的国学家和新进人士们既诟病又嫉妒，还兼一份心痒。他们中有几个没遭过辜鸿铭的嘲讽？所以，他们对辜鸿铭自是敬而远之，唯恐靠近了不小心就沾了一身腥。

当一袭长袍、童颜银髯的泰戈尔缓步走下火车时，欢迎的人群中响起了热烈的掌声。给泰戈尔担任具体翻译和接待陪侍任务的是清华大学教授、新月社主要成员徐志摩。他用流畅的英语把在场的中国名流一一向泰戈尔作了介绍。介绍到辜鸿铭时，泰戈尔那安宁祥和的眼光忽然涌现出了少有的激动神色，紧握着辜鸿铭的手说：辜鸿铭先生，我这次来华正要拜访您呢，没想到您倒亲自屈尊来了，幸会、幸会！

两年前赴德宣讲东方文化时，泰戈尔发现辜鸿铭的作品在德国极为走俏，其影响和名气远甚于己。想德国本土自古洎今产生过多少一流的哲学家啊，至于二三流者，则要动用火车来拉了，可远在中国的辜鸿铭却稳稳当当地坐上了前排交椅。起初，他还以为辜鸿铭的影响只局限在德国少数几个哲学家和思想家那里，没想到竟是异乎寻常地扩大到全社会。他在颇感意外的同时，当即萌生了要会辜鸿铭的念头。这次在上海一登上中国土地，他便向徐志摩表达了这份夙愿。泰戈尔对辜鸿铭表现出的与众不同的态度，给了辜鸿铭极大的面子，但他脸上波澜不惊，只是象征性地向泰戈尔笑了笑。

在北京天坛，京华文化知识界为泰戈尔举行了盛况空前的欢迎会。中国文化人对泰戈尔一点儿也不陌生，自1915年以来，短短10年间，泰戈尔著作的汉文版本竟有数十种之多。所以泰戈尔来华访问，中国文化界的显要几乎倾巢而出，一般人士更是以争睹东方诗神的激动心情来出席这场欢迎会。陪侍泰戈尔左右的，除了长袍白面的徐志摩，还有外交委员会事务长林长民的女公子——人艳如花的林徽因。他们三人挟臂而行缓缓出现在台上，恍如一幅天然生动的"松竹梅（岁寒三友）"图，全场的人都为之兴奋起来。

梁启超致欢迎辞后，泰戈尔神态恬淡，微笑着用英语即兴演说：今天我们集会在这个美丽的地方，象征着人类的和平、安康和丰足。多少个世纪以来，从事贸易、军事和其他职业的外国客人不断地来到你们这儿，但你们从来没有考虑邀请过他们。你们请我来，不是欣赏我个人的品格，而是把友谊献给新时代的春天。当我接近你们，我想用自己那颗对你们、对中国和亚洲伟大的未来充满希望的心，赢得你们的心。当你们的国家为着那未来的前途，站立起来，表达自己民族的精神时，我愿意和大家分享他未来前途的愉快。

徐志摩在翻译泰戈尔的演说时，用了中国语汇中最美的修辞，用他那海宁官话出之，便是一首首婉约的小诗，飞瀑流泉，淙淙可听。

在盛大的晚宴上，泰戈尔含笑恭请辜鸿铭坐在自己身边，并特别指出：辜鸿铭先生是一位令人尊敬的中国人。

泰戈尔的话真够耐人寻味。当他在印度渐渐成了诗哲、诗圣，并戴上"天师大神"的桂冠时，很有英雄气概也有哲人头脑且不乏天才气质、试图以东方精神文化拯救世界沉沦的辜鸿铭，在中国别说得到应有的尊重，就连见识也无人心会，还逐渐沦为一个发霉的怪物、疯子。今晚满座的中国人中，又有几个真正尊敬过辜鸿铭？人情贵远而轻近，可泰戈尔又有什么呢，值得受中国知识界如此的尊崇吗？想当初，辜鸿铭与人口诛笔伐时，还动辄倡言让泰戈尔过来辩护呢。现在这位印度圣哲就在眼前，而且当众称颂自己，可辜鸿铭竟不觉有什么面子，反而于心底里涌起一股说不清、道不明的苦涩。

泰戈尔见辜鸿铭沉默不语，只道他谦虚，旋又道：辜先生能巧妙地把中国的思想翻译成英语，而且能译出比汉字所表达的思想更为深邃、更为含蓄的英文，真是前无古人的盛事。

辜鸿铭瞅一眼当年与他同获诺贝尔文学奖提名的泰戈尔，淡淡道：可惜，诺贝尔文学奖被你夺走了！

泰戈尔一时听不出辜鸿铭的话是赞扬还是揶揄，乃报以一笑。

"我有幸拜读过博士先生的两本著作。我承认，你的英文文笔确实丰富多彩，才情横溢，令人赞叹。我一方面欣赏这两部作品，同时也为博士过分使用形象化的语言、不恰当地使用隐喻感到惊异。"辜鸿铭此语一出，立时吸引了众人的听力，大伙停箸止杯，倾听高论。

辜鸿铭已经很久没有找到适当的场合，让大家欣赏他的金脸罩、铁嘴皮功夫了，上次在六国饭店颇不成功的演说给了他极大的刺激。今晚，他可不能错过这个难逢的良机。他看着泰戈尔，冷语相向：孔子不仅不赞成使用隐喻，并且主张语言最宜明白易懂。他几千年来之所以有如此深远的影响，乃因为最深入地理解了"文以载道"的道理，而且他写作正是为了使人民理解他。伟大的诗篇如果不是朴实无华，也会失之偏倚，古代的荷马便是例证。爱默生在谈到浪漫主义诗人时，力言"英国人已经忘记这条真理，写诗是为了表达思想的规律，任何润色渲染和想象驰骋都不能使人忘记和代替这一点"。总之，我觉得博士先生的文章是太过于华丽了，文章要是过分地华丽，反而会失去力量……

在座的许多人便笑话辜鸿铭的自以为是了。他们想，你辜鸿铭虽也写过东西，但在泰戈尔面前，不过是个文学爱好者而已。你得过诺贝尔奖吗？竟然当众批评像泰戈尔这样的国际诗人，太不在谱了。但泰戈尔的神态却始终恬淡，他静静地听着，他感到这位中国圣贤的思想并不像一些中国学者说的那样糊涂、顽固。

"十年前向博士先生颁发了诺贝尔文学奖，这使我联想起孔子那句'有教无类'的箴言。一个真正有教养的文明的人，不论他来自哪个国家，在我们的文明国度里，都会得到承认，都会得到同样的看待。"辜鸿铭这话的后半部，仿佛不是针对泰戈尔说的，而是为自己唱的一曲哀歌。

整场宴会不见喧嚣，不行酒令，有的是情感的交流、思想的升华。大伙向泰戈尔敬酒，泰戈尔神态恬淡，浅尝辄止。他喜欢听人喁喁谈论，辜鸿铭最是满足了他这一点。今晚的主客便是他和辜鸿铭了。在回敬了在座的中国文化人士后，泰戈尔又主动向辜鸿铭请教了：先生是孔子信徒，对儒学造诣高深，我很愿意垂听先生谈谈东方文化的精义。

这正合了辜鸿铭的意呢！在侃侃叙谈了东方文化拯救世界的蓝图后，辜鸿铭情激于怀地说：在辽阔的中国大地上，各种人都各得其所，中国是最宽容的国家，各种哲学和宗教思想都得以在这里同时存在。宽容是中国文明的特色，而中国文明的最主要特色还在于常常使舶来品走味。中国仿佛是茫茫大海，凡是落进这大海里的外来东西都要被盐水浸渍，直到同化，变成具有中国特点的东西。你瞧，天主教尽管戒律森严，到中国后便带上了中国的印记，即使是最虔诚、最守教规的信徒，也仍然保留着某种中国习惯。基督教传入中国，就要受孔子的影响，不嫁接到儒学这棵树上，就不能在中国立足……

梁漱溟虽是印度哲学的教授，他本想向来自印度的泰戈尔讨教，但面对辜鸿铭的滔滔论道，竟无从置喙。在他听来，辜鸿铭的谈论不乏真知灼见，想他在那么漫长的生涯中，高见无人识，能不出之以嬉笑之言、伤时之骂吗。他那些让人舌挢而不能下的嬉笑怒骂，其实包含着他的伤心悟道之言。

东方两贤相会，交相辉映。有记者私下里说辜鸿铭是孔子、泰戈尔是老子，还说相传老子生来也有一头白发。辜鸿铭脾性急躁、好辩喜争、立论偏颇，泰戈尔则童颜银髯、态度恬淡、立论平实；辜鸿铭的语言幽默犀利、时见讥诮，泰戈尔的语言温婉如诗、美而感人。两相对比，辜鸿铭那长袍马褂和辫子大打折扣，由此映衬得泰戈尔更具东方圣哲的气象。

泰戈尔长期留欧，英文甚佳，辜鸿铭就更好了——他那极富机智并总是带刺的英文，以英国人看，可以和维多利亚朝代任何大文豪的作品相比拼，恐怕最终还是不失为天下第一品的。两人的英文水准直教年轻后生徐志摩赞叹不已。

敬仰着泰戈尔的中国东方文化人，虽然对辜鸿铭和他的言论多有不屑，但见他颇使泰戈尔投缘，倒也希望他们产生共鸣，以使泰戈尔消弭身在他乡为异客的那份孤寂。

两天后，泰戈尔在清华大学演说。辜鸿铭受邀而来，但听不到一刻钟，便疾首蹙额，寻找旁人讲话：我在爱丁堡大学读书时，有位讲授——形而上学的教授，同学们给他取个外号"信口开河"——他反复地给我们讲笛卡尔那句"我思故我在"的名言，而且滔滔不绝地大讲不存在、先存在、后存在、已存在的个体等，大家都把这叫作脱离现实的演说。泰戈尔那高深的形而上学，是儒家学者、真正的中国人所不能理解的。

听话人道：泰戈尔先生的演说我看很有道理呢！

辜鸿铭武断地摇了摇头，引用乔治·艾略特的话来给自己助阵"如果有个人对你谈起加减乘除，那么你就可以知道这是对还是错，但是，如果有人和你谈什么无限大，那么这次你就无法知道，人家和你说的究竟是有道理还是胡说八道"。

听话人起初出于礼貌，还有耐心来听，见辜鸿铭喋喋不休，不觉心烦起来，说：老先生的话也许有道理，但我现在只想听泰戈尔博士的演说。辜鸿铭瞪了他一眼，也不答话，便从长袍中摸出一本小册子，心无旁及地观看起来，就这样打发着时光。

演说结束，会着泰戈尔，辜鸿铭主动地出示小册子。泰戈尔见是本手抄蝇头小楷英文小册，里面抄录着两册自己未曾寓目的书，不觉惊奇，忙问：此从何来？

"这可是我在英国留学时到图书馆抄录的绝版书籍呢！"辜鸿铭得意地说完，便大谈起自己在爱丁堡大学的求学经历：自己那些年每到周末，必入藏书楼阅书，遇有孤本，外间无从购得者，即以笔录之。数年间，抄书数十种。来华洋人中，像李提摩太和李佳白之辈，在中国被何等地看重，却畏惧与我谈学问，因我所读之书有为他们所闻所未闻者！

"惭愧、惭愧，我也未曾读过呢！"

泰戈尔自亮家丑，倒使辜鸿铭省却了嘲讽之心。这时，一位记者上前恳求东方二贤合照张相。辜鸿铭用脚踢了踢手中那镂花拐杖，意味深长地看一眼泰戈尔。泰戈尔点点头，说：很好，就立此存照吧。

辜鸿铭莞尔一笑道：我向来是不爱照相的，总觉得在照相机面前的一切姿态都容易流于造作、矫情，但对博士先生，就例外一次吧。

言下之意，是辜鸿铭给足了泰戈尔面子，一旁其他人就有些微词了。泰戈尔似乎并不计较这语言游戏，挽了年长于他的辜鸿铭胳膊，照着记者的吩咐，在前面不远处的工字厅就座了。这两位同为亚洲呐喊的东方文化代表，都是一身地道的本土服饰，却都深通西学，向西方人宣传本民族文化，只不过，一位背负着悠久的印度文明，一位背后站着尧舜禹汤、文武周公、孔子孟子。随着"咔嚓"一声，1913年度的诺贝尔文学奖得主和提名者一同摄入了历史档案。

就在照完相后的谈论中，辜鸿铭开始对泰戈尔的哲学、宗教主张开始抨击了。

"尽管博士先生大力提倡东方文明，但要知道，印度文明和中华文明是迥然不同的。中华文明自古而来都是学问式的，而印度文明却是思索式的、冥想式的。佛教从印度传入中国后，几乎摧毁了真正的古老中国文明，由此出现我国文化停滞的现状，因此我要说，能使中华文明陷于堕落的，正是印度文明！令我感到惊奇的是，博士先生来到中国，竟试图使极具东方色彩的印度文明在中国复兴！"

辜鸿铭对泰戈尔表现出的这不恭的倨傲神态，让徐志摩大吃一惊。泰戈尔在年轻的新月诗人徐志摩眼中，是一座高不可攀的圣山，以至于他对参与这次文化活动是那么的欣喜若狂，为自己能充任泰戈尔的旅伴和翻译而感莫大殊荣。他甚至曾这般说：我为有幸获得良机，得以随侍世上一位伟大无比的人物而难禁内心的欢欣雀跃。要为一个伟大诗人做翻译，这是何等的僭越！这件事要是能做得好，人也可以试把尼亚格拉大瀑布的澎湃激越或夜莺的热情歌唱翻译为文字了，还有比这更艰困的工作或更不切实际的企图吗？！看到泰戈尔因了辜鸿铭的痼疾发作而遭非难，徐志摩真是又气又愤。泰戈尔与辜鸿铭谈论用的都是英语，用不着徐志摩做翻译，他乃向旁人低声抨击起辜鸿铭的言论来。

翌日，泰戈尔根据既定安排，前往真光剧院发表演说。辜鸿铭谢绝了邀请，对梁漱溟说：他为什么要去真光剧院呢，那样的话岂不是跟梅兰芳一样了吗？你还是劝泰戈尔早点离开中国吧，就在印度唱他的赞美诗吧！

梁漱溟对辜鸿铭有一种说不清的敬畏情绪，因此遣词造句都十分的小心，很是说了些调和的话。辜鸿铭却固执己见：听说你教的虽是印度哲学，却还是尊孔的。我告诉你，如果真的坚信孔子学说，就必须与这位谬误百出的印度诗人、与他的文明截然相反，并且拒绝他带来的音信。他只是诗人，做不了哲学家、社会学家所做的事！

辜鸿铭和泰戈尔的不和谐音引起了中外记者的关注。当初听说泰戈尔要访问中国，他们还说"印度的辜鸿铭"来了，因为两人有着许多相同处：两人的英文造诣都是超一流的，在英语国度的国民中知名度都很高，且二人的思想倾向也大体相似，都是宣扬本国的文化，同时批判西洋文明的缺陷。可他们相处才不过几天，就发生了不和谐之音。这可是远东评论所关注的大事,鲍威尔不失时机地来采访辜鸿铭了,询问他对泰戈尔的印象。

"泰戈尔博士肯定是位天才之士,也难怪瑞典皇家学院的老先生们,会被情绪弄混了文学眼光,授予他诺贝尔文学奖,使他成了世界性的诗人。那就让他去当诗人吧,让他去歌唱吧!不要再让他来给我们讲授什么文明课,他没有这个资格!"

举世闻名的诺贝尔文学奖使泰戈尔无形中获得了某种话语霸权,但辜鸿铭却对他提出了挑战,公开表示憎恶他的媚英态度。辜鸿铭这般措辞激烈,还真让鲍威尔匪夷所思,以至于他在采访本上如是落笔"辜鸿铭在这里以己之长攻他人之短,而不自知也有短处,诚不可取。如果泰戈尔以辜鸿铭不通佛教与道教文化为由,让他闭口,不要以中国文化、东方文化泰斗自居,辜鸿铭又将如何回答?看来这辜鸿铭有时不仅过狂过狷,还真可谓疯人疯语了"。

泰戈尔在徐志摩的陪同下,离开北京到别处观光演说去了。可辜鸿铭对他的抨击却没有就此画上休止符。这天,老友弗兰西斯来访,谈及两人彼此钟情的儒道,辜鸿铭就触动了心思,借题发起了议论:那位印度诗人说西方科学给我们带来了理智力量,如何如何得好,我看言过其实,中国孔子的教义也许是拯救西方机械的唯一道路。文化也好,科学也好,如果没有道德的价值来充实,那么两者都将无以自主。

在弗兰西斯眼中,辜鸿铭是位活的百科辞典,对许多事物都有概括性的见解。他口若悬河,几乎令人插不上嘴,一场对话下来,往往是他在做长长的独白。他从未见过如此执着、如此固执己见的人。他觉得辜鸿铭那第一流的甚至是举世无双、具有概括能力的脑袋里,放射出东西方一切智慧的光芒,虽然他闪光的智慧里有着无以掩饰的缺陷,但这缺陷,连着他的强词夺理,缘于他过分的骄傲。是啊,一个真才实学的人理应拥有骄傲。在中国,哪儿有人可与辜鸿铭相提并论?那些眼下最走红的学者,也不能和他媲美。他们也许有广泛的有关中国的全面知识,而辜鸿铭却有着关于世界的全面知识。他是唯一通晓东学和西学的中国人。每次谈话,他都要从辜鸿铭那里或多或少地借来知识。

辜鸿铭终于结束了一段长话,以恬淡的微笑,似带歉意地看着弗兰西斯:我说得太多了吗,你又要说我是喋喋不休的辜老太了吗?

"不,不是辜老太,而是辜大人。"弗兰西斯笑了笑,而后道:尊敬的辜大人,我能向你借来知识，但是借不来性格。有什么办法改变吗？

辜鸿铭听得一乐：这话听起来，好像是在拍我的马屁呢！

弗兰西斯哈哈大笑起来，除了欣赏并热爱辜鸿铭，他实在不知此外还有什么别的办法。他看着这位给自己影响最大的中国人，情真意切地说：辜大人，将来有一天，我要把我们之间那些充满奇妙看法的争论详细地叙述一番。

"你写出来，骂我也是爱我，爱我也是骂我，等着瞧吧！"辜鸿铭正说着，刘二来报，说是有位日本客人来访。

来客清水安三恭恭敬敬地向辜鸿铭行个近乎九十度的鞠躬礼，而后又向弗兰西斯行了礼。为了不显唐突，他找了个很好的切入点：辜博士可曾记得一位叫冈田的日本儒者？他二三十年前曾到过中国。

辜鸿铭眯起眼睛思索片刻，问道：他是日本仙台人吧？

清水安三连连点头，说：冈田先生三十年前在中国结识了一位叫辜鸿明的青年学者，这个名字与辜博士的大名十分相似，所以特来问一下。该不会就是您老吧？

辜鸿铭似答非答，嘴里喃喃道：三十年了，咳，三十年过去了，看看我今天这副样子，再想想当时年轻的我，这感慨真是无从说起啊……

叙谈中，听说清水安三有志于中国文化研究，辜鸿铭显得很欣慰，看一眼弗兰西斯，道：今后复兴儒学的希望，不是我，更不是阁下，甚至不在中华民国，弄不好要寄托于眼下儒学勃兴的日本，寄托于那些日本青年身上了。

弗兰西斯情知，面对如火如荼的新文化运动和国民革命，辜鸿铭的孤寂和失望与日俱增，这话未尝不是他的内心衷曲。他以同情的目光看着辜鸿铭：辜大人，日本有你那么多的崇拜者，何不前去纠合将勇，竖起复兴儒学的大旗？

清水安三也乘机邀请，辜鸿铭忽然心有所动。

六、以一己之力复兴东方文明

蔚蓝色的日本海轻轻地拥抱着繁忙的下关（马关）码头，在拥塞的驳船和舢板之间，一艘来自朝鲜釜山的远洋轮船，在十月的季风吹拂下缓缓地进了港。在这群疲惫不堪的旅客中，有一个戴瓜皮小帽、脑袋后拖根发辫、眼睛水汪汪地亮着、手持拐杖的黑袍老者，格外引人注目。

黑袍老者在身边仆人的扶持下，稳稳地踏上了岸。等候于码头的大东文化协会干事萨摩雄次热情地冲上前,亲亲热热地叫声:辜鸿铭先生!他注意到,由于年纪增大,头发脱落,辜鸿铭的发辫比以前更小也更细了些,那布满皱纹的脸上,因了那双炯炯有神的眼睛,看起来不像是凡人。

辜鸿铭久久地端凝着三十出头戴顶投球手便帽的萨摩,像是在期待什么,好半晌才说出上岸后的第一句话:久别重逢,小兄弟你怎么就不来点眼泪?咳,真可惜了这样的见面,你们日本的小孩不爱哭!

辜鸿铭是在朝鲜接到日本大东文化协会访日邀请的。辜鸿铭接到邀请时,中国国内的新文化运动正向纵深发展,国民革命也方兴未艾,他心目中的传统文化已是日薄西山。最使他心恸的是,他已被新的时代视为过时人物,备受时论的嘲讽和奚落,并因之丧失了向社会发言的机会。这对有着强烈的社会责任心和极端自负性格的他来说,不能不说是致命的打击。他觉得自己爱国而国不爱他,大有年轻守节的孀妇不见宠于翁姑的怨艾。在不见容于中国的当儿,从已故亲人的国家里传来了愿意领教的邀请,他立时有了一种想法,复兴中国传统文化还有一丝希望,那必须寄托于同文同种的日本身上。是的,日本小兄弟确曾不识大体地侵略过包括中国在内的亚洲邻国,这正需要我们去忠告他"下不为例"。是的,美国已通过了"排日法案"。但这不仅针对日本,还规定所有亚洲人都不得移居美国,这岂不是对亚洲东方赤裸裸的民族歧视吗?作为东方世界的维护者和东方文明的代言人,自己理应肩负复兴东方文明的大任,有责任引导日本小兄弟走上正轨。也许,这次日本小兄弟还是援例当年邀请明儒朱舜水东渡讲学,希望自己能教导日人为人处世之道呢!

抽着威斯敏斯特牌香烟的辜鸿铭,以平静的语态相告友人自己乐往的决定,并说:把日本军国主义化的正是欧美,我想告诉日本人民,只有儒家传统的道德才能振兴东方,我要负起复兴东方文明的重任。

辜鸿铭在下关码头上岸后,即开始了说教。看着萨摩道:美国已故外交官何天爵曾说,在东方,没有任何另外一个国家像日本那样,从中国攫取了如此巨大和实际的利益,他的艺术,他的语言,他的大部分的文学,还有他的至少是一种的宗教流派,都无不借取于他那伟大的大陆邻居,但日本却一直是个在惹麻烦、添乱子的邻居,一个觊觎中国稳固的公认的挑战者。日本今后,当致力于中国文化,讲求道德,研究王道,万不可再学习欧洲的军国主义,侵略中国,扰乱东亚。请原谅我的直率!

萨摩点点头，说：中日两国一衣带水，同宗同祖，理应世代和睦。萨摩诚恳的态度慢慢消弭了辜鸿铭内心的不快。特快列车驶入广岛站时，看到站台上有一群女学生，辜鸿铭情不自禁地道声"日本的未来！"久久地凝望着她们，他蓦地想起了贞子。这些女学生多像武昌那年初见之下的贞子呀，要是贞子现在能跟着自己一同回到她的祖籍地，该有多好呀！

特快列车抵达东京时，大东文化协会负责人山本悌二郎、洒井忠正和鹫泽吉次及其他各方人士已在车站列队迎候了。鹫泽吉次把双方做了介绍后，见他们目不转睛地看着辜鸿铭脑后那根辫子，乃不忘打趣道：辜先生是有名的留辫教授，中华民国颁布剪发令强迫剪辫，不知怎的却没有对辜先生下手。

辜鸿铭笑道：我是个漏网之鱼。

洒井忠正觉得有趣，乃问：辜先生为何不去剪掉发辫呢？

辜鸿铭从脑后轻轻曳过那细而小的辫子，万分爱惜地摩挲着，一边摇头晃脑、神情得意地说：这是我的护照。

大家都被他的幽默给逗笑了。

考虑到辜鸿铭年纪不小了，又经长途颠簸，协会乃决定让他休息数天调养身体，具体接待和安置工作统由萨摩雄次负责。辜鸿铭却是闲不住的人，在旅馆安顿好后，便要萨摩带他出去转转。

只是，街上亲密偎依的恋人过多，男女自由恋爱在日本蔚然成风，连同日本随处可见的西式建筑风貌，惹起了辜鸿铭的反感。他感到日本现在面临严重西化的倾向，由此更使他意识到自己肩负的使命是何等紧迫、何等神圣。他甚至没有多少闲情来观光风景，提前和萨摩讨论开了有关西化的话题。

第一场演讲放在日本大东文化协会，题目为《何谓文化教养》。台下座无虚席，这给了辜鸿铭十足的信心。他清了清嗓子，用他天下第一的英文做了开场白。萨摩还来不及完整地将演说翻译成日语，那些懂得英语的听众已为辜鸿铭鼓起了掌声。日本听众对辜鸿铭并不陌生，还在世纪初，他的名字就已传至东洋，这十几年间，知名度更是倍增，去年针对美国的排日法案，鹫泽吉次又把辜鸿铭于庚子年间抨击西方歧视和侵略的代表作《尊王篇》一书重新出版。在日本文化知识界，辜鸿铭几乎是无人不晓的名人了。

在彼伏此起的掌声中，辜鸿铭向虔诚的日本听众揭示了提高文化教养的三个努力方向——第一清心寡欲，第二谦恭礼让，第三朴素生活。他特别指出，教养即所学的东西必须为大众服务。在结束这次演讲之前,他说:我这次受邀来日本,看到日本有大东文化协会这样的团体,实在不胜欢欣,这是日本的有识之士不用重商主义、产业主义以及军国主义来开拓日本以及东亚未来的产物,这就是孔子说的以文德立国的表现。但愿日本今后,当致力于中国文化,讲求道德,研究王道,万不可再学习欧洲的军国主义,依恃武力,扰乱包括中国在内的东亚。

站在演讲台上,望着台下热烈的气氛,辜鸿铭显得无比兴奋,感觉脑后那根灰白的小辫更长也更黑了,头上那顶瓜皮小帽也更显眼神气了,身上那套长袍马褂,脚下那双梁布鞋,都在代表自己向日本人宣扬儒家信仰,他的自尊、他的自傲也愈发的膨胀了。说到忘情时,他从脑后曳过那根辫子,拿在手中,迎着睽睽众目,热情洋溢地高呼:让我们一起来拯救垂老的东方文化吧,让它在世人面前重放光芒!

随着相机的"咔嚓、咔嚓"声,黑袍老者这个滑稽的形象被定格在日本人的印记里。

比之于前几年来日宣称"日本是亚洲的榜样"的泰戈尔,辜鸿铭所受的礼遇一点也不见弱。

中国孔子学说的权威、东方文化代言人辜鸿铭赴日演说的消息,随着第一场演说给日本听众留下的余韵,很快就在日本产生了新闻效应。辜鸿铭在做《中国文明的历史发展》这场演说时,竟然门户为塞,座无隙地。他要的就是这样的效果,期待的就是这样的场面!

辜鸿铭几场演说下来,名动日本公卿。谈论辜鸿铭,成了日本人流行的时尚。邀请辜鸿铭交谈或进餐,更是上流社会所热衷的事。相比于大清新亡那年赴日情景,真有天壤之别。一个个会社负责人,一封封电报,从京都、大阪、神户、滨松等地向东京大东文化协会、向辜鸿铭下榻的宾馆而来,热情地邀请他前往演说。只要是合自己胃口的演讲,辜鸿铭有请必到,到后就一顿神聊,以他当世无双的舌辩之才,宣扬东方文化,称道日本人以汉唐古风立国。他还交叉使用纯熟的十来国语言,夹杂着日语,大骂西洋人,旁征博引,口若悬河,常令听众目瞪口呆、叹为观止。这二三十年来,拖长辫、着长袍、套马褂、脚蹬双梁鞋的中国人,日本人见过不少,可这一位却不同凡响,令日本人耳目一新。他在西洋人中的影响,他滔滔不绝的辩才,他强烈的民族主义精神,特别是杰出的语言天赋,迷住了无数日本人。在异国他乡,替辜鸿铭捧场的,别说比民国,就是比大清王朝还多!沉浸在日本人的喝彩和欢呼中,辜鸿铭陶醉了,他在日本才真正拾回了信心和自尊。

第二十二章 悲喜人生

辜鸿铭在一声声"沙扬那拉"（再见）中，辞别了东京，一路风尘前往京都。他席不暇暖，除了演说，便是会见各界人士。忠诚的仆人刘二跟随他从朝鲜到日本，身处异国他乡，语言不通，水土不服，短短的两个月中，竟瘦了十几斤，成天傻呆呆的没精打采，像阉人一般。辜鸿铭心怜着他，有意送他先行回国，嘱萨摩订好了远洋船票。

刘二说什么也不肯回去，说要服侍老爷。辜鸿铭生气了，用手杖笃笃笃地敲击着地面，大眼一瞪，骂语随之而来：您老爷何时虚情假意过？我让你回去，你就回去！你得听我的，这是名分大义！

刘二接着船票，双膝一软，跪倒在地，泪流满面地望着辜鸿铭道：我走了，老爷一个人怎么办？

辜鸿铭凄然一声，说：我打小就在天涯海角飘荡惯了的，不用你来操心。话虽这么说，看到刘二那一副难舍之样，不觉间也落下了泪。

刘二收拾行装，已走出数十步了，忽又回头而望，见辜鸿铭还伫立路旁向他依依挥手，内心一热，飞快地折身回来，在辜鸿铭面前长跪不起，匍匐着来抱他的腿，任着性子放声大哭。一旁的萨摩看到他们主仆俩情意深厚，不觉鼻子发酸，寻找到了一种温馨的感觉，那是现代人中已不多见的注重情谊的宝贵品质。

结束京都的演说之后，辜鸿铭在萨摩陪伴下一路风尘来到了大阪。安顿下来后，辜鸿铭的第一件事就是要萨摩陪他去心斋桥转转，他要来此凭吊亡妻贞子。贞子是鹿儿岛的士族，出生于大阪，长于心斋桥附近。如今辜鸿铭就站在贞子当年经常提及的心斋桥上，而她却已故去二十多年。想及当年的种种恩爱，辜鸿铭不禁悲从中来。他久久地伫立于心斋桥畔，情思悠远。

萨摩一旁静静地站着，没有打扰辜鸿铭的思古之幽情。他瞥见辜鸿铭的眼眸里，不知什么时候又蕴含了两滴晶莹的泪花。

招呼萨摩走了好一段路后，辜鸿铭又回望了一眼这薄暮中雕塑一般屹立的心斋桥，忽然脑海里一个闪念：守庸也常来心斋桥凭吊他的亲娘吗？这孩子，该是懂事的，一到日本，就来亲娘的出生地、在心斋桥照了张相寄回。他不是说在大阪做事吗，现在会在哪里呢？

萨摩打听来的消息令辜鸿铭颇为震惊：去年有位西洋小姐，据说是北京来的，来大阪找到辜守庸，辜守庸就辞了职，和她一道离开了大阪，现在不知何处。北京来的西洋小姐，莫非是丽莎？她会把守庸带到哪里呢？他真是无言以对，想自己这当老子的一辈子抨击欧风美雨，没料到这"欧风美雨"竟席卷了儿子而去。辜鸿铭既鄙夷丽莎的轻佻和离经叛道，又愤怒守庸重色轻五伦，连行踪也不函告自己。他会去哪里呢？可千万不敢有什么不测。这可是贞子留下的唯一骨血，辜家仅有的火屎星呀！

守庸的失踪使辜鸿铭心乱如麻，持续了多天才平稳情绪。在大阪，他没有像前几站那样接连演说，而喜欢在各处参观，似乎要踏寻访遍贞子当年的足迹。喜爱孩子的天性，使得他外出时经常抓住街头玩耍的日本小孩，用日语反复说"我是梅干老头"，令萨摩和旁人忍俊不禁。

因了贞子的缘故，辜鸿铭特别希望中日两国和好，共同为和睦的东亚大家庭尽力。就如同他与贞子一般，偶有争吵，但绝不动干戈、伤感情。在贞子的出生地寻寻觅觅，他由衷地希望复兴东方文化之梦，能在斯地寻到，也可告慰早已皈依中国文明的亡妻。

梦未寻到，却传来北京逼宫的消息。言吴佩孚部属冯玉祥发动北京政变囚禁贿选总统曹锟，推翻直系军阀政府后，把废帝溥仪赶出了皇宫。辜鸿铭正自伤感，忽地有留学生来见，送来旅日基督教青年会干事马伯援的信，说本拟请辜先生前往基督教青年会演讲，但受冯玉祥将军之重托，赶回国内迎接孙中山先生北上，只好改期商请，还望海涵。

信从辜鸿铭手中跌落，一会儿就被秋风渐吹渐远。他记得曾在武昌总督衙门见过一次孙中山。那年孙中山从日本留学回国，路过武昌，想会见湖广总督张之洞，乃写了张便条，上云学者孙中山求见张之洞兄，让守门人传了进去。张之洞大不高兴，提笔在便条上批道"持三字帖，见一品官，白衣尚敢称兄弟？"叫守门人把条子交给孙中山。孙中山一看，也在条子上写"行千里路，读万卷书，布衣也可傲王侯。"守门人把条子又传了进去，张之洞看后"啊"了一声，连忙说请。除了此事此联，还有那顶送给自己"中国英文第一"的桂冠，辜鸿铭对孙中山并没有什么特别的印象。岂料就是这位个头不高的革命者，给大清朝廷掘了墓。革命前也好，革命后也罢，朝廷都未及重用我老辜，如今俱往矣，我也无力回天，但我只要还有一口气，就要以东方精神文化拯救沉沦的世界，这是我对国家的最后贡献。

北京那场政变吹灭了千年帝王的最后一点火星，辜鸿铭内心酸涩之余，更是深忧起中国文明的前途来。

为了冲淡内心的忧伤，辜鸿铭甫一结束大阪的活动，立即马不停蹄地前往神户、滨松，在讲台上高举儒学救世、复兴东方文明的旗帜。在他以渊博学识做基础的雄辩莫敌的口才下，西方文明似乎一钱不值，而儒教文明仿佛能治百病——诸如物质与精神的关系，技术与情感的关系，金钱与道德的关系，经济与文化的关系，现代化中的人性问题，世界一体化中的民族问题，这些困扰着现代人、逼得思想家犯傻发疯的尖锐问题，都可以通过儒学得到解决。一场接一场的演说下来，辜鸿铭的名字已广为人知。不管接受不接受他的观点，大家公认他是最有趣也是最博学的人物。有篇报道甚合他的口味，说如同他喜欢用手势亲切地招呼仆人而讨厌按电铃一样，他告诫日本人千万不要废弃书法教育，不要学西洋人使用打字机，以免丧失东方在这方面所有再现美的方法，等等，都是情感对技术的挑战，表现了人文主义的一种关怀。

　　在滨松，日本友人告知孙中山到日本来了，报上评述说他的演说与辜先生所论有某种一致之处。这可是辜鸿铭关心的大事，"噢"了一声，接过报纸细看起来。

　　孙中山受冯玉祥之邀北上，绕道日本，以寻求日本政府和人民对中国革命的支持。逗留期间，他做了题为《大亚洲主义》的演说，虽然他明确地警告日本军国主义分子不要追随西方列强欺压和侵略中国，却也没能避免从所谓"王道""霸道"的东西文化比较模式来思考问题，因而也奉劝日本要做东方"王道"文化的干城，不要做西方"霸道"文化的鹰犬。

　　读罢报上评论及刊载的孙中山演说稿，辜鸿铭吃惊地发现，虽然孙中山与他的动机不尽相同，思想也迥然有别，但还真的能从中发现两人的相似之处，而且孙中山竟也对日本抱有某种幻想。这是怎么回事呢？他喃喃自语而不得解。

　　时隔两日，萨摩也探回来一个消息，说孙中山这次短暂逗留日本期间，迎接他北上的马伯援以辜鸿铭正在日本演说事相告，孙中山在批评辜鸿铭的迂腐和对民族政治的极端无知外，还说辜鸿铭虽生于南洋、长于西欧，但有着高度的爱国情操，坚信中华民族永远屹立，这却是难能可贵的。

　　辜鸿铭无由辨别这消息的真伪。不久，一封发自台湾的讲学邀请飘到了他手中。

七、台湾迎送辜博士

　　辜鸿铭是应台湾实业家、宗弟辜显荣之邀到台湾讲学的。

说到他们的血缘关系，要追溯到曾祖父辜礼欢时代了。辜鸿铭的祖父辜龙池与辜显荣的祖父辜安平为亲兄弟，是辜礼欢八子三女中较有出息者。辜安平自幼便离开了马来亚，被送回国内读书，考中进士后，在林则徐手下为官，曾奉调台湾任职。他的子孙除少数留在大陆外，其余皆随他同往台湾，并定居下来，辜显荣是其孙辈中的佼佼者。

辜显荣在清末前往大陆做生意时，与辜鸿铭已认了宗亲，尊辜鸿铭为"同族之先贤"，辜鸿铭送辜显荣的照片上，题款"耀星宗弟"。清亡后，在得知辜鸿铭贫不能自存时，辜显荣几曾相邀携家小赴台生活，却被辜鸿铭谢绝了。这次闻听辜鸿铭红透日本，乃盛情邀请族兄来台巡回演讲，阐述孔子学说，教化事业。

孩提时代，辜鸿铭就到过台湾。父亲辜紫云和义父布朗经商时，常常往返于中国与南洋之间，辜鸿铭跟随他们曾在台湾不少地方小住过。当拖着辫子的辜鸿铭历经海上颠簸抵达故地时，受到殖民当局和台湾各界的热烈欢迎，比十几、二十年前章炳麟、梁启超来台时的礼遇有过之而无不及。台湾总督伊泽多喜男亲自恭迎并主持了西餐宴会。

在台湾殖民当局的邀请下，辜鸿铭用英语做关于中国文化的公开演讲。当他以一身醒目的辜记服饰跨上讲坛时，欢声雷动。

辜鸿铭摘下头顶那瓜皮小帽，向台下挥了挥，而后戴回原处，一丝不苟地正冠，朗声道开了：正如有的朋友所知道的那样，我青年时代基本上在欧洲度过，所以刚回国时我对中国的了解反不如对欧洲的了解，更不要说文化了。但非常幸运的是，我回国不久，就进入了当时中国的伟人、湖广总督张之洞的幕府。我在那儿一待就接近二十年。众所周知，张之洞不仅是目光远大的政治家，还是位大学者。与中国这位最有教养的人在一起朝夕相处，从他那儿我才对中国文明及东方文明的本质稍有解悟。在此基础上，通过对东西方文明的比较研究，我很自然地得出了一个重大结论，那就是，这养育、滋润我们的东方文明，即便不比西洋文明优越，至少也不比它们低劣。

这倒是个中肯的看法，听众报以掌声。他们中精通英文的，自然可以领略到辜鸿铭那纯正典雅的英语；不通英文的，只好巴望辜鸿铭身后那位由台湾当局专门请来的翻译迅速而正确地译述。

掌声响起，辜鸿铭微微点着头，俟掌声停止，他才重新开口：随着时间推移，体验增多，我积累的心得也越发的丰富，这促使我适当修正了对东西文化观的基本见解——中国或东方的文明是道德、精神的文明,是真正成熟的文明;西洋文明则是物质和机械的文明,是不成熟的、基础不牢靠的文明。

在大家神形各异的眼神中,辜鸿铭一脸的肃然:我早说过了,东方文明绝不能囫囵吞枣地吞下整个西洋文明,而只能是吸取可以吸取的东西,排除应该排除的东西,就好比禽兽无法遵从人的道德一样,让人去穿马之靴,人何以堪?!有人笑我是老古董,可我要说,要是没有中国文化这老古董,真怕要万古如长夜了!

一阵狂飙撞开了那扇面向讲台未经关紧的门,秋风浩浩荡荡地灌进礼堂,灌进辜鸿铭那身宽大的长袍。随着长袍在秋风的吹拂中鼓胀,辜鸿铭感觉自己膨胀成了一个大人物,一个用中国传统文化挽救世界危亡的举足轻重的人物。他如获天启,谈兴不绝,讲到四书五经的精妙处,口若悬河,妙语珠玑,层出不穷。那位当外国语教员的翻译,听得目瞪口呆,久久翻不出一句话来。

门被七手八脚地关好了,在翻译的恳求下,辜鸿铭放慢了语速,一字一句,铿锵有力地说:文明兴亡,匹夫有责。我殷切地希望诸位贤达继承、维护并发扬我们共有的东方文明的精华,东方文明复兴的重任就落在你我、落在在座诸位身上!

掌声如潮,经久不息,淹没了三三两两的异议声。百闻不如一见,一见不如一听:辜鸿铭真了不起啊,他对西方文明真可谓观其要而会其通,怪不得得过那么多博士学位。他确实是这世上罕见的天才、独一无二的语言大师。

辜显荣为这位"同族先贤"产生的效应备感骄傲。在他和台湾公益会的安排下,辜鸿铭接连做了多场演说,有时用英语,有时用国语,有时还兼用闽南话。半个月下来,演说的地点不同,听众对象不同,西餐、中餐、京菜、闽菜、粤菜、日本料理也各有更迭,唯一不变的是他那身奇特的衣冠。看他老是一套长袍马褂和红顶瓜皮小帽,谁敢相信这竟是中国留学老前辈呢!大大小小、形形色色的听众冲着他的名气请他题字,他也不摆名人架子,拿起笔写英文,一挥即就。有的团体和个人偏要他的中文题字,他虽然觉得有点难为情,但还是毫不客气地写了。看其运笔,颇有独异之处,落款时最为有趣。光其姓之写法就让人目瞪口呆。如写"古"字上半部之"十",常人是先书一横,再画以一竖,他则反之,先一竖,始再加横。而其下半部之"口",照章是以左边一竖为起笔,次则横折,继而底边一横完成,他则是上边一横往右直竖下来,嗣则左边一竖向右横去。拿到他中文题字的人左看右看,难以相信,这春蚓秋蛇般的所谓书法,竟出自鼎鼎大名的辜鸿铭之手。

辜鸿铭和蔼是和蔼，但如果触动了他的怒，不论什么人，他不管三七二十一的要骂个痛快。比如有人嫌他的中文字体不好，还具体而微地指出其签名中，"辜"字的"十"和"口"，或者"古"与"辛"字相离过宽，约莫有二三分阔，他便开骂说：是明珠投暗，暴殄天物，连辜体书法都不懂欣赏！如果有人要对他的服装指指点点，劝他剪辫易服、适应时代潮流，他更是怒目相向：你们以为穿着西装、留着分头，便够摩登吗？当然，碰到他心情好时，他也会引用辛弃疾那句"人间万事，毫发常重泰山轻"来相对。头发重泰山轻，这本是辛弃疾讨伐的是非颠倒、黑白不分的情况，却被辜鸿铭反用了，倒让人听得哑然失笑。

这天满载着毁誉回到辜显荣家中，辜显荣满面微笑地迎上前，说：老哥，最近报上频频在称说你呢！

翻看着辜显荣递上的一厚沓报纸，面对那些堆砌华丽辞藻的肉麻吹捧，辜鸿铭却是宠辱不惊。《台湾诗萃》的一篇文章倒吸引他多看了一眼，他唤过辜显荣不及十岁的儿子辜振甫，要他照章念来，这也是向侄儿宣扬中国文化的机会。相处了一段时间，辜振甫十分喜爱这位风趣幽默、常常逗得自己哈哈笑的伯父，自然听命，摇晃着小脑袋，奶声奶气地念道：

辜鸿铭先生此次来台，颇多讲演，而其论断，多中肯语。如引学而不思则罔，思而不学则殆二语，谓今日之旧学者，大都学而不思，而新学者又思而不学。又说：大学之道，在明明德，在亲民，在止于至义。可为治国平天下之本，施之古今而不悖者也……

文章中有些字是辜振甫不认得的，他并不跳过，每每总要停下来请教，弄懂后才继续往下念。如此这般，数百字的文章，他竟念了近半个时辰。念完，他笑道：这不是在说伯伯的好话嘛！

辜鸿铭含笑颔首，心想，他们能懂得鉴赏我这老古董就好，也不枉我来台湾讲学。

台湾虽已由日本统治了近三十个年头，但辜鸿铭仍觉这还是中国的土地，所以一到这里，他便开始冬烘起来，骨子里那套春秋大义一夜之间就倏然复活了，不分场合地鼓吹中国文化中的躯壳君主复辟之类。今日在这里大讲忠君，明天到那里大谈尊王，好不快活。他这一套，虽有既亲日又忠君的辜显荣等人捧场，但也不免常常受到台湾新派人物及进步青年的攻击。

台湾民众武力反日的抗争早已被镇压下去了，日本欲使台湾殖民化的"共荣"

计划也收到了不小效果，但受大陆新文化运动和"五四运动"的影响，民族自主的思潮又渐渐地在台湾萌芽了，寂静无声的台湾文学界，也有了一场新旧文学之争。大力主张新文化的台湾青年对辜鸿铭的不堪言论没有姑且听之，纷纷予以反驳，《台湾民报》陆续刊发了不少讨辜檄文。

记者们急欲了解辜鸿铭对讨辜檄文的看法，找上了他栖身的辜显荣府上。在他们连珠炮般发问后，辜鸿铭淡然的语气中略含挖苦道：那些文字太幼稚了、太不尖锐了，入木三分的文章可不是这样作的，不值一谈、不值一谈。

这超然物外的态度让记者们面面相觑。面对记者的旁敲侧击，辜鸿铭坚不多说。无奈，一位记者换了个话题：辜博士以望七之龄不远万里赴日本讲学，说中国文明复兴的希望在日本，这岂不是对中国民众信心不足吗？

这话触及了辜鸿铭的心灵，他微叹了口气，说：中国人现今多是破落了，把自己文化的精粹拱手送人，留着些稗子自用，又胡乱地引进些洋人垃圾，能不使人悲观中国的前途吗？因为没有了支撑精神的文化，现在国民不自觉，一般的人醉生梦死、纸醉金迷，军阀间的混战愈演愈烈，你说国家的前途怎么办呢？咳，中国想要有真宪法、真共和、真总统，我看譬如河清海晏之难。

记者心下默然，似乎听出了辜鸿铭的言外之意。也许辜鸿铭并不是不希望真宪法、真共和，而是对中国时局伤心太过，只得退而求其次，更何况真宪法、真共和就可以不要自己的文化和道德了吗？这何尝不是他的伤心悟道之言。辜鸿铭的思想的腐朽，在中国老早就有定评，但似乎也不尽然。

待回过神来，再行倾听辜鸿铭的高论时，听到的却是另外一茬议论：朝鲜人从前也没有别的坏处，就是早上起来喜欢吃一袋烟、喝一壶茶，然后再做事，这也许是件极小的惰性，可偏偏就被精明的日本人给利用了——如果朝鲜人在某地开了家小店，早上很迟才起来，日本人便也在他的旁边开个同样的小店，一早就开门营业。朝鲜人所开的小店便一天天冷落下去，到不能生存的地步了，日本人便假意地借钱给他，取他的大利，一直到把他的店并合了为止。朝鲜人弄得没有办法，只得做棒子土匪去了！

记者一旁拊掌道：深刻、深刻！物必先腐而后生虫，人必自卑而后为人看轻。辜博士真爱国名士也！

辜鸿铭的到来，给台湾不温不火的新旧文化之争加了温，他成了两派交攻的目标。对这场因他而起的战火，辜鸿铭始终不置一词，只是一如既往地四处演讲，宣扬孔孟之道和中国文化救世论，发表对中国时局的看法。老兴勃发时，叨叨不绝地谈些令人捧腹的话。因了他的辩才和语言天赋，还是很有些人前来听演说。

这天辜鸿铭在几位崇拜者的簇拥下回到辜显荣寓所，年少的辜振甫出来迎接，说：老伯，又有人在报上说你呢！

辜鸿铭俯身抚摸着小侄儿的脸，微笑地问：上面说什么呀？

"是一首诗呢，我也不懂什么意思。"辜振甫边说边摇头晃脑地吟诵起来：辫发忠犹寄，齐眉愿竟虚；还将尊王论，远寄海东隅。

大家听出来了，这可是首戏谑辜鸿铭的诗，目光齐齐地看着辜鸿铭的反应，却见他哈哈一笑，说：把我的特点倒写出来了，好好好。

看到辜鸿铭日益受到攻讦，辜显荣担心他年老受不住刺激，乃出面减少了演说场次。怕他闲得无聊，不时请人来家，陪他玩牌。这正是辜鸿铭喜欢的活计，他老兴勃发起来，一连几天大叉麻雀，顽童之态可掬。只可惜多年来技艺无甚进步，所以总是败北的时候多。

一日，辜显荣从总督官邸回到家中，不无歉意地对辜鸿铭道：老哥，我不能陪你了。为中日亲善与经济提携事，我得去朝鲜一趟，然后还要到大陆，访问段祺瑞、林长民、熊希龄他们。你就安心地留在台湾待我回来吧。

辜鸿铭沉吟片刻，叫着辜显荣的小名"耀星"，说：我出来太久了，正想着家呢，你既然要出远门，我看我也就此回大陆去。

辜显荣极力挽留：老哥，日本统治台湾多年来，全岛太平无事，比起大陆的混乱来，有天壤之别。你既然想家，我这次就把老嫂子一家人接来台湾住吧。我的看法是——宁为太平狗，勿为乱世民……

"耀星，你这是什么混账话！"辜鸿铭猛然打断了辜显荣的话，火暴暴地说。

这还是辜鸿铭首次对自己发火，辜显荣情知自己说错了话，不觉赧然。

辜鸿铭目光炯炯地看着辜显荣，近乎交心道：耀星，在异族统治下，你处于这般地位，免不了要应付一些场面的，这我理解，但不管怎样，千万要对得起良知，时刻莫忘了自己是中国人，总之，切莫愧对祖宗、遗羞后世！

辜显荣唯唯称是。辜鸿铭犹觉没有尽言，又加上一句：西方向有伴随高贵身份而来的义务说法，是说豪门世族比起一般百姓，占尽优势，也应负起相对的责任，这未尝不是老哥对你一家的期望。

辜鸿铭这话留在了辜显荣的记忆深处，留在了辜氏家族的后人心里。

辜鸿铭怀着使命未成的愁绪作别了台湾,相比于欢迎场面,送别气氛冷淡多了。《台湾民报》以一篇极尽嘲弄的《欢送辜博士》之文给他的渡台之行写上了一个粗大的感叹号。

八、拒绝张作霖,误望东瀛

旅途劳顿,又患上了感冒,使辜鸿铭一回到北京就病倒了。躺在床上的他天天被国医与中药闹得没有脾气,感觉整个躯壳里的精气神儿都快跑得差不多了,迷迷糊糊中少不得胡思乱想,竟也有所禅悟。心想,人的肉身难免有病,由万千肉身组成的国家当然也会有病,中国曾被称作东亚病夫,其为有病,更属无疑。人病了,叫病人,国家有病,那么这病自当称作国病。人病有国医中药对付,国病了,便该怎么办呢?

倚床养疴、苦挨时日,忽传来孙中山积劳病剧在京逝世的消息,倒略有吃惊。在台岛讲学时,辜显荣曾相告他与孙中山同龄,如此说来,孙中山的命也太短了些,革命先革掉了自己的命。咳!

北京的几位学生听说辜鸿铭久卧病床,在兆文钧的邀集下,前来椿树胡同探望。辜鸿铭的病床前安放了个老虎脚的大铜煤炉,那是弗兰西斯送给他做御寒用的。炉高三尺,大铜炉盘精光耀眼,炉子里的火烧得恰到好处,使室内温暖如春。大家以炉子为中心,团团而坐,关切地询问起辜鸿铭的病况来。

辜鸿铭苍白的脸上勉强挤出一丝儿浅笑,说:区区如我,病倒不打紧,国家的病却让我担忧呀!

大家听得一惊,想不到辜鸿铭病中仍记挂着国家,一时都备受感动。

在寒夜里,大家倾听着辜鸿铭的心声,一个个被他那忧国伤民的神情语调给感染开来:是啊,我堂堂中华,想秦皇汉武、唐宗宋祖、成吉思汗乃至康熙乾隆时,何等的国富民强,四方归附。为何到了现在,一味地积贫积弱至此?!

辜鸿铭以哀哀目光扫看了一遍学生:你们说,还有什么药方仙汤能使我病国起死回生呢?言罢,心绪重重地唉了好几声。

约莫过了一分钟,室内的沉默才被一位学生轻声细语地打破:在我看来,孙中山先生当初给李鸿章上书,建议"人尽其才,地尽其利,物尽其用,货畅其流",这十六个字再加上他提倡的"天下为公",是治国最好的良药。如果照这样做,中国自然会强盛起来的,只可惜,民国多的是军阀,各党各派到底没有几个天下为公的,所以孙中山先生临终留言"革命尚未成功,同志还须努力"。

这位学生口口声声都是孙中山先生,对孙中山的事情又是那么了解,看来他八成也是孙中山的信徒。怎么会来看我呢?要知道,我是骂过孙中山的。辜鸿铭微眯着眼睛听着,心里嘀咕开了,却并不说出口。

另一位学生接着说:孙中山先生指示我们要"亲爱精诚",现在的各党各派如果都能以"亲爱精诚"为行为宝箴,那国家前途的光明便可有无穷的希望了。

两位学生的话提醒了辜鸿铭对孙中山的再认识,品味着孙中山给人留下记忆的那些箴言。心想,若能天下为公,也还真是不错。可在一个毁弃自身文明、轻视道德传统的国家,指望天下为公,岂不是对牛弹琴?!孙中山枉为一代人雄,未能治好国病,还让民国生出新的病症来。就说这五伦吧,这是人禽之别,是咱中国的传家宝,可现在却倡言废弃。这下可好,连我的儿子也中了毒,忘了"父母在不远游"的古训,不知跑到哪里野去了,至今乐不思蜀,真是要命!再怎么的国体,也该首先考虑到人们栖息的精神家园呀!望着学生们那一张张被炉火烤得红扑扑的脸,听着他们一串串与自己相去甚远的见解,辜鸿铭心想,他们怕多是礼节性地来看望呢,并不想听我的议论,更不想接受我的主张,既然如此,自己也就省下一点气力,不要再对牛弹琴。他哑着嗓子略显疲惫地说:我累了,你们回去吧。

冬去春来,辜鸿铭的病体渐渐地好转了。康复后的他更是为国病操心,为失去的文明精神而痛惜,为东方文化的复兴而鼓吹。但不管他的辩解多么狂热,也丝毫改变不了现状,相反为自己又多留下了笑料。北京城背枪的和穿西装的人多了,更多了,即使那些放洋回来当教授的年轻人,一谈起辜鸿铭,竟是哈哈一笑。有人还拿腔拿调地说:辜鸿铭?辜鸿铭是谁?除了家人,除了忠实的仆人刘二,除了还滞留京城为数不多的洋人,除了兆文钧等少而又少的学生,辜鸿铭成天只能和自己的影子做伴。他的为人,已贴上了众莫与近的标签,他的言论,已被汹涌澎湃的新文化浪涛淹没了。辜鸿铭在中国的处境,出现了寓言中所说的蝙蝠被拒于鸟兽之群的情况,他为此感到愤怒、感到羞辱。虽然他不遗余力地向洋人推销中国,但私下里却认为,赶走了宣统皇帝的北京已剩下一座空城,一座传统业已荒芜的空城,他想着要寻找新的精神家园。

就在4月下旬,一直与他保持联系的日本大东文化协会,再次向他发出了长期赴日讲学的邀请。辜鸿铭几经斟酌,决定偕夫人淑姑、女儿娜佳东渡,留下珍东、云霞和刘二守屋以等着守庸,再行赴日。

在挥手自兹去那一刻,辜鸿铭的心灵无论如何也难抑悲伤,想中国人不识得古董,所以楚材晋用,如孔夫子所云"求善价而待沽之"那般,何等的令人伤心。到东京后,辜鸿铭一家三口下榻于帝国饭店,前来探视的日本各界人士络绎不绝。一些团体还主动邀请辜鸿铭一家三口周游日本列岛的风光美景。没有演讲活动的辜鸿铭带着妻女很是饱览了一番日本充满唐时韵味的寺庙建筑,和各种打着中国烙印的文化遗址。在这里,辜鸿铭理想的中国文化梦不再缥缈,他的心仿佛有了归宿,信念也更加坚定了。

在国内备受创伤的辜鸿铭,一经日本朝野的感情抚慰,竟萌生了侨居东瀛的念头,并为此寻找合适的住所,在麴町平河町一丁目租下了日式与洋式合璧的公寓。把淑姑母女安顿妥当后,他由萨摩等人陪同,安心地前往东北五县的主要城市做巡回演讲。

为了使日本广大民众最大限度地倾听到自己儒学救世的布道声音,辜鸿铭不顾年事已高,每天下午和晚上演讲两次。不用说,演讲会总是场场爆满。这个胜景给了他巨大的鼓励,更使他精神抖擞,不知疲倦、无所保留地贡献自己的才学。

辜鸿铭席不暇暖地在东北五县巡讲,忽接东京转送的电报,原来奉系军阀张作霖欲聘请他担任政治顾问。辜鸿铭见张作霖礼厚意诚,心想,不妨一晤,再做是否应聘的定论。于是结束巡回演讲回到东京,和淑姑母女道了别,也不及换装,就欲赶往东北。萨摩雄次对他一人独往放心不下,不由分说地一路陪同,连他自己都感到这份情谊的可贵,而这正是辜鸿铭影响于他的。

行抵奉天,奉天府政务厅长金梁先行接着了辜鸿铭和萨摩。金梁由郑孝胥援引入内务府后,不仅帮郑孝胥搞整顿,还给溥仪上了许多"奏折",保荐人才。溥仪被驱出紫禁城后,金梁另择良木而栖,和张作霖打得火热,终至做了现职。

土匪出身的张作霖被清廷收编以来,官运亨通。民国初投靠袁世凯,并向日本靠拢,势力渐趋膨胀。民初受袁世凯召见第一次入京,他对这六朝古都立时萌生了一种说不清的感情,其后每次进北京,总舍不得离去,幻想着在北京实现宏图大业。如今打败了直系,把持北京政权的他雄心勃勃地想亲自尝尝当总统和皇帝的滋味。为此,他极力网罗有影响的人来麾下,并要他们再行推荐人才。金梁和辛博森均推荐了辜鸿铭。听得辜鸿铭正走红日本,他乃发函请他回国做顾问。

辜鸿铭见着金梁，微微一怔，得知张作霖正是在他推荐之后才决定聘自己的，心中更觉不快，道：你不是口口声声说忠于皇帝吗，怎么刚得少保衔不久便又投靠了胡子张作霖？

金梁并不脸红，在解释了溥仪出宫后自己无处栖身的窘况后，道：张大帅出身胡子不假，可他为人正派，不仅是军事天才，还是英明的政治家，是今后中国的希望。

"我看你干脆捧他当皇上得了！"辜鸿铭冷笑一声。

金梁自我解嘲道：辜兄爱骂人，我捧一捧人又有何妨呢。你既不信，那就亲自去见见张大帅吧，不过，你得换身衣服去。

辜鸿铭哪里肯答应，凛然道：为什么要换？我见皇帝都不换呢，何况一个张作霖。

张作霖早知辜鸿铭，岂知这位日本的红人竟是这等模样——一身清朝牌号的服饰，头上还扎根小辫——心里暗自称奇。这老头见了自己也不致意，心里微有不快，劈头就问：你能做什么事？

这位"胡子爷"是可以这样问话的。从土匪干到清朝的官儿，直到如今大权在握，他靠的全是手中的枪杆子说话。辜鸿铭曾从美国《密勒氏远东评论》主编约翰·鲍威尔那里听到其对张作霖的评价：东北虎张作霖有幽默感，当我笑着问他年轻时在哪里读书时，这位将军眨了眨眼，通过翻译回答说"绿林学校"。但辜鸿铭却不认为此时此刻张作霖的话有什么幽默感，他只觉得恼怒。你是摆架子还是故意装作不了解？也不答话，从衣兜里摸出香烟来点上，也不管金梁一旁如何给他示意，静静地站成一座烟雾缭绕的"塑像"。

站在张作霖左侧的辛博森见屋里气氛有点紧张，忙用英语提醒道：辜先生，张大帅问你话呢，快请回答，照他的脾气……

辜鸿铭手捏香烟，指着辛博森，以一声大喝打断他的话：辛博森先生，你来做什么事？

辜鸿铭的猝然反问，倒使辛博森面色微红起了。他自做了张作霖的顾问，为张作霖创办英汉合璧的《东方时报》，大肆反对刚刚在中国兴起的共产主义运动，并出版了《为什么中国看中了赤色》《张作霖反对共产主义威胁的斗争》等多部作品。在华数十年，他走过了由海关职员到名记者、冒险家和官吏的蜕变之路。他的每一次角色更换在辜鸿铭看来，无疑使中国多受其害一次。辛博森这伙人的肚里有几根蛔虫，辜鸿铭是清清楚楚的。

辛博森是知道辜鸿铭脾性的，也不生气，低声说了声什么。辜鸿铭却不领情，冷冷一笑，说：姓张的既不知我能做何事，何以要我回国？说罢，径自拂袖而去。

杀人如下饭的张作霖眼里哪有书生，而这辜鸿铭竟敢如此造次，真让他傻了眼。他眼睁睁地看着辜鸿铭大摇大摆地出了门，当着金梁的面一拍别在腰间的左轮枪，火暴暴地说：这老家伙，竟这么无礼，看我不一枪崩了他！

金梁生怕这莽夫真做出蠢事来，忙委婉地介绍起辜鸿铭的性格来，并谈了他如何如何的有国际影响。辛博森一旁做了印证，而后道出了辜鸿铭失礼的原因。张作霖一拍脑袋，笑道：原来我说错话了，没有礼贤下士，啊哈，那我就学刘备亲自上门，见他一见，看他还有什么话说。

张作霖换了便服，果真亲往辜鸿铭下榻处，见面后客气多了，语气也是十分的诚恳，嘘寒问暖后，摆出副恭听教导的架势，正经八百地请教起如何效法欧美所长来。

张作霖有心垂听，辜鸿铭还真有点摸不着头脑，心想，只能深入浅出地解说，他才能听得懂。他抽着烟，用轻缓的语气说：现今欧美的文明，只要稍有思想的人，就可以知道他们那种文明是疯狂变态的文明、是酒醉不归的文明、是滥服春药的文明、是打强心针的文明，说白了，全是一时变态的恶现象，不是自然的真精神……

张作霖挠耳抓腮地嘻嘻一笑：人家说老先生是通洋文的什么哲学家，能否讲得短些、简单点，让俺听个明白？

辜鸿铭自顾用指甲在眼角抠着眼屎，一边说：有教养的人见着欧美的种种情形，只为他们的前途担忧，唯独二百五，才行羡慕之心。欧美有什么所长，有什么值得效法的呢？说得再简单点，人善使枪，你善使刀，你要想胜人，不可丢下你的刀而学使枪，你苦苦地练刀，是最好的自保之法。

"我既能使刀，又能弄枪，岂不更好。哈哈，老先生的话让我开窍了！"张作霖摸着粗短的脑袋，咧嘴而笑。

辜鸿铭没想到张作霖如此歪解自己的主张，正想着申辩，张作霖却已起身，瓮声瓮气地说：我听金少保（金梁因吹嘘溥仪赏赐他少保衔，乃有此称）说，老先生爱叉麻雀，闲话休提，我们先来叉他个痛快！言罢，不由分说就拉辜鸿铭出了门，坐上车前往他公馆里去了。

民国时的不少军阀，像他们从事征战一样，擅长武赌，但是张作霖却反其道而行，偏偏喜欢文赌——搓麻将。他掌握了雀战的技巧后，甚为高兴，认为这是上流人物必须具备的一门基本功。他的牌技并不高明，但每打牌，却几乎都是赢家，那些玩伴谁敢赢他呢！雀战并不高明的辜鸿铭，不懂规矩，只管着自己的兴致叉来，未料大赢一把，不禁十分高兴。张作霖败得一塌糊涂，脸色有点挂不住了，怏怏道：今天累了，明天再战。

第二天，金梁来邀辜鸿铭同往张作霖大帅府前，先期塞给辜鸿铭一些钱，叮嘱他今天可得让让张作霖。

"我总算明白了，张作霖为什么每次打牌都是赢家的缘故了。"辜鸿铭也不接钱，冷冷一笑。

金梁嘿嘿一笑，说：故意输给张大帅，也不是白输，张大帅一高兴，弄不好就封老兄做了个高官，想当年梁士诒经张大帅推荐做了内阁总理，如今张大帅前所未有地风光了，老兄只要投其所好，只怕官在我上呢……

麻将桌上竟也有这等肮脏的交易——赢的人心安理得，投其所好者居心叵测。这是什么招数呀？真是王八蛋之道！辜鸿铭脸色陡变，说：不跟姓张的玩了，这大帅府我也不进了，你这钱你自个儿输去吧！

金梁见辜鸿铭这般态度，吃了一惊，忙道：那怎么行？张大帅可是专门要找老兄决战的呀！

辜鸿铭脖子一挺，说：怎么不行呢？你就说我身体不好！言罢，往床上一躺，再不理金梁了。

辜鸿铭在东北与张作霖前后四次面晤，终觉话不投机，破灭了他试图凭借张作霖来复兴中国文明的梦想，遂固辞张作霖的挽留，于7月上旬离开东北，由萨摩陪同往日本而去。这次东北之行，更使萨摩了解了辜鸿铭，觉得他是中国人中少见的无欲恬淡的人——不求地位，亦无意于金钱，飘飘然享受着高尚的人生乐趣。这样的人，怕是几百年才能出一个呢！

在辜鸿铭临出境时，消息灵通的报纸已发表了他会晤张作霖，并拒绝出任其政治顾问的情况，其中云：

辜鸿铭氏对张作霖说，我可以为建设助一臂之力，而对于破坏却无能为力。且我历来都是一个中日亲善论者，对于离间中日关系的政策方略则一无所知。

因为这些话辜鸿铭未曾对萨摩雄次提及，萨摩读到这则报道后，便问辜鸿铭事由的真伪。辜鸿铭淡淡一笑，并不就此事做出评论，只是说：张作霖只不过是个马贼，哪里懂得政治与文明！他由张作霖谈到中国俗谚"好铁不打钉，好男不当兵"。

萨摩看了辜鸿铭一眼，轻声慢语道：日本的情况与中国刚好相反，日本俗谚说"花数樱花，人数武士"。武士在日本有着很高的地位，中国的典范是圣人，日本人却是武士。辜先生可知日本有一种尚武好战的精神，身为军人和武士，必定誓死完成自己的职责，不成功则成仁，剖腹自杀是常有的事，这是武士道的精髓。正如梁启超先生所说，武士道是日本之魂，但中国却没有中国魂。

萨摩的话让辜鸿铭加固了既有的思想，中日在文化方面是有相同性，但中华民族与日本民族的特性也有很大的不同，中国人温和、善良，热爱和平，尽量避免战争，而日本却是热衷战争，军国主义的蔓延就是其中例证。他可不能让眼前这位可堪教化的日本青年也滑向军国主义的渊泽，他看着萨摩，语气极其温和地说：中国怎么没有中国魂呢？崇尚正义、爱好和平便是中国魂。你瞧，中国的"武"字是由"止""戈"构成，止戈为武，"武"字展现的并不是使用武器，而是以不使用武器制止野蛮者之谓。

辜鸿铭的娓娓叙说，和着一路的海风，满满地灌进了萨摩雄次的心肺。

越来越多的事实表明，日本的真孔孟也好、假孔孟也好，多在为军国主义摇旗呐喊，以侵略中国为首要目标，鼓吹"圣战""义战"，欲图使中国四亿之众"顺应天命"，加入以其皇国为盟主的所谓东亚民族大团结。日本儒学竟沦为军国主义的鹰犬，这是辜鸿铭所不许的。他虽然不遗余力地呐喊，但他在大东文协会、在日本的市场是愈来愈小了，他的奇行与热情已为平沼骐一郎之辈所漠视。对于志得意满的日本军国主义分子来说，辜鸿铭有关正义和平、王道精神的呼吁，以及对民族主义的批判，只能让他们不以为然。他们甚至嘲笑辜鸿铭迂腐得竟不知日本的国情——自近代以来，相比于东方文明，日本从骨子里更钟情于西洋文明，而且对吸收西洋文明自有一套，西洋文明有什么就学什么，学什么就像什么。不是吗，明治天皇学会了西方的坚船利炮，斋藤秀三郎学通了英文的文法，原田康子也学到了法国式的口蜜腹剑，至于伊藤博文，更是学好了以西方民族主义的动力作为自己动力的霸道政治，这才有了甲午战争的辉煌、日俄战争的胜利。

一时间，辜鸿铭陷身孤寂之中。萨摩雄次就像这位孤独的老学者的影子，每天都陪他坐上一会儿。只是，这对曾经无话不说的忘年交，如今常常相对无言，只有威斯敏斯特牌香烟的烟柱袅袅升空。苦闷之中的辜鸿铭常常一抽就连着两三支。

随着日本反美国"排日法案"运动的日渐冷却,以及中日关系的不断恶化,辜鸿铭在日本的境遇每况愈下,渐遭冷落和白眼,仿佛南柯一梦,而自己梦里还不知身是客。辜鸿铭悲切地意识到,自己断不可能在日本找到所希望找到的东西,复兴东方文化的最后希望落空了!

痛惜误寄了文化理想的辜鸿铭,在忧郁和愤懑中,偕妻子淑姑和女儿娜佳,在一个秋风萧瑟的雨天,告别了留下颇多记忆的日本。一路上,辜鸿铭仍告诫前来送行的萨摩等正直之士,千万不要与中国为敌。看到自己24岁时结识的这位恩师真要离开日本了,想到这些年与辜鸿铭亲如父子般的相处,萨摩心里真有说不出的离愁别绪,于心埋怨日本政府为何不能对像他这样的天才之士予以特别地优待和挽留。

在横滨码头,辜鸿铭把萨摩的手放在自己消瘦的手掌中,久久地抚摩着,而后举着萨摩赠送的手杖,情真意切地说:萨摩君,今后多保重了,见不到你,有你送的手杖,还有香烟,与我终生为伴。

萨摩"保重"两字刚出口,情不自禁地掉下两串热泪。

"日本的小孩不爱哭,你今天怎么哭了!"辜鸿铭一边说,一边伸出干枯的手抹去萨摩的泪,而后道一声"海内存知己,天涯若比邻",牵着妻子和女儿的手转身离去。

望着那个头戴瓜皮小纱帽、拖根发辫的黑袍老者,一摇一摆地登上横滨丸,前往台湾去,萨摩的眼眶又一次湿润了。

尾声

理想未泯的天国之约

春天来了,椿树胡同十八号那户独家小院里的花草开始破土发芽,抽出鹅黄色的嫩芽儿。那株高大的椿树历经一冬的风霜雨雪,也带着一树淡黄的嫩叶儿,茕茕立于春风中,仿佛主人那般孤傲。

从日本回到北京不久,淑姑就患病去世了。辜鸿铭好不伤感,整日蛰居家中,两门不迈,心境灰色而孤愤。新思潮风起云涌,滔滔者天下皆是,可传统文化的影像却始终未能从辜鸿铭的思想里清扫出去。这影像在他的头脑里盘桓晃荡了经年,像心造的美女幻影使他痴迷,但一次次的运动狂飙,千夫所指地把它视为干瘪的令人厌恶而欲行摆脱的老巫婆。他开始沉痛地思考着,洋务运动、戊戌维新之后的时事变迁像拉洋片般一幕幕在他头脑里叠化——辛亥革命使中华帝国的王冠如熟透的烂桃坠地,张勋复辟也扶不起烫手的龙廷,民国的总统、总理走马灯似的更换,可老百姓却得不到一点儿实惠,新文化运动和"五四运动"的狂飙风卷残云般扫去了传统文化,腐朽透顶的北洋军阀政府却在背后窃笑,紧接着孙中山的国民党与陈独秀、李大钊的共产党携手合作,他们要把中国带向何方呀?!在中西文化的夹缝里惶惶不可终日的辜鸿铭,对自己所热爱的中国的未来走向充满了怀疑和困惑。

在早春二月的冷风里,他仿佛听到了凄厉的呼号,那声音像是发自那位被北伐军处死的湖南学者叶德辉,更像发自留辫老友王国维。一想到王国维的死,他心里就好一阵揪痛,这位学界巨擘是在北伐节节胜利、废清复辟无望时,于半年前遽然自沉于颐和园昆明湖的。想到王国维的死,辜鸿铭油然忆及自己的那段申辩:"许多人笑我痴心忠于清室,但我之忠于清室,非仅忠于吾家世受皇恩之王室——乃忠于中国之政教,即系忠于中国之文明。"这话王静安也完全可以受得了,惜哉,静安老弟!悲哉,观堂老弟!

难道北伐军真像王国维担心的那样,要毁灭自己视之于比生命价值更高的传统文化吗?辜鸿铭更生出新的忧虑,但他并不灰心绝望,仍旧坐拥书城,牢骚满腹地著文痛骂西洋文明和被它弄坏的中国现实。

自东瀛回来后,椿树胡同十八号一如既往地常有洋人来拜访,聆听中国当代孔子权威的训示。在这些洋人眼中,辜鸿铭是一个有骨气的中国民族主义者、一个中西文明问题的争辩士和卓越的翻译大家、一个有独特见解乃至深奥思想的哲学家。一些从外国留学回来的学生也前来看他了。见着他,竟以西式的礼节拥抱,还大赞他如何如何的在西方有名。一位留学生说得特别的情真意切:"五四"前后那些年读了许多时髦文章,听西化大师指骂中国文化是一堆陈年渣滓,看俄化大师怒斥中国人百事不如人,少年心灵震惊之余,也无限的感伤,一心想着要见识见识那教人心往神驰的欧天美海,看看西方的太阳和月亮,究竟是何等的神奇。如今沐了欧风、淋了美雨,也不过那么回事,心中却升起一种相反的波澜。那些理论、那些主张莫不是匆匆过客,而辜先生当年的教诲,至今想来,犹觉如饮醍醐。

堆砌如此华丽的辞藻,是在背台词,还是说真心话?辜鸿铭不知道,也不想知道,纸糊的桂冠他已看到了,他澹然地说:我在中国,是不入流品的老头儿呢!

人无完人,辜先生虽有小疵,但正如浮云掩月,无损其辉!

这话听得辜鸿铭心里发酸,要是国人都这么看就好了。他知道,中国时下那些号称博学的人物,是把他当作文化学术界的滑稽丑角看待的,言及他则哈哈一笑了之。他真想诘问这些不知天高地厚的博学之士:你们不是崇洋媚外吗?可曾知道,西方那些学者从没有小看过我,许多名牌学者都要对我恭执弟子礼呢!你们知道吗?法国有名的《争辩日报》、美国大牌的舆论杂志《当代》等媒体刚发表我的论文呢,法译本《春秋大义》刚在巴黎问世呢!究竟谁是自以为是,盲目自大呢?!

在这么多学生中,兆文钧来得最是勤快,也最讨辜鸿铭的欢心。在他眼中,辜鸿铭虽是个时代的反抗者,但却是个有良知的反抗者,良知觉得不对的,即使单枪匹马,他也要同社会对抗,宁做社会的公敌,而绝不人云亦云、降服于社会。这种不调和、不妥协的无畏精神,在这人欲横流的世界是何等的宝贵。兆文钧甚至于心把辜鸿铭视作了自己的榜样。这天,他送来上海出版的《时事新报》,上面发表了一篇署名梁实秋的文章。辜鸿铭细细阅过梁实秋这篇《辜鸿铭先生逸事》，除个别事实不准外，写得倒也有趣，并没有嘲讽之意。放下报纸，他忽地有了个想法，难道自己被年轻人慢慢地理解并接受了？

这个想法似乎被随同兆文钧来的一位青年的请求证实了：余生也晚，在八国联军进北京时，我还是一个毛小孩子，家中大人紧闭门户，不许我出门，连街上的情景都没瞧见，希望辜先生能给我讲讲庚子年为国争光的故事！

这可是个陈芝麻烂谷子的事，辜鸿铭喘着气道：言之长矣，往事沧桑，不堪回首！

见那青年有些失望，兆文钧便道：我今后写出来，你就可以知道了。

辜鸿铭听了一凛，兆文钧真是想写自己呢，自己以前跟他说的有些话似乎太张扬了些，过头了些，需要做些更正，但他很快就做了否定，与那些狗屁不通却好吹牛皮者相比，这点夸张算得了什么？还是让后人去识别吧，他们越纠缠我的事，就越使我扬名呢！

正胡思乱想着，刘二送来一个包裹，却是卫礼贤从德国发来的。里面除了封长信，还躺着本散发着油墨清香的厚书，名曰《中国心灵》。卫礼贤在信中很是说了番思念之情，介绍了自己回国后的种种际遇，着重提到在家乡创办中国学院一事，最后，他诚挚地邀请辜鸿铭到德国任教。

放下卫礼贤这封情真意切的长信，辜鸿铭第一个冒出的念头是——当初不去日本而去德国就好了，儒学的复兴也许在德国呢！

连续数天捧读卫礼贤的新著，忽然，张宗昌派人送来了任命辜鸿铭为山东大学校长的大红聘书。

这张宗昌乃是以"祸鲁"著名的山东军阀，国民党作战不利退出北京后，他率部入京，插手北京政权。对这个贪财好色、姬妾无数、不学无术却自命风雅的军阀，辜鸿铭能有什么好感！想他们这些人自命忧世，口口声声说为国为民，说的何等美妙，可怜只有那些在他们刀尖上滴血的无辜冤魂领教得了。就说这个张宗昌吧，他的部队开进北京后，无恶不作，罄竹难书，更甚于当年八国联军的暴行，是何等的货色！辜鸿铭由张宗昌联想到那一帮所谓的治国军事专家——他们为了争盘子、争官位，今天的好友明天就可能反目成仇，反之亦然，直弄得大江南北、长城内外战火纷飞，哀鸿遍野，国家命运庶几可危。军国主义——这个西洋暴徒不怀好意给中国人的馈赠品，从这帮军阀身上就显示出了对国家的无穷危害。

我岂能与张宗昌同流合污，为其捧场！辜鸿铭鄙夷地把那本大红聘书扔进了煤炉里。看着无情的烈火吞没了聘书，辜鸿铭想，好好的中国就被这些暴徒给搞乱了，自己既无用武之地，还不如去德国讲学呢。

辜鸿铭正考虑接受卫礼贤的邀请，但突如其来的一场患病，阻止了他的计划实施。

在这乍暖还寒时节，他不慎染上了感冒，开始并不介意，只是随便服了些抑制感冒的药就等着完事。谁知一个礼拜后，感冒加重，继之头昏目眩，咳嗽连连。在女儿珍东的强求下，才请来附近法国医院的医生前来诊视。可吃了西药后，并不见好转，还出现了高烧。

卧病于床，形形色色的怪梦鱼贯侵袭着他那聪明的大脑，扰得他睡不安寝。在梦中，他到了马来亚槟榔屿出生地，到了物质主义激荡的欧洲；在梦中，他正与张之洞争执"中体西用"，当面痛斥袁世凯的洪宪帝制；在梦中，他匍匐在慈禧太后、光绪皇帝和宣统皇帝的跟前；在梦中，他用十来种洋文毫无惧色地舌战那些看不起中国的老毛子；在梦中，他看到已死的莫理循、李提摩太他们一身传教士打扮，手持白色的引魂幡，面目狰狞，滔滔地向他灌输基督教教义，告诉他死神来临和进入天堂以后，所有的东西都是美丽而让人幸福的，他大声地表示异议：我为什么要进入天堂呢？难道天堂比人世还好吗？我在这个美丽的世上很幸福，并不想到天堂去游荡！恍惚间，五更鼓响，莫理循、李提摩太不由分说地念起了黑色的咒语，他的身子轻飘飘地飞向太空……

辜鸿铭一个激灵，从昏昏欲睡中惊醒，大喊道：洋人害我！洋人害我！

"父亲——"

"老爷——"

耳边熟悉的声音使辜鸿铭确信自己还活在世上，那是两个宝贝女儿珍东和娜佳的声音，云霞和刘二也陪侍在侧。

北京城有名的中医请来了，他们的诊断和洋医生并无两致：辜鸿铭已并发为严重的肺炎。肺炎，那可是和死亡联系在一起的恶魔。可死亡又有什么好怕的呢？人是异化的物，犹如一台机器，生时按时间表进行劳作和休息，耗损多了，就难免要病，连医生都无法检修时，那就只有报废了。这是自然规律，世界唯有死亡最是公平，无论王侯将相，还是贩夫走卒，统统一碗水端平。

面对死亡，辜鸿铭心里无比坦然，选了些自己钟爱的中国典籍，让两个女儿轮流念起来。珍东遵父命，念到《荀子·礼论》"生，人之始也，死，人之终也，始终俱善，人道毕也"一段时，泣不成声，难以为继。

辜鸿铭抬起枯槁的手，爱怜地抚摸着珍东的秀发，道：傻丫头，你哭什么呢？荀子说得很对呀。《列子》亦说"十年亦死，百年亦死"，既然死如灯灭，所以形体的消亡如日夜交替一般，纯属自然过程。有何惋惜？

娜佳接着为父亲念起了《庄子》。当念到那段"生者死之徒，死者生之始，孰知其纪？人之生，气之聚也，聚则为生，散则为死。若死生为徒，吾又何患？故万物一也。是其所美者为神奇，其所恶者为臭腐。臭腐复化为神奇，神奇复化为臭腐"时，辜鸿铭微喘着气，又点拨开了：世事就是要看开些，生和死是互为伴侣的。庄子在妻子死后，开始也挺难过，但想妻子原是个"无"，由气而形而生而死，真像四季变化一样，算是很自然的事，自己如果老是嗷嗷地哭，不是太不开通了吗？于是他鼓盆而歌。父亲死后，你们也要有这个态度的。

珍东和娜佳忍不住放声大哭。这哭声使辜鸿铭感到满足，他油然想到，孔子儒教所宣传的忠诚之道和祖先崇拜，多有人道呀，它使人们在家庭中感受到族类的不朽。中国人临死时，并不靠相信还有来生而得到慰藉，而是相信他的子孙后代都将记住他、思念他、热爱他，直到永远。病中的辜鸿铭听着女儿的念书声，带着满足的恬淡神情入睡了。

梦又来了。历历往事像电影胶片一样，连续展现在他的睡梦中。你们那帮崇洋媚外的食肉兽要知道，早在60年前我就已经学会西方的各种球类运动，并西装革履地出入名贵的鸡尾酒会，在西餐桌上熟练地使用刀叉了，但我打心眼里讨厌这些东西。我享受过舒伯特、肖邦、柴可夫斯基那美妙的旋律，但我感觉东方古老的民歌和田园诗的回声更使我神往。我的躯体里是流着西洋的血统，但东方血液却将它给战胜了，于是我脱掉了西装，换上了长袍马褂、瓜皮小帽；我蹬掉了皮革，换上了中式便鞋。啊，多么宽敞、多么舒畅！我的灵魂得到了慰藉，我再也不踢足球了，而开始了寻求中国式的修身之道，我力求标准纯正的东方式生活，我誓死捍卫我一生钟爱的中国文明，即使遇到挫折乃至失败，我也决不后悔……

辜鸿铭又被轻轻的、亲亲的呼唤从梦中召回到了尘世。他看着哭红着眼的一对女儿，喃喃地说：我做了个梦呢，重新回到了那些久远的年代，我认识路的，我对一切都记忆犹新……

"老爷——"随着这悲切的叫声，辜鸿铭散淡的眼光望见了跪在床前的忠实仆人刘二。他吃力地朝刘二招了招手，示意他起身过来。他见刘二眼角含泪，道：

刘二，你跟我几十年，吃了许多苦，我们间的情谊真是金不换呀！

刘二大受感动，带着哭腔道：下辈子我还服侍老爷！

辜鸿铭望着刘二，微笑着点点头，说：男子汉大丈夫不要随便哭，人们来到这个尘世，死不过是或早或迟的自然现象，值不得痛哭。刘二我告诉你，我国古代哲人对待死亡的态度，值得你借鉴。老子曾告诫世人"放弃所有的一切，跟随我到山中去当隐士，过一种真正的生活——一种心灵的生活、不朽的生活"。老子死后，他的朋友秦失前去吊孝，只哭了三声就出来了，他觉得老子的死顺其自然，不必悲伤。死有什么呢，只不过是回归大自然，或者是出一次远门，做一个长梦……

兆文钧等学生来了，辜鸿铭干涩的眼中不见一丝儿的恐惧和不安神色，他苍白的脸上勉强泛着微笑，喘着气告诉学生：名望、地位都不过是泡泡，转瞬即逝……犹太人书中讲得有道理——一个人如果70岁以后死去，他就是长寿的。我是长寿的，我在世上已完成了我的工作……

对尘世生死的琢磨与看透，培植起了辜鸿铭身上的喜剧意识。可兆文钧更为即将失去这可爱的良师而深感哀切，他轻轻地抚摸着辜鸿铭的手，泣不成声道：辜先生，你会好的，我们还等着聆听教诲呢！

"他们那些年轻人都像你们这样就好了，我们这个多灾多难的国家就有救了……"辜鸿铭微微一声叹息后，喘着气道：你们做我的学生是幸运的。我现在也还坚信，我的英语是最优雅的英语，中文也是漂亮的中文……

一位女生问：辜先生，如果有一天你将离开这个世界，你感到一生最大的遗憾是什么？辜鸿铭不假思索地回答：批西洋，却得到西人的尊敬；扬国学，却得到国人的鄙视。同学们，人非圣贤，孰能无过，我因毁誉留人间，但在心灵上，却实实在在是个好人。

话到这里，辜鸿铭一阵咳嗽，好半天没续上话，一学生赶忙接过话来说：辜先生一代奇才，对国家贡献何等伟大，会流芳百世的！

辜鸿铭眼中倏地闪现了一种奇异的光，这话让他感受到了一种荣誉、一种温暖。他轻声地嘱示兆文钧扶自己起身，拖着沉重的步履踱到书桌前，用抖得厉害的手在宣纸上写下七个歪歪扭扭的大字——我因毁誉留人间！写完，辜鸿铭抚胸好一阵剧烈的咳嗽，慌得兆文钧他们连忙轻手轻脚地搀扶他重又上了床。

歇了口气后，望着眼前这几位充满朝气的年轻人，辜鸿铭忽地产生了一种忧虑：现在，一种新思想正在这个古老的国家四处传播，在我死后，这些年轻人的血管中会流动何样的血液呢？他们会转而数典忘祖投靠洋人吗？咳，这个世界有那么多令自己犯傻发疯的问题，死了倒也清静。他睁大眼睛看着学生们，道：我热爱我的国家，有些大学生曾给我一些嘲笑，我希望你们告诉他们，在他们还没有出生时，我就口诛笔伐，反对不平等条约和治外法权的卑劣做法……

在辜鸿铭又一次昏厥后，医生来了。辜鸿铭却不要他开药方，并紧紧地拉着他的手，以平静的神情絮絮叨叨道：我的一生都与肮脏和混乱做斗争，我甘愿为社会的良治牺牲性命，我的两手洁净、心灵清白。等我死时，我会从九天云霞中含笑默视着我葬仪……辜鸿铭还未说完，就轻轻地笑了，笑得有点艰难，笑了好长一段时间。

几位陌生的洋人要来拜见中国哲学家辜鸿铭，在门口却被刘二拦住了，说：他正在死去，请原谅不要打扰！这话还是辜鸿铭教他说的。

自知去日无多的辜鸿铭，以最恬淡的神情与亲人做最后的相处。在这71年的人生岁月里，有什么遗恨呢？遗恨自己纵有悲天悯人之壮怀，经国济世之大才，却以时危世乱，英雄无用武之地，于国计民生无所裨益，而至穷愁泥街，以终一生吗？个人命运之于国家，微乎其微，自古以来，有多少志士能人，怀才不遇，老死庐下，自己一生倒也轰轰烈烈了。最大的遗恨是没有看到国家兴旺、民族强盛、文明复兴。能寄希望于谁呢？寄希望于张作霖、吴佩孚、张宗昌之流？呸，他们是什么东西？他忽地想到了溥仪，想到了紫禁城的那次接见，对那次会见的记忆，悄然无声地慰藉着他那衰弱的心灵。他想着给溥仪上一份遗奏，殷殷以东西政教不同为言，期以复兴中国文明，万一他有复国之望，今后也好有个蓝本。但他的衰弱之躯容不得执笔，只好口占，让珍东做记述。

这份遗奏用去了他的太多精神，未及一半便又昏厥，亲人们好一顿痛哭，才将他从鬼门关唤回。他觉得死亡也挺有意思，他的脑子还没有僵死，现在又展开了想象的翅膀，在他的绮丽的想象中，死亡就像是将要开始的一次极漫长的旅行，在幽冥之中还有与亲人重逢的可能。于是，他又想到了儒教中的祖先崇拜和忠诚之道——它们使中国人在活着的时候得到了生存的永恒感，当他们面临死亡时，又由此得到了慰藉。

"父亲——"在这呼唤声中，他好不容易才收敛了想象的翅膀，那想象的翅膀还真找不着方向呢，不知要朝自己东南西北中的游历生涯中的哪个方向去。他睁开一对疲惫而无神的双眼，轻轻叹了口气：你们都是俗人，怎么尽在哭呢！他又伸手要替女儿揩去眼角的泪,但双手无力,几经努力也够不着。珍东见状,急忙攥紧了慈父的手,放在自己的眼窝底下,可还未触碰到自己的眼眶,她汹涌的泪水却把父亲整个的手心给打湿了。

辜鸿铭也忍不住溢出了晶莹的泪水,但很快就抑制住了,强装欢颜道:孩子,我见着了你们的母亲呢!

4月30日下午两时许,辜鸿铭强打精神,在时昏时醒中,望着一对待字闺中的爱女,心中忽然涌起无限感伤,断断续续地说:我的孩子,我这世上最放心不下的就是你们了,你们可要好自为之啊……待守庸回来,告诉他,将来国家发达了,别忘了在……我坟前……烧一炷香……别忘了…… 珍东和娜佳早已泣不成声,抱着父亲放声大哭。

一通剧烈的咳嗽后,辜鸿铭轻声地对泪痕满面的刘二和云霞说:我走后,你们也就解脱了,向着自己的生活去吧……

他有的是讲不完的话,那些话语有的是世人无法理解的批判精神,甚至那袭破旧肮脏的马褂里,也一如既往地裹着理想主义和文化保守主义战士的赤诚情怀。他的梦还未寻着,理想还萦心头,怎么就要朝这个爱之深忧之切的人世关闭眼睛呢?

从那干枯的眼角,一丝丝、一丝丝地渗出了染血的泪水。

这根能思想的芦苇,由于渺小,宇宙吞没了他;由于思想,他却囊括了宇宙。

定稿于2000年12月9日
改稿于2013年3月13日
闽江畔苦乐斋

图书在版编目（CIP）数据

辜鸿铭全传：改变崇洋媚外的中国 / 钟兆云著.
—北京：中国青年出版社，2016.8（2022.11重印）
ISBN 978-7-5153-4349-5

Ⅰ．①辜… Ⅱ．①钟… Ⅲ．①辜鸿铭（1857—1928）—传记
Ⅳ．①K825.4

中国版本图书馆CIP数据核字（2016）第168396号

责任编辑：叶施水
书籍设计：瞿中华

出版发行：中国青年出版社
社　　址：北京市东城区东四十二条21号
网　　址：www.cyp.com.cn
编辑中心：010-57350406
营销中心：010-57350370
经　　销：新华书店
印　　刷：北京盛通印刷股份有限公司
规　　格：700mm×1000mm　1/16
印　　张：43.5
插　　页：1
字　　数：800千字
版　　次：2016年9月北京第1版
印　　次：2022年11月北京第5次印刷
定　　价：68.00元

如有印装质量问题，请凭购书发票与质检部联系调换
联系电话：010-57350337